민주주의는
글로벌 자본주의에서
살아남을 수 있는가

이 도서의 국립중앙도서관 출판예정도서목록(CIP)은 서지정보유통지원시스템 홈페이지(http://seoji.nl.go.kr)와
국가자료공동목록시스템(http://www.nl.go.kr/kolisnet)에서 이용하실 수 있습니다.
CIP제어번호: CIP2020006780(양장), CIP2020006783(무선)

CAN DEMOCRACY SURVIVE
GLOBAL CAPITALISM?

민주주의는 글로벌 자본주의에서 살아남을 수 있는가

로버트 커트너Robert Kuttner 지음 | 박형신 옮김

한울
아카데미

이 책에 쏟아진 찬사

——∞——

"지구화와 시장화에 대한 시기적절한 논박. …… [로버트 커트너는] …… 국보 같은 존재이다. …… 커트너는 지배적인 경제적 서사에 지칠 줄 모르고 구멍을 뚫어왔고, 오늘날 그 어떤 대안보다도 훨씬 더 나아 보이는 사회민주주의적 포퓰리즘을 일관되게 응호해 왔다."

— ≪뉴욕타임스 북 리뷰New York Times Book Review≫

"[커트너는] 역사적 종합과 보고를 이용하여 [규제받지 않는 글로벌 금융의] 부활이 어떻게 정치 과정을 장악했는지, 그리고 노동자와 개별 국가의 이익을 보호할 수 있었던 정책 접근방식들을 어떻게 차단하여 공중에게서 정치제도에 대한 환멸을 불러일으키고 양극단의 이데올로기가 고조되게 했는지를 탐구한다. 커트너는 이러한 현 상태를 인식하고 그것과 싸울 것을 촉구하면서도 손쉬운 해법을 제시하지는 않는다. 그러나 그의 요구는 독자들로 하여금 복잡하고 힘든 우리 시대에 대해 깊이 생각해 보게 할 것이다."

— ≪북리스트Booklist≫

"[하나의] 단호한 비판. …… 오늘날 우리가 알고 있는 자본주의는 반민주적이며, 우리가 싸움을 벌이지 않는 한 결코 권력을 포기하지 않을 것이다. 어젠다를 설정하는 데 유용한 자원이다."

— ≪커커스 리뷰Kirkus Reviews≫

"계몽적인 책이다. …… 일반 독자들도 쉽게 읽을 수 있다. …… 사고를 자극하는 책이다."

— ≪퍼블리셔스 위클리Publishers Weekly≫

"민주주의는 국가를 지배하는 반면, 글로벌 자본주의는 세계를 운영한다. 로 버트 커트너는 이 둘 간의 필연적인 긴장이 어떻게 국내외 네오파시스트 국가주의에 연료를 공급했는지, 그리고 그러한 긴장에 왜 민주주의와 사회정의에 뿌리를 둔 새로운 진보적 포퓰리즘으로 대응해야만 하는지를 예리한 눈으로 지적이고 매혹적이게 설명한다. 시의적절하고 감탄하지 않을 수 없다."

— 로버트 라이시Robert B. Reich, 캘리포니아대학교(버클리) 공공정책학 명예교수

"로버트 커트너는 이 설득력 있는 책에서 경제적 통찰력, 내러티브 재능, 그리고 진실한 열정을 결합하고 있다. 그가 이 책에서 말하고자 하는 문제는 각국 경제가 대외무역이나 금융에 개방되어야 하는가가 아니라 글로벌 경제의 규칙이 누구 — 일반 시민 또는 단지 경제 엘리트 — 에게 이익이 되도록 설정되어 있는가 하는 것이다."

— 제이컵 해커Jacob S. Hacker, 예일대학교,
『승자독식정치Winner-Take-All Politics』 공저자

"커트너는 글로벌 자본주의의 경제와 정치가 어떻게 작동하는지와 우리 사회가 공정성과 평등의 핵심 원칙을 어떻게 포기해 왔는지를 모두 설명하는 두 가지 사고의 조류를 탁월하게 엮어내고 있다. 불평등의 증가는 도널드 트럼프 — 미국의 기본적 가치와 부합하지 않는 인물 — 에게 길을 열어주는 데 일조했다. 커트너는 보다 공정한 사회로 돌아갈 것이 시급하게 요구되고 있음을 우리에게 상기시킨다."

— 조지프 스티글리츠Joseph E. Stiglitz, 컬럼비아대학교, 노벨경제학상 수상자,
베스트셀러 『불평등의 대가The Price of Inequality』 저자

"카를 폴라니의 어깨에 올라서서 밥 커트너는 우리가 잃어버린 정치경제학의 기술을 부활시켜 난맥 상태에 빠진 시장, 노동에 가해지는 공격, 그리고 제도적 규칙에서 일어난 심각한 변화에 대해 흥미롭고 의미 있는 분석을 시도한다."

– 아이라 카츠넬슨Ira Katznelson, 컬럼비아대학교,
뱅크로프트상 수상작 『공포 그 자체: 뉴딜과 우리 시대의 기원Fear Itself: The New Deal and the Origins of Our Time』 저자

"일반적인 통념에 따르면, 우리의 소득불균형과 역기능적인 정치는 기술, 시장경쟁, 지구화가 초래한 냉혹하고 어찌할 수 없는 발전의 결과이다. 로버트 커트너가 이 훌륭한 책에서 주장하듯이, 그것들은 오히려 우리 자신이 선택한 정책의 결과이다."

– 대니 로드릭Dani Rodrik, 하버드대학교,
『무역에 대한 직설적 이야기Straight Talk on Trade』, 『지구화의 패러독스The Globalization Paradox』 저자

개브리엘, 제시카, 셸리에게

비참함은 증오를 낳는다.

- 샤롯 브론테[1]

부와 빈곤이 극단적인 상태에 있는 정체(政體)는 자유민들의 도시가 아니라 노예와 주인 — 하나는 시기심에 사로잡히고 다른 하나는 멸시감에 사로잡힌 — 의 도시이다.

- 아리스토텔레스[2]

파시즘이 실제로 승리할 수밖에 없었던 것은 자유주의자들이 계획, 규제, 또는 통제를 수반하는 그 어떤 개혁도 방해했기 때문이다.

- 카를 폴라니[3]

관념, 지식, 예술, 환대, 여행 — 이것들은 그 본성상 국제적이어야 한다. 그러나 재화 생산은 합리적으로나 편의적으로나 가능한 한 국내에서 이루어져야 한다. 그리고 무엇보다도 금융거래는 일국적일 필요가 있다.

- 존 메이너드 케인스[4]

민주주의, 국가 주권, 그리고 글로벌 경제 통합은 서로 양립할 수 없다.

- 대니 로드릭[5]

차 례

서론

    4반세기 전에 공산주의가 붕괴하자, 많은 사람은 승리주의에 심취하여 지구화가 민주주의와 자본주의를 멋지게 수렴시킬 것으로 예측했다.[1] 하지만 우리는 지금 글로벌 시장과 자유민주주의 모두가 야만적인 반격을 받는 상황을 목도하고 있다.

    미국에서 도널드 트럼프Donald Trump가 대통령에 당선된 것은 경제와 정치 모두에 대한 불만이 미국 사회에 광범하게 퍼져 있음을 보여주는 것이었다. 영국에서 유럽연합 탈퇴를 놓고 투표가 실시된 것 역시 우파 포퓰리즘이 발작적으로 표출된 것이었다고 할 수 있다. 유럽연합과 자유무역의 교의 모두를 거부하는 극단적 민족주의자ultra-nationalist 집단들은 이제 유럽의 많은 지역에서 두 번째 또는 세 번째로 큰 정당이 되었으며, 일부는 정부 내에 자리하고 있다. 민주주의 자체가 포위되어 있다.

    이러한 격변은 터키, 헝가리, 이집트, 필리핀과 같은 민주주의의 뿌리가 약한 나라들에서뿐만 아니라 민주주의의 중심지 ─ 서유럽과 미국 ─ 에서도 일어나고 있다. 독재자들은 민주주의의 형식을 이용하여 민주주의의 내용을 파괴하고 있다. 전적으로 다른 모델인 중국의 국가 주도 반⁂자본주의는 자유민주주의로 진화할 조짐을 전혀 보이지 않고 있다. 중국은 자유시장과 닮은 그 어떤 것도 받아들이지 않고 있다.

이러한 극단적인 민족주의적 반응은 다시 기승을 부리는 인종차별주의뿐만 아니라 이주자와 난민에 대한 분노에 의해서도 악화되었다. 그러나 이러한 추세를 추동하는 근본적인 동력은 소수의 사람에게만 봉사하고 많은 사람에게 손해를 끼치는, 그러면서 반체계 정치anti-system politics를 키우는 무분별한 글로벌 자본주의의 부활이다. 비록 그 전환이 갑작스럽고 극단적이었지만, 대중의 불만은 엘리트들의 코 밑에서 수십 년 동안 끓어오르고 있었다.

이 책의 주장

내가 이 책을 쓰는 목적은 우파 포퓰리즘의 부상과 (서구 민주주의에서 한때 광범위한 시민에게 봉사했던) 사회계약의 붕괴 사이에 있는 점들을 연결하는 것이다. 이 이야기는 다섯 가지 핵심 요소로 이루어져 있다.

첫째, 전후 시대는 자본주의의 역사에서 예외적인 시기였다. 전후 시대는 금융을 제약하고 조직노동자와 민주 정부로 권력을 이동시킨 사건들이 우연히 수렴된 결과였다. 제2차 세계대전 직후의 시기에, 1930년대의 쓰라린 교훈을 학습해 온 계몽된 지도자들은 혼합경제를 구축했고, 혼합경제가 광범위한 번영을 이룩함에 따라 자유민주주의는 더욱 지지받았고 전쟁의 위험은 줄어들었다.

전후 사회계약은, 국가별로 편차가 있기는 했지만, 사회적 형태의 제약받는 자본주의가 성공적인 경제가 될 수 있다는 것을 보여주었다. 전후 시대에 경제는 더욱 평등해졌음에도 불구하고 기록적인 속도로 성장했다. 서구 전역이 그러했는데, 이는 그곳에서 공통의 체계적인 동학이 작동했다는 것을 시사한다. 그러나 전후 시대는 다시 1920년대만큼이나 걱정스럽고 그와 유사한 반발을 불러일으키는 시대로 나아갔다. 괜찮은 정치경제를 지금도 이룩할 수 있지만, 그렇게 하기 위해서는 아마도 다시 극히 예외적인 정치가 요구될 것이다.

둘째, 수많은 논평자가 무역과 기술, 그리고 제조업에서 서비스업으로의 전환과 같은 요소가 생계를 불안하게 만들었다고 주장하지만, 20세기 후반의 경제구조에서 그러한 요인 중 어떤 것도 규제되지 않은 시장경제로의 복귀를 강요하지 않았다. 그것은 하나의 정치적 전환이었다. 1970년대 발생한 경제적 동요는 엘리트들이 지구화를 자신들의 도구로 이용하여 자본에 대항하는 민주적 세력들을 약화시킬 수 있는 공간을 열어주었다. 지구화로부터 비롯된 정책들은 평등뿐만 아니라 효율성에도 나쁜 결과를 초래했다.

셋째, 미국은 제2차 세계대전 동안과 그 후에 괜찮은 경제의 창출과 파괴 모두에서 중심적인 역할을 했다. 1940년대 초에 미국의 분위기는 유례없이 진보적이었다. 미국이 막강한 권력을 행사하던 1944년에 창설된 글로벌 기구들은, 미국과 유럽의 동맹국들 모두가 뉴딜 정신에 기초하여 민간 금융의 투기 권력으로부터 격리된 혼합경제를 구축할 수 있게 하기 위한 것이었다. 하지만 미국 정부가 1970년대 초에, 그리고 더욱 확고하게는 1980년대에 다시 금융세력과 동맹을 맺었을 때, 글로벌 체계에 대한 미국의 목표도 반전되었다.

넷째, 오늘날 버전의 지구화는 대단히 반민주적이다. 한편에서는 글로벌 무역협정이 국가정책의 공간을 좁히고 자본주의를 길들이는 정부의 능력을 약화시키고 있다. 다른 한편에서는 그 결과에 대한 대중의 반발이 반민주적 지도자와 정당, 그리고 극단적인 민족주의적 감상을 고조시키고 있다. 테러리즘의 부상과 외국인에 대한 두려움은 국내에서는 평행 변증법을 통해 외국인에 반대하는 독재자를 더욱 지지하게 만들고 있다. 급진적 이슬람과 서구의 우파 포퓰리즘은 공생관계에 있다.

다섯째이자 마지막 견해는 민주적 좌파의 붕괴와 관련되어 있다. 시장 과잉에 대한 분노는 파시즘을 향해 오른쪽으로 갈 수도 있고, 괜찮은 경제를 정착시키고자 하는 진보적 좌파에 활력을 불어넣어 줄 수도 있다. 1990년대경에 중도좌파 정당들(미국에서는 빌 클린턴Bill Clinton, 영국에서는 토니 블레어Tony Blair가 이끈)은 신자유주의적인 글로벌리즘적 합의에 합류했다. 그러자 보통 사람들이 이제 더 이상 참을 수 없다고 판단하고 그들에게서 신뢰를 거두었다. 유럽 전역에서 사회민주당들은 자신들의 노동계급 기반의 상당 부분이 극우 쪽으로 이탈하면서 지지를 잃었다. 글로벌 레짐은 개별 국가의 정책을 (금융시장의 요구에 따라) 매우 엄격하게 제약했다. 그 결과 그리스의 시리자Syriza 연합과 같은 보다 좌파적인 정당들이 집권했을 때, 그들조차도 그 체계의 규칙에 속박받을 수밖에 없었다.

이 모든 것이 정치를 혼란스럽게 만들었다. 오늘날 서구 전역에서 수많은 시민이 좋은 삶을 도둑맞고 있다는 것에 화가 나 있다. 그들은 누구 — 이민자, 기업, 정치적으로 올바른 자유주의자, 부자, 가난한 사람 — 에게 화를 내야 하는지에 대해 잘 알지 못한다. 분노는 초점이 없고 아직 조직화되지 않았지만, 네오파시스트 우파에 의해 점점 더 결집되고 있다. 도널드 트럼프의 당선과 영국의 유럽연합 탈퇴 투표 — 이 중 어떤 것도 주머니 사정과 관련한 불만을 해결해 주지 않을 것이지만 — 는 이러한 혼란을 상징한다.

2001년 9월 11일의 공격 이후, 일부 논평자는 '문명의 충돌clash of civilizations'을 공언하고 나섰다. 사무엘 헌팅턴Samuel P. Huntington이 유명하게 지칭한 대로, 그 문명의 충돌은 민주적 서구가 야만적인 형태의 급진적인 이슬람에 맞서 싸우는 것이었다.[2] 하지만 9·11 테러가 일어나기 훨씬 전에 동료 정치학자 벤저민 바버Benjamin Barber는 『지하드 대 맥월드 Jihad versus McWorld』라는 제목의 책에서 그러한 문명충돌이론을 서구가 제시하는 상업적인 (자주 겉만 번지르르한) 지구화의 규범이라면서, 자유민주주의를 확산시키기보다는 자유민주주의에 대한 원시적 반발을 조장할 뿐이라고 일축했다.[3]

그러나 최근의 사건들은 뭔가 더 나쁜 것을 암시한다. 민주주의에 대한 위협이 서구 **내에서** 점점 더 증가하고 있다.

민주주의와 시장의 댄스

우리가 하고자 하는 더 심층적인 이야기는 사회적으로 감내할 수 있는 자본주의와 강건한 민주주의 간의 긴장 관계에 관한 것이다. 체계가 균형을 이룰 때 강한 민주주의는 일반 이익을 위해 시장의 힘을 조절하고, 이는 다시 민주적 정당성을 강화한다. 민주주의는 일국적일 수밖에 없다. 왜냐하면 정체政體가 일국적이기 때문이다. 나는 미국 시민으로서 나의 지도자에게 투표할 수 있다. 나의 정부는 상대적으로 투명하고 그러면서도 얼마간 다툼을 벌일 수 있는 특정한 규칙과 절차를 가지고 있다.

하지만 글로벌 세계에는 글로벌 정부도 없고 글로벌 시민권도 없다. 민주주의가 시장을 길들일 것을 요구하면, 지구화는 그러한 노력을 약화시킨다. 오늘날의 지구화는 국가의 규제 권한을 약화시킨다. 오늘날에는 글로벌 중앙은행도 없고, 글로벌 금융감독자도 없고, 글로벌 독점금지 기관도 없고, 글로벌 세금징수관도 없고, 글로벌 노동관계위원회도 없고, 민주적 권리를 강화하거나 사회계약을 중재할 글로벌 실체도 없다. 국제통화기금International Monetary Fund: IMF이나 세계무역기구World Trade Organization: WTO와 같은 유사 정부의 글로벌 기구들은 국내 공적 기구보다 훨씬 덜 투명하고 책임성도 없으며, 기업 엘리트들이 쉽게 장악하여 지배할 수 있다. 지구화는 국내적으로는 정치권력의 분포를 변화시키고 자유방임주의와 지구화를 더 선호하는 엘리트들의 영향력을 증가시키는 경향이 있다. 이렇듯 지구화는 자신을 먹고 산다.

전후 체계의 핵심적 측면 가운데 하나는 금융을 매우 엄격하게 규제했다는 것이다. 그리하여 전후 체계에서는 이전에는 대부분 사적 영역으로 남아 있던 금융이 공익사업에 가까운 것으로 바뀌었다. 산업자본주의 역사에서는 특이하게도 민간 금융을 글로벌하게 운용할 수 있는 능력이 엄격히 제한되었다. 전후 체계는 자본의 국제적인 움직임을 제약했다. 이 때문에 은행은 대부분 본국의 국경 밖에서 사업을 할 수 없었다. 환율이 고정되어 있었으므로 통화에 대한 투기도 전혀 존재하지 않았다. 신용부도스와프Credit Default Swap*와 같이 오늘날 전 세계적으로 운영되고 그로 인해 체계의 통제 불가능성과 불안정성을 가중시키는 범주의 금융상품은 전혀 존재하지 않았다.

전후 시대에 국가가 금융자본을 엄격하게 통제한 것은 당시의 보다 광범한 정치경제에 중대한 결과를 가져왔다. 실물 경제에서 금융은 주

---

* 기업이나 국가의 파산 위험 자체를 사고팔 수 있도록 만든 파생금융상품 _옮긴이

인이 아니라 하인이었다. 금리는 낮게 유지될 수 있었고, 손쉽게 번 돈이 투기나 불안정성, 투자 거품에 연료를 공급할 것이라는 걱정 없이 실물 경제에 값싼 자본을 제공할 수 있었다. 금융이 할 수 있는 일을 엄격하게 제한하자, 금융 엘리트들의 부와 권력 또한 제약되어 전체 사회협약을 뒷받침하는 쪽으로 권력이 더욱 이동되었다.

전후 사회합의의 여러 요소가 해체된 데에는 다양한 원인이 있었다. '지구화' ― 화폐, 제품, 서비스, 노동의 초국적 이동에 대한 규제를 완화하는 것을 의미하는 현재의 용법으로의 지구화 ― 가 유일한 원인은 아니었다. 그러나 지구화는 분명 전후 사회합의를 해체시킨 추동력이자 강화제였다. 지구화는 신자유주의 정책과 가치를 전달하는 매개체였다.[4] 새로운 글로벌 규칙은 금융이 국경을 넘어 투기적으로 자본을 운용할 수 있는 능력을 회복시켰을 뿐만 아니라 각국 정부가 금융을 규제할 수 있는 능력을 약화시켰다. 지구화는 일시적으로 억압되었던 기업 및 금융 엘리트들의 정치적 권력뿐만 아니라 그들의 부를 회복시키는 데에도 도움을 주었다. 자본의 지구화는 중도좌파 정부에게조차 (마거릿 대처Margaret Thatcher의 유명한 표현으로) 훨씬 더 자유방임주의적으로 되는 것 말고는 대안이 없어 보이는 현실을 만들어냈다. 왜냐하면 시장을 안심시켜야만 하기 때문이었다. 이 과정은 정치적으로 그리고 경제적으로도 누적적이었다.

극우의 반격이 거의 모든 서방 국가에서 동시에 일어나고 있다는 사실은 우연의 일치도 아니고 우발적인 전염도 아니다. 그것은 지구화가 보통 사람들의 생계에 미치는 영향에 대해 반발하며 발생하는 하나의 공통된 현상이다. 그런 감상은 분노를 유발하는 음울하고 사악한 정치를 생산하고, 민주주의를 더욱 훼손시킨다. 엘리트들은 정책 논쟁에서는 승리했지만, 시민을 잃었다.

극우적 감상은 항상 사회의 주변부에 잠복해 있다. 그러나 민주주의가 자본주의의 관리라는 자신의 임무를 잘 수행할 때, 그러한 감상은 주변부에 머무른다. 하지만 자본주의가 민주주의를 압도할 때, 우리는 백악관의 한 친구와 함께 대안우파alt-right*를 가지게 된다. 다시 말해 우리는 브라이트바트 뉴스Breitbart News,** 스티븐 배넌Stephen Bannon,*** 도널드 트럼프를 가지게 된다.

점점 더 탈규제되고 국가의 제약으로부터 더욱 벗어나고 있는 글로벌화된 자본주의는 복합적이고 복잡하고 누적적인 방식으로 균형 잡힌 경제의 토대를 훼손한다. 글로벌 기준이 없는 글로벌 시장이 출현함에 따라 국내 노동자들은 더 절박한 해외 노동자들과 직접 경쟁을 할 수밖에 없게 된다. 노동기준을 규정하기 위해 지난 한 세기 동안 벌인 민주적 투쟁의 가치는 물거품이 된다. 부의 스펙트럼의 또 다른 끝에서는 금융의 전 세계적 자유화가 엘리트들에게 천문학적 수입을 창출해 준다. 개발도상 세계는 세계시장에 접근할 수 있지만, 대부분은 부와 빈곤이 양극화된 훨씬 더 극단적인 사례로 전락한다. 돈이 시민권보다 더 강력해져서 정체와 경제 모두를 부패시킨다.

지구화는 국경을 넘는 사람들의 이동 또한 가속화한다. 기업 지도자들과 그들의 정치적 동맹자들은 값싼 노동의 국제적 흐름을 촉진해 왔다. 제3세계의 많은 나라에서는 해외로부터 송금되는 돈이 수입의 중요

---

* 극단적인 보수주의 정치 성향의 우파 집단으로, 미국 주류 보수주의의 대안으로 생겨났다. _옮긴이
** 극우 성향의 미국 온라인 언론 _옮긴이
*** 브라이트바트 뉴스의 설립자이자 도널드 트럼프의 전 수석 전략가 _옮긴이

한 원천이 되었다. 유럽연합은 회원국 자격의 조건으로 노동자들의 자유로운 국가 간 이동을 요구한다. 이주자들은 또한 전쟁이나 독재자를 피해서 온 난민들이다. 스웨덴에서 독일, 그리고 캐나다에 이르는 몇몇 국가의 지도자들은 이상적으로 정치적·경제적 난민들에게 문을 열어주었다. 이주자들 — 대체로 가난하고 자주 멸시받는 — 은 국가의 사회계약 바깥에 존재한다. 그들은 국가의 민주적 심의에 참여하지 않으며, 착취와 보복 모두에 취약하다. 최근의 테러 공격이 있기 훨씬 이전부터 이들의 존재는 그간 정착되어 온 사회적 타협의 토대를 훼손시켰다.

민주주의 국가에서 정부와 정치는 상반되는 것처럼 보이지만 서로를 악화시키는 문제 — 단계적으로 문제를 증대시킴으로 인해 직면하는 기능 마비 상태 — 에 시달리고 있다. 미국에서는 지난 30년 동안 냉소적인 공화당과 기업이 경제적 개선책을 가로막고 나섰는데, 이는 사람들로 하여금 정부와 정치를 불신하게 했고, 결국에는 도널드 트럼프에게 길을 열어주었다. 유럽연합에서는 신자유주의적 규칙이 회원국 정부의 정책 선택지를 제약해 왔다. 극우 반체계 정당의 부상은 주류의 의회 공간을 협소화시켜 중도우파와 중도좌파의 결단력 없는 연립정부를 낳았고, 이는 결국 경기 침체로 인해 더 강력한 개선책이 요구되었을 때 허약한 타협 정책으로 대처할 수밖에 없게 했다. 1920년대를 연상시키는 이러한 봉쇄상태는 정부를 불신하게 하고 카이사리즘Caesarism을 자초한다.

어떤 사람들은 자본주의가 투명성, 법치, (시장, 아이디어, 투표를 둘러싼) 자유경쟁이라는 공통 규범 때문에 민주주의를 촉진한다고 주장해 왔다.[5] 일부 이상화된 세계에서는 자본주의가 민주주의를 강화시킬 수 있지만, 역사적으로 서구에서 민주주의는 자본가들의 권력을 **제한**함으로써 확대되어 왔다. 이 프로젝트가 실패할 때 자주 어둠의 세력이 활개를 친다. 20세기에 자본주의는, 기업에 우호적인 환경을 조성하고 독자적인 노동자 조직을 억압하는 독재 정권과 잘 공존했다. 서구의 자본가들은 지역 민주주의를 짓밟은 제3세계 독재자들을 부자로 만들어주었고 또 지지해 왔다. 히틀러Hitler는 제2차 세계대전이라는 불행한 계산 착오를 하기 전까지는 번창했던 독일의 기업 및 은행가들과 잘 화합했다. 공산주의 중국은 자유 노동조합을 파괴하고 당의 정치적 독점을 유지하기 위해 자신의 자본주의 사업 파트너들과 한통속이 되어 일한다. 블라디미르 푸틴Vladimir Putin은 조작된 자본주의 브랜드를 주도하면서 부정축재 정치인들과 사이좋게 통치한다.[6]

다른 방도가 없을 때 자본주의와 민주주의가 자연스럽게 보완된다는 이야기는 하나의 신화이다. 기업은 독재자와 기꺼이 별도의 협약을 맺는다. 또한 기업은 민주주의 국가에서조차 시민의 심의 영역을 협소하게 만든다. 트럼프가 당선된 후 우리는 기업들이 이주자를 옹호하고 정체성 정치identity politics의 행복한 무지개에 경의를 표하면서도 세금과 규제를 없애는 트럼프 프로그램을 지지하기 위해 줄을 서 있던 모습을 보았다. 일부 경영자가 트럼프의 인종차별적 논평 때문에 그와 뒤늦게 관계를 끊었지만, (트럼프보다 훨씬 전에 시작된) 민주주의에 대한 우파의 광범위한 공격에 저항한 대기업은 단 한 곳도 없었다. 그리고 그들 모두는 규제 폐지에 행복해했다. 민주주의가 부활할 경우, 기업이 아닌 권한을 부여받는 시민들에게서부터 운동이 시작될 것이다.

마크 트웨인Mark Twain이 한 것으로 알려진 말에 따르면, 역사는 반복되지 않지만 그 흐름은 반복된다. 현재의 흐름은 불길한 경고로 간주되어야만 하는 반향을 울리는 불협화의 흐름이다.

폴라니 시대

우리는 이 영화를 이전에도 보아왔다. 두 세계대전 사이의 시기 동안 영국, 프랑스, 미국을 지배한 자유시장 자유주의자들은 제1차 세계대전 이전의 자유방임주의 체계를 복원하기 위해 노력했다. 그들은 경제회복에 앞서 채무를 회수했다. 투기가 만연하고 민간 자본에 대한 통제가 이루어지지 않던 시대였다. 이 모든 것은 번영과 평화를 증진시키는 것으로 여겨졌다. 하지만 그것은 오히려 10년간의 경제적 불안정을 초래하여, 결국 불평등을 고조시키고 민주주의를 불신하게 하고 파시스트들로 하여금 반격에 나서게 하여 더 깊은 불황을 낳았다. 1932년 7월의 선거가 실시되기 이전까지(나치는 이 선거를 통해 제1당이 되었다) 히틀러 이전의 통치 연합은 독일의 채권단과 유럽 전역의 정통 재정관에 의거하여 경제 긴축을 실행하고 있었다.

극단을 취한 시장 세력이 어떻게 민주주의와 작동 중인 경제 모두를 파괴하는지를 정확하게 간파한 위대한 예언자는 카를 마르크스Karl Marx라기보다는 카를 폴라니Karl Polanyi였다. 폴라니가 1944년에 출간한 대작 『거대한 전환The Great Transformation』에서 입증했듯이,[7] 시장이 사회에서 탈착근되고dis-embedded 그로 인해 시장이 사회적 결과에 무관심해질 때 필연적으로 하나의 반응이 일어나는데, 그 반응은 자주 질서 있고 민주적이기보다는 혼란스럽고 파시스트적이다. 폴라니는 "자유주의적 자본주의가 봉착한 궁지에 대한 파시스트의 해결책"은 시장 봉쇄이며, 이는 "모든 민주적 제도의 절멸이라는 대가를 치르고 달성된다"라고 썼다.[8]

폴라니는 제1차 세계대전, 전간기, 대공황, 파시즘, 제2차 세계대전의 대재앙을 시장 세력이 사회를 압도함으로 인해 초래된 필연적 극점으로 보았다. 그는 "그러한 대격변의 원인은 자기조절적 시장체계를 구축하기 위해 유토피아적인 경제적 자유주의에 진력한 데 있다"라고 썼다.[9]

대사건들이 폴라니의 비전을 입증하는 시대에 폴라니를 다시 읽으면, 오늘날의 섬뜩한 패거리들이 머리에 떠오른다. 폴라니는 브레턴우즈 체계Bretton Woods system*의 설계자인 존 메이너드 케인스John Maynard Keynes처럼 낙관론자였다. 두 사람은 올바른 정치와 민주주의의 올바른 동원을 통해 시장이 공동의 이익을 위해 이용될 수 있다고 믿었다. 그들은 자본주의가 재앙을 일으키는 경향이 있음을 인정했지만, 그러한 결과가 불가피하다고 믿지는 않았다. 폴라니는 살아 있는 동안에 전후 체계가 자신의 희망을 입증하는 것을 보았다.

물론 위대한 비관주의자는 마르크스였다. 20세기 중반에 역사는 마르크스의 대본을 따르지 않았다. 미국과 유럽에서 전후 호황이 최고조에 달했을 때, 자본주의가 자멸할 것이라는 마르크스의 암울한 예언은 터무니없는 것처럼 보였다. 만족해하는 부르주아는 엄청난 성공을 거두었고 또 여전히 성장하고 있었다. 프롤레타리아는 강력한 노동조합과 공적 규제 덕분에 꾸준한 소득증가를 누렸다. 마르크스가 혁명적일 것이라고 상상했던 각성한 노동자들의 정치적 에너지는 혁명보다는 사회민주당과 진보적인 의회 정당을 지지하는 쪽으로 나아갔다. 이들 세력은 자본주의를 대체하는 것이 아니라 자본주의를 완화하는 복지국가를 구축했다. 한편 마르크스를 찬양했던 국가들은 암울한 경제적 실패를 경험했고, 자신들의 노동계급을 억압했다.

＊ 제2차 세계대전 종전 직전인 1944년 미국 뉴햄프셔주 브레턴우즈에서 44개국이 참가한 가운데 열린 연합국 통화 금융 회의에서 만들어진 국제통화체계. 이 협정에 따라 국제통화기금(IMF)과 국제부흥개발은행(IBRD)이 설립되었다. 통화 가치 안정, 무역 진흥, 개발도상국 지원을 목적으로 하며, 미국 달러화를 기축통화로 하는 금본위제도를 채택했다. _옮긴이

그로부터 반세기가 지난 지금 노동자들은 궁지에 몰리고 위험에 처해 있다. 실업자들로 구성된 글로벌 예비군이 임금을 낮추고 노동자들의 정치적 권력을 주변화하고 있다. 집 없는 부랑자들과 국가 없는 이주자들로 이루어진 **룸펜프롤레타리아**가 사회조직을 분열시키고 있다. 엘리트 직업들도 프롤레타리아화되고 있다. 글로벌화된 시장은 민주적 정체의 작동범위를 좁히면서 혼합경제를 보호할 수 있는 토대를 약화시키고 있다.

　이데올로기적으로는 시장은 선하고 국가는 악하다는 신자유주의적인 견해가 또 다른 헤게모니적인 마르크스식 개념 — 한때는 억지처럼 보였지만 지금은 의심 없이 받아들여지는 자기 편향적 관념들이 지배하는 상황을 일컫는다[10] — 에 가까워지고 있다. 2008년에 붕괴라는 치욕을 겪었음에도 불구하고, 금융이 여전히 최고의 지위를 누리기 때문에, '자본'이라는 말을 마르크스식으로 하나의 집합명사로 사용하는 것은 더 이상 비웃음을 살 만한 일이 아니다. 지난 여섯 명의 미국 재무장관 중에서 다섯 명이 골드만삭스Goldman Sachs 출신이었다. 공화당 정부에서(심지어는 포퓰리스트로 지칭되는 도널드 트럼프하에서도)뿐만 아니라 민주당 정부에서도 그러했다. 국가가 마르크스가 바라본 방식의 지배계급의 집행위원회는 아니지만, 그것을 꽤 잘 흉내 내고 있다.

　하지만 마르크스는 몇 가지 큰 문제를 잘못 짚었다. 통치자들이 마르크스의 이름을 들먹인 나라들을 살펴보면, '프롤레타리아의 독재'는 없었고 그냥 평범한 전체주의만 있었다. 우리의 논의의 목적에서 볼 때 가장 중요한 것은 마르크스가 글로벌 프롤레타리아를 마음속에 그리면서 민족주의를 빠뜨렸다는 것이다. 그는 사회제도를 절멸시키는 약탈적 자본주의에 대항한 반발이 보다 일반적으로는 파시즘으로 귀착되었다는 사실을 간과했다.

나는 폴라니와 케인스처럼 경제가 일반 이익을 위해 민주적으로 이용될 수 있다고 여전히 믿고 있다. 그러나 민주적으로 제약받는 혼합경제를 이룩하기 위해서는 거의 모든 것이 잘 맞아떨어져야만 한다. 혼합경제가 성공하기 위해서는 우연한 역사적 상황, 엘리트에 대항하여 시민을 동원하고 민주적인 지도자들을 고취하는 운동, 그리고 상당한 행운이 요구된다.

이 순간들은 지속되지 않는 경향이 있다. 제도들은 종종 처음에 보이는 것보다 더 취약한 것으로 판명되며, 지속적인 갱신이 요구된다. 기본적으로 자본주의 경제에서 금융 엘리트들은 제약을 받을 때조차도 엄청난 양의 잔여 권력을 보유하고 있다. 그것은 민주적 대항 권력에 의해서만 억제될 수 있다.

브레턴우즈 시대는 보다 긍정적인 형태의 지구화가 가능하다는 것을 암시한다. 그러나 시민권과 시장을 균형 잡았던 전후의 지구화 브랜드에는 무엇보다도 **정치**가 요구되었다. 오늘날 몇몇 사상가는 세미나실에 앉아서 더 엷은 지구화와 더 강력한 민주적인 국가 정체를 설계하기도 했다. 케인스와 그의 세대는 제2차 세계대전 이후에도 그렇게 했다. 그러나 그들은 정치적인 바람을 등에 업고 있었다. 오늘날 민주적 자본주의의 설계자들은 정치적 역풍에 직면해 있다. 아이디어가 중요하지만, 그것이 정치운동을 대체할 수는 없다.

대부분의 사람을 위해 작동하는 괜찮은 경제를 되찾고 나아가서 민주주의를 회복할 수 있을까? 아마도 가능할 것이다. 하지만 다시 한번 더 리더십과 권력, 행운이 필요할 것이다. 우리는 먼저 사태가 어째서 틀어지게 되었는지를 더 깊이 이해할 필요가 있다.

1

화난 사람들의 노래

2017년 1월 도널드 트럼프가 취임 선서를 하고 있을 때, 세계 엘리트들은 스위스의 유명 스키 리조트에서 매년 열리는 다보스 포럼Davos Forum*에 모여서 자신들과 같은 사람들에게 반발하는 포퓰리즘이 고조되고 있는 것에 대해 심사숙고하고 있었다. 옥스퍼드에서 지구화와 발전을 가르치는 영국의 경제학자 이안 골딘Ian Goldin은 정말 어리둥절해하는 것으로 보였다. 골딘 교수는 글로벌리즘을 옹호하는 오프닝 세션에서 이렇게 말했다. "지금보다 더 살기 좋았던 시대는 결코 없었다. 하지만 우리는 너무나 침울해한다. ……미국과 같은 가장 큰 나라조차 우리가 우리의 미래를 독자적으로 구축할 수 있다고 생각하는 것은 하나의 환상이다."[1]

* 세계의 저명한 기업인·경제학자·저널리스트·정치인 등이 모여 세계 경제에 대해 토론하고 연구하는 국제민간회의. 정식 명칭은 '세계경제포럼(World Economic Forum)'이지만, 스위스 다보스에서 매년 초 총회가 열리기 때문에 '다보스 포럼'으로 더 잘 알려져 있다. _옮긴이

그러나 대부분의 노동자에게 이 시대는 살기에 그렇게 좋은 시대가 아니었다. 생활수준은 불안정하고 하락하고 있다. 영화 〈론 레인저Lone Ranger〉에서 톤토Tonto가 했던 유명한 농담 "우리라니, 무슨 말이야?"처럼, 인류의 대다수는 다보스의 '우리'에 속하지 않았다.

티파티Tea Party*들의 등장과 도널드 트럼프 등의 당선은 그간 무슨 일이 일어났는지에 대한 논쟁을 유발했다. 노동계급의 유권자들, 특히 백인 남성들로 하여금 민주당을 버리고 가짜 포퓰리스트 억만장자를 지지하게 만든 불만은 주로 경제 문제였는가? 인종 문제였는가? 아니면 문화 문제였는가?

그것들 모두가 일정한 역할을 했지만, 그 요인들은 복잡하고 분석해 볼 만한 가치가 있다. '미국을 다시 위대하게 만들자Make America Great Again'라는 트럼프의 호소가 그렇게 많은 유권자에게서 반향을 불러일으켰던 까닭은 경제가 최근 수십 년간 지구화의 새로운 규칙들에 의해 과도하게 압박받은 나머지 너무나도 많은 노동자를 내팽개쳐 버렸기 때문이다. 노동자들이 기억하는 미국은 더욱 안정적이고 안전한 곳이었다. 이민자들에 대한 트럼프의 맹비난이 효력을 발휘한 까닭은 비록 드물지만 테러 공격이 현실이었기 때문이고, 또한 일부 이주 노동자들이 실제로 전반적인 경제적 곤궁의 시기에 통상 임금보다 낮은 임금을 받고 특정 일자리에서 일하기 때문이다. 기업 엘리트들이 수백만 명의 노동자를 쫓아내는 형태의 교역을 진척시켜 왔기 때문에 교역에 대한 그의 비판은 진실처럼 들렸다.

민주당이 공격적인 문화적 자유주의 정당으로 나아가는 경향은 노

---

* 오바마 행정부의 의료보험 개혁정책에 반발하여 등장한 신흥 보수세력 _옮긴이

동자들의 소외감을 더욱 심화시켰다. 국내 노동자 계급의 곤경은 대부분 무시하면서 불법 이민자들에게 시민권을 획득하는 기회를 주는 것은 법을 준수하며 열심히 일하는 미국인들을 존중하지 않는 것처럼 보였다. 민주당이 의식 있는 새로운 문화적 소수집단의 불만을 진지하게 다루려는 것은 칭찬할 만하다. 하지만 어떤 정당이 트랜스젠더들의 화장실 선택 권리를 소리 높여 옹호하고 싶다면, 일반적인 임금소득자들을 위한 노력 역시 배가했어야 한다. 그렇지 않으면 유권자들은 그 정당이 어느 것도 하지 못하게 할 것이다.

경제 붕괴와 정치적 생색내기

지난 40년 동안 경제는 일반 노동자들에게 잔인할 정도로 등을 돌려왔다. 좋은 임금, 사회보장 급여, 일자리 안정성을 방어하기 위해 한때 결합했던 강력한 노동조합과 경제규제는 대체로 해체되었다. 정규직 직위가 될 수 있었던 많은 일자리가 이제는 임시직과 프리랜서 업무로 구조화된다. 이러한 일의 어떤 것도 결코 자발적으로 일어나지 않았다. 노동보호제도의 소실은 정치적으로 부활한 비즈니스 계급이 계획한 작업이었다. 내가 이 책 제4장부터 제7장까지에서 자세히 이야기하듯이, 동일한 패턴이 대서양 양편 모두에서 광범위하게 작동했다. 이러한 추세들을 강화해 온 공통의 추동력이 바로 지구화였다.

미국 내에서는 아동 노동이나 위험한 노동, 또는 최저 임금 이하의 임금을 지급하는 노동을 허용하지 않는다. 이러한 정책을 채택하게 된 것은 미국에서 노동자들이 한 세기에 걸쳐 정치적 투쟁을 벌인 결과이다. 이러한 노동계의 노력이 뒷거래를 통해 결실을 맺을 수 있었던 것은 엘리트들의 의식적인 정치적 선택 때문이었다. 정통적인 견해는 이러한 변화가 경제의 성격이 변화한 데서 비롯된 것으로 파악한다. 시장이 더 진보한 기술과 교육 수준을 지닌 사람들에게는 자연스럽게 보상을 한 반면 기계나 역외의 더 싼 노동에 의해 수행될 수 있는 일자리를 가진 평범한 노동자들은 밀려났다는 것이다. 이 설명이 지닌 기본적인 문제는 전후의 블루칼라 중간계급은 대학 학위를 가지고 있지 않았었고 대부분의 반숙련 공장 노동자들은 고등학교도 졸업하지 않았었다는 것이다. 하지만 전후 시대의 사회계약은 그들에게 괜찮은 임금을 지급할 것을 요구했다. 한 세기 동안 시장은 자주 잘못되었고, 좋은 사회정책들은 무력화되었다. 미국은 전후 시대보다 평균적으로 두 배 이상 더 부유하다. 그러나 오늘날 그 부가 분배되는 방식은 아주 다르다.

노동자의 기술이 더 이상 경쟁력이 없고 더 많은 교육이 해결책이라는 메시지에는 심층적으로는 정치적이고 모욕적인 의미가 숨어 있다. 다시 말해 당신의 경제생활이 지옥에 떨어졌다면 **그것은 당신의 잘못**이라는 것이다. 톰 프랭크Tom Frank가 중도 자유주의자들의 정치적으로 둔감한 귀를 통렬하게 비난하는 2016년 책에서 썼듯이, "기술혁신이 그 나라가 벌어들인 것 중에서 노동자들의 몫을 줄이는 것은 아니다. 기술혁신은 그러한 발전에 대한 핑계이다."[2]

사람들은 자주 무덥고 더러운 일자리에서 열심히 일했다. 누군가는 게임의 방식을 바꾸어 일자리를 없앴을 뿐만 아니라 쫓겨난 사람들을 패배자라는 이유로 무시했다. 이것이 바로 트럼프가 이해한 상처였고, 그가 매우 효과적으로 되받아친 메시지였다. 그 메시지는 단지 경제학에 관한 것만이 아니라 존엄에 관한 것이었다.

괜찮았던 노동계급 경제가 붕괴되었다는 사실은 상당수의 미국인의 건강이 악화되고 마약 중독이 점점 더 확산하는 데서 생생하게 드러난다. 프린스턴 경제학자 앤 케이스Anne Case와 그의 남편 앵거스 디턴Angus Deaton(2015년 노벨 경제학상 수상자)은 1990년대 후반부터 중년 노동계급 백인들의 기대 수명이 대공황 이후 처음으로 감소하기 시작했다는 것을 입증했는데, 그것은 주로 알코올 중독, 약물 의존, 자살의 증가에서 기인하는 '절망의 죽음death of despair' 때문이었다.[3] 이 사망률 증가는 안정되었던 경제적 삶이 붕괴되었다는 것을 말해준다.

지역 공장과 그곳에 원자재를 공급하는 산업이 문을 닫으면, 관련된 좋은 일자리뿐만 아니라 상가, 소매상, 바와 사교클럽, 교회, 학교 — 즉, 삶의 방식 전체 — 도 사라진다. 노동계급 남성들이 지켜온 가치들 — 즉, 대체로 마음에 들지 않는 일자리에서도 부지런히 일하고, 좋은 부양자가 되고, 전통적인 가족과 교회를 가치 있게 생각하고, 애국심을 소중히 여기는 — 은 글로벌 지배계급에 의해 모욕받고 있었다. 기업 수장들은 공장을 그때그때 전 세계적으로 재배치했는데, 이는 애국심은 어리석은 사람들이나 갖는 것이라는 그들의 믿음을 드러내는 것이었다.

새로운 요구자들 — 매우 다른 가족 개념을 가지고 있는 게이·레즈비언·트랜스젠더, 불법 이주자, 그리고 차별철폐 조치의 혜택을 받은 인종 집단 — 이 힐러리 클린턴Hillary Clinton 같은 민주당원들로부터 존중받고 있다는 사실은 상처에 소금을 뿌리고 있었다. 이것은 백인 노동자 계급이 단순히 인종차별주의자라는 것을 뜻하지 않았다. 더 복잡한 일이 벌어지고 있었다.

여론조사는 노동자들이 도널드 트럼프에게 끌린 것은 그의 정책 공약이 아니라 통치 엘리트와 경제 엘리트들에게 가운뎃손가락 욕을 할 수 있는 기회 때문이었다는 것을 보여주었다. 트럼프의 프로그램을 좋아한다고 응답한 사람은 29%에 불과했다. 딱 절반이 "정치판을 뒤흔들어 놓고 싶다"라고 말했다.[4]

민주당의 노동계급 지지기반의 붕괴

당신은 힐러리 클린턴이 도널드 트럼프에게 충격적인 패배를 한 것을 놓고 서투른 선거운동, 이메일 서버에 대한 일련의 오판, 러시아 해킹, FBI 간섭, 성차별주의 등에서 비롯된 하나의 퍼펙트 스톰perfect storm*으로 독해할 수도 있다. 여성에 대한 도널드 트럼프의 기괴한 대우를 소환해 내는 힐러리 클린턴의 능력조차 빌 클린턴이 바람을 피운 기억과 후보의 가장 가까운 보좌관의 남편인 앤서니 와이너Anthony Weiner가 벌인 역겨운 섹스팅으로 인해 훼손되었다. 이 모든 것은 사실이다. 하지만 훨씬 더 깊은 곳에서 침식이 일어나고 있었다.

루스벨트Roosevelt 당에서 노동계급이 정치적으로 이반하고 있음을 보여주는 통계치는 놀랄 만하다. 백인 노동계급 ─ 대학 학위가 없는 사람으로 정의되는 ─ 유권자들은 트럼프를 67 대 28로 지지했는데, 그 차이가 무려 39%였다. 백인 노동계급 남성들 사이에서는 72 대 23으로, 그 격차가 49%로 훨씬 더 커졌다. 힐러리 클린턴은 손실을 메우기 위해 산산조각 난 유리 천장이라는 페미니즘의 상징에 기댔지만, 대부분의 백인 여성에게서조차 10포인트 차이로 졌다.[5]

---

* 매우 드문 일들이 한꺼번에 일어나면서 상황을 극단적으로 악화시키는 사태를 일컫는 말 _ 옮긴이

1996년 대통령 선거 당시만 해도 적어도 85%가 백인이고 가구 소득이 전국 중위 이하인 카운티들의 정치적 성향을 비교해 보면, 그들은 그해의 대통령 후보인 공화당 밥 돌Bob Dole과 민주당 빌 클린턴에 대한 지지에서 거의 균등하게 갈라졌다. 2016년 도널드 트럼프는 곤경에 처했던 카운티 가운데 658곳에서 승리했지만, 힐러리 클린턴은 단 2곳에서만 승리했다.[6]

빌 클린턴과 버락 오바마Barack Obama의 선거 승리는 행운과 유예된 정치위기라는 요소를 가지고 있었다. 돌은 포퓰리스트 공화당원과는 거리가 먼 인물이었고, 클린턴은 버바Bubba*를 꽤 잘 흉내 냈다. 오바마도 마찬가지로 두 명의 전통적인 공화당원인 존 매케인John McCain과 미트 롬니Mitt Romney와 대결했다는 점에서 운이 좋았다. 두 사람 모두 포퓰리즘을 조금도 내세우지 않았다. 그러나 다음 대통령 선거에서도 민주당이 월스트리트에 구애하고 경제적으로 파탄 난 미국인들을 위해 거의 아무것도 하지 않는다면, 노동계급은 더 이상 민주당을 믿지 않을 것이다. 적절한 공화당원이 함께 출마한다면, 퍼펙트 스톰이 몰아칠 것이다.

백인 노동계급이 전체 유권자에서 차지하는 비율은 1960년 83%에서 1980년에 70%로, 그리고 2016년경에는 단지 34%로 줄었다. 그러나 그들은 여전히 유권자의 3분의 1이 넘고, 백인 노동계급 유권자들은 지리적으로도 그리고 선거상으로도 매우 효율적으로 분포되어 있다. 정치인들은 위험을 무릅쓰고 그러한 현실을 무시한다. 2016년에 중서부의 모든 주요 주에서 백인 노동계급은 투표 인구의 적어도 50%를 차지

---

* '버바'는 미국 남부지방에서 장남에게 붙이는 별명이기도 하고 통통한 사내아이를 가리키는 애칭이기도 하다. 이런 이유에서 클린턴에게도 버바라는 별칭이 붙었다. _옮긴이

하고 있었다. 오하이오, 인디애나, 아이오와, 미주리, 위스콘신주에서는 그 몫이 60%가 넘었다.[7] 민주당 지지가 무너진 서부 펜실베이니아, 오하이오, 미시간, 위스콘신주 서부의 주요 카운티에서는 백인 노동계급 유권자의 비율이 80%를 넘었다.[8]

최근 경제성장의 지역 편향이 트럼프에게 유리하게 작동했다. 2010년부터 경기가 회복되기 시작했지만, 경기는 주로 가장 큰 대도시 지역에서만 회복되었다. 미국의 하이테크 산업 바깥에 위치하는, 그리하여 시간이 지나면서 경제가 약화되다가 결국 2008년 이후에 붕괴된 작은 도시와 지역들은 함께 회복되지 못했다. 미국 인구의 단지 2%만을 차지하는 20개의 카운티가 회복기에 신사업이 거둔 모든 성장의 혜택 가운데 절반을 가져갔다.[9]

경제 붕괴의 지리학은 정치적 파장을 일으켰다. 신사업 성장이 전국 비율에 훨씬 뒤진 주들에는 펜실베이니아, 오하이오, 미시간, 인디애나, 아이오와, 웨스트버지니아, 위스콘신 등이 포함되어 있었는데, 이곳들이 바로 트럼프가 선거에서 기대 이상으로 승리한 주였다. 이 패턴은 1992~1996년 경제와는 정반대였다. 그때는 경제 회복의 혜택이 광범위하게 공유되었다. 그 당시의 회복기에는 미국인의 58%가 일자리 창출 비율이 전국 평균에 달하거나 넘어서는 카운티에 살았다. 2010~2014년의 회복기에는 그 수치가 28%로 떨어졌다.

브루킹스 연구소Brookings Institution가 수행한 한 연구는 미국에서 가장 부유한 493개 카운티 ─ 그 카운티 중 대부분은 도시 또는 대도시에 위치해 있다 ─ 모두가 힐러리 클린턴을 지지했다는 것을 발견했다. 브루킹스는 클린턴을 지지한 493개 카운티가 전국 GDP의 약 3분의 2를 생산했다고 보고했다. 나머지 2623개 카운티는 대부분 트럼프를 택했다.[10] 비슷한 일이 영국에서도 일어났는데, 런던에서는 2 대 1이라는 격차로 더 많은 유권자가 유럽연합에 잔류하기로 결정했지만, 영국의 나머지 지역에서는 훨씬 더 큰 격차로 탈퇴하는 쪽에 투표했다.

여론조사가이자 전략가인 스탠 그린버그Stan Greenberg는 민주당은 "미국의 역동적이고 교육 수준이 최고로 높은 대도시 지역의 자유주의적 가치를 신봉하지만, 소규모 타운과 농촌의 노인 유권자들[과 노동계급 유권자 일반]이 지닌 가치나 경제적 스트레스는 중시하지 않는 것 같다"라고 결론지었다.[11] 민주당이 미국의 비非대도시 지역의 경제적 열망에 관심을 기울였던 때가 있었다. 프랭클린 루스벨트Franklin Roosevelt는 노동조합에 권한을 부여하고 복지국가를 건설했다. 뉴딜정책은 불황 지역을 돕기 위해 남동부의 TVA*와 주요 서부 수력 발전 댐 — 전기를 들어오게 했을 뿐만 아니라 지역 개발을 촉진한 — 같은 대규모 프로그램에 공적 자본을 사용했다.

그러나 글로벌화된 기업들이 한때 번영했던 지역들에서 경제활동을 철수하고 정부들이 그러한 상황에 제대로 대처하지 못하자, 동일한 패턴의 노동계급 반격이 (국가 간 편차가 있기는 하지만) 유럽의 많은 지역에서 일어났다. 영국에서는 그레이터 런던Greater London**의 번영을 공유하지 못해온 지역에서 반이민적이고 반유럽적인 영국독립당UK Independence Party: UKIP에 대한 지지가 아주 집중적으로 드러났다. 프랑스에서는 경제쇠퇴를 겪은 지역에서 마린 르펜Marine Le Pen***의 지지세가 높아지고 있다. 평균 실업률이 낮은 덴마크에서조차 좋은 일자리가 부족한 유틀란트

* Tennessee Valley Authority. 테네시강 유역 개발공사 _옮긴이
** 런던시를 중심으로 한 대도시주(region)로, 세 개의 지역으로 구성되어 있다. _옮긴이
*** 2011년 프랑스 극우정당 국민전선의 대표로 선출된 프랑스의 정치인 _옮긴이

Jutland 같은 지역에서는 우파 포퓰리즘 성향의 덴마크 국민당Danish Peoples Party에 대한 지지가 집중적으로 상승했다. 지역 신문 ≪바일레 암트스 폴크블라드Vejle Amts Folkeblad≫의 편집장인 모겐스 마센Mogens Madsen은 이렇게 말했다. "유틀란트와 같은 지역에서는 덴마크가 위기에서 벗어났고 좋은 일자리가 다시 만들어지고 있다는 [사회민주당 총리] 헬레 토르닝-슈미트Helle Thorning-Schmidt의 말을 듣는 데 지쳤다. 사람들은 주변에서 그러한 일자리를 볼 수 없었다. 코펜하겐에서는 그런 일이 일어나고 있을지 모르지만, 여기서는 그렇지 않다. 적절한 가격으로 집을 팔 수가 없다. 사람들이 이곳으로 이사오고 싶어 하지 않기 때문이다. 사람들은 헬레의 이 드림 픽처dream picture에 넌더리 나 있었다."[12]

미시간주를 유틀란트로, 힐러리를 헬레로 대체하면 둘은 같은 이야기이다.

계급·인종·젠더·문화 상처들의 싸움

사회학자 알리 혹실드Arlie Hochschild는 5년간 티파티 영토 깊숙이 침투하여 농촌 노동계급과 중간계급 사람들이 왜 명백히 자신들의 이익에 반하는 투표를 했는지에 대해 보다 심층적으로 이해하고자 했다. 혹실드는 석유화학산업으로 인해 폐허가 된, 한때 자연 그대로였던 루이지애나주 레이크찰스Lake Charles 지역의 시민들을 인터뷰하면서, 지역 티파티 지지자들이 정부보다 적어도 일자리를 제공한 산업을 더 신뢰한다는 것을 발견했다. 혹실드는 자신의 아주 깨끗했던 환경이 인근 화학 공장에 의해 파괴된, 77세 노인 해럴드 아레노Harold Areno의 말을 인용한다.

국가는 항상 그 작은 남자를 책망하는 것 같아. 이 지류를 놓고 보자구. 만약 당신의 모터보트가 이 물에 약간의 가스를 흘린다면, 감시인이 당신을 고발할 거야. 하지만 기업들이 수천 갤런의 가스를 유출해서 이곳의 모든 생명을 죽인다면? 국가는 그들을 내버려두지. 당신이 멸종 위기에 처한 갈색 펠리컨을 쏘면, 국가는 당신을 감옥에 보낼 거야. 그러나 어떤 회사가 펠리컨이 먹는 물고기에게 독을 먹여서 갈색 펠리컨을 죽인다면? 국가는 그 회사를 그냥 내버려두지. 나는 꼭대기를 규제하기가 더 어렵기 때문에 밑바닥을 과도하게 규제한다고 생각해.[13]

버니 샌더스Bernie Sanders나 랠프 네이더Ralph Nader가 하는 말과 거의 비슷하게 들린다. 하지만 이는 포퓰리즘과는 정반대인 브랜드 ─ 멀리 떨어져 있고 무익하면서도 주제넘게 간섭하는 정부에 대한 체념과 깊은 분노, 즉 우리가 의지할 수 있는 것은 우리 자신의 투지뿐이라는 느낌 ─ 로 이어진다. 혹실드는 아레노와 그의 이웃들 대부분이 티파티와 도널드 트럼프를 지지한다는 것을 발견했다.

저널리스트 존 주디스John Judis는 좌파 포퓰리즘과 우파 포퓰리즘 간의 한 가지 중요한 차이를 설명한다.[14] 좌파 포퓰리즘은 2자 관계적이다. 즉, 지도자들이 지체된 개혁을 달성하기 위해 경제적 엘리트들에게 맞서 대중을 결집한다. 프랭클린 루스벨트는 고전적인 진보적 포퓰리스트였다. 그는 은행가들을 꾀어들이고 민중을 결집하여, 경제를 구하고 더 나은 삶을 구축하는 개혁을 이끌었다.

반면 우파 포퓰리즘은 3자 관계적이다. 우파 포퓰리즘은 일반적으로 엘리트들에게 대항하지만 일부 경멸받는 '타자' ─ 그러한 엘리트들에 의해 성실한 사람들을 희생한 대가로 귀한 대접을 받는다고 주장되는 사람들

— 에게도 대항하여 대중을 결집하는, 자주 선동적인 지도자를 수반한다. 미국에서 그러한 타자들에는 흑인, 페미니스트, 불법 이민자, 부정 복지수급자, 잠재적 테러리스트가 될 수 있는 무슬림, 화장실의 전통적 사용 규칙을 위반하는 트랜스젠더 등이 포함된다. 2016년 힐러리 클린턴의 민주당 전당대회에서는 이 다문화 집단 모두가 뒤섞여 퍼레이드를 벌였다. 트럼프, 폭스뉴스Fox News, 그리고 이른바 대안우파가 '정치적 올바름political correctness'이라고 비난한 이러한 포용은 민주당이 경제가 노동계급을 어떻게 저버리고 있는지와 관련한 빅이슈도 함께 제기했다면 덜 유독한 것으로 판명되었을지도 모른다. 그러나 클린턴은 골드만삭스로부터 많은 강연료를 받은 것으로 더 잘 알려져 있었다.

유럽에서는 그 '타자'에 문화적으로 이질적이고 현지 임금을 낮추는 아프리카와 중동 출신의 이민자와 난민이 포함되어 있다. 독일을 제외하고 거의 모든 유럽에서 10%가 넘는 실업률이 장기적으로 계속되고 있으며, 이는 신경제new economy*가 그냥 지나쳐버린 노동자들 사이에 집중되었다. 현지 주민들에게 유럽연합은 자신들의 삶을 악화시키는 브랜드의 글로벌리즘을 알리는 신호였다. 서유럽에서는 타자에 1993년 이후 자유를 얻어 유럽연합의 규칙 아래 서구에서 일자리를 찾기 위해 동유럽을 떠나온, 좋은 기술을 가진 경제 이주자들도 포함되어 있었다. 대서양 양쪽 모두에서 결과는 비슷했다. 문화적·경제적으로 축출된 노동계급과 중간계급은 세세한 점까지 민주적으로 꼼꼼히 챙기기보다는 '미국(또는 프랑스, 영국, 노르웨이, 폴란드, 헝가리)을 다시 위대하게 만드는 것'에 관심을 보이는 강하고 민족주의적인 지도자들에게 점점 더 끌

---

*   정보 통신 분야의 기술을 혁신하여 생산성을 지속적으로 높이는 경제 _옮긴이

렸다.

민주당이 일련의 정체성 정치 문제에서 좌로 이동하는 것이 돈지갑 문제pocketbook issues*에서 좌로 이동하고 금융의 지배에 도전하는 것보다 더 쉽다는 사실을 깨달았다는 것은 미국의 진짜 권력이 어디에 있는지에 대해 많은 것을 이야기해 준다. 이는 민주당이 여성, 이주자, 그리고 다양한 성적 소수집단의 권리를 옹호하는 것이 잘못이었다고 말하는 것이 아니라, 단지 민주당이 계급 지위 향상의 정치와 계급 엘리트의 호명을 포기했을 때 곤경에 처했다고 말하는 것일 뿐이다. 프랭클린 루스벨트가 미국 역사상 가장 위대한 압도적 재선에 성공한 이후 1936년에 "그들은 나를 증오하고 나는 그들의 증오를 환영한다"라고 선언했을 때, 그는 편견이 심한 사람들에 대해 이야기하는 것이 아니었다. 그는 은행가들에 대해 이야기하고 있었다.[15]

민주당은 내가 계급·인종·젠더·문화 '상처들의 싸움'이라고 부르는 것에 의해 곤란한 상태에 처했다.[16] 가정의 역할에 대해 전통적인 가치를 가진 사람들 가운데서 남자들은 한때 자신들이 누렸던 생계부양자라는 명예로운 지위에서 쫓겨났다고 느꼈다. 많은 여성은 자신들이 유능한 주부와 어머니라고 느낄 수 있는 능력을 빼앗겼다고 느꼈다. 중간 계급의 소득은 이제 두 명의 풀타임 임금소득자를 요구했다. 남성은 아내가 제공하던 전통적인 서비스를 박탈당하는 동시에 여성은 아이들과 가정에 집중할 능력을 박탈당했다. 일과 아이들 사이에서 곡예를 하며 하나의 가족을 함께 꾸려나가기 위해서는 문화 엘리트들에게 불명예스러운 것으로 보이는 일상의 투쟁과 용감한 행동을 할 것이 요구되었다.

---

* 유권자의 생활에 관계되는 경제 문제 _옮긴이

부자는 유모를 고용해 문제를 해결했다. 사회는 전통적인 가부장적 가족구조와 새로운 평등주의 가족구조 ─ 페미니스트들이 오랫동안 추구해왔지만 사회적 지지가 부족해 그간 대부분 막혀 있던 ─ 사이에 끼어 있었다. 그중 어떤 모델도 대부분의 사람에게서 잘 작동하지 않았다.

일부 백인은 자신들이 흑인들에 의해 쫓겨나고 있다고 느꼈지만, 그것은 전체 이야기와는 거리가 멀었다. 만약 미국이 보수가 좋은 일자리를 계속해서 창출했다면, 흑인과 여성이 노동인구로 진입한 것이 백인 남성들에게 지금과 같은 파괴적 결과를 초래하지 않았을 것이다. 제2차 세계대전 동안 인종 측면에서 일어난 진보는 제한적이었지만, 노동자가 부족하고 좋은 일자리가 많이 있었기 때문에 사회는 일자리 문제에 적응하기가 다소간 쉬웠다. 지속적인 인종차별에도 불구하고, 전쟁과 전후 경제호황은 인종 측면에서 진보를 촉진했다. 1960년대의 시민권 혁명이 일어나기 20년 **전**에는 놀랍게도 흑인 노동자들이 실제로 백인 노동자들보다 약간 높은 비율의 소득을 올렸다.[17] 그 이유는 무엇인가? 노동인구에 속한 거의 모든 흑인이 노동계급이었고 전쟁 기간과 전후는 계급 지위가 최고로 향상되던 시기였기 때문이다.

1970년대에는 차별금지에 관한 법률들과 차별철폐 조치 프로그램들의 효과가 나타나기 시작하면서 좋은 일자리와 안전한 유망 직업이 부족해졌다. 1960년대의 시민권 혁명으로 좋은 일자리와 직업적 성공에서 백인 남성의 독점권이 제거되었지만, 그것 또한 불완전했다. 교육받은 흑인들은 이제 형식적으로는 좋은 대학에 들어가고 직업에서 성공을 추구할 수 있게 되었지만, 흑인들에 대한 경찰의 잔혹한 처사는 계속되었다. 인종차별적인 몸 수색권, 흑인에 대한 편파적인 감금, 주택의 임대 및 판매에서의 차별도 마찬가지였다.

대학 학위를 소지한 흑인들도 잘못된 시간에 잘못된 장소에 있을 때면 생명과 사지가 위험에 처했다. 오바마 대통령은 트레이본 마틴Trayvon Martin 살해 사건에 대해 논평하면서 "내게 아들이 있었다면 그도 트레이본처럼 보였을 것"이라고 말했다. 하버드대학교 교수 헨리 루이스 게이츠Henry Louis Gates는 케임브리지에 있는 자신의 매력적인 집에서 경찰이 자신을 체포했을 때 그의 고상한 지위는 좀체 끝나지 않는 인종차별에 대해 어떠한 보호도 하지 못한다는 것을 알게 되었다. 타네히시 코츠Ta-Nehisi Coates는 베스트셀러 『세상과 나 사이Between the World and Me』에서 경찰이 아무런 잘못도 하지 않은 하워드대학교의 모범학생을 살해한 사건을 묘사하고 있는데(이 책의 가장 감동적인 부분 중 하나이다), 이 사례에서 살인자는 사람을 완전히 잘못 알아보았다는 이유로 기소되지 않는다.[18]

그리하여 블랙 라이브즈 매터Black Lives Matter 운동*이 달아오르면서 여러 상처 의식들이 서로 충돌했다. 백인들, 특히 백인 남성들은 쫓겨나고 굴욕받았다고 느낀 반면, 흑인들은 계속해서 멸시당하고 있다고 느꼈다. 페미니스트 여성들 역시 점점 더 심화되는 불만 의식을 느꼈다. 남성과 여성의 소득은 매우 천천히 수렴되고 있었지만, 직업별로 비교해 볼 때 여성들은 여전히 남성보다 30% 적게 벌었고, 유리 천장은 존속되었다. 직장 여성들은, 남성은 치르지 않는 출산에 따른 경력 대가를 치르기 때문에 남성과 여성의 직업 소득 격차는 나이가 들어감에 따라 증가했다.[19] 포르노 산업에서부터 온라인 데이트 시스템과 훅업hook-up**

---

* '흑인 생명도 소중하다'는 의미로, 2012년 흑인 소년이 살해되는 사건이 발생한 후 흑인에 대한 미국 정부와 경찰의 공권력 남용에 대한 항의로 시작된 흑인 민권운동 _옮긴이
** 데이트도 하지 않고 필요할 때만 만나 하룻밤을 즐기고 헤어지는 현상을 이르는 말 _옮긴이

규범, 추잡한 미디어 문화에 이르기까지 모든 것이 반세기 동안 표면적인 법적 진보에도 불구하고 여성을 더 존중하는 것이 아니라 덜 존중하게 내버려두는 것처럼 보였다. 비록 방식이 서로 다르기는 하지만, 전통적인 가치를 가진 여성과 페미니스트들 모두가 분노를 느꼈다.

도널드 트럼프가 등장할 무렵 미국은 서로 싸움을 벌이는 불만들의 가마솥이었고, 그 불만들은 각기 그들 나름대로 정당했다. 자신의 경제적 하향이동과 맞서 싸우는 미국 중간계급은 동정심 피로compassion fatigue 같은 것을 느꼈고, 도널드 트럼프는 그 피로감을 승리의 정치로 바꾸는 방법에 대한 완벽한 감각을 지니고 있었다.

당신의 특권 – 그리고 당신의 근거 – 을 확인하라

주류 언론, 엘리트 대학, 선의를 가진 백인 자유주의자들 모두는 새로운 요구를 존중감을 가지고, 그리고 심지어 매우 신중하게 다루려고 노력했다. 흑인과 여타 비백인들은 이제 1세기 전의 예의 바른 용어로 완전히 되돌아가서 유색인종으로 불리게 되었다. 이 부활된 해석 속에서 **유색인종**이라는 용어는 또한 정치적 용도로도 사용되었다. 그 말은 모든 비백인 사이의 연대를 여전히 바라는 마음을 담고 있었다. 불법 외국인illegal alien은 **허가증 없는 노동자**undocumented worker로 치장되었는데, 이는 정치적 발뺌을 하기 위한 언어적 회피에 불과했다(만일 그게 아니라면, 그 말을 하는 사람은 과연 불법적으로 입국한 사람도 모두 그 나라에 체류할 권리를 가진다는 점을 시사하는 중이었을까?).

정치적 올바름에 대한 트럼프의 경멸은 노골적으로 인종차별을 하는 백인들에게 보내는 신호와 화장실 논쟁에 진저리가 난 훨씬 더 많은 유권자들에게 전하는 보다 부드러운 호소를 교묘하게 결합시킨 것이었다. 웨스트버지니아나 미시간, 오하이오에서 공동체 붕괴에 직면하고 소득이 감소하고 미래를 전망할 수 없는 백인 노동자들에게 "당신의 특권을 확인하라!"라고 요구해 보라. 당신은 백인 남성이 흑인에 비해 대체로 특권을 지니고 있다고 주장할 수 있다. 하지만 그것은 정치적 요점을 놓치고 있다. 비엘리트 백인 남성은 경제적으로 큰 손실을 입고 있다. 경제에는 많은 특권이 있지만, 그것은 주로 상위 몇 퍼센트에게만 주어진다. 버니 샌더스가 탈락하자, 그 소수만이 소유한 극단적인 특권은 2016년의 대선 토론에서 많은 논의의 대상이 되지 못했다.

힐러리 클린턴은 다양한 인종적·성적 소수자, 전문가, 정치화된 여성과 젊은이 등 이른바 떠오르는 유권자들이 당연히 선거에서 득표 차이를 벌려줄 것으로 생각하는 치명적인 실수를 범했다. 버락 오바마가 그 차이 메우기에 대해 열정적으로 연설했다면, 힐러리 클린턴은 그 차이를 **부각시키기**를 좋아했다. 그녀가 그렇게 한 것은 분명 그러한 전략이 연합을 구성하고 있는 각 분파에게 열정을 북돋아줄 것이라고 기대했기 때문이다. 그 연합에서 대체로 배제된 하나의 집단이 바로 백인 남성이었다. 클린턴은 연설에서 청중 속에 자리 잡고 있는, 시드를 배정받은 사람들 ─ 무슬림이거나 트랜스젠더이거나 장애인이거나 허가증이 없는 이주자이거나 인종 억압의 희생자들이거나, (공동의 이익에 의해 미국인으로 정의되는 집단과는 대조적으로) 자신의 정체성으로 인해 얼마간 다른 집단으로 정의된 집단의 성원들 ─ 을 자주 들먹였다.

힐러리 클린턴은 네바다주 헨더슨Henderson에서 그 주의 민주당 간부회의가 열리기 전날 연설하면서 자신에게 우호적인 청중들에게 환호와 반응을 유도했다.

"만약 우리가 내일 거대 은행들을 해체한다면 — 만일 그래야 마땅하다면, 즉 그 은행들이 체계에 위험을 주고 있다면, 나는 그렇게 할 것입니다만 — 그것이 인종차별을 종식시킬까요?"

"아뇨!"[군중이 응답했다]

"그것이 성차별을 종식시킬까요?"

"아뇨."

"그것이 성소수자 공동체에 대한 차별을 종식시킬까요?"

"아뇨."

"그럼 그것이 하룻밤 사이에 이민자들이 더 환영받게 만들 수 있을까요?"

"아뇨."[20]

이 연설은 계급정치가 아닌 정체성 정치로 주제를 바꾸려고 노력하면서 동시에 거대 은행을 우회적으로 방어하는 것이었다.

필라델피아에서 열린 2016년 민주당 전당대회 마지막 날에는 얼마간 억압받는 것으로 상정된 각 집단의 대표자로 선발된 25명의 연단 연사가 연달아 나섰는데, 그중에 이성애 백인 남성은 포함되어 있지 않다. 선거운동의 배경음악으로는 페미니스트 찬미가 〈나의 투쟁의 노래 This is My Fight Song〉가 줄기차게 울려 퍼졌다. 힐러리 클린턴에게 압도적으로 유리한 젠더 격차가 그녀를 정상에 올려놓을 것이라고 생각했기 때문이다. 그러나 노동계급 미국인들에 대한 그녀의 통상적인 호소는 너무나도 무디어서 그녀는 대다수의 백인 여성의 마음조차 움직이지 못했다. 특히 오바마 대통령의 임기가 끝나감에 따라 흑인들이 허탈감을 느끼면서, 흑인들 사이에서 빌 클린턴이 누렸던 진정한 인기가 힐러리 클린턴에게로 이어질 것이라고 가정했는데, 이 또한 잘못된 것이었음이 판명되었다. 트럼프가 시민권을 후퇴시킬 것이라고 노골적으로 위협했음에도 불구하고, 실제로 흑인의 투표율은 떨어졌다.

트럼프의 승리에 인종차별주의의 요소들이 작동했다는 것은 분명하지만, 백인 노동계급 유권자들 사이에서는 2016년의 힐러리 클린턴보다 2008년의 버락 오바마가 실제로 더 선전했다. 출구조사에 따르면, 오바마는 전국적으로 노동계급 백인 표의 약 40%를 얻었다.[21] 거의 알려지지 않은 46세의 아프리카계 미국인인 오바마가 클린턴에게서 지명권을 빼앗을 수 있었던 것은 부분적으로는 두 사람 가운데서 오바마가 더 포퓰리스트인 것처럼 보였기 때문이다. 오바마는 외부인이었고, 공중은 내부인들에게 질려 있었다. 오바마는 예비선거와 본선거 모두에서 백인 노동계급으로부터 놀랄 만큼 인상적인 득표율을 기록했다. 노스캐롤라이나에서는 백인의 35%(소득이 5만 달러 미만인 사람 중에서는 55% 이상)가 매케인에 반대하여 오바마에게 투표했다.[22] 오바마는 변화를 대표했다. 2008년에 538.com이라는 사이트의 션 퀸Sean Quinn은 서부 펜실베이니아 불황 지역의 백인 유권자가 한 선거운동원에게 "우리는 검둥이에게 투표하고 있다"라고 말했다는, 출처가 의심스럽기는 하지만 믿을 만한 이야기를 보도하기도 했다.[23]

AFL-CIO*의 수석 경제학자 윌리엄 스프리그스William Spriggs가 말했듯이, 민주당이 왜 백인 노동계급을 잃었는지에 대한 논쟁은 더 큰 문제를 회피한다. 사실 노동계급의 약 45%가 비백인이다. 2016년 선거에서

---

* American Federation of Labor and Congress of Industrial Organizations. 미국 노동총연맹 산업별 조합회의 _옮긴이

힐러리 클린턴은 오바마를 지지했던, 그리고 이전 시대에 통상적으로 민주당을 지지했던 **전체 노동계급** ─ 백인, 흑인, 히스패닉, 아시아계 노동자들 ─ **사이에서** 기반을 잃었다.[24] 2008년과 2012년 선거 모두에서 오바마를 지지했던 백인 노동계급의 표가 2016년에는 약 4분의 1로 떨어졌다.[25]

힐러리 클린턴이 선거운동에서 놓친 요소가 바로 계급이었다. 그 결과 클린턴은 선거운동 과정에서 전체 파이의 몫과 규칙을 만드는 힘을 가차 없이 증대시켜 온 가장 부유한 사람들을 진지하게 공격하지 못했다. 이 부자 집단에 대한 공격은 부자들의 과도함에 불만을 가진 모든 미국인을 잠재적으로 단결시킬 수 있었다. 브루클린에서 버몬트로 이주한 74세의 자칭 사회주의자 버니 샌더스가 클린턴의 후보 지명을 철회하게 할 뻔했다는 사실은 하나의 경고였음에 틀림없다. 민주당 기반 유권자들과 수백만 명의 부동층 유권자들은 평소처럼 정치에 혐오감을 느꼈는데, 그들에게는 힐러리 클린턴보다 더 나은 상징이 없었다. 그러나 클린턴은 주로 샌더스에 대항하기 위해서만 마지못해 계급을 다루었다. 본선에서 일단 샌더스가 철수하자, 클린턴은 선거운동에서 어떤 종류의 진보적인 포퓰리즘도 대체로 경멸했고, 그 영역을 가짜 포퓰리스트 트럼프에게 넘겨주었다.

우파 포퓰리즘에 담긴 메시지의 상당 부분은 민족주의, 인종차별주의, 그리고 백인 노동계급에 대한 순전히 상징적인 경제적 지원이 뒤섞인 모순적 혼합물이다. 그러나 극우 웹사이트인 Breitbart.com의 대표이자 전략가인 스티븐 배넌의 시도는 보다 일관성이 있었고 전략적이었다. 배넌은 거의 1년 동안을, 처음에는 선거운동 기간에, 그다음에 2017년 8월 퇴임할 때까지는 백악관에서 트럼프의 최고 정치 전략가로 일했다.

배넌은 브라이트바트에서 일하면서 사회 주변부에 있는 소외된 사람들이 백인 민족주의자로 정치화되어 도널드 트럼프를 위해 돌격대에 동원될 수 있음을 포착해 냈다.[26] 브라이트바트는 폭스뉴스Fox News와 우파 토크쇼의 팬인 기존의 극우파를 훨씬 더 극단주의적인 '대안우파'와 연결시켰다. 배넌은 트럼프를 위해 이 거대한 계획을 진척시켰는데, 트럼프는 이전에 리얼리티 TV 진행자 역할을 하면서 흑인 경쟁자들을 출연시키려고 애썼기 때문에 흑인에게 인기가 있었다. 선거운동을 이끌고 백악관에 근무하면서 배넌은 트럼프의 이주자 때리기, 인종차별주의, 반유대주의, 경제적 민족주의 등의 메시지를 설계했다.

하지만 배넌은 트럼프 행정부와는 많은 점에서 달랐다. 배넌은 좌절한 백인 노동계급에게 실질적 혜택을 줄 수 있는 경제적 민족주의 프로그램과 인종차별주의적·이민자 배척주의적인 반발의 동력을 하나로 연결하고자 했다. 그는 인종차별주의가 민주당에게는 소수민족을 방어하게 하는 반면 공화당에게는 경제적 혜택을 얻는 백인 노동자들을 끌어들여 주기를 바랐다. 그는 자신이 해고되는 데 일조한 한 인터뷰에서 나에게 말했다. "민주당이 정체성 정치에 대해 더 오래 이야기하면 할수록 나는 그들을 궁지에 빠뜨렸다. 나는 민주당이 매일 인종차별주의에 대해 떠들어내기를 원한다. 좌파들이 인종과 정체성에 초점을 맞추고 우리가 경제적 민족주의로 나아가면, 우리는 민주당을 분쇄할 수 있다."[27]

배넌은 대규모 공공 기간시설 프로그램, 부유층에 대한 증세, 그리고 산업 일자리를 국내로 되돌리기 위한 대중국 강경 프로그램을 선호했다. 트럼프는 배넌 전략의 긍정적인 부분을 이따금 언급하기는 했지만, 주로 수사적인 수준에서 그렇게 했다. 실제의 세금·무역·투자 정책은 기업이 행정부에 가하는 보다 실질적인 영향력을 반영하여 수립되었고, 노동계급을 위해서는 아무것도 하지 않았다. 축출당한 후 배넌은 현직 공화당원들에게 맞서는 극우 도전자들을 지원했다. 반동적인 경제적 민족주의와 관련한 배넌의 보다 전략적인 견해는 다수집단 정치 majority politics의 가능성을 시사했지만, 그의 일관성 있는 정책은 트럼프의 개인적 우유부단함과 공화당의 기업 장악 둘 다로 인해 배제되었다.

보다 진보적인 브랜드의 경제적 민족주의 — 광범위한 공공 투자, 국내 산업의 장려, 임금 기준과 노동자 권리의 규제, 더 잘 균형 잡힌 무역정책, 그리고 친월스트리트적 무역협상(실제로는 규제 완화 협상이었던)에 대한 거부 — 가 이미 준비된 채 자신의 차례를 기다리고 있었다. 이것 또한 잠재적으로는 승리하는 정치의 하나였지만, 배넌의 덫에 걸린 힐러리 클린턴 선거운동의 테마와는 거리가 멀었다.

민주주의의 부패

노동자의 생계를 서서히 공격해 들어간 것이 트럼프주의로 가는 긴 노정에서 하나의 핵심적인 측면이었다면, 민주주의 자체의 점차적인 쇠퇴는 또 다른 하나의 측면이었다. 강한 민주주의는 전체주의에 대한 방벽이자 경제 집중에 대한 방패이다. 민주주의가 약할 때 저소득층 사람들은 부자들이 규칙을 조작하고 파이의 너무 많은 몫을 차지하는 것에 대해 어떠한 방어수단도 가지지 못한다. 그러면 곧 정부에 대해 냉소적인 경향을 지닌 가난한 사람들이 민주적인 참여와 적극적인 정부가 자신들의 삶을 향상시킬 수 있다는 생각을 포기한다. 40년 이상 투표율이 계속해서 하락해 왔다. 공화당이 지배하는 주에서는 특히 민주당에 투표할 것 같은 사람들의 투표율을 일부러 떨어뜨리고자 시도해 왔다. 극단적인 게리맨더링gerrymandering*은 현직자가 보통 재선될 것으로 기대되기 때문에 투표가 무용하다는 의식을 조장해 왔다. 그러나 가장 잘사는 20%는 여전히 이전과 동일한 수준에서 투표하고 있는 반면, 가난한 사람들 사이에서는 투표율이 가장 가파르게 하락하고 있다. 아래로부터의 절반이 정부로부터 멀어지면, 사람들은 투표를 전혀 하지 않는 것과 선동가들의 마법 같은 약속을 받아들이는 것 사이에서 동요한다.

민주주의가 부패하는 주요한 길 중 하나는 재정과 관련한 것이었다. 선거운동 자금은 점점 더 시민들이 참여할 수 있는 여지를 차단하고, 이는 부자들과 그들의 기업 동맹자들에게는 영향력과 힘을 키울 수 있는 길을 열어주는 반면 일반 유권자들은 냉소적이고 서로 단절된 채로 있게 만드는 악순환을 유발한다. 2010년 우파 대법원은 시민연합Citizens United 판결에서 추세를 과장하여 말 그대로 돈을 연설로 규정하고 무제한적 정치기부에 대한 남아 있던 제약을 폐기했다.**

이러한 변화는 공화당보다 민주당에 훨씬 더 많은 피해를 준다. 돈 지갑 문제와 관련하여 부자 기부자들은 실제로 민주당이 노동계급 유권자들을 옹호하고자 하는 통상적인 본능을 버리게 하기 위해 — 그리고 그 유권자들이 민주당을 덜 좋아하게 하기 위해 — 민주당에 돈을 준다. 공

---

* 어느 한 정당에 유리하도록 부당하게 선거구를 책정하는 일 _옮긴이
** 시민연합은 1988년에 설립된 미국의 보수적인 비영리 단체이다. 2010년에 이 단체는 시민 연합 대 연방선거위원회(FEC)로 알려진 미국 대법원 판결에서 승리했다. 이 판결은 기업과 노동조합이 연방 선거와 관련한 지출을 금지하는 연방법을 위헌으로 규정하여 폐기했고, 그리하여 무제한적인 모금과 후원이 가능해졌다. _옮긴이

화당으로서는 거액 기부금에 의존하는 것이 공화당과 보수주의자, 기업, 자유방임주의 경제학 간의 자연적 친화성을 강화한다.

민주당 모금 활동은 종종 거액 기부자들을 끌어들이기 위해 진보정치를 희생시켜 왔다. 민주당 하원 간부회의에서 기금을 모금하는 기관인 민주당 의회 선거운동위원회Democratic Congressional Campaign Committee: DCCC의 수장은 하원 의석을 놓고 경쟁할 중도우파 민주당원들을 자주 물색하는데, 이는 그들이 스스로 자금을 조달할 수 있거나 개인적으로 부유한 사람들과 접촉하여 돈을 모금할 수 있기 때문이다.

1981년 레이건의 대통령 임기 초기에 DCCC의 수장은 토니 코엘호Tony Coelho라는 무명의 캘리포니아 하원의원이었다. 그는 민주당에 대한 기업의 기부를 적극적으로 호소하기 시작했다. 대규모 감세를 추진하려는 레이건의 노력은 곧 양당 간의 '입찰 전쟁'이 되었고, 양당은 특혜를 제공하는 데서 상대방을 능가하고자 했다. 코엘호는 민주당의 기금을 극적으로 늘렸지만, 민주당이 우로 이동해야 한다는 통념을 강화하고 당을 노동계급으로부터 멀어지게 했다.[28]

코엘호 시절 이후로 상황은 더 악화될 뿐이었다. 2006년 DCCC의 수장은 하원의원이던 람 이매뉴얼Rahm Emanuel이었는데, 그는 이전에 클린턴의 백악관과 월스트리트 사이를 오간 인물이었다. 코엘호처럼 그는 거액의 기업 자금을 모금할 수 있는 중도우파 후보들을 존중했다. 이매뉴얼은 보수적인 민주당원들이 탐내는 하원 금융서비스위원회House Financial Services Committee의 규모를 확대하는 일에 관여했는데, 이 기구는 월스트리트 동맹자들에게 호의를 베풀고 그 대가로 선거자금을 모금하는 장소였다. 진보적인 위원회의 위원장이던 바니 프랭크Barney Frank가 결국 '도드-프랭크법Dodd-Frank Act'**으로 제정된 개혁 법안을 만들기 위한 청문회를 열기 시작했을 때, 프랭크는 이매뉴얼이 금융서비스위원회에 중도우파 민주당원들을 너무 많이 채워놓아 정작 자신의 위원회는 자주 안정적 다수를 차지하지 못하는 일이 벌어진다는 사실에 격분했다.

큰돈의 지배가 초래한 이러한 2차적, 3차적 결과는 많은 민주당원으로 하여금 보통 사람들의 돈지갑 문제와 멀어지게 했다. 민주당은 정체성 정치와 같은 사회적 문제에 대해 월스트리트 동맹자들과 유대를 맺는 반면 진보적인 포퓰리즘을 멀리하기가 훨씬 더 용이해졌다. 이러한 책략을 통해 민주당은 어떻게든 공화당과 재정적으로 '경쟁'할 수 있게 되지만, 보통 사람들의 호민관으로서 자신들이 담당했던 역할에서는 심각한 대가를 치르게 된다. 2016년 힐러리 클린턴은 트럼프보다 더 많은 돈을 모았다. 하지만 그 돈으로 그녀에 대한 사람들의 사랑을 살 수는 없었다.

참여 불평등

워싱턴 DC의 호화 호텔들은 특정한 날이면 시민 활동들로 번잡하다. 동업조합, 로비단체, 정부와 계약하려는 기업, 기관의 규칙에 영향을 미치려는 잘나가는 변호사들 ― 이들 모두가 전략 회의, 모금 행사, 세미나, 총회 등에서 분주하게 활동한다. 그곳에서 최고로 많은 지출을

---

* 일반적으로 '도드-프랭크법'이라고 불리는 '도드-프랭크 월스트리트 개혁 및 소비자 보호법 (Dodd-Frank Wall Street Reform and Consumer Protection Act)'은 2010년 7월 21일 오바마 행정부에서 제정된 미국 연방법이다. 이 법은 2007~2008년 금융 위기의 여파로 금융을 규제하기 위해 만들어진 법률로, 모든 연방 금융 규제 기관과 금융 서비스 산업의 거의 모든 부분에 영향을 미쳤다. _옮긴이

하는 동업조합과 이슈 단체들 가운데서 미국 상공회의소Chamber of Commerce가 13억 5000만 달러 이상의 예산을 사용하여 그 명단의 첫머리를 차지하고 있다. 준準자유주의 단체 중에서는 AARP*만이 고작 상위 20위 안에 들어 있을 뿐이다.[29]

이것이 바로 알렉시스 드 토크빌Alexis de Tocqueville이 구체화했던 전망이다. 그러나 한 가지 주목할 만한 차이가 있다. 그것은 바로 이 결사의 파라다이스에 속해 있는 거의 모든 사람이 소득분배에서 상위 1~2%에 드는 사람들이라는 것이다. 토크빌은『미국의 민주주의Democracy in America』에서 '결사의 기술the art of association'을 미국 입헌민주주의의 필수적인 보충물로 규명한 것으로 유명하다. 참정권은 단지 실질적인 공화국의 개막에 불과했다. 토크빌에 따르면, 정치적 결사는 민주주의의 '위대한 자유학교great free schools'였다. 정부의 형식적인 민주적 제도에 시민적 활력을 불어넣은 것은 바로 정치적 결사였다. 사람들은 고립된 개인이 아닌 집단으로 공적 문제에 관여하는 것이 더 효과적이었다. 토크빌은 "모든 연령의 미국인들, 즉 삶의 모든 정거장에 있는 미국인들은 끊임없이 결사를 형성하고 있다"라고 찬미했다. 그리고 그는 다음과 같은 훈계를 덧붙였다. "만약 인류가 문명화 상태에 머무르거나 문명화되고자 한다면, 결사의 기술과 조건의 평등이 동일한 비율로 성장하고 향상되어야만 한다."[30]

지난 40년 동안 토크빌의 희망은 후진해 왔다. '조건의 평등'이 쇠퇴함에 따라 '결사의 기술'도 쇠퇴했다. 토크빌이 찬양한 '삶의 모든 정거장'에서의 참여 습관도 더 이상 유효하지 않게 되었다. 시민적·정치적

---

* 미국은퇴자협회(American Association of Retired Persons)의 약자로, 50세 이상 인구의 절반이 넘는 사람이 회원으로 가입해 있다. _옮긴이

결사와 조직화된 영향력 행사는 아래로부터의 절반에서는 거의 붕괴되었고, 아래로부터의 4분의 3에서는 줄어들었으며, 엘리트들에게서는 심화되었다.

이러한 경향은 부자가 아닌 사람들에게서 정치적 영향력을 감소시킨 것만이 아니었다. 더 불길한 것은 그러한 경향이 사회를 사회학자들이 '대중사회mass society'라고 부르는 것으로 점점 더 변모시켜 왔다는 것이었다. 대중사회에서는 사람들을 서로 연결시키는 대의제도나 정치적 목소리가 상실된다. 이러한 원자화는 차례로 사람들을 소외시키고 독재자들을 받아들일 태세를 갖추게 한다. 윌리엄 콘하우저William Kornhauser 가 자신의 고전적 저작 『대중사회의 정치The Politics of Mass Society』에서 썼듯이, 사람들이 전체주의 지도자들에게 끌리고 "대중이 더 큰 사회에 참여하는 통로가 되어주고 그러한 참여를 여과하는 매개 집단이 부재할" 때 전제정치Caesarism가 번창한다. 이런 상황에서는 "대중 참여가 비이성적이고 억제되지 않는 경향이 있다."[31]

이렇듯 선거자금 불평등이 개혁가들의 관심과 분노의 대부분을 차지해 왔지만, 참여 불평등도 그것 못지않게 중요하다. 실제로는 참여 불평등이 훨씬 더 중요하다. 왜냐하면 부자들에게 한정되고 집중된 권력을 해소할 수 있는 유일한 해독제가 광범하게 조직화된 사람들의 권력이기 때문이다.

정치학자들인 시드니 버바Sidney Verba, 케이 리먼 슐로즈먼Kay Lehman Schlozman, 헨리 E. 브래디Henry E. Brady는 자신들의 권위 있는 저작 『목소리와 평등Voice and Equality』(1995)에서 정치활동이 계급에 따라 다르다는 것을 입증했다. 그들의 연구에 따르면, 고소득층 사람들은 86%가 투표를 했지만, 저소득층 사람들은 52%만이 투표했다. 그리고 고소득층 사람들은 73%가 정치단체에 관여하는 데 비해 저소득층 사람들은 29%만이 정치단체에 관여했다.[32] 같은 저자들이 2012년에 수행한 후속연구를 보면, 노동조합과 같은 노동계급 참여 기관은 계속해서 쇠퇴하는 반면 부자들의 영향력은 집중되면서 이러한 패턴이 확대되고 있다.[33]

부유한 사람들은 가난한 사람들보다 더 많이 모임에 나가고, 공적 문제와 관련된 단체의 성원으로 적극적으로 활동하며, '시민적 기술civic skills'을 개발한다. 그리고 그러한 격차는 점점 더 확대되어 왔다. 마을 회의에서 자신의 마음을 전하기 위해 서 있는 평범한 노동하는 동료를 그린 노먼 록웰Norman Rockwell*의 상징적인 그림 — 이 그림은 프랭클린 루스벨트가 말한 네 가지 자유FDR's Four Freedoms** 중 하나를 묘사하는 것이기도 하다 — 은 이와 관련한 또 다른 시대의 이야기이다. 하지만 트럼프의 반란에서는 시민 규범을 거의 존중하지 않는 평범한 노동자들 — 비이성적인 지도자와 이성적인 분노를 항상 공유하지 않는 불만 있는 사람들 — 이 갑자기 대중사회를 특징짓는 방식으로 자신들의 목소리를 되찾았다. 그들은 심지어 토크빌 스타일의 새로운 결사체인 티파티를 결성했다.

『목소리와 평등』은 저소득층 사람들이 세 가지 이유에서 더 낮은 비율로 참여한다고 결론지었다. 즉, 그들은 시간과 돈이 부족하기 때문에 "참여할 수 없다." 또한 그들은 정치가 자신들의 삶에 긍정적인 변화를 가져올 것이라고 믿지 않기 때문에 "참여하기를 원치 않는다." 그리고 정치체계가 저소득층 사람들을 위한 채용방안을 거의 가지고 있지 않

---

* 미국의 화가이자 일러스트레이터인 노먼 록웰은 루스벨트의 네 가지 자유 연설에 영감을 얻어 네 가지 자유 각각을 주제로 그림을 그렸다. _옮긴이

** 루스벨트가 미국 대통령 집권 당시 1941년 1월 6일에 연두교서 연설에서 제시한 것으로, 첫째는 언론과 의사 표현의 자유이고, 둘째가 신앙의 자유, 셋째가 결핍으로부터의 자유, 그리고 넷째가 공포로부터의 자유이다. _옮긴이

기 때문에 "아무도 그들에게 참여를 요구하지 않았다."[34] 왜 그렇게 많은 사람이 정치를 피하는지에 대한 한 조사에서 밝혀낸 핵심적 이유 중의 하나는 그들이 정치가 무의미하다고 느낀다는 것이었다. 물론 이것은 사회계급과도 관련되어 있었다. 대기업의 어느 누구도 정치가 무의미하다고 생각하지 않는다.

정부 ─ 그리고 모든 주요 기관 ─ 에 대한 신뢰는 반세기 동안 꾸준히 하락해 왔다. 미국전국선거연구American National Election Study가 1958년에 이와 관련한 질문을 처음으로 던졌을 때, 미국인의 73%는 연방정부가 '거의 항상' 또는 '대체로' 옳은 일을 하고 있다고 믿는다고 응답했다. 그런 신뢰감은 1964년에 78%에서 정점을 찍었고, 그 이후로 계속해서 하락해 왔다. 2015년경에는 19%까지 떨어졌다.[35] 미디어, 법원, 학교, 의료 체계 및 모든 대형 기관에 대한 불신도 동일하게 증가해 왔다. 군은 73%로 가장 높은 신뢰를 유지하고 있으며, 기업과 의회는 각각 18%와 9%로 최하위를 차지하고 있다.[36] 기업에 대한 불신은 대중정치가 발생할 수 있음을 시사하기도 하지만, 그것은 좀처럼 실현되지 않는다. 왜냐하면 기업 권력이 집중되어 있고 은밀하게 행사되며, 기업 권력에 대한 진보적 비판가들이 포퓰리즘적인 대중선동가로 매도되기 때문이다.

정치학자 월터 딘 번햄Walter Dean Burnham은 이러한 역학을 '배제된 대안의 정치the politics of excluded alternatives'라고 칭한다.[37] 유권자들은 클린턴, 부시, 오바마, 트럼프 누구에게 투표하더라도 언제나 골드만삭스를 가진다. 정부에 대한 불신은 다시 정부로 하여금 시민의 삶을 더욱 저버리게 하고, 매우 부유한 사람들과 그 밖의 다른 모든 사람 간에 더 심한 권력 불균형을 낳는다. 사회과학자인 로베르토 포아Roberto Foa와 야샤 문크Yascha Mounk는 서구 전역에서 민주주의에 대한 신뢰가 저하되는 것을 발

건한다.[38]

정치학자 마틴 길렌스Martin Gilens가 수행한 보완적 연구는 부유하고 서로 잘 연결되어 있는 사람들에게 정책적 이익이 돌아간다는 것을 보여준다. 그가 2013년에 출간한 저작의 제목 『풍요와 영향력Affluence and Influence』은 이를 단적으로 표현하고 있다.[39] 길렌스는 부자들이 선호하는 정책이 대부분의 사람이 선호하는 정책과 상충된다는 것을 입증한다. 서민들은 유치원, 유급 육아휴직, 보편적 의료보장, 저렴한 고등교육을 광범하게 지지한다. 하지만 이러한 공공 혜택은 전혀 이루어지지 않는 반면, 부자가 추구하고 만든 규칙은 실제 정책을 지시하는 경향이 있다. 길렌스는 부자들이 선호하는 정책이 공공정책이 될 가능성은 비엘리트가 선호하는 정책이 공공정책이 될 가능성보다 15배 더 높다는 것을 발견했다. 이 정도라면 규칙이 조작되었다고 말할 수 있을 것 같다.

대중 제도의 쇠퇴

미국에는, 비록 완전히 조화롭지는 않았지만, 더 많은 참여의 평등에 의해 특징지어진 시대가 있었다. 토크빌이 1835년에 한 논평은 그의 바람을 표명한 것이 아니었다.

소득 격차의 확대가 초래한 결과 말고도 지난 반세기 동안 세 가지 추세가 참여 불평등을 심화시켜 왔다. 첫째, 한때 시민 생활과 정치 생활에서 하층계급과 중간계급의 미국인들이 참여하던 대규모 대중조직들이 위축되었다. 둘째, 노동조합에서부터 지역의 건축대부조합에 이르기까지 상호자조 단체들 — 시민을 훈련하는 장이자 부자가 아닌 사람들

이 영향력을 행사하는 수단으로 작동했던 — 의 전체 서식지가 대체로 고갈
되었다. 마지막으로, 대부분의 남성이 일하는 시간은 감소하지 않은 채
여성이 노동인구로 대량 진입하면서 시민 자본civic capital이 자리할 장소
가 사라졌다.

한 세기 전에는 대규모 사회개혁 단체 중 많은 수가 여성단체이거나
주로 전업주부와 미망인들로 구성되어 있었다. PTA* 모임을 조직하여
참석하고 여성유권자연맹League of Women Voters에서 자원봉사를 하고 도시
지구설정 회의와 세금결정 회의에 참석하는 것은 주로 여성이었는데,
맞벌이 가정의 시간 압박으로 인해 부자가 아닌 사람들의 공동체 조직
과 시민 생활이 약화되었다.

하버드의 시다 스코치폴Theda Skocpol이 민주적으로 통치되는 대규모 연
맹들에 관한 연구에서 보여주었듯이, 한 세기 전에는 지부를 갖추고 있
고 적어도 총 회원 수가 100만 명에 이르는 범계급적cross-class 회원 단체
가 수십 개 있었다.[40] 일부는 엘크스Elks** 같은 우애 및 서비스 단체였으
며, 전국어머니회의National Congress of Mothers, 여성클럽총연맹General Federation
of Women's Clubs 또는 여러 노동조합과 같은 다른 단체는 명백한 개혁 목표
를 가지고 있었다. 또 다른 단체들은 이를테면 그랜지Grange***처럼 우애
적·직업적·정치적 목적을 겸하고 있었다. 대다수 단체는 노동계급은
물론 전문직 계급 성원도 포함했다. 그것들은 정확히 토크빌이 말한 의
미에서의 '민주주의를 위한 학교'였다.

---

*   parent-teacher association. 학부모회 _옮긴이
**   미국의 자선·우애단체인 엘크스 자선보호회(Benevolent and Protective Order of Elks)의
      약칭 _옮긴이
***   미국의 농민공제조합 _옮긴이

스코치폴에 따르면, 절정기에는 회비를 납부하는 정식 회원이 적어도 100만 명에 달하는, 지역단체들의 전국 연합이 59개나 있었다. 지역단체들은 지도자를 선출했고, 그 지도자들이 다시 주 조직의 구성원이, 그리고 종국적으로는 전국 조직의 구성원이 되었다. 그들은 회의를 개최했고, 지위를 차지했으며, 지방 및 전국 입법 기관 앞에서 증언했고, 로버트의 의사진행규칙Robert's Rules of Order*을 사용했으며, 일반 사람들이 시민 생활과 정치 생활에 참여할 수 있는 훈련 및 충원의 장이 되었다. 이것은 사후에 이루어진 논평이 아니다. 그 당시에도 사람들은 그러한 연관성을 잘 인식하고 있었다. 스코치폴이 인용한 1920년대 초반의 포스터는 여덟 시간 노동을 요구하며 다음과 같이 덧붙였다.

일을 위해 8시간!
집을 위해 8시간!
집과 시민권을 위해 8시간![41]

1980년대경에 그러한 단체들 대부분은 흐지부지되거나 워싱턴에 기반을 둔 옹호 단체로 탈바꿈했다. 그 단체들은 대부분 지부나 대중 회원이 없는 우편물 수취인 목록에 있는 조직으로, 일반적으로 재단의 지원을 받는 소수의 전문 직원들로 이루어져 있었다. 일부 단체는 AARP와 같은 유사 대중 회원 단체들로, 노인들에게 보험상품을 판매하거나 부업으로 이슈를 옹호하기도 하고, 언제까지나 유임하며 자신의 '회원들'

---

* 헨리 마틴 로버트(Henry Martyn Robert)가 쓴 의회운영절차에 관한 지침서인 『의회의 의사진행규칙에 관한 포켓 매뉴얼(Pocket Manual of Rules of Order for Deliberative Assemblies)』(1876)에서 비롯된 말이자 이 책의 업데이트판 제목이기도 하다. _옮긴이

에게 아무런 직접적 책임도 지지 않는 위원회를 두고 있기도 했다. 이러한 경향에서 벗어나 있는 두 예외적 단체가 있었는데, 그것이 바로 우파를 돕는 진정한 풀뿌리 집단인 NRA*와 복음주의 교회의 정치 네트워크였다. 이 두 단체는 결국 티파티에 동력을 제공했다.

대중 회원 시민단체 외에도 미국에는 한때 일반 노동자를 시민 활동과 정치 활동에 충원하는 협동조합적·상호자조적 단체들이 많이 있었다. 그러한 단체들 또한 거의 멸종되었다. 1831년에 시작된 건축대부조합(나중에는 저축대부조합이라고 불렸다)은 가난한 사람들이 주택 소유 자금을 조달할 수 있게 하기 위한 목적에서 자본을 공동 출자했다. 데이비드 L. 메이슨David L. Mason의 권위 있는 역사적 연구에 따르면, 건축대부조합의 지도자와 회원들은 자신들의 사업을 "산업이 아닌 운동"으로 이해했다.[42] 신용조합도 마찬가지로 은행 대출을 받을 수 없는 사람들에게 봉사하기 위해 조직되었다. 의용소방대는 상호소방보험조합으로 성장했다. 1930년대와 1940년대에 결성된 최초의 집단건강보험 계획 중 많은 것이 협동조합으로 조직되었다.

서부의 주들에서 협동조합 운동은 지역 민주당 정치의 핵심적 지지기반 중의 하나였으며, 또한 시민참여를 위한 훈련장이기도 했다. 1946년에 리처드 닉슨Richard Nixon에게 패한 자유주의적인 캘리포니아 하원의원 제리 부히스Jerry Voorhis는 미국협동조합연맹Cooperative League of the USA의 활동가이자 의장이었다. 선구적인 선불 집단의료보험 중의 하나였던 푸젯 사운드 집단의료협동조합Group Health Cooperative of Puget Sound이 1930년대 후반에 조직되었을 때, 그 조합의 창립자 중에는 노동조합과 생산자 협

---

* National Rifle Association. 전국총기협회. 시민의 총기 소유권을 지지하는 미국 단체 _옮긴이

동조합의 활동가들이 포함되어 있었다. 조직화된 의료계가 의료협동조합을 극렬하게 반대했기 때문에, 그 조합의 지도자와 회원들은 진보정치에서 적극적으로 활동할 수밖에 없었다.

정부는 농민협동조합, 농촌전기협동조합, 비영리 저축대부조합, 신용조합이 경제적 기반을 확보할 수 있도록 하기 위해 자금조달을 지원하고 전문지식을 제공하고 입법을 가능하게 하는 등 적극적인 역할을 했다. 여기서도 일반 시민들은 전통적인 자본주의 기업에 맞서 싸우는 기관들의 이익을 방어하고 증진시키기 위해 위원회에서 활동하고 정치에 참여했다.

1980년대경에 이 분야 역시 대부분 전통적인 미국 자본주의에 의해 파괴되거나 흡수되었다. 비영리 저축대부조합, 상호생명보험회사, 비영리 의료보험과 병원은 기업 임원들이 탐내는 수천억 달러의 준비금을 보유하고 있었다. 상호회사 기관들이 주식회사 기관으로 전환되었을 때, 기업 임원들은 스톡옵션에 대해 투표권을 행사하고 낮은 가격으로 회사를 공개한 다음 주식의 가치가 상승할 때 개인적으로 주식을 현금화할 수 있었다. 1980년대에 모든 것이 가능해진 상황에서 기업은 그러한 전환이 가능하도록 규칙을 바꾸기 위해 워싱턴과 주 입법부에 로비하기 시작했고, 결국 성공했다. 레이건의 규제기관들은 규칙을 바꾸어서 연방정부가 인가한 저축대부조합들을 한 사람이 소유할 수 있게 했고, 400명의 주주 중에서 적어도 125명이 지역사회 출신이어야 한다는 옛 요구조건을 폐지했다.[43] 캘리포니아를 시작으로 주들은 규칙을 바꾸어서 영리 목적의 저축대부조합 규범을 만들었다. 이러한 전환의 부작용으로 부자가 아닌 사람들의 사회자본과 시민 자본이 약화되었다.

노동계, 힘을 잃다

노동자들을 정치적으로 충원하고 대표하고 교육하는, 노동자를 위한 가장 유력한 대중 회원 조직인 노동조합은 기업 엘리트들의 무자비한 공격의 대상이 되어왔다. 노동조합원의 수는 1940년대와 1950년대에 민간부문 노동인구의 약 3분의 1을 차지했으나 오늘날에는 7% 미만으로 줄어들었다. 노동조합은 많은 노동계급 미국인들을 실제로 시민 생활 및 정치 생활과 연결시켜 주는 유일한 조직체이다. 아직 남아 있는 노동조합은 여전히 민주주의를 위한 학교이자 인종 간 협력을 위한 장소일 뿐만 아니라 좋은 임금과 노동조건의 옹호자이기도 하다. 그러나 노동조합원인 미국인의 수는 점점 줄어들고 있다.

일부 설명이 내세운 대로, 더 많은 미국인이 이제 중간계급이 되었고 노동조합이 필요하다고 더 이상 느끼지 않기 때문에 노동운동이 줄어든 것은 아니었다. 점점 더 많은 노동자가 중간계급에서 떨어져 나옴에 따라 그 논쟁은 점점 터무니없는 것이 되었다. 여론조사들은 비감독직 노동자의 약 절반이 노동조합에 가입하기를 원한다고 말한다는 것을 정기적으로 보여준다. 두려움이 그것을 막고 있다. 노동조합을 인정하지 않는 작업장의 노동조합 활동가들은 경영상의 처벌을 받는 것이 아니라 정기적으로 해고된다. 기업의 가차 없는 공격, 노동조합 결성이 크게 집중되어 있는 부문 일자리의 아웃소싱, 규제완화와 민영화 때문에, 그리고 루스벨트와 해리 트루먼Harry Truman 아래에서의 부드러운 중립적 입장에서 레이건과 부시 아래에서의 전면적인 공격으로 연방정부의 역할이 변화하면서 노동조합은 회원을 잃었다.

레이건 대통령이 가장 먼저 취한 조치 중 하나가 항공 교통 관제사의 파업을 파괴하고 파업 참여자를 대신할 대체자를 고용하게 한 것이었다. 이는 정부가 루스벨트 이후 존중해 온 규범을 위반한 것이었다. 공공부문 노동조합을 파괴하기 위해 권력을 사용한 레이건의 조치는 민간 산업에 노동조합을 공격할 적기라는 신호를 보내는 것이기도 했다.

여기서 또다시 대단히 전략적인 기업 친화적 성격의 공화당과 타협적인 민주당이 대비된다. 카터 행정부 이후 노동운동의 최우선 과제는 노동자들이 경영진의 괴롭힘이나 생계 박탈에 대한 두려움 없이 노동조합에 자유롭게 가입할 수 있게 하기 위해 '와그너법Wagner Act'*을 개혁하는 것이었다. 가장 최근의 개혁 버전이 '카드 체크card check'라는 관념이다. 이 경우 한 시설에서 일하는 대다수의 노동자가 노동조합 카드에 서명을 하자마자 노동조합이 공식적으로 승인되는데, 이는 카드가 공식적으로 접수되는 시점과 공식적인 의결이 이루어지는 시점 간의 긴 시간 동안 친노동조합 노동자들이 무방비상태에 놓여 있던 오랜 관행과 대비된다.

그러나 자유주의자/노동파와 월스트리트/신민주당파 사이에 끼어 있던 집권 민주당은 그간 '와그너법'에 의거하여 노동자가 권리를 행사하도록 돕는 일에 기꺼이 우선순위를 두지 않았다. 카터 대통령 밑에서 4년 동안, 클린턴 대통령 밑에서 2년 동안, 오바마 대통령 밑에서 2년 동안 그랬던 것처럼 민주당이 의회에서 안정적 다수를 차지했을 때조차도 백악관은 노동 개혁에 많은 정치적 자본을 쓰려 하지 않았다.

---

* 1935년에 미국에서 뉴딜 정책의 일환으로 제정된 노동조합보호법으로, 제안자의 이름을 따서 '와그너법'이라고 칭한다. 정식 명칭은 '미국노동관계법'으로, 노동자들은 자신들의 권익을 위해 노동조합을 결성·운영할 수 있다고 규정하고 있다. _옮긴이

입법 교착상태라는 신화

최근 몇 년간 편리하게 이용된 신화 중 하나가 당파적 교착상태parti-san gridlock의 우화였다. 당신은 이 이야기를 알고 있다. 당신이 이 이야기를 접하지 않은 채 신문을 읽거나 뉴스 방송을 볼 수 있었을 것 같지는 않다.

양당이 극단으로 치닫고 정치적 중도가 사라지면서, 의회는 절망적 교착상태에 빠져 있다. 입법자들은 국민의 일을 하기는커녕 당파적인 말다툼에 사로잡혀 있다. 이런 문구들을 온라인에서 검색하면, 수백만 가지 사례가 발견될 것이다. 이 이야기는 이제 언론의 진부한 표현이 되었다. 문제는 그것이 완전히 잘못된 이야기라는 것이다.

정당 간의 이데올로기적 간극은 실제로 확대되었고, 당의 규율도 강화되었다. 그러나 그 간극이 확대된 까닭은 민주당은 적당히 중앙으로 이동해 온 반면 공화당은 극우로 이동했기 때문이다. 그리고 교착상태에 빠진 주요 원인은 공화당이 민주당과 실제의 정부 모두를 더 효과적으로 무너뜨리기 위해 민주당과 타협하지 않기로 결정해 왔기 때문이다.

거의 모든 공적 문제를 고찰해 보라. 오늘날 민주당과 그 의원들은 몇 가지 주목할 만한 개별적인 예외가 있기는 하지만, 뉴딜과 위대한 사회Great Society* 시대의 당과 의원들에 비해 상당히 오른쪽으로 이동해 있다. 린든 존슨 시대에 의회의 민주당원들은 대체로 단일한 납부자 국민건강보험에 대해 찬성했다. 1971년에는 의회가 보편적이고 공적이며

---

* 미국의 제36대 대통령 린든 존슨(Lyndon Johnson)이 1964년에 정책 이념으로 내건 민주당의 목표이다. 존슨은 선거에서 승리한 후 1965년 1월 4일 최초로 가진 연두 국정연설에서 '위대한 사회'라는 자신의 비전을 표명했는데, 주요 목적은 빈곤과 인종적 부정의를 없애는 것이었다. _옮긴이

세금으로 지원하는 양질의 탁아소와 유아원을 설립하기 위한 '종합아동보육법Comprehensive Child Development Act'을 압도적으로 통과시켰다(닉슨도 투표했다). 닉슨은 연간보장소득guaranteed annual income에 찬성했고, 그의 의료개혁 버전인 '플레이 또는 페이play-or-pay' — 고용주들은 좋은 건강보험을 제공하거나 아니면 건강보험을 구매하기 위한 세금을 내야 한다 — 는 빌 클린턴이나 힐러리 클린턴의 버전 또는 버락 오바마의 버전보다 상당히 왼쪽에 있었다.

1965년의 메디케어Medicare* 및 메디케이드Medicaid** 법은 오바마케어ObamaCare***처럼 공적 부문과 사적 부문이 복잡하게 뒤얽힌 짬뽕이 아니었다. 그것들은 공적인 것이었다. 사회기반시설 투자도 공공의 몫이었다. 민영화나 규제완화를 초당적으로 추진하지도 않았다. 1960년대 후반과 1970년대 초반은 (백악관의 닉슨과 함께!) 건강, 안전, 환경, 금융, 환경의 규제가 획기적으로 이루어진 시기였다. 수십 개의 법안 중 세 개만 거론하면, 닉슨은 1970년에 '대기오염방지법Clean Air Act', 1970년에 '직업안전보건법Occupational Safety and Health Act', 1973년에 '소비자제품안전법Consumer Product Safety Act'에 서명했다.

왜 민주당은 중앙으로, 공화당은 오른쪽으로 이동했는가? 몇 가지 일이 일어났다. 정치에서 돈이 더 중요해졌다. 월터 먼데일Walter Mondale****이 1984년에 크게 패배한 이후 기업 친화적인 남부 민주당이 결성한 민

* 65세 이상의 노인을 대상으로 한 미국의 의료보장제도 _옮긴이
** 65세 미만의 저소득층과 장애인을 위한 미국의 국민의료보조제도 _옮긴이
*** 오바마 행정부에서 시행 중인 건강보험 개혁안. 정확한 명칭은 '환자보호 및 적정부담보험법(Patient Protection and Affordable Care Act: PPACA)'이며, 약어로 '적정부담보험법(ACA)'이라고 불리기도 한다. _옮긴이
**** 1984년 민주당 대통령 후보로 지명되었지만 로널드 레이건에게 압도적인 표차로 패했다. _옮긴이

주당지도위원회Democratic Leadership Council는 선거에서 더 경쟁적인 민주당이 되기 위해서는 경제와 사회 문제에 대해 더 중도적이어야 한다고 믿었다. 전통적 사고방식을 가진 진보적 민주당원들이 은퇴하면서, 그 일부가 기업 친화적인 민주당원으로 대체되었다. 또 다른 일부는 민주당 솔리드 사우스Solid South*가 인종적·지역적 분노로 인해 점차 공화당 솔리드 사우스로 넘어가면서 우파 공화당원으로 대체되었다.

한편 공화당은 배리 골드워터Barry Goldwater**와 레이건을 시작으로 온건 우파에서 극우파로 이동했다. 1994년 뉴트 깅리치Newt Gingrich가 하원 의장이 되었을 때, 공화당이 세운 전략은 어떠한 문제에 대해서도 민주당의 성공을 부정하는 것이었다. 오바마 대통령하에서 공화당 의원들은 내용을 볼 것도 없이 '적정부담보험법'에 반대표를 던지겠다고 맹세했다. 한편 민주당은 스스로를 집권 정당, 즉 '방 안의 어른들the grownups in the room'***로 보고, 정부가 계속해서 기능하도록 하기 위해 타협하는 경향이 더 강했다. 이러한 부조화는 공화당이 되풀이해서 민주당을 뒤흔들어 놓을 수 있게 했다. 그것은 개인적으로 타협을 좋아하는 지도자인 오바마 아래에서 극치에 달했는데, 공화당은 오바마의 그러한 성격을 최대한 이용했다.

이렇듯 워싱턴의 진정한 교착상태는 극단적인 공화당의 강경한 태도와 정치에 대한 완전한 비타협적 접근방식에서 비롯된 것이었다.[44] 이것은 여러 측면을 서로 강화하면서 공화당에 기여했다. 공화당은 민

---

*   남북전쟁 이후 민주당과 연대한 남부의 주들 _옮긴이
**   1964년 미국 공화당 대통령 후보였던 정치인 _옮긴이
***   다른 사람들은 그렇게 하지 않더라도 자신은 성숙하고 책임감 있는 방식으로 행동한다는 것을 표현하기 위해 사용하는 말 _옮긴이

주당이 백악관을 장악했을 때조차 민주당의 성공을 부정했다. 그것은 정부의 위신과 효능에 심각한 상처를 입혔다. 민주당은 국민에게 봉사하기 위해서는 적극적인 정부가 필요하다는 명제를 대변하기 때문에, 그것은 민주당의 이중의 패배이자, 정부는 돈 낭비일 뿐이라는 공화당 이데올로기의 승리였다.

노동계급 사람들은 부유한 사람들보다 훨씬 더 적극적인 정부를 필요로 하기 때문에, 공화당이 교착상태를 조성하는 데 성공한 것은 균형을 잡는 메커니즘으로서의 정치와 정부를 약화시켰다. 냉소적인 공화당의 방해전략은 정부가 절망적인 혼란 상태에 빠져 있다는 공화당의 이야기를 강화시켰다. 정부의 실패에 대한 자각은 불만을 품은 노동자들이 처음에는 공화당에, 다음에는 티파티에, 그리고 그다음에는 트럼프에 합류하게 하는 데 기여했다.

불만과 치유책 간의 단절에는 믿기 힘든 혼란 상태가 자리하고 있다. 화가 난 사람들은 외견상 포퓰리스트처럼 보이는 사람에게 투표한다. 그리하여 그들은 자신의 정책과 지명자들을 통해 경제를 매우 부유한 사람들에게 더욱 유리하게 만들 독재자를 얻는다. 트럼프의 포퓰리즘은 앙심, 기분전환, 맹목적 애국주의의 혼합물 ─ 그리고 실제 정책에 관한 한 기업과의 동맹 ─ 임이 드러나고 있다. 하지만 시장의 약탈에 반대하는 정부 정책이 부재하는 상황에서 트럼프주의가 그 공백을 메우고 있다.

지금까지 프랭클린 루스벨트에서부터 도널드 트럼프에까지 이르는 긴 여정에 관해 이야기했다. 지금까지 내가 말한 것은 순전히 미국 내 이야기이다. 이 이야기의 나머지 많은 부분은 금융 권력의 부활 및 그로 인한 글로벌 경제 규칙의 변화와 관련되어 있다.

2

취약한 기적

우리가 잃어버린 것을 완전히 평가하기 위해서는, 서구가 한때 가졌던 평등주의적 자본주의를 보다 깊이 이해하는 데서부터 — 그리고 그것이 어떻게 침식되었는지를 이해하는 데서부터 — 시작할 필요가 있다. 제2차 세계대전이 끝날 때 만들어진 체계는 물론 불완전했다. 여성은 평등한 시민이 아니었고, 흑인도 평등한 시민이 아니었다. 서구의 많은 나라가 여전히 식민지를 가지고 있었다. 그러나 전전 또는 전후의 어떤 자본주의의 버전과 비교해 보더라도, 제2차 세계대전 이후 30년은 주목할 만했다.

전후 체계는 불가능한 일을 했다. 전후 체계는 역동적 자본주의와 거의 완전고용을 결합하고 임금상승에 기반하여 소득을 보다 평등하게 증대시키고 사회적 급여를 확대하는 등 불가능해 보이는 위업을 달성했다. 이것은 자본주의 역사에서 전례가 없던 일이었다. 그 체계를 구성한 핵심적 요소들이 바로 민간 금융의 엄격한 규제, 조직화된 노동에의 권력 부여, 그리고 정부의 운동가적 역할이었다. 1920년대의 금융지배는 금융이 디플레이션과 불안정성 모두를 유발한다는 것 — 호황기에는 투기를 조장하고 불황기에는 긴축을 유도하고 장기 실업을 일으킨다는 것 — 을 실제로 보여주었다. 실직은 다시 파시즘과 범유럽 전쟁을 부채질했다. 이것이 바로 전후 설계자들이 피하기로 결단을 내린 운명이었다.

경제에 대한 새로운 구상은 과감한 정책 변화와 새로운 이론적 통찰뿐만 아니라 그러한 정책을 가능하게 한 변화된 권력 동학에 기초했다. 그러나 전후 체계의 성공은 몇몇 행복한 우연이 결합한 결과이기도 했다.

전후 시대의 이례적인 상황 가운데 하나는 미국이 세 가지 측면에서 일시적으로 헤게모니를 행사했다는 것이다. 첫째, 미국은 일시적으로 그 체계의 플라이휠flywheel이 되기에 충분할 만큼 우뚝 솟은 경제적 우위를 누렸다. 미국은 다른 나라의 수출을 지원하기 위해 자본, 통화, 대중 시장을 제공했다. 그런 일이 영원히 계속될 수는 없었다.

둘째, 냉전이라는 공통의 위협 때문에 미국은 서유럽에서 자신의 권력을 관대하게 사용할 준비가 되어 있었다. 당시 대부분의 미국인은 제1차 세계대전 이후의 기간과는 매우 대조적으로 히틀러, 그리고 다음에는 스탈린Stalin — 그리고 심지어는 한때 고립주의적이었던 우파 대부분— 덕분에 국제주의자가 되었다. 제1차 세계대전 이후의 변덕스럽고 투기적인 민간 자본의 흐름과는 대조적으로 공적 자본 — 즉, 마셜 플랜Marshall Plan* — 은 주요하고 신뢰할 수 있었다. 한동안 전후 브랜드의 국제주의

---

* 1947년에 당시 미국의 국무장관이던 조지 마셜(George Marshall)의 제안으로 구축된 미국의 원조계획으로, 정식 명칭은 유럽부흥계획(European Recovery Program: ERP)이다. 제2차 세계대전 후 서구 여러 나라에 대한 원조를 통해 서구의 경제성장을 촉진하고 나아가 공산주의의 확대를 저지하는 것이 목적이었다. _옮긴이

는 민간 자본을 자유롭게 해주기보다는 억제했다.

셋째, 미국은 루스벨트 행정부의 12년 집권 이후 드물게 유능한 좌파 정부를 가졌다. 그래서 미국은 서유럽의 관리되는 자본주의managed capitalism의 장애물이기보다는 동반자가 되었다. 이 모든 요소가 시간이 지나면서 약화되고 그다음에는 반전되었다. 미국은 여전히 국제주의자이자 서구 동맹의 지도자로 남아 있었지만, 국제주의는 경제적으로는 1940년대의 재건과정에서 단호하게 거부했던 글로벌 자유방임주의의 형태를 점점 더 장려했다.

얼마 전까지 서로 적이었던 유럽 국가들의 선견지명 있는 전후 지도자 세대는 협상 과정에서 공통의 비전을 공유했다. 그들은 지난 10년 동안 발생한 파멸적 사건으로부터 다음과 같은 결론을 도출했다. 첫째, 파시즘은 인간 불행의 토양에서 성장했다. 둘째, 자유방임주의 자본주의가 불황을 유발했다. 셋째, 유럽은 다시는 내전을 겪지 말아야 한다. 넷째, 이러한 몇 가지 목표를 하나로 융합시키기 위해서는 유럽은 관리되는 형태의 자본주의와 연방의 방향으로 나아갈 필요가 있다. 그리하여 국제무역 역사에서 독특한 평등주의 체계가 탄생했다. 이러한 뜻밖의 사태들의 뿌리는 루스벨트의 뉴딜정책에 의거하여 미국에서 10년도 더 전부터 시작되었다.

전후 몇 년 동안 지정학적 정렬과 관련한 불확실성이 존재하고 경제적 목표 및 수단과 관련하여 혼란이 일기도 했지만, 1940년대 후반에는 거의 모든 것이 올바로 돌아가는 것처럼 보였다. 한때 고립주의적이었던 미국은 전례 없는 평시 지도력을 행사했다. 소련은 봉쇄되었다. 유럽은 새로운 민주 독일을 수용하면서 곧 재건의 길로 들어섰다. 전후질서의 창립자들은 성장과 형평성을 결합한 비책을 확실하게 발견하여,

민주적 자본주의가 전체주의적 공산주의보다 훨씬 우월하다는 것을 세계에 보여주었다. 전후 혼합경제는 대중의 광범위한 지지를 받았다. 무엇이 잘못될 수 있었겠는가?

20세기의 마지막 3분의 1에서 경제가 처음으로 잘못되기 시작했다. 1970년대부터 성장과 형평성 모두가 희생되기 시작했고, 그다음에는 긴축의 궁지에 빠졌다. 이 이야기는 다음의 장들에서 계속될 것이다.

1989년 공산주의가 붕괴된 이후 아주 견고해 보였던 글로벌 안보 질서는 21세기 초 세계를 불안하게 만든 테러리스트들로 인해 새로운 위협에 직면했다. 시민들은 경제적 불안정과 정치적 불안정 모두에 반발했고, 이는 의회민주주의 자체를 위험에 빠뜨렸다.

이 장에서는 하나의 조사를 시작한다. 이 조사의 기본적인 결과는 다음과 같다. 전후 협상은 내구성 있는 항구적인 변화보다는 상황의 수렴에 근거하여 구축되었다. 일단 자본가들이 여전히 자본주의적인 경제에서 일시적으로 억압되었던 자신들의 통상적인 권력을 되찾자, 그 협상은 놀라울 정도로 취약한 것으로 판명되었다. 이러한 변화는 개별 국가정치와 새로운 지구화 모두에서 발생했다.

하지만 다른 길도 가능했다. 경제학의 한 문제로 보자면, 1970년대의 인플레이션 혼란 때문에 전후 사회협약을 꼭 파괴해야 할 필요는 없었다. 재정 봉쇄와 노동에의 권한 부여, 그리고 완전고용에 대한 헌신을 지속할 수 있는 보다 우월한 대안적인 정책을 활용할 수도 있었다. 하지만 인플레이션과 실업 상승의 우연한 결합은 기업의 우파와 이데올로기적 우파에게 그들을 먹여 살리고 권력 이동을 강화하는 디플레이션 정책과 탈규제 정책을 추진할 수 있는 길을 열어주었고, 그리하여 민주적이고 평등주의적인 국민국가가 약화되었다.

루스벨트의 급진주의

프랭클린 루스벨트를 다룬 책들은 실제로 수천 권이 넘는다. 여기서 나의 목적은 탁월한 연구 성과들을 재차 언급하는 것이 아니라, 뉴딜정책과 그 후의 루스벨트의 전시 경제 구조화가 전후 사회적 합의의 윤곽을 어떻게 틀지었는지를 잠시 상기시키는 것이다. 역사학자 제퍼슨 코위Jefferson Cowie는 뉴딜정책을 '위대한 예외the great exception'라고 불렀다.[1] 하지만 뉴딜정책은 예외적이었을 뿐만 아니라 유럽과 미국에서 1933년부터 1970년대 중반에 이르는 한 시대를 특징짓는 것이었다.

1929년의 공황은 자유방임주의 이데올로기와 공화당을 불신하게 만들었다. 그러나 루스벨트가 경제위기를 이용하여 그러한 급진적 프로그램을 내놓았을 것이라는 추정은 사실과는 거리가 멀다. 일부 역사학자들은 1932년 11월 루스벨트가 당선되었을 무렵 대공황이 3년 동안 심화되어 왔고 겉으로 보기에 해결할 수 없을 것 같은 위기를 해결하기 위해 루스벨트에게 거의 독재적인 권력을 부여해야 한다는 요구가 있었기 때문에 그의 급진주의는 거의 불가피했다고 주장해 왔다. 그러나 다른 대통령이었다면 훨씬 덜 변혁적이었을 것이다. 루스벨트는 다른 귀족들을 경제적 보수주의자economic royalist라고 부를 만큼 자신의 귀족적 외피에 자신감을 가진 유명한 계급 배반자였다.

역사는 심층적인 구조적 힘과 (운이 좋을 수도 있고 나쁠 수도 있는) 우연한 사건들의 혼합물이다. 뉴딜정책 같은 것이 불가피했다고 상상하기 위해서는 1933년 2월 마이애미에서 대통령 당선자 연설을 하고 있는 루스벨트에게 다섯 발의 총을 쏘았으나 루스벨트 대신 시카고 시장을 살해한 암살자 주세페 장가라Giuseppe Zangara가 의도한 표적에 맞추었을 경우 무슨 일이 일어났을지를 생각해 보기만 하면 된다. 공천의 균형을 맞추기 위해 선발된 텍사스 출신의 평범한 사람이자 부통령 당선자인 존 낸스 (캑터스 잭) 가너John Nance "Cactus Jack" Garner[*]는 결코 루스벨트가 아니었다.

뉴딜정책의 더 심층적인 급진주의는 공적 투자와 사회보험 — 자유주의자들뿐만 아니라 오토 폰 비스마르크Otto von Bismarck와 같은 보수주의자들도 사용한 전략 — 같은 루스벨트의 프로그램에서보다도 그가 조직화된 노동에 집단적 권력을 부여하고 민간 자본을 과감하게 규제한 것에서 더욱 두드러졌다. 루스벨트는 또한 망설임 끝에 미국 경제를 더 잘 회복하기 위해 국내 경제가 금본위제라는 국제적 제약을 받지 않게 하기로 결정했는데, 이는 전후 체계를 미리 설계하고 또 다른 측면에서는 민간 금융을 억제하기 위해 그가 대통령직 초기에 내린 급진적인 결정이었다.

새 대통령의 정당이 첫 중간선거에서 의석을 잃는 것은 미국 정치에서는 철칙에 가깝다. 하지만 현대 정치사에서 독특하게 민주당은 루스벨트의 첫 중간선거에서 의석을 더 획득했다. 1934년의 의석 증가 — 이는 후일 1936년 선거에서 루스벨트의 압도적인 재선으로 더 늘어났다 — 는 이른바 제2차 뉴딜을 가능하게 만들었는데, 이는 첫 번째 뉴딜보다 훨씬 더 멀리 나아간 것이었다. 루스벨트는 단호하게 국민의 편에 서 있었고, 사람들은 그것에 보답했다.

조직화된 노동에 권력을 부여하는 작업은 여러 단계를 거치면서 이루어졌다. 1932년에 노동조합을 결성한 노동자들은 미국 노동인구의

---

[*] 민주당 내의 보수주의자로 당 내 보수파의 불만을 잠재우기 위해 부통령 후보로 지명되어 당선되었지만, 루스벨트의 뉴딜정책을 너무 진보적이라고 생각하여 협조하지 않았다. 텍사스 주의회 의원으로 재직하던 당시 선인장(Cactus)을 주를 상징하는 꽃으로 할 것을 주장하여 '캑터스 잭'이라는 별칭을 얻었다. _옮긴이

7%에 불과했다(이는 오늘날 민간부문 노동조합 조직률과 거의 같다). 그들 대부분은 길드에 더 가까운 비교적 보수적인 직능조합에 속해 있었다. 의류업계에 좌파 노동조합이 설립되어 있던 뉴욕과 몇몇 다른 도시를 제외하고는 노동운동은 허약했고 진보적인 세력도 많지 않았다. 그러한 상황은 곧 크게 달라졌다. 루스벨트가 취임하기 전에도 1930년의 선거를 통해 구성된 민주당을 다수당으로 한 의회는 1932년에 법원이 비폭력 노동 분쟁에 대해 금지 명령을 내리지 못하도록 하는 '노리스-라과디아법Norris-LaGuardia Act'을 (진보적인 공화당 의원 두 명의 지지하에) 제정함으로써, 노동조합이 반독점법 위반인 "거래를 제약하는 결탁"에 해당한다고 주장한 이전의 대법원 판결을 사실상 뒤집었다. 이 법은 또한 고용주가 노동자에게 고용조건으로 노동조합에 가입하지 않을 것을 요구하는 것(이른바 '똥개' 계약'Yellow Dog' contracts)을 금지했다.

노동조합 결성의 권리는 1933년의 '국가산업부흥법National Industrial Recovery Act' — 조합주의적corporatist 산업규약을 제정하려던 루스벨트의 이 결함 있는 시도는 곧 대법원에 의해 위헌이라고 선언되었다 — 에서 분명하게 인정되었다. 단체교섭은 1935년 '와그너법'에서 명시적으로 합법화되었으며, 처음으로 정부가 노동조합주의의 편에 서게 되었다. 여기서는 단체collective라는 단어가 핵심으로, 잠시 생각해 볼 가치가 있다. '와그너법' 이전과 이후의 미국의 자유주의는 상당 부분 개인의 권리에 관한 것이었다. 1930년대의 짧은 순간 동안 미국의 진보주의는 집단 권력의 부여와 계급 발전 — 즉, 대중운동의 재료 — 에 관해 다루었다. '와그너법'은 또한 노동조합 결성의 권리가 실행될 수 있도록 하기 위해 하나의 법체계를 만들었다.

한편 급진적인 노동조합주의가 현장에서 발전하고 있었다. 또 다른 우연의 일치로 1930년대를 지배한 산업화 단계는 거대한 공장들을 필요로 했다. 노동자 의식이 변화하고 우호적인 정부가 들어섬에 따라 이들 거대 공장은 조직화될 수 있었고, 또 조직화되었다. 1935년에 미국 노동총연맹American Federation of Labor: AFL은 이전에 멸시당한 반숙련 조립 노동자를 조직화하기 위해 산업별노동조합위원회The Committee for Industrial Organization를 창설했는데, 이 조직은 곧 산업별노동조합회의Congress of Industrial Organizations: CIO가 되었다. 이 노동조합의 투사들은 광범위한 스펙트럼의 좌파들 — 공산주의자, 사회주의자, 좌파 민주당원 — 이었다. 자동차 공장을 점거하는 연좌파업과 같은 조직화 전술은 때때로 법을 어겼다. 그러나 19세기 후반의 대대적인 노동조합 파괴 시대와는 대조적으로 1933년 이후 노동은 국가와 유례없는 동맹을 맺었고, 이는 (비록 늘 그랬던 것은 아니지만) 그러한 전술이 실패하기보다는 더 자주 성공할 수 있게 해주었다.

1937년에 루스벨트는 대공황이 거의 다 끝났다고 판단한 정통 경제학자들이 추천한 잘못된 재정 조언을 따라 예산 적자를 줄이기 위해 지출을 줄였다. 심각한 경기후퇴가 뒤따랐고, 실업률이 높아졌으며, 1938년 중간선거에서 민주당이 참패했다. 이른바 이 루스벨트 불황Roosevelt Recession은 초기 노동운동을 약화시켰는데, 그 이유는 새로 노동조합에 가입한 수십만 명의 노동자가 철강, 자동차, 고무 및 전기제조 분야에서 일시 해고되었기 때문이다. 포드자동차회사Ford Motor Company와 베들레헴 스틸Bethlehem Steel 같은 산업 거물들이 '와그너법'의 보장에도 불구하고 노동조합주의에 성공적으로 저항하면서 조직화 노력이 중단되었다.

그러나 그 후 예기치 않게 전쟁이 일어났다. 제2차 세계대전은 노동자의 협상력을 강화했으며, 제도적인 사회적 파트너로서의 노동의 역할을 강화했다. 1941년 루스벨트는 의류노동자조합Amalgamated Clothing Workers의 대표이자 CIO의 수석 지도자이고 루스벨트의 오랜 친구인 시드니 힐먼Sidney Hillman을 생산관리국Office of Production Management ─ 나중에 전시생산국War Production Board로 대체된 초기 전시 계획기관 ─ 의 공동 책임자로 임명했다.[2] 루스벨트는 전쟁 동원의 배후에서 노동을 충분히 확보하고 파업활동 ─ 1940년과 1941년의 국방력 강화 과정에서 경제가 회복되면서 급증했던 ─ 을 줄이기 위해 먼저 국가노동조정위원회National Labor Mediation Board를, 그리고 그다음에 전시노동위원회War Labor Board를 창설하여, 기업, 정부, 노동의 공식적인 삼자구조를 만들었다. 이 모든 것이 노동운동을 완전한 사회적 파트너의 역할로 끌어올리는 데 일조했다.

좋은 전쟁, 완전고용, 그리고 노동 권력

1942년에 루스벨트 행정부는 전시 생산에서 노동조합을 승인할 것임을 확약했다. 노동계가 무파업 서약을 하는 대가로, 모든 방위사업자는 노동자의 과반수가 가입하면 노동조합을 단체교섭자로 받아들여야 했다. 기업 고위 간부들은 강력하게 시행된 '와그너법'을 위반한 혐의로 기소되었고, 전쟁 동안에는 실제로 거의 모든 규모의 기업들이 방위 계약을 체결했다. 1944년에 몽고메리 워드Montgomery Ward*의 대표 세월 에이버리Sewell Avery는 7000명의 노동조합 노동자의 파업을 해결하라는 루스벨트의 요청을 거부했다. 많은 노동조합원이 지금도 에이버리가 시

---

* 미국의 소매전문 기업 _옮긴이

카고 사무실에서 체포되어 주 방위군들에 의해 끌려나오는 상징적인 사진을 벽에 붙여놓고 있다. 전쟁은 심지어 남부에서도 노동조합들이 기반을 갖출 수 있게 해주었는데, 이게 다 방위 계약 덕분이었다. 클로즈드숍closed shop* — 나중에 1948년 '태프트-하틀리법'에 의해 불법화된 — 은 노동조합으로 하여금 자신들과 계약한 조합원만이 공장에서 일자리를 구할 수 있다고 주장할 수 있게 해주었다.

정부가 전쟁 주도의 완전고용 경제와 노동조합의 조직화 권리를 보장하자, 특히 CIO에 가입한 새로운 노동조합들에서 조합원의 수가 크게 증가했다. 자동차노동조합United Autoworkers 조합원은 1939년 16만 5000명에서 1944년경에 100만 명 이상으로 증가했다. 철강노동조합Steelworkers 조합원은 1939년 22만 5000명에서 1944년 70만 8000명으로 세 배 가까이 증가했다. 전기, 고무, 통조림공장의 조직화된 노동자들도 비슷한 증가율을 기록했다.[3]

그러나 전시에 노동조합을 공식 승인한 것은 양날의 검이었다. 1942년에 가격통제가 전면적으로 시행될 때까지 기업이 전쟁 부당이익을 추구하고 생활비가 임금을 초과하게 되자, 노동조합의 일반 구성원들은 무파업 서약 및 그 서약을 시행하려는 노동조합 간부들의 노력에 점차 짜증을 내기 시작했다. 루스벨트에게 충성하는 지도자들이 초과근무수당을 억제하고자 함에 따라 조합원과 지도부 간에 극도의 긴장이 발생하기도 했다.

모든 것을 감안할 때, 공식적인 노동 파트너십은 노동계에 제도적인 역할을 부여하기는 했지만, 하나의 사회운동으로서의 노동계의 호전성

---

* 노동자를 고용할 때 노동조합에 가입하는 것을 고용계약 조건으로 하는 제도 _옮긴이

을 약화시켰다. 20세기 후반에 노동계가 다시 포위당했을 때, 그 호전성은 사라져서 그곳에 존재할 수 없었다. 노동사학자 넬슨 리히텐슈타인Nelson Lichtenstein은 제2차 세계대전 동안에 진전된 노동의 역사를 다룬 한 권위 있는 저작에서 이렇게 기술했다. "제2차 세계대전 동안 사회질서와 정치적 정통성에 가해진 국내의 압력은 1930년대에 산업노동조합운동이 쟁취했던 독립성과 생산현장 권력을 약화시키는 데 큰 몫을 했다."[4] 아마도 그랬을 것이지만, 그 시기는 민간 자본의 권력이 억제된 반면 조직화된 노동이 미국 제도에서 상당한 제도적 권력을 누린 드문 순간이었다.

민주당 의회가 '와그너법'을 통과시켰던 1935년에서 공화당 의회가 '태프트-하틀리법'을 통해 핵심 조항을 무력화시켰던 1947년까지의 12년이라는 짧은 기간은 실제로 미국 역사상 정부의 막강한 권력이 노동운동을 구축하고 공고히 하는 데 도움을 준 유일한 시기였다. 노동운동은 다시 진보 정부에 강력한 지지기반을 제공했다. '태프트-하틀리법'은 클로즈드숍을 금지하고, 동조파업과 보이콧을 금지하며, 주들로 하여금 이른바 '노동권법right-to-work-laws'*을 통해 유니언숍union shop**을 파괴하는 법을 통과시키도록 하는 등 노동계의 가장 강력한 무기 중 일부를 제거했다. 이 법은 또한 연금에 대한 노동조합의 통제를 약화시켰다. 트루먼 ― 전혀 급진적이지 않은 ― 이 노예노동법Slave Labor Act 이라고 칭한 '태프트-하틀리법'은 제도적 노동 권력을 서서히 침식시키기 시작했다.

---

* 직업을 유지하기 위해서는 노동조합에 가입하지 않으면 안 된다는 조건을 금지한 법률 _옮긴이
** 모든 종업원의 고용 조건이 사용자와 노동조합 간 협정으로 정해지는 기업체 _옮긴이

그러나 노동계의 영향력이 정점에 있던 시기에 노동조합은 미국 노동자의 약 3분의 1을 대표했으며, 그들의 영향력은 여타 고용주들 ─ 이들 고용주 중 많은 사람이 노동조합 임금에 맞서 노동자들이 노동조합을 기피하게 하는 수단으로 수당을 제시하고 나섰다 ─ 에게까지 확대되었다. 노동조합원들은 또한 뉴딜 선거 기구에 보병을 제공했다. 1948년에 해리 트루먼이 역전승을 거두어 거의 모든 사람을 놀라게 했을 때에도, 그 비결은 그와 노동계의 동맹이었다.

노동 연대의 실천적 경험은 노동계급이 지닌 사회적 보수주의의 상당 부분을 상쇄한다. 노동운동은 노동자들에게 계급을 정치적으로 이해할 수 있게 해준다. 오늘날까지도 노동조합원과 그 가족들은 노동조합에 가입하지 않은 동일한 인구학적·직업적 특성을 가진 사람들보다 훨씬 더 진보적으로 투표한다. 그러나 오늘날 노동조합원들은 훨씬 적으며, 그들은 1948년 '태프트-하틀리법'이 발효된 이후 시간이 지나면서 강화되기만 한 기업의 반격에 직면하여 더 적은 법적 보호를 받고 있다.

전쟁은 또 다른 측면들에서도 몇 년 더 뉴딜 체계를 연장시켰다. 뉴딜정책은 여러 영역에서 공적 자본을 사용했다. TVA에서부터 거대한 서부 댐들과 지역의 농촌전기화 협동조합들에 이르기까지 뉴딜에 의해 추진된 공적 권력의 여러 노력은 공적 권력이 자주 민간 권력보다 더 효율적이라는 것을 보여주었다. 이 프로젝트들은 또한 민간 경쟁자들의 가격 부풀리기를 억제하기 위해 루스벨트가 '표준가격 경쟁benchmark competition'이라고 즐겨 불렀던 것도 제공했다. 우발적이 아니라 의도적으로 광범위하게 이루어진 이러한 유익한 조치들 모두는 시장에 대비한 국가의 신뢰와 위신을 높여주었다.

부흥금융공사Reconstruction Finance Corporation: RFC*는 주식시장이 여전히 충격을 받고 있고 은행 대출에 의지할 수 없던 시기에 산업자본을 재편하기 위한 공적 자금으로 500억 달러 — 이는 1930년대에는 엄청난 금액이었다 — 를 제공했다. RFC의 자금 제공은 공익적인 대가를 요구했다. RFC 대표자들은 기업이사회에 참석했다. 그들은 고위 간부들의 봉급과 특권을 제한하는 협정을 요구했다.[5]

전쟁은 우연히 만들어진 완전고용 프로그램이었는데, 이 완전고용 프로그램은 1930년대 후반에 자본주의가 모든 사람에게 충분하게 일자리가 돌아가지 않는 기술적 실업의 단계로 접어들었다고 설파하는 많은 경제학자의 주장을 반증했다.[6] 케인스는 불황의 여파로 은행체계에 대한 트라우마와 소비 수요의 부족이 겹쳐 경제가 생산 잠재력보다 훨씬 낮은 평균 이하의 평형상태로 빠져들 가능성이 있을 때에는 공적 지출과 공적 투자만이 경제를 정상궤도로 되돌릴 수 있다고 주장한 바 있는데, 완전고용으로의 빠른 복귀는 케인스의 이 같은 주장을 입증해 주었다.

전쟁은 루스벨트 행정부에게 루스벨트의 몇몇 공공사업 프로그램조차 일으킬 수 없던 엄청난 수요를 창출했을 뿐만 아니라 루스벨트 행정부로 하여금 자본에 대한 더 많은 통제력을 확보하고 공적 계획과 투자를 더욱 확대할 수 있게 해주었다. 정교한 전시계획 관료제가 작전을 지휘했고, 그것은 자재를 징발하고 평시 생산을 군사 용도로 전환하는 데서 민간부문에 대해 전례 없는 권력을 행사했다.

미국이 전쟁에 동원되면서 정부의 자본 공급은 훨씬 더 많아졌고 훨

---

* 1932년 의회 법령에 의해 설립된 공공회사로, 공업·상업·은행업 등에 융자 등 금융상의 지원을 했다. _옮긴이

씬 더 명시적으로 이루어졌다. 부흥금융공사RFC는 전시금융으로 전환했다. RFC의 자회사인 국방계획공사Defense Plan Corporation는 46개 주에 있는 약 2300개의 전시 생산 공장에 92억 달러를 출자했다. 이와는 대조적으로 제1차 세계대전에서는 정부가 국방 생산을 위해 고작 6억 달러를 썼는데, 그중 90%는 민간 자본으로 조달되었다.[7] 1942년 첫 6개월 동안 정부는 1939년의 전체 GDP보다 많은 약 1000억 달러의 전시 생산을 주문했다. RFC가 자금을 지원하는 공장 대부분은 1년에 1달러로 산업에 임대되었다가 전쟁 후에 민영화되었는데, 민간 기업에게 이는 정부가 준 실로 엄청난 선물이었다.

전쟁이 끝나자마자 1200만 명 이상의 미군이 제대하면서 경제가 다시 침체될 것이라는 우려가 널리 퍼져 있었다. 1944년에는 1935년 '와그너법'의 발의자인 뉴욕주의 로버트 와그너Robert Wagner 상원의원과 몬태나주의 제임스 머리James Murray 상원의원이 '와그너-머리 완전고용법Wagner-Murray Full Employment Act'의 초안을 작성했는데, 이는 전시 경제를 모델로 하여 평시 경제에서 완전고용을 유지하기 위한 세밀한 체계를 만들기 위한 것이었다. 대통령은 연례 국가 생산 및 고용 예산안National Production and Employment Budget을 의회에 제출할 예정이었다. 거기에는 노동인구의 규모, 노동인구에게 일자리를 제공하는 데 필요한 국가 총생산량, 연방정부의 특별 조치가 없을 경우의 총생산량 추정치가 포함될 예정이었다. 그래도 예상 생산량이 불충분할 경우 연방정부는 민간부문의 일자리 창출을 촉진하기 위해 추가적으로 충분히 비연방 투자를 할 작정이었다. 그리고 필요할 경우에는 연방 지출을 통해 완전고용을 이루기까지 남아 있는 간극을 메울 생각이었다.

이 법안은 상원을 압도적으로 통과했지만, 1944년 선거에서 민주당이 전쟁에 지친 유권자에게 수십 석의 의석을 빼앗긴 후 1945년 말에 보다 보수적이 된 하원에서 부결되었다. 최종 가결된 1946년의 '고용법Employment Act'은 원래의 구체적인 계획안에 비해 일련의 목표들로만 상당히 축소되었다. 실제로 이 하원 법안은 '휘팅턴 – 태프트 법안Whittington-Taft bill'으로 알려졌는데, 이 법안을 발의한 로버트 태프트Robert Taft는 바로 1948년에 반노동적인 '태프트-하틀리법'을 주도했던 바로 그 사람이었다. 이 '휘팅턴-태프트법'은 계획 체계planning system를 명시적으로 종식시켰으며, 앞으로 일어날 반전을 예고했다.

하지만 냉전이 곧 공적 투자와 계획의 대리자 역할을 부분적으로 수행했다. 냉전에 의한 지출은 대서양 양편에서 암암리에 케인스주의적인 역할을 했다. 미국의 국방비는 민간경제의 기복과 무관하게 계속해서 높은 수준에서 비교적 안정적으로 지출되었다. 군사적 용도와 상업적 용도 모두를 가진 군사기술에 대한 정부의 막대한 자금 투자는 과학적 혁신을 이룰 수 있게 해주었다. 비록 지금은 계획이 이데올로기적으로 금지되었지만, 펜타곤은 사실상 산업경제의 주요 부문을 위한 일종의 기획부처 역할을 했다. 그러나 그 역할이 암묵적이고 부활하는 자유시장 이데올로기와 부합하지 않았기 때문에, 군대를 대리 케인스주의적 계획국가로 이용하는 것 또한 취약했다.

루스벨트와 인종차별

뉴딜 체계의 또 다른 약한 지점fault line이자 지연된 위기의 근원은 인종이었다. 루스벨트는 자신의 프로그램 가운데 그 어떤 것도 남부의 백인 우월주의를 상징하는 짐 크로 제도Jim Crow system*를 변화시키지 않는다는 것을 그와 연합한 딕시Dixie** 성원들에게 보장해야만 노동 규제, 사회보험, 공공 투자를 확장할 수 있었다.[8] 실제로 일부 뉴딜정책은 주의 권한이던 인종차별정책을 북부로, 즉 이전에 인종차별이 폐지되었던 지역들로 확대했다. 연방정부가 WPA***에서 처음으로 대규모 공공주택을 건설하기 시작했을 때, 남부 하원의원들은 처음에는 그 주택을 백인용으로만 사용할 것을 요구했다. 시카고 NAACP****의 전 회장이자 루스벨트 대통령의 수석보좌관 가운데 가장 좌파적인 사람 중 한 명인 해럴드 아이크스Harold Ickes가 흑인을 위해 공공주택을 건설하되 엄격하게 인종을 분리하는 타협안을 제시하여 이를 중재할 수 있었다.[9] 공공사업 프로젝트들도 인종적으로 분리되어, 백인들을 위해서는 더 나은 일자리가 마련되었다. 이렇듯 뉴딜정책은 인종차별뿐만 아니라 백인 우월주의도 강화시켰다(그리고 많은 경우에 백인 우월주의를 **도입**했다). 그렇기는 하지만 프랭클린 루스벨트는 적어도 얼마간의 실질적인 도움을 주었기 때문에 흑인의 지지를 더 많이 얻었다.

사회보장과 '와그너법'에 의거한 노동자 보호 같은 새로운 프로그램도 남부의 압력에 의해 짐 크로 제도를 보존하고 강화했다. 흑인과 히스패닉이 주로 종사하는 가사 노동자나 농장 노동자 같은 직업 부문은 아프리카계 미국인들이 경제적으로 독립하거나 협상력을 증대시키는 것

---

*   미국 남부에서 인종차별을 강행하던 주법과 지방법을 총칭하는 짐 크로 법에 의거해 실시된 인종차별제도 _옮긴이

**   미국 남부에 있는 여러 주를 일컫는 별칭 _옮긴이

*** Works Projects Administration. 공공사업촉진국. 뉴딜 정책에 따라 설립된 공공사업계획기관이다. _옮긴이

**** National Association for the Advancement of Colored People. 전미흑인지위향상협회 _옮긴이

을 막기 위해 사회보장과 실업보험에서 명시적으로 제외되었다. 농업은 '와그너법'에서 의도적으로 배제되었다. 좀 더 주류에 속하는 직업을 가진 일부 흑인은 사회보장 자격을 얻었다. 인종차별이 없는 CIO 노동조합이나 침대차 짐꾼 형제단Brotherhood of Sleeping Car Porters[*]과 같은 인종적으로 분리된 노동조합에 소속된 흑인 노동자들은 '와그너법'의 혜택을 받았지만, 인종체계를 바꾸기에는 충분하지 않았다. 딕시크라츠Dixiecrats[**]가 사회보장에는 마지못해 동의했지만, 그것과 같이 국민건강보험을 추진할 수 있는 길은 봉쇄되었다. 이는 부분적으로는 남부 지도자들이 인종차별 없는 병원이 생겨나지나 않을까 우려했기 때문이다.

따라서 사소한 예외들이 있기는 했지만, 루스벨트는 특정 정책이 백인들만을 위한 것임을 납득시킴으로써만, 또는 흑인에게 어떤 혜택을 제공하더라도 엄격한 인종 분리를 유지하거나 확대한 채 혜택을 제공한다는 것을 조건으로 해서만 미국식 유사 사회민주주의를 구축할 수 있었다. 노동계급이 (백인들 사이에서) 단합을 유지하기가 얼마간 쉬워진 것도 사실은 1924년에 의회가 이민 제한을 입법화함으로써 외국 출신 노동자의 수가 급격히 감소했기 때문이었다.

인종 분리의 정착은 여러 면에서 노동계급의 연대를 약화시켰다. 그것은 더 협소한 계급연합을 낳았다. 왜냐하면 노동계급의 3분의 1이 유권자로서도, 그리고 수혜자로서도 동맹에 전혀 참여하지 않기 때문이다. 인종 간 계급연대가 재건시대 초기부터 시도되었지만, 인종차별이 항상 인종 간 연합의 노력을 능가했다. 1890년대 후반까지만 해도 백인 폭력이 쿠데타를 통해 도시 정부를 실제로 파괴했던 노스캐롤라이나주

[*]   1925년 설립된 미국 최초의 흑인 노동조합 _옮긴이
[**]   미국 남부의 민주당 이탈파 사람들 _옮긴이

월밍턴Wilmington* 같은 남부의 여러 도시에서는 다인종 통치 연합이 존재했다. 그전에도 인종 간 연합이 모빌Mobile**에서부터 멤피스Memphis***까지 수십 개의 남부 도시를 통치했었다. 그러나 흑인의 투표권이 소멸되면서 이것들은 점차 무너졌다. 1901년경 미국 하원이나 상원에서 포스트 재건시대의 마지막 의원들이 사라지자 두 인종 간의 계급연합은 종식되었다.[10]

마틴 루터 킹Martin Luther King은 그 정치적 결과를 평가했다. 킹은 1965년 셀마에서 몽고메리까지 행군한 뒤 앨라배마주 의회 의사당 계단에서 "남부의 귀족들은 세계를 점령하고 가난한 백인 남자에게 짐 크로를 주었다"라고 말했다. "그리고 가난한 백인 남자의 주름진 배가 자신의 빈 주머니가 제공할 수 없는 음식을 갈구할 때, 그는 짐 크로 ― 즉, 아무리 나쁜 사람이라 해도 적어도 흑인보다는 백인이 낫다고 말하는 심리적인 새 ― 를 먹었다."[11]

인종 정의racial justice를 미루어둔 것이 1960년대에 민주당 계급연합을 다시 괴롭히곤 했다. 1960년대에는 획기적인 민권 조치와 행정 명령을 통해 마침내 교육, 숙박, 식사, 교통, 투표, 주택, 고용에서의 차별이 금지되었고, 고용주와 노동조합에게는 과거의 차별이 초래한 현재의 결과를 극복하기 위해 '차별철폐조처affirmative action'를 취할 것이 요구되었다. 그러한 개혁은 1968년 조지 월리스George Wallace****와 리처드 닉슨에게

---

* 1898년 11월 10일에 노스캐롤라이나 동부 항구 도시 월밍턴에서 폭도들이 지방정부를 점거한 사태가 발생했는데, 이것은 후일 공식적으로 쿠데타로 명명되었다. _옮긴이

** 미국 앨라배마주 남서부의 항구도시 _옮긴이

*** 미국 테네시주의 미시시피강에 접한 도시 _옮긴이

**** 앨라배마 주지사를 지냈으며, 1968년 민주당을 나와 인종 분리주의 철폐 반대와 주의 권리 수호를 위한 아메리카 독립당을 창당하여 대통령 후보로 출마했다. _옮긴이

많은 백인 노동자를 안겨주었다. 그 후 수십 년 동안 자유방임주의로 복귀함에 따라 노동계급을 돕는 정책이 약화되었고, 그 후 백인들에게 계속된 축출감과 불만은 티파티와 도널드 트럼프의 부상을 예고했다.

하지만 어쨌든 뉴딜정책은 한동안 노동계에 테이블의 중요한 자리를 마련해 주었다(비록 조직화된 노동의 대부분은 백인이었지만). 그리고 노동 권력은 산업의 권력을 균형 잡는 데 기여했다. 노동조합의 승인과 결합된 전시 완전고용은 노동자의 소득을 극적으로 증가시키고 소득분배를 균등화했다. 그 시대의 정치경제에서 이에 못지않게 중요한 것이 바로 민간 자본의 억제 — 역시 일시적이고 되돌려질 수 있는 것으로 증명된 혁명 — 였다.

투기 금융의 억제

뉴딜정책은 그 이전과 이후를 확연하게 구분하는 방식으로 민간 금융에 족쇄를 채웠다. 1933년 '글래스-스티걸법Glass-Steagall Act'*은 증권중개소와 투자은행을 상업은행에서 분리시킴으로써 투기와 이해충돌conflict-of-interest이라는 하나의 범주 전체를 금융체계에서 제거시켰다. 상업은행들은 연방예금보험을 수용하도록 요구받았고(거의 모두가 그렇게 했다), 훨씬 엄격한 정기검사 제도를 적용받았다. 지급능력을 손상시킬 수 있는 형태의 고객 경쟁 — 1970년대와 1980년대에 규제가 약화된 후에 재발한 무모한 행동 — 을 막기 위해 상업은행이 대출자에게 물리고 예금자에

---

* 1933년 미국에서 은행개혁과 투기 규제를 목적으로 제정한 법으로, 핵심 내용은 상업은행과 투자은행의 성격을 엄격히 분리하는 것이었다. _옮긴이

게 지급하는 이자율 또한 엄격하게 규제되었다.

소매은행은 비록 개인 소유로 남아 있기는 했지만, 공익사업에 가까운 형태로 전환되었다. 전국 범위의 은행 업무는 금지되었고, 시중은행 업무도 금지되었다. 대규모 은행이 효율성 — 이론의 여지가 있는 — 면에서 치른 희생은 투기, 이해충돌, 부패의 제거로 상쇄되고도 남았다. 복잡한 투기와 과도한 차입 자본을 통해 막대한 투기 이익을 얻다가 2007~2008년에 금융체계를 붕괴시킨 것은 뉴딜 제한으로부터 해방된 거대한 은행 복합기업들이었다.

뉴딜정책은 또한 거의 처음부터 국가 주택금융체계를 만들었고, 현대적이고 장기적인 자율상환 담보대출self-amortizing mortgage을 발명했다. 프랭클린 루스벨트가 추진한 일단의 정책들에는 연방준비제도Federal Reserve System를 모델로 한 연방주택대출은행제도Federal Home Loan Bank System: FHLB — 주택담보 대출기관을 위한 일종의 중앙은행 — 가 포함되어 있었다. FHLB는 저축은행과 저축대부조합에서 저당권을 매입하기 위해 연방담보대출공사Federal National Mortgage Association: FNMA를 추가로 만들었다. FHLB와 FNMA는 대부분 지역 비영리 단체들이 상호 소유했고, 정부는 저당권을 보증했다. 원래의 FNMA는 1969년 이후 등장한 같은 이름의 기관과는 대조적으로 공공기관이었다. 본래 FNMA는 재무부의 직접 차입으로 운영에 필요한 자금을 조달했으며, 금융체계에 1980년대에 도입된 것과 같은 종류의 복잡한 민간 증권화 — 불투명한 리스크 층을 추가하는 — 는 존재하지 않았다.[12]

게다가 뉴딜정책은 주택소유자들이 대공황 속에서 부동산 가치가 폭락함에 따라 손실상태에 빠진 저당권을 신규 차입으로 변제하기 위해 버둥거리는 것을 돕고자 주택소유자대부공사Home Owners Loan Corporation:

HOLC를 설립했다. 그 업무가 한창일 때에는 담보대출 다섯 개 중 하나가 HOLC에 의해 이루어졌다. HOLC는 민간 은행원을 통해 영업을 하는 것이 아니라 수만 명의 공무원이 소매점에서 직접 일하는 진정한 공공 기관이었다.[13]

이 금융체계에서는 아무도 극도로 부자가 되지 못했고, 누군가로 하여금 투기적 부당이득을 얻기 위해 복잡한 거래를 하게 할 어떠한 유인도 존재하지 않았다. 신용평가는 제3자에게 위임되지 않고 대출 담당자에 의해 직접 수행되었다. 비용과 복잡성을 가중시키는 중개인 층도 없었다. 대공황의 고된 시기임에도 불구하고, 투기적 요소들을 제거한 이 체계는 스위스 시계처럼 작동했다. 채무 불이행도 곧 은행의 파산만큼이나 드물어졌다. 일단 대공황이 끝나자, 주택 소유율이 1930년대의 40% 미만에서 1960년대에는 약 64%로 급격히 증가했다.[14]

한편 주식을 인수하고 판매하는 전체 체계는 1933년의 '증권법 Securities Act', 1934년의 '증권거래법Securities Exchange Act', 1940년의 두 개의 '투자회사법Investment Company Act'을 통해 엄격한 규제 및 공개 체계에 예속되었다. 이 구조에서 투자은행은 단순화되고 투명해졌다. 주택담보대출의 복잡한 사적 증권화도 없었고, 차입매수도 없었으며, 사모펀드나 헤지펀드 회사가 허점을 이용하는 일도 없었다. 프랭클린 루스벨트는 더 나아가 중개인들이 자신의 계좌나 고객의 계좌로 거래하는 것 — 1980년대 이후 점점 더 악용된 잠재적 이해충돌 — 을 금지하고자 했다. 이 개혁은 의회에서 승인받지 못했다. 그러나 뉴딜정책은 금융을 실물경제의 주인보다는 하인으로 만들기에 충분했다. 불황으로부터 더디게 회복되었지만, 1934년 이후 이렇다 할 은행 파산은 없었다.

뉴딜 금융규제체계의 정치적 전제조건은 루스벨트가 사망하고 1946

년 공화당이 의회를 장악한 직후 침식되기 시작했다. 그러나 그 체계는 반감기半減期가 길었다. 엄격하게 규제된 금융은 전후 엄청난 경제 붐을 뒷받침했다. 비록 그것이 금융가들에게 큰 부자가 될 기회를 박탈하기는 했지만, 그 체계는 많은 면에서 개인 금융가들을 제약했기 **때문에** 실물경제에 유익했다. 1970년대 경기 침체가 발생하면서 기업의 영향력, 자유방임주의 이데올로기, 우파 정치인들이 부활하자, 정당들은 뉴딜 금융규제들을 해체하는 데 공모하기 시작했고, 이는 몹시 불행한 결과를 초래했다.

여기서 중요한 한 가지 구별을 할 필요가 있다. 자본주의 경제에서 기업은 자본을 필요로 하며, 투자 자본을 제공하는 것은 잘 규제된 민간 자본 시장이 하는 일이다. 이 모든 것은 투자자나 은행가가 투자가 얼마나 좋은 결실을 맺을지를 미리 알지 못한다는 점에서 얼마간은 투기적이다. 하지만 중요한 것은 그러한 투자가 실물경제와 직결된다는 점이다. 사업이 번창하면 투자자도 번창하고 은행가도 상환을 받는다. 대출 담당자가 사업계획과 사업가의 역량을 평가하고 사업가의 투자 여력도 판단한다. 은행에 가해질 위험이 대략적으로 계산되고 그 위험에 맞추어 평가되기도 한다. 하지만 추가적인 위험은 사업가가 떠맡는다.

그러나 **순전히** 투기적이고 자주 실물경제에 피해를 주는 전혀 다른 범주의 자본도 있다.[15] 이러한 종류의 금융 놀이는 자주 기초자산underlying asset*과는 얼마간 거리가 있는 복잡한 금융수단을 발명하고 사용한다. 이것들은 파생상품으로 알려져 있다. 그것은 내기에 내기를 겹으로써, 그리고 속아서 도박에 빠진 세상 물정 모르는 사람보다 도박장에 더 많

---

* 파생상품거래에서 사용되는 용어로, 파생상품(옵션, 선물 등)의 가치를 산정하는 기준이 되는 금융상품이나 실물상품을 말한다. _옮긴이

은 정보를 제공함으로써 실물경제에 상관없이 금융사업자가 이익을 얻을 수 있는 내부자의 게임이다. 내부자들은 종종 기본 계획이 성공하지 **않을** 것이라는 데 베팅함으로써 이익을 얻기도 한다. 이것이 서브프라임 사기의 본질이었다. 이것은 1929년의 불황에 한몫한 투기적 형태의 게임이었다. 그것은 전후 뉴딜 규제체계에 의해 중단되었다가 1980년대와 1990년대에 되살아나서 2008년에 다시 경제를 붕괴시켰다. 이러한 도박들은 실물경제에서 너무 멀리 떨어져서 운영되기 때문에, 안정과 위험은 규제기관과 고객 모두에게 불투명했고, 심지어 이른바 신용평가 기관, 즉 무디스Moody's나 스탠더드 앤 푸어스Standard and Poor's 같은 민간 기업조차도 수수료의 대가로 그러한 거래에 트리플A 등급을 주었다.

마이너스 금리에 의한 자본 몰수

1930년대에서 1970년대 사이를 지배했던 체계에서 금융은 또 다른 주목할 만한 측면에서 억압되었다. 이 측면은 일반적인 관심에서 크게 벗어나 있었다. 실질 금리는 전후 호황기의 상당 부분 동안 마이너스였다. 마이너스 금리는 실물경제에서 자본비용을 아주 싸게 만들어주었다. 그것은 부를 소유한 계급에게 얼마간의 비용을 부담하게 했는데, 이는 이 시대 동안 소득 구조를 전례 없이 압축하는 데 기여했다. 하지만 그러한 변화는 거의 아무런 경제적 피해를 주지 않았고, 소득분배와 실물경제 모두에서 순이익이었다.

제2차 세계대전 이후 미국과 영국 모두에서 30년간 물가상승률이 공채 이자율을 초과하는 경향이 있었다. 이는 부채의 실질 가치가 점차 하락한다는 것을 의미했다. 만약 당신이 10만 달러어치의 채권을 보유하고 있고 물가상승률이 10%라면, 1년이 지난 지금 채권의 실질 가치는 (주요 금리와 채권의 만기에 따라) 약 9만 달러가 된다. 채권으로 5%의 이자를 받는다고 하더라도, 당신은 여전히 실제 돈으로 5000달러 정도의 손해를 본다. 당신이 입은 손실의 이면이 정부가 얻은 이득이다. 시간이 지남에 따라 공채의 부담이 줄어든다. 하버드 경제학자 카르멘 라인하르트Carmen Reinhardt의 계산에 따르면, 이 시기 동안 미국과 영국의 경우 "마이너스 실질 금리를 통한 연간 부채 청산액이 평균적으로 연간 국내 총생산(GDP)의 3~4%에 달했다."[16]

실질 금리를 낮게 또는 마이너스로 유지하기 위해 다양한 공공정책이 사용될 수 있는데, 이러한 정책들은 전후에 수렴되었다. 정부는 자신의 중앙은행에 매우 낮은 금리로 공채 자금을 조달할 것을 요구할 수 있다. 이것은 1941년에서 1951년 사이에 미국 정부가 했던 일이다. 그리고 정부는 1930년대부터 1970년대까지 연방 정책을 통해 했던 것처럼, 그리고 주정부가 1980년대까지 '고리대금업법'을 통해 했던 것처럼 은행이 지급하고 부과하는 금리에 한도를 정할 수 있다. (극단적일 경우 이러한 정책이 자본의 공급을 줄일 수도 있지만, 일정 한도 내에서는 실물경제에 도움이 된다.) 정부는 고도성장을 추진하여 과거 부채 비용이 GDP에 대비하여 줄어들게 할 수 있다. 그리고 정부는 유증 부채legacy debt*의 실질 가치를 줄이기 위해 적당한 인플레이션을 용인할 수도 있다. 이 모든 정책은 민간 금융가들에게는 혐오스러운 것이지만, 경제의 나머지 부분에는 강장제이다. 정부가 이러한 정책을 추진할 수 있었던 것은 민간 자

* 미국 사회보장체계에서 현재와 과거의 수혜자 코호트가 체계에 지급한 비용과 그들이 받는 급부금 간의 차이를 일컫기 위해 사용되는 용어 _옮긴이

본의 **정치적** 권력이 일시적으로 억압되어 있었기 때문이다. 민간 채권 보유자가 겪는 고통에도 불구하고 실물경제가 번창했다는 사실은 많은 표준 경제이론에 도전하고 공급중시 경제학supply-side economics의 핵심 전제를 날려버린다.

제2차 세계대전 이후 공공채무가 매우 많았던 시기에 민간 시장이 국채에 대한 금리를 책정했다면 채권금융 비용은 훨씬 더 높았을 것이고, 부채의 감소는 훨씬 더 느리게 진행되었을 것이며, 실물경제가 받는 부담은 훨씬 더 컸을 것이다. 하지만 엄격한 규제정책 덕분에 실질 금리는 제2차 세계대전 이전 시기와 1980년대 금융자유화 이후 시기의 더 자유로운 자본 시장에서보다 1945년부터 1980년까지가 크게 낮았다.

국채에 대한 마이너스 실질 금리는 전쟁의 또 다른 유산이었다. 1941년 12월에 미국이 제2차 세계대전에 참전하자, 정부는 곧바로 전쟁 자금을 조달해야 하는 과제에 직면했다. 정부는 군에 대한 직접 지출을 대대적으로 늘렸고, 엄청난 전시생산 계약을 체결했다. 그 전쟁은 결국 3000억 달러 ─ 완전 동원이 이루어졌던 1942년을 포함하여 4년 동안의 총 GDP의 약 3분의 1에 해당하는 ─ 가 좀 안 되는 비용을 치르고 끝이 났다.

정부는 결국 부자에게 징수한 94%라는 높은 세율의 특별 부가세와 막대한 채권매각으로 전쟁자금을 조달했다. 정부는 총 1672억 달러어치의 전쟁채권을 팔았다.[17] 이 전쟁채권은 일반 대중과 은행, 연기금, 기업, 그리고 가장 중요하게는 연방준비제도이사회에 의해 애국적 행위로 구매되었다. 전시에 정부는 통상적으로 상업은행과 투자은행에 의존해서 채권을 보증하고 판매하며, 이로 인해 은행가는 많은 돈을 번다. 채권 매입자를 충분히 찾기가 어렵기 때문에 금리가 높다. 이것이 제1차 세계대전의 경우였다.[18] 하지만 총동원을 했던 제2차 세계대전의 경우에는 달랐다. 연방준비제도이사회는 국채에 대한 이자율을 90일 단기채권의 경우에는 0.38%, 장기채권의 경우에는 2.5%로 정했다. 연방준비제도이사회는 그 목적을 어떻게 달성했는가? 연방준비제도이사회는 저금리를 유지하기 위해 충분한 양의 채권을 그냥 샀다. 대중이 사지 않은 것은 무엇이든 연방준비제도이사회가 샀다. 이 정책은 루스벨트 대통령의 명령에 따라 재무부와 연방준비제도이사회 간의 각서에서 공식화되었다.[19] 민간 금융시장이 금리를 올렸더라면, 전쟁 비용이 엄청나게 많이 들었을 것이고 경기 회복도 더 더디었을 것이다. 물론 전면전쟁은 정상적인 경제를 위한 모델이 아니다. 그러나 민간 금융을 봉쇄하는 것은 평시에도 건설적일 수 있다.

대규모 적자 자금 조달을 통해 수요를 유발하고 거기에 더하여 금리를 고정하고 연방준비제도이사회가 사실상 무제한적으로 채권을 매수한 것은 처음에는 두 가지 이유에서 인플레이션을 유발하지 않았다. 매우 강경한 케인스적 정책은 전쟁 4년 동안 실물경제를 거의 50%로 급속하게 성장시켰고, 경제는 배급뿐만 아니라 임시 임금과 가격에 대해서도 통제를 실시했다. 일단 1942년에 가격통제가 효과를 발휘하기 시작하자, 전쟁의 나머지 시기 동안에는 물가상승률이 연간 3% 미만이었다. 달리 말해 2.5%짜리 전쟁채권을 매입한 사람들은 아무런 이자도 얻지 못하고 얼마간의 원금을 잃고 있었다.

하지만 전쟁이 끝나자, 그간 억압되었던 상품 수요와 임금 인상 모두가 풀리면서 인플레이션이 일어났다. 물가상승률은 1946년 8.3%, 1947년 14.4%, 1948년 7.7%였다. 이 3년 동안의 인플레이션만으로도 수많은 2.5%짜리 전쟁채권의 부담을 덜어주기에 충분했다. 인플레이션은 한국전쟁 이후에야 1~3%대로 진정되었다. 물가통제와 배급이 동원해

제와 함께 끝이 나고 1946년경 의회의 요구로 모든 통제가 해제되었음에도 불구하고, 국채에 대한 금리를 고정하기로 한 연방준비제도이사회와 재무부의 합의는 1951년까지 계속되었다. 이 정책은 민간 시장으로 하여금 과잉부채에 대한 금리를 정하게 하는 것은 정부와 납세자들에게 큰 부담이 될 것이라는 우려에서 계속되었다. 회사채 금리는 더 안전한 국채로부터 영향을 받는 경향이 있었으며, 또한 국채에 의해 압박받았다. 저금리, 고성장률, 그리고 적절한 인플레이션으로 인해 미국의 GDP 대비 부채비율은 1945년 113%에서 1955년 51%로 떨어졌다.[20] 영국도 동일한 동학으로 인해 같은 기간 부채비율이 240%에서 138%로 떨어졌다.[21]

요컨대, 전후 30년 동안 실물경제는 대단히 좋았던 반면, 채권 투자자들은 마이너스 수익률을 보였다. 금리가 낮거나 마이너스였고 경제가 크게 성장한 덕분에, 주식은 아주 좋은 투자처였다.

이처럼 금융은 다양한 방식으로 억압되었다. 이를테면 정부는 채권금융정책을 통해 금융산업이 할 수 있는 일을 엄격하게 제한했고, 마이너스 실질 수익률을 통해 **지대**계급을 통제했다. 이러한 제약들은 다시 금융가의 부와 정치적 권력 모두를 제한했다. 케인스는 '지대추구자의 안락사'를 요구한 것으로 유명했는데,[22] 이는 공적 신용과 저금리에 의존하는 근대 경제가 주주, 채권 보유자, 투기꾼의 변덕에 휘둘리지 않고 혁신을 이룩하여 완전고용을 달성할 수 있다는 것을 뜻한다. 전후의 금융 억압은 부분적으로 (그리고 절묘하게) 케인스의 바람을 실행했다.

전후 시대의 산업구조는 집중되어 있었는데, 이는 대기업들이 독점 또는 과점 이익을 추출할 수 있다는 것을 의미했다. 그러나 제도화된 노동 권력 때문에 그러한 이익들은 노동자들과 공유되었다. 이와는 대조적으로 오늘날의 경제는 엄청난 시장 권력을 가진 몇몇 회사(애플, 구글, 아마존)와 초경쟁적인 여타 회사들 — 이들 중 일부는 초기 주식 매각을 통해 큰돈을 벌었다 — 의 혼합으로 이루어져 있다. 그러나 게임의 규칙과 권력 분포 모두에서 변화가 일어났기 때문에, 두 형태의 회사 중 어떤 것에서도 초과 이윤은 일반 노동자들과 공유되지 않는다.

주식과 채권 가격이 침체된 가운데서도 전후 시대에 산업금융은 어떻게 크게 성장할 수 있었는가? 일부는 방위 계약을 통해 공적 자본으로, 대부분은 이익잉여금retained earnings*으로 성장했으며, 나중에는 주식을 발행하여 성장했다. 순수한 금융 이익은 낮거나 마이너스였지만, 기업의 이익은 소비 수요의 증가, 기업의 집중, 그리고 낮은 실질 자본비용 덕분에 견고했다. 금융공학도 없었고, 불안정한 유가증권도 없었으며, 투기꾼들이 표적 기업의 주식을 담보로 한 차입금으로 기업을 인수하는 차입매수도 없었다. 이 모든 것은 나중에 시작되었다. 그것은 경제를 운영하는 매우 다른 방법이었다.

유쾌하고 좋은 한 친구

정부 차입금에 대한 고정금리제도는 전시에 시행된 하나의 비상방책이었지만, 금융산업의 적폐를 청산해 온 루스벨트 행정부의 평시 8년의 경험 및 민간 금융의 권력과 파괴적인 잠재력에 대한 루스벨트 자신의 불신을 반영하는 것이기도 했다. 지금까지 세계 어디에서도 본 적 없는

---

* 기업이 손익거래 결과로 획득한 잉여금 중 사외유출분을 제외하고 사내에 유보된 이익을 말한다. _옮긴이

글로벌 금융을 위한 아키텍처를 제시했던 브레턴우즈 체계의 밑바탕에 깔린 가정에도 이와 동일한 감성이 널리 퍼져 있었다. 그러나 1940년대 후반에 실체화된 실제 브레턴우즈 체계는 그 설계자들의 목표를 단지 부분적으로만 실현했고, 시간이 지나면서 부식되었다.

1944년 7월 22일 연합군이 파리를 해방시키기 위해 노르망디를 가로질러 질주하고 있을 때, 44개국의 대표들은 전후 통화 및 금융 구조를 설계하기 위해 뉴햄프셔주 브레턴우즈에 있는 마운틴 워싱턴 휴양지에서 모임을 갖고 있었다. 그 모임의 목적은 국내 완전고용 경제를 민간 금융의 디플레이션 압력으로부터 보호할 수 있는 글로벌 통화체계 — 경제와 금융에 관한 뉴딜정책의 가정에 의거한 글로벌 대응물 — 를 구축하는 것이었다. 그 회의에서 3주간의 소모적인 외교가 이루어졌다. 폐막 만찬에서 그 자리에 모인 대표단들은 자리에서 일어나 "유쾌하고 좋은 한 친구를 위하여"라고 제창했다. 문제의 그 친구가 바로 그 회의의 의장이자 영국 대표단의 리더로 브레턴우즈 설계에 지적 영감을 제공한 인물인 존 메이너드 케인스였다.

케인스의 핵심적인 통찰은 시장경제가 자신의 성장능력보다 훨씬 낮은 생산량과 고용 수준에 갇혀 있는 경향이 있다는 것이었다. 국제 경제에서는 글로벌 금융이 경제성장보다 재정균형, 통화안정, 부채상환을 우선시함으로써 체계적 긴축을 야기하는 경향이 있었다. 글로벌 금융은 '경기순응적pro-cyclical' 경향을 지니고 있었다. 경기순응적 정책은 금융이 유행을 뒤쫓을 때에는 행복한 붐을 일으키지만, 유행이 끝나면 경기 침체나 불황을 낳는다.

금본위제 시대에도 각국 경제는 통화 안정성을 확보하기 위해 주기적으로 위기, 불황, 침체라는 대가를 치러야 했다. 왜냐하면 각국 경제는 주기적으로 신용을 잃었고, 그럴 때면 국제 민간 채권자들의 신뢰를 회복하기 위해 고군분투해야 했기 때문이다. 케인스는 각국 경제가 민간 글로벌 금융의 압력을 받지 않고 국내에서 고高고용경제를 운영할 수 있게 해주는 국제금융 및 통화 구조를 구축할 필요가 있다고 생각했다.

젊은 시절 케인스는 1919년 베르사유 평화회의 ─ 평화의 조건을 정하기 위한 승전국들의 모임 ─ 에서 부과한 긴축과 배상금에 대한 비판을 주도했다.[23] 베르사유 조약Treaty of Versailles은 여러 가지 차원에서 실수였다고 볼 수 있다. 가장 잘 알려진 실수는 영국과 프랑스가 전쟁에서 패배하고 경제적으로 위축된 독일 경제가 자신의 능력을 훨씬 넘는 전쟁 배상금을 낼 수 있을 것으로 생각하여 독일이 회복하는 데 도움이 되는 것은 아무것도 하지 않은 채 독일을 처벌하고자 시도한 것이었다. 그러나 이러한 어리석음은 시대에 역행하여 19세기의 금융 가정을 복원하고자 했던 엘리트들이 시도한 광범위한 디플레이션 노력의 일부일 뿐이었다. 영국은 자신의 시민들에게 두 전쟁 사이의 20년을 고금리와 영구불황의 시대라고 비난하면서 전쟁 이전의 파운드 가치로 되돌아가려고 노력했다. 뉴딜 이전의 전간기 동안에 모든 동맹국은 자유방임주의적인 글로벌 금융체계를 지지했는데, 그 금융체계에서 실물경제의 운명은 민간 투자자와 투기꾼들의 기분이나 변덕에 달려 있었다.

제2차 세계대전 이후의 시기와는 다르게, 1919년 이후에 동맹국 간의 대출은 주로 상업은행에 의해 보증받았다. 따라서 신용 제도 역시 경기순응적이었다. 신용 제도는 경기순환의 부침을 과장했다. 어려운 시기가 되면 신용을 얻기가 어려웠다. 호황기에는 신용이 마구 넘쳐나서 거품을 만들어냈다. 채무 상환을 연장하기 위한 주기적인 특별 회의를 포함하여 피해를 막기 위해 각국 정부가 벌이는 간헐적인 노력들은 무익했다. 왜냐하면 각국 정부 역시 그러한 신용 제도의 근본 전제를 받아들이고 있었기 때문이다.

4반세기가 지난 후에 케인스는 그런 일이 다시는 일어나지 않게 하고 싶었다. 케인스는 브레턴우즈 체계가 된 것의 세부사항까지를 그려낸 것은 아니었지만, 그것의 기본적인 경제적 가정에 영감을 주었다. 제2차 세계대전 이후 경제의 설계자들은 독일을 영구적으로 처벌하려던 어리석은 생각과 경제회복을 위해서는 자유방임주의가 필요하다는 가정 모두를 거부했다. 대신에 그들은 경제회복 프로그램과, 각국이 국내적으로 관리하는 형태의 자본주의를 추구할 수 있게 해주는 글로벌 금융체계를 결합시켰다.

케인스가 설계한 구상 속에서 새로운 '청산동맹clearing union'*은 대출을 통해 각국이 적자에서 벗어나는 것을 도와줌으로써 민간 투기가 긴축을 유발하는 것을 막는 역할을 하고, 새로운 글로벌 공공 은행은 변덕스러운 거품의 원천이 아니라 건실한 투자에 기반한 경기 회복과 경제개발을 위한 투자 자본의 한 원천으로 작동하게 되어 있었다. 환율은 고정될 것이지만, 근본적인 환율 불균형misalignment이 발생하면 주기적으로 조정할 수 있었다. 케인스는 또한 '방코르bancor'라고 이름 붙인 국제통화도 제안했다. 그는 일시적인 국가 재정위기가 전반적인 긴축으로 치닫는 것을 막기 위해 채무국들이 사실상 마음대로 새로운 통화로 돈을 빌릴 수 있게 되기를 바랐다. 그는 또한 채권국에게 채무국이 경제를 수축시킴으로써 균형을 이루는 체계를 가지기보다는 자국의 경제를 확대하도록 압력을 가하고 싶어 했다. 케인스가 제안한 메커니즘에는 악성 채

---

* 국제적 어음교환소의 역할을 하는 은행기관(일반적으로 각국의 중앙은행)의 국제적 연합체 _옮긴이

권국에게 벌금을 부과하고 다른 나라들이 그 채권국의 수출에 대해 '차별'(그의 표현이다)할 수 있도록 하는 조항이 포함되어 있었다. 1944년의 상황에서 그러한 채권국은 오직 미국뿐이었다.[24]

그러나 1944년에 자국의 수출품에 대한 차별을 허용하는 계획에 동의하는 것은 미국의 입장에서는 결코 받아들일 수 없는 카드였다. 세계 준비금의 80%와 유일하게 생존 가능한 통화를 보유하고 있던 미국인들은 미국의 통제를 벗어나 있는 검증되지 않은 형태의 글로벌 통화를 수용하려 하지 않았다.

그리하여 제3의 기관인 국제무역기구International Trade Organization: ITO가 설립될 예정이었다. ITO의 임무는 비교적 자유로운 무역과, 괜찮은 노동기준과 완전고용을 조화시키는 것이었다. 그러한 목적을 달성하기 위해 국내 실직률을 낮출 필요가 있을 경우 수입을 차별하는 것이 명시적으로 허용되었다. 그리고 ITO 강령의 초안에는 ITO의 회원국들은 국내 정책을 통해 노동기준을 끌어올리는 데 헌신하게 되어 있었다.[25] 1945년 루스벨트가 사망한 후에, 그리고 1946년 공화당이 의회를 되찾으면서 미국의 정치가 우로 이동했고, 그에 따라 ITO는 비준되지 못했다. 대신 그 자리에 관세와 무역에 관한 일반협정General Agreement on Tariffs and Trade — 후일 WTO로 확장된 — 이 들어서서 전통적 형태의 자유방임주의 무역을 촉진시키고자 했다.

요점은 이렇다. 브레턴우즈 회의에서 IMF와 세계은행이 만들어졌지만, 실제 전후 체계는 케인스가 설계한 안을 확고하게 실행하지 않았다. 그 체계는 부수적으로만 그리고 우연히 이따금 케인스주의적 형태를 띠었다. 그 체계는 수요를 증대시켰고, 일시적으로 금융을 제한했으며, 고정환율제도 — 이것 또한 일시적인 것이 되고 말았다 — 를 만들었다. 그러나 그중 어느 것도 케인스가 제안한 형태를 취하지 않았다. 모두가 미국의 경제적 우위라는 일시적 예외상태에 의존했다. 따라서 그 전체 체계의 닻은 정치적으로도, 제도적으로도, 이데올로기적으로도 약했다.

이론적으로 IMF는 개별 국가가 민간 투기로부터 통화를 방어할 수 있게 해주어야 했다. 하지만 실제의 IMF는 그 일을 거의 하지 않았고, 나중에는 자신이 막고자 했던 바로 그 긴축의 주도적인 도구가 되었다. 자본통제는 한동안 유지되었는데, 주로 전쟁이 초래한 금융적 혼란의 부산물로 자본을 통제한 것이지 체계적인 원칙에 따라 그렇게 한 것은 아니었다. 세계은행은 필요한 재건 원조와 총수요의 극히 일부만 제공했다. 그 책임은 마셜 플랜의 몫이었을 것이다. 통화 평가는 1940년대 말까지 변덕스럽고 혼란스러웠다. 통화 평가는 IMF의 개입이 아닌 달러화의 정착과 미국 재무부의 압력 덕분에 브레턴우즈 회의가 있은 지 4년이 지난 후에야 안정화되었다.[26]

브레턴우즈 회의에서는 케인스의 미국 상대역이었던 해리 덱스터 화이트Harry Dexter White의 역제안rival proposal이 우세했다. 재무부에서 제2인자로 일하던 좌파 뉴딜러New Dealer인 화이트는 화폐와 확장재정정책에 대해 기본적으로는 케인스와 견해를 같이했다. 그러나 화이트가 기금과 은행과 관련하여 제시한 계획은 훨씬 더 온건했다. 실제로 실시된 정책은 심지어 화이트가 제시한 설계안보다 훨씬 더 제한적이었고, 화이트는 잘려나간 제도들에 몹시 실망했다.

그렇기는 하지만 초기 전후 체계는 1914년 이전의 엄격한 금본위제도, 그리고 전간기의 통화 무정부 상태와 디플레이션 편향 모두에 비해 크게 향상된 것이었다. 자본통제와 고정 금리는 개별 국가들이 투기 금융의 디플레이션 압력에서 벗어나서 회복 프로그램을 추진할 수 있게 하는 데서 핵심적인 역할을 했고, 잔여 시장과 자본의 원천으로서의 미국도 일시적으로 역할을 했다. 그러나 약탈 자본주의에서 발생했던 전후의 다른 많은 예외와 마찬가지로, 전후 체계가 성공한 것은 여러 사건이 행복하게 수렴된 덕분이었다. 뉴욕 은행가들은 브레턴우즈 체계에 반대하고 자본의 자유로운 운동을 지지하는 로비를 강력하게 진행했다.[27] 하지만 그들의 정치적 권력은 일시적으로 억압되었다. 1970년대에 그 권력이 부활했을 때, 그들의 영향력은 다시 자유방임주의적 글로벌 금융으로 돌아가는 데서 핵심적 요소의 하나로 작동했다.

브레턴우즈 체계는 채 30년도 살아남지 못했다. 브레턴우즈의 후속 체계에서는 투기적 민간 금융이 우위를 회복했고, 이는 우리에게 친숙한 결과를 낳았다.

일부 경제사학자는 회복과 재건이라는 정명이 전후 유럽의 멋진 부활을 설명하는 데서 핵심이라고 주장한다. 배리 아이컨그린Barry Eichengreen은 『1945년 이후의 유럽 경제The European Economy Since 1945』라는 자신의 포괄적인 연구에서 "초기에 유럽은 전시의 피해를 복구하고, 주식자본을 재건하고, 전시에 생산과 생산능력을 파괴하는 임무에 징집되었던 사람들을 그것들을 재건하는 평시의 일자리로 재배치함으로써 아주 빠르게 성장할 수 있었다"라고 쓰고 있다.[28] 아이컨그린은 전후에 주어졌던 좋은 기회들을 정확히 묘사하고 있다. 하지만 아이컨그린이 자신의 다른 저작에서 인식해 왔듯이, 시장체계는 그러한 결과를 우리에게 자동적으로 가져다주지 않는다. 제1차 세계대전 후에도 똑같은 정명들이 존재했지만, 그 체계는 실패했다. 전후 회복을 이룩한 평등주의적 길도 자동적으로 생겨난 것은 아니었다. 평등주의적 길을 여는 데에는 우연적이면서도 이데올로기적인, 이 책에서 기술한 수렴이 요구되었다.

자본주의는 자신의 보다 통상적인 권력 구조로 복귀했다. 서구에 공통적이었던 광범위한 평등주의적 자본주의라는 빛나는 예외상태는 의외로 오래 살아 있었다. 흥미로운 질문은 사태가 다르게 진행될 수도 있었는지의 여부이다. 관리되는 자본주의는 역사의 한 순간으로 운명지어져 있었는가, 아니면 다른 유형의 리더십과 운, 정책, 권력이 주어졌더라면 더 오래 지속될 수도 있었는가?

3

민주적 글로벌리즘의 등장과 몰락

1945년과 1946년에 외교관들이 유럽의 정치적 미래를 정하기 위해 노력할 당시 당면한 과제는 순전히 생존이었다. 양편이 대대적으로 폭격한 것은 전례 없는 일이었다. 전쟁이 끝날 때까지 적어도 2000만 명의 **민간인**이 사망했는데, 이 수치는 전쟁에서 전투 중에 목숨을 잃은 1500만 명의 군인보다 더 많은 것이었다.[1] 전체 경제가 폐허가 되었다. 수천만 명의 사람이 집을 잃었다. 전후 유럽의 국경과 관련한 협상이 지지부진함에 따라, 수백만 명의 난민이 무국적자 상태로 있었다.

베를린과 로테르담 같은 주요 도시들은 산산이 부서졌다. 직접 침략을 받지 않은 런던도 대공습으로 100만 채의 집을 잃었다. 식량이 부족했다. 전후 3년 동안 독일의 도시에서 유통되던 통화는 거의 가치가 없는 히틀러 시대의 라이히스마르크Reichsmark*와 다양한 형태의 가假증권이었다. 모든 공공장소에서 히틀러의 얼굴이 사라졌지만 기묘하게도 지폐 위에서는 살아 있었다. 물물 교환이 교환의 주요 형태였다. 1948년이 되어서야 서독은 새로운 통화를 가졌다.[2]

1945년까지도 미국과 소련 간의 전시 동맹이 평시로까지 계속 이어질 것이라는 희망이 여전히 남아 있었다. 소련은 IMF와 세계은행에 가입하도록 초청받았다. 1945년 10월 샌프란시스코에서 헌장이 비준된 유엔은 강대국들의 협력을 통해 평화가 유지될 수 있을 것이라는 가정하에 자신의 중핵에 안전보장이사회Security Council를 설치했다.

전쟁이 끝나가고 있었을 때, 전후 유럽이 반공동맹의 확고한 서구 파트너인지, 아니면 미국과 소련 사이의 일종의 완충국가인지가 불분명했다. 또한 독일이 민주주의 국가의 일원으로 재산업화되고 재무장되고 다시 환영받을 수 있을지도 분명하지 않았다(일부는 너무 서두른다고 느꼈다). 1947년에서 1948년에 이르러서야 냉전이 강화되면서 첨예하게 분열된 유럽의 실체가 드러났다.

한편 브레턴우즈에서 약속된 새로운 금융 아키텍처는 폐허가 된 실물경제에까지는 아직 영향을 미치지 못했다. 유럽은 수출을 통해 수익을 창출하기는커녕 아직 국민을 먹여 살릴 수 있을 만큼의 경제도 재건하지 못했다. 유럽의 부족한 금과 달러는 식량을 수입하는 데 사용되면서 빠르게 고갈되었다. 전체적으로 유럽은 전쟁으로 황폐해진 GDP의 5%에 해당하는 무역적자를 내고 있었고, 그 적자의 대부분은 미국과 관련되어 있었다. 1946~1947년의 혹독한 겨울에 수천 명의 유럽인이 기아로 사망했다.

냉전이 끼어들지 않았더라면, 유럽은 1920년대의 경제위기와 같은

---

*   1924년부터 1948년 6월 10일까지 쓰였던 독일의 통화 _옮긴이

상태로 ─ 그리고 훨씬 더 침체된 상태 아래로까지 ─ 다시 가라앉았을지도 모른다. 그러나 유럽에 대한 스탈린의 설계가 프랑스, 이탈리아, 벨기에, 그리스의 지역 공산당이 선거에서 보여준 힘과 결합하자, 워싱턴은 뒤늦게 그것에 주목했다. 1947년 초에 신임 재무부 차관 윌리엄 클레이턴William Clayton은 유럽의 깊어가는 경제 재앙을 직접 둘러보고 돌아와서 미국이 훨씬 더 깊이 개입할 필요가 있음을 역설했다. 그해 3월에 트루먼 대통령은 소련의 진출에 저항하는 국가들을 지원하는 트루먼 독트린Truman Doctrine을 발표했고, 그리스와 터키에 400달러의 긴급 경제 원조를 함으로써 이를 뒷받침했다. 클레이턴은 이렇게 썼다. "유럽은 계속해서 악화되고 있다. 정치적 지위는 경제적 지위를 반영한다. 거듭되는 정치적 위기는 심각한 경제적 고통이 존재한다는 것을 보여주고 있을 뿐이다. 도시에 사는 수백만의 사람이 서서히 굶주리고 있다. ......"3

그해 5월에 신임 국무부 차관 딘 애치슨Dean Acheson은 스탈린의 설계와 공산주의에 대한 유럽의 취약성 모두에 대해 긴급히 경고했다. 미국의 대독일 정책은 급격하게 반전되어, 독일은 응징 대상 가운데 하나에서 육성하고 되살려야 하는 필요한 동맹국의 하나가 되었다. '탈나치화'는 가속화되다가 실질적으로 폐기되었다. 그리고 6월에 조지 마셜George Marshall 국무장관은 자신의 유명한 하버드 졸업식 연설에서 이후 마셜 플랜이 될 내용을 제안했다.4 1946년 2월에는 조지 캐넌George Kennan이 국무장관과 대통령에게 봉쇄정책을 요구하는 '긴 전보'를 사적으로 보냈다. 이 전보는 1947년에 ≪포린 어페어스Foreign Affairs≫라는 잡지에 'X'라는 필명으로 실렸다.5

자유방임주의로의 복귀를 알리는 초기 씨앗들

앵커 국가anchor nation인 미국의 이데올로기적 견해와 외교적 목표 및
조처들은 1945년에서 1948년 사이에 급격하게 바뀌었다. 1944년 7월
브레턴우즈 회의 당시, 글로벌 통화체계에 대한 해리 덱스터 화이트의
버전 — 비록 케인스의 버전만큼 급진적이지는 않지만 — 이 실제로 실행될
것이라고 믿은 데에는 충분한 이유가 있었다.

1945년 4월에 루스벨트가 사망한 후 냉전이 점차 특히 국제 금융 영
역에 끼어들었을 뿐만 아니라 그 부문에서 화이트와 같은 좌파 뉴딜러
들은 곧 훨씬 더 정통적인 관료들에 의해 대체되었다. 화이트 자신도
IMF의 초대 사무총장의 후보에 올라 있었다. 그는 예상대로 트루먼에
의해 임명되었지만, 가까스로 한 달 동안 재직했다. 화이트는 1947년 3
월 트루먼 행정부의 보수주의자들과 FBI 국장 존 에드가 후버John Edgar
Hoover의 포격을 받고 물러났다.[6] 후버는 수사를 통해 화이트가 전쟁 전
과 전쟁 동안에 소련에 민감한 정보를 제공했다는 혐의를 확인했다.
1946년 11월에 공화당이 의회를 장악하면서 미국의 금융정책은 자유방
임주의의 통설로 더욱 되돌아갔다. 1970년대 초반에 브레턴우즈 체계
가 붕괴되기 25년 전에, 그리고 자유방임주의가 완전히 부활하기 반세
기 전에 자유방임주의의 통설로 복귀할 것임을 알리는 씨앗들이 뿌려
지고 있었다.

좌파들이 재무부에서 요직을 차지하던 아주 이례적인 기간이 지난
후, 재무부는 통설의 전형적인 수호자로 다시 복귀했다. 화이트의 후임
자이자 국제경제 문제 분야의 재무부 최고 관리인 클레이턴 차관은 이
전에는 면화 중개인을 했던 백만장자로, 재정 보수주의자이자 자유무

역과 자유시장의 강력한 지지자였다. 신임 재무장관인 프레드 빈슨Fred Vinson은 연방 판사 출신으로, 의회 시절부터 해리 트루먼의 측근이었다. 후일 대법원장으로 지명된 빈슨은 뉴딜러와는 거리가 멀었다. 이러한 이데올로기적 전환으로 인해 전후 금융체계는 (케인스와 화이트가 구상했던) 관리되는 금융시장으로 영구적으로 전환되기보다는 유감스럽고 일시적인 긴급조치로 간주될 것임이 확실해졌다. 때때로 국가안보 정책 — 동맹관계를 위해 서유럽의 계획경제적 요소들을 용인했던 — 은 유럽이 전시통제를 포기하고 시장을 수용하도록 압력을 가하던 정통 경제 정책과 충돌했다.

유럽이 통화체계를 안정시키고 최고 속도로 경제를 회복하기 위해 분투하고 있을 때, 미국은 유럽으로 하여금 무역과 금융 모두의 흐름을 자유화하게 하려는 정책을 때로는 조급하게 밀어붙였다. 이를테면 미국 관리들은 영국에 대출해 준 37억 5000만 달러와 마셜 플랜 원조를 지렛대로 삼아 영국으로 하여금 파운드화를 완전히 교환 가능한 통화로 만들도록 압박했는데, 이는 파운드 보유자들이 파운드화를 자유롭게 달러나 금으로 교환할 수 있다는 것을 의미했다. 영국은 1947년 7월 15일에 미국의 요구에 부응하여 파운드화를 교환할 수 있게 했지만, 그 조치는 파운드화의 폭락을 촉발했고, 이에 영국은 몇 주 만에 그 조치를 취소해야만 했다.

체계가 혼란스러웠던 첫 몇 해 동안에는 브레턴우즈에서 고정환율을 설계했음에도 불구하고, 통화는 전혀 안정적이지 못했다. 약화된 IMF는 1947년에 회원국들이 정한 초기 통화 가치들을 어쩔 수 없이 받아들였다. 그 통화 가치들은 너무 높아서, 유럽은 전쟁 중에 산업 시설이 훨씬 더 생산적이 된 미국과 수출 경쟁을 할 수 없었다. 그 후 미국과의 막대한 무역 불균형이 계속되었지만, 1949년 미국 재무부가 주도한 평가절하의 물결에서 IMF는 대체로 방관자로 남아 있었다. IMF를 더욱 주변화시킨 미국은 마셜 플랜 원조가 역할을 잘 수행하고 있기 때문에 IMF가 기금에서 통화를 증대시킬 필요가 전혀 없으며 또 IMF 회원국들의 총 인출금도 1947년에 4억 달러(이것도 여전히 적은 금액이었다)가 넘었던 것에서 1950년에 0달러로 떨어졌다고 주장했다.[7]

1948년에서 1952년 사이에 마셜 플랜은 미국 GDP의 약 5%에 해당하는 130억 달러를 지출했을 것이다. 유럽에서 IMF는 자신이 제안한 역할을 형식적으로 수행하는 것 이상을 한 적이 없으며, 마셜 플랜이 원조 지원금을 제공하면서(이는 세계은행의 자원을 왜소해 보이게 만들었다), 세계은행은 곧 자신의 활동을 유럽 재건에서 제3세계의 개발로 전환했다.

미국 관리들은 자유무역과 통화와 자본의 자유로운 이동이라는 다자간 원칙으로 조기 복귀하고 싶은 자신들의 욕망과 유럽의 실제 상태에 대한 자신들의 평가를 잠시나마 균형 잡고자 했다. 공산주의에 대한 방어벽으로 유럽을 회복시켜야 할 필요성이 미국과 부활한 자유방임주의 간의 로맨스를 때때로 능가하거나 적어도 지체시켰다. 냉전의 논리 때문에 워싱턴은 통상적이라면 이의를 제기했을 수도 있는 움직임 ─ 즉, 유럽 대륙이 그들 나름의 특혜무역 블록으로 발전하는 것 ─ 을 후원하고 축복해 주었다.

이 비상체계 ─ 케인스와 화이트가 제안했던 것의 왜소한 사촌 ─ 는 국제 금융의 압박을 피할 수 있는 공간을 만들어주었고, 그 속에서 일시적으로 완전고용 복지국가가 번창할 수 있었다. 마셜 플랜에 따른 원조는 공적이었고, 그 원조금을 할당할 필요성이 적극적인 계획 국가가 수행하는 역할에 정당성을 부여해 주었다. 유럽석탄철강공동체European Coal and Steel Community: ECSC — 유럽공동시장Common Market의 전신 — 는 부족한 석탄과 철광석을 할당하는 것을 목적으로 한 의도적인 카르텔이었는데, 이는 자유시장 경제학과 다자간 무역에 반하는 것이었다. 유럽인들은 제1차 세계대전 이후 극심한 분열 속에서 석탄과 철 공급을 놓고 벌인 경쟁에서 국가들이 수행한 역할을 염두에 두고 ECSC를 창설했고, 미국은 공산주의에 대항하기 위해 서유럽을 통합할 필요가 있었기 때문에 이데올로기적 염려에도 불구하고 ECSC를 지지했다.

전후 초기 시대의 좌파와 우파

전후 서구의 국가들에서 공히 일어났던 사회적 협상이 몇몇 측면으로 점차 수렴되고 있었지만, 그 뿌리는 전혀 달랐다. 대부분의 논평자는 서유럽이 더 관대한 복지국가, 더 높은 세율, 더 강한 노동조합을 보유하고 있기 때문에 서유럽을 미국보다 좌파 쪽 어딘가에 있는 것으로 바라보는 경향이 있다. 그러나 회복의 첫해에 그 그림은 거꾸로였다. 미국에서는 민주적 좌파가 10년 이상 통치해 왔고, 민주주의는 물론 노동계의 영향력도 강화되어 왔다. 유럽에서는 불황이 정치적 혼란을 야기했고, 나치의 점령은 대륙 대부분에서 민주적 정치를 파괴했다. 민주적 정당과 노동조합의 지도자들은 살해당했거나 망명 중이었다.

전후 유럽의 정치적 형태가 그 모습을 드러내기까지는 얼마간의 시간이 걸렸다. 영국에서는 1945년에 노동당이 최초로 집권당이 되고 나서, 그리고 스칸디나비아에서는 1930년대에 민주적 좌파가 지배해 오면서 사회민주당의 명시적 후원하에 복지국가가 발전했다. 거의 모든 임금 소득자가 노동조합원이고 노동조합이 의회 사회민주당의 영혼이자 힘이던 북유럽 국가들에서는 노동조합이 특히 강력한 역할을 했다.[8] 대륙의 나머지에서는 이야기가 더 복잡했다. 좌파는 처음에는 힘을 가지고 있었지만, 그 힘은 냉전이라는 긴박한 정세로 인해 급속히 약해졌다.

사회주의자들과 공산주의자들은 전후 선거의 첫 물결에서 함께 유권자의 과반수를 차지했고, 1944년에서 1947년 사이에 프랑스, 이탈리아, 벨기에의 초기 임시정부에서 봉직했다. 그러나 냉전이 격화되면서, 각국의 공산주의자들 ─ 그들이 스탈린이 구상한 확장 설계의 명시적 대리인이든 그렇지 않든 간에 ─ 은 곧 미국에 의해 동맹을 통치하는 데 부적합한 인물들로 인식되었다.

각국 공산주의자들이 수행한 역할은 통상적인 이야기에서 생략되는 경향이 있다. 전후 지정학과 재건에 대한 일반적인 통념은 대체로 이원론적이다. 기독교민주당과 반공산주의 사회민주당은 야만인들이 말 그대로 문 앞에 와 있는 동안 미국의 도움을 받아 민주적인 유럽을 재건하는 데 최선을 다하고 있었다. 현장의 현실은 더욱 유동적이고 복잡했다.[9] 공산주의자들은 연립정부에서 봉직하고 있었을 뿐만 아니라 여러 의회에서 가장 많거나 두 번째로 많은 의석을 확보했다. 공산주의와 제휴한 노동조합은 정부와 고용주들에게 임금을 인상하고 포괄적인 복지 혜택을 제공할 것을 압박했다. 공산주의자들은 반파시즘 저항의 핵심 부분이었다. 그들은 단지 붉은 군대의 제5열* 그 이상이었다. 그러나 스탈린의 설계가 분명해지자 공산주의자들은 배척의 대상이 되었고, 이는 주류 정치를 더욱 중도 쪽으로 나아가게 하는 결과를 가져왔다. 전후 재

---

* 적과 내통하는 집단 _옮긴이

건 프로그램의 성공과 마셜 플랜의 인기도 그러한 결과를 가져왔다.

이처럼 전후 유럽의 복지국가를 형성시킨 압력은 1947년 이후 20년 동안 대륙 정치를 지배했던 중도연합 정부 밖에 있던 좌파로부터 주로 나왔다. 노동조합은 주요한 영향을 미쳤는데, 그중에서도 가장 중요한 것이 바로 프랑스와 이탈리아의 공산주의 노동조합이었다. 그 시대는 의회 공산당은 반체계 정당으로 배척당한 반면 공산주의 노동조합은 유럽에서 발전하고 있던 단체교섭 구조에서 적극적인 플레이어였다는 점에서 이례적인 시기였다. 그들의 호전성은 유럽의 되살아나는 번영의 상당 부분이 노동자들에게 돌아가게 하는 데 일조했다. 사회당과 사회민주당은 비록 대부분 정부의 일원은 아니었지만, 보다 중도적인 정부들에게 실질적인 복지국가를 구축할 것을 압박했다. 스탈린에 대한 두려움은 민주주의 국가들로 하여금 자신들 역시 노동계급에 복지를 제공할 수 있다는 것을 보여주도록 강요했다.

일단 독일이 두 개의 국가로 굳어지고 서독이 곧이어 유럽의 최대 경제 국가가 되자, 좌파의 영향력은 더욱 쇠퇴했다. 공산주의자들은 새로운 연방공화국에서 실제로 활동이 금지되었다. (만약 당신이 공산주의에 끌린다면, 그곳에는 언제나 동독이 있었다.) 독일사회민주당Sozialdemokratische Partei Deutschlands: SPD — 오늘날보다 더 좌파적이었고 소련과 미국 사이에서 중개자 역할을 하는 중립적인 독일을 선호했던 — 은 1949년 전후 서독의 첫 선거에서 아깝게 패배했고, 1965년까지 연립정부의 하위 파트너로서도 정부에 진출하지 못했다.

1948년경 좌파가 분열되고 최대 좌파 정당이 사실상 공직에서 배제된 가운데 서유럽 정부에서 요직을 차지한 주요 인사 대부분은 사회주의자나 심지어 사회민주주의자가 아닌 기독교민주당원이었다. 좌파 가톨릭 신자와 자유방임주의 시대의 베테랑들이 미친 듯이 날뛸 때, 기독교민주당원들은 시장 과잉이 사회를 파괴하고 시민들은 경제적 안정을 필요로 한다는 우려를 사회민주주의자들과 공유했다. 그러나 사회주의자들과 사회민주주의자들이 노동과 자본 간의 갈등을 목격한 곳에서, 기독교민주당원들은 합의를 추구했다.

　전후 유럽을 이끌었던 가장 중요한 실질적인 선지자 가운데 세 사람을 꼽자면, 유럽석탄철강공동체(유럽연합의 원조)의 설계자인 로베르 쉬망Robert Schuman, 회복계획이 이루어지던 초기의 결정적 시기 동안 이탈리아 총리였던 알치데 데가스페리Alcide de Gasperi, 그리고 1949년에 출범한 서독의 첫 수상이었던 콘라트 아데나워Konrad Adenauer를 들 수 있다(이들은 모두 좌파 가톨릭 신자였다). ECSC는 석탄과 철강의 자유시장 배분과는 대조적으로 계획경제를 명시적으로 상징했다. 1951년 ECSC 조약에 서명한 외무장관 여섯 명도 모두 기독교민주당원이었다.[10]

　전후 유럽의 많은 나라를 지배한, 가톨릭의 영향력과 노동조합의 영향력 모두를 반영한 철학은 자주 신조합주의neo-corporatism라고 불린다. 이 용법에서 corporate라는 단어는 corporation처럼 corporate에서가 아니라 body를 뜻하는 라틴어인 corpus에서 파생한 것이다. 가톨릭교회는 전체 사회를 구성 부분들로 이루어진 하나의 유기적인 전체an organic whole로 바라보는 관점을 가지고 있어 왔다. 1891년 교황 레오 13세Leo XIII와 1931년 교황 비오 11세Pius XI의 사회회칙은 사회, 교회, 국가가 노동자와 가난한 사람들에 대한 경제적 책무를 가진다는 관념을 추가했다.[11]

　파시즘은 전체주의적인 형태의 조합주의를 이용했다. 그 체제에서는 국가가 노동자, 농부, 청년, 어머니, 참전용사, 전문가 및 여타 집단을 대표하는 단체들을 만들어냈고, 이 단체들이 선거나 민주주의의 다른 요소들이 부재하는 상황에서 국민Volk과 총통Führe을 매개하는 기관 역할을 했다. 이와는 대조적으로 전후 유럽을 지배한 종류의 민주적 조합주의는 정상조직peak association* — 산업가, 농부, 노동조합, 그리고 어떤 경우에는 교회 — 의 지도자들을 국가가 승인하는 방식을 통해 의회민주주의를 보완했다.[12] 그것은 중세시대 세 계급**의 현대적인 민주적 속편이었다. 루스벨트는 (대법원에 의해 해체된) 국가부흥청National Recovery Administration에서 조합주의를 시험해 왔고, 조합주의의 요소들은 전시의 3대 제도에 남아 있었다. 조합주의의 대륙 버전은 국가에 더 큰 역할을 할당했다. 스칸디나비아식의 조합주의는 국가를 정직한 중개인으로 하여 노동조합과 고용자협회가 진행하는 합의에 이르는 협상에 더 기대를 걸었다.[13]

전후 유럽을 지배한 노동조합주의의 형태도 신조합주의였다. 서유럽의 많은 지역에서 노동조합은 공식적으로 사회적 파트너로 인정되었고, 수많은 단체 교섭이 중앙집중화되었다. 핵심적 계약들이 모든 임금을 타결하는 데서 국가적 모범을 설정하는 역할을 했다. 그 시대의 노동조합원들은 경기 회복에 조달할 투자 자본이 필요하다는 것을 인식하고 있었기 때문에, 그리고 과도한 임금 인상이 국가 경쟁력에 악영향을 미칠 수도 있다는 점을 우려했기 때문에 시장에서 책정될 수 없을 정도로 과도한 임금을 요구하지 않는 것이 중요하다는 점을 이해하고 있었다. 이것은 후일 임금 요구의 자제wage restraint라고 알려졌다. 공장 수준에서 국가 기준보다 더 후하게 임금을 타결하는 것은 더 큰 사회적 협상을 저해하는 것으로 인식되어 못마땅하게 여겨졌다. 일부 파업 활동을 벌였음에도 불구하고, 노동조합 — 심지어는 공산주의 노동조합 — 도 일

---

* 전국적으로 조직된 연합조직의 대표기구를 지칭하는 신조합주의의 용어 _옮긴이

** 성직자, 귀족, 평민 _옮긴이

반적으로 건설적인 사회적 파트너로서의 자신들의 역할에 순응했다. 왜냐하면 노동조합이 임금 요구 자제의 정당성을 기꺼이 받아들였기 때문이다. 임금은 실제로 생산성 증가에 맞추어 인상되었는데, 이는 노동자들의 실질 소득을 증가시켰고, 그리하여 소득 평등이 더욱 진전되었다. 스칸디나비아 국가들은 이 모델에 가장 부합하는 나라들이었고, 독일은 그 모델의 많은 부분을 취하고 있었다. 이와 대조적으로 프랑스와 이탈리아에서는 국가가 정교한 규제와 노동규약을 통해 임금과 수당을 관리하는 데서 더 많은 역할을 했다.

유럽 전역과 미국에서 전후 회복은 각국의 서로 다른 정치사, 헌법구조, 노동정책, 그리고 의회의 지배 연합에도 불구하고, 매우 유사한 평등주의적인 궤적을 그리고 있었다. 이 놀라운 수렴은 전후 체계에서 기인하는 것으로 설명할 수밖에 없다. 전후 체계 전체는 그 체계가 지속되는 한 평등주의적 자본주의라는 예외적 상황을 진전시켜 주는 몇 가지 주요한 공통 요소를 가지고 있었다. 첫째, 금융자본이 제약을 받고 있었기 때문에, 채권자들은 통상적인 거시경제적 영향력을 행사할 수 없었다. 둘째, 고성장과 노동시장의 공급 부족은 노동자들의 협상력을 증가시켰다. 셋째, 노동자들의 협상력 또한 노동조합의 힘과 제도적 역할에 의해 강화되었다. 그리고 미국이 제공하는 공적 자본과 소비시장 역시 중요했다. 유럽에서는 제도 ― 특히 강한 노동조합과 보다 광범한 복지국가 ― 가 지닌 저력 때문에, 그러한 협상력과 소득 평등화는 20세기 후반까지, 심지어는 그 체계의 기반이 침식될 때조차도 계속되었다.

미국인들은 공산주의를 봉쇄한다는 원대한 설계에 이바지하는 한, 그리고 미국의 행정부가 반공주의 수중에 안전하게 있는 한, 얼마간 국가주의적 형태의 자본주의를 수용할 수 있었다. 1950년대 초에 유럽 대류 대부분에서 정치 생활이 다시 정상화되었을 때, 민주주의는 믿음직스럽게 강건했고, 경제는 그 어느 때보다도 평등주의적이었다. 그러나 스칸디나비아와 잠시 동안의 영국을 제외하고는 정치적 기반이 꼭 좌파적이지는 않았다.

한 세대 동안 브레턴우즈 체계가 남긴 가장 중요한 유산은 고정환율제를 시행한 것과 초국적 자본의 투기적 움직임을 제약한 것이었지, IMF와 세계은행이 이룩한 금융 진전이 아니었다. 케인스 자신은 1944년에 상원에서 새로운 IMF의 역할을 묘사하면서 다음과 같이 비장하게 설명했다. "단지 과도기를 특징짓는 하나의 기관이 아니라 영구적인 제도인 이 기구는 모든 회원국 정부에 모든 자본의 이동을 통제할 수 있는 권리를 부여한다. 이단으로 간주되곤 하던 것이 이제 정통이 된다."[14] 그러나 그 승리주의는 시기상조임이 입증되었다. 자본에 대한 통제는 전후 체계의 자본주의로 다시 돌아가는 한에서만 가능했다.

이 보호소 덕분에 유럽의 혼합경제가 한 세대 동안 번영할 수 있었다. 관리되는 자본주의의 유럽 브랜드들 사이에는 주목할 만한 차이가 있었다. 그러나 모두 번영했고 모두 놀랄 만큼 평등주의적이었는데, 그 이유는 금융을 억제했고, 노동에 권력을 부여했으며, 국가가 통상적인 역할보다 더 큰 역할을 했기 때문이다.

학술 문헌에서 전후 협상과 관련하여 가장 많이 인용된 묘사 중 하나가 1982년 존 제러드 러기John Gerard Ruggie가 카를 폴라니를 소환해서 주조한 표현이다. 폴라니의 핵심 통찰은 19세기 중반 이후 시장 세력이 사회에서 점점 더 '탈착근되고dis-embedded' 있다는 것이었다. 이제 자유주의적 자유시장이 가장 중요해졌고, 그것은 사회적 탈구와 궁극적으로는 경제적·정치적 재앙을 초래했다. 러기는 폴라니에게 경의를 표하며 전후의 안정을 '착근된 자유주의embedded liberalism'라는 모순어법으로 표현했다.[15] 새로 만들어진 기구들은 자유방임주의나 사회주의와는 대조적으로 시장 — 고전적인 경제적 자유주의 — 에 일정한 역할을 허용했지만, 규제, 복지국가, 완전고용 경제를 통해 시장을 사회에 **재착근**시켰다. 러기는 후일 "정부는 계속해서 자본을 통제할 수 있을 것이다(실제로는 그렇게 하기를 기대받았다)"라고 썼다.[16]

그러나 러기의 성격 규정은 희망에 근거한 것이었다. 착근된 자유주의 — 엄격한 규제를 받는 세계시장을 나타내는 학술용어 — 는 케인스, 화이트, 루스벨트, 그리고 전후 초기 유럽의 많은 지도자의 **열망**이었다. 하지만 실제 기구들은 그 의도에 훨씬 미치지 못했다. 정치권력과 이데올로기가 통상적 상태 — 자본주의의 통상적 상태 — 로 복귀함에 따라, 실제 체계는 즉각적으로 회복하고 공산주의를 봉쇄한다는 전략에 의거하여 임시 거처 위에 구축되었다. 널리 번창했던 혼합경제는 아직 몇십 년의 반감기를 가지고 있었지만, 그 기간이 그리 길지는 않았다.

관리되는 자본주의와 30년 간의 호황

1950년대 초반경에 전후 경제 기적의 광범한 윤곽이 나타나기 시작했다. 마셜 플랜 원조는 스스로 심화되던 1946년과 1947년의 슬럼프로부터 유럽을 구해냈다. 전쟁이 끝난 직후 시기의 악순환은 선순환으로 전환되었다. 유럽의 생산능력이 회복되면서 수출도 회복되었다. 대미적자가 줄면서 흑자로 돌아섰다. 1952년 마셜 플랜 원조가 끝나자, 증가하는 군비가 자본 공급과 케인스의 역할 모두를 떠맡았다. 나토 국가에 대한 미국의 군사 지원은 1949년 2억 1100만 달러에서 1953년 41억 7600만 달러로 증가했는데, 이는 마셜 플랜 원조가 최고조에 달했던 시기의 연간 원조금보다도 더 많은 액수였다.[17]

민간 자본 투자가 재개되었지만, 대부분 금융투기가 아닌 직접 투자였다. 미국의 민간 투자는 1950년 17억 달러에서 1969년경에는 215억 달러로 증가했다.[18] 여전히 실질적으로 국가 소유이던 유럽 은행들은 산업에 자본을 공급하는 자신들의 통상적인 역할을 재개했다. 이 은행들은 단기 투기가 아닌 장기 투자 자본의 원천으로 기능했다. 괜찮은 소득을 누리는 노동자들은 개인 저축을 재개하는 것은 물론 공적 연금과 개인연금 제도로 소득을 보완할 수 있었다. 회복된 소비수요 또한 훌륭한 케인스식 방법으로 경제회복에 동력을 공급했다.

1949년의 통화 평가절하는 불완전했지만 그만하면 적절했다. 1950년대와 1960년대에 통화 가치는 약간의 조정만으로 거의 한 세대 동안 대체로 안정되었다. 이것 또한 선순환이었다. 통화 평가가 고정되었기 때문에 통화에서 민간 금융투기는 없었지만, 후일 그 체계가 매우 불안정하다는 것이 증명되었다. 자본통제가 계속되고 미국 재무부와 연방준비제도이사회가 IMF 및 다른 나라의 재무부와 대응기관들과 협력하여 통화 평가를 유지했기 때문에, 유럽 국가들은 국제 투자자들의 신뢰를 얻기 위해 금리를 올리고 경제를 수축시킬 필요가 없었다. 그러한 상황은 나중에 발생했다.

유럽 경제가 분명 튼튼해지고 있었지만, 유럽 통화체계는 미국식의 경제적 자유주의와 같은 방식으로 살아남기에는 여전히 너무나도 허약했다. 만약 프랑스 시민들이 프랑화를 달러나 금으로 자유롭게 바꿀 수 있었다면, 프랑화의 매도가 쇄도하여 프랑스 은행이 통화를 방어하기 위해 달러와 금을 고갈시켰을 것이다. 유럽 대부분의 화폐도 마찬가지였을 것이다. 따라서 통화와 자본에 대한 통제는 1950년대 내내, 일부 국가에서는 그 이후에도 계속되었다. 따라서 당시 출현하고 있던 유럽 공동시장이라는 내부 특혜 관세 자유무역 지대와 외국 제품에 대한 상대적으로 높은 관세가 공존했다. 국경을 넘는 자본 — 특히 단기 자본 — 의 이동을 규제할 권리가 IMF의 1945년 협정문Articles of Agreement과 1956년 로마조약Treaty of Rome, 그리고 심지어는 1961년 OECD의 자본이동자유화규약Code of Liberalization of Capital Movements에서까지 성문화되었다.[19] 그러나 이 미묘한 협상은 곧 자유방임주의 쪽으로 다시 기울어질 것이었다.

1950년대와 1960년대에 서유럽은 민족주의와 규제된 형태의 국제주의 사이에서 균형을 잡고 있었기 때문에 각국이 독자적인 형태의 관리되는 자본주의를 구축할 수 있었다. 1950년에 유럽결제동맹European Payments Union을 창설한 덕분에 1940년대 후반 엄격하게 통제되던 통화가 다시 유럽 내에서 교환될 수 있게 되었고, 유럽 내 무역은 다자간 형태가 되었다. 하지만 유럽의 경기 회복 상태가 여전히 취약하다고 인식한 워싱턴은 유럽이 달러 수입에 대해 필요한 만큼 차별을 하도록 허용했다. 케인스가 제안했으나 브레턴우즈 질서의 토대로서는 거부되었던 조정안이 실제로는 조심스럽게 허용되었던 것이다. 유럽 내 무역은 관세동맹에 대한 합의가 이루어지면서 계속 증가했다. 1957년 로마조약은 처음에는 여섯 개 회원국과 함께 관세 없는 공동시장을 만들었다. 그러나 후임 유럽연합과 달리 로마조약은 국내 정책에는 간섭하지 않았다. 유럽 각국은 자유롭게 그들 나름의 복지국가를 건설했으며, 그들 나름의 산업정책, 노동제도, 조세정책을 가질 수 있었다. 이것들은 초기 유럽경제공동체의 사업이 아닌 것으로 인식되었다.

무역은 확대되었지만, 1960년대 중반에 케네디 라운드Kennedy Round[*]를 통해 관세가 인하될 때까지는 각국이 자국의 국내 산업을 재건할 수 있도록 하기 위해 관세가 여전히 높았다. 국가가 은행을 엄격하게 규제했기 때문에, 자본통제가 점차 폐지되었음에도 불구하고 그것이 아직은 안정을 해치지는 않고 있었다. 적당한 인플레이션은 전쟁 부채의 부담을 줄여주었고, 그리하여 점차 GDP 대비 부채비율도 줄어들었다. 독일에서는 실제로 전후 회복 프로그램의 일환으로 1953년에 히틀러 시대의 모든 부채가 연합국에 의해 탕감되었다.[20] 독일의 국내 부채 대부분은 무가치한 것으로 간주되어 무효화되었다. 은행은 특별대우를 받았고, 바이마르 시대 때부터 남아 있던 부채는 21세기까지로 상환이 늦춰짐으로써 실제로 탕감되었다.

성장의 원천과 불평등의 증대

전후 시대의 성장률은 엄청났다. 1945년 이후의 한 세대 동안 유럽의 1인당 실질 소득은 지난 150년 동안 성장한 만큼 증가했다.[21] 이러한 성공은 전쟁 피해 이후 재건에 따른 자연스러운 결과가 결코 아니었다. 모든 유럽 국가가 이미 1950년대 초반경에 1938년의 생산을 능가했으며, 전후의 대호황은 여전히 20년 이상 더 남아 있었다. 전후 시대에는 엄격하게 규제되는 금융, 노동 권력, 강력한 국가, 역동적이고 혁신적인 민간부문이 균형을 잡고 있었다. 그것은 세계가 목격해 온 다른 어떤 형

---

* 관세와 무역에 관한 일반협정(GATT)의 제6차 관세 교섭을 일컫는 말로, 미국 케네디 대통령의 제안으로 열렸으며, 이 교섭에서 공산품에 대한 관세 인하를 협의했다. _옮긴이

태와도 다른 브랜드의 자본주의였다.

경제성장률과 소득분배 결과는 둘 다 놀라웠다. 영국과 미국에서는 완전고용의 복귀, 노동조합의 힘, 그리고 상층에 높은 세금을 부과하는 정책 때문에 전쟁 중에 소득 압축이 시작되었다. 대륙에서는 전후 호황을 거치면서 소득이 꾸준히 평등하게 배분되었다. 이러한 경향은 복지국가가 충분히 발전하지 않았고 상대적으로 노동조합이 약하며 자본을 가장 먼저 탈규제한 나라 가운데 하나였던 미국에서 점점 더 약화되고 있다. 비록 그렇기는 하지만, 미국에서 전체 소득 중에서 상위 1%가 차지하는 비율은 1920년대에는 전체 소득의 36%에서 1950년대에는 약 24%로 떨어졌다.[22] 대륙에서는 상위 1%가 차지하는 비율이 여러 국가에서 15% 미만으로 떨어졌으며, 1970년대를 통해 유럽 전역에서 전반적인 소득 불평등을 나타내는 표준 척도인 지니계수가 계속 하락했다. 20년 내내 대륙 대부분에서 실업률이 2%를 밑돌았다.

증대된 평등을 단순히 고성장에서 기인하는 것으로 보는 것은 지나치게 단순화된 해석이다. 다른 것들이 평등하다면 고성장은 공급이 부족한 노동시장과 풍부한 금융 자원 때문에 평등을 촉진하지만, 사실 다른 것들은 평등하지 않다. 미국에서는 1980년대처럼 공공정책이 의도적으로 불평등을 증대시켰을 때 평균 GDP 성장이 그런대로 괜찮았던 시대도 있었다. 전후 호황의 평등주의적 성장은 성공한 정치에 기반한 의도적 정책의 산물이었다.

경제학자 앤서니 앳킨슨Anthony Atkinson은 불평등에 대한 자신의 권위 있는 2015년 연구에서 전후 소득 평등이 진전된 이유를 세 가지 요소, 즉 총소득에서 임금으로 가는 몫의 증가, 임금과 봉급 소득의 보다 평등한 배분, 자본소득의 더 큰 평등에서 기인하는 것으로 파악한다.[23] 완전고용은 노동의 협상 능력 — 개별적인 그리고 노동조합을 통한 — 을 증가시킴으로써 그 모든 것을 증진시켰다. 1차 소득(임금과 봉급)이 더욱 평등해진 상황에서 세금과 이전移轉 체계가 그렇게 엄격하게 작동해야 할 필요도 없었다. 완전고용과 함께 복지국가의 지출은 실업 보상과 기본소득 지원에 낭비되기보다는 건강과 교육 같은 가치 있고 생산성을 향상시키는 새로운 사회적 혜택에 이용될 수 있었다. 이것이 바로 영국 복지국가의 위대한 설계자인 윌리엄 베버리지William Beveridge가 1944년에 발표한 획기적인 청사진『자유사회에서의 완전고용Full Employment in a Free Society』에서 제시한 통찰이었다.[24]

이 모든 것은 1970년대에 극적으로 변화한 것으로 보인다. 1971년 이후 자유방임주의 금융체계가 다시 작동하고 글로벌 통화 혼란이 재발하면서 실업률이 증가하고 임금도 압박을 받았다. 복지국가는 전후 초기 시대에 차선책을 이용하여 비교적 평등한 소득분배를 한동안 유지할 수 있었다. 평등한 소득분배는 세금과 급부금을 증가시킬 수 있었다. 여성들이 대거 노동인구에 진입함에 따라 개인의 임금과 봉급소득의 격차가 커지기 시작했을 때조차도 가계소득은 몇 년 동안은 계속해서 더욱 평등해졌다.

그러나 자본에 대한 규제가 풀리면서 최상위의 수입은 다시 증가세로 돌아섰다. 공급중시 이론들이 입지를 굳힘에 따라 특히 부유층의 세금이 삭감되었다. 자유주의적 노동시장 이론이 다시 유행하면서 노동 보호는 줄어들었다. 1980년대 즈음에 여러 나라에서 소득분배는 이미 1920년대와 더 흡사해 보이는 패턴으로 돌아가고 있었다. 더 강한 노동조합과 보다 확고한 복지국가를 보유한 스칸디나비아 국가들은 더 오래 버티었다. 그러나 새로운 세기 즈음에 그들 나라 역시 자유화된 글로벌 금융체계에 노출되어 타격을 입었고, 스칸디나비아의 소득 불평등도 확대되기 시작했다.

토마 피케티Thomas Piketty의 유명한 책 『21세기의 자본Capital in the Twenty-First Century』[25]은 통계치는 옳게 이해하지만 정치는 대부분 잘못 이해한다. 피케티는 자본주의의 철칙에 가까운 것, 즉 투자 자본의 수익률은 경제성장률을 초과하는 경향이 있다는 것을 정확하게 지적한다. 따라서 필연적으로 시간이 흐를수록 부는 더 집중된다. 그러나 피케티는 이 두 세기의 패턴에서 나타난 하나의 예외, 즉 경제가 더 평등해진 20세기 중반에 흥미를 느낀다. 그는 그 황금시대에 그 구조가 더 평등해진 것은 두 번의 전쟁에서 많은 부가 소실되었기 때문이라고 설명한다. 부가 부자에 의해 소유되기 때문에, 부의 파괴가 산술적으로 더 평등한 부의 분배를 낳았다는 것이다.

그러나 피케티의 설명은 불완전하다. 그것은 너무나도 일반적일 뿐만 아니라 시기도 맞지 않는다. 서구 주요 강대국들이 두 번의 주요 세계 전쟁에서 겪은 경험과 전쟁의 여파는 서로 달랐다. 영국, 프랑스, 독일은 두 세계대전 모두에서 부의 파괴를 겪었지만, 미국은 그렇지 않았다. 반대로 두 전쟁 모두 미국의 생산 활동과 부의 창출에 활력을 불어넣어 주었다. 그러나 제1차 세계대전의 여파로 미국은 훨씬 더 불평등해졌다. 반면에 제2차 세계대전이 끝난 후 미국은 더욱 평등해졌다. 그리고 제2차 세계대전 동안과 후에 부가 파괴되는 형태가 극적으로 달랐음에도 불구하고, 유럽의 국가들도 제2차 세계대전 후에 더 평등해졌다. 전후의 경험은 통상적인 자본주의의 규칙과는 현저하게 다른 정치경제체계로 이해될 필요가 있었다. 그것이 부와 소득의 더 큰 평등을 설명해 준다.

피케티는 탁월한 경제 통계 역사가이기는 하지만, 대체로 정치를 무시한다. 보다 평등주의적인 브랜드의 자본주의는 20세기 중반의 3분의 1 시기에 가능했는데, 그 이유는 기본적으로는 **권력 분포가 달랐고**, 따라서 다른 형태의 정치적 연합이 가능했고, 그리하여 1920년대의 정책보다 더욱 급진적인 평등주의적인 정책을 실행할 수 있었기 때문이다. 자본의 권력이 통상적인 상태로 복귀했고, 따라서 소득과 부의 분배도 통상적인 상태로 돌아갔다.

전후 시대의 사회계약은 몇 가지 점에서 보기보다는 내구성이 떨어졌다. 그리하여 1973년 이후 부, 소득, 권력의 극심한 불평등이라는 자본주의의 통상적 패턴으로 되돌아갔다. 전시에 파괴된 부는 전후 시기의 평등의 진전과는 별 관계가 없다.

달러 딜레마

전후 체계가 지닌 핵심적인 측면 중 하나가 금융 시한폭탄 — 전후 체계가 미국 달러화에 의존하는 것 — 이었다. 케인스가 옳았다. 달러는 25년 동안 만족스러운 것 그 이상이었지만, 글로벌 탄력 통화*의 영구적인 대체물은 결코 아니었다. 브레턴우즈 시대 동안에 달러는 금으로 자유롭게 교환할 수 있는 유일한 통화였다. 하지만 달러가 너무 강했기 때문에(그리고 달러 투자는 금과 달리 이자를 지불받기 때문에) 금을 가지고 고민하는 사람은 거의 없었다.

---

*   경제 활동의 필요에 따라 탄력적으로 증발 또는 감축시키는 통화 _옮긴이

온스당 35달러라는 달러 가치가 그 체계의 나머지 통화 가치를 고정시켰다. 유럽이 회복되고 미국 달러가 군사 원조와 관광 등의 형태로 유출되면서 미국의 대규모 경상수지 흑자가 적자로 돌아섰다. 적자는 1950년대 초반에는 연간 약 10억 달러였고, 1950년대 후반경에는 30억 달러 이상으로 커졌다. 달러가 미국 바깥에 쌓이면서 유럽 경제의 성장에 필요한 자금을 빌려줄 수 있는 역외 달러로 구성된 이른바 유로달러 시장이 성장했다. 다른 대출에 비해 규제가 덜한 유로달러 대출 또한 보다 광범위한 금융체계에 대한 규제를 완화하는 엔진이 되었다.

일찍이 1947년에, 그리고 더 공식적으로는 1957년에 벨기에 태생의 미국 경제학자 로버트 트리핀Robert Triffin이 달러화가 인플레이션을 초래하지 않고 미국의 국내 통화와 세계의 통화기반 역할을 하는 것은 불가능하다고 경고했다. 만약 미국이 성장하는 세계 경제가 필요로 하는 달러를 계속해서 공급한다면, 미국의 달러 유출은 결국 달러 평가절하로 이어질 것이었다. 반대로 미국이 화폐공급을 축소시켜 자국 통화를 방어한다면 세계 경제는 유동성에 굶주리게 될 것이었다. 이것은 '트리핀 딜레마Triffin Dilemma'라고 명명되었다.[26]

트리핀 자신도 케인스의 정신 속에서 훨씬 더 강력한 IMF와 완화된 글로벌 통화를 제안했다. 그는 각국에 IMF 통화의 형태로 자신들이 보유한 준비금의 적어도 20%를 보유할 것을 요구했다. 트리핀은 그렇지 않을 경우 인플레이션과 궁극적으로는 달러의 가치 저하를 두려워하는 국가들이 금을 사기 위해 달러를 현금화하기 시작할 것이라고 경고했다. 이 자기실현 예언self-fulfilling prophecy에 따르면, 달러의 가치 저하는 불가피했다. 그리고 바로 그 일이 일어났다.

1950년대 후반경에 미국은 유럽과의 교역에서 연간 30억 달러에서

40억 달러 사이의 국제수지 적자를 보고 있었다. 미국은 여전히 재화 수출에서는 건강한 플러스 무역수지를 유지하고 있었다. 그러나 군사 원조, 관광, 그리고 자본 투자로 인한 달러 이전이 이 흑자를 상쇄하고 도 남았다. 1960년경에 역외에 보유된 달러 가치는 미국이 포트녹스Fort Knox*에 보유하고 있는 금의 총 가치를 190억 달러나 초과했다.[27] 만약 각국이 달러를 금으로 교환할 권리를 행사하기 시작했다면, 미국은 파 산했을 것이다. 1963년에 샤를 드골Charles de Gaulle 장군 ─ 그는 체계의 기 축통화로서의 달러화에 부여된 '과도한 특권exorbitant privilege'(당시 재무장관 발 레리 지스카르 데스탱Valery Giscard d'Estaing이 만든 표현)에 분개했다 ─ 하에서 프랑스인들은 매달 약 30톤의 비율로 달러를 금으로 교환하면서 정확 히 그러한 권리를 행사하기 시작했다.

비밀이 누설되었다. 고정환율과 자본통제가 한때 통화에 대한 투기 를 막았던 곳에서 부분적인 자유화는 거침없이 더 많은 자유화로 치달 았다. 달러 자체는 외국 주권자를 포함하여 통화 투기꾼들의 주된 표적 이 되었다. 뭔가를 주어야만 할 것 같았다.

1960년대 내내 미국은 다양한 방편에 의지했다. 케네디 행정부는 '골드 풀gold pool'을 조직했는데, 그 제도하에서 각국 중앙은행 총재들은 금의 달러 가격을 당시 상태로 유지하기 위해 시장에 집단적으로 개입 하기로 동의했다. 재무부의 기관인 뉴욕연방준비은행Federal Reserve Bank of New York은 각국 중앙은행이 대세를 거슬러서 달러를 사들이는 것을 돕기 위해 상호 신용 한도('스왑 라인swap line')를 고안했다. 미국이 자본통제에 대해 일반적으로 반감을 가지고 있음에도 불구하고, 1964년에 존슨 행

---

* 켄터키주 북부의 군용 기지로, 연방 금괴 저장소가 있다. _옮긴이

정부는 미국 투자자가 외국 채권을 매입함으로써 얻을 수 있는 모든 이득에 대해 과세하기 위해 '이자형평세interest equalization tax'를 제정할 것을 의회에 설득했다. 그 세금은 아이러니하게도 세금이 부과되지 않는 유로달러 시장에서 더 많은 자본 활동을 자극할 뿐이었다. 이 기간 내내 미국은 국제통화와 유사한 어떤 것에 대한 요구도 거부했다. 결국 1967년에 존슨 행정부는 트리핀의 아이디어를 형식적으로 차용한 버전인 특별인출권Special Drawing Rights: SDR*을 만드는 데 동의했다. 그러나 미국은 아주 작은 규모에서만 인출을 허용했고, SDR은 중앙은행에 의해서만 행사될 수 있었다.

1968년경에 베트남 전쟁의 확대는 두 가지 측면에서 압박을 가중시켰다. 해외 군사비 지출로 미국 달러의 유출이 증가하여 미국의 경상수지 적자가 가중되었다. 그리고 전쟁의 자극으로 물가상승률이 치솟았다. 1969년 새 닉슨 행정부가 들어선 후 1970년에 경제는 마일드 리세션mild recession**에 접어들었고, 이는 일시적으로 미국의 수입을 줄임으로써 수지 불균형을 줄였다. 그러나 닉슨의 요청에 따라 닉슨의 최측근인 아서 번스Arthur Burns 신임 연방준비제도이사회 의장은 1972년 선거에 맞춰 경기 회복을 촉진하기 위해 금리를 인하했다. 1971 회계연도 예산 적자가 230억 달러에 달하면서 재정정책도 느슨해졌다. 국제수지 적자도 연간 300억 달러에 육박할 정도로 급증했다. 인플레이션이 한 차례 더 재개됨으로써 더 이상 견딜 수 없는 한계에 도달했음이 증명되었고, 미국은 더 이상 온스당 35달러의 금값을 방어할 수 없었다.

그 후 미국의 정책과 명시적 이데올로기에서 놀라운 반전이 일어났

---

* IMF의 회원국이 외환위기와 같은 상황에서 필요한 외화를 인출할 수 있는 권리 _옮긴이
** '완만한 경기 침체'라고도 하며 경기가 완만하게 후퇴하는 것을 말한다. _옮긴이

다. 미국은 자국의 단기적인 경제적 자기이익을 지키기 위해 체계의 자비로운 패권국으로서 자신이 수행하던 역할을 일시적으로 포기했다. 미국은 자유시장과 경제적 민족주의를 비일관적이고 임기응변적으로 혼합하는 방식의 정책을 통해 자기이익을 추구했다. 물가상승이라는 국내 위기와 달러 투매에 직면하여, 닉슨과 그의 경제팀은 1971년 8월 중순 캠프 데이비드에 있는 대통령 별장으로 갔다. 이틀간의 논의 끝에 그들은 비상임금과 가격통제를 실시하는 것은 물론 수입품에 대해 10%의 과세를 할 것이라고 발표했다. 이는 닉슨이 전시에 물가관리국Office of Price Administration(존 케네스 갤브레이스John Kenneth Galbraith가 이끈)의 하급 사무원으로 일한 이후 줄곧 혐오하던 방책이었다. 그러나 닉슨 행정부가 온스당 35달러라는 가격을 방어하기 위해 더 이상 개입하지 않았기 때문에, 환율은 이제 시장에 맡겨졌다.

미국은 다른 정부들과 협의하지 않았다. 다른 정부들은 공식 발표 직전에 통보받았다. IMF 사무총장인 피에르-폴 슈바이처Pierre-Paul Schweitzer는 재무장관 존 코널리John Connally의 집무실로 소환되어 TV로 닉슨의 발표를 보았다. 슈바이처에게 그것은 처음 듣는 소식이었다.

시장이 달러 가치를 시험하게 내버려둔 후, 그해 12월에 주요 국가들은 온스당 달러의 새로운 가격 기준을 38달러로 삼기로 합의했다. 이 기준 역시 유지되지 않았고, 얼마간 유동한 후 1973년 달러 가치가 다시 11% 하락했다. 연방준비제도이사회와 재무부는 가격 기준을 유지하기 위한 적극적인 개입을 중단했고, 이 체계는 전간기의 통화 혼란 시기를 연상시키는 혼란스러운 변동환율 시대로 접어들었다. 다양한 접근방식이 시도되었는데, 그 모든 방식의 목적은 비교적 좁은 폭 내에서 통화 가치를 안정시키는 것이었다. 그러나 브레턴우즈 시대는 끝났다. 고정환율과 통화 통제의 종식은 국내적으로나 국제적으로 금융 규제가 훨씬 더 적극적으로 완화될 수 있는 길을 열어주었고, 이는 다시 관리되는 자본주의의 다른 기반들을 침식했다.

전후 사회계약의 종식이 시작된 분수령이던 해를 지정해야 한다면, 1973년이었다. 그 해는 물가상승과 통화불안 심화가 시작된 시점이자, 노동자들의 임금이 생산성 증가에서 벗어나기 시작한 때였다. 1970년대에 접어들면서 국가 보조금을 받는 저임금 국가들로부터 공산품을 수입하는 물결이 일었고, 이는 서구의 안정적인 노동계급 공동체를 약화시키기 시작했다. 정부가 지역사회에 적응하거나 재개발할 시간을 주기 위해 수입 속도를 늦추고자 하는 의향이 거의 없는 미국 같은 나라에서 특히 그랬다. 21세기 포퓰리즘적 반란의 초기 씨앗은 1970년대의 산업 탈구 현상 속에서 뿌려졌으며, 시간이 지남에 따라 더욱 악화되었다.

닉슨이 워터게이트 문제에 집착한 것 또한 경제적 고통을 가중시키고 정책들을 급조하게 만든 또 다른 우연한 요인이었다. 닉슨의 비밀 집무실에서 녹음된 테이프 내용의 일부는 워터게이트가 닉슨에게 초래한 심적 혼란이 어떤 역할을 했는지를 알 수 있게 해준다. 금융체계가 혼란으로 빠져들고 있던 1973년 6월 23일에 녹음된 테이프에는 닉슨과 대통령 수석보좌관인 해리 로빈스 (밥) 홀더먼Harry Robbins (Bob) Haldeman의 아래와 같은 대화가 기록되어 있다.

홀더먼: 영국인들이 파운드화 환율을 변동한다는 보도를 받으셨나요?

닉슨: 아니, 난 그렇게 할 거라고 생각하지 않아.

홀더먼: 그들이 그렇게 했습니다.

닉슨: 그건 평가절하야?

홀더먼: 아 그래요, 플래니건Flanigan이 그것에 대해 보고서를 냈습니다.

닉슨: 난 그것에 신경 쓰지 않아. 우리가 그와 관련해서 할 수 있는 일은 아무것도 없어.

홀더먼: 설명해 드릴까요?

닉슨: 아니, 듣고 싶지 않아.

홀더먼: 그는 우리가 새로운 통화체계를 갖출 때까지 태환성을 고려하기를 거부하는 것이 현명하다고 주장합니다.

닉슨: 좋아. 나는 그가 옳다고 생각해. 그건 내가 끼어들기에는 너무 복잡해.

홀더먼: 번즈[연방준비제도이사회 의장]는 달러에 대한 5%의 평가절하를 예상합니다.

닉슨: 그래, 알았어. 좋아.

홀더먼: 번즈는 리라lira화에 대한 투기를 걱정하고 있습니다.

닉슨: 글쎄, 난 리라에 대해서는 전혀 신경 안 써.[28]

역사의 이러한 또 다른 사건들 가운데에서도 달러의 가치 저하는 일련의 아랍-이스라엘 분쟁 중에서 더욱 잔인한 전쟁의 하나였던 전쟁과 동시에 발생했다. 원유 수출은 달러로 가격이 매겨지기 때문에, 1971~1973년의 평가절하로 인해 OPEC 회원국들은 돈을 잃었다. 게다가 아랍 국가들은 1973년 10월에 이스라엘이 수에즈운하를 건너 시나이반도를 점령하면서 끝난 제4차 중동전쟁Yom Kippur War에서 이스라엘이 승리한 것을 두고 서방세계에 격노했다. 이스라엘의 공격은 미국의 무기에 의존했으며, 키신저 국무장관으로부터 명시적인 승인을 받았다.

이에 대한 보복으로 OPEC은 석유 수출금지 조치를 발표했고, 뒤이어서 오로지 그리 크지 않은 달러 가치의 하락을 상쇄하겠다는 목적에서 징벌적 차원에서 필요한 것보다 훨씬 더 높게 원유 가격을 인상했다. 가격은 배럴당 3달러에서 12달러로 네 배 올랐다. 1947년부터 1967년까지 유가의 달러 가격은 매년 2% 미만으로 올랐었다. 1973~1974년의 가격 인상을 필두로 그 뒤 여러 차례 가격이 인상되었다. 키신저가 골란고원 대부분과 시나이반도에서 이스라엘의 철수를 협상하면서 석유 수출금지 조치가 해제되었지만, 가격 상승은 계속되었다. 1974년 초경에 닉슨은 자신의 정치적 삶을 위해 싸우고 있었다. 아랍인들은 서방이 석유 가격을 두고 전쟁을 벌이지는 않을지를 놓고 흥망을 건 모험을 벌였다.

다시 통화 혼란 속으로

브레턴우즈 체계가 휘청거림에 따라, 일본과 유럽의 지도자들은 체계를 불안정하게 만드는 투기의 기세를 꺾기 위해 워싱턴에 자본통제에 협력할 것을 압박했지만, 닉슨 행정부는 달러를 지원하기 위한 일시적인 긴급방책들을 제외하고는 거부했다. 고정되어 있지만 조정 가능한 환율체계인 옛 브레턴우즈 체계 대신에 유럽인들은 강력한 독일 마르크화를 고정 통화로 한 유럽 통화체계를 고안했다. 통화는 고정금리 대신 비교적 좁은 범위 내에서 변동하는 것이 허용되었다. 각국 중앙은행과 재무부는 통화를 그 폭 내에서 유지하기 위해 협력하기로 되어 있었다. 이것은 후일 환율조정제도Exchange Rate Mechanism*로 알려졌다. 이 체

---

* 각국 통화 당국이 시장 개입을 통해 환율을 조정하는 국제 협력 제도 _옮긴이

계는 임시방편책이었다. 브레턴우즈가 마침내 붕괴된 1973년에서 유럽 대부분의 국가가 유로화를 사용했던 2002년 사이에 몇 가지 조항이 수정되었다. 1990년대 초경에 통화는 독일 마르크화에 대비하여 목표 환율의 플러스 또는 마이너스 6% 내에서 유지하도록 되어 있었다. 이 급조된 체계는 전혀 자리를 잡지 못했다.

문제는 관리되는 변동환율조차도 투기꾼이 다시 돌아오게 했다는 것이다. 정부는 꾸준한 성장, 괜찮은 분배, 완전고용에 기여하기보다는 다시 한번 더 전간기처럼 금융 투기꾼들 — 더 높은 이자율, 사회적 지출의 제한, 자본에 대한 낮은 세금, 균형 예산을 높이 평가하는 경향이 있는 — 에 대한 신뢰를 유지하는 방식으로 자신들의 경제를 운영해야만 했다. 유로화가 만들어지기 전까지는 적자 국가들이 적어도 평가절하라는 방편을 가지고 있었지만, 이제 전체 체계는 흑자 국가들에게 경제를 확대하라고 압박하기보다는 적자 국가들에게 경제를 수축시키라고 압박하는, 케인스가 경고한 디플레이션 편향성을 다시 띠게 되었다.

재정 집착적인 토리당하의 영국조차도 조지 소로스George Soros가 (국제 자선가라기보다는 국제 투기꾼으로서의 자신의 역할을 수행하여) 파운드화 가치를 폭락시켰을 때 그러한 운명을 겪었다(일부 사람들은 이를 시적 정의poetic justice*라고 칭하기도 했다). 그 해가 1992년이었다. 영국은 대처의 후임자인 존 메이저John Major의 재촉으로 독일 마르크화에 비례하여 파운드화의 가치가 안정되기를 기대하며 환율조정제도에 가입했다. 그러나 영국의 물가상승률은 독일의 물가상승률보다 높았다. 영국 은행은 경기 부양을 위해 저금리 정책을 쓰는 것과 환율보호를 위해 고금리

---

* 시나 소설 속에서 당연한 것으로 여겨지는 인과응보 _옮긴이

정책을 쓰는 것 사이에서 고민하고 있었다.[29] 정부는 자국 통화의 가치를 방어하기 위해 노력했지만, 소로스와 다른 무역업자들은 파운드화에 역베팅하기 시작했고, 결국 파운드화가 평가절하될 것이라는 데 150억 달러를 걸었다. 소로스는 파운드화가 폭락했을 때 약 14억 달러를 벌었다. 영국은 수치스럽게도 환율조정제도에서 탈퇴하여 파운드화를 변동환율에 맡겼다.

공교롭게도 몇 주 후에 소로스는 오래전에 잡혀 있던 강의를 하기 위해 케임브리지에 있었다. 그의 강의에서 사회를 본 사람은 존 이트웰 John Eatwell — 후일 이트웰 남작이 된 — 이었는데, 그는 당시 트리니티 칼리지Trinity College*의 평의원이자 노동당 경제고문이었다. 이트웰은 소로스를 소개하기 시작했다. "신사 숙녀 여러분, 여기 여왕 폐하의 정부로 하여금 10억 파운드를 잃게 한 사람이 있습니다." 소로스의 얼굴이 창백해졌다. 이트웰은 계속해서 웃으며 박수를 보냈다. "그리고 내가 소로스를 변호해서 할 수 있는 유일한 말은 그가 여왕 폐하의 정부보다 돈을 더 잘 쓸 거라는 것입니다."[30]

이처럼 1950년대 후반부터 1970년대 중반까지 여러 사건이 하나로 수렴되면서 전후 금융체계와 국내 사회협약들을 파괴했다. 고정환율과 자본통제의 붕괴는 금융투기를 복귀시켰다. 브레턴우즈 체계의 붕괴와 유가 상승으로부터 초래된 인플레이션 증가는 합의 임금협상 체계를 약화시켰다. 보수적인 재무장관들과 중앙은행장들이 물가상승(실제로는 거시경제적이기보다는 부문적이었던)에 대응하여 실시한 잘못된 금융긴축정책은 스태그플레이션이라고 알려진, 고실업과 인플레이션이 동

---

* 헨리 8세가 1546년에 설립한 대학으로, 케임브리지대학교에서 가장 규모가 큰 단과 대학이다. _옮긴이

시에 발생하는 예외적 상황을 초래하는 데 일조했다. 이러한 변화들 모두는 노동과 자본의 균형을 자본, 특히 금융 쪽으로 결정적으로 다시 기울어지게 했다. 1970년대 후반경에 시도된 이러한 경제적 반전과 정책 도전은 집권당들을 불신하게 만들었고, 그 당시의 집권당은 대부분 중도좌파 정당이었다.

서구 전역에서 전후 체계는 실질 임금의 정체, 공공부문 비용의 증가, 정부 적자의 증대로 붕괴되었다. 이 모든 것이 정부뿐만 아니라 이른바 케인스주의의 지배적인 가르침까지도 불신하게 했다. 케인스주의의 대부분은 실제로 그 후 오랫동안 버려졌다. 그리하여 자유방임주의 이데올로기가 부활하고 영국과 미국에서 급진적인 보수 자유시장 정부가 들어서고 좌파 정당들이 중도로 위치를 이동할 수 있는 길이 열렸다.

이 모든 것이 혼합경제를 정착시킨 이른바 탈이데올기적 합의를 파괴했다. 유럽과 미국에서 명목상 보수적인 정당들이 1950년대에 처음으로 권력을 되찾았을 때, 그들은 기본적으로 혼합경제와 복지국가를 받아들였다. 미국에서 아이젠하워 행정부는 뉴딜정책을 폐지하려 하지 않았다. 영국에서도 1951년에 권력을 되찾은 보수당은 노동당의 복지국가를 해체하려 하지 않았다. 프랑스 드골주의자들도 국가를 위해 강력한 역할을 떠맡았고, 독일 기독교민주당도 자신들을 포괄적인 사회 협약의 수호자로 여겼다. 당시는 논평가들이 이데올로기의 종언을 선언할 수 있었던 시대였다.

그러나 마거릿 대처와 로널드 레이건은 곧 자유시장으로의 훨씬 더 근본주의적인 복귀를 제안했고, 부활하는 금융 지도자들과 새로운 영향력 있는 자유방임주의 경제학자들은 이에 환호했다. 물론 각국은 나름의 정치적 특수성을 가지고 있다. 그러나 서구 전역에서 정치가 보다 심층적인 수준에서 동일한 리듬을 탔다는 것은 단지 우연이 아니다. 국제체계가 지닌 특성이 1950년대와 1960년대에 거의 모든 곳에서 고성장, 완전고용, 평등주의적 국가 경제의 수렴을 촉진해 왔다는 것에는 의심의 여지가 없다. 마찬가지로 1970년대 초에 고도로 관리되는 체계가 파괴된 것은 모든 곳에서 자유방임주의의 또 다른 주기가 시작됨을 알리는 것이었다. 시장근본주의로의 복귀는 경제성장에 활력을 불어넣을 것으로 가정되었다. 그러나 실제로는 그렇지 않았다. 그것은 불평등과 불안정성 모두를 복귀시켰고, 정치적 파장이 뒤따랐다.

가지 않은 길들

핵심적인 질문은 이러한 경제적·정치적 반전이 불가피했는가 하는 것이다. 이미 지적했듯이, 1970년대의 통화·경제 위기는 그 기회를 이용하여 전후 체계를 더욱 해체하려 했던 우파 지도자들에게 문을 열어주었다. 대처와 레이건의 당선 이전에도 연방준비제도이사회 의장 폴 볼커Paul Volcker — 후일 2008년 금융 붕괴 이후 영웅적인 인물이 된 — 는 노동자의 협상력을 깨고 경제를 수축시킴으로써 인플레이션을 억누르기 위해 잘못된 금융긴축정책을 썼다. 미국의 매우 높은 금리가 체계 전체에 영향을 미치면서 전후 경제체계와 그것의 정치적 기반, 그리고 노동자의 안전에 해를 끼쳤고, 라틴아메리카에서 파멸적 손실을 초래했다.

많은 마르크스식 학자들은 자본주의 위기가 항상 불가피하기 때문에 전후 질서의 붕괴는 시간문제일 뿐이라고 주장해 왔다.[31] 마르크스식 렌즈를 통해 보면, 1970년대의 인플레이션은 마르크스식의 이윤율 저하에 직면하여 경제 잉여를 둘러싸고 벌인 새로운 계급갈등의 사례로 볼 수 있다. 21세기 초의 경제 거품과 경제 붕괴를 유발한 초금융화ultra-financialization는 마르크스식 용어로는 체계의 과잉생산 경향 — 반면 노동자는 이로 인해 점점 더 '궁핍화'되어 소비 여력을 결여하게 된다 — 에 대한 금융자본의 대응으로 이해될 수 있다.

하지만 이 설명은 너무나도 판에 박힌 것이다. 실제로는 체계의 매우 가치 있고 매우 기능적인 다른 요소들을 파괴하지 않고서도 인플레이션을 억제하고 통화 질서를 회복하는 데 활용할 수 있는 다양한 대안적 정책 수단이 1970년대에도 존재했었다. 그러나 관리되는 자본주의에 보다 부합하는 개선책을 제안하는 정책 전문가들은 정치권력의 균형이 변화했기 때문에 더 이상 유력 정치인들을 움직일 수 없었다.

로버트 트리핀이 촉구했듯이, IMF가 더 강해지고 특별인출권을 유사 글로벌 통화로 더 광범위하게 사용했다면, 유동성이 증가하여 적자 국가들에게 가해진 경제를 수축시키라는 압박을 완화시킬 수 있었을 것이다. 닉슨 행정부에서는 상무장관 피터 피터슨Peter G. Peterson — 나중에 사모펀드 억만장자이자 예산 긴축 로비스트가 된 — 이 변동환율로 전환하고 자본통제를 포기하는 보다 자유방임주의적인 통화체계를 추진하고 있었다. 1971년 8월의 통화위기는 그에게 좋은 기회를 제공했다. 그러나 그 견해는 절대적인 것이 전혀 아니었다. 당시에는 확대된 특별인출권이 고정환율을 유지하고 금융투기를 줄일 수 있었다.

일찍이 1972년에, 미래의 노벨상 수상자인 예일대 경제학자 제임스 토빈James Tobin은 당시 브레턴우즈 체계가 붕괴하고 있던 것에 대한 대응으로, 투기꾼들이 약한 통화에 역베팅하여 자국 경제를 위축시킬 수밖에 없게 만드는 것을 막기 위해 외환 거래에 세금을 부과할 것을 제안했다.[32] 토빈은 가장 신성한 경제적 정설의 전제 중 하나 — 이른바 마찰 없는 시장frictionless market*의 효율성 — 를 위반하면서, "국제 금융의 수레바퀴에 모래"를 뿌릴 것을 요구했다. 20년이 지나 멕시코, 동아시아, 러시아, 그리고 다른 나라들에서 연이어 통화위기가 발생하자, 토빈은 1991년에 그러한 세금을 다시 요구하고 나섰다.

토빈은 다음과 같이 설명했다. "투기꾼들은 아주 단기적으로 자신의 돈을 외환에 투자한다. 만약 이 돈이 갑자기 빠져나가면 각국은 자국 통화를 여전히 매력적으로 보이게 만들기 위해 금리를 대폭 인상해야 한다. 그러나 높은 이자는 자주 국가 경제에 재앙이 된다."[33] 전후 시기 초기에 자본통제는 투기를 완전히 봉쇄했다. 단기 통화 투기에 부과하는 세금은 투자 자본이 국경을 넘어 이동하는 것을 허용하면서도 순전한 투기적 피해를 줄일 수 있었다. 말할 필요도 없이 민간 금융의 권력이 부활했다는 것은 토빈세Tobin tax가 제정되기는커녕 정책 입안자들에 의해 진지하게 받아들여지지도 않았다는 것을 의미했다.

그리고 1970년대의 인플레이션 속에서 많은 경제학자가 전반적인 경기 침체를 일으켜 물가압력의 기세를 꺾는 방법인 폴 볼커의 매우 높은 금리 전략에 대한 우수한 대안을 제시했다. 정통 경제이론에서는 인플레이션은 정의상 거시경제적인 것, 즉 너무 많은 구매력이 너무 적은 재화를 손에 넣으려고 함에 따라 가격이 상승하는 것을 말한다. 밀턴 프리드먼Milton Friedman의 훨씬 더 근본주의적인 견해에 따르면, 인플레이션은 "항상 그리고 어디서나 화폐적 현상"이었다.[34] 즉, 정부가 너무 많은 돈을 창출한 결과였다. 이 두 이론의 문제점은 1970년대에 발생한 부문

---

* 거래비용이 없는 금융시장 _옮긴이

별 인플레이션을 적절하게 설명하지 못한다는 것이었다.

현대 경제의 생명줄인 원유는 석유 수요가 증가했기 때문이 아니라 OPEC 카르텔이 가격을 대폭 인상했기 때문에 갑자기 더 비싸졌다. 이렇게 인상된 가격이 경제를 통해 순환했다. 또 다른 불행한 우연의 일치로, 1970년대에는 흉작의 10년으로 인해 식량 가격이 상승했다. 미국에서는 높은 인플레이션 때문에 소비자들이 부동산에 재산을 방어적으로 챙겨두었고, 이는 집값을 상승시켰다. 그리고 메디케어 — 의료계 및 병원산업과의 타협의 결과로 정부가 의사와 병원이 청구한 모든 비용을 지불해야 했다 — 가 지연되면서 보건 분야에서도 가격이 치솟았다. 이러한 부문별 인플레이션의 원천과 많은 노동조합 계약에서의 생계비 조항은 서로에게 영향을 미치며 임금 인상을 낳았고, 경제학자들이 임금-물가 악순환wage-price spiral이라고 부르는 것을 만들어냈다.

이 가격 상승의 몇 가지 원인을 분석해 볼 때, 경제를 전반적으로 침체시킴으로써 가격 압박을 낮추려는 금리 인상 전략은 불필요한 어리석은 수단이었다. (그리고 그 전략은 석유의 경우에서 특히 분명하게 실패했다.) 에너지, 주택, 의료, 식품안전에 대한 구체적인 대책을 수립함으로써 수많은 경제학자가 권고한 대로 부문별로 문제를 해결하는 것이 훨씬 더 나은 정책이었을 것이다.[35] 자동 생계비 조정cost of living adjustments* 이 문제를 악화시킬 경우, 소득정책으로 알려진 전략들 — 임금 억제를 위해 노동조합을 보상하고 몇몇 경우에는 부문별 통제에 의존하는 — 이 그러한 순환을 깨뜨릴 수도 있었다. 더 많은 정당성을 누리고 있을 뿐만 아니라 경제 전체에 대해 더 많은 책임도 지고 있는 스칸디나비아의 노

---

* 물가상승에 따라 임금을 자동적으로 인상하는 것 _옮긴이

동조합들은 정확히 그러한 접근방식을 추구했다.[36] 하지만 다른 나라들에서 1970년대의 인플레이션 위기는 부활하는 보수주의에게 뜻밖의 정치적 횡재였다. 전후 시대의 사회계약과 자본과 노동의 상대적 권력이 얼마나 완전히 뒤집혀 왔는지를 지적하는 방식으로 이를 고찰해 보자. 1950년대와 1960년대의 인플레이션은 부의 소유자들 — 그들이 소유한 채권의 금리는 고정되어 있었다 — 의 수익을 감소시킨 반면, 노동조합에 소속된 노동자들은 자신들의 임금에서 생계비가 조정되는 이득을 누렸다. 1980년대경에는 노동자 임금이 물가상승률에 뒤졌고, 자본 소유자들은 엄청난 횡재를 누리고 있었다.

급진적인 자유방임주의로의 재전환 — 즉, 신자유주의 — 은 경제적 상황에 의해 요구된 것이 아니었다. 경제적 상황이 요구한 것은 금융의 완전한 탈규제도, 긴축의 강화도, 국내의 관리되는 자본주의를 더욱 훼손하는 무역규칙의 사용도, 글로벌화된 체계적인 탈세에 대한 면죄부도 아니었다. 이러한 조치들은 소득을 상층으로 이전시켰다는 한 가지 점을 제외하고는 경제적으로 실패한 것으로 판명되었다. 그러나 1970년대의 위기는 권력 관계를 변화시켰고, 그러한 신자유주의적 정책들을 펼칠 수 있는 기회를 만들어주었으며, 다시 살아난 글로벌 금융 엘리트는 곧 그 기회를 최대한 이용했다. 그러한 역학관계 및 그러한 역학관계가 괜찮은 자본주의에 끼친 피해는 누적적이었다.

4

금융의 자유화

글로벌 통화가 다시 혼란에 빠지고 글로벌 금융 규제가 완화되자, 1980년대에 자유시장 보수주의자들은 권력을 되찾았다. 그들은 다시 자신들의 당시 지위를 이용하여 글로벌 체계와 국가정책을 더욱 자유 방임주의의 방향으로 이동시켰다. 1970년대 후반에서 1990년대 사이에 글로벌 금융 규제의 잔재가 일소되었다. 국내의 규제 완화와 글로벌 규제 완화는 서로에게 활기를 불어넣어 주었다.

미국과 그의 가까운 동맹국들이 지배하는 IMF와 세계은행은 브레턴 우즈에서 그렸던 역할과는 정반대로 나아갔다. IMF와 세계은행은 고전적인 자유방임주의를 하나의 보편적인 통치원리로 실행하는 도구가 되었다. 전후 유럽경제협력기구Organization of European Economic Cooperation(유럽에서 마셜 플랜 원조의 배분을 계획한)의 후계자로 1961년에 창설된 OECD는 부국들의 클럽으로 성장했다. OECD는 그것이 존재해 온 대부분의 시기 동안 공식적인 권력을 전혀 가지고 있지 않았다. 대처-레이건 시대 즈음에 OECD 경제학자들은 글로벌 탈규제의 주요 주창자가 되었고, OECD는 자본통제를 폐지하는 데 동의하는 것을 회원국의 조건으로 내세웠다.

한때 OECD는 1961년의 자본 이동에 관한 자체 규약에서 투기적인 '핫'머니와 실물경제에 대한 장기 투자를 분명하게 구분했다. OECD의 초기 규칙은 국경을 넘는 단기적 투기를 억제하거나 처벌하는 정책을 명시적으로 허용했다. 이제 모든 자본의 이동이 자유화될 필요가 생겨났다.[1] 1988년에 유럽회의Council of Europe는 유럽공동체European Community의 모든 회원국에 국제 자본 이동에 대한 남아 있는 모든 통제를 폐지하도록 요구하는 공식적인 지침을 승인했다.

국제기구의 규범과 규칙의 반전은 레이건 행정부와 대처 행정부 모두에서, 경제 전문직의 이데올로기 변화에서, 그리고 무엇보다도 민간 금융 권력의 부활에서 비롯되었다. 이데올로기적 선호가 기술적 정명이기나 한 것처럼, 경제를 관리하는 올바른 길과 잘못된 길이 있다고 가장되었다.

이른바 워싱턴 컨센서스Washington Consensus*가 모든 개발도상국에 천편일률적으로 적용되는 해결책이 되었다. 워싱턴 컨센서스는 원래의 브레턴우즈 체계의 규범과 정확히 반대되는 것이었다. 가난한 나라들은 민간 자본을 필요로 했다. 워싱턴 컨센서스에 따라, 가난한 나라들은 민간 자본을 유치하기 위해서는 균형 잡힌 예산, 많지 않은 세금, 민영

---

*   1990년대 초 미국 행정부, IMF, 세계은행이 모여 있는 워싱턴에서 정책결정자들 간 이루어진 합의이다. 탈규제화, 무역자유화, 자본자유화, 민영화를 주요 골자로 하며, 미국이 주도하는 신자유주의의 대명사로 사용된다. _옮긴이

화, 제한된 복지국가, 그리고 무엇보다도 자유로운 자본 이동이 요구되었다.[2]

당시 IMF 총재였던 미셸 캉드쉬Michel Camdessus는 1997년에 자유로운 자본 이동이라는 교의를 IMF의 공식 정책으로 만들기 위해 열심히 노력했다.[3] 이 교의는 채택되지 않았다. 하지만 그때까지는 그것이 꼭 필요하지 않았다. 워싱턴 컨센서스는 관례대로 IMF의 원조를 필요로 하는 나라들과 맺는 모든 IMF 안정화 협정에 삽입되었고, OECD와 유럽 경제공동체 규칙의 일부가 되었다.[4] 이 정책은 후일 '융자조건conditionality'으로 알려졌다. 그것은 특히 가난한 나라들에게 사악했다. 왜냐하면 그러한 나라들은 자주 경제적 기초 여건economic fundamentals을 무시한 투기적 투자에 취약한데, 그러한 나라들에서 자본통제는 투기꾼들에 대한 몇 안 되는 방어수단의 하나이기 때문이다. (그 당시 자본시장 자유화를 주도적으로 주창한 사람 가운데 한 명인 경제학자이자 중앙은행 총재였던 스탠리 피셔Stanley Fischer는 거의 20년 후에 버락 오바마에 의해 연방준비제도이사회 부의장으로 지명되었다. 이것은 민주당이 얼마나 통설 쪽으로 이동했는지를 보여주는 또 다른 지표이다.)

라틴아메리카는 1970년대 중반 미국 정부와 머니 센터 뱅크들money-center banks*로부터 더 비싸진 석유의 수입 자금을 조달하기 위해 거액을 차입할 것을 독려받아 왔는데, 1970년대 후반에 고금리로 전환하자 그곳에서 부채 위기가 발생했다.[5] 몇몇 라틴아메리카 국가가 IMF 원조에 의존한 것은 IMF에게 융자조건을 이용하여 긴축재정을 명령할 수 있는 기회를 제공했고, 그러한 긴축정책은 부채 위기를 경제 대재앙으로 전

---

* 대기업, 정부 및 기타 은행에만 돈을 빌려주는 대형 은행 또는 금융 기관 _옮긴이

환시켜 라틴아메리카로 하여금 잃어버린 성장의 10년이라는 대가를 치르게 했다.

1990년대 후반에 동아시아에서 금융위기가 발생한 것은 전적으로 새로 자본시장을 자유화한 국가에 핫머니가 몰려들어 거품을 만들었다가 거품이 꺼지면서 아주 빠르게 빠져나왔기 때문이다.[6] 이른바 IMF 전문가들의 임무는 채무국에 워싱턴 컨센서스와 유사한 조건을 강요하는 것으로, 금융을 지원하는 조건으로 훨씬 더 많은 시장자유화를 요구했다. 그것은 역효과를 낳았으며, 금융위기에서 가장 빨리 회복된 나라들은 IMF를 거역한 나라들이었다. 피해 국가들은 일단 회복되고 나면, 다시는 IMF에 의존하는 일이 없게 만들기 위해 외국의 경화hard currency*로 방대한 군자금을 조성했다. (보다 자세한 설명으로는 나의 책 『채무자 감옥 Debtors Prison』을 보라.[7])

21세기 초반경에는 IMF 경제학자들조차도 융자조건 공식과 그 공식을 라틴아메리카와 동아시아에 엄격하게 부과하는 것이 좋은 발상이 아니었다는 데 동의했다. 하지만 2009년 이후에도 유사한 조치가 유럽의 채무국들에게 강요될 예정이었다. 그러한 조치들 모두는 개별 국가가 완전고용, 즉 평등주의적 경제를 운영할 수 있는 능력 — 심지어 각국에서 그러한 정책을 강력한 다수가 지지했을 때조차 — 을 심각하게 제한했다.

그러한 정책이 경제에 초래한 비용은 엄청났다. 금융 위기와 그것에 뒤이은 긴축정책이 초래한 피해가 보다 자유로운 자본 이동이 가져다줄 것으로 추정된 효율성 개선을 압도했다. 흠잡을 데 없는 두 주류 경

---

* 달러같이 국제적으로 널리 통용되는 통화 _옮긴이

제학자 카르멘 라인하르트와 케네스 로고프Kenneth Rogoff는 이 분야의 권위 있는 연구를 통해 글로벌 금융 규제 완화와 주요한 금융 대재앙의 발생 간에 거의 완전한 상관관계가 존재한다는 것을 증명했다.[8] 하지만 그러한 정책에 대한 정치적 지지는 전반적인 이익 때문이 아니라 그 정책이 금융가들에게 매우 수지맞는 것이기 때문에 계속되었다.

두 사회주의자에 대한 이야기

1981년 봄에 프랑수아 미테랑François Mitterrand이 프랑스 대통령으로 선출되었다. 1970년대에는 프랑스 보수주의자들이 권력을 장악하고 있었기 때문에, 프랑스에서의 이데올로기적 리듬의 타이밍은 영국과 미국의 그것과 정반대였다.

미테랑은 1958년 제정된 드골 헌법하에서 선출된 최초의 사회주의 대통령으로서 강력한 행정부를 탄생시켰다. 그의 사회당은 또한 국민회의Chamber of Deputies에서도 절대다수를 차지했다. 프랑스 유권자들은 1970년대의 고실업 긴축정책을 거부해 왔다. 미테랑은 강력한 사회주의 프로그램을 추구하기로 결심했다. 그것은 케인스식 '리플레이션reflation'* — 일자리를 창출하고 수요를 늘리기 위한 공공지출, 새로운 지출이 부분적으로만 적자에 의해 조달되도록 하기 위한 부자에 대한 누진세, 자본이 생산적으로 투자되도록 하기 위한 주요 은행의 국유화, 그리고 사회적 급여의 확대 — 을 의미했다.

---

* 디플레이션을 겪고 있는 상태에서 경기를 부양할 목적으로 통화를 재팽창시키는 것을 말한다. _옮긴이

그러나 새로 규제 완화된 1981년의 글로벌 금융환경에서 프랑스는 민간 국제금융시장이 허용하는 범위만큼만 나아갈 수 있었다. 거의 즉시 국내 자본과 외국 자본 모두가 프랑스를 떠났다. 한 국가가 비상시에 자본을 통제할 수 있는 권리 중 남아 있는 권한을 이용하여, 미테랑 정부는 통제를 점점 더 엄격하게, 그리고 그다음에는 어리석게 가했다. 처음에는 투자 자본을 통제했다. 그 후 정부는 프랑화의 하락에 대비하여 수입업자와 수출업자들이 선물시장을 이용하는 것을 금지했다. 마지막으로는, 통제가 프랑스 관광객들 — 개인 신용카드 사용 제한을 포함하여 — 에게 가해졌다. 격렬한 항의가 발생했고, 그러한 엄격한 통제에도 불구하고 프랑스는 금과 통화 준비금을 빠르게 소진하고 있었다. 1983년 봄에 정부는 결국 통제를 포기했다. 프랑화는 1981년 이후 벌써 세 차례 평가절하되었다.[9]

이 일련의 사건들은 브레턴우즈의 설계자들이 정확히 우려했던 것이었다. 변화된 국제 금융체계로 인해 이제 어떤 단일 국가 — 심지어는 프랑스와 같은 큰 나라 — 도 그 체계의 나머지 국가들이 인플레이션과 부담이 큰 긴축정책에 대해 우려할 경우 고성장과 완전고용 프로그램을 추진하는 것이 불가능해졌다.

프랑스의 정책 유턴U-turn은 정부 내부에서의 격렬한 논쟁 끝에 단행되었다. 토론의 패자인 장-피에르 슈벤망Jean-Pierre Chevénement 산업부 장관이 이끄는 미테랑 사회당의 민족주의/좌파 계열은 프랑스의 주권에만 전념했다. 슈벤망은 프랑화의 환율을 떨어뜨리고 통제를 두 배로 늘리는 대가를 치르더라도 프랑스가 자신의 길을 가기를 원했다. 자족적인 통제경제 방향으로의 이러한 움직임은 '알바니아식 해결책'으로 조롱받았다(공산주의 알바니아는 작고 폐쇄적인 국가였다). 그 논쟁의 승자이자 그 뒤를 이은 경로의 설계자는 프랑스 사회주의자들마저 신자유주의 진영에 끌어들인 자크 들로르Jacques Delors 재무장관이었다. 그는 곧 놀랍게도 신자유주의적인 유럽연합의 아버지가 되었다.

새로운 정책은 긴축rigueur — 미테랑과 사회주의자들이 선출된 것은 바로 이 긴축을 반전시키기 위해서였다 — 이라는 이름으로 진행되었다. 사회당하에서 긴축은 보다 온건한 형태로 이루어졌지만, 그럼에도 긴축은 긴축이었다. 공공지출은 삭감되었고, 적자는 줄어들었으며, 금리는 인상되었고, 통제는 점차 풀렸다. 지출이 줄어들자, 사회당원들은 유아 무상교육과 같은 몇몇 소중히 여기는 프로그램들을 보호하기 위해 열심히 싸웠다. 어쨌든 간에 정책의 전도는 명백한 굴욕이었다.

미테랑의 경험은 글로벌 금융체계의 변화가 어떻게 한 국가의 정책 공간과 정책 선택지를 좁혔는지를 생생하게 보여주는 것이었다. 대처 여사의 전략이자 유명한 교의인 "대안은 없다There Is No Alternative: TINA"가 입증되었다. 글로벌 체계가 규칙을 바꾸면, 그 구성원 각각이 전략적으로 행동할 수 있는 자유는 제약받는다. 교역 국가들은 당연히 몇 가지 제약을 받는다. 따라서 자신들의 제품이 경쟁력을 가질 필요가 있다. 그러나 국제 투기 자본이 해방될 때, 그러한 제약들은 훨씬 더 심각해진다. 그러한 변화된 현실이 좌파 정당들을 무력하게 만들기 때문에, 우파들은 부가적인 이익을 누렸다. 좌파 정당들은 더 이상 지지자들을 끌어모을 수가 없게 되었고, 이는 좌파 정당들로 하여금 더욱 중도적인 정당이 되게 했다.[10]

1983년 이후 중도좌파 정당들은 변화된 권력 역학과 새로운 이데올로기적 풍조에 맞추어 시장을 해방시키고 시장 결과를 수용한 다음 사후에 재분배하는 것으로 전략을 바꾸었다. 그러나 그것은 한 세대 전에 추구되었던 완전고용과 보편적 복지국가보다 더 취약하고 더 어려운 정치임이 드러났다. '승자'들이 대체 왜 '패자'들에게 정치적으로 재분배하기 위해 세금을 내야 한단 말인가? 이 협상에서의 패자들이 르펜, 브렉시트, 트럼프의 지지자가 되었다.

대비를 위해 1945년 7월에 선출된 또 다른 사회주의 정부, 즉 영국 노동당 정부의 경험을 고찰해 보자. 1981년의 미테랑처럼 노동당 총리 클레멘트 애틀리Clement Attlee도 영국 역사상 최초의 다수당 사회주의 정부를 통솔하고 있었다. 하원에서 토리당이 210석을 얻은 반면 노동당은 393석을 차지하여 압도적인 승리로 권력을 장악했다. 가장 어려운 시기에 영국을 구한 윈스턴 처칠Winston Churchill에 대한 애정에도 불구하고, 유권자들은 전시의 긴축 — 그리고 20년 동안 10% 아래로 한 번도 떨어지지 않은 실업 — 에 지쳐 있었다. 영국의 법에 따라 애틀리가 새 선거를 요구할 때까지는 5년이 남아 있었다.

애틀리의 새 정부가 처한 경제 상황은 어쨌든 미테랑이 마주쳤던 경제 상황보다 훨씬 더 좋지 않았다. 영국은 1년 GDP의 약 260%에 달하는 엄청난 전쟁 부채, 전체 부의 약 4분의 1의 손실, 전쟁으로 막대한 피해를 입은 주택·공공건물·공장을 건설해야 하는 과제에 직면해 있었다. 노동당은 주택과 교육을 확대할 뿐만 아니라 연금과 국민건강보험을 비롯하여 요람에서 무덤까지 완전고용 복지국가를 건설하겠다고 약속하는 캠페인을 벌여왔다. 정부는 또한 영국 경제의 커맨딩 하이츠 commanding heights* — 철도, 제철소, 탄광, 은행 — 를 국유화했다. 그것이 종국에는 전체 GDP의 약 20%에 달했다.[11]

---

* 한 국가의 경제를 주도하는 기간산업을 뜻하는 말로, 1922년에 레닌이 소련 공산당 전당대회에서 처음으로 썼던 용어이다. _옮긴이

그러한 상황에서 팽창적인 완전고용 복지국가를 외따로 건설하는 것이 어떻게 가능했는가? 통상적인 국제금융 규칙이 영국에서도 실행되었더라면 분명히 불가능했을 것이다. 전시 통제경제와 전시 연대solidarity의 심리학이 전후의 국가 목적을 달성할 수 있는 토대를 마련해 왔다. 게다가 전쟁은 활용 가능한 새로운 기술들을 만들어냈고, 억눌린 소비수요는 구매 기회만을 기다리고 있었다. 하지만 이 모든 행운의 상황은 쉽게 방해받을 수 있었다. 인플레이션을 감지한 민간 자본이 영국 파운드화를 대량으로 매도하여 영국의 남아 있는 준비금을 고갈시키고 영국 은행에 금리를 급격히 인상하도록 요구했다면, 복지국가 건설은 고사하고 경제회복도 가로막을 수 있었다.

그러나 운이 좋게도, 비록 실제 브레턴우즈의 기관들은 케인스와 화이트가 제안한 형태에는 미치지 못했지만, 비상상황의 규칙이 적어도 처음의 결정적인 몇 년 동안은 그들의 제안에 근접한 기능적 대체물들을 만들어냈다. 파운드화의 가치는 고정되었고, 파운드화에 대한 투기는 사실상 금지되었다. 영국은 달러 수입을 통제할 수 있었고, 실제로 엄격히 통제했다. 1947년 여름에 미국의 압력에 의해 통화 교환성 실험이 잠시 동안 실시되자(그리고 곧 취소되었다) 파운드화에 대한 매도가 쇄도했는데, 이는 통화와 자본 이동에서의 자유시장 정책이 그러한 상황에서 얼마나 현명하지 못한지를 보여주는 것이었다.

투기적 자금시장의 횡포로부터 자유로워진 영국은 전후 재건과 관대한 복지국가의 창출을 결합할 수 있었다. 자본이 빠져나가는 것이 허용되지 않았기 때문에 자본은 달아날 수 없었다. 파운드화에 맞서는 투기는 체계의 규칙에 의해 막혀 있었기 때문에 하나의 요인이 되지 못했다. 결국 영국은 1949년에 통화를 평가절하해야만 했는데, 그것은 달러

-파운드 환율이 전후 초기부터 너무 높게 고정되어 있었기 때문이다. 한동안 삶의 조건은 스파르타식이었다. 다만 금융 재건, 현대화, 새로운 복지국가, 개인의 소비 확대에 필요한 자금을 조달하기에 충분한 돈이 없었기 때문에, 전후 시기까지 배급이 계속되었다. 하지만 1945년의 영국 노동당 정부는 어려운 경제 상황에서도 전후의 어느 정부보다도 많은 주요 선거 공약을 발표했다.

노동당 정부가 내세운 '케인스주의'는 면밀하게 고찰해 볼 만한 가치가 있다. 희석된 케인스의 견해 ― 정통 경제학자들이 여러 세대의 연구자와 정책 입안자에게 강요한 ― 속에서(그리고 대중들의 단순한 지식 속에서), 케인스는 정부 예산 적자 ― 특히 민간부문의 침체기의 ― 와 연관지어진다. 그러나 1940년대 후반 대부분 동안 영국 예산은 흑자였다. 그렇다면 노동당 정부는 어떻게 영국판 전후 기적을 이룬 것을 넘어 복지국가의 자금을 조달할 수 있었는가?

막대한 전쟁 부채를 지고 있던 영국 정부는 더구나 파운드화의 교환 가치가 고정환율로 보호받고 있는 상황에서 부채를 상환하고 이자비용을 절감하기 위해서는 얼마간의 흑자 예산을 운영할 필요가 있었다. 그러나 노동당 정부는 전후 재건의 자금을 조달하기 위해 매우 높은 전시 세율 ― 특히 부자들에 대한 ― 을 이용할 수 있었다. 따라서 그 전략은 이중으로 (즉, 조세 측면에서, 그리고 완전고용 경제를 매개로 하여) 재분배적이었고, 대규모 적자 자금조달도 요구되지 않았다. 전간기 내내 10%가 넘던 영국의 실업률은 전쟁의 총동원 기간뿐만 아니라 (경제를 재건하고 사회적 소득을 확대하기 위해 공공투자를 한 덕분에) 제2차 세계대전 종전 후 10년 동안에도 평균 2% 내외로 유지되었다.[12]

앞서 지적했듯이, 많은 경제사학자가 유럽의 경제적 기적이 전후 재건에 의해 동력을 제공받았다고 주장한다. 그것은 사실이지만, 중요한 동학을 놓치고 있다. 다시 말해 그 기적은 여타 전시 통제 및 높은 과세와 지출 비율, 그리고 경제에서의 강력한 국가 역할이 평시에도 계속되는 상황에 의거하여 구축되었다. 기본적으로 영국 정부는 GDP의 절반 이상을 전쟁에 지출하던 전시경제를 그대로 취했고, 그 과세와 지출(그리고 막대한 자극)의 대부분을 평시 용도로 전환했다. 공적 지출이 적자재정이 아니라 과세를 통해 조달되었다는 사실로 인해 그 효과가 떨어지지도 않았다. 강력한 노동조합은 강화된 구매력을 관대하게 배분시키는 역할을 했다.

영국의 복지국가는 지출 측면에서는 매우 재분배적이었지만, 대체로 비교적 균일한 비용으로 자금을 조달했기 때문에 조세 측면에서는 덜 재분배적이었다. 하지만 의사나 치과의사를 찾은 적이 없었던 사람들이 이제 포괄적인 의료보호를 받을 수 있게 되었다. 의사 봉급은 엄청나지는 않지만 괜찮았다. 교육과 사회서비스 부문에서도 새로운 일자리가 창출되었다. 모든 수준의 교육이 이제 보편화되었고 무료였다. 전체 임금과 봉급 구조는 노동계급의 임금이 상당히 인상됨에 따라 그 격차가 줄어들었고, 영국에서 소득이 역사상 가장 평등하게 배분되었다. 비록 영국은 대륙 대부분의 국가에서 실시하는 종류의 조합주의적 임금협상 제도를 갖추고 있지는 않았지만, 노동조합들은 새로운 노동당 정부를 지지하고 완전고용에 감사하고 있었으며, 일부 파업에도 불구하고 임금인상 요구가 정부의 더 큰 전략을 불안정하게 만들지는 않았다.

따라서 영국은 다른 유럽 국가들에 비해 다소 느린 속도로 성장했지만(그리고 그럴 만한 이유들이 있었지만), 전무후무한 좋은 성과를 거두었다. 영국은 대륙과 달리 침략을 받지 않았다. 영국의 산업 공장은 처음부터 다시 지을 필요가 없었고, 상대적으로 오래된 공장들은 독일의 새로운 공장들보다 경쟁력이 다소 떨어졌다. 마셜 플랜 원조에도 불구하고, 모든 것을 한꺼번에 재건할 수 있는 충분한 돈이 없었다. 영국의 노사관계는 다른 문제보다 더 다루기 힘들었다. 그리고 어쩌면 가장 중요한 것은 영국이 막대한 전쟁 부채를 지고 있는 반면 독일의 전쟁 부채는 거의 다 탕감되었다는 사실이었을 것이다.

요점은 국제 투기 자본이 평소처럼 움직였다면 막대한 부채를 지고 있던 영국이 팽창적인 복지국가를 건설하기는커녕 결코 그러한 방식으로 회복 프로그램을 운영할 수 없었을 것이라는 점이다. 프랑스에서 미테랑이 권력을 잡을 무렵 새로운 국제금융 규칙은 이미 애틀리의 프로그램과 같은 종류의 어떠한 민주적 좌파의 프로그램도 불가능하게 만들어 놓고 있었다.

1980년대의 프랑스가 1940년대의 영국보다 훨씬 더 부유하고 자본화가 더 잘되어 있었음에도 불구하고, 미테랑은 자신이 전후 영국 노동당 정부가 실행했던 것과 같은 정책을 추구하고자 했을 때 해방된 글로벌 자본시장에 의해 자신이 아주 곤란한 상황에 빠져 있다는 것을 알았다. 이처럼 미테랑이 제약들로 인해 아무것도 하지 못하게 된 것은 애틀리와 미테랑 사이의 30년이 넘는 시기 동안 글로벌 금융체계의 규칙이 급격하게 바뀐 결과였다.

국내적으로 조치를 취할 수 있는 자유는 시간이 지남에 따라 점점 더 제약될 뿐이었다. 미테랑의 프로그램이 좌절되었던 1983년에는 유로화도, 글로벌 금융위기도, 그리고 유럽연합과 유럽중앙은행의 규칙이 강요하는 긴축도 없었다.

유럽 좌파, 신자유주의를 사랑하는 법을 배우다

미테랑의 굴욕적인 정책 전환 이후 프랑스 사회주의자들은 훨씬 더 놀랄 만한 변절을 했다. 그들은 부득이하게 해야만 한다면 자신에게 도움이 되게끔 하려고 했다. 긴축의 설계자인 자크 들로르 및 미테랑과 가까운 다른 상대적 온건파들은 이제 자유로운 자본 이동과 규제 완화가 불가피하다는 것을 깨달았다. 그것들과 싸워봤자 소용이 없었다. 프랑스가 택할 수 있는 정책 주권의 차선책은 보다 강력한 유럽공동체를 통해 유럽으로 하여금 정책 주권을 갖게 하는 것이었다.

들로르는 **만약** 신자유주의적 금융 원리가 관대한 사회정책과 결합될 수 있다면 금융규율과 엄격한 금융정책, 그리고 노동자와 산업 혁신에 대한 광범한 투자로 구성된 독일 모델이 프랑스의 전통적인 국가주의etatisme에 하나의 실행 가능한 대안이 될 것이라고 보았다. 그래서 들로르는 유럽 프로젝트를 심화하는 데 착수했다. 1985년 1월 1일 그는 결정적 10년 동안 자신이 맡게 될 지위인 유럽위원회European Commission의 의장이 되었다.

새로운 유럽에 대한 들로르의 대단한 기여로 1986년에 단일유럽의정서Single European Act가 체결되었고, 마침내 1992년경에 진정한 국경 없는 공동시장이 창설되었다. 1993년에 발효된 마스트리히트 조약Maastricht Treaty으로 유럽연합이 창설되었고, 그 조약의 일부로 유로화가 도입되어 2002년에 유럽 전체의 통화가 되었다.

마스트리히트 조약은 유럽연합 전체에서 상품, 서비스, 사람, 자본의 자유로운 이동을 헌법적 교의로 명시적으로 보장함으로써 자본통제의 마지막 흔적을 묻어버렸다. 이 조약은 독점금지, 식품안전, 여성의 권리와 같은 일부 쟁점을 제외하고는 규제정책이나 사회정책의 최저한도를 보장하지 않았다. 그러한 쟁점도 매우 중요했지만, 금융의 억제라는 핵심 프로그램에 비하면 그것들은 주변적이었다. 그 결과 회원국들은 임금, 세금, 노동보호, 또는 규제의 수준을 낮춤으로써 경쟁력을 높이려는 경향을 강화했다. 들로르는 내게 자신이 사회정책을 자유로운 자본 이동과 동등한 수준으로 두지 못한 것을 후회한다고 말한 적이 있다. 대신에 2009년에 후속 조치로 마스트리히트 조약을 사회적으로 보완하기 위한 목적으로 리스본 조약Lisbon Treaty이 추진되었지만, 그것 역시 단지 공동 사회정책의 목표들을 설정하는 데 머물고 말았다. 이 과정은 '개방형 조정방법Open Method of Coordination'이라는 거창한 완곡어구를 부여받았는데, 이 말은 각국 정부가 초안들을 비교해 본 다음에 정책 수렴을 시도해야 한다는 것을 가식적으로 표현한 것에 불과했다.[13] 마스트리히트 조약과 리스본 조약은 유럽연합 전체가 회원국들의 공적 재정에 책임을 질 재정연합fiscal union을 만드는 데에도 실패했다. 다만 재정적자와 부채에 대해 엄격한 통화 수축 제한을 가하기로 했을 뿐이다. 그러한 규칙이 있었다면, 아마도 애틀리의 영국은 오랫동안 불황에 빠졌을 것이다.

또 다른 우연한 수렴이 재정 긴축을 1999년 이후 유럽 프로젝트의 중심에 두게 했다. 1980년대 후반 독일연방공화국의 보수적인 수상 헬무트 콜Helmut Kohl은 공동 통화에 대한 다소 양가적인 지지자였다. 왜냐하면 공동 통화는 유럽 최대의 통화인 한편 독일 전후 번영의 토대로 소중히 여겨지는 독일 마르크화를 포기하는 것을 의미했기 때문이다. 그 후 1989년 베를린 장벽이 갑자기 무너졌고, 잠시 열린 역사적 기회를 포착한 콜은 동맹국이나 심지어 자신의 연립 파트너들과도 상의하지 않은 채 옛 동독을 병합하는 쪽으로 나아갔다.

그러한 움직임이 다른 유럽의 주요 지도자들을 질겁하게 했지만, 미테랑과 들로르는 그것이 협상의 문을 열게 할 것이라고 믿었다. 그들이 콜의 기정사실화를 받아들이고 콜이 그 대가로 유로화를 받아들이기로 했던 것일까? 많은 협상 끝에 콜은 동의했지만, 한 가지 엄격한 조건 — 보다 심화된 새로운 유럽연합과 그것의 공동 통화는 독일의 재정 규범을 따라야 한다는 조건 — 을 내걸었다. 그 결과 마스트리히트 조약에는 독일의 주장에 따라 예산 적자와 부채에 대해 엄격하게 제한을 가할 것을 강요할 수 있는 조항이 포함되었다. 그리하여 현재의 적자는 GDP의 3%를 초과할 수 없으며, 부채는 60%로 유지해야 했다. 후일 강제 조치와 처벌이 강화되었다.[14]

실제로 유로화는 범유럽의 독일 마르크화가 될 것이었다. 그리하여 유럽의 심화 — 이 유럽연합의 기본 설계자는 프랑스의 개심한 사회주의자였다 — 는 결국 1944년 타협안의 두 가지 주요 요소 — 투기 자본 통제, 그리고 국가가 완전고용을 추구하기 위해 자신들의 재정정책을 운용할 수 있는 능력 — 를 제거하게 되었다. 유럽 전역에서 긴축rigueur은 좋은 시절에도 나쁜 시절에도 꼭 필요한 것de rigueur이 되었다. 유럽은 1개의 통화정책과 28개의 재정정책을 가지고 있었는데, 그 정책들은 모두 비교적 긴축정책적이었다.

이러한 정책들은 2008년 붕괴 직후 다시 유럽에 출몰하곤 했다. 1929년의 규모에 육박하는 폭락을 겪은 이후 유럽의 기관들은 단호한 경기대응적인 재정·통화·부채감면 정책 대신에 제1차 세계대전 이후의 시대를 연상시키는 긴축정책을 추진했다. 마스트리히트 조약의 부채와 적자 한계는 강력한 재정적 경기부양책을 쓸 수 없게 했고, 메르켈

정부는 비상 면책에 저항했다. 사실상 유로화 속에서 인위적으로 저렴하게 만든 통화를 보유하고 있던 수출 챔피언 독일은 다른 나라의 불행으로부터 이익을 얻었다. 독일은 대규모 수출 흑자를 내면서 번영할 수 있었지만, 모든 국가가 흑자를 낼 수는 없었다. 유로화를 사용하는 17개국의 서로 다른 수장에게 보고하는 유럽중앙은행European Central Bank: ECB은 미국 연방준비제도이사회가 사용할 수 있는 도구도 권한도 가지고 있지 않았다. ECB는 금리를 인하했지만, 연방준비제도이사회가 추구하는 신용 창출 장치에는 관여하지 않았다. 독일인들은 유럽연합의 약소국들이 국가 부채를 유럽화하는 것에 저항하는 데 성공했고, 대신 그들은 통화 수축을 통해 자본시장의 신뢰를 회복하라고 압박했다. ECB에 의해 조달된 국가 부채는 다시 성장을 불붙이는 데 쓰이는 것이 아니라 주로 민간 채권자와 국가 채권자들에게 상환하는 데 쓰였다.

따라서 '요새 유럽fortress Europe' — 1981년경에 그 제창자와 비방자 모두가 앵글로-색슨 국가들의 자유주의적 자본주의에 대한 일종의 사회민주주의적 대안으로 간주했던 — 은 투기적 민간 자본의 요구에 사로잡힌 글로벌 체계가 지닌 최악의 측면을 그대로 복제했다. 마스트리히트 헌법은 그러한 규범들을 내면화했을 뿐만 아니라 강제했다. 하나의 대륙에서의 관리되는 자본주의의 꿈은 자유방임주의 — 규칙이 없다는 의미에서의 자유방임주의가 아니라 오히려 규칙이 노동자와 시민들을 희생시키며 기업과 은행에 봉사하도록 구조화된 자유방임주의 — 의 악몽이 되었다. 요새는 하나의 영창이 되었다. 2008년 붕괴에 대한 미국의 반응에는 비판할 것이 너무 많았지만(경기부양책이 너무나도 적었고, 적자 감축에 너무나도 초점을 맞추었고, 노동정책에 너무나도 적은 관심을 가졌고, 금융 구조조정이 너무나도 약했다), 2016년경에 미국의 실업률은 다시 5% 이하로 떨어졌다.

유럽에서는 지속적인 일자리 상실이 초래한 온갖 사회적 다이너마이트들과 함께 실업률이 계속해서 10% 이상에 머물러 있었다.

1980년 이후의 OECD와 후일 WTO의 규범 및 요구조건을 결합한 마스트리히트 조약은 국가가 관리되는 형태의 자본주의를 운영할 수 있는 능력을 두 가지 서로 다른 측면에서 저하시켰다. 세 개 기관 모두가 수용한 이 협정은 유럽의 경제력이 '경직된 노동시장'과 경제에 대한 국가의 너무 많은 개입에 의해 제약받고 있다는, 되살아나는 경제적 통설을 바탕으로 하는 것이었다.[15] 유럽위원회의 여러 지침들 — 이에 대해서는 제7장에서 보다 상세하게 논의한다 — 은 개별 국가들로 하여금 노동자에 대한 안전장치를 완화하고 국영기업을 민영화하도록 압박했으며, 이는 임금과 노동자의 협상력을 약화시키는 결과를 초래했다. 임금상승과 공공투자를 통해 강력한 민주주의 국가가 주도한 전후 고성장 모델은 몇몇 초국적 또는 글로벌 기관의 규칙에 의해 손쉽게 무력화되었다. 유럽의 침체 — 그것은 무모한 금융 규제 완화와 지나치게 엄격한 재정정책이 결합된 결과였다 — 에 대한 대안적인 견해는 지적인 논쟁에서는 이길 수도 있었지만, 새로운 신자유주의 유럽 요새가 가한 제약 때문에 시행될 기회조차 가지지 못했다.

한 가지 다른 사실은 명심할 만한 가치가 있다. 엄격한 금융 규제가 한창이던 시기에는 별개의 고의적인 금융사기 사건을 제외하고는 실제로 은행이 파산한 사례가 전혀 없었고, 금융부문의 혼란으로 인해 경제 전반이 붕괴된 적도 전혀 없었다. 하지만 실물경제는 필요한 모든 자본을 확보했다. 이것이 한때 우리가 갔던 길이다. 그때에는 경제적으로 어떤 다른 길을 찾을 필요도 없었다.

뉴욕에서 일어나는 일이 뉴욕에만 머물지는 않는다

국제금융 환경이 투기꾼들의 안식처가 되고 있던 동안 미국 내에서는 자본의 규제 완화가 빠른 속도로 진행되고 있었다. 미국에서는 1970년대 후반에서 2000년대 초반 사이에 금융규제라는 뉴딜 도식의 모든 요소가 '비집행'에 의해 폐지되거나 약화되어, 두 번의 연속적인 투기 거품과 2008년 대붕괴의 발판이 되었다.

월스트리트가 매우 복잡한 신제품 ― 가장 주목할 만한 것으로는 신용 파생상품 ― 을 발명했을 때, 규제 당국의 반응은 계획적인 무관심이었다. 시장이 새로운 것을 창조할 경우 그것은 효율적이어야 하며, 그다음에 시장 세력은 그것을 규율할 것이다. 파생상품을 이용하면 신용위험을 보다 정확히 평가하고 더 많은 '유동성'을 창출함으로써 시장이 더 효율적으로 될 것으로 추정되었다(이는 무한한 차입자본 이용 ― 빌린 돈으로 하는 내기 ― 을 완곡하게 표현한 것일 뿐으로 판명되었다). 물론 이는 규제받지 않은 금융기관이 무한 채무를 창출하여 이익을 내고 위험은 다른 사람들에게 전가하면 전체 경제가 붕괴될 수 있다는 것을 의도적으로 외면하는 견해였다.

부분적으로는 브레턴우즈의 고정환율 체계가 붕괴되면서 발생한 1970년대의 인플레이션은 미국 내의 엄격한 금리 규제체제를 손상시켰다. 은행들은 자신들은 고정금리로 장기 대출을 하지만 은행 돈의 비용은 인플레이션과 함께 상승한다는 것을 발견했다. 손실을 입은 은행과 저축대부기관들은 금리 규제를 끝내기 위해 벌인 로비에서 성공했다. 투자은행가들이 여전히 좋은 수익을 올리고 있다는 것을 알아차린 상업은행들은 투자은행가들의 일부 영업 종목에 자신들이 진입할 수 있게 해달라고 압력을 넣었다. 연방준비제도이사회는 처음에는 규제 면제를 통해 일부 제한적인 진입을 허용했다. 25년이 걸렸지만, 결국 '글래스-스티걸법'이 1999년에 의회에 의해 완전히 폐지되었다.

규제에 회의적인 사람 가운데 한 명이자 선물거래위원회Commodity Futures Trading Commission 위원장인 브룩슬리 본Brooksley Born은 금융파생상품의 급증에 대해 우려를 표명하고 규제의 필요성을 제기한 후, 전 골드만삭스의 공동 CEO이자 후일 씨티그룹의 공동 CEO였던 로버트 루빈Robert Rubin이 이끄는 경제팀에 의해 질책받고 고립되었다가 면직되었다. 확실히 해두기 위해 의회는 금융파생상품에 대한 규제를 근본적으로 금지하는 초당적 법안을 2000년에 통과시켰고, 클린턴 대통령이 이에 서명했다. 2008년 AIG가 붕괴되었을 때, 이 거대한 보험 복합기업은 채권소유자들을 위한 일종의 보험증권으로 신용파생상품을 판매해 왔지만, 그 증권을 상환해야 할 경우에 대비하여 준비해 둔 자본 적립금이 전혀 없었던 것으로 나타났다. 2000년의 입법은 보험이나 유가증권과 같은 파생상품에 대한 규제를 금지했다 — 그리고 한술 더 떠서 주 당국이 그러한 파생상품을 도박으로 규제하는 것을 금지했다!

저축대부업계가 로비를 벌인 결과, 의회는 주택대부조합에게 그 조합의 원래 사업권 — 주택담보 자금 대출 — 과는 동떨어진 업무인 고도의 자본차입 투자를 할 수 있게 해주었다. 이것은 곧 1980년대 초반 저축대부조합의 붕괴로 이어진 여러 차례의 파산과 구제금융의 물결 가운데 첫 번째 물결을 낳았다. 같은 시대에 금융공학자들은 새로운 기법과 복잡한 제품을 발명하고 있었고, 규제 기관들은 마찬가지로 계획된 무관심으로 대응했다.

1980년대까지만 하더라도 원래의 연방저당공사Federal National Mortgage

Association: FNMA — 'Fannie Mae'로 알려진 — 가 만든 2차 주택담보대출 시장은 단순한 것이었다. 주택담보대출업체들은 단순히 정부 기관인 FNMA가 후원하는 2차 주택담보대출 시장에 대출채권을 팔았는데, FNMA는 자신만의 높은 저당권 구매 기준을 가지고 있었다. 이 체계는 의도적으로 파생상품의 요소가 없는 '단순한' 것으로 기획되었는데, 한 가지 이점이 있다면 금융공학자들로 하여금 기본적으로 아주 단순한 것을 복잡하게 만들지 못하게 했다는 것이다. 부가 만들어지지는 않았지만, 또한 부를 잃지도 않았다.[16]

1969년에 FNMA가 민영화되었다. 1980년대에 월스트리트 은행가들은 나중에 부채담보부증권collateralized debt obligations*으로 통합되는 민간 주택담보대출증권을 만들 생각을 내놓았다. 이러한 발명품들이 투자자들로 하여금 위험을 더 잘 관리할 수 있게 해준다고 주장되었다. 그 발명품들은 주로 피라미드 방식이었는데, 그 속에서 몇 층의 불투명한 형태의 부채가 제1담보 꾸러미 위에 쌓아올려졌다. 금융의 연금술을 통해 미지급될 위험이 높은 담보대출금들이 트리플A 증권으로 변모했다. 규제 당국으로부터 그러한 유가증권의 평가 책임을 위임받은 민간채권평가 회사들은 후일 자신들이 제1담보 대출을 전혀 고려하지 않았다는 것을 인정했다.[17]

1968년에 앞으로 다가올 일을 전조하는 일이 있었다. 사울 스타인버그Saul Steinberg라는 이름의 29살 난 벼락부자가 회사의 자기 주식을 담보로 하여 대출을 받아서 훨씬 더 큰 기업을 인수하자는 생각을 하게 되었다. 스타인버그가 자신이 운영하는 작은 컴퓨터 임대 회사로 리라이언

---

* 금융기관이 보유한 대출채권이나 회사채 등을 한데 묶어 유동화시킨 신용파생상품을 말한다. _옮긴이

스 인슈어런스 컴퍼니Reliance Insurance Company를 인수하고 그다음에 훨씬 더 큰 케미컬 뱅크Chemical Bank를 인수하는 데 성공했는데도 규제 당국은 반대하지 않았다. 그러자 고위험 고수익 '정크펀드'가 출자한 '차입매수' 투기업자들로 이루어진 산업 전체가 급증했다. 후일 증권사기로 감옥에 간 마이클 밀켄Michael Milken은 1980년대에 정크펀드를 하나의 주요한 금융산업으로 전환시켰다. 이 운영자들은 원래 적대적 인수의 명인들로 알려져 있었다. 아마도 이 투기업자들은 보이지 않는 손을 이용하는 급진 근본주의의 새로운 화신이었을 것이다. 만약 그들이 성공할 수 있었다면, 그것은 당시 경영진이 주주들의 진정한 이익을 위해 회사를 운영하지 않았기 때문이었을 것이 틀림없다. 실제로 그러한 많은 거래는 회사를 결국 파산시키거나 회사의 장기적 가치를 증가시키지 못하고 주로 브로커들을 부유하게 만들어주었다.

적대적 인수의 명인들은 새로운 세기에 사모펀드 산업 및 그것의 가까운 사촌인 헤지펀드 산업으로 이미지를 변신했다. 소수 주주가 지배하는 민간 투자 기업의 경영자는 SEC*의 정교한 정보공개제도를 지킬 필요가 없다. 2000년대 초쯤 헤지펀드와 사모펀드 회사는 부유한 일반 투자자에게 주식을 제공하고 있었지만, 여전히 정보공개 요구를 면제받았다.

프라이빗 에쿼티private equity라는 고상한 이름에도 불구하고, 그러한 기업의 대부분은 자기자본equity capital을 창출하지 못했다. 대체로 그들은 정반대였다. 그들은 운영하는 회사의 부채를 늘렸다. 그들 역시 주주 가치를 최대화해야 한다는 동일한 주장을 하고 나섰지만, 면밀한 조사가 밝혀낸 바에 따르면, 일반 파트너들의 사업전략은 자주 장기 투자를

*   Securities and Exchange Commission. 증권거래위원회 _옮긴이

줄이고 임금과 연금 혜택을 줄이고 도움이 된다면 파산함으로써 가치를 **추출**하는 것이었다.[18]

초기에 그러한 조짐이 발생한 적이 있었다. 그러한 회사 가운데 하나인 롱텀 캐피털 매니지먼트Long Term Capital Management: LTCM는 규제 당국 모르게 너무나 많은 돈을 빌렸고, 대규모 내기가 실패로 돌아갔을 때, LTCM은 뉴욕의 모든 머니 센터 뱅크들을 파산시킬 뻔했다. 연방준비제도이사회가 그 제도를 복구하기 위해 대담하고 초법적인 구제 작전을 펼쳤다.[19] LTCM은 일회적인 것으로 간주되었고, 어떠한 개혁도 이루어지지 않았다. 2010년 '도드-프랭크법'에서도 사모펀드, 헤지펀드, 채권평가기관은 기본적으로 방치되었다.

매기*의 빅뱅에서 2008년 붕괴까지

한편 영국에서 마거릿 대처는 자유방임주의 원칙을 홍보하고 런던을 글로벌 금융의 중심지로 재확립하기 위한 노력의 일환으로 1986년 10월에 '빅뱅'으로 알려진 정책 패키지를 통해 영국 금융을 한꺼번에 대대적으로 규제 완화했다. 이러한 변화는 이전의 노동당 정부로까지 거슬러 올라가는 규제 논쟁을 해결하기 위한 노력에서 시작되었지만, 훨씬 더 혁명적인 변화로 전화되었다. 증권중개인을 증권 프로모터나 투자은행가와 구분하는 규정이 폐지된 것과 마찬가지로 증권 중개에 대한 고정 수수료도 폐지되었다. 영국에는 '글래스-스티걸법'이 없었지

---

* 매기는 마거릿 대처의 애칭이다. _옮긴이

만, 오랜 관습에 따라 상업은행과 증권중개인/투자은행가들은 서로의 영업 종목을 침범하지 않았다. 그 빅뱅이 가져다준 전면적인 규제 완화로 금융은 훨씬 더 수익성이 좋아졌고 훨씬 더 투기적이 되었다. 대처의 재무장관인 나이젤 로손Nigel Lawson은 2010년 인터뷰에서 2008년 금융 붕괴는 빅뱅의 의도하지 않은 결과라고 말했다.[20]

영국 금융시장에 대한 대처의 규제 완화는 런던의 금융 중심지가 글로벌 금융 플레이어로서 유리한 위치를 차지하도록 하기 위해 의도된 것으로, 미국과 다른 나라들도 똑같이 하라는 경쟁 압력을 증가시켰다. 그리하여 은행업 자체가 국제화되었다. 1950년대에는 자본통제 및 여타의 국가 규제들이 시행되면서 대부분의 은행은 서로 다른 나라에서 소매 영업을 하지 않았다. 은행업 자체도 복잡한 파생상품이 없었기 때문에 단순했다. 은행가들은 예금을 받아 대출했다. 투자은행가들은 증권을 인수하고 주식과 채권을 팔았다. 이 체계의 이 두 가지 측면은 은행을 더욱 투명하게 만들었고 은행 규제는 훨씬 더 간단하게 만들었다. 만약 당신이 은행 업무를 이해할 수 있고 그러한 업무가 그대로 유지된다면, 당신도 은행 업무를 규제할 수 있었을 것이다.

통제가 해제되자, 미국 은행들은 미국에 기반을 둔 다국적 고객들에게 서비스를 제공하기 위해 점차 유럽으로 진출하기 시작했다. 미국 은행의 외국 지점이 보유한 자산은 1965년 불과 90억 달러에서 1976년 2190억 달러로 증가했다. 저명한 국제경제학자 로버트 Z. 앨리버Robert Z. Aliber는 보스턴연방준비은행Federal Reserve Bank of Boston에 제출한 미국의 해외 은행업무 확대의 역사에 관한 보고서에서 "미국 은행들이 국내 규제, 특히 금리제한 정책과 지불준비금 제도를 우회하기 위해 역외 영업소를 세웠다"라고 결론지었다.[21]

규제가 부분적으로 완화되고 은행업이 지구화되면서, 은행이 가장 규제가 약한 지역을 찾고 자신의 상품 종목을 조작하여 자본에 요구되는 요건 및 보고를 회피하는 것은 자연스러운 일이 되었다. 규제차익거래regu-latory arbitrage*라고 알려진 이 관행은 자유로운 자본 이동의 국제화와 국내의 규제 완화가 서로를 먹고 사는 패턴을 가속화하는 과정의 일부였다.

은행이 엄격한 규제를 받고 은행의 투기적 투자가 금지되어 있는 한, 정부가 은행의 부채 대비 자기자본 비율을 상대적으로 낮춰주는 것은 이치에 맞았다. 규제 시대 동안에 미국에서는 일반적으로 대출금 100달러당 자기자본 비율이 5달러 정도였다. 이는 은행이 많은 양의 자기자본을 묶어두지 않고도 많은 대출을 할 수 있다는 것을 의미했다. 그것은 또한 1달러당 95센트의 이자를 벌어들일 수 있다는 것을 뜻했다.

문제는 외국계 은행들이 서로의 국내 시장을 침범하기 시작하면서 발생했다. 미국과 외국의 규제체계는 서로 다른 규칙과 규범을 가지고 있다. 독일, 프랑스, 일본은 '글래스-스티걸법'을 가지고 있지 않았다. 하지만 독일 은행들은 오랜 관습에 의해 정부의 긴밀한 감독을 받았을 뿐만 아니라 대기업과도 연계되어 있었고, 순전한 금융 투기에도 반대했다. 일본 은행들도 마찬가지였다. 그 결과 독일 은행들은 미국 은행들보다 자본 비용이 낮았고 더 높은 부채비율이 허용되었다. 프랑스와 일본의 은행들은 국가의 암묵적 또는 명시적 지원을 받았고, 국가 또한 더 높은 차입자본 비율과 더 낮은 자본 비용을 허용했다. 이를테면 1981년에 체이스맨해튼 은행은 자본금 비율이 4.77인 반면 프랑스의 BNP는 1.28, 도이치뱅크는 3.10, 스미토모 은행은 3.13에 불과했다.[22]

* 지역 간의 규제 차이를 이용해 차익을 실현하고자 하는 거래 _옮긴이

게다가 '글래스-스티걸법'이라는 벽이 존재하지 않는다는 것은 영국이나 독일의 은행이 미국에 기반을 둔 다국적 기업에 미국 경쟁업체가 따라올 수 없는 전 범위의 서비스 ─ 상업은행업과 증권인수업 모두 ─ 를 제공할 수 있다는 것을 의미했다. 은행업이 보다 국제화됨에 따라 미국 은행업계는 이러한 불균형이 외국 은행들에게 경쟁 우위를 가지게 해 줄 것이라고 주장했다.

이렇듯 지구화는 미국 내에서의 규제 완화 압력을 증가시켰다. 표면적으로는 지구화는 은행업을 규제할 것, 특히 자본규제기준capital standard 을 하나로 일치시킬 것을 요구했다. 그러나 은행업계와 그 정치적 동맹 세력들이 그러한 노력을 지배하면서 규제를 회피할 수 있는 혁신적인 대책을 마련하여 규제체계를 훨씬 덜 투명하게 하고 또 규제를 더욱 어렵게 만듦으로써, 규제구조는 강화되기보다는 오히려 더욱 약화되었다.

그 시대에 미국은 무역적자가 증가하고 있었다. 미국의 주요 수출품은 이데올로기였다. 대처의 주요 수출품에는 예산 균형에 대한 집착, 공공부문의 축소, 규제완화 ─ 대처는 금융규제를 완화함으로써 탈산업화된 영국이 세계 최고의 금융 중심지로서의 옛 역할을 회복하게 하고자 했다 ─ 가 포함되어 있었다. 레이건 버전은 큰 적자에 대해서는 보다 관대했지만, 동일한 규제 완화, 민영화, 공공지출 삭감을 기꺼이 받아들였다. 대처와 레이건의 후임자들 아래에서 공공지출이 일부 증가했지만, 미국의 빌 클린턴과 영국의 토니 블레어 모두는 금융규제를 더욱 완화했다. 미국이 IMF와 세계은행 같은 글로벌 기관에 막강한 영향력을 행사하고 미국 상업은행들이 외국 은행업무를 확대하면서 신자유주의 관행과 이론 모두가 급속하게 지구화되었다.

금융의 국제화 때문에 'contagion'이라는 새로운 단어가 사전에 등재되었다.[*] 리먼브라더스Lehman Brothers 같은 칭송받던 블루칩 회사들의 이름을 달고서 시장 수익률보다 약간 높게 거래되던 증권들은 연금 펀드와 다른 전 세계의 보수적 구매자들에게 매력적인 투자 대상이었다. 금융증권화securitzation 조건이 너무나 불투명하고 마케팅이 너무나도 사기적이었기 때문에, 소극적인 투자자들은 진짜 위험에 무지한 상태였다. 2008년에 모든 계획이 무산되었을 때, 노르웨이의 시 연금 기금에서부터 독일의 주립은행landesbanken에 이르기까지 많은 유럽 기관이 수조 달러의 손해를 보았다. 유럽연합 몇몇 회원국의 국가 부채가 금융시장을 휘젓자, 유럽은 2차 전염을 겪었고, 유럽위원회도 유럽중앙은행도 그들 국가를 구제할 수 없었다. 유럽의 신생 경제기관과 정치기관들은 회복에 필요한 정책을 추구할 수 있는 제도적 권한도 이데올로기적인 인가증도 가지고 있지 못했다.

그 규모와 피해의 면에서 1929년의 폭락에 필적하는 ― 그리고 그 원인이 유사한 ― 글로벌 금융 붕괴조차도 금융의 정치적 헤게모니를 흔들지 못했다는 것은 자본이 막대한 권력을 소지하고 있음을 보여주는 증거이다.

허점

국내 금융은 정치적 스타들이 뜻을 같이할 경우 규제할 수 있다. 그러나 해방된 국제금융은 국제적으로 규제할 수 없다는 것이 입증되었다.

---

[*] '전염'이라는 뜻의 contagion이라는 단어에 '(금융)위기의 연쇄적 확산'이라는 의미가 추가된 것을 말한다. _옮긴이

더 많은 규제를 통해 금융을 조정하기 위한 최초의 주요한 국제적인 노력은 스위스 바젤에 근거지를 둔 전문가 위원회의 형태로 시작되었다. 바젤은 중앙은행들의 중앙은행이라 할 수 있지만 실질적인 힘은 거의 없는 국제결제은행Bank for International Settlements이 본부를 두고 있는 곳이다. 1974년에 드물게 은행(헤르슈타트은행Herstatt Bank)이 파산하자, 주요 10개 산업국(이른바 G-10)은 비공식적 조직인 바젤규제감독위원회Basel Committee on Regulations and Supervisory Practices를 창설했다. 이 기관은 처음에는 순수한 협의회였다. 바젤위원회는 세 차례의 협상을 이끌었고, 그 결과 자본규제기준과 감독원칙의 더 많은 수렴을 목표로 한 바젤협약Basel Accords I, II, III을 도출해 냈다.

세 협약 모두 이행되지 않았고, 상황은 더욱 악화되었다. 각 협약은 실제로 은행가들로 하여금 허점을 이용하게 하고 또 새로운 허점을 찾아내게 했다. 각 협약은 새로운 형태의 규제차익거래들을 조장하고 '부외계정off-balance-sheet** 자산의 이용과 같은 새로운 복잡한 문제들을 낳았다.

근본적인 문제는 바젤협약이 서로 다른 자본-부채비율을 요구하는 서로 다른 종류의 은행 자산을 '위험 버킷들risk buckets'로 범주화한다는 것이었다. 이를테면 국채는 주택담보 대출증권보다 안전한 것으로 간주되고, 주택담보 대출증권은 다시 복잡한 파생 증권보다 안전한 것으로 간주되었다. 이론적으로는 각 증권에는 서로 다른 자본준비금 비율이 요구되며, 서로 다른 나라들이 동일한 규칙을 사용해야 한다. 그러나 그러한 범주들을 조작하고 더욱 복잡하게 만드는 일 따위는 은행가들

---

* 재무제표상에 나타나지 않는 계정 _옮긴이

에게 아이들 장난에 불과했다.

　대부분의 바젤협약 연구가는 그 협정들이 신용파생상품과 같은 부외계정 항목의 개발을 가속화했고 그러한 파생상품이 체계를 훨씬 더 불투명하고 투기적이고 악용하기 쉽게 만들었다고 결론지었다. 후일 연방준비제도이사회 의장을 역임한 대니얼 K. 터룰로Daniel K. Tarullo는 바젤협약의 역사를 다룬 권위 있는 저작 『바젤과 은행업Banking on Basel』(2008)에서 다음과 같이 썼다. "제한된 수의 '위험 버킷'에 대한 바젤의 접근방식에는 다양한 형태의 규제차익거래를 할 수 있는 기회가 내재되어 있다. 그것의 전형적인 사례가 금융증권화이다."[23]

　만약 금융증권화된 자산이 은행의 대차대조표상에 존재하지 않는 경우(비록 은행이 은행을 손실 위험에 처하게 하는 복잡한 계약서를 가지고 있더라도), 은행은 바젤의 조건 아래에서는 어떠한 준비금도 적립해 둘 필요가 없다. 일반 대출자와 대부업자에 대한 극단적인 이중 기준에 주목하라. 만약 내가 대출을 신청하고도 내가 내 아들을 위해 공동 서명한 큰 담보 대출 때문에 또는 내가 고리대금업자에게 갚고 있는 도박 빚 때문에 곤란한 상황에 처해 있다는 사실을 은행에 밝히지 않는다면, 나는 다름 아닌 사기죄를 범하게 된다. 나는 기소될 가능성이 매우 크다. 대출 담당자(또는 검사)에게 "아, 그 빚요? 그건 부외거래입니다"라고 말하는 것은 아무런 효과가 없다. 그러나 은행가들이 자신들의 진짜 경제적 위험을 숨기기 위해 창조적인 방법을 고안한다면, 그 방법은 금융공학으로 간주되고, 그것의 합법성 문제는 불가해한 회계 기준의 늪 속에서 길을 잃는다. 어느 누구도 개인적으로 쉽게 기소되지 않는다.

　이처럼 복잡성은 사기에 기여하고, 이 경우 체계 위험도 높아진다. 규제 완화는 복잡성을 유발하고, 그 복잡성은 효율성을 개선할 수 없게 한다. 지구화는 복잡성에 또 다른 층을 쌓아 올리고, 전염 위험도 증가시킨다. 한 국가의 규제 기관이 다른 나라 은행가들의 책략을 따라잡을 수 없기 때문이다. 신新서부개척시대 방식의 은행 운영의 기본 전제를 받아들이는 바젤협약하에서는 규제를 국제화하려는 허약한 노력들이 문제를 악화시킬 뿐이었다.

바젤협약의 배후에 있는 기본적인 정치적 추동력이 규제를 개선하는 것이 아니라 공평한 경기장 ― 주로 미국 은행이 요구한 ― 을 만드는 것이었다는 사실을 깨닫고 나서야 우리는 많은 것을 분명하게 이해할 수 있다. 은행업계가 우려한 것은 다국적 은행의 본국에서 적용되는 서로 다른 경기 규칙, 규범, 자본 구조가 그 다국적 은행이 다른 나라 ― 이를테면 미국 ― 에서 영업할 때 그 은행에 인위적인 이익을 가져다줄 수도 있다는 것이었다. 위험을 줄이고자 하는 관심은 분명 부차적인 것이었다.

1988년 4월에 열린 바젤협약 I에 대한 의회 감사청문회에서 하원 은행위원회 위원 가운데 단 한 명도 그 기준이 은행체계의 안전과 건전성에 어떤 영향을 미치는지에 대해서는 질문하지 않았다. 바젤협약의 역사를 다룬 터룰로의 저작에 따르면, 거의 모든 질문이 미국 은행들이 "경쟁에서 불리해질 수 있는지"에 초점을 맞추었다.[24] 바젤협약이 체결되는 전체 과정은 규제 기관들이 시장을 신뢰하는 경향이 있던 시대에 일어났다. 바젤위원회는 대체로 금융산업 자체의 위험 모델을 수용하는 데에 만족했다. 하지만 그 모델은 심각한 결함이 있는 것으로, 그리고 몇몇 경우에는 부정하게 조작된 것으로 판명되었다.

그 게임의 본질은 위험을 만들어내고 먼저 이득을 거두어들인 다음 위험을 다른 사람에게 전가하는 것이었다. 따라서 만약 내기가 잘못되었다면, 의심스러운 유가증권의 창안자는 오랫동안 모습을 감추었을 것이다. 어쨌거나 금융부문이 경제의 산출량을 덜 추출해 가던 시대에는 실물경제가 괜찮았다(실제로 더 좋았다). 지구화된 금융은 이러한 사기적인 금융공학의 시녀였다. 왜냐하면 그러한 고위험 상품들의 마케팅 중 많은 것이 역외에서 일어났고, 일관성이 없는 복잡한 국가 규제기준(그리고 바젤과 같은 사악한 국가 기준)이 투기 금융에 놀이터를 만들어 주었기 때문이다.

요컨대 은행업의 지구화는 관리되는 자본주의의 생존 가능성에 여러 결과를 가져왔다. 그것은 금융규제를 약화시켰다. 그것은 훨씬 더 복잡한 금융 수단의 개발을 촉진했고, 이는 다시 자신들의 정치권력을 증대시킨 부유한 금융업자들로 하여금 실물경제를 위험에 빠뜨리게 했으며, 그 결과 다시 은행업 자체를 덜 투명하고 규제하기 어렵게 만들었다. 그리고 그것은 정부와 공공 정책을 다시 민간 투기꾼들의 수중에 놓이게 했다.

글로벌 자본시장의 누적적 자유화는 1944년 체계의 가장 중요한 목표로 남아 있던 것 — 개별 국가들은 민간 국제 채권자들의 디플레이션 압력으로부터 벗어나 자유롭게 고성장 완전고용 경제를 추구할 수 있는 능력을 가지고 있어야 한다는 목표 — 을 파괴했다. 해방된 글로벌 금융이 각국 정부에 미치는 가혹한 규율 효과는 한 국가 — 이를테면 프랑스 — 가 전후 호황을 낳은 혼합경제 정신에 입각하여 팽창 프로그램을 과감하게 실행했을 때 극명하게 드러났다.

포기하고 런던으로 가기

규제차익거래와 역외 이주 위협의 힘은 금융 붕괴 직후에 분명하게 입증되었는데, 당시는 금융에 대한 일부 재규제가 신뢰를 회복하기 시작하던 시점이었다. 그러나 무분별한 형태의 탈규제, 비규제, 비시행에 도전했던 미국의 자칭 '재규제자'들은 뉴욕에서는 계약할 수 없는 거래를 런던이나 아마도 프랑크푸르트에서는 할 수 있을 것이라는 말을 반복해서 들었다. 그것은 새로운 현실을 경험적으로 묘사하는 교활한 위협이었다. 놀랄 것도 없이 그들의 영국과 독일 경쟁자들도 자신들의 국가 규제 기관에 정확히 똑같은 이야기를 하고 있었다.

붕괴로 인해 드러난 이해충돌 중 하나가 '글래스-스티걸법'에서 해방된 은행가들이 (고객을 위해 거래하는 것과 반대되는 것으로서의) 자신의 계좌를 위해 크고 위험한 내기 거래를 하는 관행이었다. 그런 관행은 예금자의 돈을 위험에 빠뜨렸고, 궁극적으로는 '너무나도 커서 망하게 할 수 없는' 기관들에 대해 정부가 보증을 서게 만들었다. 의회가 2010년 '도드-프랭크법'을 통해 금융을 부분적으로 재규제하고자 했을 때, 가장 쟁점이 된 조항 중 하나가 은행들의 투기적 전매 거래 능력을 극적으로 제한하는, 이른바 볼커 룰Volcker Rule*이었다.

은행들은 이 수익성 있는 영업 품목을 빼앗기고 싶지 않은 나머지, 볼커 룰에 대항하는 여러 가지 주장을 펼쳤다. 대형 은행들이 보낸 수백 통의 의견서 샘플을 검토하는 일은 금융공학이 만들어낸 엄청난 복잡성으로 인해 입은 피해를 평가하는 것이다. 오늘날에는 서로 다른 종류

---

* 오바마 대통령이 발표한 은행규제방안을 일컫는 말로, 백악관 경제회복자문위원회 의장인 폴 볼커의 제안이 대폭 반영되었다고 하여 '볼커 룰'이라고 불린다. _옮긴이

의 유가증권과 여타 금융상품들이 너무나도 많기 때문에, 규제 기관이 명확한 기준선을 설정한 뒤 이것은 전매 거래이고 이것은 전매 거래가 아니라고 말하는 것은 거의 불가능하다. 단순한 해결책이자 아마도 유일한 해결책은 '글래스-스티걸법'으로 돌아가 은행을 증권을 전혀 거래할 수 없는 은행(상업은행)과, 증권을 인수하고 거래할 수 있으나 정부의 보증은 전혀 없는 은행(투자은행)으로 나누는 일일 것이다.

우리의 목적에서 볼 때, 볼커 룰에 대한 논평들은 다른 한 가지 측면에서 흥미로운 사실을 보여준다. 볼커 룰에 대한 가장 빈번한 반대 의견 중 하나가 볼커 룰이 미국을 근거지로 하는 은행들의 국제 경쟁력을 떨어뜨릴 것이라는 주장이다. 이 주장은 대형 은행과 다른 금융 플레이어들이 제출한 모든 주요 의견서에 등장한다. 파생상품 거래에 적극적인 대형 은행들의 자율규제 기관이자 로비기구인 국제스왑파생상품협회 International Swaps and Derivatives Association: ISDA를 하나의 예로 들어보자.

그 제안된 규칙은 미국 스왑 시장을 글로벌 시장에서 고립시키고 미국의 시장 능력, 경쟁력, 유동성을 감소시켜 미국의 고객들과 그들에게 계속해서 서비스를 제공하려는 모든 은행업체(미국 또는 비미국을 근거지로 하는)에게 피해를 줄 것이다.[25]

지구화의 위험에 대해 거짓 눈물을 흘리는 골드만삭스는 이렇게 썼다.

그 제안된 규칙은 거래 활동이 역외 또는 그리 잘 규제되지 않는 부문을 향해 나가도록 할 것이며, 시장 위험에 대해 포괄적인 견해를 가지고 있지 못하고 시장 스트레스의 기간을 예측하고 해결할 수 있는 능력 또한 제

대로 갖추고 있지 못한 규제 기관에 그 문제를 맡기게 될 것이다.[26]

다시 말해 만약 미국의 규제 기관이 미국에 기반을 둔 은행으로 하여금 체계를 다시 위험에 빠뜨릴 가능성이 있는 거래를 하지 못하게 하려 한다면, 은행들은 그 사업을 해외로 이전할 것이라는 것이다. 물론 전 세계에서 영업하는 골드만삭스 자신이 가장 먼저 그 기회를 이용할 것이었다.

그리고 주요 은행에 컨설팅을 제공하는 금융회사를 운영하는 데이브 로버트슨Dave Robertson은 미국 상공회의소Chamber of Commerce를 대표하여 증언했다. 로버트슨은 다음과 같이 경고했다.

> 볼커 룰의 영토 관할권을 피하기 위해 외국 금융회사들이 미국에서 퇴각하여 미국 기업의 자본을 더 빼앗을 수 있으며, 또한 금융 활동을 감독하고 규제하는 미국 규제 기관의 능력을 저하시킬 수도 있다. …… 미국 기업은 해외시장에서 점점 더 외국 은행에 의존하게 될 것이다. 그것은 기대를 저버리고 미국 은행을 약화시키는 반면 외국 은행은 강화시킬 것이다.[27]

이렇듯 월스트리트의 가장 큰 플레이어들에 따르면, 지구화는 2008년 금융 붕괴로 전혀 신뢰받지 못하게 된 관행을 규제하지 못하게 하거나 그러한 규제를 현명하지 못한 일로 만들어버린다. 이 모든 논평은 해외 이전을 은근히 위협하고 있다. 실제로 이와 유사한 위협이 은행가들이 좋아하지 않는 '도드-프랭크법'의 다른 측면을 반대하기 위해 이용되어 왔다. 볼커 룰이 제정된 지 7년이 지난 지금도 월스트리트는 끊임없이 개선을 요구함으로써 볼커 룰의 시행을 계속해서 미루고 있으며,

이제 볼커 룰은 법원에 계류되어 트럼프 행정부의 폐기를 기다리고 있다. 최종 규칙은 전혀 발표되지 않았다. 하지만 은행가들이 경고한 '도드-프랭크법'의 다른 조항들은 실제로 시행되었다. 그리고 월스트리트는 사업을 잃거나 포기하고 유럽으로 이주하기는커녕 그 어느 때보다 더 많은 돈을 벌고 있다.

5

노동에 대한 글로벌한 공격

전후 시대의 잃어버린 사회계약에 관한 이야기에는 두 가지 본질적인 요소가 포함되어 있다. 하나는 금융의 해방이었고, 다른 하나는 노동권력 약화시키기였다. 지구화는 이 두 가지를 실행하기 위한 도구였다.

노동이 다른 것들과 마찬가지로 상품이고 그 가격 — 사람들의 생계 — 은 순전히 시장의 힘에 의해 정해져야 한다는 관념은 1930년대의 끔찍한 사건들과 새로운 경제적 통찰에 의해 불신당해 왔다. 이 관념은 금융가들과 기업 거물들이 써먹기 좋은 이야기였다. 그러나 그들의 평소의 권력은 호황기 동안에는 유익하게 억제되었고, 그리하여 잘 규제된 고임금 완전고용 경제가 가능했다.

사실 노동시장은 다른 시장보다 더 완벽하게 효율적이지는 않다. 체계의 규칙이 자본으로 하여금 임금을 삭감하게 할 때면 극도의 불안감과 불필요한 긴축뿐만 아니라 사회적 무질서 역시 야기되기도 한다. 왜냐하면 '노동자'는 **사람**이고, 사람들은 불필요하게 악화되는 조건에 반항하기 때문이다.

1970년대에 시작된 거대한 반전의 많은 것과 마찬가지로, 노동에 대한 공격도 미국에서 시작되었다. 유럽도 곧 그 뒤를 따랐다. 이 패턴은 경제와 사회에 대한 보다 진보적인 모델이 미국에서 유럽으로 퍼져나갔던 1940년대에 일어났던 상황과는 정반대였다. 새로운 지구화 규칙 ─ 금융, 무역, 과세에 관한 ─ 은 노동의 약화를 촉진했다. 이 장은 주로 미국에 초점을 맞춘다. 다음 장에서는 유럽의 노동을 다룬다.

초국적 자본 대 국내 노동

다음과 같은 장엄한 노동조합 슬로건이 선언되었다. "임금을 경쟁에서 제외하라!" 광범한 제약을 받기는 하지만, 이 요구는 또한 통찰력 있는 경제정책이었다. 만약 고용주들이 노동자들을 비교하여 임금을 삭감함으로써 경쟁할 수 없다면, 그들은 더 나은 생산과정과 제품을 고안함으로써 경쟁해야만 할 것이다. 값비싼 노동자들은 고용주들에게 자본을 더 창의적으로 사용하도록 강요한다. 스칸디나비아 국가들은 미국보다 10년 앞서 자동 가스 펌프를 개발했는데, 그 이유는 노동자들이 너무 비싸서 가스를 퍼 올리는 데 쓸 수 없었기 때문이다. 19세기의 노동력 부족은 미국의 산업 혁신을 촉진시킨 것으로 유명하다. 20세기에 들어 제정된 노동조합 관련 법 및 작업장안전법, 그리고 강화된 단체교섭권은 모두 임금과 노동조건을 악화시키는 방식으로는 산업이 경쟁하기 어렵게 하기 위한 것이었다.

그러나 노동기준을 갖추고 있지 않은 지구화는 글로벌 고실업 시기에 임금을 가차 없이 경쟁 속으로 되돌려 놓았다. 자유화된 교역은 그 자체만으로도 일을 저임금 국가에 아웃소싱함으로써 임금에 압박을 가할 수 있었다. 그러나 신자유주의적인 글로벌 레짐은 더 나아갔다. IMF, 세계은행, 그리고 후일의 유럽연합과 같이 자신의 정책들이 기업 이해관계에 의해 결정되는 글로벌 기관들은 각국의 많은 노동보호제도를 **계획적으로** 해체할 것을 요구했다. 그러한 기관들은 처음에는 제3세계 국가들에게 대출을 조건으로 하여, 그리고 더 최근에는 남유럽 국가들에게 금융 패키지의 일부로 그러한 요구를 했다. 이러한 요구는 더 큰 효율성을 명분으로 했지만, 자본에서 노동으로의 권력 이전을 반영하고 강화했다.

미국과 유럽의 국가정책도 노동조합을 체계적으로 약화시켰다. 우리가 앞으로 살펴보듯이, 새로운 기술은 노동을 약화시킬 수 있는 기회를 만들어냈지만(새로운 기술은 항상 그러하지만), 그러한 기술들이 어떻게 사용되는지와 누구의 이익을 위해 사용되는지는 정치, 정책, 그리고 이데올로기와 함수관계에 있다.

해방된 자본의 이익과 관련한 신자유주의적 방식의 설명이 존재하는 것과 마찬가지로, 노동 규제를 완화할 필요성에 관한 같은 방식의 설명 역시 존재했다. 이 설명에 따르면, 1970년대의 높은 실업률은 노동시장의 '경직성'에서 비롯된 것이었다. 이른바 이들 경직성 ― 이를테면 최저임금법, 강력한 노동조합, 자의적 해고에 대한 보호와 같은 ― 이 노동계에 너무나도 많은 협상 권력을 부여하여 자연적인 '시장결정market-clearing' 임금보다 더 높은 가격을 매길 수 있게 했고, 그 결과 일부 노동자들은 너무 많은 임금을 받는 반면 다른 노동자들은 할 일이 없어 놀고 있는 비효율적인 노동시장을 만들어내어, 인플레이션을 초래했다는 것이었다.

이 이론에 따르면, 만약 우리가 그러한 보호제도를 없애고 임금을 삭감한다면, 시장 효율이 완전고용을 창출할 것이었다. 1980년대 초부터 제출된 연이은 보고서들을 통해 다국적 기관들은 이 정식을 실행하는 정책을 처음에는 촉구했고 나중에는 요구했다.[1]

거시경제학의 한 문제로, 보다 광범한 불황의 치유책으로 노동시장 자유화를 요구하는 입장에 내재하는 오류는 그로 인한 임금 하락이 수요를 감소시키고 경제적 곤경을 심화한다는 것이다. 만약 모든 나라가 노동시장 '자유화' — 다시 말해 임금 삭감 — 를 추구한다면, 그것은 구매력의 집단적 손실로 이어질 뿐이고, 전체 체계가 하향적인 경제적 악순환과 저성장의 함정에 빠질 것이다. 이것이 바로 1930년대에, 다시 1980년대에, 그리고 또다시 2007~2008년의 금융 붕괴 이후에 일어난 일이었다. 역사는 특정한 경제 제도가 경제를 회복의 길로 나아가게 할 수 있다는 생각을 계속 입증하고 있지만, 정통 경제학은 결코 뒤를 돌아보지 않는다.

실제로 1970년대의 불황은 부분적으로는 파탄한 금융체계가 원인이었고, 부분적으로는 거시경제적이었고, 부분적으로는 OPEC가 가한 가격 충격의 결과였다. 어쨌든 전후 유럽의 '엄격한' 노동보호제도는 재정과 금융 상황이 순조로울 때에는 고성장 및 완전고용과 아름답게 공존했다. 하지만 거기에는 노동자와 경영자 모두에게 도움이 되는 종류의 노동시장 유연성이 존재했다. 제6장에서 우리가 살펴보듯이, 이 전략은 스칸디나비아에서 고안되고 세련화되었지만, 글로벌 규제 완화의 압력과 유럽연합의 지침에 의해 약화되었다.

노동조합과 정규고용 약화시키기

수세기 동안 노동자들과 그들의 노동조합은 고용주와 노동자들 사이의 관계를 조정하기 위해 싸웠다. 전후 시대에는 강력한 노동조합과 잘 규제된 경제가 결합되어, 노동자들이 정규 급여 ─ 종종 부가 수당을 포함하여 ─ 를 받는 것을 기대할 수 있는 노동시장 체계를 구축했다. 1930년대부터 1970년대까지 입법에 의해 추가된 모든 노동자 보호제도들은 실제로 정규 급여 고용을 전제로 한 것이었다. 하지만 경영진은 점점 더 정규 노동자를 임시 노동자 ─ 파트타임 노동자, 임시직원, 또는 계약 노동자 ─ 로 전환시키는 방법을 찾아냈다. 길모퉁이에 사람들을 정렬시켜 놓고 일용 노동자를 뽑는 방식은 건설업과 같은 한때 잘 규제되던 직업에서 다시 흔한 일이 되었다.

일부 경제학자들은 이러한 변화가 기술 변화의 결과임이 틀림없다고 주장해 왔다. 하지만 좀 더 면밀히 살펴보면, 임시직으로의 이행은 주로 노동에 대한 경영의 권력이 증대되었기 때문이다(경영의 권력 증대는 정부에 의해 용인되거나 촉진되었다). 정규직일 수 있는 많은 일자리가 임시직으로 재구조화되어 왔는데, 이는 그러한 재구조화가 더 효율적이어서가 아니라 전체 경영관리에 더 유익하고 더 도움이 되기 때문이었다.

경제학자 로런스 카츠Lawrence Katz와 앨런 크루거Alan Krueger에 따르면, 2005년에서 2015년까지 10년 동안 미국에서 순수하게 증가한 일자리는 모두 실제로 비정규 임시직 일자리였다. 그 10년 동안 미국은 총 고용에서 910만 개의 일자리가 증가했다. 그러나 같은 기간에 비정규직 고용에서 늘어난 일자리가 940만 개였다.[2] 다시 말해 급격한 경기 침체기를 포함한 10년 동안에도 겉으로는 경제가 크게 회복된 것처럼 보이지만, 순일자리 증가분의 모두 — 아니 그 이상의 일자리 — 가 대부분의 사람이 최후의 수단으로만 택할 수 있는 직업에 속해 있었다.

임시직, 파트타임직, 계약직, 또는 주문형 일자리는 일반적으로 보험 혜택이 전혀 없고, 안정성도 전혀 없으며, 더 나아질 가망성도 거의 없다. 고용주들은 한 세대 전에 제공하던 표준 패키지 고용 — 정기적으로 인상되는 급여에다 건강보험과 연금을 더해서 지급하는 정규고용 — 을 거의 중단했다. 피고용자를 임시직으로 처우하는 것은 고용주로 하여금 최저임금, 초과 근무 수당, 차별금지법을 피할 수 있게 해준다. 이 전략은 또한 고용주로 하여금 사회보장, 메디케어, 노동자의 보상, 실업보험세의 고용주 몫을 내지 않아도 되게 할 뿐만 아니라 적정부담보험법의 고용주 의무도 면할 수 있게 해준다.

1990년대 이후 새로운 경영전략과 새로운 디지털 기술의 사용이 상호 작용하며 이러한 추세를 강화해 왔다. 기업가들은 디지털 기술을 이용하여 소비자를 주문형 노동자와 연결하기 위해 '플랫폼platform'을 만들기 시작했는데, 이는 고용주가 매칭 서비스를 하는 것 말고는 노동자에게 아무것도 할 의무가 없다는 것을 의미한다.

태스크 래빗Task Rabbit*이라는 회사는 수백 개의 다른 회사들을 상징한다. 태스크 래빗은 차고를 청소하거나 식료품점을 운영하거나 이케아에서 가구 키트를 조립하는 것과 같은 다양하고 잡다한 작업을 할 때 주문형 방식으로 이용할 수 있는 보증된 노동자 목록을 고객들에게 제공한다. 우버Uber와 리프트Lyft는 자신들의 차를 사용하는 보증된 운전자

---

* 일거리가 필요한 사람과 인력이 필요한 사람을 단기 아르바이트 형식으로 연결해 주는 온라인 장터 _옮긴이

풀과 함께 주문형 방식으로 차량을 제공한다. 아마존이 만든 메커니컬 터크Mechanical Turk*는 사람들로 하여금 한가한 시간이나 기분전환을 하는 짧은 시간 동안 자신들의 개인용 컴퓨터를 이용하여 바코드 스캔이나 인터뷰 번역과 같은 소소한 업무들을 고객을 위해 수행할 수 있게 해준다. 주로 식료품 배달 업무를 알선하는 인스타카트Instacart는 시간당 단 3달러(최저임금의 절반도 안 되는)를 내걸고 프리랜서와 고객들을 연결시켜 준다.[3]

노동법상의 모든 책임을 피하기 위해 고용주들은 그러한 노동자들이 법적인 의미에서 자신들의 피고용자가 아니라고 주장한다. 열렬한 지지자들은 유연성과 자유를 극대화하는 임시직 경제gig economy에 대한 행복한 이야기를 들려준다. 그러나 이익의 대부분은 플랫폼을 운영하는 극소수의 기업가 — 이를테면 우버의 CEO 트래비스 캘러닉Travis Kalanick 같은 — 에게 흘러 들어간다. 이런 임시직 중 괜찮은 기회를 제공하는 일자리는 소수 — 주로 전문 분야의 — 이며, 거의 대부분은 더 나은 일자리를 찾는 동안 생계를 꾸려나가기 위해 일하는 파트타임 노동자들에 의해 채워진다. 일부는 풀타임으로 일하는데, 그들은 최소한의 수입을 얻기 위해 매우 긴 시간 일을 한다.

노동시장의 관점에서 볼 때, 컴퓨터가 매개하는 주문형 노동은 고용주로 하여금 급여세payroll tax**를 절약할 수 있게 해줄 뿐만 아니라 다른 형태의 노동보호 입법들도 무력화시킨다. 이 모델은 고용주와 자유시장 경제학자 모두에게 오랫동안 환상이었던 것(그리고 괜찮은 임금과 확

---

* 아마존에서 운영하는 온라인 인력시장을 일컫는 말로, 컴퓨터가 인간보다 잘하지 못하는 일을 중개해 주는 일을 한다. _옮긴이
** 임금이나 봉급에 부과되어 고용주가 내는 세금 _옮긴이

실한 일자리에 대해 우려하는 사람들에게는 악몽인 것)을 실현시켜 준다. 이 모델은 노동시장을 현물시장으로 전환시킨다.

경제학에서 현물시장은 주식 가격이나 경매 가격처럼 가격 — 이 경우에는 임금 — 이 변화하는 수요와 공급에 근거하여 계속해서 바뀌는 시장이다. 고용주의 관점에서 볼 때 가장 좋은 점은, 태스크 래빗과 같은 플랫폼은 **노동자들로 하여금 서로 경쟁하게 함으로써 누가 최저임금을 받아들일지를 알 수 있게 한다**는 것이다. 고객은 특정 작업에 대한 의뢰서를 제출하고, 온라인에서 일자리를 찾는 사람들이 응찰가를 제시한다. 그럴듯한 실적을 가지고 있으면서 최저가격을 제시하는 노동자가 그 일을 하는 경향이 있다. 이 과정은 시가 — 이 경우에는 임금 — 를 하락시킨다.

노동조합과 최저임금, 그리고 여타 노동보호 조치들은 노동자들의 임금 낮추기 경쟁을 막기 위해 고안된 것이다. 새로운 임시직 경제는 약화된 노동 안전장치와 결합하여, 각자가 모두에게 맞서는 홉스식의 노동시장을 회복시킨다. 이것은 잔인하며 심지어 효율적이지도 않다. 경제이론과 역사는 효율적인 노동시장으로 가는 낮은 길low road과 높은 길 high road이 있음을 시사한다.

표준 경제이론에서 현물시장은 수요와 공급의 마찰 없는 조화를 산출하여 효율성을 향상시킨다. 그러나 노동시장은 부분적으로는 사회적 제도이다. 2001년에 노벨상을 수상한 경제학자 조지 애컬로프George Akerlof는 가장 '효율적인' 임금이 반드시 현물시장을 투명하게 하는 임금은 아니라고 지적했다. 왜냐하면 노동자의 노력, 노동자 지식, 노동자의 충성도는 노동자들이 어떤 대우를 받는지에 따라 노동자별로 그리고 개별 노동자들의 행동에서 계속 바뀌기 때문이다.[4]

애컬로프와 그의 아내이자 경제학자로 후일 연방준비제도이사회 의장이 된 재닛 옐런Janet Yellen은 자신들의 가정생활에서 믿을 만한 베이비시터를 찾다가 이러한 사실을 처음으로 알아챘다. 그 두 사람은 가장 싸게 이용할 수 있는 베이비시터가 자신들이 아이를 맡기고 싶어 하는 사람 중 하나가 아니라는 것을 직관적으로 분명하게 알 수 있었다. 좋은 생각이 떠올랐고, 애컬로프는 효율성 임금 이론efficiency wage theory이라고 불리게 된 것 - 가장 낮은 임금으로 일할 노동자가 반드시 당신이 고용하고 싶은 노동자는 아니라는 이론 - 을 발전시켰다.[5]

충실한 경영(또는 충실하지 않은 경영)은 노동자의 노력으로 보답받는 (또는 보답받지 못하는) 경향이 있다. 고용주들이 계속해서 노력하지만, 생산성을 매 순간 측정하는 것은 어렵다. 역사적으로 보면, 이러한 이유에서 고용주들은 자신들의 노동자 대부분을 임시직이 아니라 고정 급료나 임금을 받는 피고용자들로 고용한다.

하지만 노동자 권력은 노동을 정규화하는 또 다른 힘이다. 신기술이 노동시장을 얼마간 불안정하게 만들기 때문에 기술이 찬양받기도 하고 비난받기도 하지만, 고용주들은 매우 오래전부터 일자리를 임시직화하고자 해왔다. 생각해 보면, 자본주의 역사에서 정규 형태의 보수를 받는 정규직화된 일자리는 비교적 최근의 제도이다. 산업혁명 내내 대부분의 노동자들은 임시직이었다.

디지털 경제가 도래하기 훨씬 이전부터 고용주들은 정규고용을 임시 고용으로 전환함으로써 노동비용을 낮추고자 노력했다. 교훈적인 사례 중 하나가 1902년 뉴욕의 첫 지하철 건설에 고용된 3만 명의 이탈리아 이주 노동자들이 벌인 파업이다. 주요 도시의 계약은 은행가들의 연합체에 의해 이루어졌고, 이 연합체는 이주 노동자들의 우두머리를 이용하여 일용 노동자들을 모집하고 돈을 지불했다. 임금과 권력의 역학관계를 익히 알고 있는 노동자들은 중개인에 의해 고용된 임시 노동자가 아니라 연합체에 의해 직접 고용된 **피고용자로서** 임금을 받기 위해 파업하고 있었다.[6]

유사하게 의류 산업에서는 한 세기 이상 동안 고용주들이 '거간꾼 jobber'으로 알려진 중개인들을 통해 일을 계약함으로써 임금을 하락시키고 노동 권력을 약화시켜 왔다. 하도급 제도는 노동자들로 하여금 어쩔 수 없이 누가 최저 생산단가를 제시할 수 있는지를 놓고 경쟁하게 했다.[7] 의류노동조합의 영향력이 최고조에 달했을 동안에만 이 제도가 거부되고 노동자가 직접 고용되었다. 그 시대에는 회계장부 담당자들이 원장을 펴놓고 연필로 노동자의 임금을 계산했다. 이러한 투쟁은 기술, 그리고 권력과 관련된 그 어떤 것과도 아무런 관련이 없었다.

새로운 디지털 경제는 노동보호 제도 및 노동의 협상력을 약화시키며, 고용주들이 노동자들을 단지 현물시장의 또 다른 상품으로 취급할 수 있는 기회를 더 많이 창출한다. 하지만 디지털 경제가 임시직화를 **요구하지는** 않는다. 이 이야기의 또 다른 부분을 구성하는 것이 바로 노동조합·노동 규제·노동 권력의 약화이다. 강력한 노동조합은 주문형 노동으로 쉽게 재편될 수 있는 일자리를 보다 정규적인 형태의 고용으로 바꿀 수 있다.

이를테면 호텔 업무는 매일 (객실에 대한) 수요가 변동하는 직업의 고전적인 사례이다. 경영진은 대부분의 스케줄링 리스크를 피고용자들에게 떠넘기기를 좋아한다. 그리하여 그들은 자신들이 필요할 때 노동자를 호출한다. 물론 이 시스템은 가족이 있는 노동자와 아이를 돌보기 위해서는 일정을 조정해야만 하는 노동자들의 삶을 파괴한다. 게다가 주문형 스케줄링은 한 가지 나쁜 일을 다른 일로 보완하는 것을 불가능하게 만든다. 이것은 대부분의 호텔 산업에서 관행이다. 하지만 노동조합을 결성한 호텔에서는 노동조합 계약을 통해 피고용자 대부분이 스케줄 변경에 대해 사전 통지를 받고 정규 교대 근무를 한다. 일반적으로 연공서열이 낮은 소수만이 필요할 경우의 호출에 대비한다. 수요 변동의 리스크 전부가 노동자에게 전가되기보다는 관리자 및 소유주와 공유된다.[8]

또 다른 교훈적인 사례가 승무원의 경우이다. 호텔 객실과 마찬가지로 항공권 수요도 미리 예측하기가 어렵다(미리 예매할 경우 할인해 주고 변경에 대해 무거운 위약금을 매기는 알고리즘으로 인해 이제 더 많이 예측할 수 있게 되었음에도 불구하고). 경영진의 관점에서 볼 때는 필요한 곳에 예고 없이 즉각 승무원을 급파하는 것이 편리할 것이다. 그러나 강력한 노동조합과 창의적인 단체교섭은 경영진에 도움이 되는 동시에 노동자들을 보호하는 시스템을 만들어 왔다.

승무원들은 스케줄과 노선을 신청하고, 연공서열에 따라 자신들의 우선권을 부여받는다. 이 시스템에서는 보다 유연하게 스케줄을 변경할 수 있는 사람들이 그 유연성을 자신들이 원하는 노선과 교환할 수 있다. 이를테면 더 많은 예측 가능성을 필요로 하는 다른 승무원들 — 이를테면 가족을 돌보는 — 이 그 유연성을 손에 넣을 수 있다. 노동자들은 보호받을 수 있고, 경영진은 자신들이 필요로 하는 정규 교대와 비상 대기 노동자를 동시에 확보할 수 있다.[9] 유연성의 비용과 편익이 공유된다. 이 시스템은 1960년대까지로 거슬러 올라간다. 이것은 높은 길 해결책이다. 여기서도 다시 노동자를 보호하는 이런 종류의 협력 전략이 존재할 수 있는 것은 노동조합과 노동자 권력, 그리고 노동자 목소리를 대변하는 데서 노동조합이 수행하는 역할 때문이다. 지금은 민간부문 노동자의 95%에게서 노동조합이 사라졌다.

정규고용에서 벌어지는 절도

우버의 주문형 운전기사와 태스크 래빗 같은 디지털 플랫폼의 임시 프리랜서 노동자들은 임시직 경제의 작은 부분에 불과하다. 수백만 명의 노동자들은 매일 같은 고용주를 위해 같은 일을 하면서도 계약직 노동자나 임시직 노동자로 취급받는다. 왜냐하면 이 전략이 노동자의 권리를 부정하고, 또 고용주가 노동자에게 일을 지시하면서도 노동자에 대해 아무런 책임도 지지 않을 수 있게 해주기 때문이다.

이를테면 페덱스Fedex는 자신의 운전기사들이 독립 계약자인 것처럼 가장한다. 그들은 페덱스 브랜드를 부착한 트럭을 운전하고, 페덱스 유니폼을 입고, 페덱스의 엄격한 감독을 받는다. 그러나 그들이 페덱스로부터 급여를 받는 피고용자가 아닌 다른 어떤 존재라는 구실을 내세워, 회사는 수십억 달러를 절약하고 그러한 노동자들의 기본권을 부정한다. 연방정부와 지방정부는 소송을 제기하고 그들이 피고용자처럼 일한다면 피고용자임이 틀림없다고 주장해 왔지만, 그것은 거의 아무런 소용도 없었다. 심지어 국세청조차도 페덱스의 입장을 따라 사실상 피고용자인 노동자에 대한 고용주 몫의 급여세를 납부받지 못하고 있다. 노동조합이 결성되어 있는 UPS는 운전기사를 정규 피고용인으로 대우하고 훨씬 더 나은 보상 패키지를 제공한다. 그러나 UPS는 이제 임시직 경제에서 예외가 되고 있다.

중개회사를 노동 계약자로 이용하는 것도 자주 같은 역할을 한다. 큰 도매상점 지구에서 실제로는 월마트의 피고용자로 일하는 노동자들은 명목상으로는 인력파견 업체 — 월마트가 이 업체의 유일한 고객일 수도 있다 — 의 임시직 또는 계약직 고용자들이다. 점점 더 법적 고용주는 더 이상 하나의 법인이 아니라 중개업체들의 망이 되고 있다. 진짜 고용주와 노동자 간의 이러한 거리 두기는 온갖 종류의 노동 악폐labor abuse를 훨씬 더 용이하게 실행할 수 있게 해준다. 외부 계약업체는 심지어 임금, 고용 안정, 사회보장 혜택 등을 줄이면서 엄격한 노동 성과를 요구한다.

많은 일류 호텔 체인에서는 접수 담당자와 객실 청소부들이 메리어트Marriott나 힐튼Hilton을 위해서가 아니라 관리회사를 위해서 일한다. 컴캐스트Comcast에서 당신의 케이블을 설치하기 위해 보낸 기술자는 피고용자가 아니라 프리랜서일 것이다. 정부청사에 들어갈 때 마주치는 접수원/경비원은 공무원이 아니라 경비업체의 저임금 고용자일 가능성이 크다. 그 경비업체도 아마 어떤 사모펀드 주식회사가 소유하고 있을 것이다. 애플Apple은 6만 3000여 명을 직접 고용하고 있고, 75만 명 이상을 다양한 계약 관계로 고용하고 있다. 아이폰과 아이패드를 만드는 중국 공장에서 끔찍한 노동조건이 폭로되었을 때, 기술품질 면에서는 세계에서 가장 엄격한 회사 중 하나인 애플은 그 책임을 계약업체에 돌릴 수 있었다. 맥도날드는 소매점에 식품 취급 및 조리 상태를 엄격하게 관리하고 노동자 교육을 시키고 겉모습과 분위기를 확실하게 유지할 것을 요구하지만, 하나의 프랜차이즈로서의 맥도날드의 구조는 노동자에 대한 임금이나 처우를 포함하여 어떤 문제도 모회사가 아닌 가맹점의 사업이라고 주장할 수 있게 해놓았다. ≪뉴욕타임스≫가 뉴욕대학교의 아부다비 새 캠퍼스 건설현장의 노예 같은 노동조건을 1면 기사로 보도

하여 뉴욕대학교가 당혹스러웠을 때, 뉴욕대학교 관계자들은 그것은 계약업체의 잘못이지 자신들의 책임이 아니라고 변명할 수 있었다.[10]

반세기 전 전후 호황이 절정에 달했을 때에는 대규모 고용주들은 자신들의 피고용자에 대해 직접 책임을 지고 있었다. 노동경제학자 데이비드 웨일David Weil에 따르면, 오늘날에는 세 명 중 약 한 명이 제품과 동일시되는 기업이 아닌 다른 누군가에게 고용되어 있으며, 고용주와 피고용인 간의 연결고리가 깨지고 있다(웨일의 은유로는 둘 사이가 "균열되었다"). 웨일은 대기업들이 "양다리를 걸치고 있다"라고 쓰고 있다. "주요 레스토랑 브랜드는 음식을 조리하고 제공하고 서비스하는 방식을 아주 세세하게 지시하고 청소 절차, 일정, 심지어 사용할 제품까지 구체적으로 명시하는 기준과 지침을 내려 보내지만, 가맹점주들이 노동자에게 초과근무수당을 제공하지 않거나, 감독자가 노동자를 성희롱하는 것을 막지 못하거나, 위험한 세제에 대한 노출을 줄이지 않는 것에 대한 책임은 지려 하지 않는다."[11]

이 새로운 시스템은 기업을 암묵적인 사회협약 ─ 피고용자의 충성은 보답받고 기업은 노동자에게 투자하려고 하며 사람들은 예측 가능한 직장생활을 기대할 수 있다는 ─ 의 책무로부터 해방시킨다. 이와 대조적으로 임시직 노동자는 더 적은 권리를 가지며, 서류상에 존재하는 그러한 권리조차 주장하기가 더 어려워진다. 그러한 노동자들은 임금 도둑질, 최저임금 이하의 급료, 초과 근무 위반, 그리고 보건 및 안전법을 위반하는 노동조건을 겪을 가능성이 더 크며, 법적 해결책에도 실질적으로 그리 의지하지 못한다.[12]

정규 피고용자들을 계약직이나 임시직 노동자로 위장하는 것은 법 위반이다. 그것은 아무 잘못이 없는 것처럼 들리는 '분류오류misclassification'

라는 이름으로 칭해진다. 노동운동가들은 보다 정확한 용어인 **급여 사기** payroll fraud라는 용어를 사용하기 시작했다. 일반적으로 처벌은 너무 가벼워서 고용주들은 이따금 받는 솜방망이 처벌을 사업에 소요되는 비용으로 간주한다.

정통 경제학이 널리 가지고 있는 자만심 중의 하나가 자유시장이 무엇인가를 창안한다면 그것은 틀림없이 효율적일 것이라는 생각이다. 그러나 증거들은 경영진이 노동에 대한 법적 책임에 거리를 두는 것은 생산성 향상이라는 의미에서의 효율성과 관련되기보다는 임금을 떨어뜨리고 소득을 노동자에게서 회사로 이전하는 것과 관련되어 있음을 보여준다.

이 같은 모든 업무의 임시직화가 실제로 더 효율적이었다면, 그것은 노동생산성이나 GDP와 관련한 최신 통계에서 나타났을 것이다. 그러나 관련 통계에서 그러한 개선은 전혀 나타나지 않았다. 게다가 인력파견업체, 계약업체, 물류회사를 이용하여 공급사슬을 관리하는 것은 더 많은 중개업체의 층을 만들어냈는데, 그러한 업체 모두는 추가 비용을 삭감했다. 이것 역시 효율성을 향상시키기보다는 임금을 떨어뜨리는 것과 관련된 것이었다. 많은 노동자가 이전과 똑같은 일을 했지만, 더 낮은 임금과 더 적은 사회보장 혜택을 받았으며, 또한 더 적은 직업 안정성을 보장받고 일을 했다.

그간 축적된 증거들은 서로 다른 정치와 정책을 통해 대부분의 주문형 일자리와 계약형 일자리가 노동자를 보호하는 방식 ― 그러면서도 진정으로 효율성을 증진시키는 기술혁신에는 해를 주지 않는 방식 ― 으로 규제될 수 있음을 시사한다. 우버가 소비자에게 제공하는 가치는 운전기사의 낮은 임금에 있는 것이 아니라 주로 편리한 디지털 기술과 그 기술이 가능하게 해준 짧은 대기시간에 있다. 운전기사와 소유주가 어떻게 이윤을 나누는가는 별개의 문제이다. 우버 운전기사들이 조직화되어 있거나 지방법에 의해 최저임금을 보장받는 도시에서는 운전기사들이 일을 더 잘한다.[13]

몇몇 주·지방·연방의 공무원들은 주문형 경제를 더 잘 규제하기 위해 노력해 왔다. 노동조합도 주문형 경제의 노동자들을 조직화하고자 노력해 왔다. 많은 노동법 연구자가 제안해 왔듯이, 계약 노동자의 고용주들은 정규직 노동자가 누리는 권리와 혜택을 똑같이 제공할 것을 요구받을 수 있었다. 게다가 정부는 성실한 프리랜서들에게 적용될 수 있는, 쉽게 이전할 수 있는 사회보장 안전망을 구축할 수도 있었다. 오바마 행정부 시기에 국가노동관계위원회National Labor Relations Board의 한 법률자문위원은 맥도날드와 같은 프랜차이즈 사업 모델을 가진 모기업은 지역 프랜차이즈 가맹점과 공동으로 고용주로 간주되어야 하며, 그 자체로 규제 대상이 되어야 한다고 주장했다.

그러나 이러한 조치와 제안 중에서 아주 소수만이 현장에서 큰 차이를 만들어내기에 충분할 정도의 정치적 지지를 받았다. 점점 더 많은 일자리가 주문형 일자리로 바뀌면서 노동과 임금이 계속해서 저하되었다. 이러한 경향은 노동조건이 점점 나빠지고 있다는 유권자들의 전반적인 (그리고 아주 정확한) 정치적 인식에 한몫했다.

노동조합의 재촉을 받은 오바마 대통령은 연방 계약업체들에게 노동법을 위반하지 말 것을 요구하는 행정명령을 몇 차례 내렸다. 하지만 오바마 행정부는 노동의 저하에 맞서는 자신의 (온당하지만) 창조적인 반발을 세간의 이목을 끄는 하나의 새로운 계획으로 만들고자 하지는 않았다. 힐러리 클린턴은 그것을 거의 언급하지도 않았다. 많은 주목을 받은 것은 환태평양경제동반자협정TPP — 노동계를 돕기 위해서가 아니라 기업에 의해 그리고 기업을 위해 만들어진 하나의 담합인 — 에 대한 오바마 행정부의 총공세와 과장된 주장들이었다. 그리고 2017년에 트럼프 행정부는 오바마 노동부의 계획과 TPP 모두를 뒤집었다.

레이더에 잡히지 않는 악폐들

노동조합의 약화, 노동에서 자본으로의 권력 이동, 그리고 새로운 경영 악폐의 가능성은 서로 다른 다양한 방식으로 고용을 악화시켰다. 일자리의 저하를 초래하는 분명하지는 않지만 유력한 원인 중 하나가 바로 강제 중재compulsory arbitration*의 사용이다. 대규모 고용주들은 계약 노동자와 정규직 피고용자 모두에게 노동자의 권리 침해에 대한 모든 불만을 실제로 중재에 맡긴다는 계약에 서명할 것을 점점 더 많이 요구하고 있다. 점점 더 보수적이 된 대법원이 이러한 요구들을 지지해 왔다. 표면적으로 공정한 것처럼 보이는 이러한 조작된 중재를 이용하는 것과 노동조합과 경영진의 단체협상에서 공정한 중재자에게 자발적으로 의지하는 것을 혼동해서는 안 된다. 강제 중재의 경우 불만 있는 개별 노동자는 그 불만을 기업 경영진이 선정한 중재인에게 가져가야 하며, 법원에 의지하는 것은 거부된다. 광범위한 유형의 악폐에 대한 집단소송은 (노동자가 고용 조건으로 서명해야만 하는) 구속력 있는 강제 협약에 의해 금지된다.

* 노동분쟁의 해결을 정부·법원 등의 명령에 따라 중재인의 결정에 위임하는 것 _옮긴이

이러한 악폐에 대한 글을 많이 써온 UCLA 로스쿨의 캐서린 스톤 Katherine Stone 교수에 따르면, 강제 중재는 의회가 입법화한 광범위한 권리와 구제절차 ― 인종·성·연령 차별, 노동자의 급여 가로채기, 노동자 보상 청구권의 남용으로부터 노동자를 보호하는 것을 포함하여 ― 를 노동자에게 거부하기 위해 사용되어 왔다. 경영진에 의해 고용되어 보수를 받는 중재인은 항상 경영진의 편을 든다. 벌금이 부과된다고 하더라도, 그것은 보통 중재를 그만 사용하게 하기에는 너무나도 적은 금액이다.[14]

대부분의 노동자들은 노동자의 권리를 훼손하는 이 같은 은밀한 형태의 동학을 이해하고 있는가? 그렇지 않을 것이다. 내가 조사를 시작하기 전까지는 그것은 나에게 흥미로운 일이었다. 하지만 노동자들은 노동조건이 계속해서 악화되고 있다는 것을 감지하고 있다.

또 다른 대표적인 사례가 노동자 보상이다. 자본주의 역사의 대부분 동안 노동자가 일터에서 부상을 당하면 그것은 노동자의 잘못으로 여겨졌다. 그러나 진보 시대Progressive Era*에는 몇몇 주의 개혁 성향의 판사들이 경영상의 과실이 너무나도 심해서 무시할 수 없는 경우에는 종종 노동자들에게 유리한 판결을 내리곤 했다. 이에 대기업들은 깜짝 놀라서 입법부에 개입하도록 설득했고, 일괄타결을 이끌어냈다. 고용주들은 당시 '노동자 보상' 보험 정책이라고 불린 것을 이용할 수 있게 되었다. 그리하여 사고가 무과실로 간주될 수 있게 되었다. 부상당한 노동자는 누구의 책임인지를 입증하기 위해 법정에 갈 필요 없이 보상을 요구할 수 있게 되었다. 그리고 보험료는 '경험료율experience rate**'로 책정되

---

* 1890년대부터 1920년대까지 미국 전역에 걸쳐 사회적 행동주의와 정치개혁이 광범위하게 일어났던 시기 _옮긴이

** 보험회사가 보험가입자의 배상금 청구 비율에 근거하여 계약 갱신 시 결정하는 보험료율 _옮긴이

었다. 청구액이 많은 고용주는 더 많은 보험료를 내게 되어 있었다. 따라서 시장 메커니즘의 비범한 재능은 경영자들이 시간이 지남에 따라 작업장을 더 안전하게 운영하도록 유인할 것으로 생각되었다.

이 모든 것이 대단해 보였다. 그러나 그렇지 않았다. 그 판은 경영진에게 유리하게 짜여 있었다. 부상을 당하거나 불구가 되거나 병든 노동자들에게는 일할 당시 벌던 돈의 극히 일부만 보상금으로 지급되었다. 보상제도는 고용주들이 작업장을 더 안전하게 운영하도록 유인하기는커녕, 의회가 1970년의 '직업안전보건법Occupational Safety and Health Act: OSHA'에 의거하여 직접 노동자 안전법을 제정해야 할 정도로 실패로 돌아갔다. 최악이었던 것은 그 제도의 의료 부분이었다. 기업들이 로비를 통해 자신들에게 유리하도록 규칙을 바꾸어 왔기 때문에 의료 부분은 더욱 악화되었고, 회사들은 돈을 절약할 수 있게 되었다.

상해나 질병에 대한 치료를 받으려고 보험카드를 제시했을 때 당신이 가장 먼저 받는 질문은 상해가 업무상 발생했는지의 여부이다. 만약 업무상 상해가 발생했다면, 당신의 건강 보험회사와 통상적인 의사는 보상제도 ― 일반적으로 의료수가가 더 낮고, 지급 대기 기간이 더 길고, 보험금 지급이 더 임의적으로 거부되는 ― 가 시키는 대로 당신을 대충 대할 것이 틀림없다. 놀랄 것도 없이, 그러한 조건을 감수하는 의사들은 당신이 단골로 삼고 싶어 할 마지막으로 남아 있는 의사들일 것이다. 그리고 최악의 상황은, 비록 민간 보험회사와 개별 기업들이 노동자 보상제도의 규칙을 자신들에게 유리하도록 만들어 왔지만, 급여세의 조달 방식과 말도 안 되게 과다한 서류작업 절차는 노동자들로 하여금 노동자 보상제도가 다시 정부 ― 빌어먹을 정부 ― 와 관련이 있다고 생각하게 만든다는 것이다. '적정부담보험법'처럼, 정부는 실질적으로 민영화되고 악화되고 있는 제도에 대한 불만 때문에 비난받는다.

민영화와 사모펀드

한때 공무였던 수많은 일자리가 민영화되거나 정부에 의해 민간에 위탁되어 왔다. 정부 기관인 교도소는 일반적으로 노동조합을 결성하고 있고 통상적인 부가 수당 및 노동보호와 함께 공무원 봉급을 받는 교도관을 고용했다. 교도소가 민영화된 이후 훈련과 전문성이 저하된 그곳 노동자들의 급여 구조는 민간 경비원의 급여 구조와 유사해졌다. 그리하여 민간 회사는 돈을 벌고 정부는 돈을 절약하게 되는데, 이는 민간 교도소가 더 잘 관리된다는 의미에서 더 '효율적'이기 때문이 아니라(그곳은 대체로 더 나빠진다), 노동비용(노동자의 급료)이 훨씬 더 적게 들기 때문이다. 그리고 재소자에 대한 처우 역시 나빠진다.

민영화라는 동일한 전염병 — 소득에 동일한 결과를 초래하는 — 은 구급 의료 기사에서부터 가정 의료 노동자에 이르기까지 광범위한 인간 서비스 일자리를 괴롭혀 왔다. 민영화된 구급차 회사의 효율성이 더 우수하다는 주장은 교훈을 주기 위해 날조된 것이다. 지방정부가 구급차 서비스를 민간에 위탁하면, 지방정부는 그 서비스가 공공 서비스였을 때 소요되던 비용을 도시 예산에서 제외하고 그 비용을 환자의 건강보험으로 전환시킴으로써 돈을 절약한다. 구급 의료 기사 서비스의 실제 질은 대개 뒤떨어진다. 다수의 민간 구급차 회사가 일거리를 찾아 돌아다니는 것은 비효율적이며, 그들의 의료진은 일반적으로 공공부문 의료진보다 교육과 소득 수준이 낮고 흔히 의료 장비와 물품도 열악하다.

≪뉴욕타임스≫가 조사한 한 사례에 따르면, 사모펀드 파트너들이 소유한 구급차 회사인 트랜스케어 EMSTransCare EMS는 구급 의료사들이 중요한 의료물품이 부족한 까닭에 환자를 병원에 이송할 때 병원 응급실에서 중요 의료품을 훔칠 수밖에 없을 정도로 비용을 쥐어짰다. ≪뉴욕타임스≫는 최근 사모펀드가 소유한 그런 회사 세 곳이 파산 신청을 한 사실을 발견했다.

사모펀드의 표준 사업모델은 구매하여 운영할 회사를 찾고, 그 자산을 담보로 돈을 빌리고, 회사에서 엄청난 양의 현금을 빼내고, 자주 노동자 임금과 수당 형태의 운영비용을 무자비하게 삭감하는 것이다. 사모펀드 회사들은 피고용자의 연금 기금을 합법적으로 약탈하는 방법까지 찾아냈다.

구급차 회사의 경우에 그 사업모델은 환자와 그의 보험회사에 자주 부풀려진 요금을 공격적으로 청구할 것을 요구했다. 하지만 문제는 구급차가 구조한 많은 수의 환자가 정당한 요금만 지불하는 메디케이드나 메디케어 대상이라는 데 있다. 그러나 특정 벤처사업이 실패하면, 사모펀드 소유자들은 자주 운영하던 회사를 '재조직'하기 위해 그냥 회사를 파산시켜 버린다(즉, 부채를 갚지 않는다). 그런 다음 그들은 자신들은 아무런 손해도 보지 않고 다시 사업을 시작한다.

현재 사모펀드 업계는 총 약 4조 3000억 달러의 가치를 가진 운영회사들을 소유하고 있으며, 그 회사들은 약 1200만 명의 노동자를 고용하고 있다.[15] 사모펀드의 기업 인수는 항상 노동자 임금, 사회보험 혜택, 일자리 안정성을 훨씬 심하게 압박한다는 것을 의미한다. 사모펀드 사업모델의 정말 사악한 측면은 막대한 이득이 대체로 **미리** 추출되기 때문에 실제 운용회사가 비틀거릴 때 사모펀드 파트너들은 거의 어떤 손실도 입지 않는다는 것이다. 이 모델은 신중하게 사업을 운영하고 노동자들을 장기 자산으로 바라보고자 하는 일반적인 열의를 완전히 꺾어버린다. 사모펀드 파트너들은 새로 취득한 기업을 담보로 막대한 차입을 하여 엄청난 액수의 경영자 보수와 '특별 배당금' ― 일반적으로 그들이 회사에 투자한 실제 자기자본을 훨씬 초과하는 ― 을 자신들에게 지급함으로써 그러한 책략을 완수한다. 그런 다음 그들은 공격적으로 비용을 절감하기 위해 움직인다. 성공할 경우, 그들은 보통 꼭 필요한 것만 남은 회사를 다른 누군가에게 매각한다. 만약 그들이 너무 심하게 비용을 삭감했다면, 그들은 이미 벌어들일 만큼 돈을 벌었다. 그렇기에 그들은 파산을 이용하여 그 회사의 문을 닫거나 회사의 부채를 털어버리고 회사를 재편한다.

이를테면 2000년에 베인 캐피탈Bain Capital이 KB 토이즈KB Toys를 인수할 당시, 베인은 단 6%만을 출자하고 나머지는 KB 토이즈의 자산을 담보로 하여 대출했다. KB가 파산하여 1만 개의 일자리가 없어지기 이전에, 베인은 원래 투자한 액수에 대비하여 360%의 이득을 보았다.[16] 아일린 애플바움Eileen Appelbaum과 로즈메리 뱃Rosemary Batt은 민간 자본이 노동자들에게 어떻게 악영향을 미치는지를 연구한 자신들의 권위 있는 저서 『사모펀드의 작동방식Private Equity at Work』에서 사모펀드 회사인 선 캐피탈Sun Capital이 어떻게 아이스크림 체인인 프렌들리Friendly's를 손에 넣었는지에 대해 자세히 설명한다. 선은 회사에 빚을 가득 안겨주었고, 배당금을 받아갔고, 노동자들을 해고했고, 프렌들리를 파산시켰다. 그런 다음에 바로 그 선 캐피탈의 두 번째 계열회사가 그 레스토랑 체인을 다시 인수하기 위한 조치를 실행했다. 제3의 선 캐피털 계열회사는 그 체인이 엄밀히 말하면 파산상태에 있는 동안 운영 자금을 대출해 주었다.

그러한 수법으로 선은 운영회사로부터 자산을 빼내고 연금 의무를 포함한 부채를 없앨 수 있었다(하지만 통제권은 유지하면서 말이다).[17] 이것은 수천 개의 유사한 사례 중 하나일 뿐이다.

이러한 책략에서 패자는 언제나 노동자이다. 노동자들은 임금, 사회보장 혜택, 연금, 또는 자신들의 일자리를 잃는다. 사모펀드는 저하된 노동의 복잡한 태피스트리에 단지 하나 더 추가된 가닥일 뿐이다. 일반 노동자들은 복잡한 전략은 파악하지 못할 수도 있지만 분명 그 결과는 미루어 알고 있다. 왜 그것이 합법적인가? 사모펀드 회사들은 어떻게 그러한 조처를 잘 해낼 수 있는가? 그들은 정치적 영향력에 크게 투자한다. 누군가가 말했듯이, 그 결과 노동자에게 불리하게 "규칙이 조작되었던" 것이다.

잠깐만, 그렇게 말한 것이 누구였는가? 실제로는 엘리자베스 워런 Elizabeth Warren이 2012년에 처음 말했고,[18] 그다음에 버니 샌더스가 이어서 말했다. 둘 다 좌파 포퓰리스트이다. 그들은 관리되는 자본주의의 규칙을 노동자, 주택소유자, 소비자, 학생에게 불리하게 바꾸기 위해 금융산업이 자신들의 영향력을 어떻게 이용해 왔는지에 대해 구체적으로 이야기하는 중이었다. 하지만 또한 도널드 트럼프는 그 표현에 힌트를 얻어 때로는 선거가 조작되었다고 암시했으며, 때로는 월스트리트와 무역규칙을 비판하기도 했다. 트럼프의 의미 왜곡은 토론과 정치가 얼마나 제멋대로 이루어졌는지를 시사한다.

증거물 제1호가 트럼프가 최고위직에 임명한 여러 사모펀드 억만장자 중 한 명인 월버 로스Wilbur Ross 상무장관이다. 사모펀드는 대체로 노동자들의 이익에 유해하다. 그런데 아이러니하게도 트럼프에게 매료된 이들이 바로 이 유형의 하강 이동한 노동자들이다. 수년 동안 이루어진

로스의 많은 거래는 동일한 각본을 따랐다. 돈을 빌리고, 배당금을 짜내고, 무자비하게 비용을 절감했다. 하지만 로스는 망해가는 회사를 재편하기 위해 가끔 노동조합과 함께 일했던 드문 사모펀드 운영자였다. 로스의 전형적인 한 거래를 살펴보면, 노동자들은 급여를 삭감당하고, 자신들의 연금 기금을 사모펀드에 제공한다. 그리고 만약 회사가 살아남으면, 노동자들은 약간의 이득을 얻을 것이다.

2002년에 로스는 파산하여 문을 닫는 몇몇 제철소를 사기 위해 철강노동조합과 함께 일했다. 로스는 노동조합을 설득하여 임금과 수당을 삭감했고, 제철소들의 수익성을 회복시켰다. 로스 자신은 단지 현금 9000만 달러만을 출자했다. 나머지 수십억 달러의 구매 및 개선 비용은 부채, 그리고 로스의 제한된 파트너들이 출자한 투자 자본과 노동조합의 양보나 출자금으로 조달되었다. 줄어든 임금이 수천 개의 일자리를 지켜냈다. 로스가 2005년에 현금을 회수했을 때, 그가 거둔 개인적인 이익은 그가 투자한 돈의 14배였다. 애플바움과 뱃은 "그는 3년 투자해서 45억 달러의 순이익 — 은퇴자들이 자신들의 건강 및 연금 제도에서 잃은 것과 동일한 금액 — 을 얻었다"라고 계산했다.[19]

그리고 이에 대해 정치적으로 반발하는 사람들도 있다. 대부분의 민주당원과 진보주의자들은 로스를 지명한 것에 경악했다. 그러나 조합원들이 떼 지어 힐러리 클린턴을 버린 철강노동조합은 로스를 지지했다. 메뉴에 좋은 선택지가 없을 때에는 이용할 수 있는 최선의 것을 택할 수밖에 없다. 좋은 것 싫은 것을 가릴 처지가 아니었다.

대부분의 노동자는 이러한 다양한 정책 변화의 동학을 세밀하게 이해하지 못했다. 그러나 그들은 대체로 일상적인 경제적 삶이 점점 더 위태로워지고 있다는 것을 알고 있었다. 그들은 가용한 일자리가 대부분

형편없다는 것을 알고 있었다. 공장들이 문을 닫고 일자리가 해외로 이주하면서 전체 지역사회가 공동화되어, 사람들은 월마트나 버거킹에서, 아니면 경비원이나 임시직으로 일할 수밖에 없었다. 그 일자리들은 그들이 쫓겨난 블루칼라 일자리 임금의 아주 일부만을 지급했다. 사람들은 그 일자리에서 중간계급 생활방식을 열망할 수 없었다. 도널드 트럼프가 NAFTA나 TPP와 같은 무역협정을 맹비난했을 때, 민주당은 그런 협정을 후원하거나 그 협정을 개혁하는 데 우물쭈물했다. 그리고 노동계급 유권자들은 그 뜻을 알아챘다.

노동조합의 효과

어떤 일이 일어나고 있는지를 계급에 기초하여 보다 세련되게 이해하는 노동자들은 노동조합원이었다. 단체교섭의 경험은 일반 노동자들에게 자본주의가 실제로 어떻게 운영되는지를 잘 이해할 수 있게 해준다. 노동조합은 지방 임원과 전국 임원을 민주적 선거를 통해 선출하며, 그러한 선거 참여 과정은 노동자 시민 교육의 한 형태이다. 여론조사는 일반적으로 노동조합원과 그 가족들은 인구통계적으로는 동일하지만 노동조합원이 아닌 유권자 ― 이들은 자주 자신들의 사회적 보수주의에 더 많이 근거하여 투표하는 경향이 있다 ― 보다 약 두 배 더 민주당과 진보주의자들에게 투표한다는 것을 보여준다. 그러나 조직화된 노동에 대한 공격으로 인해 민간부문 노동자들 사이에서 노동조합이 붕괴됨에 따라 노동조합의 효과는 점점 더 상쇄되고 있다. 2016년에는 노동조합이 점점 더 실직과 임금 및 수당 삭감으로부터 조합원을 보호할 수 없게 되면서 트럼프의 가짜 포퓰리즘이 노동조합 노동자들 사이에까지 깊숙이 파고들었고, 그중 약 35%가 트럼프에게 투표했다.

노동조합화의 쇠퇴는 또한 공공부문 노동조합에 피해를 주는 '티핑포인트' 심리를 창출했다. 다른 노동자들의 임금이 하락한 상황에서 공무원 노동자들이 단체교섭을 벌였다. 한때 그저 평범해 보였던 그들의 급여와 수당 패키지는 이제 특권을 누리는 것처럼 보였다. 그러자 위스콘신에서는 보수 성향의 주지사 스콧 워커Scott Walker가 노동자의 분노를 노동조합을 결성한 교사, 사회복지사, 기타 공공부문 피고용자에게 돌리고자 했다. 워커 주지사가 교사와 다른 공공부문 피고용자들의 단체교섭권을 약화시키려는 노력이 성공을 거둘 무렵 캐서린 크레이머Catherine Kramer 교수는 위스콘신에서 일어난 포퓰리즘적 반격에 대한 그녀의 민족지적 연구의 일환으로 블루칼라와 대부분 농촌 위스콘신 사람으로 포커스 그룹을 구성하여 연구를 실행했다. 그녀는 위스콘신주의 두 명의 보수적인 백인 노동계급이 나눈 대화를 자세히 언급했다.

해럴드(전국자동차노동조합의 전 조합원이자 직장대표): 교원 노동조합 …… 그들은 우유 그릇 앞의 고양이처럼 그곳에 있었어. 그런 다음 그들은 그 우유를 크림으로 바꾸었지. 그다음에는 그것을 **아이스크림**으로 바꾸었어.

스튜: 아, 아니, 그건 교원 노동조합만이 아니지, 모든 공무원 노동조합이 그렇지.

해럴드: 지난 45년 동안 그들이 포기했던 한 가지를 말해 봐. 아무것도 없어, 단 하나도.[20]

이것은 노동자들의 분노를 50억 달러의 헤지펀드 운영자보다 5만 달러의 교사에게 향하게 하기 위한 놀라운 정치적 뒤틀기이다. 그러나 다른 노동자들의 임금과 일자리 안정성이 하락함에 따라 일반 공공부문 노동자들이 특권을 누리는 것처럼 보인다. 특히 민주당이 일반적으로 블루칼라 노동자들을 배려하지 않는 것처럼 보일 때면 더욱 그렇다. 전국자동차노동조합의 직장대표였던 해럴드가 교사들에 대한 자신의 호언에서 꼽은 기간 — 지난 45년 — 은 우리를 1973년으로 데려간다. 그때가 바로 고용 조건이 해럴드와 같은 생산직 노동자들에게 불리해지기 시작했던 시점이다.

스킬, 기술, 무역

불평등 확대와 불안전 심화에 대한 일차적 책임이 기술에 있다고 믿는 사람들과 전후의 제도적 규칙의 변화에 그 책임을 돌리는 사람들 간에는 하나의 논란이 존재한다. 대부분의 증거는 후자를 암시한다. 정치가 달랐다면, 전후의 평등주의적 소득구조를 보존할 수 있었을 것이다.

결국 150년 동안 소득분배는 19세기 후반 도금시대Gilded Age*의 매우 불평등했던 시기로부터 진보 시대 동안의 중간 정도로 평등했던 시기, 1920년대의 다시 매우 불평등했던 시기, 1940년대부터 1960년대까지의 극적으로 더 평등해졌던 시기, 그리고 그 이후에는 점점 더 불평등해

---

* 미국에서 경제 확장과 금권 정치가 횡행하던 1870~1898년을 일컫는 말로, 1873년에 출간된 마크 트웨인과 찰스 더들리 워너의 소설 『도금시대: 오늘날의 이야기(The Gilded Age: A Tale of Today)』에서 파생되었다. _옮긴이

진 시기로 부침을 거듭해 왔다. 이러한 추세를 주로 기술에 의거하여 설명하기란 몹시 어렵다. 오히려 유력한 두 피의자를 꼽자면, 그중 하나는 금융규제를 완화한 것이고, 다른 하나는 특정 형태의 지구화를 이용하여 자유방임주의를 회복하고 노동세력을 약화시킨 것이다.

적절한 노동기준과 사회적 또는 환경적 기준이 없는 국가로부터의 면세품 수입을 허용한 것은 경제적 정명이 아니라 정치적인 선택이었다. 다국적 기업들이 마음대로 아웃소싱을 할 수 있도록 허용한 것과 중국이 무역제도의 규칙을 자신들에게 유리하게 만들 수 있게 한 것 또한 자본에 이익을 가져다주고 노동에 해를 끼치는 정치적 결정이었다.

전후 호황기에는 가까스로 고등학교를 졸업한 (또는 그마저도 하지 못한) 공장 노동자들도 중간계급의 임금을 지급받았다. 그간 달라진 것은 고급 노동자들에 대한 수요가 아니라 한때 숙련 노동자들과 함께 미숙련 노동자들을 보호했던 사회계약이었다.

노동조합주의의 전성기에 강한 노동조합들은 노동자 연대의 표시로 숙련 노동자와 비숙련 노동자 간의 격차를 줄이기 위해 싸웠다. 40년 전에는 기계 기술자 노동조합의 미숙련 수화물 취급자들이 숙련된 항공기 정비사보다 훨씬 낮은 임금을 받지 않았다. 노동조합이 약해지면서 항공사들은 많은 수화물 취급자를 임시 계약 노동자로 전환시킬 수 있었다. 그것을 간신히 모면할 수 있었던, 엔진을 재조립하는 고도로 숙련된 기계 기술자 노동조차도 카리브해의 값싼 역외 노동자들에게 아웃소싱되었다. 보호받는 계급 ― 고도로 숙련된 기계 기술자들 ― 이 줄어들었다.

많은 중도파 민주당 의원과 그들의 경제 고문들은 임금이 하락하고 소득 불평등이 확대된 것은 전적으로 기계가 선진 경제에 부적절한 스킬을 가진 노동자들을 대체하기 때문이라고 스스로를 설득했다. 이 설명에 따르면, 신경제는 통상적인 노동자들이 보유하지 못한 수준의 교육과 기술적 스킬을 요구했다. 자유시장은 스킬에 따라 보상했다. 동시에 반숙련 또는 미숙련 일자리들은 바로 해외로 쉽게 이전되는 일자리였고, 또한 기계에 의해 대체되는 경향이 있는 일자리였다.

이러한 설명은 악화되고 있는 고용 조건에 대한 책임을 부식되고 있는 사회협약보다는 노동자들에게 돌리게 하는 변명거리를 정치 지도자들에게 제공하는, 아무 의미 없는 편의적인 이야기일 뿐이다. 이 설명은 경제학 문헌에서 '스킬 부조화 가설skills mismatch hypothesis'로 알려졌다. 유일한 문제는 그것이 대부분 틀린 이야기라는 것이었다.

보다 최근의 연구는 불평등이 확대되고 있는 최근의 시대에는 경제가 새로운 스킬을 이전 시대보다 빠른 속도로 요구하지 않았다는 것을 보여준다. 게다가 다른 선진국들 역시 대체로 동일한 신기술을 사용하고 있고 또 미국과 동일한 새로운 스킬을 요구하지만, 대부분은 미국과 같은 정도의 극단적인 임금과 봉급 격차를 보이지 않는다. 따라서 노동규제와 사회제도가 스킬보다 훨씬 더 중요한 것으로 보인다.

경제학자 장하준이 지적했듯이, 델리의 택시 운전기사는 동등한 스킬을 요구함에도 불구하고 뉴욕의 운전기사가 받는 급여의 약 50분의 1을 받는다(실제로 델리의 운전기사는 자신의 차가 아마도 덜 믿을 만하고 소와 어린아이들까지 피해서 운전해야 하기 때문에 더 숙련되어 있어야만 할 것이다).[21] 왜 임금에 차이가 나는가? 그 이유는 인도 운전기사가 인도의 전반적인 생활수준과 택시 운전기사의 위계에 부합하는 규범에 의거하여 임금을 지급받기 때문이다. 미국 운전기사도 마찬가지이다. 요점은 매우 광범위한 일련의 가능한 급여 구조 내에서 규범이 다양할 수 있고,

그 규범에 영향을 미치는 권력도 마찬가지로 다양하다는 것이다.

　불평등 확대에 대한 스킬 중심적 설명을 지지하고 분명하게 제시해온 대표적인 경제학자 중 한 사람인 MIT의 데이비드 오터David Autor가 새로운 자료들로 인해 스스로 다른 요인들의 중요성을 인정할 수밖에 없게 되자, 경제학자들 사이에서 파문이 일었다. 널리 인용된 2014년 논문에 그는 다음과 같이 썼다.

> 미국 최저임금 실질 가치의 수십 년간의 하락, 자동화로 인한 생산, 비대졸자의 사무직과 행정지원직 취업기회의 급격한 축소, 개발도상세계와 벌이는 국제경쟁의 가파른 증가, 미국 노동조합의 조직률과 협상력의 지속적 하락, 그리고 연방 최고 한계세율의 다중 삭감을 위한 법의 연속적인 제정은 모두 불평등을 확대하고 덜 교육받은 노동자들 사이에서 실질임금을 깎아내리는 데 한몫했다.[22]

　같은 논문에서 오터는 미국에서 고학력 노동자와 저학력 노동자들 간의 소득 격차가 다른 나라들에 비해 훨씬 더 큰 것은 미국의 여타 친평등 메커니즘이 쇠퇴했기 때문이라고 언급했다.

　교육은 대체로 높은 수입과 관련이 있다. 하지만 교육을 잘 받은 사람들조차도 최근 몇 년 동안 수입이 정체되거나 감소함에 따라 고통받고 있다. 거의 20년 동안 대학 학위는 특히 젊은이들에게 소득 손실에 대한 방어수단이 전혀 되지 못했다. 대졸 청년들의 소득은 2001년에 시간당 19달러를 조금 넘는 수준으로 정점을 찍은 뒤 꾸준히 하락하여 2014년경에 17달러 아래로 떨어졌다.[23]

가족복지국가와 세대 간 불평등

　부자가 아닌 가정의 자녀들이 경제적으로 성공하는 길은 이제 훨씬 더 가파른 오르막길이 되었다. 자신의 아이들이 자신보다 더 가난해질 수 있다는 엄정한 인식은 변화하는 경제가 불러일으킨 정치적 불만의 또 하나의 근원이다. 미국이 위대했을 때에는 그렇지 않았다.

　고등학교 학생 중 성적이 하위 4분의 1에 속하는 부자 학생은 상위 4분의 1에 속하는 저소득층 학생보다 엘리트 대학이나 대학교를 졸업할 가능성이 더 크다. 스탠퍼드대학교의 경제학자 라지 체티Raj Chetty와 동료들이 수행한 2016년의 연구는 터프츠Tufts, 미들베리Middlebury, 케니언Kenyon, 콜게이트Colgate를 포함한 몇몇 명문대학과 대학교에는 소득분포 하위 60%(부모의 연간 소득이 6만 5000달러 이하)에 속하는 학생보다 소득분포 상위 1%(부모의 연간 소득이 적어도 63만 달러)에 속하는 학생들이 더 많이 다니고 있음을 발견했다. 세인트루이스에 소재한 워싱턴대학교에는 상위 1% 출신 아이들이 하위 60% 출신 아이들보다 3배 이상 많았다.[24] 부모가 소득분포 상위 1%에 속하는 아이들은 소득분포 하위 20%에 속하는 아이들보다 아이비리그 대학에 들어갈 가능성이 77배 높았다.[25]

　체티와 그의 동료들은 세대 간 불평등에 더 넓은 렌즈를 적용하여 부모보다 더 높은 생활수준을 누렸던 성년 자녀의 비율이 1940년 출생자(오늘날의 은퇴자)의 경우 92%였다면 1984년 출생자(노동 전성기에 있는 소득자)의 경우에는 50% 아래로 떨어졌다는 것을 발견했다. 더 나이 든 세대는 GDP의 상승과 평등의 증가로부터 혜택을 받았다. 하지만 더 젊은 세대는 계급 라인이 강화되고 부모에게서 자녀에게로 이점이 이전

됨에 따라 더 더딘 성장보다는 불평등의 증가로부터 고통받았다. 연구자들은 1940년대의 소득분포로 돌아가면 최근의 이동 감소 대부분이 일소될 것이지만, 더 높은 성장률도 저소득층 사람들이 경제 사다리를 오를 능력을 회복하기에는 충분하지 않다는 것을 발견했다. 전통적인 경제 지식과는 반대로 게임의 규칙이 원 성장률보다 더 중요하다.[26]

상층이 이득의 대부분을 가져가고 부자가 아닌 사람의 소득이 감소하고 게다가 사회적 지원도 감소하고 대학 등록금이 인상되는 현상은 젊은 사람의 삶의 기회가 공립대학이 사실상 무료였고 괜찮은 벌이가 되는 일자리가 풍부했던 때보다 부모의 경제 상황에 훨씬 더 많이 달려 있다는 것을 의미한다. 내가 '가족복지국가family welfare state'라고 칭해 온 것에서 혜택을 받는 젊은 사람은 (산전 건강관리가 더 잘 이루어지는) 출생 전부터 생애 과정 내내 수많은 지위 이점을 누린다.

부유한 부모에게서 태어난 아이는 노동계급 부모에게서 태어난 아이보다 어머니와 아버지와 많은 대화를 나눌 가능성이 훨씬 더 크다. 그러한 대화는 사회적·인지적 발달에 좋다. 아이는 양질의 유치원에 보내지고, 그다음에는 좋은 공립 또는 사립 초등학교와 중등학교로 보내질 가능성이 크며, 이 모든 것이 교육적 성공에 기여한다. 값비싼 과외 활동들은 그 패키지의 일부인데도 불구하고, 공립학교들은 미술, 음악, 외국어 프로그램을 중단하고 있다. 그리고 아이가 대학에 갈 때 부유한 부모들은 등록금을 내주어 새로운 졸업생이 떠안을 엄청난 빚을 면할 수 있게 해준다. 무급 서머 인턴십이 네트워킹에서 중요한 이 시대에 부유한 아이는 그 인턴십에 참여할 수 있는 여유가 있는 반면, 더 가난한 학생들은 학업 성적을 희생하면서 학기 동안 파트타임 일을 해야 할 뿐만 아니라 유급 여름 파트타임 일도 해야만 한다. 게다가 재력 있는 젊은 졸업생들은 부모와의 관계로부터 혜택을 받을 뿐만 아니라 아파트나 처음 장만하는 집에 대한 보조금 또한 받는다. 그리고 조부모가 종종 손주들의 비용을 보조할 경우, 부의 이전은 다음 세대로까지 계속된다. 이러한 가족복지국가는 부자가 아닌 학생, 즉 때때로 부모와 동생들에게 보조금을 주기 위해 파트타임 일을 하는 학생에게는 아무런 혜택도 주지 않는다.[27]

2017년의 한 연구에서 나온 놀라운 통계에 따르면, 거의 절반의 젊은 성인이 자신의 부모가 자신의 집세로 월평균 250달러를 보조해 준다고 보고했다. 놀랄 것도 없이, 수입 사다리가 높을수록 도움을 받는 비율도 더 높았다.[28] 경제적으로 고투하는 나이 든 부모들은 자식들의 사회진출을 도울 처지가 아니었다. 이것은 계급 라인의 세대 간 전달을 다시 한번 더 확인해 주는 것이었다.

많은 경제학자가 성인이 된 자식의 소득과 아버지의 소득 간의 상관관계가 시간이 지남에 따라 굳어지고 있으며 이는 여전히 더 많은 평등화 메커니즘을 그대로 유지하고 있는 다른 나라들보다 미국에서 더 극단적이라는 점을 입증해 왔다. 비교적 더 평등한 국가들은 등록금이 싼 대학이나 무상 대학과 같은 더 많은 사회적 메커니즘을 가지고 있으며, 보편적인 건강보험, 취학 전의 질 좋은 데이케어, 우수한 공공 초등 교육 및 중등 교육을 실시하고 있다. 이러한 모든 사회적 지원은 가난한 가정의 아이들이 성인으로 성장하는 데 더 나은 기회를 제공한다.

가족복지국가가 진정한 공공 복지국가를 대체함에 따라, 점점 더 많은 미국인이 자신들이 보험에 가입할 수 없는 위험에 노출되어 있다는 것을 알게 되었다. 1942년에 영국의 윌리엄 베버리지는 전후 복지국가에 대한 자신의 위대한 청사진에서 질병, 부상, 실업, 또는 은퇴 시 불충분한 수입으로부터 시민들을 보호하기 위한 사회보험이 필요하다는 점을 역설했다.[29] 프랭클린 루스벨트는 1935년 사회보장법과 1944년 그의 네 가지 자유 연설 모두에서 동일한 정신의 많은 것을 담아냈다.[30]

미국에서는 복지국가의 일부 혜택이 말로는 사회보장제도와 메디케어 같은 프로그램을 통해 정부에 의해 제공되었지만, 그 혜택의 많은 것은 좋은 고용주들에 의해 의료보험과 연금제도를 통해 제공되었다. 복지국가의 공적 측면과 사적 측면 모두가 약화됨에 따라, 점점 더 많은 위험이 개인과 가정으로 옮겨왔다. 정치학자 제이콥 해커Jacob Hacker는 2006년 저서 『거대한 위험 이동The Great Risk Shift』에서 그러한 몇 가지 추세를 입증했다.[31] 좋은 일자리의 사라짐과 소득의 정체 또는 감소와 마찬가지로 그러한 위험 변화도 정치적 결과를 낳았다.

위험의 증가는 소득 감소 및 신뢰할 수 없는 고용과 밀접히 관련되어 있었다. 만약 한 가족이 저축할 수 있는 충분한 수입이 있다면, 그 가족은 예상치 못한 차질로 인한 위험에 스스로 대처할 수 있다. 그러나 사회화된 위험과 그 위험에 대처할 수 있는 개인의 능력은 나란히 감소해왔다. 엘리자베스 워런은 개인파산율이 증가하는 진정한 원인에 대한 2002년 연구로 처음으로 두각을 나타냈다. 그것은 신용카드로 과도하게 지출했기 때문이 아니라 실직, 파멸적 의료비, 또는 생계 부양자의 사망과 같은 경제적 불운 때문이었다.[32]

소득 격차와 관련하여 사실인 것은 또한 부의 구축에서도 사실이다. 전후 미국 사회계약의 전성기에는 부를 구축하는 일단의 제도 — 일부는 명시적이고 일부는 암묵적인 — 가 있었다. 연금은 노년에 안심하고 퇴직할 수 있게 해주었다. 1960년대경에는 전체 고용주의 약 절반이 좋은 연금제도를 마련하고 있었다. 오늘날 그 비율은 약 8분의 1이다. 실질

임금의 상승은 추가로 저축하는 것을 가능하게 했다. 대다수의 대학생은 빚이 없었기에 풀타임 고용이 시작되기도 전에 누적된 빚을 갚는 것이 아니라 재량 소득의 일부를 저축할 수 있었다. 부자가 아닌 사람들에게 주택 소유권은 생애주기 동안 부를 축적할 수 있는 가장 중요한 원천이었다.

그간 이러한 재산 축적 메커니즘 모두가 반전되었다. 실질 소득의 감소는 저축 능력을 감소시켰다. 실제 연금은 401(k) 제도401(k) plan*로 대체되었다. 대학생들은 이제 빚질 것을 요구받는다. 학자금 대출금을 갚아야 할 필요성은 저축 능력을 떨어뜨릴 뿐만 아니라 주택 구입을 지연시키거나 막아서 평생 부를 축적하는 또 다른 방식을 저해한다. 2008년 주택담보대출의 붕괴는 수백만 명에게서 주택 자산을 유린했고, 주택 소유 비중이 (특히 젊은 가족에게서) 급감했다.[33] 이러한 변화 중 그 어떤 것도 기술이나 새로운 디지털 경제와 전혀 관련이 없었다. 각각은 정책 변화의 결과였고, 이는 다시 정치권력의 변화를 반영하는 것이었다.

이러한 추세는 미국에서는 일찍이, 그리고 더욱 강렬하게 발생했다. 그러나 21세기로 전환하는 시기에는 유럽에서도 그러한 요소들 모두가 분명하게 드러났다. 놀랍게도 유럽연합은 노동보호를 약화시키고 소득 불평등을 확대시키는 주요 수단으로 발전해 왔다.

* 미국의 401(k) 퇴직연금을 뜻하는 용어이다. 401(k) 퇴직연금은 매달 일정량의 퇴직금을 회사가 적립하되, 그 관리 책임은 노동자가 지는 방식의 연금이다. 이는 퇴직금의 지급을 회사가 보장하지 않는다는 것을 의미한다. _옮긴이

6

유럽의 깨진 사회협약

1990년대까지만 해도 유럽은 어떻게든 활력과 안전을 조화시키는 보다 평등주의적인 혼합경제 브랜드로 널리 환호받았다. 유럽연합 국가들 사이에 유의미한 국가 간 차이가 있었지만, 유럽은 미국보다 더 포괄적인 복지국가, 더 평등한 소득분배, 더 강한 노동조합과 노동자 권리를 구축하고 있었다. 전반적인 성장률은 거의 미국 성장률을 뒤쫓고 있었지만, 하위 80%의 삶은 미국보다 훨씬 더 좋았다.[1]

지난 20년 동안 유럽의 꿈은 실제로 허비되어 왔다. 유럽연합과 그것의 가장 영향력 있는 회원국들의 지도자들은 유럽의 장기간에 걸친 경기 침체를 잘못된 긴축정책의 결과로 인식하기보다는 사회보호제도의 탓으로 돌려왔다. 하지만 성장과 번영의 전성기에도 동일하거나 그이상의 사회보호제도가 존재했다. 저성장, 고실업, 그리고 늘어나는 부채의 재정적 함정은 유럽연합 지도자들이 회원국들에게 보다 근본적인 신자유주의 정책을 강요할 수 있는 구실이자 기회가 되었다.

글로벌 규칙, 약화된 국가

1993년 이후 마스트리히트 조약하에서 유럽연합의 규칙이 보다 강화되고 2002년에 유로화가 채택되면서 유럽을 하나의 신생 국가로 보는 것이 관례가 되었다. 그러나 우리의 목적에서 볼 때, 유럽은 결코 하나의 정체일 수 없다. 유럽연합은 한 대륙에 대한 글로벌 거버넌스의 도구와 훨씬 더 유사하다. 그 렌즈를 통해 보면, 유럽은 자유방임주의를 조장하는 초국적 기관들이 어떻게 괜찮은 사회계약을 중개하는 민주주의 국가의 능력을 약화시키는지를 너무나도 생생하게 보여준다.

왜 유럽연합은 국가가 아닌가? 유럽연합의 예산은 대륙 전체 GDP의 약 1%만을 지출한다. 유럽연합은 공통의 재정정책을 가지고 있지 않으며, 유로화를 통해 공통의 통화정책을 수립하려는 노력은 재앙을 초래했다. 유럽연합에서는 미국과 달리 재정 재분배나 공공부채에 대한 집단적 책임이 거의 없다. 다만 더 심한 긴축만을 요구할 뿐이다. 19개국에 보고하는 독특한 사례의 중앙은행인 유럽중앙은행에는 미국 연방준비제도이사회에 있는 비상 권력이 없다. 반면 유럽에는 우아하게 '민주주의의 결핍democratic deficit'*이라고 지칭되는 현상이 일어나고 있다. 유럽의회European Parliament는 시민들에 의해 직접 선출되지만, 대체로 협의체적이다. 실제 권력은 선출되지 않은 유럽위원회와 그것의 관료제에

---

* 초국가적 정책결정이 증대됨에 따라 행정부와 의회, 시민 간의 비대칭성이 확장되어 유럽연합 국가들이 발전시켜 온 대의민주주의 질서가 왜곡되는 것을 말한다. _옮긴이

의해, 그리고 유럽연합 회원국 지도자들로 구성된 유럽이사회European Council에 의해 행사된다.

하지만 상대적으로 약하던 이 연합은 회원국들에게 강제적인 규칙을 강요할 정도로 강해져서, 자국의 노동정책과 사회정책을 규정할 수 있는 각국의 주권적 권리를 제한해 왔다. 긴축예산을 편성하는 국가와 규제되지 않는 시장이 유럽연합의 기본 설정이자 이상이 되었다. 이 긴 여정은 특정 형태의 글로벌 정부가 시장에 대한 균형추일 수 있다고 생각하는 사람들에게 하나의 경고임에 틀림없다. 글로벌 거버넌스의 심화는 기업과 민간 금융세력이 이전 시대의 관리되는 자본주의의 잔존물을 해체하는 데 일조할 가능성이 더 크다. 이것이 바로 IMF, 세계은행, WTO, 그리고 점점 더 유럽연합과 같은 초국가적인 기관들이 이미 하고 있던 일이다.

전후 초기 시대 동안 유럽 프로젝트는 재화와 서비스의 거래를 위한 보다 자유로운 공동시장을 점점 더 큰 지역으로 확대하는 것과 강한 사회적 기준과 노동보호제도를 갖춘 국내 혼합경제를 보호하는 것 사이에서 균형을 잡는 것이었다. 유럽의 국민국가들이 사회적 보호의 원천이었다면, 유럽공동체는 그 협정의 시장 부분을 대표했다. 마스트리히트 이전 시대의 범유럽인들은 노동의 권리가 시장의 권리를 침해하고 있기 때문에 노동의 권리가 초국적 당국에 의해 철회될 필요가 있다고 주장하지 않았다.

마스트리히트 조약으로 유럽의 정치 리더십은 유럽연합을 확대하고 심화하는 데 전념하게 되었다. 이것은 더 많은 회원국과 공동체의 더 광범한 규칙들이 시장 자유화를 촉진해야 한다는 것을 의미했다. 하나의 연합된 국가라고 해도 거기에는 사회적 기준을 낮추어야 하는 아무런 논리적인 이유도 없다. 뉴딜 시대와 위대한 사회 시대의 미국은 그와 정반대라는 것을 입증했다. 노동자에게 조직화 권리를 보장하고 임금과 노동시간 법을 제정하고 사회보장제도를 시행하고 개인연금과 노동자 안전을 위한 국가규칙을 제정하는 것은 연방정부였다. 개별 주가 이러한 연방의 최소치를 넘어설 수 있었지만, 어떤 경우에도 연방정부는 노동자를 보호하기 위한 주 정부의 노력을 무력화하지 않았다. 하지만 미국은 하나의 진정한 정체였다.

진정한 정체가 되기에는 너무나도 모자라는 유럽연합은 결국 반대의 길로 나아갔다. 효율적인 시장을 명분으로 하여 제정된 연합의 새로운 규칙은 각국으로 하여금 사회적 기준을 낮추도록 강요했다. 새로운 유럽연합은 또한 공공 재화와 서비스의 민영화를 광범위하게 요구했고, 이것은 다시 임금과 노동 수준을 끌어내렸다. 이것 또한 원래의 협정에는 포함되어 있지 않았다. 1957년에 유럽연합의 전신인 유럽경제공동체를 창설한 로마조약은 제222조에서 "이 조약은 회원국들의 재산 소유 제도를 지배하는 규칙을 결코 침해해서는 안 된다"라고 명시적으로 규정했다.[2]

신생 유럽공동체가 강력한 국민국가들이 자국의 사회계약을 유지할 수 있는 여지를 많이 남겨두었던 그 시대에도 좌파와 우파 모두의 일부 사람들은 그 프로젝트가 어디로 나아갈 것인지를 예견했다. 그 시대의 핵심적인 자유지상주의 이론가인 프리드리히 하이에크Friedrich Hayek는 스스로를 유럽 연방주의자라고 선언했다. 그는 1939년에 다음과 같이 썼다. 연방의 수립에도 불구하고, "현재 각국 국가가 휘두르는 일정한 경제적 권력을 연방도 개별 국가도 행사할 수 없었다."[3] 이것이 바로 당시에 일어났던 일이다. 정치적 스펙트럼의 반대편에 있던 젊은 데니스 힐리Denis Healey 노동당 국제부장은 1950년에 다음과 같은 예언적인 경고를 했다. "정권 장악의 의지를 가진 사회당이라면 그 어떤 사회당도 국가 정책의 중요한 분야를 초국가적인 유럽 대표기관에 넘겨주는 제도를 받아들일 수 없었다. 왜냐하면 그러한 기관에서는 영원히 반사회주의자가 다수를 차지할 것이기 때문이다."[4]

1993년 이후의 유럽연합이 여성의 권리, 환경 보호, 소비자 보호와 같은 일부 분야에서 사회적 최저한도를 끌어올리는 세력의 하나였던 것은 사실이다. 또한 유럽연합 열광자들은 비록 유럽연합이 헝가리와 폴란드에서 일고 있는 우려할 만한 신파시즘 추이를 가볍게 처벌하고 용인해 왔지만 동유럽의 옛 소련 위성국가들에서는 기본적인 민주주의를 강화시켜 왔다고 믿고 있다. 그러나 노동에 관한 한, 유럽연합은 임금과 노동조합을 약화시키기 위해 적극적으로 노력해 왔다.

프랑스, 이탈리아, 스페인, 그리스와 같은 일부 국가에는 노동자들이 고용 가능성을 보장받기 위해 고용 보호를 내주는 거래를 하는, 보다 적응적인 자세를 보이는 노동시장의 사례도 존재한다. 이러한 종류의 일괄타결이 프랑스 대통령 에마뉘엘 마크롱Emmanuel Macron의 목표이다. 유럽에서 가장 역동적이고 평등주의적인 노동시장을 가진 나라들, 특히 덴마크와 스웨덴은 1980년대경에 바로 이 같은 정책을 고안했다. 이 두 나라는 스칸디나비아 사회민주주의의 중심에 있었다. 그러나 그러한 제도들은 해직 노동자들에게 일자리를 제공하고 재교육을 시키고 과도기의 생계를 지원하기 위한 상당한 액수의 공적 지출이 요구된다. 그리고 현시대를 특징짓는 긴축과 사회투자의 감소가 결합하면서 그러한 흥정은 이제 거의 불가능해졌고, 취약한 노동자들은 자신들이 그나마 가지고 있는 보호제도를 방어하는 수밖에 없게 되었다. 그러한 결합은 유럽에 미국 못지않게 유독한 정치적·경제적 환경 ─ 취업 기회의 감소, 일시 해고, 임금 삭감, 노동보호의 축소, 당연히도 불안한 노동계급 ─ 을 만들어낸다.

새로운 유럽연합: 자본을 해방시키고 노동을 억압하다

마스트리히트 이후 유럽연합의 구조는 자신의 집행부, 즉 유럽위원회에 회원국들에게 구속력을 가진 지침을 내릴 수 있는 권력을 부여하고 있다. 유럽사법재판소는 국내법의 효력까지 가지는 판결들을 내린다. 마스트리히트 조약의 핵심 헌법 조항은 유럽연합의 모든 회원국 내에서의 상품, 서비스, 자본, 사람의 자유로운 이동을 보장한다.[5] 이것은 유럽연합의 한 시민이 유럽연합의 어떤 나라에서도 자유롭게 일자리를 구할 수 있다는 것을 의미한다. 원칙적으로는 폴란드에서 프랑스로 이주하는 노동자들은 프랑스 노동자들과 동일한 보호를 받는다. 그러나 실제로는 그들은 훨씬 덜 보호받으며, 이는 프랑스 노동자들의 협상 지위를 약화시키고 있다.

2004년에 열 개 국가(키프로스, 체코공화국, 에스토니아, 헝가리, 라트비아, 리투아니아, 몰타, 폴란드, 슬로바키아, 슬로베니아), 그리고 2007년에 두 개 국가(루마니아와 불가리아)가 신규 회원국이 되면서 문제가 심화되었다. 이들 동유럽 국가 대부분은 통상 임금이 낮고 사회 보호나 규제 수준이 낮았으며, 중도우파 정부들이 자유시장에 헌신하고 있었다. 이들 자유시장 정부는 부분적으로는 소비에트 점령기에 대한 대중의 반발에서 비롯되었다. 공산당에 대한 혐오감은 종종 유권자들로 하여금 사회민주당에게도 회의적이게 만들었다. 그러나 중도우파 정책은 또한 낮은 길을 통해 경제발전을 이룩하기 위한 의도적 전략이기도 했다. 슬로바키아, 루마니아, 불가리아와 같은 국가들은 자국을 세금이 적고 규제가 약하며 노동력이 싼 나라라고 노골적으로 선전했다. 그리고 그 값싼 노동자들은 이제 자유롭게 서유럽으로 이주할 수 있게 되었다. 2007~2008년 금융 붕괴 직전에 폴란드와 같은 유럽연합의 새로운 회원국들에서 청년 실업률은 이미 20%를 넘어섰다. 대폭락과 전반적인 긴축정책이 뒤따르면서 실업률은 눈에 띄게 증가했고, 더 많은 사람이 서유럽으로 일자리를 찾아 몰려들었다.

지역 노동시장에 대한 이러한 압력은 동료 유럽인들과 관련되어 있다는 것에 주목하라. 동유럽에서 서유럽으로의 노동자 유입은 보다 최근에 중동과 아프리카에서 온 이민자와 난민들 — 합법적 또는 불법적 — 이 급증하기 훨씬 전에 일어났다. 이 사람들은 훨씬 더 쉽게 해고되고 일반적으로 훨씬 더 낮은 임금을 받고도 기꺼이 일한다. 2016년에 영국에서 있었던 유럽연합에 대한 반발과 브렉시트 투표는 대체로 무슬림이 아니라 동유럽 사람들을 겨냥한 것이었다.

1996년에 유럽위원회는 마스트리히트 명령을 수행하면서 '파견' 노동자'posted' worker에 대한 지침을 내렸다. 유럽연합 전문용어로, 파견 노동자는 한 국가에서 다국적 기업이나 민간 인력중개회사에 고용되어 다른 나라로 보내진 (파견된) 노동자들이다. 이들 노동자는 낮은 임금으로라도 일할 수 있기를 간청하며, 아주 갑작스러운 통고만으로도 자국으로 보내질 수 있다. 이와는 대조적으로 현지 노동자들은 자의적인 해고에 대한 노동조합의 항의와 보호 등 일련의 권리에 의해 보호받을 가능성이 크다.

2016년에 유럽연합은 파견 노동자 지침Posted Worker Directive: PWD이 20년 동안 미친 영향을 검토한 글을 발표하면서, 파견 노동자 지침의 목적을 다음과 같이 아주 분명하게 명시했다. "파견은 공정경쟁의 규칙이 지배하는 시장 환경에서 고용주들이 자유롭게 용역을 제공할 수 있다는 것을 표현하는 것이지, **노동자들이 동등하게 대우받을 권리를 수반하는 것이 아니다**[강조 추가]. 그 글은 계속해서 다음과 같이 쓰고 있다. "그러므로 파견 노동자들은 초대 국가의 노동자들과 비교하여 동등한 대우나 동등한 보수를 받을 어떠한 권리도 없다. 도리어 파견 노동자 지침은 회원국에게 일련의 노동 조건과 고용 조건을 구성하는 노동 권리 중 일정한 '핵심' 사항만 적용할 것을 요구한다."[6]

1996년의 지침은 강화된 경제통합의 필연적 결과가 아니었다. 유럽위원회는 (본인이 원한다면) 개인 이주 노동자들 또는 다국적 기업이나 임시직 인력중개업체에 의해 파견된 노동자들은 현지 시민들과 정확히 동일한 권리를 가져야 한다고 요구할 수 있었다. 그러나 이데올로기의 시류와 정치권력의 균형이 변화하면서, 유럽위원회는 그렇게 하지 않기로 결정했다.

파견 노동자 지침은 실제로 어떻게 작동하는가? 대기업을 위한 일자리들은 자주 하도급업체의 사슬을 통해, 때로는 임시직 인력중개업체를 이용하여 파견 노동자들로 채워진다. 미국의 '균열된' 작업장에서처럼, 노동 권리는 그 사슬의 아래쪽으로 내려갈수록 요구하기가 더 어려워진다. 외국인 노동자는 자주 현지 노동시장의 밑바닥으로 떨어져서 노동조합이나 감독기관에 의해 보호받지 못한다.

그 규칙하에서 계약자는 노동자가 출신 국가에서 내는 사회보장 기여금(일반적으로 낮은 액수의)만큼만 내면 된다. 프랑스나 독일 또는 네덜란드의 경우에 현지 노동자에 대해서는 동유럽 출신 노동자에 비해 약 25~30% 많은 사회보장 기여금을 내야 하기 때문에, 계약자는 계약 노동자를 통해 추가로 비용 이익을 얻는다.[7] 계약 노동자는 또한 고용주에 의해 파견되든 인력중개업체에 의해 고용되든 간에 자신이 받아야 할 임금을 편취당하기가 훨씬 더 쉽다. 이는 미국의 임시직 노동시장에서 벌어지는 임금 도둑질에 해당한다. 한 가지 공통적인 기법은 파견 노동자들에게 숙박비와 교통비를 과다 청구하거나 실제 노동시간에 대해 임금을 낮게 지급하는 것이다. 파견 노동자들은 유럽 시민으로서 원칙적으로는 자유롭게 그 일을 그만두고 다른 고용을 찾을 수 있지만, 일반적으로 10%가 넘는 유럽 실업률 때문에 대부분의 사람에게 다른 선택지란 거의 존재하지 않는다.[8]

게다가 서유럽과 북유럽에서는 단체교섭 능력의 많은 것이 비공식적이다. 고용주들이 노동자들의 수입과 권리를 희생시킴으로써 비용을 절감하여 이익을 얻지 못하게 만드는 것은 노동자들의 연대와 일치된 행동이다. 그러나 고용에 필사적이고 다른 언어로 말을 하고 자신들을 보낸 기업이나 계약업체에 휘둘리는 외국인 파견 노동자들은 현지 노동자 하위문화의 일원이 아니며, 현지 노동자들보다 보복에 훨씬 더 취약하다. 따라서 파견 노동자 지침은 직접적으로만 임금을 낮추는 데 기여하는 것이 아니다. 그것은 또한 노동인구를 분절시키고 기업 권력에 비해 노동 권력을 약화시킴으로써 간접적으로도 임금을 낮춘다. 파견 지침은 이미 축소된 유럽의 단체교섭 범위를 더욱 가속적으로 축소시키고 있다.[9]

이 이주노동 체계는 유럽연합의 어디서나 거래를 할 수 있는 회사의 자유와 결합하여 여러 악폐를 만들어냈다. 영국의 한 건설 프로젝트에서는 파리에 본사를 둔 주요 도급업체인 부이그Bouygues가 영국에서 일하는 피고용자들에게 영국 최저임금보다 적은 임금을 지급하는 폴란드와 포르투갈의 도급업체들에게 작업을 하청 주었다.[10] 아일랜드에서는 터키 건설회사의 아일랜드 자회사인 감마Gama가 발전소, 고속도로, 공공주택을 포함한 다양한 공공 프로젝트에서 건설 일을 할 터키 노동자들을 수입했지만, 그들에게 아일랜드 최저임금보다 훨씬 낮은 임금을 지급했다. 터키는 유럽연합의 회원국이 아니었지만, 유럽위원회의 파견지침은 수입 노동자를 착취로부터, 그리고 현지 노동자를 불공정 경쟁으로부터 보호하게 되어 있다. 여러 불만이 터져 나온 후에 결국 감마는 그 노동자들에게 미지급 초과근무 수당을 포함하여 연간 8000파운드를 지급했다. 또 다른 영국의 사례에서는 하도급업체가 헝가리 파견 노동자에게 영국 최저임금을 크게 밑도는 임금을 지급했고, 한술 더 떠서 그들의 월 순임금에서 관리비를 공제하기까지 했다.

디노트란스Dinotrans라는 독일-라트비아 인력중개업체는 라트비아에서 "국제 트럭 운송업에서 일할 숙련된 노동자가 부족하다"라는 주장을 내세워서 필리핀에서 노동자들을 모집했다. 그러나 그들은 라트비아에 오자마자, 운전기사로 유럽 전역에서 고용되었다. 그 계약업체는 그 운전기사들에게 시간당 약 2.36유로를 지급하고 있었는데, 그것은 당시 서유럽 임금의 약 4분의 1에 해당하는 금액이었다.[11]

미국에서는 이와 가장 유사한 사례가 H-1B 비자 프로그램이다. 이 프로그램은 기업들이 국내 노동시장에서 공급이 부족한 것으로 추정되는 일자리를 메우기 위해 외국인 노동자를 수입하는 것을 허용했다. 이 프로그램은 유사한 악폐를 만들어왔다. 고용주는 솔직히 대개 더 싼 노동자들을 원한다. 고용주가 괜찮은 임금을 지급한다면, 노동 부족은 실제로는 존재하지 않을지도 모른다. 하지만 미국에는 적어도 단일한 중앙 정부가 있고, 민주당과 조직화된 노동자들의 대항 압력이 그러한 비자의 총수를 연간 6만 5000명으로 억제했기 때문에 그러한 방식으로 누적된 노동자가 모두 합해서 약 100만 명 정도였다. 반면 유럽연합은 28개 회원국이 각각 다른 집행기준을 갖고 있어 악폐를 실행하기가 훨씬 더 쉽다. 그리고 그 숫자나 입국 기준에는 제한이 없다. 유럽의 파견 또는 합법적 이주 노동자들의 수는 수백만 명에 이른다.

또 다른 획기적인 지침에서 유럽위원회는 금융 서비스 및 노동 계약 서비스를 포함한 모든 종류의 서비스가 용역회사가 사업을 하고 있는 나라의 규칙에 의해서가 아니라 본사를 두고 있는 나라의 규제체제에 의해 관리되어야 한다고 규정함으로써 아래로부터의 경쟁을 부추겼다. 네덜란드 유럽연합 집행위원인 프리츠 볼케스테인Frits Bolkestein이 그 규칙을 입안한 이후, 이 규칙, 이른바 볼케스테인 지침Bolkestein directive은 정치적 소동을 불러일으켰다.[12] 그 지침의 초안은 2004년 초에 제출되었는데, 당시 규제와 노동기준이 낮은 새로운 10개 회원국이 유럽연합 가입을 앞두고 있었다. 볼케스테인 지침은 최소한 파견 노동자들에게 그들을 보낸 국가의 기본권을 부여할 것을 요구하는 파견 노동자 지침을 훨씬 능가하는 것이었다.

광범위한 공중이 강렬하게 항의하자 최종 서비스(볼케스테인) 지침은 수정되어 국가 규제의 여지를 남겨 놓았지만, 파견 노동자 지침, 서비스 지침, 마스트리히트 조약 그 자체는 서로 결합하며 유럽사법재판소가 단체교섭과 각국 노동 규제 모두를 심각하게 저해하는 판결을 내릴 수 있는 근거를 충분히 제공하고도 남았다.[13]

단체교섭 약화시키기

유럽사법재판소는 유럽위원회의 파견 노동자와 서비스에 관한 지침을 해석하면서, 마스트리히트 조약의 광범위한 조항들을 훨씬 뛰어넘는 수준으로 기업을 더욱 해방시켰고 회원국들이 자본의 권리와 노동의 권리를 균형 잡을 수 있는 능력을 저하시켰다. **바이킹** 판결Viking decision(2007년)은 핀란드와 에스토니아 사이에 연락선을 운항하는 핀란드 회사와 관련되어 있었다. 바이킹해운Viking Line은 유럽연합에 새로 회원국으로 가입한 에스토니아로 자신의 연락선의 '선적을 변경'한 후 값싼 에스토니아 노동력을 고용하기로 결정했다. 핀란드 노동조합은 집단행동으로 위협했지만, 유럽사법재판소는 노동조합의 압력은 회사 설립의 자유와 자유로운 노동 이동의 권리 모두를 침해하는 것이라고 판결했다. 노동조합은 계속해서 저항할 경우 금전적 손해에 대한 책임을 져야 했다.[14]

두 번째 예를 들어보자. 라트비아의 건설회사 라발Laval은 스웨덴의 박스홀름Vaxholm에 있는 공립학교를 재단장하기 위해 라트비아 노동자들을 파견하기로 계약했다. 라발사는 스웨덴의 건축 노동자조합과 노동협약을 맺는 것을 거부했다. 노동조합은 라발에 대항하는 조치를 취하기 위한 투표를 했는데, 라발은 먼저 스웨덴 법원에, 그다음에는 유럽사법재판소에 소송을 제기했다. 단체교섭은 스웨덴에 특히 잘 정착되어 있으며, 스웨덴 산업에서 광범위하게 받아들여지고 있다. 스웨덴 법은 그러한 상황에서 노동조합이 취할 수 있는 권리를 잘 확립해 왔다. 후일 '브리타니아법Lex Britannia'으로 알려진 1989년의 판결은 외국기업의 정책이 기존의 단체협약을 훼손할 경우 스웨덴 노동조합이 외국기업에 대해 조치를 취할 권리를 재확인했다. 그러나 유럽사법재판소는 **라발** 판결에서 스웨덴 노동조합의 모든 조치가 회사의 운영 자유를 침해한다고 판결했고, 또한 스웨덴 법이 유럽연합법과 일치하지 않는다고 판시했다. 라발 에피소드와 관련된 피해의 원천은 라발이 오랫동안 유지되어 온 경영 행동 규범 — 다른 기업들이 전례를 만들어온 — 을 위반한 것이었다. 엎친 데 덮친 격으로 스웨덴고용자연합Swedish Employers Confederation은 라발에게 소송을 제기하는 데 필요한 재정적 지원을 하기까지 했다.[15] 스웨덴에서조차 경영자와 노동조합 간의 신의를 지배하는 규범이 유럽연합의 규칙에 의해 급격히 부식되었다.

고임금 국가인 독일은 오래전부터 주 정부에게 부여한 권한을 통해 주 정부가 공공건설 프로젝트에 입찰하는 계약업체에게 노동조합과 협상한 현지 임금률을 지급할 것을 요구하는 규정을 법으로 제정할 수 있게 해왔다. 이것은 연방 건설업자에게 '통상 임금'을 지급할 것을 요구하는 미국의 '데이비스-베이컨법Davis-Bacon Act'에 상응하는 독일의 규정이다. '데이비스-베이컨법'은 공공사업에서의 단체교섭을 뒷받침하는 중심축이다.

하지만 유럽사법재판소는 독일의 니더잭슨Niedersachsen주에 대해 내린 역사적인 2008년 뤼페르트Rüffert 판결에서 이 일반적인 임금 요구가 상업과 노동의 자유라는 마스트리히트의 근본 교의에 위반된다고 판시했다. 이 판례는 독일의 계약업체 오브젝트 운트 바우레지Objekt und Bauregie와 관련되어 있었는데, 그 회사는 현지 교도소를 건설하기 위해 폴란드 하청업체를 고용했다. 그 하청업체는 다시 폴란드 노동자 53명을 데려와서 단체교섭 협정이 규정한 임금체계를 준수하겠다고 약속했지만, 실제로는 그들에게 규정된 임금의 절반도 안 되는 금액을 지급했다. 그 후 주 당국은 계약을 취소하고 계약상의 위약금을 지급할 것을 요구했다. 그 회사는 소송을 제기했다. 그 소송이 독일 법원을 통해 진행된 후, 유럽사법재판소는 회사에 유리한 판결을 내려 하나의 주요한 선례를 남겼다.

때로는 노동자 권력과 노동 연대가 낮은 길로 가려는 기업의 시도를 제압하기에 충분할 만큼 강력하기도 했다. 라이언에어Ryanair는 지난 10년 동안 규제 완화가 이루어진 유럽의 시장에 진출한 유럽 여러 저가 항공사 중 하나이다. 이들 항공사는 대부분 기존의 국적 항공사들보다 낮은 임금을 지급하지만, 여전히 각국의 최소 기준을 충족시킨다. 그러나 아일랜드에 본사를 두고 있으며 허세를 부리는 CEO가 운영하는 라이언에어는 최하층민을 등쳐먹는 회사 그 이상이다. 그 회사는 변동하는 수요에 따라 임금을 조정하고, 객실 승무원들은 다른 저가 항공사의 약 절반인 월 500유로라는 아주 낮은 임금을 받는다.

이 신생 항공사는 그 회사의 다른 노선 가운데서도 여전히 매우 강한 노동조합을 가지고 있는 나라인 덴마크에 취항한다. 2014년에 라이언에어가 코펜하겐 공항에 항공 기지를 만들어 덴마크에서 사업을 확장하고자 했을 때, 그 회사는 덴마크 노동조합과의 협상을 거부했다. 덴마크에서 피고용자들에게 당시 임금의 아주 작은 부분만을 지급하고 있는 라이언에어는 모든 피고용자가 오직 아일랜드 노동법에 따라 관리된다고 주장했다. 노동조합은 제안된 기지를 폐쇄하기 위해 전면적인 캠페인을 벌였고, 그것은 성공했다. 다른 전술들 가운데서도 그들은 라이언에어 항공기에 대한 서비스를 중단했다. 코펜하겐 시정부는 노동조합 보이콧에 협력했고, 시 공무원들이 라이언에어를 이용하는 것을 금지했다. 2015년의 역사적인 판결에서 덴마크 국가 노동법원은 노동조합이 덴마크법에 따라 자신들의 권리에 부합하는 행위를 했다고 판결했다.

라이언에어는 이 소송을 유럽사법재판소로 가져가겠다고 위협했다. 덴마크에서 라이언에어가 했던 행위가 덴마크 노동법의 여러 조항을 위반하고 **라발**과 **바이킹** 판결의 관대한 기준에도 훨씬 못 미치기 때문에, 회사가 이길 수 있을지는 분명하지 않았다. 그러나 라이언에어는 자신의 손실을 줄이기 위해 소송을 감행하기로 결정했다. 그 항공사는 여전히 코펜하겐을 드나들고 있지만, 풀 서비스 덴마크 기지를 세우려던 계획을 포기했다. 하지만 수십 년간에 걸쳐 일련의 공격을 당한 후에도 덴마크처럼 강력한 노동조합을 가진 나라는 거의 없다.

그러한 지침과 법원 판결의 전반적인 공세는 유럽의 단체교섭을 상당히 약화시켜 왔다. 일련의 일률적인 요구사항은 유럽의 오랜 전통을 훼손시켜 왔다. 유럽은 각국의 전통과 사회적 타협으로부터 발전해 온 노동법과 규범을 보유하고 있다. 이를테면 스웨덴과 덴마크 체계는 합의를 통해 성립된 협정에 크게 의존한다. 프랑스와 이탈리아 체계는 정부 규칙에 더 많이 의존한다. 그러나 모든 경우에서 브뤼셀이 강요하는 엄격한 지침은 노동자들을 대신하여 협상하는 노동조합의 힘을 약화시켜 왔다. 저임금, 노동조합의 약화, 노동자 보호의 축소와 같은 전략을 추구하는 데 여념이 없는 각국의 보수 정부는 유럽위원회의 신자유주의적 지침 및 유럽 고등법원의 지지 판결과 긴밀하게 협력해 왔다.

1990년대 이후 유럽 전역에서 노동조합 조합원의 수와 노동조합 단체협약의 적용을 받는 노동자의 범위 모두가 줄어들어 왔다. 스웨덴, 덴마크, 핀란드는 여전히 약 70%의 노동조합 조직률을 보이고 있는데, 이는 그 비율이 약 90%였던 20년 전과 비교해도 그렇게 크게 줄어든 것은 아니다. 독일에서는 노동조합 조직률이 18%까지 내려가 거의 절반으로 떨어졌다. 프랑스의 노동조합 조직률은 8%에 불과하다.

하지만 미국과 대조적으로 유럽 대부분에서는 노동조합이 협상을 통해 이끌어낸 단체협약이 유사한 상황에 있는 노동자들 모두에게 적용된다. 따라서 단체협약이 적용되는 범위의 비율은 노동조합 조직률을 상회한다. 그러나 단체교섭에 대한 지속적인 공격 앞에서 이런 종류의 보호는 시간이 지남에 따라 줄어드는 경향이 있다. 노동조합원의 감소는 노동조합 수입의 감소, 활동가 조합원의 감소, 전반적인 연대의 감소, 협상 지렛대의 약화를 낳는다. 유럽연합이 가하는 다중적인 제약은 일부 국가의 국가정책과 결합하며 노동조합원의 수와 단체교섭의 적용 범위 모두를 축소시켰다. 오스트리아, 벨기에, 프랑스, 스웨덴, 핀란드에서는 전체 노동자의 약 90%가 여전히 단체교섭의 적용을 받고 있지만, 노르웨이, 독일, 스페인, 영국에서는 50%가 안 되는 노동자만이 단체교섭의 적용을 받고 있다. 그러나 적용 범위는 모든 곳에서 축소되고 있으며, 협약은 이전에 비해 노동자들을 잘 보호하지 못한다.[16]

유럽에서는 2008년 이후 유럽중앙은행과 IMF로부터 긴급대출을 받은 남부 유럽 국가들에서 단체교섭 적용 범위가 가장 극적으로 축소되었다. 이들 기관은 대출을 지렛대로 이용하여 노동보호를 급격히 줄일 것을 요구했다. 그리스, 스페인, 포르투갈에서는 2007년에서 2015년 사이에 단체교섭이 적용되는 범위의 비율이 약 절반으로 줄었다.

노동조합의 약화는 임금의 상실과 소득 불평등의 확대를 의미한다. 1980년에서 2012년 사이에 세계 총소득 중 노동의 몫은 62%에서 53%로 떨어졌고, 노동소득의 불평등도 확대되었다.[17] 소득 불평등은 터키를 제외하고는 모든 OECD 국가에서 증가했다. 터키가 아주 약간 줄어들었으나, 그 통계치는 다른 나라들에 비해 신뢰성이 떨어진다. 소득 불평등의 증가는 미국과 멕시코에서 가장 극적이었는데, 이들 나라는 처음부터 불평등이 더 심했다. 스웨덴과 핀란드에서도 소득 불평등이 심화되었는데, 그 나라들은 효과적인 평등화 메커니즘이 지구화로부터 공격을 받았기 때문이다. 노르웨이와 덴마크에서도 불평등이 낮은 수준에서 소폭 증가했다. 표준 척도인 지니계수를 이용하면, 노르웨이와 덴마크의 불평등은 약 0.22에서 0.25로 높아졌다. 이에 비해 미국과 멕시코의 지니계수는 0.40과 0.50이다.

중간 임금의 3분의 2 미만을 지급받는 노동으로 정의되는 저임금 노동은 스칸디나비아와 프랑스에서는 그 비율이 10% 이하에 머물러 왔지만, 유럽의 거의 모든 나라에서 증가해 왔다.[18] 괜찮은 임금을 받는 노동자의 비율과 단체교섭 협약을 적용받는 비율 간에는 밀접한 상관관계가 존재한다.[19] 노동자의 80% 이상이 단체협약의 적용을 받는 덴마크와 프랑스의 경우, 표준 이하의 임금을 받는 비율이 각각 8%와 11%이다. 독일에서는 노동자의 약 60%가 노동협약의 적용을 받고 있는데, 저임금 노동의 비율이 22%까지 상승하고 있다. 12%만이 단체교섭의 적용을 받는 미국에서는 25% 이상이 저임금 노동에 종사하고 있다.[20] 그 역학관계는 직접적이기도 하고 간접적이기도 하다. 노동조합이 약한 곳에서는 더 소수의 노동자가 직접 보호를 받을 뿐 아니라, 노동조합이 정치와 정책 전반에 미치는 영향도 적다.

민영화 강요하기

균일한 유럽 내부 시장을 창출하려는 노력과 함께 유럽연합 회원국들은 국영 우체국, 철도 서비스, 가스, 전기, 통신, 폐기물 관리, 지하철,

버스 등과 같은 잘 확립된 공공 서비스를 민영화하라는 압박을 받았다. 네트워크 유지는 정부가 책임을 져야 하지만 민간부문 공급자나 사업자가 그 네트워크를 놓고 자유롭게 경쟁해야 한다는 논리였다. 영국에서 대처 정부가 공공자산을 광범위하게 매각한 것과 같은, 국가가 기존에 실행한 민영화 정책들은 매우 다양한 기록을 만들어냈다. 민간 구매자는 자주 빨리 수익을 내기 위해 애썼고, 국가로부터 구매한 사회기반시설에 대해 제대로 투자를 하지 않아 납세자와 지방세 납세자가 손실을 메우게 되었다. 런던 지하철은 여러 차례의 민영화를 거친 후 유럽에서 지하철 요금이 가장 비싸졌다.

하지만 1992년 유럽 단일시장을 창설한 이후 권력을 쥔 유럽연합 지도자 세대는 실질적인 민영화가 경쟁을 촉진하며 민간기업은 마스트리히트 조약에 따라 공공부문과 경쟁할 권리를 가진다고 결론지었다. 이를테면 1991년 지침은 각국 정부에 국가 철도망에서 실질적인 민간 경쟁을 허용할 것을 요구한다. 2010년에 유럽위원회는 유럽사법재판소에 앞서 그 지침을 철저히 준수하지 않은 13개 회원국에 대한 법적 조치를 개시했다. 민영화를 원하는 각국의 보수 정부는 유럽연합의 규칙을 거론할 수 있게 되었다.

다른 지침들은 전기와 가스(1996), 그리고 우편 및 통신 서비스(1997, 2002, 2008)의 실질적 민영화를 명령했고, 모든 유럽연합 회원국에 그러한 공공 네트워크를 민간 사업자에게 개방하기 위한 규제 완화 일정을 수립할 것을 요구했다. 여기서 다시 한번 주목해야 할 것은 단일시장의 창출이 공공 서비스의 민영화를 요구하지는 않았다는 점이다. 미국은 단일시장이다. 그리고 미국에서 무엇을 민영화할 것인가에 대한 논란은 하나의 대륙 시장이 내재적으로 민간 우편 서비스를 요구한다는 주장에 근거해서가 아니라 이데올로기에 근거하여 이루어져 왔다. 유럽 국가들은 공공 우편 서비스, 철도 서비스, 기타 공공재를 쉽게 공적으로 유지할 수 있었다. 그러나 1993년 이후 권력을 장악한 중도우파와 중도 좌파의 자유시장주의자들은 단일시장이 광범위한 민영화를 요구한다고 스스로 확신했다.

관련 기록들을 살펴보면, 논자들은 공공재의 상품화가 순효율성을 증대시키는지 아니면 단지 소비자와 노동자를 희생시켜 초과 이윤을 얻고 임금을 삭감할 뿐인지를 놓고 여전히 다툼을 벌이고 있다. 연구들은 민간부문 관리에 관한 전문지식과 경쟁에서 얻는 이득이 자주 부패와 네트워크의 파편화, 그리고 비효율성에 의해 상쇄된다는 것을 발견해 왔다.[21]

브리티시 레일British Rail은 1994년에 존 메이저John Major의 보수당 정부에 의해 민영화되었고, 그 결과 전반적으로 덜 효율적인 서비스, 더 높은 가격, 그리고 더 적은 임금을 낳았다. 2003년부터 2006년까지 민간 철도 프랜차이즈인 코넥스Connex가 공적 소유로 복원되면서 성능과 승객 만족도가 향상되었다. 2009년에 영국에 이스트 코스트East Coast 철도 네트워크가 재국유화된 후, 그 철도망은 영국에서 가장 효율적인 철도 시스템이 되어 정부에 수억 파운드를 반환했다. 2015년에 그 시스템이 보수당 정부에 의해 다시 민영화되자 일부 노선의 승차권 가격은 두 배로 뛰었고 공중의 만족도도 떨어졌다.[22]

그러나 민영화를 선의로 해석한다고 하더라도, 민영화가 노동에 대해서는 대단히 파괴적이었다는 사실에는 이론의 여지가 없다. 우편 서비스를 살펴보자. 국가정책의 물결 속에서 우편 서비스는 우편 금융을 시작으로, 다음에는 배달과 소포 서비스, 그리고 그다음에는 기업과 소비자 간 우편을 점차 민간 경쟁에 개방했다. 전통적인 우체국을 위해 마련된 서비스는 2011년에 유럽위원회 지침에 의해 점차 축소되었다가 없어졌다. 공공 우편 서비스의 강한 전통을 가지고 있던 독일과 프랑스 같은 몇몇 나라는 민간 계약업체들의 침입에도 불구하고 그것에 강력하게 맞서서 전통적인 우체국을 어떻게든 유지했다. 네덜란드와 같은 나라는 민영화를 열광적으로 받아들였다. 새로운 경쟁자들이 보편적인 우편 서비스의 전통을 희생시키면서 기업 고객과 인구 밀집 지역에 서비스를 집중함에 따라 전통적인 서비스는 악화되었다.

노동자들에게 이러한 변화는 괜찮은 공무원 급여와 사회보험을 제공받는 풀타임 일자리를 잃는 것을 의미했다. 3만 4000개의 일자리가 사라진 네덜란드에서는 우편 부문의 급여가 평균 40%가량 하락했다. 풀타임 직책은 시간제 일자리로 대체되었으며, 그중 상당수는 배달 물량에 따라 급료를 받고 때로는 최저임금보다 더 적게 버는 프리랜서 배달원들에게 돌아갔다. 더 낮은 비용으로 더 나은 서비스를 제공하겠다는 약속은 실현되지 않았다. 관할 지역을 잘 알고 있는 전문 우편배달원들은 자주 서로의 배달구역을 왔다 갔다 하며 배달하는 프리랜서 배달원들로 대체되고 있다. 그리하여 네트워크 효율성과 전문성은 저임금 모델 — 비용 면에서 더 효율적이지도 않으면서 노동자와 소비자 모두에게 해가 되는 — 에 희생되었다.

다른 나라에서 겪은 경험도 비슷했다. 독일 우편배달원의 임금은 2001년 우편 경쟁을 도입한 이후 약 30% 하락했다. 오스트리아에서는 25% 줄었다. 전통적인 우체국은 일반적으로 노동자를 대표하는 노동조합과 단체교섭 협약을 체결하는 반면, 이 새로운 분절된 우편 서비스 구조는 일반적으로 단체협약을 금지하고 있다. 저가 경쟁업체들은 전통적인 우체국이 기술에 막대한 투자를 했던 부분에 저기술 모델과 하청 업체 사슬을 적용하는 경향이 있는데, 이 하청 사슬은 자영 파트타임 운전기사에게서 끝이 난다.[23]

유럽 국가들이 다양한 공공기관을 민영화했을 때, 그 공공기관의 매입자들은 빈번히 해외 헤지펀드나 사모펀드 회사였고, 이들 금융 플레이어는 전후 유럽의 이해당사자 자본주의 모델 — 노사협력, 기술적 우수성, 고임금 일자리의 창출과 보전을 높이 평가하는 — 에 거의 공감하지 않고 빨리 투자수익을 회수하기 위해 애썼다. 하나의 전형적인 사례가 덴마크 국영 전화회사인 TDC의 민영화이다. 이 조치는 1994년에 유럽위원회의 압력에 의해 광범한 내각 토론을 거친 후에 사회민주당 정부에 의해 취해졌다. 당시 총리였던 포울 뉘루프 라스무센Paul Nyrup Rasmussen에 따르면, 그것은 그의 9년 임기 중 최악의 실수 중 하나였으며, 그가 재선에서 대가를 치러야 할 수도 있었다.[24]

2005년 12월에 TDC는 블랙스톤 그룹Blackstone Group과 콜버그 크래비스 로버츠Kohlberg Kravis Roberts를 포함한 다섯 개 사모펀드 그룹 컨소시엄에 재매각되었다. 일반적으로 사모펀드 매입자는 플러스 현금 유출입이 아주 많고 가치 있는 자산을 보유한 회사를 찾는다. 그 현금과 자산은 새로운 소유자에게 돌아갈 수 있다. 따라서 잘 운영되는 전화회사는 아주 좋은 대상이다. 라스무센이 설명했듯이, "사모펀드와 전화회사의 결합보다 더 나쁜 결합을 상상하기란 어렵다. 전화회사는 기술 개선에 계속해서 투자해야 하기 때문에 상당한 자본이 필요하다. 사모펀드는 그 자본을 빼어내는 데 관심이 있다."[25] TDC를 매입한 사모펀드 컨소시엄은 그 회사의 매입 자금의 약 80%를 차입하여 TDC의 대차대조표를 악화시키는 새로운 부채를 만들었다. 그 회사의 재정 상태는 새 소유주들이 56억 유로의 현금 배당금 지급을 스스로 의결했을 때 더욱 악화되었다.

TDC는 사모펀드에 인수되기 전에는 약 80%의 자기자본과 20%의 부채, 그리고 신기술에 투자할 풍부한 자금을 가진 건강한 대차대조표를 갖고 있었다. 인수 후에는 그 회사의 총자산 대비 부채비율이 80% 이상까지 올라 채무변제비용이 증가했고, 신용등급 강등까지 초래되었다. 수백 명의 노동자가 일자리를 잃었다.

이 선례는 덴마크 노사관계의 핵심 원칙 자체를 위협하는 것이다. 덴마크에서 사업 조건에 의해 요구되는 해고는 소유주들이 선의로 운영하는 한 전통적으로 노동조합에 의해 용인되어 왔다. 그러나 TDC의 경우에 해고는 대부분 사모펀드 소유주들이 불로소득을 위해 자산을 빼돌린 결과였다. 역외 사모펀드가 이 모델을 덴마크 산업의 광범위한 부문에 도입할 경우, 사회적 모델 전체가 위험에 처한다.

한 상징적인 사건을 살펴보자. 덴마크 사회민주당 정부는 실제로 2014년 재무장관과 골드만삭스 간의 달콤한 사모펀드 거래로 붕괴되었다. (새로운 글로벌 경제의 작동방식에 대한 상징과 실제 모두를 이보다 더 생생하게 보여주는 사건은 없다.) 당시 정부는 사회민주당 총리 헬레 토르닝-슈미트가 중도 정당과 좌파 덴마크 민중당의 지지에 의존하는 3당 연합정부였다. 그 거래에는 국영 에너지 회사인 DONG의 주식 18%를 감정사들이 시장보다 훨씬 낮게 평가한 가격으로 골드만삭스에 매각하는 것이 포함되어 있었다. 좌파 정당은 격분하여 연정에 대한 지지를 철회했다. 정권이 무너지고, 새 선거가 치러지고, 우파가 다시 권력을 잡았다. 그런 다음 2016년에 골드만삭스가 (기업 공개를 위해 IPO에) 주식매각을 추진했을 때, 골드만삭스는 2014년에 자신이 정부로부터 그 회사 주식의 18%를 매입했을 당시의 평가액의 약 3배에 달하는 가치로 회사를 평가했다. 그리하여 골드만삭스는 사회민주당 정부와의 내부자 거래 덕분에 3년도 채 되지 않아 투자한 돈의 대략 세 배를 벌어들였다.[26]

유연성 논쟁

노동세력을 약화시키기 위한 조처를 강요하는 근거 중 많은 것이 유럽의 노동시장이 지나치게 경직되어 있다는 주장 — 이는 노동자들이 너무나도 많은 보호를 누리고 있다는 말을 세련되게 표현하는 방식이다 — 에 기초한다. 노동시장 유연성의 필요성은 IMF, 세계은행, OECD의 일련의 보고서에서 오랫동안 끈질기게 제시해 온 테마였다. 여기에서 유연성이란 노동자를 더욱 생산의 다른 요소처럼 취급해야 하고 노동 가격은 시장에서 결정되어야만 하고 노동자들의 스킬은 변화하는 수요에 적응해야만 한다는 것을 의미한다. 정통경제학에 따르면, 노동의 '가격'(임금)이 시장이 결정하는 가격에 더 근접할 때 경제는 더욱 효율적으로 운영된다. 장기 노동 계약이나 자의적 해고로부터의 보호와 같은 조처들은 노동시장을 덜 유연하게, 따라서 덜 효율적이게 만들 수 있다. 하지만 앞에서 지적한 바와 같이, 경기 침체가 극심한 상황에서 노동자들을 더 쉽게 해고하거나 그들의 임금을 삭감하는 것은 거시경제적 구멍을 더 크게 만들 뿐이다. 가격 효율성에서 얻는 이득은 집합적 수요에 대한 손실을 벌충하지 못한다. 반대로 경제적 측면에서 고용 수준이 높고 노동자의 구매력이 풍부하고 많이 생산하는 공정한 선순환 구조를 누리고 있던 전후 시대에는 잘 보호받는 노동자들이 거시경제에 아무런 해를 끼치지 않았으며 오히려 도움을 주었을 가능성이 크다.

유연 노동시장이 분명하게 이익이 되는 경우는 오직 그것이 무자비한 노동자 임금 삭감으로 이어지지 않을 때이다. 하지만 아이러니는 유럽의 가장 생산적이고 평등주의적인 사회들은 오랫동안 그러한 체계를 가지고 있었다는 것이다. 그 체계는 지금은 유럽위원회의 지침, 유럽 고등법원의 판결, 일부 회원국 정부의 신자유주의 정책으로부터 공격을 받고 있다. 그 체계는 '적극적 노동시장 정책'이라는 이름으로 통한다.

스웨덴식과 덴마크식이 있는 이 접근방식은 이들 나라의 합의적 사회협상consensual social bargaining 전통에서, 그리고 매우 경쟁적이고 개방적인 수출 경제를 노동자들에 대한 경제적 보호와 조화시킬 필요성에서 비롯되었다. 스웨덴의 독창적인 체계는 실질적으로 노동조합 경제학자들의 작품이었다. 그들은 세 가지 과제와 씨름했다. 첫째, 스웨덴 수출에 대한 수요가 스웨덴의 통제를 벗어나 있는 경제 상황에 실질적으로 의존하고 있는 상황에서 스웨덴이 경기순환의 성쇠를 통해 완전고용 또는 거의 완전고용을 유지할 수 있는 방법은 무엇인가? 둘째, 조정의 부담을 노동자에게 떠넘기지 않으면서, 스웨덴 노동인구의 스킬과 스웨덴의 기술진보를 가능한 한 최첨단으로 유지할 수 있는 방법은 무엇인가? 셋째, 시장 세력이 공급이 부족한 숙련 노동자에게 덜 숙련된 노동자보다 훨씬 더 높은 급료를 지급하는 경향이 있을 때, 어떻게 평등주의 경제를 유지하고 심화시킬 수 있는가?

스웨덴 노동조합연맹Swedish Trade Union Confederation과 함께 일하는 두 명의 뛰어난 스웨덴 경제학자 에스타 렌Gösta Rehn과 루돌프 메이드네르Rudolf Meidner는 사회민주당이 스웨덴 정치를 지배했던 긴 반세기 동안 이

난제를 해결하고 스웨덴 경제를 실질적으로 규정한 하나의 전략을 찾아냈다. 첫째, 실업 수준이 낮을 때, 노동조합은 더 큰 사회적 협상의 유능한 담당자로서 노동력 부족을 이용하고 싶은 유혹을 견뎌내고 임금 인상 요구를 자제했다. 그리하여 임금 인상은 제한적이었고 저임금 노동자를 중심으로 이루어져서, 스웨덴 임금 격차가 축소되었다. 이것은 연대 임금 정책solidarity wage policy으로 알려졌다. 이 같은 노동조합의 임금 인상 자제wage restraint 약속으로 정부는 경색된 노동시장이 인플레이션을 일으키지 않을 것이라고 확신하고 꽤 활발한 거시경제 정책을 실행할 수 있었다.

둘째, 실업이 증가했을 때, 정부는 AMS로 알려진 노동시장위원회 체계를 통해 광범위한 재교육, 임시 공공고용, 임금보조금을 지원했다. 노동자들은 안식 기간을 가지면서 실업수당으로 받는 공공 자금을 낭비하는 대신 최신 기술을 배울 수 있었다. 적극적 노동시장 정책도 지역 개발 정책의 도구로 활용되었다. 특정 부문이나 지역 경제가 하락세일 때, 노동시장위원회는 숙련 노동자 풀이 흩어지게 놔두기보다는 새로운 산업을 유치하고 노동자들을 생산적으로 고용하기 위해 훈련 기금, 그리고 심지어는 임금보조금을 사용할 수 있게 해주었다.

새로운 개념과 용어가 노동시장 어휘에 진입했다. 스웨덴 사람들은 '임금 인상 자제'와 '연대 임금 정책'과 같은 새로운 관념 외에도, 적극적 노동시장 정책이 실행되지 않을 때 초래될 수 있었던 실업률로 정의되는 '가능 실업open unemployment'률이라는 말도 사용했다. 특정 시점에 가능 실업률이 8%였다면, 실제 실업률은 4% 미만이었다. '임금 드리프트Wage drift'는 전국 노동조합과 고용주가 합의한 목표치를 초과해서 임금 인상에 합의한 지역 단체교섭 합의를 가리킨다. '정상조직'은 이러한 조합주의적인 사회적 협상을 하는 전국 대표기구들을 지칭했다.

이 모델을 통해 스웨덴은 완전고용 또는 그에 근접한 고용을 유지하는 한편, 노동자들은 시간이 지남에 따라 점점 더 경쟁력이 있게 되고 또 풍요로워졌다. 경제 전체가 더 평등해졌고 생산성도 높아졌다. 스웨덴 고용자연합은 그 전략을 도입하고 다듬는 데 도움을 주었다. 수십 년 동안 이 경제 모델은 예스타 에드그렌Gösta Edgren, 카를 올로프 팍센Karl Olof Faxén, 그리고 크라스-에리크 오드네르Clas-Eric Odhner의 머리글자를 따서 EFO라고 불렀다. 이들은 각기 당시 사무직 노동자, 고용주 연합, 블루칼라 노동자 노동조합을 대표하는 경제학자였다. 이 세 사람은 심지어 그 모델이 어떻게 작동하는지에 대한 책을 공동으로 집필하기도 했다.[27]

이에 대응하는 덴마크 모델은 고용주가 마음대로 노동자를 해고하는 것을 허용하는 이례적이고 반反직관적인 조항을 포함하고 있다. 덴마크 노동조합들은 적극적 노동시장 정책의 체계가 지닌 능력을 매우 확신했기 때문에 그 권리를 강력하게 지지했다. 그 대가로 고용주들은 재교육에 소요되는 상당한 비용을 지원했는데, 이 비용은 사실상 자신들의 피고용자들에게 주는 보조금이었다. 덴마크 체계가 정점에 있었던 1990년대에 덴마크는 전체 GDP의 약 4.5%를 적극적 노동시장 정책에 썼다(미국에서는 그것에 해당하는 비용이 연간 7000억 달러 규모였다). 노동자들은 자신들의 이전 임금의 95%까지 급료를 받으며, 4년씩이나 교육 또는 재교육을 받을 자격을 부여받았다. 그들은 그 시간을 한가롭게 노는 데가 아니라 새로운 일을 하기 위한 기술을 배우는 데 쓸 것으로 기대받았다. 이 전제는 스칸디나비아의 노동조합들에 의해 강력하게 지지받아 왔다.[28]

덴마크 체계는 스웨덴과 마찬가지로 특정 일자리의 안정성과 고용

안정성을 분리하여 다룬다는 핵심 원리에 기초하고 있다. 논리적으로 상호 연결된 다섯 가지 핵심적 특징이 노동자에게 매력적인 동시에 사회에도 역동적인 모델을 만들어냈다. 그 다섯 가지 특징이 바로 완전고용에 대한 국가의 헌신, 사회적 파트너로 인정받는 강력한 노동조합, 서로 다른 분야 간의 꽤 동등한 임금(이는 제조업에서 서비스 부문 일자리로의 전환이 임금 삭감을 수반하지 않게 해준다), 종합적인 최저 소득 기준, 그리고 일련의 적극적인 노동시장 프로그램이었다. 이러한 프로그램들은 덴마크 노동인구로 하여금 평생 기술을 업그레이드하는 데 많은 투자를 할 수 있게 해주고, 직업을 바꾸는 것에 대해 매우 편안해할 수 있게 해준다.

노동시장 경직성 가설이 타당성을 갖는 경우는 법 또는 노동조합 계약이 노동자를 해고하는 데 엄청나게 많은 비용이 들 때이다. 이는 프랑스와 이탈리아 같은 일부 국가에서는 실제로 문제이며, 아마도 틀림없이 고용주들로 하여금 장기적 일자리를 창출하지 않게 만들 것이다(하지만 그러한 보호가 전혀 없는 나라에서도 동일한 임시직 패턴이 분명하게 드러나고 있다). 그러나 유럽에서 노동 이직률이 가장 높은 나라는 현재 일자리에 대한 집착을 보호하기보다는 **취업능력**employability을 사회화한 덴마크이다. 덴마크 사람 세 명 중 한 명은 매년 일자리를 바꾼다. 그리고 고용주들은 자신들이 원하는 대로 자유롭게 노동자를 배치하지만, 모든 덴마크 사람은 후한 사회보장 혜택을 받을 자격을 부여받고 있다. 따라서 열등한 임시직 산업이 전혀 필요하지 않기 때문에 그러한 산업은 존재하지 않는다. 대부분의 다른 나라에서는 불안정한 단기 계약 고용이 증가해 온 반면, 덴마크에서는 임시직 계약자의 수가 1980년대 중반 이후 감소했다. 대부분의 다른 OECD 국가들에서는 일단의 중년층이 장기 실업 상태에 갇혀 있다면, 덴마크에서는 실업자의 대부분이 6개월 만에 다시 일터로 돌아오고 장기 실업자의 수가 점점 줄어들고 있다.

따라서 유럽위원회, OECD, IMF가 더 많은 노동시장 유연성을 강박적으로 요구해 왔지만, 북유럽 국가들은 국가경쟁력뿐만 아니라 노동자들에게도 혜택을 주는 방식으로 **이미 더 유연한 노동시장을 발명했다**. 1990년대에 이 접근방식은 '유연안전성flexicurity'*이라고 재명명되었다. 이는 네덜란드 사회학자**가 네덜란드가 지닌 다소 다른 체계를 설명하기 위해 고안한 용어로, 파트타임 노동자들에게 노동기준을 확대하는 것과 더 관련되어 있다.

국제기구들은 원칙적으로는 안전성과 유연성이 서로 어우러진 사회적 협상 개념을 채택했지만, 그들이 요구하는 항목을 세세하게 들여다보면 안전성을 희생하는 유연성이 전부였다. 유럽위원회와 IMF의 안정화 프로그램은 안전성 부분에 대해서는 침묵하고 있다. 유럽위원회와 IMF의 지침과 유럽사법재판소의 판결은 스칸디나비아 국가들이 자국의 사회계약을 중개할 수 있는 능력을 침해해 왔다. 그 결과 유럽위원회, IMF, 그리고 유럽사법재판소의 조치들은 거꾸로 노동시장 유연성과 노동자의 지속적인 기술 향상을 결합시킨, 세계에서 가장 독창적인 체계를 훼손시켜 왔다.

얼마 전에 스칸디나비아 국가들의 사회민주주의를 연구하는 사람들은 이 작은 나라들이 글로벌 무역에 개방되었음에도 불구하고 여전히 수입된 신자유주의로부터 자국의 국내 사회정책을 보호하여 유지할 수

---

*   고용의 유연성(flexibility)과 안전성(security)을 조합한 용어 _옮긴이

**   네덜란드 암스테르담대학교 진츠하이머연구소 선임연구원 톤 빌타헌(Ton Wilthagen)을 말한다. _옮긴이

있다는 사실에 경탄하지 않을 수 없었다. 일부 학자들은 개방에 대해 대중이 동의할 수 있게 해준 것은 바로 사회적 완충장치였다고 주장했다.[29] 그러나 오늘날에는 노동의 권리를 약화시키고자 하는 전 지구적 압력이 맹렬해지고 편재하기 때문에 그러한 주장을 펼치기가 훨씬 더 어려워졌다. 오늘날에는 스칸디나비아 국가들조차도 신자유주의 바다 가운데서 사회민주주의의 섬으로 존재하는 것이 더욱더 어려워지고 있음을 발견한다(283~289쪽을 보라). 권력은 글로벌 시장과 (각국 정부가 공동시장에 반발할 수 있는 여지를 주기보다는 시장의 명령을 따를 것을 강요하는) 초국적 기관들 쪽으로 이동해 왔다. 좌파 정부들도 중도로 이전하면서 새로운 경제적·정치적 압력을 수용해 왔다.

긴축과 임금 억압

2007~2008년의 금융 붕괴는 유럽연합과 IMF에게 유럽연합의 더 취약한 회원국들을 대상으로 신자유주의 정식과 임금 억압을 강요할 지렛대를 훨씬 더 많이 제공해 주었다. 뉴욕과 런던 금융시장에서 시작된 공황은 유럽대륙으로 빠르게 번져나갔다. 하지만 유럽인들은 잘못된 정책들로 인해 초래된 유럽연합의 구조적 약점 때문에 더욱 심화되고 더욱 연장된 불황과 더 높은 실업을 겪었다.

미국에서는 당파적인 악감정과 방해에도 불구하고, 2009년 초에 오바마 행정부는 의회로부터 거의 1조 달러에 가까운 경기부양책을 승인받을 수 있었다. 연방준비제도이사회/재무부가 부실은행에 대해 긴급 금융 지원을 하고 정부가 자동차산업을 구제할 수 있는 입법조치가 이루어졌고, 뒤이어 연방준비제도이사회가 금리를 제로로 유지하기 위해 재무부 채권을 기록적인 양으로 매입하는 정책이 실행되었다. 이러한 일련의 정책이 널리 공유되었던 번영을 회복시키지는 못했지만, 미국이 더 깊은 불황에 빠지는 것을 막아주었고, 마침내 경제가 (계속되는 불평등과 함께) 회복되었다.

유럽에서는 이와 유사한 일이 전혀 일어나지 않았다. 그 이유 중 하나는 유럽연합의 거버넌스가 28개 회원국에 분절되어 있었고 연합 수준에서 경기부양책에 대한 요구가 없었기 때문이다. "우리는 이전 연합 transfer union이 아니다"라는 말이 유럽의 보수적 지도자들 사이에서 하나의 구호가 되었다. 게다가 유럽중앙은행은 사실상 무제한의 채권 매입에 관여할 수 있는 연방준비제도이사회 같은 힘도 가지고 있지 않았다. 유럽연합의 가장 강력한 회원국인 독일은 유럽중앙은행이 구제를 확대하는 것에 완강하게 반대했고, 그 위기를 적자에 더욱 관대했던 다른 회원국에 독일식 예산 긴축을 강요하는 기회로 삼았다.

또 다른 구조적 결함은 유로화가 가진 약점이었다. 대륙이 겪는 만성적인 통화 불안의 궁극적인 해결책으로 의도된 단일 통화는 2002년에야 통상적으로 유통되었다. 유로화의 등장으로 투자자들은 엄청난 판단 착오를 범했다. 이제 모든 회원국의 채권이 유로화로 표기되었기 때문에, 거기에는 더 이상 통화 평가절하의 위험이 없었다. 따라서 투자자들은 한 국가의 채권이 다른 국가들의 채권과 다를 바 없다고 생각했다. 그들은 더 무서운 채무 불이행 위험을 간과했다.

2002년 이전에는 이탈리아, 스페인, 그리스와 같이 더 약한 통화를 가진 나라의 정부들은 그간의 평가절하의 역사 때문에 자신들의 국채를 팔기 위해서는 더 높은 이자율을 제시해야만 했다. 그러나 유로화와 함께 매우 안전한 독일 채권과 남유럽의 더 위험한 채권 간의 금리 폭은 1%포인트 이하로 줄어들었다. 약간의 프리미엄을 틈타 그들 나라에 자본이 밀려들었다. 싼 자본이 갑자기 투자 붐에 불을 지폈는데, 이러한 붐은 나중에 거품으로 인식되었다. 과잉 건설은 특히 스페인, 아일랜드, 그리스에서 만연했다. 거품이 꺼질 때, 정책 입안자들은 선택권을 가진다. 그들은 은행을 살리고 경제의 구매력을 회복시키는 일을 할 수도 있고, 부상자들에게 총을 쏠 수도 있다. 2007년 이후 미국은 전자의 코스를 선택했다. 유럽인들은 후자의 길로 갔고, 그 길은 순탄하지 못했다.

미국의 경우와 달리 유럽의 경제 위기는 두 가지 국면을 거쳤다. 2007년에 시작된 첫 번째 국면은 미국의 위기와 유사했다. 미국과 유럽 둘 다 위기는 악성 증권 ― 이를테면 신용부도스와프와 불투명하고 부채가 지나치게 많은 다른 금융수단들 ― 의 가치 붕괴에 의해 촉발되었다. 수조 달러의 자산가치 손실이 은행들의 파산을 초래하고 금융체계 전체를 위협했다. 그러나 유럽의 두 번째 국면은 미국과 달랐다. 그것은 국가 채무의 위기였다.

2009년 가을에 미국이 경제를 회복하기 시작했을 때, 그리스의 사회주의 정당인 파속Pasok*은 5년간을 야당으로 지낸 끝에 대단한 선거 승리를 거두었다. 새로운 총리인 게오르기오스 파판드레우George Papandreou는 선거운동에서 자신을 실용주의자이자 구조개혁가로 내세웠다. 취임 직후 파판드레우의 재정 고문들은 떠나는 보수 정부가 가짜 예산 통계를 사용해 왔다고 보고했다. 그 보수 정부는 역시 골드만삭스의 도움으로 모호한 채권을 발행했고, 그 채권은 차입금을 경상소득으로 위장할

---

* Panhellenic Socialist Movement. 범그리스 사회주의운동 _옮긴이

수 있게 해주었다. 3.5%로 보고된 당시의 적자예산은 실제로는 약 12%로, 마스트리히트하에서 허용된 한도의 네 배였다.

개혁가로서의 파판드레우는 그 불일치를 충실하게 보고했다. 신임 총리가 유럽위원회와 유럽중앙은행, 독일 정부에 도움을 호소하는 동안, 투기꾼들은 그리스 국채에 역베팅하기 시작했다. 그러한 내기는 규제 완화된 금융체계에 의해 가능해진 것이었다. 물론 그 내기는 경기순행적pro-cyclical이었다. 즉, 그 내기는 시장공황을 강화하고 그리스의 곤경을 심화시켰다. 이것은 민간 시장 행동의 비효율성을 아주 잘 보여주는 사례였다. 원래의 브레턴우즈 체계가 억제하고자 했던 것이 바로 이러한 종류의 피해였다.

일반적으로 분별 있는 정부는 피해를 억제하기 위해서 경기조정적counter-cyclical 정책을 취한다. 그리스의 전체 부채는 약 3000억 유로였다. 그 부채의 반을 재융자받으면 위기를 억제할 수 있었을 것이다. 유럽위원회나 유럽중앙은행이 유럽 GDP의 단 2%를 대표하는 나라에 그리 많지 않은 원조만을 제공했더라도, 그리스는 일부 안정성을 확보하여 재정을 정리하고 경제 회복을 추구할 수 있었을 것이다. 그러나 미국 연방준비제도이사회와 달리 유럽중앙은행의 헌장은 정부에 직접 대출하는 것을 금지했다. 그렇더라도 유럽중앙은행은 2차 시장에서 그리스 채권을 사들이는 식으로 개입할 수 있었으며, 그것은 투기꾼들에게 그 게임을 그만두라는 신호를 보내는 것일 수 있었다. 그러나 메르켈Merkel 독일 총리는 그 어떤 방식도 완강하게 반대했다. 오히려 브뤼셀과 베를린은 그리스의 새 정부가 그 피해를 바로잡기 위해 애쓰는 무고한 행인이었다는 것에는 전혀 신경 쓰지 않은 채, 그리스인들을 재정적 방탕의 대가를 보여주는 좋은 본보기로 삼기로 결정했다.

그리스의 날조된 장부들은 하나의 교훈극으로, 그리고 그리스의 국가 기관과 관행에 대한 훨씬 더 면밀한 감시와 개입이 필요하다는 증거로 취급되었다. 2009년 12월 신용평가기관들은 그리스 국채의 등급을 하향 조정했다. 1월경에 그리스는 빚을 갚는 데 GDP의 7%를 쓰고 있었다. 4월경에는 그 비율이 15%로, 그리스는 채무 불이행 직전에 있었다. 유럽위원회와 유럽중앙은행은 아주 마지못해 구조방안에 동의했다. 그러나 이 새 대출금은 그리스를 궁지에서 구해내는 것이 아니라 주로 채권 보유자에게 이자를 계속해서 지불하는 데 사용될 것이었다. 그리고 그 대가로 유럽위원회와 유럽중앙은행은 긴축을 압박할 것이었으며, 그 압박의 대부분은 그리스 노동계를 향하게 될 것이었다.

전적으로 부적절한 원조 패키지의 대가로 그리스는 단 1년 안에 적자를 GDP의 5.5%까지 줄이는 데 합의해야 했다. 그것은 경제적으로 전혀 납득할 수 없는 잘못된 디플레이션 정책이었다. 미국의 상황에서는 GDP의 5.5%는 1조 달러 이하에 불과하다. 하지만 그리스 공무원들은 즉시 16.7%의 임금을 삭감 당했고, 그 뒤에 두 차례 더 추가 삭감 당했다. 월 1200유로가 넘는 연금이 모두 삭감되었다. 공공자산에 대한 광범위한 민영화가 명령되어, 수십만 명의 노동자가 더 낮은 급여를 받는 일자리를 가지게 되었다. 그리스 정부는 브뤼셀의 압력을 받아 최저임금을 22% 삭감했다.

어이없게도 이러한 긴축 조치는 금융시장에 대한 신뢰를 회복하는 것으로 광고되었다. 그리스에 대한 유럽위원회 공식 보고서는 그리스가 2012년에 다시 1.1%의 플러스 GDP 성장으로 전환될 것으로 예측했다. 그해 실제 경제는 7%나 감소했다. 그리스가 금융시장과 긴축 수요에 의해 계속해서 타격을 받으면서 그리스의 경제 생산량은 7년 만에 45% 이상 감소했는데, 이는 전쟁을 겪지 않은 나라에서는 기록적인 붕괴였다. 그 긴축은 놀랄 것도 없이 하나의 자기실현 예언을 만들어냈다. 실물경제가 나빠질수록 금융시장은 그리스의 채무상환능력을 더욱 의심했고, 투기세력은 더 그리스 채권에 역베팅했다. 매번 부적절하고 조건이 붙은 긴급 구제가 있은 다음에 그리스의 치명적인 부채상환비용이 다시 치솟았다.

일찍이 1706년 초에 영국 법은 채무의 일부를 면제하여 채무자들이 새로 출발할 수 있는 기회를 주는 법적 장치로 파산을 만들었다. 1706년 '앤 여왕 법Statute of Queen Anne'은 근대 미국 파산법 제11장의 선조였다.

그러나 국가들 간의 경우에는 어떠한 파산법도 없고 오래된 부채를 재융자할 수 있는 조항도 없다. 매우 큰 빚을 지고 있어서 빚을 갚을 가망이 없는 제3세계 국가들과 관련된 또 다른 상황에서는 채권국들이 채무국들로 하여금 새로운 출발을 할 수 있도록 하는 구제책을 마련해 왔지만, 유럽연합과 남부 유럽의 경우에는 그렇지 않았다. 10년의 위기동안 유럽위원회 관계자들은 자신들의 정책이 지닌 사악함으로부터 배우지 못했다. 이는 아인슈타인이 내린 것으로 여겨지는 광기에 대한 정의 ─ 즉, 동일한 잘못을 반복하면서 다른 결과를 기대하는 것 ─ 를 상기시킨다.

위기의 초기에 그리스의 GDP 대비 부채비율은 약 107%였다. 2017년 중반에 그리스가 부채를 줄이고자 여러 차례의 긴축정책을 실행한 후 그 비율은 185%가 되었다. 그리스에 대한 지배권을 가진 사람들은 매 라운드의 징벌적 긴축과 얼마 안 되는 재정적 도움으로 그리스가 다시 성장세로 돌아설 것으로 예측했다. 이 자만심이 바로 어이없게도 '확장적 수축expansionary contraction'으로 알려진 것이었다.

제2차 세계대전 이후 영국의 부채비율이 260%였다는 점을 상기하기 바란다. 어느 누구도 이에 대한 구제책으로 영국을 긴축 프로그램에 밀어 넣지 않았다. 그리고 독일 GDP의 675%라는 역대 최고 기록을 세운 히틀러의 전쟁 부채는 동맹국들에 의해 그냥 탕감되었다. 그리스 예산 사기꾼들의 죄악이 무엇이든 간에 히틀러의 죄악에 비하면 아무것도 아니었다. 그러나 전후 독일의 회복에 시동을 걸었던 이 주목할 만한 거시경제적 자비 행위는 어쩐지 독일의 집단 기억에서 사라졌다.[30] 독일이 갇혀 있던 것은 그리 적절하지 못한 바이마르의 교훈, 즉 인쇄기에의 극단적인 의존이 하이퍼인플레이션을 일으킬 수 있다는 것이었다. 아이러니하게도 1923년 독일이 겪은 제3제국 마르크화의 재난적 인플레이션은 베르사유 조약이 독일에 가한 징벌적 부채로 인해 발생한 것이었다.

그리스의 경우에 IMF는 1944년 창설될 당시 부여된 역할과는 정반대로 하고 있었다. '트로이카Troika'라고 알려진 유럽중앙은행, 유럽위원회, IMF를 대표하는 그리스의 새로운 관리인들은 그리스가 자신의 벨트를 죄는 과정을 감시하기 위해 정규 대표단을 파견했는데, 그 긴축은 다음번의 긴급지원을 제공하는 조건으로 요구된 것이었다. 그 관리인들은 표면상으로는 그리스 경제가 글로벌 시장에서 보다 경쟁력을 갖게 한다는 명분으로 특히 그리스가 임금을 삭감하는 것을 보기를 간절히 원했다. 그것은 완곡어법으로 '내부 평가절하internal devaluation'로 알려졌다. 유로화를 사용하는 국가로서 그리스는 자국 통화를 평가절하 — 부채 상환에 어려움을 겪는 국가들에게 공통적으로 요구되는 교정책 — 할 수 없었다. 평가절하는 일반 긴축보다 훨씬 더 순한 처방약인데, 그것은 단지 수입품 가격만 올릴 뿐, 국내 경제의 물가와 임금은 이전과 거의 비숫하게 유지할 수 있기 때문이다. 그러나 극심한 임금 삭감이라는 내부 평가절하는 수출 호전에 따른 상쇄 이익을 반드시 보장하지 않은 채 경제 전체에 타격을 준다.

조지프 스티글리츠Joseph Stiglitz가 2016년에 발간한 유로화 관련 저서에서 논평한 바와 같이, 남부 유럽 국가들에 부과된 위기 프로그램은 항상 상황을 악화시켰다. 왜냐하면 "기본 경제학에 대한 트로이카의 인식이 아주 형편없었기" 때문이다. 그는 "초기 하락 후 빠른 회복을 예상했을 트로이카에게 그러한 결과는 항상 놀라운 것이었다"라고 덧붙였다. 그 결과 더 깊은 불황이 발생하면, 트로이카는 그리스가 지시를 제대로 이행하지 않았다고 비난할 것이었다. 그러나 "그리스의 불황은 그리스가 하기로 되어 있던 일을 하지 않았기 때문이 아니라 하기로 되어 있던 일을 했기 때문에 발생했다."[31]

그리스 시민들은 트로이카에 의해 강요된 긴축 요구에 혐오감을 느꼈고, 그리하여 2015년 1월에 긴축을 거부하겠다고 공언한 카리스마적 인물 알렉시스 치프라스Alexis Tsipras가 이끄는, 시리자로 알려진 급진 극좌파 정당들의 연합을 택했다. 그러나 치프라스는 채무 불이행과 유로화 탈퇴 모두를 놓고 불장난을 하다가, 자신의 대안들을 현실적으로 판단한 다음 곧 유럽위원회, 유럽중앙은행, IMF의 요구에 순순히 응했다. 임금과 생활수준은 계속해서 떨어졌다.

트로이카의 요구에 따라 그리스의 단체교섭법은 처음에는 사회주의 지도자(파판드레우) 아래에서, 그리고 다음에는 급진 좌파 정부(치프라스) 아래에서 약화되었다. 그리스의 주권은 상실되었고, 그리스 주권의 새로운 관리인들은 그리스인들보다 훨씬 더 형편없는 관리자들이었다. 전체적으로 볼 때, 2008년에서 2016년 사이에 그리스의 GDP는 절반 가까이로 떨어졌고, 임금은 30~40% 감소했다. 그리스의 GDP는 2008년 3540억 달러에서 2015년 1940억 달러로 줄어들었는데, 이는 지난 세기 전쟁을 겪지 않은 나라 중 최악의 경제 쇠퇴였으며, 대공황기 동안의 그 어떤 나라의 경제 감소율도 넘어서는 것이었다.[32]

트로이카가 요구하고 치프라스 정부가 서명한 노동권 관련 지침dktat 은 그리스로 하여금 '집단 해고'를 수용하게 했을 뿐만 아니라 "단체교 섭과 노동쟁의 행위에 대한 엄격한 재검토와 현대화"까지도 약속하게 했다. 쉽게 말하면, 이것은 그리스에는 파업도 없고 임의적 해고에 대한 보호조치도 없다는 것을 의미했다.[33] 막대한 임금 삭감만으로는 충분하 지 않았다. 트로이카는 노동조합 역시 약화시킬 필요가 있었다.

2009년에 시작된 그리스 위기는 이른바 도취의 시기 — 2002년 유로 화의 도입에서 2007~2008년 금융 붕괴에 이르는 시기 — 에 투자 거품을 경 험한 다른 나라들로 곧 확산되었다. 스페인의 재정 상태는 그리스에 비 해 훨씬 좋았다. 2007년에 스페인은 GDP의 35%에 불과한 부채비율을 가지고 있어 마스트리히트 상한선인 60%를 훨씬 밑돌았고, 독일의 부 채비율보다도 낮았다. 그러나 금융 투기꾼들은 곧 스페인 채권에도 역 베팅하기 시작했다. 그들은 또한 아일랜드, 포르투갈, 이탈리아에 대해 서도 역베팅했다. 이들 5개국은 마치 이들 나라가 채권 거래자보다도 더 탐욕스러운 무리이기라도 한 것처럼 금융계에 이들의 머리글자를 따서 PIIGS라고 알려지게 되었다. 채권 보유자에게 지급금을 계속해서 지급하기에만 충분할 뿐 불황에서 벗어나는 데에는 충분하지 않은 대 출을 해주는 대가로, 유사한 긴축이라는 약이 이들 나라에도 주어지고 있었다.

2016년경에 독일 채권과 남부 유럽 채권 간의 금리 폭은 좁아졌지만, 유럽 전체는 여전히 깊은 불황에 빠져 있었다. 긴축이라는 약은 채권시장을 안정시키는 데에는 '효과'를 내어왔지만, 환자 — 즉, 실물경제 — 는 그 어느 때보다도 더 아팠다.

유럽위원회와 IMF가 강요한 범유럽 긴축 프로그램과 관련하여 진정으로 주목해야 하는 것은 그 프로그램이 한때 IMF와 세계은행이 개발도상국에 요구했던 정책을 훨씬 넘어서는 것이었다는 점이다. 실제로 IMF와 세계은행은 자신들의 내부 보고서에서는 긴축과 임금 삭감을 만병통치약으로 쓰지 않기로 해왔다. 그리스를 감시하던 유럽연합과 IMF의 국가 전문가들은 IMF가 1990년대 말에 아시아 위기에서 낭패를 본후 개발도상국에 대해서는 실질적으로 폐기해 온 엄격한 각본을 실행하고 있었다.

IMF의 수석 경제학자 올리비에 블랑샤르Olivier Blanchard는 2010년 5월에 메모를 통해 그리스 긴축 프로그램을 담당한 IMF 관계자 폴 톰센Poul Thomsen에게 "그렇게 짧은 기간에 16%의 누적 재정조정[적자 감축]을 달성한 적이 없다"라고 경고했다.[34] 그는 "그 프로그램은 그 정책을 철저하게 준수한다고 하더라도 빠르게 궤도를 이탈할 수 있다"라고 덧붙였다.

블랑샤르의 제안은 퇴짜맞았다. 당시 IMF 총재였던 도미니크 스트로스칸Dominique Strauss-Kahn조차 그리스에 은행과 채권 소유자에게 주로 혜택이 돌아가는 일련의 단기 긴급지원을 하기보다는 전면적인 채무 구조조정을 할 것을 요구했지만, 스트로스칸의 요구 역시 유럽중앙은행 총재인 장 클로드 트리셰Jean Claude Trichet에 의해 거부당했다.[35] 결국 유럽중앙은행, 유럽위원회, IMF가 빌려준 자금의 약 10%만이 실제로 그리스 경제에 혜택을 가져다주었다. 대부분의 돈은 채권자들에게 지급되기 위해 순환되었다.[36]

긴축 요구가 남부 유럽에 아주 큰 피해를 입혔음에도 불구하고, 더욱 광범한 긴축 프로그램이 대륙의 경제 전체를 엄습했다. 분명히 경제적 비상사태였음에도 불구하고, 주로 예산 균형에 대한 독일의 집착 때문에, 허용되는 적자와 부채비율의 엄격한 한도는 포기되지 않았다. 오히려 유럽위원회와 IMF의 기술 관료로 구성된 대표단은 그 한도를 위반하는 국가를 정기적으로 방문하여 그들에게 추가적으로 허리띠를 졸라매는 데 동의한다는 각서에 서명할 것을 요구했다.

이러한 국가 협정들에는 주요 회원국들에 대해서조차 한때 국가 주권에 속했던 것을 놀랄 정도로 세세하게 통제하는 것이 포함되어 있었다. 프랑스에 관한 가장 최근의 보고서는 프랑스의 적자가 안정성장협정Growth and Stability Pact의 한계를 넘어섰다는 점을 들어 프랑스를 비난하면서, 프랑스에 국가 예산 삭감은 물론 임금 삭감, 실업급여 축소(실업률이 10.5%를 초과하는 시점에), 그리고 노동시장 규제 완화("임의로 해고하는 것이 가능한 개방형 계약open-ended contract*에 의거하여 고용주가 노동자를 고용할 수 있도록 하기 위해")를 요구했다.[37]

오늘날 긴축, 과도한 지구화, 유럽위원회와 IMF의 세세한 간섭은 유럽 어느 곳에서도 전혀 인기가 없다. 그 이익을 거두어들인 것은 주로 극우파들이었다. 진보적인 야당 정치나 프로그램들은 전혀 영향을 미칠 수가 없었다. 그리스나 프랑스처럼 명목상 좌파 정부가 집권하더라도, 좌파 정부 역시 자신이 민간 투기 금융의 규율에 의해 강화된 더 큰 신자유주의 정책에 구속되어 있음을 발견하고, 의회 분열로 인해 어려움을 겪는다.

---

* 계약기간을 정하지 않는 계약 _옮긴이

지난 10년 동안 이민자와 난민에 대한 대중의 반발과 테러에 대한 공포는 당파적 분열을 가중시켰다. 스웨덴, 덴마크, 노르웨이, 핀란드, 네덜란드, 영국, 오스트리아에서는 한때 사회민주당과 노동당을 확실하게 지지했던 핵심 유권자층의 상당 부분이 현재 극단적 민족주의 우파에 투표하고 있다.

유럽 민주적 좌파의 결과는 참담하다. 중도좌파 정당들이 정부를 구성할 때조차 이 정당들은 가증스러운 신자유주의 글로벌 긴축 체제에 대한 대안을 제시하는 자신들의 능력을 무디게 만드는 중도파나 중도우파 연립 파트너들에게 의존한다. 그렇지만 사회민주주의 좌파의 주변화는 더욱 심해지고 있다. 1990년대에 노동계의 상당한 다수로부터 지지를 받아 이들 정당이 집권했을 때, 그 정당들 역시 신자유주의 정책 체제를 구성하는 많은 것에 서명했다. 그 결과 그들과 수억 명의 시민들이 여전히 고통받고 있다.

7

중도좌파의 치욕

도널드 트럼프의 당선, 브렉시트, 유럽대륙의 극우 정당들의 등장 모두가 증명하듯이, 글로벌 신자유주의는 대다수 시민의 입장에서는 실제로 잘못된 계획이다. 하지만 진보적인 야당 프로그램과 정치는 대체로 보이지 않는다.

민주적 좌파에게 무슨 일이 있었던 것인가? 마거릿 대처의 유명한 표현대로 정말로 대안이 없었던 것인가? 기술의 측면에서, 아니면 1970년대와 1980년대에 도래한 자본주의의 단계에서 전후의 혼합경제 브랜드를 더 이상 기술적으로 가능하지 않게 만든 어떤 일이 발생했던 것인가? 아니면 전후의 진보적 좌파가 불운, 상황, 개인적 기회주의와 결합된 권력 이동 과정에서 빈약한 중도좌파로 위축된 것인가? 그리고 그후 글로벌리즘의 새로운 규칙들이 진보적인 프로그램을 거의 불가능하게 만들었던 것인가?

우리가 이전의 장들에서 살펴보았듯이, 일단 글로벌 신자유주의가 장악하자, 개별 국가들은 그것에 저항하기가 점점 더 어려워졌다. 그 과정은 누적적이었다. 정치적 이동은 새로운 권력 동학과 구조적 변화를 만들어냈고, 이는 다시 정치적 이동을 강화했다. 마찬가지로 유럽연합의 규칙은 하나의 감금장치가 되었다. 하지만 유럽연합은 그 회원국들의 창조물로서 그 규칙이 무작위적이지는 않았다. 온건한 좌파들이 유럽의 많은 지역을 지배했던 1990년대에 서구의 진보 정당 — 특히 미국, 영국, 독일의 진보 정당 — 지도자들의 코호트는 중도파로서의 입지가 자신들의 장래를 더 유망하게 할 것으로 판단했다. 그 결과 만들어진 정책 구속복policy straitjacket은 대처와 레이건의 작품만큼이나 그들의 창조물이었다.

이들 지도자 모두는 각기 각국 나름으로 겪은 불행했던 독특한 국가 상황의 산물이었다. 그러나 불행한 가정에 대한 톨스토이Tolstoy의 유명한 대사와는 대조적으로, 그러한 불행들은 일정한 패턴으로 수렴되고 있었다. 각국에 공통적이었던 정치적 이동과 이데올로기 추세는 이들 지도자 각각으로 하여금 자국에서 사회적 보호 및 노동 보호를 축소시키는 탈규제화된 글로벌 시장을 수용하게 했다.

더 많은 좌파 프로그램을 실행하기 위한 노력을 방해받았던 프랑스 사회당은 1980년대에 이미 그러한 재배치 작업을 실행했다(제4장을 보라). 미국, 영국, 독일의 다른 핵심 지도자들은 프랑수아 미테랑과 마찬가지로 각기 장기간의 보수적 통치의 시기 — 이 기간 동안 혼합경제의 정치적·경제적 기반이 이미 약화되었다 — 를 거친 후에 취임했다는 공통점을 가지고 있었다.

신민주당

이들 중 가장 먼저 집권했고 가장 영향력이 있었던 인물은 윌리엄 제퍼슨 클린턴William Jefferson Clinton이었다. 1992년에 클린턴이 일반 투표에서 단지 43%의 득표율로 3자 대결에서 당선되었을 때, 로널드 레이건과 아버지 부시 대통령은 경제를 상당히 규제 완화하고 지구화를 심화시키고 부유층에 대한 세금을 삭감하고 사회지출을 축소하고 자본에 비하여 노동을 약화시켰다. 비록 레이건은 상당한 개인적 인기를 누렸지만, 공중은 그러한 우파. 정책에 대해 꼭 찬성하지는 않았다. 그러나 이들 지도자는 자신들이 정치적 중도로 인지한 위치를 재설정했다. 클린턴은 또한 민주당이 큰 정부를 너무나도 지지하고 범죄에 대해 너무나도 관대하고 문화적으로 너무 좌파적이며 복지국가를 이용하는 사람들을 너무나도 너그럽게 봐주기 때문에 기반을 잃었다고 생각했다.[1]

클린턴은 남부 주지사들, 기업 온건파, 중도 지식인들이 벌이는 한 운동의 일원이었는데, 그들은 민주당이 기업에 더 우호적이고 범죄와 방위에 더 강경한 쪽으로 이동할 필요가 있다고 믿었다. 기업과 더 긴밀하게 제휴하는 것은 기금을 모금하는 데에도 편리했다. 이 플레이어들은 1984년에 월터 먼데일이 로널드 레이건에게 49개 주를 잃은 후에 민주적 리더십 위원회Democratic Leadership Council를 조직했다. 그들은 산하 싱크탱크인 진보정책연구소Progressive Policy Institute를 발족하고 자신들에게 우호적인 정책 전문가와 이론가들을 양성했다. 1980년대에는 민주당이 좀 더 시장친화적이 되어야 한다는 생각이 팽배했다. 그러한 생각은 《뉴 리퍼블릭New Republic》과 《워싱턴 먼슬리Washington Monthly》 같은 저명한 신자유주의 저널의 시각에 반영되어 있었다. 클린턴과 민주적 리더십 위원회는 자신들의 당의 브랜드 이미지를 신민주당으로 쇄신했다.

클린턴은 레이건을 능가하는 몇 가지 대사를 사용했다. 클린턴은 1996년 일반 교서State of the Union address*에서 "큰 정부의 시대는 끝났다"라고 선언했다.[2] 그는 정부 혁신을 위한 국가위원회National Partnership for Reinventing Government라고 불린 기구를 출범시켰다. 이 기구가 수행한 하나의 작은 역할은 정부가 일을 더 효율적으로 하게 만드는 것이었고, 큰 역할은 정부의 일을 그냥 축소하는 것이었다. 이는 공화당이 정부를 악마화한 것에 민주당이 아멘이라는 후렴을 붙인 것이었다.[3]

클린턴은 "우리가 알고 있는 복지를 끝내겠다"라고 약속했다. 그는 이 교활한 표현을 통해 레이건에 의해 악명 높아진 이른바 복지 사기꾼들에게 분개하는 노동계급 백인과, 노동을 벌하고 가정을 파탄시키는 심각한 결함을 가진 체계를 개혁할 것을 오랫동안 압박해 온 자유주의자 모두에게 호소했다. 같은 맥락에서 클린턴이 열심히 일하고 규칙을 지키는 사람들이 가난해서는 안 된다고 단언했을 때에도 그는 암호화된 이중의 메시지를 보내고 있었다. 보수주의자들은 이를 노동 윤리에 대한 지지로 들었던 반면, 자유주의자들은 빈곤을 종식시키겠다는 약속으로 들었다.

결국에는 클린턴이 근로소득 세액공제액과 최저임금 모두를 크게 인상했지만, 그는 또한 복지 혜택의 가혹한 삭감에도 서명했다(이는 그로 하여금 복지개혁의 설계자였던 세 명의 차관급 관료의 사임이라는 대가를 치르게 했다). 그 후 경기가 크게 침체하여 실업이 급격히 증가하자 정액 보조금 형태의 새로운 복지 대체물을 마련했지만, 그것은 빈곤층의 약

* 매년 1월에 대통령이 의회에 대하여 행하는 국정보고로 3대 연두교서의 하나 _옮긴이

10%에게만 도움을 주었을 뿐이었다. 그것의 전신이던 아동부양가족보조제도Aid to Families with Dependent Children: AFDC는 빈곤층의 절반 이상에게 도움을 주었었다.[4]

현대적이 된다는 것은 시장을 신봉한다는 것을 의미했다. 클린턴의 건강관리계획은 이 논리를 따랐다. 그의 건강관리계획은 복잡한 형태의 '관리되는 경쟁' 체계로, 규제되는 시장에 의존하여 적용 범위를 확대하고 비용을 낮추는 방식이었다.[5] 이 접근방식이 클린턴 행정부하에서 법률로 제정되지는 않았지만, 버락 오바마의 '적정부담보험법'의 골격을 이루었다. 이 모델은 상당한 가격결정력을 가진 소수의 과점 공급자들이 지배하는 보험시장에서 경쟁이 수행하는 능력, 즉 비용을 억제하고 선택을 최적화하는 능력을 과대평가했다. '오바마케어'가 현실에 부분적으로나마 뿌리를 내리지 않았더라면, 그것에 대한 반발이 그렇게까지 강력하지는 않았을 것이다. 그간 메디케어에 대한 반발에 필적할 만한 반발은 없었다.

1989년에 두 명의 신민주당 지식인으로, 후일 클린턴의 주요 고문이 된 윌리엄 갤스턴William Galston과 일레인 카마르크Elaine Kamarck는 민주적 리더십 위원회를 위해 '회피의 정치The Politics of Evasion*'라고 불린 영향력 있는 선언문을 썼다.[6] 그들은 '자유주의적 근본주의'와 정체성 정치라는 '리트머스 시험'이 민주당을 죽이고 있다고 주장했다. 클린턴은 좌파에서 유행하는 다문화주의 정치를 거부하겠다고 다짐했다. 1992년 선거운동 동안 클린턴은 아칸소 주지사로서 정신장애가 있는 흑인 수감자 리키 레이 렉터Ricky Ray Rector의 널리 알려진 처형을 명령하기 위해 리틀

---

* 현실의 변화를 인정하기를 거부하고 자신들의 근본원리에 집착하는 정치. 이 회피의 정치에 대한 대안으로 민주당은 신중도의 노선으로 나아간다. _옮긴이

록Little Rock으로 돌아갔다. 이는 인정 많은 좌파와 거리를 두겠다는 것을 알리는 신호였다. 그는 흑인 급진주의자인 소울자 수녀Sister Souljah를 거부할 작정이었다.

하지만 재임 중에 클린턴은 그가 경멸했던 문화 정책을 포용하라는 압력을 민주당의 지지기반으로부터 받았다. 클린턴이 가장 먼저 취한 행정 조치 중 하나는 게이들이 스스로 성 정체성을 밝히지 않는 한 군 복무를 할 수 있도록 규칙을 정치적으로 애매하게 바꾼 것이었다('묻지도 말하지도 마라' 정책Don't Ask, Don't Tell: DADT[*]). 클린턴은 많은 흑인 관료를 임명한 다음에 "미국 같은" 내각이라고 말했다. 클린턴이 흑인들과 개인적으로 아주 스스럼없는 관계를 맺고 있었기 때문에, 아프리카계 미국인 공동체에서는 우스갯소리로 클린턴이 최초의 흑인 대통령이라는 말을 하곤 했다. 클린턴은 거의 자기 자신도 모르게 문화적 문제와 다양성 문제에서는 왼쪽으로 이동하고 있었던 반면, 경제적인 문제에서는 오른쪽으로 이동했다. **왜냐하면 그것이 저항을 덜 받는 길이었기 때문이다.** 이 민주당 공식은 24년 후 클린턴의 아내 힐러리의 선거운동에 매우 치명적이었던 것으로 입증되었다.

클린턴의 복지개혁과 대량 수감 정책mass incarceration policy은 필요 이상으로 잔인했지만, 그가 범죄, 방위, 복지 같은 문제에 대한 민주당의 입장을 재조정한 것은 1990년대에 필요한 정치였다고 할 수 있다. 하지만 클린턴이 세 가지 핵심 문제에 대해 내린 가장 중요한 결정들 — 민주당을 노동자들에게 점점 더 신뢰할 수 없는 정당으로 만들어 민주당의 발목을 잡

---

[*] 미국 성소수자의 군 복무와 관련된 제도로, 1993년에 성소수자의 미군 복무를 허용하려는 취지에서 클린턴 대통령에 의해 도입되었으나, 커밍아웃한 성소수자를 강제로 전역시키는 데 쓰이기도 했다. 2011년 오바마 대통령에 의해 폐지되어 커밍아웃한 사람도 다시 입대할 수 있게 되었다. _옮긴이

게 된 결정 — 은 선택의 문제였다. 그 결정들은 쓸데없는 것이었다. 그 결정들은 필요한 정치였다기보다는 기업에 더 가까이 다가가고자 하는 욕망 때문에 이루어진 것이었다.

그러한 정책 중 첫째는 금융 규제를 크게 완화한 것으로, 이것은 2007~2008년의 금융 붕괴에서 부메랑이 되어 돌아왔다.[7] 둘째는 아버지 부시 행정부가 고안한 NAFTA와 같은 무역협정을 수용한 것으로, 그것은 이익 면에서 전적으로 부풀려졌고, 민주당에게는 심각한 불화를 불러일으켰다. 셋째는 예산 균형 자체를 하나의 목적으로 수용한 것이었다. 이 세 가지 정책 중 어느 것도 경제학적으로도 정치학적으로도 필요하지 않았다. 기업 엘리트를 제외하고는 아무도 그런 정책들을 요구하지 않았다.

클린턴은 취임하고 나서 곧 당시 연방준비제도이사회 의장이던 앨런 그린스펀Alan Greenspan과 예산 적자 감축과 금리 인하를 맞바꾸는 협상을 벌였다. 클린턴은 자신의 정치적 수완을 총동원하여 의회가 세금을 일부 인상하고 지출을 일부 삭감하는 거래에 동의하게 만들었다. 이 거래는 2550억 달러의 지출을 줄이고 가장 부유한 미국인 1.2%에게 세금을 인상함으로써 5년 동안 5000억 달러의 적자를 줄였다. 이 안은 하원을 2표 차이로 통과했고, 상원에서는 동수를 깨기 위해 앨 고어Al Gore 부통령이 필요했다.[8]

금리 인하가 더 엄격한 재정정책을 요구한다는 그린스펀의 전제는 그 자체로 의심스러운 경제학이었다. 예산안 처리 당시에 실업률은 7.3%였다. 예산 삭감과는 전혀 관계없이 인플레이션을 촉발하지 않고도 저금리 통화정책을 펼 수 있는 여지가 많았다. 그러나 일반적인 통념은 금리 인하와 적자 감축이 하나의 패키지로 이루어져야 한다는 것이었다. 그 거래가 성사되면서 재정 보수주의는 클린턴 행정부 내에서 하나의 신조이자 미덕의 징표가 되었다. 1990년대 후반경에 클린턴은 예산을 흑자로 전환하겠다고 약속했다. 두 당은 서로 역할을 바꾸었다. 공화당은 "적자는 중요하지 않은" 정당이 되었고 민주당은 회계사green eyeshade 정당이 되었다.

예산은 1999년경에 적절하게 균형을 이루었고, 오랫동안 미루어진 공적 필요에 투자되었을 수도 있는 돈이 그 대신 국가 부채를 상환하는 데 쓰였다. 경제학자들은 공적 부채를 다 갚고 더 이상 재무부 채권이 유통되지 않을 때 연방준비제도이사회가 어떻게 통화정책을 펼칠 것인지에 대해 (진지한 사람들이 조바심을 낼 정도로) 흑자를 예측하기 시작했다. 그런 걱정은 할 필요가 없었다. 2001년경에 조지 W. 부시는 세 번의 대규모 감세 중 첫 번째 감세를 발의했고, 예산은 다시 적자로 돌아갔다.

그러나 예산 균형에 대한 클린턴의 숭배는 경제에 대한 잘못된 시각을 강화했다. 그것은 버락 오바마에게 불행한 유산을 남겼다. 재정 청렴성Fiscal probity이 건실한 회복보다 더 중요해졌다. 오바마 주변의 고위 관료들은 처음에는 온전한 경기부양책으로 판명 난 것을 지지했으나, 나중에는 긴축 경제학을 받아들이도록 오바마를 설득했다.[9] 그들 모두는 클린턴 행정부의 노병이었다.[10]

클린턴 시대의 민주당이 지지기반 유권자와 부동층 유권자 모두와 어떤 문제가 있을 수 있었든 간에, 월스트리트의 규제 완화나 NAFTA, 또는 그 자체로 하나의 목적으로서의 예산 균형 중 어느 하나라도 계속해서 요구하는 대규모 유권자층은 전혀 존재하지 않았다. 그런 요구들은 대부분 공화당의 금융계 거물들에게서 나왔고, 그것들이 민주당 지지기반 유권자나 부동층 유권자들에게 가져다주는 것은 아무것도 없었다. 클린턴은 또한 월스트리트의 또 다른 오랜 목표를 실현시켜 주는 데에도 거의 성공했다. 다시 말해 그는 사회보장제도 — 민주당의 대표적인 공공 프로그램이자 공적 공급의 가치와 관리자로서의 민주당이 갖는 의미와 관련된 매우 중요한 이데올로기적 메시지를 전달하는 것이기도 한 — 를 부분적으로 민영화했다. 르윈스키Lewinski 탄핵 사태 내내 악취를 피하기 위해 자신들의 코를 잡고 그의 곁을 지켰던 의회 민주당원들만이 클린턴을 저지할 수 있었다. 하원 지도부는 클린턴에게 사회보장제도의 민영화에 대해서는 잊으라는 메시지를 보냈다.

제3의 길의 피리 부는 사나이

클린턴은 1990년대 후반 유럽의 몇몇 주요 지도자에게 유력한 롤 모델이었음이 입증되었다. 승리를 거둔 클린턴이 1993년 1월에 취임 준비를 하고 있었을 때, 영국, 독일, 스웨덴, 네덜란드에서는 사회민주당과 노동당이 권력을 잃었다. 영국 노동당은 선거에서 토리당에게 연이어 네 번 패배하여 매우 딱한 지경에 처해 있었다. 대처의 후임자인 존 메이저John Major가 무기력한 지도자였음에도 불구하고, 1992년 4월 2일 선거에서 보수당이 노동당을 42% 대 34%로 이겼을 때 노동당의 승리에 대한 희망은 박살났다. 반보수당 표의 상당 부분이 18%의 기록적인 득표율을 획득한 자유민주당에 돌아갔지만, 자유민주당은 영국 제도하에서는 의회에서 20석을 얻는 데 그쳤다.

다른 주류 좌파 정당들도 정치적 혼란에 빠졌지만, 그들과 비교하여 노동당은 영국에 특유한 문제를 가지고 있었다. 영국이 중간계급 사회 — 비록 소득통계상으로는 아니지만 열망으로나마 — 가 됨에 따라 영국 노동당은 자신의 기반을 자의식적인 노동계급 너머로까지 확대하기 위해 노력했지만, 거듭 좌절해 왔다.

다른 사회민주당들과 달리 영국 노동당은 당 기구를 장악하고 있는 노동조합의 창조물로 조직되었다. 정책이 만들어지는 연례 전당대회는 블록투표bloc-voting[*] 원칙에 따라 운영되었고, 노동조합에 의해 지배되었다. 영국의 노동계는 스칸디나비아 노동계와는 정반대이다. 북유럽 노동조합이 전체 경제에 대해 책임을 지는 반면, 영국의 노동조합은 자신들의 조합원을 먼저 살피는 투쟁적인 전통을 가지고 있다.

1969년에 노동당 총리 해럴드 윌슨Harold Wilson 정부는 고용부 장관 바바라 캐슬Barbara Castle이 쓴 「투쟁 대신에In Place of Strife」[11]라는 제목의 백서를 통해 노동조합운동을 보다 스칸디나비아적인 방향으로 나아가게 하려고 노력했다. 노동조합은 그럴 생각이 전혀 없었다. 일반 노동조합원들은 노골적인 계급투쟁에 전념했고, 파업을 선호했다. 그 백서는 내각을 분열시켜 나중에 윌슨 본인을 포함하여 여러 명을 사임하게 했다. 이 대실패는 당이 더 광범한 공중에게 당의 새로운 유연성을 입증하는 대신, 여전히 내부지향적인 노동조합들에 사로잡혀 있다는 것을 보여주었다.

전후에 성공을 거둔 클레멘트 애틀리 정부에서부터 토니 블레어하에서 신노동당이 약진하기까지의 반세기는 노동당 좌파와 우파 간의 거듭된 싸움으로 특징지어지는 시기였다. 1951년에 토리당이 권력에

[*]　대표자에게 자신이 대표하는 인원수만큼의 표수를 인정해 주는 투표방식 _옮긴이

복귀한 이후 일찍이 1950년대에, 이를테면 1955년부터 1963년까지 당 대표였던 휴 게이츠켈Hugh Gaitskell과 같은 현대화주의자들은 노동당을 중간계급 정당으로 바꾸려고 시도했지만, 크게 실패했다.

게이츠켈의 뒤를 이어 당 대표가 된 윌슨은 1964년에서 1970년까지, 그리고 다시 1974년에서 1976년까지 총리를 지냈다. 윌슨은 애틀리 이후 한동안 어떻게 해서든 당의 좌파와 우파 간의 간극을 메우려 한 전후 노동당 지도자의 한 사람이었다. 윌슨은 노동당 좌파의 불같은 투사인 어나이린 베번Aneurin Bevan의 제자였던 것으로, 그리고 전후 복지국가의 설계자로 자유당의 자랑스러운 일원이었던 최고의 실용주의 좌파 윌리엄 베버리지의 연구 교조를 지낸 것으로 알려져 있다.

지도부의 일원이 되자, 윌슨은 당의 좌파와 온건파 사이에서 어느 한쪽도 완전히 신뢰하지 않았지만 둘을 잘 조정하여 자신의 전략적 탁월함을 인정받았다. 한동안 상황도 윌슨을 도왔다. 1960년대는 호황기였기에 그다음 시기에 비해 성공하기가 쉬웠다.

윌슨의 후임자인 제임스 캘러헌James Callaghan은 그런 운이 없었다. 영국은 무역 의존도가 높기 때문에, 영국 정부 ― 특히 노동당 정부 ― 는 경쟁하는 요구들 ― 인플레이션율을 억제하는 일, 파운드와 국제수지를 방어하는 일, 성장률을 적절히 끌어올리는 일, 임금과 급부금에 대한 노동조합의 요구를 해결하는 일 ― 로 인해 항상 흔들린다. 그러한 요구들을 균형 잡는 일은 평상시에도 결코 다루기 쉽지 않은 문제이다. 실질 임금 인상이 물가상승률을 따르지 못했던 1970년대 스태그플레이션에서는 그러한 균형을 잡을 수가 없었고, 이는 노동조합과 생활난에 지친 중간계급 모두에게서 광범위한 불안을 유발했다. 일련의 실책을 범한 후에 캘러헌에게 가해진 최후의 일격이 이른바 1978~1979년의 불만의 겨울winter of discontent*이었다.

임금 인상과 물가상승의 악순환을 깨기 위한 시도의 하나로 캘러헌은 노동조합이 임금협상 타결 한도에 동의하게 하기 위해 노력해 왔다. 그 같은 노력 중 몇 가지는 일반 조합원들의 압력에 부딪혀 무산되었다. 20년 만에 닥친 가장 추운 겨울에 주로 공공 노동자들 사이에서 난데없이 살쾡이 파업wildcat strike**이 빈발했다. 얼어붙은 거리에는 쓰레기가 쌓였고, 무덤 파는 사람들의 파업으로 시신을 묻을 수 없었고, 구급차가 일부 호출을 거부했고, 석유 수송차 운전기사들이 임금 인상을 요구하며 파업하여 주유소가 문을 닫았다. 한편 노동당 정부는 일련의 보궐선거에서 패배하면서 3석이라는 근소한 차이로 그간의 다수당 지위를 잃었고, 계속 통치하기 위해서는 자유당의 암묵적인 지지에 의존할 수밖에 없었다.

영국 중간계급은 더 이상 참을 수 없었다. 1979년 선거에서 대처와 토리당은 44% 대 37%, 즉 7%포인트라는 그렇게 크지는 않은 차이로 승리했다. 하지만 트럼프와 마찬가지로 대처는 자신의 당선을 압도적인 승리이자 권한 위임으로 간주하고, 18년간 토리당을 선도해 나갔다.

1979년의 패배와 대처리즘의 부상 이후 노동당 좌파는 일방적인 군축과 대대적 국유화, 그리고 유럽 탈퇴를 지지하는 마이클 풋Michael Foot을 당 대표로 선출하며 영향력을 얻었다. 그의 경제 프로그램은 증세, 개입주의적 산업정책, 은행의 국유화를 요구했다. 그러한 정책의 장점이 무엇이든 간에, 풋은 믿을 만한 대표자와는 거리가 멀었고, 유럽과

* 공공부문 노동조합이 제임스 캘러헌 노동당 정부의 임금 상한선보다 더 높은 임금 인상을 요구하면서 광범위한 파업을 벌인 1978~1979년 겨울을 지칭하는 용어 _옮긴이
** 본부의 승인 없이 노동조합 지부가 독단적으로 벌이는 파업 _옮긴이

군축에 대한 그의 견해는 당을 분열시켰다. 67세의 노쇠해 보이는 풋이 지나간 시대로 되돌아가는 것처럼 보였다. 그는 비틀거리는 것으로 유명했고, 그를 비방하는 사람들에 의해 '노동당의 왼발Labor's Left Foot'로 알려져 있었다. 로이 젠킨스Roy Jenkins, 데이비드 오언David Owen, 빌 로저스Bill Rodgers, 셜리 윌리엄스Shirley Williams 등 전 내각 각료를 포함한 당의 주요 온건파는 1981년 노동당을 탈당하여 거의 1세기 만에 영국 최초의 새로운 정당인 사회민주당을 결성했다.

1982년에 사회민주당과 자유당의 동맹이 잠시 보수당과 노동당 모두보다 더 많은 표를 얻기도 했다. 1983년 6월 총선거에서 대처는 풋을 대패시켰다. 하원에서 토리당의 의석을 43석에서 144석으로 늘린 이 압도적 승리는 대처로 하여금 1979년을 기억에서 지워버리게 했다. 덜 극단적인 닐 키녁Neil Kinnock이 풋의 뒤를 이어 당 대표로 선출되었지만, 1987년 선거에서 노동당은 31%의 득표율에 머물렀다.

토니 블레어와 같은 인물들은 이 유산을 일소하고 마침내 노동당을 사회향상의 일반적인 도구로 기여할 뿐만 아니라 중간계급의 신뢰를 받을 수 있는 현대 정당으로 만들기로 결심했다. 클린턴이 승리하기 훨씬 전부터 노동당의 자칭 현대화론자들 중 몇 명은 그에게 큰 호감을 보였다. 클린턴은 로즈 장학생Rhodes Scholar*으로 영국에 대해 잘 알고 있었다. 토니 블레어의 최고 전략가 중 한 사람인 필립 굴드Philip Gould는 1992년 4월에 노동당이 패한 후 리틀록Little Rock**을 순례했다. 노동당 중도파

---

* 로즈 장학금(Rhodes Scholarship)은 영국 자선사업가이자 제국주의자였던 세실 로즈(Cecil Rhodes)의 유언에 따라 설립된 로즈 장학재단(The Rhodes Trust)이 수여한다. 매년 미국·독일·영연방 국가의 젊은이 85여 명을 선발하여 영국 옥스퍼드대학교에서 무료로 공부할 수 있는 특혜를 준다. 선발된 학생들은 평생 '로즈 장학생'이라는 말이 따라다닐 정도로 사회적·학문적 인지도가 높다. _옮긴이

** 미국 아칸소주의 수도 _옮긴이

의 몇몇 고위 인사는 클린턴의 대통령 선거운동에 참여하기도 했다. 메모에는 노동당이 모방할 만한 클린턴의 공식이 적혀 있었다. 굴드는 나중에 "클린턴의 경험은 노동당에게 중요한 것이었다"라고 썼다.[12]

클린턴이 당선된 후, 노동당을 중도정당으로 탈바꿈하는 작업을 설계한 고위 인사들인 토니 블레어와 고든 브라운Gordon Brown은 클린턴 및 그의 측근들과 협의했다. 브라운은 로버트 라이시Robert Reich와 시드니 블루먼솔Sidney Blumenthal 같은 클린턴의 실세 집단을 알게 되었고, 그다음에 클린턴 사람들은 블레어-브라운파가 복지개혁이나 좌파의 공급중시 관념 — 노동자의 기술 향상을 강조하고 시장의 결과가 불평등을 해결할 수 있다고 가정하는 — 과 같은 유사한 정책과 이데올로기적 호소를 펼치는 데 도움을 주었다.[13] 블레어는 1994년 10월에 당 대표가 되자마자, 클린턴의 신민주당으로부터 직접 빌려와서 당을 신노동당으로 변화시키고자 했다.

블레어가 1997년에 노동당을 압도적 승리로 이끄는 데 성공했을 당시, 그의 정책 꾸러미는 대처리즘과의 혼합물이었다. 다시 말해 그것은 금융 규제 완화, 노동조합주의의 약화, 민영화, 재정 보수주의에다가 현대화된 복지국가에 대한 재투자를 덧붙인 것이었다. 내부적으로는 블레어, 브라운, 그리고 그들의 전략가들은 노동당의 사회주의 전통에 여전히 남아 있는 것들을 버리고 노동조합과 좌파 파벌들이 당내 기구에 미치는 영향력을 깨뜨릴 작정이었다. 블레어가 거둔 첫 번째 성과 중 하나는 노동당으로 하여금 기본 산업과 금융의 국유화에 헌신하게 했던, 그 유명한 당헌 제4조를 폐지한 것이었다.

블레어의 통치 전략 역시 영국의 월스트리트인 '더 시티The City',* 그

---

* 런던 금융가 _옮긴이

리고 루퍼트 머독Rupert Murdoch과 같은 우파 언론 부호들과 긴밀한 동맹을 맺는 것이었다. 더 시티와의 동맹은 노동당의 자금조달에 유익했다. 그 동맹은 자본의 규제 완화 — 완곡어법으로는 '최소 규제light touch regulation' — 를 실시하겠다는 것은 물론, 제조 중심지로서의 영국의 붕괴를 어떻게 든 대체할 세계 금융 중심지로서 런던이 갖는 지배력에 더 크게 의존하겠다는 것을 의미했다.[14] 유럽연합의 통치 기관에서 노동당은 사회민주당들로 이루어진 간부회의 소속이었다. 그러나 2007~2008년의 금융 붕괴 이후 민주적 좌파 정부들은 영국 대표들이 항상 더 강력한 금융 개혁을 거부했던 것에 대해 격분했다.

1997년에서 2010년까지 집권한 노동당 정부가 국가의료제도National Health Service의 재건, 공교육 확대, 아동 빈곤 감소에서 얼마간 성과를 내었지만, 대처 시대의 규제 완화, 민영화, 반노동조합 정책은 계속되었다. 그러한 사회적 투자에도 불구하고, 블레어와 그의 동맹자이자 후계자인 고든 브라운의 세 번의 임기 후에 영국에서는 성공한 금융 및 전문 엘리트와 그 밖의 거의 모든 다른 사람들 사이에서 훨씬 더 깊은 분열이 발생했다.

신노동당이 13년간 지배했음에도, 오늘날 영국은 스페인, 그리스, 에스토니아를 제외한 모든 유럽 국가보다 더 불평등한 소득 구조를 가지고 있다. 영국의 지니계수 0.33은 미국의 0.37보다 약간 나을 뿐이다. 소득 이전은 불평등을 얼마간 축소시킨다. 그러나 근로소득 면에서 볼 때, 블레어-브라운판 '제3의 길'은 비엘리트들의 임금과 취업 기회와 관련하여 별로 한 일이 없었다. 상위 10%와 하위 10%의 소득 비율은 1997년과 2010년 사이에 전혀 변함이 없었다.[15] 신노동당이 널리 인정받은 성과 중 하나는 중위소득의 약 50%에 해당하는 국가 최저임금을 신설한 것이었다. 최저임금은 영국 노동자의 약 7%만 지원하는데, 그들은 최저임금이 없었더라면 더 낮은 임금을 받을 수밖에 없는 사람들이었다.

신노동당은 매우 가난한 사람들을 돕는 것을 목표로 하고 더 광범한 노동계급의 곤경을 대체로 무시하는, 신민주당과 동일한 정치적 실수를 저질렀다. 북동부 산업 지역의 실업률은 보다 번영한 남부와 대런던 실업률의 약 두 배를 여전히 유지했다.

신노동당은 또한 복지국가를 이용하여 일 ─ 즉, 어떠한 일 ─ 이라도 강요하는 대처 정책을 약간만 수정한 채 계속했다. 켄 로치Ken Loach 감독이 2016년에 발표한 뛰어난 영국 영화 〈나, 다니엘 블레이크I, Daniel Blake〉에는 불황에 빠진 북부의 한 마을에 사는 59세의 목수가 등장한다. 그는 심각한 심근경색을 일으켜 3개월의 휴식이 필요하다는 의사의 조언을 듣는다. 일시 장애 지원을 신청하자, 그는 지원 조건으로 구직활동을 해야만 한다는 말을 듣는다. 그는 해서는 안 될 일자리를 충실하게 찾아다닌다. 부조리하고 암울한 일련의 관례를 지키지 않을 경우 그에게 내려지는 행정처벌은 광범위하다. 의무적인 이력서 작성 수업을 받고 있던 블레이크는 불쑥 "이건 어처구니없는 익살극이지, 그렇지. …… 충분한 일자리가 없잖아"라고 말하고는 스스로 급부금 지급거부라는 제재를 받기로 결정한다.[16] 이 영화는 영국 복지국가가 어떻게 해서 사람들을 돕기보다는 비용을 절감하는 것을 주된 목적으로 하는, 실망스럽고 굴욕적인 것이 되었는지를 보여주는, 현실에서 약간 벗어난 탁월한 패러디이다. 베버리지가 이 영화를 보았더라면, 소름이 끼쳤을 것이다. 토리당은 더 극단적이었지만, 노동당도 공모했다.

한편 블레어-브라운 시기 동안 단체교섭 협약의 적용을 받는 노동자의 비율은 계속 하락했다. 대처하에서 노동조합의 가입률은 노동인구의 56%에서 31%로 떨어졌다. 블레어와 브라운 아래에서도 계속해서 낮아져 2009년에는 27%로 줄었다. 민간부문에서는 훨씬 더 가파르게 감소하여, 1997년 20%에서 2009년에는 15%로 줄었다.[17]

　　노동조합회의Trades Union Congress*의 지도자였던 존 몽크스John Monks도 얼마간 현대화론자였다. 몽크스는 영국 산업계 및 정부와 스칸디나비아 스타일로 사회적 교섭을 벌이고 싶어 했다. 그는 대부분 거절당했다. 블레어는 노동조합에게 ― 훨씬 더 유순한 노동조합에게조차 ― 사회적 파트너로서의 어떠한 정당성도 제공할 준비가 되어 있지 않았다. 1997년에 블레어 총리는 노동조합회의 건물에 있는 몽크스의 사무실을 방문하여 벽에 걸린 최근 노동당 출신의 두 총리 윌슨과 캘러헌 ― 두 사람 모두 부분적으로는 노동조합 파업으로 인해 물러났다 ― 의 사진을 가리켰다. "저게 당신의 전리품 진열장인가요?" 그런 다음에 블레어가 요구했다. "음, 내 머리는 저 벽에 붙이지 마세요."[18]

　　블레어 아래에서 이루어진 가장 온건한 노동조합 친화적 개혁 중 하나는 피고용자 대다수가 이미 노동조합원이거나 자격 있는 피고용자의 50%가 찬성했을 경우 노동조합을 인정하게 한 것이었다. 그러나 노동조합 파괴적이었던 탈산업화와 민영화의 분위기 속에서 새로운 조직화는 거의 불가능했다. 블레어는 또한 피케팅picketing** 금지, 동조파업 금지, 압도적 다수의 요구에 의한 파업 선언을 포함하여 대처가 도입한 법적 파업 억제 수단들을 유지했다.[19]

　　재정 보수주의로 전환한 클린턴 행정부처럼, 블레어의 일부 당내 개혁도 20년 후 폭발한 시한폭탄에 소홀했던 것으로 판명되었다. 당시 당

* 　영국 노동조합들의 전국 조직 _옮긴이
** 　노동쟁의 때 다른 직원들의 출근이나 대체인력 투입을 물리적으로 저지하는 투쟁 _옮긴이

을 확고하게 장악하고 있던 당내의 신노동당 우파는 노동당의 의회 후보자들이 더 왼쪽으로 나아가지 않고 블레어에 충성하게 하기 위해 최선을 다했다. 2010년과 2015년 총선 당시(두 선거 모두에서 토리당이 승리했다), 블레어-브라운의 좌파 숙청이 너무나도 철저하게 이루어진 나머지 노동당 내의 '분별 있는 좌파' 한 세대가 전부 사라졌다. 당에는 주로 블레어게 인사들과 1994년 블레어 총리 취임 이전부터 의회에 진출한 나이 많은 강경좌파 의원의 찌꺼기들만이 남았다. 신노동당 시대에 블레어와 브라운은 또한 노동조합으로부터 당 기구의 통제권을 빼앗는 데 성공했고, 이후 2014년에는 당 지도부가 개별 당비를 내는 당원에게 투표권을 부여하는 1당원 1표제를 통해 당 대표를 선출하게 하는 개혁을 밀어붙였다.

그러나 이 두 가지 개혁은 온건파가 의도한 것과는 정반대의 결과를 낳았다. 당대표 에드 밀리밴드Ed Miliband가 (자신의 친형 데이비드와 당 지도부를 놓고 셰익스피어 투쟁을 벌인 후에) 2015년 선거에서 패배한 후, 새로운 당 투표 시스템은 다른 많은 사람 중에서도 1983년부터 의회에서 봉직해 온, 구좌파 중의 한 사람인 제러미 코빈Jeremy Corbyn을 당 대표로 선출하는 결과를 낳았다.

노동당 투표 자격을 얻는 데 필요한 비용이 상대적으로 낮았기 때문에, 좌파 조직위원들은 코빈을 당 대표로 선출하기 위해 급진주의자들로 하여금 대거 입당하게 할 수 있었다. 코빈은 또한 이스라엘-팔레스타인 문제나 군축과 같은 문제들에 대해서도 급진적이었다. 노동당 하원의원 중 4분의 3 이상이 그를 반대했다. 의회 의원 간부회의가 실질적인 발언권을 갖고 있던 전통적인 제도하에서는 코빈은 결코 승리하지 못했을 것이다.

마거릿 대처는 자신의 가장 큰 업적이 토니 블레어라고 악의적으로 비꼬는 논평을 한 적이 있다.[20] 누군가는 블레어가 신노동당에 남긴 의도하지 않은 유산이 제러미 코빈이라고 덧붙일지도 모른다.

보수당의 데이비드 캐머런David Cameron 총리는 2013년 토리당의 시끄러운 반유럽연합 세력을 달래어 침묵시키기 위해 유럽연합 탈퇴를 놓고 국민투표를 요구하는 참담한 도박을 벌였다. 그러나 그 책략은 민족주의 극우파에게 힘을 실어주었을 뿐이었다. 2016년 국민투표에서 브렉시트가 가까스로 가결되자 캐머런과 국가는 어안이 벙벙했고, 망신을 당한 캐머런은 자신의 일자리를 잃었다.

2017년 4월에 캐머런의 후임자 테리사 메이Theresa May 총리는 여론조사 결과 코빈의 평판이 낮게 나타나자 이를 기회로 삼아 6월 조기 선거를 요구했다. 메이 총리는 영국의 유럽연합 탈퇴에 반대해 왔으나, 이제는 자신을 브렉시트를 실현할 수 있는 지도자로 이미지를 전환하고자 했다. 그녀는 우파인 영국독립당의 옷을 훔쳐 입고 점점 더 유럽연합의 강경 비판자들과 동맹을 맺었다. 메이는 하원의 늘어난 다수가 곧 있을 브뤼셀과의 협상에서 자신의 입지를 강화해 줄 것이라는 전제하에 대승을 노렸다. 하지만 유럽연합이 모든 카드를 쥐고 있었기 때문에, 영국 지도자가 2명 더 많은 다수를 차지하든 아니면 200명 더 많은 다수를 차지하든 간에, 그것은 전혀 중요하지 않았다.

2017년 6월 8일 총선에서 아주 놀랍게도 노동당이 아주 가까스로 역전승을 거두며 의석을 늘렸고, 일반 투표에서는 단 2%포인트 차이로 졌다. 브렉시트에 반대하다가 다시 찬성하고 조기 선거를 반대하다가 다시 요구한 메이는 기회주의자라는 인상을 주었다. 코빈은 자신의 외교정책 급진주의는 은근히만 드러내고, 주로 경제적 진보주의자로 선거운동에 임했다. 수십 년 만에 처음으로 일반 투표에서 40% 이상의 지지를 얻은 노동당은 적어도 영국의 유럽연합 탈퇴를 지지하던 일부 유권자들을 되찾을 수 있었다. 코빈은 버니 샌더스처럼 젊은 사람들 사이에서 유난히 인기가 있었다.

하지만 그 결과 이데올로기적 혼란과 정치적 교착상태가 초래되었다. 토리당은 하원에서 과반수를 빼앗겼지만, 여전히 의회 의원이 가장 많은 정당으로 남아 있었고, 북아일랜드 신교도들을 대표하는 작은 극우 정당인 민주연합당Democratic Unionist Party과 약한 연합을 맺어 통치할 수 있었다. 이 셈법으로 인해 노동당이 이끄는 연립정부가 성립될 수 없었다. 주요 정당들이 친유럽파와 반유럽파로 분열된 유럽연합 탈퇴 정치는 혼란만 가중시킬 뿐이었다.

유럽연합 탈퇴에 찬성하는 국민투표에서 나타난 52 대 48이라는 근소한 표차는 일반적인 영국인들이 자신들의 생활수준이 쇠퇴한 것에 대해 항의를 분출한 것으로 이해할 수 있다. 그 표차는 일자리와 사회적 보호장치들을 해치면서 자유무역과 금융의 권리를 촉진하는 유럽연합의 복잡한 역할에 대한 영국인들의 미묘한 견해 차이를 반영하는 것이 아니었다. 그 항의 투표는 대체로 불손한 이주자 무리에 관한 것이었다. 특히 맨체스터, 리버풀, 뉴캐슬과 같은 황폐해진 산업 지역에서 브렉시트를 지지했던 노동계급 유권자들은 본능적인 차원에서 반발하고 있었다. 그들은 불가리아인들과 폴란드인들이 현지 일자리를 차지하는 것, 피부가 검은 사람들이 자신들의 술집을 침범하는 것, 급진 이슬람주의자들이 토착 테러리스트들을 만들어내는 것, 그리고 브뤼셀에서 온 관료들이 어리석은 규칙으로 상황을 더 악화시키는 것을 좋아하지 않았다. 그러나 그들은 주로 잃어버린 생계에 반발하고 있었다. 그렇지만 충격을 받은 지배 엘리트들은 그 근소한 표차를 국민의 엄숙한 의지로 해석했다.

유럽연합을 떠나는 해결책은 일부 외국인들이 들어오지 못하게 할 수는 있지만, 경제적 불만을 더 심각하게 악화시킬 것이다. 영국은 자국 수출의 절반을 유럽연합 국가들에 하는 반면, 유럽은 영국에 10%만을 수출한다. 영국이 탈산업화하면서 이제 남아 있는 자동차 공장들은 일본과 한국의 수출 플랫폼들이고, 일본과 한국의 주요 시장은 유럽대륙이다. 관세 없는 무역이 사라짐에 따라 그 공장들도 유럽연합 회원국들로 이전할 가능성이 크다. 영국은 금융에 크게 의존하고 있으며, 대형 은행들은 이미 더블린, 암스테르담, 또는 프랑크푸르트로 이전하기 위한 긴급대책을 세우고 있다. 특히 한 나라에 혼합경제를 재건하는 것에 전혀 관심이 없는 보수당의 지원하에 유럽연합을 떠나는 것은 브렉시트를 지지한 사람들에게 아무런 도움이 되지 않을 것이다.

반면 노동당은 신자유주의에 인간의 얼굴을 씌우기를 원하는 블레어식 '현대화론자들'과 코빈이 이끄는 보다 진보적인 진영으로 여전히 심하게 분열되어 있다. 좌파의 한 사람인 척하는 그 어떤 겉치레도 내려놓은, 위신이 많이 떨어진 토니 블레어는 자신의 잘못을 뉘우칠 줄 몰랐다. 2017년에 블레어는 「포퓰리즘의 아수라장을 막는 방법」이라는 제목으로 《뉴욕타임스》에 기고한 글에서 테크놀로지와 글로벌주의를 뒷받침할 새로운 센터를 건립할 것을 요구했다. 그는 이렇게 말했다. "그 센터는 사람들에게 테크놀로지와 글로벌리즘이 그들 주변에서 일어나는 변화를 극복하는 데 도움을 줄 수 있을 것이라는 점을 보여주는 새로운 정책 어젠더를 개발할 필요가 있다."[21] 그러나 그것이 바로 10년 동안 의회에서 안정적 다수를 가진 영국 총리였던 블레어 자신도 하지 못했던 일이다.

사회민주당들이 완전한 신자유주의를 받아들인 방식과 글로벌주의가 일반 시민들을 배제한 방식에 대해 좀 더 통찰해 보기 위해서는 놀랄만큼 유사한 방식으로 자신의 당을 재배치한 또 다른 주요 지도자 중의 한 명인 독일사회민주당SPD의 게르하르트 슈뢰더Gerhard Schröder 역시 살펴볼 필요가 있다.

슈뢰더의 제3의 길

블레어와 클린턴처럼 슈뢰더도 한 성공한 보수주의자 — 1982년부터 1998년까지 오랫동안 독일 총리를 지낸 기독교민주연합Christian Democratic Union: CDU의 헬무트 콜 — 의 뒤를 이어 권력을 잡았다. 슈뢰더는 거의 한 세대 전에 총리였던 헬무트 슈미트Helmut Schmidt 이후 첫 SPD 총리가 되었으며, 새로운 녹색당과 그 당의 인기 있는 지도자 요슈카 피셔Joschka Fischer와 연합하여 국정을 이끌었다.

SPD는 이미 이전에 자신들이 추구해 온 사회주의를 포기하는 작업을 마쳤었다. 1959년에 SPD는 바트 고데스부르크Bad Godesburg 프로그램*을 통해 생산수단의 국유화 방침과 그에 수반되는 마르크스적 레토릭을 버림으로써 영국 노동당 당헌 제4조에 해당하는 독일 조항을 폐지했다. 대신에 SPD는 보다 평등주의적인 버전의 노동-기업-정부 파트너십을 진전시켰다. SPD는 1966년부터는 여러 정부에 봉직했는데,

---

* SPD는 1959년 바트 고데스부르크 당대회에서 노동자 계급의 정당에서 탈피하기로 결정했다. _옮긴이

(1969년 윌리 브란트Willy Brandt를 시작으로) 정부를 이끌거나 아니면 기독교민주연합의 하위 연합 파트너로 참여했다.

SPD와 노동조합의 관계, 그리고 독일 사회에서 노동조합이 갖는 위상은 영국이나 미국과는 크게 달랐다. 독일 노동조합은 강력하고 책임감이 있었다. 전후 독일의 조합주의적 사회협약은 많은 것이 자본과 노동 간의 협상된 파트너십에 기초하고 있었다. 독일의 공동 결정 체계하에서 노동조합은 모든 독일 대기업의 이사회에서 자리를 차지하고 있다. 노동조합 대표들이 참여하는 노동위원회는 기업지배구조와 노동자 목소리 모두에서 중요한 기관이다. 노동조합들은 또한 강의실과 실제 경험을 결합한, 독일의 널리 찬사받는 기능자 양성 체계의 완전한 파트너이기도 하다. 그 결과가 바로 독일의 산업적 우수성을 유지하기 위해 헌신하는 노동조합과 그러한 우수성과 조화를 이루는 잘 훈련된 노동 인구이다. 독일 노동조합도 스칸디나비아의 노동조합과 마찬가지로 생산성 증가를 넘어서거나 독일 경쟁력을 저해하는 임금 인상을 밀어붙이지 않아야 한다는 점을 염두에 두고 있다.

이해당사자 자본주의 또는 과점주주 자본주의block-holder capitalism로 알려진 것의 또 다른 핵심 요소는 독일의 인내 자본patient capital* 체계였다. 독일 은행들은 전통적으로 독일 대기업의 많은 주식을 보유하고 있었으며, 주식은 좀처럼 거래되지 않았다.[22] 이는 1980년대 미국과 영국을 감염시킨, '주주가치의 극대화'를 목표로 하는 금융화와 대비되는 것이었다.[23] 두 가지 접근방식은 서로 다른 경쟁력과 책임을 반영했고, 각각은 장점과 단점을 가지고 있었다.

---

* 투자의 불확실성이 높고 회수 기간이 길어도 참고 견딜 수 있는 장기 투자 자본 _옮긴이

앵글로색슨 체계에서 활동가 주주들은 아마도 조마조마하는 경영자들에게 정신을 바짝 차리게 할 것이다. 주식 가치를 극대화하지 못한 경영자들은 교체될 것이다. 주가를 끌어올리는 데 성공한 경영자들은 스톡옵션으로 보상받을 것이다. 이 체계의 부정적인 점은 자주 실제 기업을 희생시켜 금융업자와 고위 경영진에게 보상한다는 것이었다. 그리고 주주가 왕인 이 모델은 노동자를 장기 자산이 아니라 편리할 때 처분하는 비용 부문으로 취급했다.

독일 체계는 경영자들로 하여금 분기 대차대조표에 집중해야 할 필요성을 덜어주고 장기 계획을 세울 수 있게 해주었다. 은행 자금을 조달하는 형태의 부채 자본은 보다 장기 투자적일 뿐만 아니라 자기자본보다 더 저렴했다. 책임은 더 사회적이었다. 기업 경영진은 공동 결정을 통해 노동조합, 그리고 자신들의 가장 중요한 주주이자 이사인 은행가들에게 책임을 졌다.

독일은 오랫동안 카르텔에 관대했다. 창조적 파괴의 예언자 조지프 슈페터Joseph Schumpeter의 관점에서 보면, 혁신에 필요한 재력을 가진 거대 과점기업들은 때때로 파괴 없이 창조할 수 있다.[24] 그러한 기업들은 기업 내에서 지속적인 혁신이 이루어지도록 함으로써 창조하기 때문에 발명의 대가로 높은 사업 실패율과 사회적 탈구를 초래하지 않는다. 독일주식회사Deutschland, A.G.라고 정겹게 지칭된 은행-회사 연동체계는 철저히 슈페터적이었다. 안전하고 숙련된 노동자가 직접 참여하는 것은 정밀성과 혁신을 추진하는 데에도 도움을 주었다.

독일은 또한 주州의 은행들과 정부의 개발은행인 KfWKreditanstalt für Wiederaufbau를 통해서뿐만 아니라 산학협력을 통해서도 신기술에 자금을 대거나 보조금을 주는 또 다른 소프트한 산업정책 요소들도 가지고 있었다. 그리하여 자연 일광이 많지 않은 나라인 독일은 정부-산업 파트너십 덕분에 태양 에너지 생산에서 세계 선두주자가 되었다.

그러나 이 체계는 너무 배타적이라는 비판을 받기도 했다. 실리콘밸리를 열망하는 비판가들은 독일이 혁신 속도에서 미국에 뒤처져 있다고 불평했다(하지만 미국의 하이테크 산업의 부상과 금융화된 자본주의로의 전환 사이에는 아무런 연관성도 없다). '위험을 감수하려는' 자기자본의 부재와 독일의 카르텔은 독일 중소기업mittelstand — 독일 제조업 우수성의 주요 원천인 — 이 지닌 상대적 약점에 부분적으로 책임이 있다. 게다가 새로운 앵글로색슨 체계하에서는 은행가, 사모펀드 거물, 적대적 인수 기술자들이 억만장자가 되어가고 있었다. 독일 산업에 인내 자본을 공급하는 역할을 하면서 상대적으로 많지 않은 보상을 받은 독일 은행가 중 일부는 자신들이 어리석은 게 아닌가 하는 의구심을 가졌다. 이는 결국 1990년대에 독일 산업체계에 대한 논쟁으로 이어졌다.

슈뢰더가 총리가 되었을 때, 독일은 전후 시기 최악의 침체를 겪고 있었지만, 산업, 재정, 또는 공동 결정 체계와는 아무런 관계가 없는 이유들 때문이었다. 1989년에 베를린 장벽이 무너지고 냉전이 종식되었을 때, 헬무트 콜 정부는 구동독을 합병할 수 있는 기회를 잡았다. 통일에 대한 동독의 동의를 얻고 동독 주민들이 서독으로 몰려드는 것을 막기 위해, 1990년 초에 콜 정부는 독일 마르크화를 훨씬 낮은 가치의 동독 마르크화와 1 대 1의 헐값 비율로 교환할 것을 제안했다. 당시 두 화폐의 공식 비율은 4.8 대 1이었고, 암시장 비율은 그보다도 훨씬 높았다.[25]

하지만 번성하고 있는 서독으로의 대규모 이주를 막기 위해서는 더 가난한 동독에 대한 대규모 투자가 필요했다. 연방 독일 정부는 1989년과 2003년 사이에 구동독에 약 1조 3000억 유로를 투자했는데, 이는 독일 일 년 GDP의 약 절반에 해당하는 막대한 금액이었다. 이 부담은 건강한 서독에 무거운 짐으로 작용했다. 항상 인플레이션 공포증을 가지고 있던 독일 연방은행은 금리를 인상함으로써 더 많아진 적자와 독일 마르크화의 헐값에 대응했고, 이는 독일의 성장을 더욱 더디게 했다.

그 결과 대체로 번영하고 있던 독일 전체가 많은 이웃 국가보다 성장이 더 느리고 실업률이 더 높은 드문 상황에 처하게 되었다. 경제학자들은 독일을 '유럽의 병자'라고 부르기 시작했다. 이는 한때 터키에 대해 썼던 표현이었다. 통일이 되어 동독의 계획경제가 생산적인 서독에 노출되면서, 이전의 구동독에 있던 980만 개의 일자리 중 약 400만 개가 사라졌다. 경제성장이 이 잃어버린 일자리를 벌충하지 못했다.[26] 슈뢰더가 취임했던 1998년에 독일 전체 실업률은 11%였고 구동독은 20%에 육박했다. GDP 성장은 0에 가까웠다.[27] 높은 실업률은 임금에 하방 압력을 가했다. 1990년대 후반에 미국 경제는 호황을 누렸고, 슈뢰더는 보다 신자유주의적 미국 모델에서 교훈을 얻었다. 하지만 독일에 특수했던 이 요소들은 거의 전적으로 통일비용과 그 비용을 마련하기 위해 콜과 독일 연방은행이 추구한 경제정책의 결과였다.

이것이 바로 SPD가 늙어가는 콜을 마침내 축출할 수 있게 한 경제적 분위기이자 게르하르트 슈뢰더를 기다리는 정책 퍼즐이었다. 신임 총리 슈뢰더는 독일의 중요한 주인 니더작센의 총리 ─ 그는 당시에도 녹색당과 연립정부를 꾸렸었다 ─ 를 지낸 SPD 정치의 베테랑이었다. 니더작센주의 총리를 지내면서 그는 많은 은행가와 기업 지도자들과 가까워졌다. 그들은 같은 클럽에 속해 있었고, 슈뢰더는 이러저러한 기업 지도자들과 함께 거대한 시가를 피우는 모습이 자주 사진으로 찍혔다. 니더작센주는 폭스바겐의 과점주주였기 때문에 슈뢰더는 폭스바겐 이사회에 자리를 잡고 있었고 자동차 회사의 사장 및 다른 임원들과도 친하게 지냈는데, 그중 한 사람이 폭스바겐의 노사관계 책임자인 페터 하르츠 Peter Hartz였다. SPD의 좌파와 언론은 말로만 사회주의자인 슈뢰더를 '보스들의 친구'* — 독일어로 운을 맞춘 표현으로는 Genosse der bosse — 라고 조롱했다.

슈뢰더의 테마는 사회적·경제적 현대화였다. 1998년에 취임하자마자, 슈뢰더는 원자력 발전의 단계적 폐지, 재생 가능한 에너지 촉진, 동성 결혼의 합법화, 이민 정책의 자유화를 비롯하여 녹색당의 파트너들에게 소중한 몇몇 사회정책을 발의했다. 그는 곧 독일 경제 모델의 핵심을 변화시키는 일에 착수했다. 이때 그는 독일을 괴롭히는 것과 관련한 신자유주의적 이야기를 곧이곧대로 받아들였다. 블레어처럼 슈뢰더 또한 빌 클린턴에게서 친구이자 역할 모델을 발견했다. 블레어와 슈뢰더는 '제3의 길'이라는 제목의 공동 선언문을 가급적 빨리 발표하려고 했다. 제3의 길의 독일어 버전인 '신중도Neue Mitte'는 슈뢰더의 브랜드가 되었다.

슈뢰더의 정책 전환 중 두 가지 측면은 주목해 볼 필요가 있다.[28] 1999년 12월에 슈뢰더는 은행들이 엄청나게 높은 자본이득세를 내지 않고도 기업의 고평가된 주식을 팔 수 있게 해주는 세법 개정안을 발표했다. 세금 — 54%에서 0%로 삭감된 — 은 그동안 '과점주주' 체계의 한 축이었다. 이러한 변화와 함께 독일의 기업금융 체계는 더욱 앵글로색슨적이 되었다. ≪슈피겔Der Spiegel≫은 이러한 변화에 대해 "헬무트 콜은 감히 할 수 없었던 유형의 금융 규제를 완화했다"라고 표현했다.[29] 블레

---

* '노동자의 친구'라는 말에 대비시켜 표현한 말이다. _옮긴이

어와 클린턴처럼 슈뢰더는 보다 시장지향적인 체계로의 전환이 더 나은 경제적 성과를 내게 할 뿐만 아니라 현대적이고 또한 개인적으로 돈도 더 많이 벌게 해준다는 것을 발견한 것처럼 보였다.

2002년에 가까스로 재선에 성공한 슈뢰더는 '어젠다 2010'이라는 제목의 선언을 발표했다. 그 선언은 독일의 사회복지, 조세, 노동체계를 과감히 자유화할 것을 제안했다. 마치 이것들이 연방공화국이 동독을 값비싼 비용으로 흡수한 이후 독일을 괴롭혔던 부진에 어떻게든 책임이 있다는 것 같았다. SPD의 슈뢰더 동맹자 중 많은 인사가 거시경제 침체에 대응하는 올바른 정책은 거시경제적 부양책이라고 주장했는데, 이러한 대응은 강력한 연방 중앙은행에 금리를 낮추고 더 큰 적자를 감수할 것을 요구했다. 그리고 슈뢰더는 이미 보다 신자유주의적인 노선을 고집하고 있었다.

'어젠다 2010'은 세금을 인하하고 실업급여를 줄였을 뿐만 아니라 연금 연령을 높이고 다른 복지 지출을 억제했다. 이 중 일부는 옳았는데, 특히 연금 개혁이 그랬다. 유럽에서 가장 관대한 연금 제도와 최저 출산율을 보유한 나라의 하나인 독일은 은퇴 정책에서 실제로 재정적 도전을 받고 있었다. 그러나 그 프로그램에서 가장 논란이 된 측면은 노동정책의 변화였다. 그 프로그램의 설계자인 슈뢰더는 자신의 친구인 폭스바겐의 페터 하르츠에게 의지했다. 하르츠 위원회가 추천한 네 가지 개혁안이 제정되었다. 그 개혁안 중 가장 논란이 된 것, 이른바 하르츠 IV는 2층 노동보호체계를 만들어냈다.[30]

하르츠 개혁은 실업자들에게 저임금 일자리를 갖도록 강요하기 위한 것이었다. 그 한 가지 방편이 실업급여를 대폭 삭감하는 것이었다. 하르츠 이전에 장기 실업자들은 이전 순소득의 약 55%에 해당하는 급여를 무기한 받을 수 있었고, 나이 든 실업자에게는 더 많은 급여를 주었다. 이제 대부분의 노동자에게서 급여가 줄었고, 지급 기간도 18개월로 제한되었다. 사람들이 참담한 일자리라도 가지기를 거부한다면, 실업급여가 끊기게 되어 있었다.

하르츠는 미니 일자리mini-job로 알려진 새로운 범주를 규정했는데, 그 일자리는 통상 임금보다 훨씬 낮은 임금을 받았고 완전한 사회적 보호를 받지 못했다. 이러한 개혁은 저임금 노동력의 규모를 급격히 늘렸고, 독일의 소득 불평등을 확대시켰으며, 노동세력의 교섭력을 전반적으로 약화시켰다. 러셀 세이지 재단Russell Sage Foundation이 발표한 두 명의 독일 노동시장 연구자의 조사 연구에 따르면, 임금이 스킬과 연계되어 결정되어야 함에도 불구하고, 하르츠 개혁은 미숙련 노동자뿐만 아니라 숙련 노동자도 저임금 노동으로 밀어 넣은 것으로 나타났다. 변화된 정책은 분명 단체교섭 협약에 의해 보호받지 못하는 노동자들을 대상으로 하는 것이었지만, 노동조합은 그런 조치를 노동연대에 대한 위협으로 인식했다. 노동조합 가입률과 단체교섭은 가차 없이 곤두박질쳤다.

정책적인 측면에서 보면, 이것은 기본적으로 거시경제적 문제였던 것에 대해 저임금으로 대응한 것이었다(이 정책은 중도좌파 정부가 제안하고 보수 정당들이 열렬하게 지지했다). 그리하여 독일의 단위 노동비용이 낮아져 수출이 늘어났지만, 소득 불평등이 극적으로 증가했다. 정책 전환 ― 금융자본의 자유화와 노동세력의 약화 ― 또한 경제학적으로 필요한 것이 아니었다. 정치적인 측면에서 보면, 그것은 우파를 위한 선물이었다. 슈뢰더의 인기가 떨어져서 2005년에 앙겔라 메르켈Angela Merkel에게 패배했을 때, 메르켈은 하르츠 개혁을 추진하는 용기를 보여준 슈뢰더 ― 당시 그의 SPD는 그녀의 하위 연립 파트너였다 ― 에게 놀림조로 경의를 표했다.

두 가지 개정 모두는 노동조합과 SPD의 보다 진보적인 지도자들을 격분시켰다. 사회민주주의자 슈뢰더는 독일 보수주의자도 감히 시도하지 못했을 정책 전환을 단행했다. 독일 자본시장이 자유화되자 영국과 미국의 헤지펀드는 일부 독일 산업기업의 인수를 늘리기 시작했는데, 이는 과점주주 체계에서는 거의 불가능했던 일이었다. 사모펀드 기업은 사려 깊은 조합주의적인 사회적 교섭을 존중하지 않았고, 노동자나 독일 생산에 대한 배려도 없었다.

2005년 4월에 SPD 당의장인 프란츠 뮌터페링Franz Müntefering 회장은 슈뢰더하에서 이루어진 과도한 시장화를 신랄하게 비판하고 외국계 사모펀드 기업을 독일의 산업체계에 대해 어떠한 존중도 하지 않는, 독일 기업을 다 사들이는 '탐식자locust'로 멋지게 매도하는 연설을 했다. ≪슈피겔≫은 거대한 메뚜기locust의 캐리커처를 표지에 싣고는 이렇게 경고했다. "국제 투자자들은 그것이 텔레비전 방송국이든, 대형 기계 제조 회사이든, 또는 자동차 부품 공급업체이든 간에 독일 기업 풍경의 큰 축들을 죄다 사들이고 있다. 기업의 새로운 주인들은 단 하나, 즉 이익, 이익, 이익을 원한다."[31]

한 달 후에 SPD의 주요 인사 중 한 사람으로 전 당의장이자 재무장관이었던 오스카 라퐁텐Oskar Lafontaine — 그는 1990년에는 SPD의 총리 후보였다 — 이 당을 떠났다. 그는 곧 새로운 독일 정당인 린케Die Linke(좌파당)의 창당에 앞장섰다. 좌파당은 불만을 품은 사회민주당원들과 표면적으로는 개혁적인 옛 동독 공산당 지도자들이 결합한 것이었다. 그러한 분열로 인해 좌파당과 SPD 모두 쓰라림을 겪었는데, 그 고통은 두 당의 지도자들로 하여금 그 상처들이 충분히 치유되어 린케가 SPD와 다시 연합하기 위해서는 한 세대가 걸릴 것이라고 선언하게 했을 정도였다. 2005년 연방 선거에서 SPD, 녹색당, 좌파당은 모두 합쳐 하원에서 중도파와 우파 정당들보다 더 많은 의석을 얻었지만, 슈뢰더 총리는 모든 좌파의 연합을 거부하고 SPD가 메르켈의 하위 파트너가 되기로 결정했다.

잃어버린 세대가 했던 예측은 너무 비관적인 것이었다. 라퐁텐이 항의 퇴장하고 나서 10년이 지난 2014년에 제1차 SPD-좌파당-녹색당 연합이 옛 동독 튀링겐Thüringen주에서 권력을 잡아, 좌파 주총리가 주를 이끌었다. 2016년에는 베를린시에서 이와 유사한 연합이 사회민주당이 이끄는 정부를 구성했다. SPD의 새 지도자 마르틴 슐츠Martin Schultz 아래에서 2017년 9월에 있을 총선에서 연방 차원의 SPD-좌파당-녹색당 연합을 구성하는 것에 관한 이야기가 나왔다. 그러나 메르켈의 당이 재선출되었고, SPD가 근래 들어 가장 낮은 20.5%의 득표를 얻은 반면, 극우 정당인 AfD*는 12.6%를 얻어 처음으로 의회에 진입했다.

좌파, 버림받다

우리는 이러한 경험으로부터 어떤 결론을 도출해 내야 하는가? 그 당시 각 지도자가 자신의 위치를 재설정한 것은 분별 있는 정치학이자 필요한 경제학인 것처럼 보였다. 그러나 하나의 훌륭한 사례가 정치학과 경제학 모두에서 더 우수한 대안이 있을 수 있었다는 것을 보여줄 수도 있었다.

---

*   Alternative for Deutschland. 독일을 위한 대안 _옮긴이

클린턴의 극단적인 금융 규제 완화와 긴축정책 수용은 금융 붕괴의 씨앗을 뿌렸을 뿐만 아니라 민주당으로 하여금 하강 이동하는 노동계급을 제대로 인지하지도 그리고 그들에 대해 실제적으로 책임을 다하지도 못하게 했다. 1990년대 후반에 진정한 완전고용을 이루었던 단 2년 동안에만 미국의 실질임금이 최하층에서 상승했고 소득 격차도 좁아졌다.

블레어가 혼합한 신자유주의적 금융정책과 노동정책은 재분배 효과를 그다지 거두지 못하면서 결국 경제학과 정치학 모두에서 실패했다. 그는 분열된 노동당을 유산으로 남겼고, 한때 노동당의 기반이었던 성난 노동계급은 극단적 민족주의자들 및 보수당의 통치 시기에 기대를 걸었다.

슈뢰더의 정책은 좌파를 분열시켰고, 독일을 훨씬 더 심각한 소득 불평등의 길로 접어들게 했다. 실업이 결국 줄어든 것은 사실이지만, 그것은 독일이 심하게 저평가된 통화인 유로화를 누리면서[32] 세계 최대의 수출 흑자로 이어진 결과라는 강력한 주장도 존재한다.[33] 다시 말해 실업 감소는 사회적 급여와 임금 삭감의 결실이 아니었다. 경쟁력 척도인 독일의 단위 노동비용은 하락했지만, 그리 많이 하락하지는 않았다. 많은 독일 비판가가 독일 임금이 필요 이상으로 억제되었으며 독일 경제와 더 큰 유럽연합 경제 모두를 위한 더 나은 치료법은 독일 내에서 내수를 증가시키는 것 — 다시 말하면 더 많은 공공 투자와 더 높은 임금(특히 최하층에서의)이었을 것 — 이라고 주장한다.[34] 독일은 자국의 동부 지역을 회복시키는 데 투자할 때는 매우 관대했었다(하지만 유럽의 나머지 지역에 관해서는 마찬가지로 인색했다).

이러한 정책들은 그 발의자들의 개인적인 재정에도 도움을 주었다.

클린턴은 자신의 기업 연줄을 이용하여 계속해서 부자가 되면서 클린턴재단Clinton Foundation으로 알려진 자신의 개인사업과 자선사업의 혼합체의 밑그림을 그려갔다. 그의 순자산은 약 8000만 달러에 달한다. 블레어는 기업 고객들로부터 연간 500만 달러에서 1000만 달러 사이의 수입을 얻으며 훨씬 더 큰 부자가 되었으며, 8000만 달러로 추정되는 그의 부는 계속해서 늘어나고 있다.[35] 슈뢰더는 2억 달러 이상의 자산을 가진 가장 부자인 사람이 되었는데, 이러한 자산은 많은 독일인이 부정한 것으로 간주하는 거래로부터 나온 것이었다. 슈뢰더는 퇴임 직전인 2005년 9월에 러시아 거대 가스 기업 가즈프롬Gazprom과 47억 달러 규모의 송유관 계약을 승인했고, 그 보상으로 12월에 그 개발사업의 회장직을 보상으로 받았다. 그는 정말로 보스들의 친구였다.

클린턴과 오바마에게 규제 완화와 긴축정책을 수용하라고 조언한 경제 관료들 — 로버트 루빈, 로런스 서머스Lawrence Summers, 티머시 가이트너Timothy Geithner, 잭 르Jack Lew, 진 스펄링Gene Sperling, 피터 오재그Peter Orszag, 마이클 프로먼Michael Froman — 은 정부와 7~8개의 월스트리트 일자리 사이를 왔다 갔다 했다. 이 회전문이 법을 어기는 것은 아닐지라도, 그것은 더 심각한 의미에서 부정한 짓이었다. 그것은 중도좌파 정부로 하여금 금융 엘리트와 견해를 같이하며 보통 사람들을 희생시키게 했다. 예외로는 학계나 싱크탱크로 복귀한 재러드 번스타인Jared Bernstein과 같은 소수의 하급 고위 관료와, 세 명의 주요 여성 진보주의자 — 의회 감독위원회Congressional Oversight Panel의 의장이자 소비자금융보호국Consumer Financial Protection Bureau의 국장 대리로 상원으로 진출한 엘리자베스 워런, 연방예금보험공사Federal Deposit Insurance Corporation: FDIC 의장이었다가 대학총장이 된 실라 베어Sheila Bair, 그리고 파생상품의 잠재적 유독성에 대해 경고했던 전 수석 상품규제관

브룩슬리 본Brooksley Born(본은 계속해서 변호사 일을 했다) — 를 들 수 있다.

중도좌파 정당들이 자신들의 위치를 재설정한 것이 기회주의나 탐욕 때문이 아니었다면, 그것은 잘못된 경제학에 기초했기 때문이었다. 신자유주의 이론가들은 거시경제적 장애가 발생한 원인으로 노동시장 제도의 '경직성'을 탓하는 오류를 범했다. 그들이 제시한 해결책은 고실업의 시대에 노동자들을 잔혹한 시장의 힘에 노출시켰고, 예산 긴축은 그들에게 피해를 가중시켰다.

다른 대안 — 글로벌리즘이라는 새로운 압력에 의해 배제된 — 이 채택되었더라면, 아마도 공공 투자가 이루어지고 괜찮은 임금이 지급되고 적극적 노동시장 정책을 통해 입증된 비법이 사용되었을 것이다. (수십 년간 노동조합과 임금이 수세에 몰렸던 미국에는 반대할 만한 노동시장 '경직성'이 전혀 존재하지 않았다.)

1998년에 발표된 블레어-슈뢰더 공동 선언문인 「제3의 길/신중도 The Third Way/Neue Mitte」는 그 시대의 희망과 오산이 낳은 작위적인 산물이다. 그 선언문은 제3의 길 사회민주주의자들이 거부하는 정책을 희화화하는 것으로 시작했다.

과거에는,

사회정의를 증진시키는 것이 때때로 결과의 평등을 강요하는 것과 혼동되었다. 그 결과 보람 있는 노력과 책임의 중요성이 무시되었고, 사회민주주의가 창의성·다양성·우수성의 찬양과 연계되기보다는 순응 및 평범함과 결부되었다. 그 어느 때보다 높은 비용으로 인해 과업 수행에 부담이 가중되었다.

사회정의를 달성하기 위한 수단은 (그 수단이 달성한 것과 무관하게 또는 그 수단에 자금을 조달하는 데 필요한 세금이 경쟁력, 고용, 생활수준에 미치는 영향과 무관하게) 훨씬 더 높은 수준의 공적 지출과 동일시되었다. ……

국가가 파괴적인 시장 실패를 해결해야 한다는 믿음은 너무나도 자주 정부의 범위와 정부와 동반하는 관료제를 과도하게 확장하는 것으로 이어졌다. 개인과 집단의 균형이 왜곡되었다. ……

너무나도 자주 권리가 책임 위에 있었다. 그러나 가족, 이웃, 사회에 대한 개인의 책임은 국가에 떠넘겨질 수 없다. 상호의무의 개념이 망각된다면, 공동체 정신이 쇠퇴하고 이웃에 대한 책임이 결여되고 범죄와 공공 기물 파괴가 증가하여 법체계가 그것들에 대처할 수 없게 된다.[36]

블레어는 제3의 길을 시장에 어긋나기보다는 시장과 함께 작동하는 것으로 규정하기를 좋아했다. 클린턴은 "노를 젓기보다는 조종하는" 정부가 필요하다고 이야기하기를 좋아했다. 많은 제3의 길 추종자에게 제3의 길은 가치 — 즉, 사람들에게 개인적인 책임을 지도록 장려한 다음 그 책임에 대해 보상하는 것, 특히 사람들을 복지에서 일터로 이동시키는 것 — 에 관한 것이었다. 제3의 길은 또한 지구화를 불가피하고 혁신에 도움이 되는 것으로 받아들였다. 인기 있는 상투어 중 하나가 공급중시 좌파라는 말이었는데, 이는 보다 생산적인 시민이 될 수 있는 사람들에게 더 많은 투자를 하는 것을 의미했다.

그중 대부분은 공허한 슬로건이었던 것으로 판명되었다. 실제 정책은 시장의 힘을 사회적 제약으로부터 해방시켰지만, 약속된 상쇄 혜택은 거의 제공하지 않았다. 근로소득은 계속해서 감소하고 있다. 블레어가 보다 평등하고 생산적인 사회의 근원으로 채택한 '공급중시 사회주의supply side socialism'는 명백한 실패였다. 제3의 길 정부가 집권한 지 10년 후에 시민들은 더 나은 일자리가 없고 사회적 완충장치도 거의 없는, 부활하고 있는, 심지어는 이전보다 더 잔혹한 시장의 완전한 힘에 더 노출되었다.

빌 클린턴의 미국과 달리 독일과 영국은 모두 의원내각제였다. 집권 8년 중 6년 동안 공화당이 다수당을 차지하고 있었기에 클린턴은 공화당의 지지를 얻어 의회에서 입법을 하기 위해서는 자신의 정책을 얼마간 오른쪽으로 옮겨야 했다. 블레어와 슈뢰더는 그러한 핑계거리조차 전혀 없었다. 그들이 오른쪽으로 이동하기로 선택했다면, 그들은 부지런한 노동자들에게 제3의 길이 약속한 이익을 제공해 주어야 했다. 하지만 그들은 그렇게 하지 않았다.

아이러니는 '제3의 길' 또는 그것의 변형인 '중도Middle Way'의 원래 용도는 스웨덴 사회민주주의 — 즉, 완전고용, 포괄적인 사회보장, 노동조합과의 진정한 파트너십, 지속적인 개선에 대한 강력한 헌신 — 를 묘사하는 것이었다는 점이다. 물론 그 제3의 길은 자본주의와 공산주의 사이의 제3의 길 — 다시 말해 강력한 정치적 민주주의에 닻을 내린 현대의 사회민주주의 — 이었다.[37] 그와는 대조적으로 클린턴, 블레어, 슈뢰더의 제3의 길은 다시 한번 더 — 이번에는 레이건과 대처의 완전한 신자유주의와 사회민주주의 사이에서 — 타협했다. 한편 스칸디나비아의 원래 제3의 길은 그 자신이 유사한 힘으로부터 압력을 받고 있다는 것을 발견했고, 비슷한 실수를 저질렀다.

스칸디나비아조차

북유럽 사회민주주의 모델 — 사회정의 및 연대와 결합된 효율적 경제 — 의 성공은 노르웨이, 스웨덴, 덴마크, 핀란드 모두가 무역에 크게 의존하기 때문에 더욱 주목할 만했다. 다른 장들에서 증명했듯이, 1980년대 이전의 지구화 규칙은 개별 국가들이 자국의 경제적·사회적 제도를 추구할 수 있는 충분한 여지를 남겨놓았었다.

전후 스칸디나비아 모델 — 비교적 국가별 편차가 작다 — 에서는 노동시장 정책이 중심 정책이고 또한 포괄적인 복지국가에 의해 보완되지만, 게으름이 아니라 일을 보상하는 정책이다. 공공 서비스는 질이 좋으며, 빈곤층을 대상으로 하는 것이 아니라 광범위한 중간계급에 의해 이용되고 지지받는다. 교육은 모든 수준에서 보편적이고 무상이다. 의료보호는 최고이고, 사회적으로 자금을 조달한다. 핵심은 이 모든 것이 동등하게 적용된다는 것이다. 이 모델의 각 요소는 다른 요소들과 나란히 작용하며, 복지국가는 단지 의존적인 가난한 사람들을 위한 것이 아니라 모두를 위한 것이기 때문에 대다수 공중의 지지를 받는다.

많은 논평자가 북유럽 국가들은 그들만의 동질성 때문에 그러한 형태의 사회적 협상을 추구하기가 쉬웠다고 주장해 왔다. 이러한 주장은 민족성의 문제로서는 사실일 수도 있지만, 과장되어 있다. 현대 스칸디나비아의 사회모델의 뿌리가 시작된 20세기 초에 이들 나라는 계급갈등의 가마솥이었다.

기업 엘리트들이 데탕트에 합의하고 그다음에 협력적인 사회적 협상 모델에 동의하기까지는 노동운동과 새로운 사회민주당들에 의한 상당한 투쟁과 성과가 필요했다. 이 뿌리들은 10년간의 격렬한 파업 끝에

1899년에 이룬 덴마크 계급합의로까지 거슬러 올라간다. 이것은 단체교섭을 제도화한 세계 최초의 협약이었다. 그리고 스웨덴에서는 1938년의 살트셰바덴 협약Saltsjöbaden Agreement이 자본과 노동으로 하여금 동맹에 헌신하게 했다. 이러한 언급이 신기하게 들릴 수도 있지만, 이들 협약은 덴마크와 스웨덴에서는 일반적으로 역사적 사건으로 이해된다.

사회민주당들은 자애로운 민족주의 형태의 복지국가를 빈틈없이 건설했다. 1920년대와 1930년대에는 우파 버전의 민족주의가 유럽을 휩쓸고 있었다. 스웨덴의 사회민주당 지도자들은 자국의 전통을 기반으로 하여 진보적인 형태의 민족주의를 정의할 수 있다는 것을 깨달았다. 그 시대에 그들은 자주 농업 정당과 연합하여 통치했는데, 농업 정당의 견해는 스웨덴에 독특한, 봉건시대에조차 강력했던 토지 소유 자유 농민의 전통을 반영했다. 스웨덴 학자 라르스 트래가르드Lars Trägårdh가 지적한 바와 같이, 스웨덴의 사회민주당은 "농촌의 농민과 도시 중간계급 모두에게 정치적 교량 역할을 했던 '국민folk'이라는 말에 의지하여 계급과 계급투쟁이라는 분열적인 언어를 점진적으로 버렸다. 1928년에 사회민주당은 원래는 보수적인 관념인 '국민의 집folkhem'이라는 관념을 받아들였다.[38] 이 관념은 큰 공감을 불러일으켜, 1932년경에는 사회민주당이 지배적인 집권 정당이 되었을 정도였다.

이 관점에서 볼 때, 괜찮은 사회는 스웨덴 사람들이 스웨덴인으로서 마땅히 누려야 하는 것이었다. 게다가 스웨덴의 조합주의는 스웨덴의 가치와 일치했다. 부분적으로는 스칸디나비아에 공통된 루터교에 뿌리를 두고 있는 사회적 순응주의, 겸양, 그리고 공동체에 대한 존중이라는 우연한 혼합물이 사회민주주의와 잘 맞아떨어졌다. 이것이 진실처럼 들리는 동질성 이야기의 한 측면이며, 또한 이민에 대한 스웨덴 사람들의 양가감정을 설명하는 데에도 도움을 준다. 스웨덴은 1인당 난민 비율이 세계에서 가장 높다. 한편에서 난민 정책이 관대한 것은 오랜 사회적 동정심의 전통을 반영한다. 다른 한편에서는 (스웨덴 사람들에게) '국민의 집'으로 정의되는 사회민주주의로 인해 지역 문화 바깥에서 온 수많은 이민자는 암묵적인 사회적 규범을 훼손하고 분노를 유발하는 존재로 인식된다.

제2차 세계대전 후 반세기 동안 스웨덴과 덴마크의 비밀 소스에 들어 있는 가장 중요한 재료는 사회민주당이 그 당시 대부분의 시기를 집권했다는 사실이었다. 정부는 장기간 사회적 모델을 관리함으로써 세세한 일까지 전반적으로 사회민주주의적 접근방식과 일관되게 계속해서 미세 조정할 수 있었다. 그 모델의 경제적·사회적 부분은 서로를 강화하고 있었고, 그리하여 하나의 일관적인 전체가 되었다.

스웨덴 사회민주당SAP은 1976년부터 1982년 사이에 두 중도우파 정부가 6년 동안 집권한 것을 제외하고는 1932년부터 1991년까지 거의 계속해서 스웨덴을 통치했다. 놀랄 것도 없이 사회민주당의 독점이 깨진 것은 격동의 1970년대였다. 물론 스웨덴은 일당 국가와는 거리가 멀었다. 스웨덴의 정치적 민주주의는 건실했고, 투표율도 높았으며, 비사회주의 정당들도 항상 적어도 40%의 표를 얻었다는 사실이 정부를 긴장시켰다.

덴마크는 일관되게 사회민주주의는 아니었지만, 1929년부터 2001년까지 72년의 기간 중 55년간 총리가 사회민주주의자였다. 나치가 점령한 기간 ─ 나치는 그 기간에 덴마크를 괴뢰 국가로 만들지 못했다 ─ 에도 사회민주당은 덴마크 정부를 책임지고 있었다.

노르웨이에서는 1945년부터 1981년까지 노동당(사회민주당)이 계속해서 통치했으며, 1986년부터 2013년까지는 약 3분의 2의 기간을 통치했다. 북해산 석유라는 횡재 수익과 그 수익금을 이용한 매우 창의적인 사회투자 정책 덕분에 노르웨이는 글로벌 추세를 얼마간 완충시킬 수 있었다. 하지만 오늘날에는 보수주의자들이 극우파와 연합하여 통치한다.

스칸디나비아 사회민주주의의 전성기에는 서구의 다른 어느 곳에도 스칸디나비아에 필적할 만한 사례가 없었다. 다른 나라들에서 좌파는 규칙적으로 우파와 교대했으며, 훨씬 덜 일관성 있는 사회적·경제적 전략을 남겼다. 비례대표와 연립정부를 가진 나라들에서는 그 모델이 더욱 희석되었다. 그러나 1980년대 이후 스칸디나비아는 파편화된 정당 체계, 좌파와 우파 간의 정권교체, 지구화에의 노출, 그리고 신자유주의 정책 모두에서 유럽의 나머지 국가들과 더욱 비슷해졌다.

스웨덴에서는 1976년부터 1982년까지 집권한 두 중도우파 스웨덴 정부가 세금을 줄이고 사회적 급여를 삭감하고 민영화 요소들을 도입했다. 사회민주당은 중도우파의 정치적 성공을 자신들의 모델이 도를 넘었고 공중의 지지를 잃고 있다는 신호로 받아들였다. 그들은 또한 경기 침체의 일부를 경직성 요소들의 탓으로 돌렸다. 따라서 그들은 1982년에 다시 권력을 잡았을 때, 신자유주의 각본을 따르기로 결정했다. 그들의 위치 재설정이 블레어나 슈뢰더가 추구했던 이동만큼 과격하거나 극단적이지는 않았지만, 그것은 파멸에 이르는 길이었던 것으로 판명되었다.

사회민주당은 민영화가 소비자에게 더 많은 선택지를 가져다줄 것이라는 전제하에 민영화의 일부를 유지했다. 사회민주주의자들은 창의적인 학부모와 교사 집단이 대안적인 학교를 설립할 것이라고 상상하면서 학교 선택권을 확대했다. 대신에 역외 기업들은 바우처 학교들voucher schools을 후원했다. 이들 학교가 성적이 좋은 학생들을 뽑아갔기 때문에, 공립학교들은 자주 더 적은 자원을 가지고 더 교육하기 어려운 학생들을 가르쳐야 했다.

1976년부터 1982년까지 스웨덴을 이끌었던 중도우파 정부는 비교적 온건했으며, 스웨덴 모델의 핵심 측면을 훼손하려 하지 않았다. 하지만 2006년에 집권한 보다 철두철미하게 보수적인 연립정부는 복지국가에 의존하는 사람들과 안정된 직업을 가진 사람들 간을 노골적으로 이간시키고자 했다. 프레드리크 레인펠트Fredrik Reinfeldt 신임 총리는 자신의 정당이 "일을 높이 평가하는" 정당이라고 선언했다. 선거운동에서 그의 메시지는 "당신이 공적 급부금에 의존하고자 한다면 사회민주당에 투표해야 하지만 당신이 자립적이라면 우리에게 투표해야 한다"라는 것이었다. 그는 당선 후에 이렇게 말했다. "3분의 2가 생산성 주도 사회productivity-driven society에 참여하고 있다. 그러나 3분의 1 정도는 거기에 참여하지 않고 보조금으로 살아가고 있다. 그들은 스스로 노동인구이기를 거부한 국외자들이다. 스웨덴 유권자들이 기본적으로 하는 말은 국외자들이 너무 많다는 것이다."[39]

보수 연합 정부는 스웨덴의 적극적 노동시장 정책을 폐기했다. 보수 정부의 프로그램은 장기간의 재교육 전략 대신에, 일자리를 잃은 사람들이 사무실에 앉아 이력서와 구직 계획서를 작성하고 가용한 저임금 일자리를 가져야만 하는 앵글로색슨식의 '일 우선' 체계로 전환되었다. 직업훈련과 마찬가지로 실업급여의 액수와 기간 모두 줄어들었다.

정부는 또한 노동조합이 보유한 힘의 핵심적인 원천, 즉 실업보험과 그 적용 범위의 노동조합 보증제도를 약화시키고자 했다. 2006년에 새 정부는 노동조합에 대한 일종의 선전포고에서 노동조합과의 연계를 끊는 새로운 제도를 만들었다. 스웨덴고용자연합에 의해 고무된 정부는 임금의 시장 결정을 지지하여 중앙집중식 임금협상을 추진하던 것을 중단했다. 이 두 가지 조치는 노동연대를 약화시켰고, 소득 불평등을 심화시키는 데 한몫했다. 정부는 또한 기업들이 새로운 노동자들을 정규직으로 전환하지 않고도 24개월 동안 할인된 임금으로 시험적으로 써볼 수 있도록 고용규칙을 바꾸었다. 노동조합은 노동인구의 주변에 배속되어 있는 이 젊은 노동자들에게 도움을 주기가 더욱 어려워졌다. 스웨덴 노동조합연맹LO의 간부인 올라 페터손Ola Petersson이 내게 말했듯이, "이러한 누적된 정책 변화는 고임금·고평등·고생산성의 스웨덴 경제 모델과 사회민주당에 대한 정치적 지지 모두를 훼손한다."[40]

2014년 사회민주당 정부가 다시 집권했을 무렵에 스웨덴의 정치는 더욱 파편화되었고, 반이민국민당anti-immigrant people's party은 13%의 득표율을 기록했다. 슈테판 뢰벤Stefan Löfven 총리는 전통적인 사회민주당 정책을 일부 복원하기를 원했지만, 그의 당은 단 31%의 득표에 그쳤고, 그는 중도파들에게 의존하는 약한 연립정부를 이끌었다. 주요 정책 혁신은 가능하지 않았다. 그것은 마치 관리인 정부 같았다.

뢰벤은 또한 이민자와 난민들의 권리에 대한 열렬한 지지자였다. 2015년에 조사와 보고를 위해 스웨덴에 방문했을 때, 나는 스톡홀름 교외에서 열린 이민 찬성 집회에 참석했었다. 특별 연사는 다름 아닌 총리였다. 이민자와 난민들을 지지하는 입장은 고결하지만 위험하다. 경제가 훨씬 더 글로벌화된 상황에서 경제성장·일자리 창출·임금의 동학을 개선할 수 없는 약한 정부들에게 높은 실업률과 많은 수의 이민자는 유독한 술이었다. 2017년 8월 현재 스웨덴의 우파 포퓰리즘 정당은 2013년의 거의 두 배에 달하는 20% 중반의 득표율을 보이고 있는데, 이는 집권 사회민주당 바로 다음 순위이다. 따라서 관리되는 자본주의의 사회민주주의적 모델이 가장 강력하게 닻을 내리고 있는 국가들에서조차도 글로벌 압력과 중도좌파들이 주도하는 국내의 타협은 그 체계의 정치적·경제적 논리를 약화시키고 있다.

공포와 파편화

2017년 3월에 네덜란드 극우 반이민당의 대표 헤이르트 빌더르스 Geert Wilders가 2012년 선거 때보다 단지 약간 많은 13.5%를 득표하고 마르크 뤼터Mark Rutte 총리의 중도우파 정부가 지지율을 거의 온전히 유지하자, 많은 논평자가 큰 안도감을 표했다. 당시 거의 언급되지 않았지만, 그 선거에서 네덜란드의 민주적 좌파는 전멸하다시피 했다. 네덜란드 노동운동조직과 제휴한 주류 사회민주주의 정당인 네덜란드 노동당은 단 5.7%만을 득표했고, 의석도 이전 의회에서 차지했던 29석에서 9석으로 줄었다. 클린턴, 블레어, 슈뢰더의 전성기에 네덜란드의 총리는 제3의 길 이데올로기를 거의 동일하게 지지한 노동당의 빔 콕Wim Kok이었다. 콕의 노동시장 개혁 버전은 파트타임 노동자들에게 일부 보호를 제공했지만, 네덜란드에서 저임금 노동인구를 크게 증가시켰다. 2002년경에 젊은이들 사이에서 저임금 노동의 비율은 61%로, 어마어마하게 증가했다.[41] 그 후 네덜란드 노동당은 긴축을 지지하는 여러 연립정부의 일원이 되었고, 그리하여 신뢰를 엄청나게 잃었다. 네덜란드의 세 좌파 정당, 즉 노동당, 좌파 녹색당, 사회당은 2017년 선거에서 모두 합해서 150석 중 37석을 얻는 데 그쳐, 좌파 역사상 최악의 득표율을 기록했다.

우파 포퓰리즘이 끓어오른 결과 중 하나는 유럽 국가들의 의회를 더욱 파편화시키는 새로운 정당들이 성장했다는 것이다. 이들 나라 대부분은 얼마간 변형된 비례대표제를 통해 의원들을 선출한다. 이와 관련된 결과 중 하나가 포퓰리즘 우파의 지지 중 많은 부분이 전통적으로 동일한 노동계급 인구에 의지하는 사회민주당들을 희생시키는 것에서 나온다는 점이다. 덴마크 국민당은 덴마크 복지국가를 사회민주당보다 훨씬 더 열렬하게 지지하는 입장을 취한다. 하지만 덴마크 국민당은 그 혜택이 단지 덴마크 사람에게만 엄격하게 제한되기를 원한다. 국민당은 이제 사회민주당의 확실한 유권자였던 노동조합원들의 투표수 가운데 약 절반을 얻는다. 유럽의 다른 곳에서도 사회정책과 경제정책에 관한 한 극우 민족주의 정당들이 도처에서 지지를 받고 있다.

유럽 전역에서 사회민주당은 전통적으로 40% 이상의 지지를 받아왔지만, 덴마크, 스웨덴, 노르웨이, 오스트리아에서 30% 아래로 떨어졌고, 네덜란드와 같은 몇몇 경우에는 10% 아래로까지 떨어졌다. 이러한 파편화는 정치적 중도의 지형을 좁혔고, 대체로 중도우파가 주도하고 있는 연합 ― 더 심한 긴축을 수용하는 ― 을 요구했다. 좌파가 가끔 그러한 연합에 참여하는 것은 유권자들 사이에서 좌파에 대한 신뢰를 더욱 떨어뜨린다.

이것이 히틀러 이전 시대와 유사하다는 것이 우리를 오싹하게 만든다. 독일에서 공산주의자와 나치에 대한 지지로 인해 정치적 중도의 지형이 좁아지고 있던 1930년 3월에 치러진 독일 선거 이후, 중앙당Center Party*의 하인리히 브뤼닝Heinrich Brüning이 새로운 총리가 되었다. 브뤼닝

* 독일 제국 시기와 바이마르 공화국 시기에 있었던 독일의 가톨릭 정당 _옮긴이

은 SPD의 헤르만 뮐러Hermann Müller가 이끌던 내각을 계승한 5당 대연합을 주도했다. 뮐러는 성장을 회복하기 위해 노력했지만, 불황의 심화로 녹초가 되었다. SPD를 배제한 브뤼닝 내각의 다섯 개 정당은 하나의 사실, 즉 긴축의 필요성에 동의했다. 당연히 예산 긴축과 지출 삭감이 이루어졌고, 그 결과 불황이 심화되고 독일의 실업률이 증가했다. 나치당의 득표율은 1930년 18%에서 1932년 37%로 높아졌고, 나치당은 제국의회Reichstag에서 최대 정당이 되어 히틀러의 길을 닦았다.

히틀러가 1933년 1월에 독일 총리로 취임할 때, 프랭클린 루스벨트는 워싱턴에서 자신의 새 행정부의 틀을 짜고 있었다. 이 두 지도자의 기막힌 대조는 극심한 경제적 불만이 극우파에 활력을 불어넣어 민주주의를 파괴할 수도 있지만 또한 자본주의를 이용하여 민주주의를 강화하는 민주적 좌파에게 생기를 불어넣을 수도 있다는 사실을 분명하게 보여준다.

8

괜찮은 경제 팔아버리기

제2차 세계대전 이후의 시대에서 세계무역체계가 구조화된 과정은 지구화의 규칙이 처음에는 1940년대에 민주적으로 통제되는 형태의 괜찮은 자본주의를 촉진하는 데, 그리고 그다음에는 1980년대에 그러한 자본주의를 파괴하기 시작하는 데 어떻게 이용되었는지에 대한 우리의 설명에서 핵심을 차지한다. 글로벌 통화체계에서와 마찬가지로 무역정책에서도 금융의 부활된 권력은 이 같은 전도에서 중심적 자리를 차지하고 있다.

미국은 전쟁 직후의 시대와 후일 원래의 조건들을 반전시킬 때 모두에서 무역체계의 주요 설계자였다. 처음에는 그 체계에 대한 미국의 외교적 목표와 하나의 국가로서의 미국의 자기 이익 추구 간에는 거의 아무런 모순이 없었다. 미국 대통령은 미국 기업들이 세계에서 가장 생산적이고 번창할 것이라는 확신 속에서 개방 무역체계를 촉구할 수 있었다. 유럽과 일본이 경제를 회복하여 수출 역량을 증대시켜 막대한 미국 소비시장에 접근하는 것은 냉전 동맹국에게 보상을 해주는 것이었고, 그리하여 동맹을 공고하게 해줄 것이었다. 미국은 충성스러운 동맹국들이 자유무역의 원칙과 수사는 존중하지만 관행은 존중하지 않았을 때 모르는 척할 수 있었다. 이를테면 일본은 모범적인 냉전 의존국가이자 또한 최고의 보호무역주의 국가였다.

아이젠하워 대통령은 미-일 경제 관계에서 드러나는 명백한 이중잣대에 대해 제시된 비판을 무시한 채 1955년에 일본이 취한 다양한 형태의 보호무역주의를 묵인하는 미-일 협정을 체결하고 나서 다음과 같이 선언했다. "지역[미국] 산업의 모든 문제는 세계 위기에 비하면 그리 중요하지 않다. 일본이 먹고 살 수 있도록 해주지 않는 한, 일본은 살 수 없고, 자유세계에 남아 있을 수 없다."[1]

일본은 정부의 계획 목표 및 은행과 긴밀하게 결합된 카르텔 체계가 어떻게 명목상으로는 개방을 하면서도 미국 기업들로 하여금 일본에 수출을 하지 못하게 할 수 있는지, 그리고 자국 생산에 보조금을 주고 생산을 보호하여 수입을 막아낼 수 있는지를 곧 보여주었다. 엄청나게 성장한 일본은 한국, 대만, 나중에는 중국의 모델이 되었다. 이 일단의 정책은 신중상주의neo-mercantilism라고 알려지게 되었고, 그 정책들은 효력을 발휘했다.[2] 그리하여 미국의 제조업과 임금이 고통을 받았다. 미국의 무역적자는 2016년경에 5조 달러로 확대되었다. 이러한 규모의 무역적자는 일자리와 산업에 막대한 손실을 초래한다. 하지만 체계의 유지라는 목표를 우선시하는 미국 정부의 전략은 미국 산업과 혼합경제 모두가 희생되고 있음에도 불구하고 주술적 사고라고 할 수 있을 정도로 외교적 습관대로 계속되었다.

1950년대와 1960년대 냉전이 한창일 때, 여전히 비교적 가난할 뿐만 아니라 밀접한 지정학적 동맹국이었던 일본, 한국, 대만에 협조하기 위해 미국이 규칙을 융통성 있게 적용하는 것은 얼마간 일리가 있었다. 그러나 그 나라들이 부유한 나라가 된 후에도 동일한 자제와 묵인의 습관이 오랫동안 유지되었고, 이러한 습관은 심지어 동맹국과는 거리가 먼 중국으로까지 확대되었다.

중국의 중상주의를 용인한 것이 더 이상 국내에서는 별로 생산하지 않으면서 중국과 광범위한 역외 제조 동반자 관계를 누리는 미국 국적 기업들에게 도움을 주었다는 것을 알아채기 전까지, 이 모든 것은 하나의 미스터리였다. 중국의 국가 주도 자본주의 체계를 용인하는 것은 또한 미국 금융에 수지맞는 기회를 제공했다. 은행과 투자은행들은 베이징의 규칙을 따르는 한에서만 중국과의 거래를 보증하거나 폐쇄된 중국 시장에서 영업할 수 있었다. 따라서 그 협정의 승자는 베이징과 별도의 협약을 맺은 미국의 다국적 기업들과 은행가들이었다. 패자는 대체로 평등주의적이고 경쟁적인 미국 경제와 미국 노동자들이었다. 이 전략은 또한 지리적으로도 역효과를 낳았다. 왜냐하면 중국이 단지 그 생산 기구를 통해 하나의 글로벌 권력으로 부상했을 뿐만 아니라 아프리카, 아시아, 라틴아메리카에 깊이 침투하며 라이벌 경제체계의 지도자로도 부상했기 때문이다.

운명의 반전

우리는 제2차 세계대전 이후 미국의 무역정책과 글로벌 무역 레짐이 진화한 과정을 대략 네 단계로 나누어 볼 수 있다. 첫 번째 단계는 1947년경부터 1960년대 후반에 이르는 시기이다. 그 시대에는 여러 차례의 다자간 협상으로 관세가 낮아졌지만, 각국은 자국 브랜드의 관리되는 자본주의를 만들 수 있는 여지를 많이 가지고 있었다. 각국은 여전히 쿼터, 보조금, 카르텔, 공공소유, 또는 특혜 조달제도를 국가 산업정책의 일부로 자유롭게 이용할 수 있었다. 미국 산업은 크게 노동조합화되었고, 다른 나라들보다 전쟁에서 훨씬 유리하게 출발한 탓에 세계 생산을 계속해서 지배했다.

관세와 무역에 관한 일반협정GATT을 창출한 1947년의 원 협정안하에서는 회원국들이 국가안보를 유지하고 제품 표준을 촉진하고 소비자 안전과 환경 목표를 보장하고 국내 농업을 보호하기 위해 수입을 제한하는 것이 허용되었다. 각국은 또한 국제수지를 맞추기 위한 목적으로 수입을 제한할 수 있었고, 경쟁국이 생산에 보조금을 지급하고 있는 것처럼 보일 때 상계관세를 부과할 수 있었다.[3] 자유방임주의적 자유무역 규범에 대한 이러한 예외들은 전후 초기의 체계가 관리되는 평등주의적 자본주의를 용인하고 있었음을 보여주는 것이다. 이 사산된 국제무역기구International Trade Organization — 미국 정부가 초안을 도왔지만 상원이 비준을 거부했던 — 는 더 나아가 각국이 노동기준과 사회적 기준을 보호하기 위해 무역을 제한하는 것을 허용했다.[4]

1970년대에 시작된 두 번째 단계에서는 일본, 그다음에는 한국, 그리고 결국에는 중국을 포함한 동아시아 대부분 지역의 지도자들이 국가주도적 자본주의 체계를 정비하고 확장했다. 이러한 침입은 미국의 제조업과 미국 노동조합에 심각한 피해를 주기 시작했다. 그것은 미국 산업이 경쟁력이 없거나 미국 노동자들이 과도한 임금을 받았기 때문이 아니라, 아시아 시장이 개발을 목표로 하는 부문에서 미국의 수출을 대부분 막은 반면 아시아 수출은 보조금을 지급받았기 때문이다. 시간이 지남에 따라 이들 산업에는 기초제품과 첨단제품 — 공작기계, 철강, 반도체와 같은 투입물과 소비재의 전 범위 — 모두가 포함되었다.[5] 이와 대조적으로 아시아의 수출은 본질적으로 장벽이 없는 미국에 진출할 수 있었다. 한편 유럽의 지도자들은 관세 없는 유럽공동체를 꾸준히 확대시킴으로써 보호되는 내부 시장을 진척시켰다. 후임 미국 대통령들은 균형 잡힌 무역체계보다는 냉전의 동맹에 계속해서 우선순위를 부여했다.

　미국 산업이 어려움을 겪고 탈산업화deindustrialization와 러스트 벨트rust-belt* 같은 용어들이 사전에 등재되면서, 의회는 1974년에 처음으로, 그리고 1979년에 다시 대통령에게 외국의 중상주의에 보복할 수 있는 광범위한 새로운 권력을 부여했다. 그러나 대부분의 미국 대통령은 주요 동맹국들의 심기를 건드리지 않기 위해 새로운 권력의 사용을 정중하게 거부했다. 대신에 외교관들이 부상당한 국내 산업을 위해 무역 상대국의 '자발적인 수출 제한'과 같은 임시 완화책을 협상했고, 그러한 조치가 미국 산업에 약간의 숨통을 터주었다. 하지만 미국은 모든 당사자가 자유무역을 실천하고 있다는 꾸며낸 이야기를 여전히 편의적으로 이용하고 있었다. 1962년에 케네디 대통령의 '무역확장법Trade Expansion Act'의 일환으로 시작된 무역조정지원제도Trade Adjustment Assistance라고 불린 프로그램하에서 국내의 쫓겨난 노동자들을 지원하기 위한 지출이 이루어졌다. 하지만 그 금액이 아주 적었기 때문에, 노동조합은 그것을 '매장 보험burial insurance'이라고 불렀다.

---

* 　미국 북부의 사양화된 공업 지대를 일컫는 말이다. _옮긴이

1980년대에 시작되어 1995년 WTO의 창설과 함께 강화된 세 번째 단계에서는 금융과 기업 세력들이 무역 어젠다를 일반 규제 완화 중 하나로 변경시키는 캠페인을 성공적으로 벌였다. 무역정책은 특히 금융을 위해 관리되는 자본주의를 해체하기 위한 만능 도구가 되었다. 기업 관계자들은 그러한 조치들을 자유무역의 심화에 지나지 않는 것으로 묘사하는 데 성공했다. 그러므로 불안감을 제기하는 사람은 누구나 이 기적이거나 무지한 보호무역주의자로 비난받았다. 대부분의 경제학자가 그러한 무역정책을 지지했고, 신문 사설들은 호의적인 논조를 드러냈다.

1988년에 보다 호혜적인 무역규칙을 요구하며 민주당 대선 후보 지명을 위해 선거운동을 벌인 미주리주 하원의원 리처드 게파트Richard Gephardt는 저속한 보호무역주의자로 강력하게 비판받았다. 게파트는 미국 자동차의 한국 판매 실패를 지적하면서, 한국의 보호주의 조치들이 1만 달러짜리 크라이슬러 K 카의 표시 가격을 서울에서 4만 8000달러로 끌어올렸다고 계산했다. 그는 TV 광고에서 이렇게 경고했다. "그런 세금과 관세를 떼어내라. 만약 그렇게 하지 않으면 미국에서 4만 8000달러짜리 현대자동차를 어떻게 팔지를 걱정하며 협상 테이블을 떠나게 될 것이다."[6] 게파트의 산수는 정확했다. 그러나 미국의 오피니언 리더들은 다른 누구의 보호주의에 도전하는 것은 보호무역주의자라는 전제를 받아들였고, 게파트는 기본 경제학에 무지한 기회주의자로 치부되었다. 40년 후 미국에서는 4만 530달러에 판매되는 지프차 랭글러Wrangler가 베이징에서 약 7만 달러에 팔리고 있는데, 이는 중국 국내 시장에서 미국 자동차 수출이 경쟁력을 갖지 못하게 하는 중국의 관세 때문이다.[7]

보호무역주의자라는 용어는 자유방임주의의 부활을 경계하는 보다 복잡한 비판자들과 편협한 이익집단 모두를 비난하는 다목적의 별칭이 되었다. 기업 거물들과 정부 내의 그 동맹자들이 혼합경제의 해체를 '자유무역'과 다름없는 것으로 설정한 것은 지금까지 가장 큰 효과를 거둔 선전 캠페인 중 하나였다. 이는 오늘날까지도 계속되고 있다.

1990년대에 NAFTA와 함께 시작하여 새로운 세기로 확장된 미국 무역정책의 네 번째 단계에서 무역협정은 광범위한 국내의 금융·보건·소비자·환경·노동 규제를 자유로운 거래에 대한 침해로 규정했다. 사유재산권이 급진적으로 재해석되면서, 규제는 재산을 보상하지 않고 '수용하는 것'이라는 극우적 주장이 받아들여졌다. 기업 엘리트들은 이것이 토지수용권을 통해 압류된 재산에 대해 보상을 요구하는 헌법의 수용조항Takings Clause을 합리적으로 해석한 것이라고 미국 법원을 설득하는 데에는 실패했지만, 이 교의는 무역의 뒷문을 통해 국제법에 진입하여 국제법의 공통 구조의 일부가 되었다.

새로운 무역협정들 중 어느 것도 브레턴우즈 체계의 설계사들처럼 괜찮은 형태의 자본주의를 재건하기 위한 정책 공간을 가진 무역체계를 복원하고자 하지 않았다. 대신에 기업이 규제를 불법적인 제지로 보고 거부할 수 있는 권리가 새로 발명되어 민주주의 국가들의 자본주의 관리 능력을 약화시켰다. 이러한 무역협정 어젠다들은 주로 기업에 의해 정해져서 정부 내의 동맹자들에 의해 촉진되었다. 즉, 무역협정에 대한 공식적인 조언자들은 주로 기업이었다.

중도좌파 정부들은 적절한 직업 훈련, 공공 투자, 노동 규제, 교육 등의 프로그램을 통해 많은 평범한 유권자들을 더 잘살게 하려고 시도했다. 하지만 자유방임주의 무역에 전념한 탓에 중도좌파 정부들은 그러한 작은 선행조차도 제대로 할 수 없었고, 그 결과 대부분의 시민의 경제적 안전은 악화되었다. 2008년 금융 붕괴와 그것에 뒤따른 긴축정책 ─ 금융 엘리트들의 글로벌 영향력이 강화되었음을 반영하는 ─ 은 그 피해를 더욱 가중시켰다. 이처럼 금융 엘리트들이 무역체계와 그 규칙을 장악한 것이 트럼프주의에 발판을 마련해 주었다.

2016년 선거에서 도널드 트럼프는 NAFTA와 당시 제안되어 있던 환태평양경제동반자협정 같은 무역협정들을 반대했다. 이것이 미국 노동자들을 향한 민족주의적 호소에서 핵심을 이루는 것이었다. 그러한 협정들의 세부사항은 대부분의 사람을 멍하게 만들 정도로 복잡하다. 그러나 공장이 문을 닫고 임금이 급격히 떨어지는 것을 지켜보던 일반 시민들은 그러한 협정들이 어떤 다른 사람의 이익을 위해 봉사하고 있다는 것을 알게 되었다.

트럼프는 많은 세부내용을 잘못 알고 있었지만, 정치는 옳게 이해하고 있었다. 그의 상대인 힐러리 클린턴은 자신과 남편, 그리고 물러나는 대통령 ─ 자신이 국무장관으로 봉직했던 ─ 모두가 그러한 협정이 노동자들에게 미치는 영향에는 거의 신경을 쓰지 않고 협정들을 가차 없이 추진했다는 사실을 대수롭지 않게 여겼다. 그러한 무역협정들은 일반 노동자들과 지역사회에만 해를 끼친 것이 아니었다. 모든 것을 감안할 때, 그러한 협정들은 심지어 순경제성장을 촉진하지도 않았다. 혜택도 있었지만, 그 혜택은 주로 상층부에게로만 돌아갔다. 공화당 지도자뿐만 아니라 민주당 지도자들도 그러한 협정을 자신들의 대외 경제정책의 핵심으로 삼았는데, 이는 나쁜 경제이론, 갈피를 못 잡는 외교적 목표, 그리고 기업의 양당 장악의 심화가 복잡하게 뒤얽힌 결과였다. 2018년 3월에 트럼프는 철강과 알루미늄에 대한 관세를 명령하고, 보호주의적 위험 감수를 무역전쟁으로 선언했다. 그러나 트럼프의 무역협상가인 로버트 라이트하이저Robert Lightheizer는 그다음에 표적을 중국의 국가 주도적 약탈 자본주의로 좁혔다.[8] 그는 또한 한국과 시장개방 협상을 벌였다. 이처럼 트럼프는 자유무역의 주류가 오랫동안 피해온 전략을 어떻게든 추진하고자 했다.

지옥으로 가는 길

미국의 무역정책과 전후 무역체계가 어떻게 자유방임주의로 복귀하기 위한 동력이 되었는지를 이해하기 위해서는 정부가 어떻게 경제발전을 촉진했는지를 간략히 검토해 볼 필요가 있다. 자유무역 이론의 주장과 달리, 자유시장에 완전히 의존하여 산업화된 국가는 없다. 일본, 한국, 중국과 같이 새로 부상한 제조업 거물들에서뿐만 아니라 독일, 프랑스, 이탈리아의 초기 시대에도, 그리고 브라질, 멕시코, 아르헨티나 같은 라틴아메리카 산업 강국들에서도 경제개발에서 국가가 관여하는 일은 만연했었다. 국가 주도 개발은 심지어 후일 자유무역의 교의를 발명한 초기 영국을 묘사하기도 한다. 그리고 그것은 미국을 힘주어 묘사한다.

16세기 후반 영국의 엘리자베스 1세 여왕 치하에서는 관세, 수출금지, 수출세, 왕실의 독점 보조금 등이 있었는데, 이것들 모두는 처음에는 모직물에서 영국의 국내 제조 능력을 구축하고 그 산업을 수입으로부터 보호하기 위한 것이었다. 이러한 보호는 나중에 다른 산업으로 확대되었다. 영국은 국내에서 생산할 수 없는 원자재만 수입했을 뿐 영국의 농업 및 공업과 경쟁하는 원자재는 수입하지 않았다. 영국의 광범위한 식민지 네트워크는 이 체계의 일부였고, 영국은 또한 식민지가 영국 상품과 경쟁하는 제품을 수출하는 것을 금지했다. 또 1651년 '항행법 Navigation Act'은 외국 선박이 영국으로 재화를 수송하는 것을 금지했다. 영국과 영국 식민지 간의 무역은 제국 내 특혜관세Imperial Preference라고 알려진 차별 체계로 운영되었다. 영국으로 하여금 일시적으로 압도적 우위를 차지할 수 있게 해준 국가 주도 개발이라는 브랜드를 다른 나라들이 변형하여 실행하기 시작하자, 영국은 19세기 중반에 이르러서야 자유무역으로 전환했다.

미국은 건국 이래 보호주의 국가였는데, 그것은 영국의 지배에서 벗어나기 위해서였다. 1789년의 '관세법Tariff Act'은 조지 워싱턴George Washington이 법률로 서명한 두 번째 법안이다. 미국의 경제적 민족주의는 알렉산더 해밀턴Alexander Hamilton이 1791년 발표한 「제조업 보고서Report on Manufactures」에서 시작되었다. 그 보고서는 경제발전에서 제조업이 차지하는 핵심적 역할을 지적하고, 미국 최초의 산업정책을 고안했다. 생산자 경제와 소비자 경제에는 물론 국가 방위에도 보다 강력한 제조업 기반이 필요한 것으로 인식되었다. 미국 경제를 따라잡으려는 다른 국가들처럼, 미국은 공공 투자와 관세를 발전의 도구로 사용했다.

자유무역주의자 토머스 제퍼슨Thomas Jefferson은 관세를 이용하는 쪽으로 전향했다. 1812년에 전쟁이 발발하면서 관세는 철 수입에 대해서는 30%, 면과 양모에 대해서는 25%로 인상되었고, 1828년에는 더욱 인상되었다. 미국의 관세는 1930년대 중반까지 40% 아래로 떨어진 적이 없다. 이른바 미국 체계는 또한 운하, 철도, 고속도로, 농촌 지도에 대한 공공 투자 및 제조업과 기술에 대한 정부투자에도 크게 의존했다. 1863

년에 시작된 랜드그랜트대학land-grant university* 제도와 농업 확장은 신기술 연구에 보조금을 지급하게 했고, 미국이 산업을 주도할 수 있게 한 많은 발명품을 탄생시켰다. 제2차 세계대전 후 국립과학재단, 국립보건원, DARPA** 또한 마찬가지였다.

한편 1840년대에 영국은 일방적 자유무역으로 전환하며, 미국이 한 세기 이상 더 지난 후에 만든 것과 동일한 형태의 자멸적인 가정을 만들어냈다. 짐작건대 영국은 제조업에서 너무나도 압도적인 우위를 점하고 있었기 때문에 좋은 모범을 보일 여유가 있었을 것이다. 만약 자유무역을 실행하여 더 싸고 더 좋은 영국제품을 사도록 다른 나라들을 설득할 수 있었다면, 영국의 제조업 선두는 무한정 계속되었을 것이다. 이러한 입장은 '자유무역 제국주의the imperialism of free trade'라고 칭해졌다. 자유무역을 수용하는 것은 또한 글로벌 거래에서 최고의 금융가가 되어 이익을 얻고자 했던 영국 자본에 도움이 될 것이었고, 더 싼 외국 제품을 손에 넣으려는 영국 소비자들에게도 도움이 될 것이었다.

하지만 다른 나라들도 이 논리를 알아챘고, 그 같은 게임을 하지 않으려고 했다. 그들 역시 제조업을 하기를 원했다. 그러나 자유무역 이론은 다른 나라들이 자국을 보호하려고 하면 그 전략은 더 싼 수입품들을 스스로 거부하기 때문에 비합리적이라고 말했다. 그리고 수출국이 수출에 보조금을 지급한다면 소비자들은 보조금이라는 선물을 받아들여야 한다고 말했다.

영국의 일방적 자유무역의 결과는 어떠했는가? 국가 발전 전략과 보호되는 내부 시장 모두를 가진 독일과 미국은 영국을 빠르게 앞질렀다.

---

* 정부로부터 무상으로 토지를 불하받아 설립된 대학 _옮긴이
** Defence Advanced Research Project Agency. 미국 국방부의 고등 방위 연구 계획국 _옮긴이

관세, 정부 지원, 미국의 발명품, 철강과 같은 미국의 투입물 수요의 선순환이 미국 제조업 경제를 이끌었다. 자유무역 이론을 전혀 받아들이지 않았던 독일은 미국 체계에 대응하는 자신의 체계를 구축하고 있었다. 프러시아 국가가 독일이 높은 관세 장벽 뒤에서 산업화하는 것을 도왔던 것이다.

로널드 레이건 대통령의 무역정책 수석 고문이자 비교산업 정책의 치밀한 연구자였던 클라이드 프리스토위츠Clyde Prestowitz는 미국의 성장과 영국의 쇠퇴와 관련된 수치들을 집계했다. 그에 따르면, "1870년에 영국은 글로벌 제조업 전체의 약 32%를 차지했고, 미국은 23%로 2위, 그리고 독일은 13%로 3위를 차지했다. …… 1913년경에 미국은 36%, 독일은 16%, 영국은 14%를 차지했다."[9]

더욱 보호받는 미국의 경제성장은 이 시기 동안 연 4%를 넘었던 반면, 자유방임주의 영국의 경제성장은 약 2% 정도로 뒤처졌다. 1914년경에 미국의 1인당 GDP는 영국을 능가했다. 미국 소비자들이 수입에 대한 관세로 인해 당시에 어떤 손실을 입었든 간에, 그들은 시간이 지남에 따라 GDP의 급격한 성장에서 더 많은 것을 얻었다.

이러한 운명의 반전 모두가 영국이 제1차 세계대전 동안 부채에 깊이 빠진 반면 미국은 전시 경제를 통해 급성장을 이룩하기 **이전에** 일어났다는 점에 유의하라. 영국의 정치경제가 영국 제조업을 희생시킨 채 금융에 지나치게 의존한 것이 이 이야기의 큰 부분을 차지했다. 다른 나라들은 상품을 수출했고, 영국은 자본을 수출했다.

영국이 쇠퇴한 것은 자연적 경제력이 미국으로 하여금 영국을 따라잡을 수 있게 해준 결과가 전혀 아니었다. 오히려 영국의 쇠퇴는 일방적 자유방임주의가 어떻게 가장 유력했던 경제를 약화시키는 반면 보다 신중한 산업정책과 선택적 보호가 어떻게 도전자로 하여금 그 경제를 능가할 수 있게 해주는지를 보여주는 교과서적 사례였다. 그것은 또한 '성숙한' 경제(영국)는 이른바 '기술적 가능성의 한계'에 도달함에 따라 경제성장률이 자연적으로 감소하게 된다는 것 — 경제적 통설이 특히 좋아하는 주장 — 을 보여주는 사례도 아니었다. 1945년에 미국은 1870년의 영국보다 훨씬 더 성숙한 경제를 가지고 있었다. 그러나 관리되는 형태의 자본주의 덕분에 미국 산업이 일방적 자유무역과 금융 지배에 의해 타격을 받을 때까지 미국은 다시 한번 더 거의 4%의 성장을 누렸다.

경제이론의 수준에서 보면, 자유무역 이론의 아버지인 데이비드 리카도David Ricardo의 논리가 지닌 커다란 오류는 그것이 무역의 득실을 정태적 방식으로, 즉 하나의 단일 시점에서의 스냅샷으로 바라본다는 것이었다. 리카도의 이론 — 그 이론의 변형태들이 오늘날까지 자유시장 경제학자들에 의해 신봉되고 있다 — 에서는 19세기 영국이 더 좋고 더 싼 제조업 제품을 제공한다면, 미국은 그 제품을 구입하고 미국이 경쟁할 수 있는 나라에 무언가 — 이를테면 원면과 목재 — 를 수출해야 한다(그것이 결코 미국의 산업경제를 발전시키지 않을지라도). 마찬가지로 20세기 미국이 최고의 자동차, 공작기계, 철강 등을 만든다면, 일본과 한국은 그것들을 수입하고 계속해서 싼 장난감과 쌀을 수출해야 한다. 그리고 만약 다른 나라들이 자국 산업에 보조금을 지급한다면, 미국인들은 일자리에서 쫓겨나는 것을 두려워하기보다는 그 '선물'을 받아들여야 한다.[10]

리카도가 놓친 것 — 그리고 독일의 프리드리히 리스트Friedrich List[11]와 미국의 폴 크루그먼Paul Krugman, 대니 로드릭Dani Rodrik[12]처럼 의견을 달리하는 경제학자들뿐만 아니라 알렉산더 해밀턴Alexander Hamilton과 에이브러햄 링컨Abraham Lincoln에서부터 테디 루스벨트Teddy Roosevelt에 이르기까지의 지도자들

(일본에서 브라질에 이르는 국가의 정치인들과 마찬가지로)이 파악한 것 ─ 은 경제발전에서 얻는 동적 이득은 시간이 지남에 따라 단일 시점에서 의 정적 이득을 훨씬 능가한다는 것이었다. 경제적 이점은 자연이 부여 하는 것이 아니다. 장점은 계획에 의해 만들어질 수 있다. 이것이 바로 크루그먼이 노벨상을 받은 통찰력이다.[13] 경제개발 정책은 자주 국가에 게 자유방임주의를 위반하여 적극적인 역할을 할 것을 요구했다.

자유무역을 신봉함으로써 경제적 지도력을 잃다

1950년대와 1960년대에 미국은 자유시장의 모범 사례로 전환하는 과정에서 영국과 동일하게 제조업에 부정적 영향을 미치고 금융부문을 팽창시킴으로써 영국이 19세기 후반에 저질렀던 실수를 되풀이했다. 이 전환은 미국으로 하여금 자신의 경제 역사에 대해서뿐만 아니라 자 신이 군대를 사실상의 산업정책의 형태로 광범위하게 이용하는 것에 대해서도 눈을 감게 했다.

제2차 세계대전 동안과 그 후에 미국이 단행한 국방지출은 상업적 파급효과를 갖는 신기술을 배양하는 동시에 그 신기술에 엄청난 국내 시장을 보장해 주었다. 항공기부터 야금학과 공작기계까지, 그리고 나 중에는 반도체와 인터넷에 이르기까지 모든 분야에서 미국은 자국이 수출 강국이 될 수 있도록 도와주는 하나의 숨어 있는 계획체계를 가지 고 있었다. 군사적 역할은 지배적인 자유시장 이데올로기를 전파하기 위한 편리한 수단이자 무역협상에서 하나의 골칫거리였다. 미국의 자 유무역주의자들에 대해 외교계가 보인 반응은 방위는 그 자체로 하나의 영역이라고 주장하는 것이었다. 만약 상업적 유출이 일어난다면, 그것은 하나의 불행한 사고였다.

자유시장 경제학을 수용한 것으로 유명한 1920년대에도 미국은 사실상 여러 가지 산업정책을 추진하고 있었는데, 그중 많은 것이 제1차 세계대전에 정부가 개입한 데서 파생된 것이었다. 라디오 코퍼레이션 오브 아메리카Radio Corporation of America: RCA는 해군으로부터 후원과 보조금을 지급받았는데, 그로 인해 미국은 대서양 횡단 군사통신에 지극히 중요했던 특허와 기술을 가질 수 있었다. 그 선발 주자의 효과로 인해 RCA는 반세기 동안 소비자 기술 개발에서 선두를 유지했다. 1915년에 독일이 항공기 기술 분야에서 세계의 리더가 되겠다고 위협하자, 의회는 NASA의 전신인 국가항공자문위원회National Advisory Committee for Aeronautics: NACA를 창설했다. 제1차 세계대전 동안 NACA는 라이벌 항공기 생산자들 사이에서 핵심 기술에 대한 상호 특허 사용 협정을 추진했고, 전시 조달능력을 이용하여 보다 선진적인 항공기를 개발했다. 전쟁 후에 '켈리 항공 우편법Kelly Airmail Act'은 보조금을 지급받는 하나의 시장을 창출하여, 항공기 생산을 촉진하고 상업 항공기 산업이 발전할 수 있는 길을 닦았다.[14]

1930년대까지 높은 관세는 미국 경제개발체계의 한 부분일 뿐이었다. 자유무역주의자들에게 1930년에 제정된 '스무트-할리관세법Smoot-Hawley Ttariff Act'은 관세의 해악을 보여주는 확실한 증거이다. 그 법은 대공황을 심화시킨 데 책임이 있는 것으로 널리 주장되었다. 하지만 보다 상세한 연구들이 제출되면서, 그 시대의 제품 중 약 3분의 2가 미국에 면세로 들어왔으며, '스무트-할리관세법'의 영향을 받지 않았다는 것이 밝혀졌다. 무역은 관세 때문이 아니라 주로 불황 그 자체로 인해 침체되었다.

무역사학자인 앨프리드 에케스Alfred E. Eckes에 따르면, 1929년부터 1933년까지 과세품과 비과세품의 무역이 거의 동일한 수준으로 감소했다.[15]

자국의 정책과 무역제도 전체에 대한 미국의 목표는 루스벨트 행정부 동안 두 단계로 바뀌었다. 첫 번째 단계는 1934년에 통과된 '상호무역협정법Reciprocal Trade Agreements Act'을 통해 대통령에게 관세 인하를 협상할 수 있는 광범위한 권한을 부여한 시기였다. 두 번째 단계는 미국이 국가들 사이에서 가능한 한 가장 자유로운 무역을 목표로 하는 전후 무역체계를 후원한 시기였다. 둘 다 루스벨트의 국무장관 코델 헐Cordell Hull의 작품이었다.

자본주의를 규제하고 관리하는 것이 옳다고 생각하던 행정부에서 헐은 예외였다. 루스벨트의 다른 고위 관료들과는 대조적으로 테네시 출신의 상원의원인 헐은 자유시장주의자였다. 루스벨트가 그를 임명한 것은 주로 민주당의 남부파를 끌어안기 위해서였다. 헐은 수출, 담배, 면화에 의존하는 지역에서 태어났다. 그는 자유무역의 교의를 내면화했고, 미국이 세계 지도자로 부상함에 따라 그 정책은 타당해 보였다. 패권국이 고도로 경쟁력 있는 산업을 가지고 있고 다른 나라들이 실제로 그 나라의 수출을 받아들일 경우, 체계의 목표와 국익의 목표는 하나로 수렴한다. 그러나 19세기에 가장 유력했던 영국과 맞닥뜨렸을 때 미국과 독일이 그러했던 것처럼, 다른 나라들도 자국의 이익을 추구했다.

제2차 세계대전 후에 유럽과 아시아 국가들은 그들 나름으로 경제회복 계획을 세우면서 자유무역의 규범과 관행을 위반하는 다양한 광범위한 조치에 의존했다. 그러한 불일치가 1970년대에 시작된 불균형의 하나의 명백한 원인이 될 때까지 이데올로기와 국익은 서로 엇갈렸지만, 그간 자유무역 이데올로기는 하나의 핵심적인 신조로 굳어져 왔다. 즉, 사람들은 미국은 좋은 모범을 보이는 동시에 냉전 동맹국들에게 보상을 주기 위해 자유무역을 계속해서 실행할 것이라고 믿었다(그 과정에서 비록 미국의 제조업이 파괴되더라도). 후일 금융이 뉴딜 시대에 잃어버린 정치적 영향력을 되찾자, 미국 대통령들은 미국 제조업의 운명은 대체로 무시한 채 **은행을 위해** 해외 시장 접근을 강력하게 주장했다.

1960년대와 현재를 비교해 보면, 미국의 제조업 고용은 1965년에 전체 일자리의 25%를 넘었던 것에서 2016년에는 8% 아래로 떨어졌다.[16] 이러한 감소는 전반적으로 기초 산업과 첨단 산업 전반에 걸쳐서 발생했다. 섬유와 같은 부분은 전멸했다. 미국은 애플과 같은 하이테크 선도자를 통해 일부 첨단 가전제품에서 주도권을 되찾았지만, 사실상 모든 생산은 해외에서 이루어졌다. 단지 레이건 행정부가 추진한 군사적 응용과 산업정책 때문에, 미국은 반도체 산업의 일부를 고수했다. 제조업은 2000년 1월에서 2014년 12월 사이에만 500만 개의 일자리를 잃었다.[17]

이 전체 시기 동안 노동자 생산성은 두 배 이상 증가했지만, 제조업 임금은 정체되었다. 인플레이션을 감안한 달러로 계산했을 때, 1979년 1월 제조업 평균임금이 20.83달러였다면, 2017년 1월에는 제조업 평균임금이 20.60달러였다.[18] 당신은 기계가 노동자를 대체하고 노동자의 생산성이 급증함에 따라 남아 있는 각 노동자는 논리적으로 더 높은 임금을 받아야 한다고 생각할지도 모른다. 그것은 노동조합이 결성되어 있던 부문에서 오랫동안 사실이었다. 그러나 1970년대 이후 기업의 권력이 커지고 노동자의 협상 권력이 줄어들면서 정반대 현상이 일어났다.

그 결과 전체 산업부문과 산업 지역이 경제적으로도 정치적으로도 공동화되었다. 북부 중서부의 번영하던 공업지역은 거의 전멸했다.

정부로 하여금 외국의 중상주의에 보다 적극적으로 개입하게 하거나 일자리와 산업을 대체하기 위한 국내 산업정책을 펼치게 하려는 지역 지도자들의 노력은 무시되었다. 두 가지 요구 모두는 자유시장에 대한 믿음을 위반하는 것이었다. 카터 행정부에서부터 오바마 행정부에 이르기까지 소규모의 명목뿐인 프로그램들은 그러한 황폐화된 도시와 지역에 거의 영향을 주지 못했다. 그리고 바로 그 지역들이 트럼프를 지지하여 민주당의 이른바 파란 방화벽을 깨뜨린 지역들이었다.

미국에서의 제조업 쇠퇴를 로봇 때문이라거나 더 싼 노동자를 제공할 수 있는 국가로 생산이 자연스럽게 이전했기 때문이라고 보는 시각은 이제 진부한 것이 되었다. 인간 고용의 감소가 부분적으로는 생산성 증대와 보다 효율적인 기계 때문이기는 하지만, 다른 고임금 국가들은 동일한 제조업 쇠퇴를 겪지 않았다. 세계에서 가장 높은 임금을 받는 노동자들이 상당수 존재하는 독일의 경우 여전히 노동인구의 20%가 제조업에 종사하고 있다. 이 차이는 독일의 유명한 기술력뿐만 아니라 독일의 국가정책 또한 독일을 세계 일류의 산업 강국 가운데 하나로 유지하기 위해 열심히 노력하는 반면 미국에는 그러한 정책이 없다는 사실에서도 기인한다.

훨씬 더 중요한 것은 GDP에서 제조업이 차지하는 비율이다. 미국의 제조업 비율은 약 12%이다. 제조업에 전념해 온 다른 나라들을 보면, 제조업 비율이 한국 29%, 중국 27%, 독일 23%이다.[19] 이들이 각각 중간임금 국가(한국), 저임금 국가(중국), 고임금 국가(독일)라는 점에 주목하라.

2016년경에 미국은 1달러를 수출하고는 약 3달러의 제조업 제품을 수입하고 있었다. 미국에 남아 있는 제조 설비조차도 낮은 가치의 최종 조립공장인 반면 첨단 생산은 해외에서 이루어지는 경향이 있었다. 항공기, 반도체, 의료기기와 같은 여전히 남아 있는 선도 산업들은 이전의 산업정책 또는 여전히 그 진가를 인정받지 못한 산업정책이 낳은 결실이었다. 태양 전지나 풍력 터빈과 같은 잠재적인 새로운 선도 산업들은 다른 나라들의 보다 공격적인 산업정책에 의해 빠르게 대체되었다.

미국의 제조업은 1980년대 초반에 세계의 다른 나라들과 대략적으로 나마 무역 균형을 맞추었다가 2016년에는 5조 달러 이상의 적자를 내었다. 상품 무역적자는 중국과만 3670억 달러였다.[20] 그리고 그것은 국내 고용에 심각한 결과를 초래했다. 제조업의 무역수지가 대략 균형을 이루고 있었다면, 오늘날 미국은 적어도 500만 개 이상의 일자리를 더 가지고 있었을 것이다. 경제정책연구소Economic Policy Institute의 롭 스콧Rob Scott에 따르면, 2001년에서 2011년까지 10년 동안에 중국으로부터 수입이 증가한 결과만으로도 거의 330만 개의 미국 일자리가 사라졌다고 한다. 평균적으로 이들 수입품과 경쟁하는 산업의 일자리는 주당 1022달러를 지급했는데, 이는 미국의 중간 수입을 훨씬 웃도는 것이었다.[21]

제조업 일자리 감소를 자동화 탓으로 돌리는 경향에도 불구하고, 정통 경제학자들조차도 보다 면밀한 조사를 통해 중국이 일자리 감소의 큰 부분을 차지하고 있었다고 결론내렸다. MIT의 데이비드 오터와 그의 두 동료는 주요 저널 ≪아메리칸 이코노믹 리뷰American Economic Review≫에 투고한 글에서, 2000년에서 2007년 사이에 약 100만 개의 일자리가 없어진 것은 중국으로부터의 수입에 따른 해직이 낳은 직접적 결과라고 계산했다.[22] 오터는 "'아하'라고 깨달음을 느낀 순간은 바로 우리가 중국이 수출을 급증시켜 온 산업들을 통해 미국 경쟁자들의 현지 주소를 추적하여 중국 제품이 쇄도한 지역과 미국의 제조업 고용이 붕괴된 지역 사이에서 강력한 상응관계를 발견했을 때"라고 설명했다. 그리고 그 주소들은 북부 중서부에 위치하는 경향이 있었다.

이러한 모든 해직은 공화당 아래와 민주당 아래 모두에서 미국의 무역정책이 다른 나라의 신중상주의에도, 그리고 강력한 제조업 부문을 유지하는 것이 갖는 가치에도 거의 관심을 기울이지 않았기 때문에 일어났다. 도널드 트럼프의 슬로건인 "미국을 다시 위대하게 만들자"가 반향을 일으킨 것은 보통의 유권자들이 잃어버린 것을 본능적으로 깨달았기 때문이다.

은행가들을 위한 봄

1980년 이후 40년 동안 무역체계와 관련된 기업의 목표에서 두 가지 중대한 변화가 일어났다. 첫째, 비교적 애국적인 국내 제조업자들조차 마침내 미국 정부가 외국의 중상주의로부터 자신들의 이익을 효과적으로 방어하지 못할 것이라는 점을 깨달았다. 따라서 그들은 외국 정부와 별도의 협정을 맺고 국내 제조업을 사실상 포기하기로 결정했다.

중국은 당근과 채찍을 모두 이용하여 미국의 대기업을 동맹자로 끌어들였다. 튜더 왕가 치하의 영국이 그랬던 것처럼, 중국은 미국 기업이 자국의 신생 산업과 경쟁하는 수출을 하지 못하게 했다. 그러나 중국은 또한 미국 제조업자들로 하여금 중국 내에서 판매를 하기 위해서가 아니라 서구로 역수출을 하기 위해 중국으로 생산을 이전하도록 유인했다. 미국에 본사를 둔 다국적 기업은 중국에 최신 첨단 공장을 건설하고 중국 파트너 ― 곧 경쟁자가 될 ― 에게 기술을 이전하는 대가로 수십억 달러의 보조금을 받을 수 있었다. 아주 싸고 규율이 엄격한 노동자 역시 매력적이었다. 한때 미국에 기반한 생산을 방어하기 위해 더 강경한 무역협상을 주도적으로 제창해 온 인텔Intel과 같은 대기업들도 하나둘씩 그 제안을 받아들였다. 2017년 2월에 캘리포니아에 본사를 둔 반도체 제조업체 글로벌 파운드리스Global Foundries가 당시로서는 최대 규모였던 거래 — 중국으로부터 막대한 보조금을 받고 100억 달러 규모의 칩 공장을 건설하는 — 를 발표했다. 중국 정부는 최첨단 칩 제조 공장을 끌어들이기 위해 총 1000억 달러를 지출하고 있다.[23]

새로운 세기로의 전환기쯤에 미국산 제품을 자랑스럽게 대변하던 제조업체들의 한때 강력했던 로비가 거의 자취를 감추었다. 인텔과 제너럴 일렉트릭 같은 거대 기업들이 미국 정부가 자신들이 미국 내에서 성공할 수 있도록 보장하지 않을 경우 자신들이 대세를 거스르는 바보 멍청이가 될 것이라는 점을 깨달았기 때문이다.

게다가 조직화된 기업과 금융이 일반적으로 정치권력을 되찾으면서, 금융 엘리트들은 무역체계의 규칙이 미국의 산업 이익을 방어하지 못할지라도 다른 것은 성취할 수 있다는 것을 깨달았다. 그 규칙은 세계를 미국 은행업계에 개방시켜 줄 수 있었다. 그리고 강조점을 이동시킬 경우 무역규칙은 국내에서, 그리고 유럽과 글로벌 남부의 많은 지역에서 규제된 형태의 자본주의를 파괴하는 망치로 사용될 수 있었다.

따라서 새로운 형태의 지구화는 아시아 국가들로 하여금 중상주의를 포기하도록 강요하지 않았다. 그러나 그러한 지구화는 북미와 유럽 — 금융화된 자본주의의 본거지 — 의 혼합경제가 지닌 사회적·규제적 요소들을 해체하는 최고의 수단이었다.

1970년대에는 좌파와 우파 모두에 대한 비판가들이 외국의 중상주의가 지닌 이중 잣대를 지적해 왔기 때문에, '비관세 장벽nontariff barrier'이라는 용어가 미국의 수출에 해를 끼치는 카르텔, 보조금, 규제적 봉쇄

같은 외국의 관행을 지칭하는 데 주로 사용되었다. 은행업계가 15년간 로비, 리브랜딩, 홍보 활동을 벌이고 난 후인 1995년경에는 비관세 장벽이 주로 외국과 국내의 **금융 규제**를 의미하는 것으로 이해되었다. 무역외교의 목적은 외국 소비시장을 미국산 제품에 어떻게든 개방시키려는 형식적인 노력에서 글로벌 금융의 규제를 완화하기 위한 총력 공세로 전환되었다.

1986년에 시작된 일련의 무역협상, 이른바 우루과이 라운드Uruguay Round에서 협상의 목표로 삼았던 핵심 요소는 무역관련 투자조치Trade-Related Investment Measures를 의미하는 TRIMs로 알려진 일단의 조항이었다. 그것은 여전히 국가 은행체계를 잘 규제하고 있는 국가들에서 더 큰 발판을 확보하기를 열망하던 대형 투자은행과 아메리칸 익스프레스American Express가 만들어낸 창작물이었다. 미국이 제조업에서는 더 이상 경쟁할 수 없다고 하더라도(이는 논쟁의 여지가 있는 전제이자 제조업을 방어하는 데서 미국 대통령들이 비참하게 실패한 것을 반영한 전제이다), 서비스, 특히 '금융 서비스' — 아메리칸 익스프레스가 발명하고 퍼트린 금융업의 새로운 용어 — 에서는 여전히 최고로 경쟁력을 갖고 있다고 여겼던 것이다.

1978년에 아메리칸 익스프레스 사장이던 해리 프리먼Harry Freeman은 미국 금융업을 지구화하기 위한 전략의 일환으로 금융 서비스라는 표현을 대중화하기 위한 캠페인을 시작했다. 1982년에 프리먼의 후임자인 제임스 로빈슨James Robinson은 씨티은행의 존 리드John Reed 및 여타 사람들과 손잡고 서비스산업연합Coalition of Service Industries: CSI을 창설하여 글로벌 금융업에 대한 규제를 철폐하기 위한 일련의 무역협상을 실현시키기 위해 로비를 벌였다.[24]

그 시대에 아메리칸 익스프레스는 신용카드나 여행사를 훨씬 넘어서는 것이었다. 프리먼과 그의 후임자 로빈슨 밑에서 아멕스는 금융 복합기업이 되고자 했다. 로빈슨 밑에서 아멕스는 중개회사 시어슨 러브 로즈Shearson Loeb Rhoades를 인수했다. 그 후 시어슨은 1984년에 투자금융 회사인 리먼브라더스를 인수하고 1987년에는 주요 소매 증권사 중 하나인 허턴증권E. F. Hutton을 인수했다. 당시에 시어슨 리먼/아메리칸 익스프레스Shearson Lehman/American Express로 알려진 이 회사는 대중시장 투자 회사인 인베스터스 다이버시파이드 서비스사Investors Diversified Services Inc.도 인수했다. 후일 이 복합기업 전체가 폭파되어 아멕스는 순수한 옛날 아메리칸 익스프레스로 돌아갔고, 리먼브라더스는 2008년에 가장 스펙터클한 붕괴 중 하나가 되었다. 그러나 1980년대에 아멕스가 다른 금융영역을 침범한 것은 '글래스-스티걸법'의 초기 위반을 보여주는 것이었다.

그 시대의 아멕스는 또한 상업은행업에 진출하고 싶어 했다. 그것은 '글래스-스티걸법'의 벽이 남긴 잔유물로 인해 미국에서 금지되어 있었지만, 초기의 양자무역협정 가운데 하나인 1993년의 캐나다-미국자유무역협정Canada-United States Free Trade Agreement 덕분에 아멕스는 캐나다에서 은행으로 영업할 수 있었다. 이는 캐나다 규제 당국을 경악하게 했다.

서비스산업연합은 미국 통상대표부U.S. Trade Representative: USTR에 서비스에 관한 공식적인 자문 위원단을 설치할 것을 계속해서 요구했다. 이 위원단은 1984년에 로빈슨을 의장으로 하여 정당하게 꾸려졌다. 로빈슨은 또한 미국 대통령 - 당시에는 로널드 레이건 - 에게 무역에 관한 조언을 제공하는 기업자문위원회의 수장으로 임명되었다. 레이건 대통령 하에서 USTR 대표를 지냈고 테네시주 전 공화당 상원의원이었던 빌 브록Bill Brock은 은행업계의 핵심 동맹자였다.[25]

1980년대 초에 로빈슨과 리드, 그리고 그들의 동료인 조안 스페로

Joan Spero는 실제로 수백 번의 연설과 인터뷰를 통해 미국의 제조업이 쇠퇴하고 있는 상황에서 미국은 '금융 서비스'를 위한 여타 시장을 어떻게든 개방시켜야만 무역 균형을 되찾을 수 있다는 명제를 납득시키기 위해 광범위한 홍보 공세를 계속해서 펼쳤다. 상품 거래를 위한 보다 대칭적인 무역규칙을 요구하는 것은 그들이 집요하게 홍보하는 것의 일부가 아니었다. 상품은 철 지난 것이었고, 서비스는 그다음의 새로운 것이었다.

클라이드 판즈워스Clyde Farnsworth는 1982년 11월 22일자 ≪뉴욕타임스≫에 쓴 글에서 로빈슨의 이야기를 곧이곧대로 받아들였다. 판즈워스는 세계무역에서 서비스가 갖는 중요성의 증대에 대한 로빈슨과 빌 브록(레이건 대통령의 수석 무역협상가)의 주장을 인용하며, 다음과 같이 결론내렸다. "가장 선진적인 서비스 부문을 가진 미국은 자유화로부터 얻을 것이 가장 많다."[26]

우루과이 라운드의 서비스 조항이 구체화되고 있던 바로 그 시기에 미국 내에서는 금융이 규제 완화되고 있었고, 바젤협약이 국제금융의 (허약한) 기본 원칙을 완성하려 하고 있었으며, 미국 재무부로부터 재촉받던 IMF와 OECD가 각국에게 자본통제의 마지막 흔적을 제거하라고 압박을 가하고 있었다. 1990년대는 또한 미국이 멕시코에 투기적인 미국 달러 투자에 금융체계를 개방하라고 압박하던 시기였는데, 이 조치는 1980년대 중반에 페소 위기 속에서 멕시코에 재앙적이었던 것으로 판명되었다.

레이건과 조지 H. W. 부시 대통령하에서 고안되었으나 1995년 빌 클린턴 행정부에 의해 승인된 우루과이 라운드 최종 협정에 따라 체결국들은 은행체계를 개방할 것을 약속했다. 무역협상의 전체 과정에서

획기적인 변화가 일어났다. 무역협상은 한때 상호관세 인하와 다른 나라의 중상주의에 반대하는 (내키지 않는) 압력에 관한 것이었지만, 우루과이 라운드의 핵심 조치들은 금융 이익에 의해 그리고 금융 이익을 위해 이루어졌다. 그러한 조치들은 은행을 위해 규제 완화된 세상을 여는 것이 전부였다.

미국 대통령들이 연이어 무역협정 ― 바로 그 무역협정들이 미국의 제조업과 그 업종에서 일하던 많은 노동조합원을 곤경에 빠트렸다 ― 에서 미국 금융의 이익을 지지하고 나섰다는 사실은 다른 측면에서는 금융의 정치권력이 회복되었음을 강력하게 반영하는 것이다. 클린턴 행정부는 레이건과 아버지 부시 대통령이 그만두었던 그러한 일들을 또다시 우선적으로 해야 할 일로 택했다.

이 시기 동안 전 골드만삭스의 공동대표였으며 후일 씨티그룹 집행위원회 위원장이 된 로버트 루빈은 처음에는 클린턴을 위한 기금모금자로, 그다음에는 새 행정부의 국가경제위원회National Economic Council 의장으로, 그리고 클린턴의 두 번째 임기에는 재무장관으로 클린턴을 위해 일했다. 루빈은 중국의 WTO 가입을 둘러싼 협상에서는 핵심 플레이어의 한 사람이 되었다. 당시 중국은 국가 주도의 반시장적 공산주의 독재국가였기 때문에 WTO와 그 전신인 GATT로부터 배제되었었다. 그러나 루빈은 중국이 골드만과 씨티 같은 미국 플레이어들에게 금융체계를 개방할 경우 새로운 WTO에 들어오는 것을 환영할 수 있다는 입장을 취했다. 1999년 4월 중국의 WTO 가입을 결말짓기로 되어 있던, 중국의 개혁 지도자 주룽지朱鎔基와 벌인 한 핵심 협상 회의에서 루빈은 중국 총리가 금융 접근에 대한 충분한 양보를 거부하자 아무런 합의도 없이 주룽지를 쫓아냈다. 나중에 주룽지가 조건을 완화하자 클린턴 행정부는 자신의 역할을 수행하고 중국에 WTO 회원자격을 부여했다.[27] 제조업에 대해서는 그것에 필적할 만한 약속이 전혀 없었다.

주권을 민간 기업 권력에 위임하기

회원국들 사이에서 분쟁을 해결하고 비용과 이익의 균형을 맞추어 대체로 공정한 중재를 하기 위해 임시적인 보복 엄포와 타협에 의존했던 GATT와는 달리, WTO는 실질적인 권력과 강제적인 규칙을 가지고 있다. 이는 주권이 명목상으로는 초국적 기관에게, 그렇지만 실제적으로는 '시장' ─ 대형 은행과 다국적 기업의 보이지 않는 손으로 의인화된 ─ 에게 넘어간다는 것을 의미한다. 이런 점에서 WTO 체제는 의도적으로 혼합경제를 파괴할 뿐만 아니라 반민주적이기도 하다. 왜냐하면 사회적·경제적 정책의 전 영역이 개별 국가의 민주적 숙고의 대상에서 벗어나게 되는 반면, WTO 절차는 각국 민주주의의 절차에 비해 훨씬 덜 투명하거나 정당한 절차를 훨씬 덜 준수하기 때문이다.

우리는 대체로 하나의 경험규칙을 확인할 수 있다. 미국은 그 목적이 자신의 인권·노동권·환경 관행들 ─ 국제형사재판소International Criminal Court에 의해 훨씬 덜 기소되는 ─ 을 노출시키는 것일 때에는 국제기구나 조약에 자신의 주권을 종속시키는 것에 격렬하게 저항한다. 그러나 미국은 금융과 무역이 개별 국가의 구속력 있는 규칙으로부터 해방되는 효과가 있을 때 주권을 손상시키는 것을 기꺼이 받아들인다. 이 이중적 기준은 권력이 어떻게 행사되는지를 단적으로 보여준다. 실제로 미국은 자신의 노동·환경·인권 관행을 국제법에 맞추기보다는 무기 통제조약을 통해 민감한 국가안보 문제와 관련한 자신의 행동을 기꺼이 따를 것을 다른 나라들에 강요해 왔다.

GATT 절차와 함께 미국은 1980년대에 이스라엘과 캐나다를 시작으로 양자 무역협정을 발의하기 시작했다. 이러한 협정은 GATT의 일반 무차별 및 모든 회원국에 대한 동등한 대우의 원칙과 모순된다. 왜냐하면 양자 또는 다자간 무역협정의 본질은 특별대우이기 때문이다.[28] 이러한 모순 속에서 전후 무역체제가 수립되었는데, 이 무역체제에는 특혜협정을 체결한 식민지, 그리고 나중에는 특혜무역지역인 유럽공동시장European Common Market이 포함되었다. 최근에 미국 대통령들은 더 자유로운 무역으로의 '진보'가 거대한 177개 WTO 회원국의 수준에서는 진전되지 못하더라도, 적어도 뜻을 같이하는 더 작은 연합들 사이에서는 달성될 수 있다고 주장함으로써 이 이중 기준을 합리화했다. 1999년 시애틀 항의 이후 WTO가 가장 최근에 제안한 무역 라운드가 시작되지 못함에 따라, 워싱턴은 양자 또는 다자간 협상을 위한 노력을 강화했다. 2016년까지 미국은 20개국과 양자간 '자유무역협정'을 맺었고 여러 나라와 투자협정을 맺었다.

그러나 전략이 변화한 데에는 더 심오한 이유가 있었는데, 그것은 바로 보수적인 워싱턴 컨센서스를 수출하기 위해서였다. 1990년대부터 빈곤국과 체결한 몇몇 양자 협상에서 미국은 미국의 투자와 미국 소비시장 모두에 접근하기를 열망하는 더 작은 국가들에 대해 불균형적인 권력을 휘둘렀다.

개발도상국들 — 종종 부패한 정부와 약한 법치 체계를 가진 — 과의 협정에서 미국의 금융세력은 표면상으로는 자신들의 투자가 몰수당하거나 강탈당하는 것을 막기 위해 미국 정부에 그러한 나라들이 미국과 유사한 사법체계를 시행하도록 요구해 줄 것을 촉구했다. 미국이 더 많은 민간 투자를 해주거나 자국이 미국 시장에 더 많이 접근하기를 원하는 가난한 나라들은 (미국이 자격과 규칙을 마음대로 정하기 때문에) 일반적으로 모든 분쟁이 투자자에게 유리하게 해결되는 민간 중재위원회를 인정해야만 했다.

작은 나라들에게 그 체계를 따르도록 압력을 가하는 미국은 IMF와 세계은행에 강력한 동맹국들을 가지고 있었고, IMF와 세계은행은 개발도상국들에게 자국 경제를 민간 투자에 개방할 것을 촉구하면서 자주 대출을 승인하는 조건으로 더 많은 개방을 요구했다. IMF와 세계은행은 투자자들의 권리를 보호하는 유사한 사법체계에 갈채를 보냈다.

금융업계는 자신들이 각국 정부와 법원을 우회할 수 있는 장치 ― 너무나도 좋아서 제3세계를 다루는 데에만 국한할 수 없는 장치 ― 를 가지고 있다는 것을 깨달았다. 왜 일반적으로 그 장치를 사용하지 않는가? 그 구상이 바로 투자자-국가 소송제도Investor-State Dispute Settlement: ISDS로 알려진 것이었다. 그 제도에 따르면, 무역협정하에서 일어나는 모든 분쟁은 각국 법원과 법을 대신하는 특별위원회에 회부되어야 한다. 선진국 경제들 사이에서 이 장치를 이용하는 첫 번째 주요 협정이 1993년에 승인된 북미자유무역협정North American Free Trade Agreement: NAFTA이었다.

NAFTA하에서는 캐나다 기업이 미국의 한 주써를 상대로 하여 특정 규제정책이 무역을 왜곡한다는 이유로 항소제도가 없는 특별 NAFTA 법원에 소송을 제기할 수 있다. 미국 기업 또는 멕시코에 있는 그 미국 기업의 계열회사들도 캐나다에 대해 비슷한 소송을 제기할 수 있다. 투명성, 정당한 절차, 이해충돌에 대한 엄격한 제한과 관련된 규범들이 잘 확립되어 있던 선진 민주국가의 공적 법체계와 달리, ISDS 위원회는 사적이어서 갈등으로 얼룩졌다. 한 위원회의 성원이 말 그대로 어느 날은 '심판관' 역할을 하고 다음 날에는 로비스트로 활동할 수 있었다. 일방적 접촉 — 심판관을 움직이기 위한 비밀 미공개 로비 — 이 허용되었고, 노골적으로 이루어졌다.

NAFTA하에서 미국의 화학회사인 에틸Ethyl은 캐나다가 신경독소로 의심되는 MMT가 함유된 휘발유를 수입 금지한 것에 대해 이의를 제기했다. 캐나다 정부는 그 금지를 철회했고 그 회사에 수익 손실을 대가로 1300만 달러를 지급했다. 이 글을 쓰고 있는 동안에도 캐나다는 지역 풍력발전 지역을 촉진하는 온타리오Ontario주의 '그린에너지법Green Energy Act'에 대해 T. 분 피켄스T. Boone Pickens가 소유한 메사 전력 그룹Mesa Power Group이 이의를 제기한 7억 7500만 달러 소송을 포함하여 수십억에 달하는 기업 소송을 방어하고 있다. 거대 제약회사인 엘리 릴리Eli Lilly가 제기한 또 다른 5억 달러 소송은 NAFTA 위원회에 캐나다 법원의 3심 판결 — 릴리가 자사의 약품 중 하나의 특허를 연장해 달라는 요청을 거절한 판결 — 을 무효로 해줄 것을 요청하고 있다.[29] ISDS 조항은 최근 몇 년간 협상된 수십 개의 다른 양자 무역협상에서도 그 내용의 일부를 차지하고 있었다.

아시아에 제안된 환태평양경제동반자협정Trans-Pacific Partnership: TPP과 그와 유사한 유럽연합과의 범대서양무역투자동반자협정Transatlantic Trade and Investment Partnership: TTIP에서도 그러한 민간 해결 위원회가 그 협정들에서 중요한 위치를 차지했다. 수많은 비판가가 지적했듯이, 법체계가 허약하고 투명성이 떨어지고 철저하게 부패한 국가들에서는 민간 중재위원회를 요구하는 것도 한 가지 방법이다. 그러한 영토 밖의 위원회들이 법치에 더 가까이 다가갈 수도 있다. 잘 발달된 적절한 절차체계를 가지고 있는 선진 민주주의 국가들에서 그러한 위원회를 이용하는 것은 전혀 다른 문제이다. 이 경우 민간 분쟁 해결은 법치에서 멀어지게 된다. 미국과 유럽연합의 경우에는 기업이 법을 교묘하게 피해가기 위한 도구라는 점을 제외하고는 법외 민간 분쟁 위원회가 전혀 필요하지 않다.

2013년 미국과 유럽연합이 시작한 유럽과의 TTIP는 TPP의 보완책이자 중국에 대한 일종의 범대서양 균형추로 묘사되었다. 만약 그 유일한 협상이 승인된다면 미국과 유럽의 GDP가 증가할 것이라는 터무니없는 주장이 제기되었다.[30] 그러나 발의자들이 의존한 네 개의 세부적인 경제학적 연구에서는 사소한 경제적 이득만 예측되었다. 그리고 그러한 계산은 완전고용과 같은 비현실적인 가정을 바탕으로 했다. TTIP는 또한 '규제적 조화regulatory harmonization'를 촉진하는 것으로 묘사되었지만, 세부사항들은 부조화가 심해지고 있음을 분명하게 보여주었다.

그것은 고장나지 않은 것을 고치는 경우였다(여전히 남아 있는 혼합경제의 요소를 '고장난 것'으로 정의하지 않는 한). 유럽과 미국의 다국적 기업들은 서로의 시장에서 판매하고 서로의 회사를 사들이고 또 광범위한 공급망을 이용하여 생산활동을 하는 데서 아무런 어려움을 겪지 않는다. 악명 높은 농업의 주기성을 안정화시키기 위해 양측 모두가 일정 정도의 보호를 원하는 농산물 교역을 제외하고는 양측에 관세는 거의 존재하지 않는다. 미국-유럽연합의 교역은 1997년 약 6000억 달러에서 2016년 1조 1000억 달러 이상으로 대략 두 배 정도 늘어났다. 외국의 직접투자는 더욱 빠른 속도로 성장했다. 대서양 지역의 견실한 회복을 막고 있는 주요 장애물은 또 다른 무역협정이 없다는 것이 아니라, TTIP를 촉구하는 동일한 금융세력이 요구하는 긴축정책이다. 이와 대조적으로 중국은 미국의 무역외교가 아직 다루기 시작하지 않은 실질적인 교역과제를 제기하고 있다.

하지만 유럽은 무역정책에서 미국보다 암묵적으로 더 민족주의적이다. 독일 제조업체들은 아웃소싱을 통해 부품들을 더 저렴하게 공급받을 수 있을 경우조차도 고부가가치 생산을 독일에 유지하는 것이 국가의 목표라는 것을 정부의 지시를 받지 않고도 알고 있다. 독일의 도제제도는 최고급 산업을 자국에 유지하는 데 기여한다. 독일의 국가개발은행 KfW도 마찬가지이다. 유럽인들은 농업을 보호하고 자유무역의 규범을 위반하는 공동농업정책Common Agricultural Policy을 고집해 왔다. 왜냐하면 유럽의 어떤 나라도 캐나다나 미국의 수출품이 더 싸더라도 (사회정책의 문제로서) 자국의 농업 부문을 잃고 싶어 하지 않기 때문이다. 유럽은 또한 지역에서 생산된 먹을거리에 대해 정당한 자부심을 가지고 있다. 모든 요소를 고려해 볼 때, 그것이 나쁜 거래라는 것을 증명하기란 매우 어렵다.

유럽의 지도자들 또한 국내 제조업의 촉진에 관한 한 덜 교조적이다. 국가가 만들고 국가가 보조금을 지급하는 에어버스Airbus 컨소시엄은 현재 보잉Boeing과 경쟁하고 있다. 교과서대로라면, 유럽은 미국 비행기를 샀을 것이다. 유럽의 무역 협상가들은 또한 중국에 대해 더 강경한 노선을 취하는 경향이 있는데, 그들은 미국처럼 지정학적 목표를 위해 자신들의 경제를 희생시키지 않기 때문이다. 유럽은 유럽연합 내에서 많은 무역분쟁을 벌이고 있다. 그러나 유럽이 유럽 이외 지역과의 무역과 산업정책에 대해서는 보다 비정통적인 접근방식을 취한 결과, 유럽연합의 나머지 국가들과의 무역수지는 대략 균형을 이루고 있는 반면, 미국의 무역수지는 만성적으로 적자 상태이다.

중국 패러독스 깊이 보기

1989년 톈안먼 광장 대학살 이후 시기에 서구는 베이징에 사용할 엄청난 지렛대를 가지고 있었지만, 그 지렛대는 대부분 낭비되었다. 그 시대에 중국은 자유시장 경제와는 거리가 멀었다. 중국은 또한 레닌주의적 일당독재 국가였다. 톈안먼 사태 이후 일본은 52억 달러 규모의 융자를 중단했다. 중국의 경제성장은 거의 후퇴 수준으로 떨어졌다. ≪로스앤젤레스타임스Los Angeles Times≫의 전 베이징 특파원 제임스 만James Mann이 쓴 것처럼, "미국이 중국에 사용할 상당한 경제적 지렛대를 가졌던 때가 있었다면 바로 그때였다."[31]

중국은 일정한 국제적 정당성을 획득하고 서방세계에 대한 자국 수출의 관세를 낮추고 서구 다국적 기업들과의 거래를 용이하게 하기 위해 WTO에 가입하는 것이 절실하게 요구되었다. 그 시기에 미국은 중국과의 교역 조건을 엄격하게 통제했다. 그 교역 조건들은 매년 의회의 승인을 받아야 했다. 당시 민주당이 통제하고 있던 하원은 중국의 국가주도 수출로 인해 피해를 본 지지자들의 불만과 중국의 인권 침해 둘 다에 더욱 민감하게 반응했다. 반면 미국 대통령들은 중국과 거래하기를 열망하는 거대 다국적 기업들의 이익에 더 동조하는 경향이 있었다.

아버지 부시 대통령은 중국의 무역 이익에 대한 연례 승인을 인권의 입증 가능한 진전과 연결짓는 무역법안에 대해 두 번 거부권을 행사했다. 빌 클린턴 후보는 그 법안을 지지했다. 하지만 대통령으로서의 클린턴은 방침을 바꾸어, 그러한 요구 조건을 법으로 명문화하지 말고 인권과 시장개방에서 분명한 진전이 없을 경우 중국이 이익을 얻지 못하게 하는 행정명령을 발동할 수 있게 해달라고 의회를 설득했다. 1994년

5월 첫 마감 시간이 다가왔을 때, 클린턴은 자신의 생각에 거의 변화가 없음을 인정했다. 그러나 그는 벌금을 부과하는 대신 자신의 명령을 철회했다.

이러한 변화의 많은 부분은 월스트리트와 긴밀한 관계에 있는 로버트 루빈과 다른 사람들이 클린턴에게 영향을 미쳤기 때문이었다. 그 후 클린턴 행정부가 광범위한 로비를 벌인 후인 2000년에 의회는 중국에 '영구적인 정상 무역관계'를 부여했고, 그리하여 대통령들은 이제 매년 이 문제로 인해 흔들리지 않을 수 있게 되었다. 이 법은 중국이 자국의 수출을 촉진하려는 목적으로 인위적으로 위안화의 환율을 낮게 유지하기 위해 자국 통화를 조작하고 있는지를 재무부가 매년 판단할 것을 여전히 요구했다. 이에 대한 증거가 분명하지 않았지만, 재무장관들은 연이어 베이징에 그 문제에 대해서도 계속 승인해 주었다.

왜 베이징을 애지중지하는가? 미국의 산업계와 금융계는 중국과의 거래를 열망했고, 아버지 부시와 클린턴 행정부 모두와 긴밀한 동맹을 맺고 있었다. 이 동맹 관계는 아들 부시와 오바마 대통령 임기 동안에도 계속되었다. 그리고 미국의 막대한 그리고 증가하는 무역적자 덕분에 미국은 재무부 부채를 사줄 외국 은행과 정부가 필요했다. 중국은 이제 미국의 최대 채권국이 되었다. 한편 미국의 제조업은 베이징의 조건을 받아들여 중국에 소재한 공장들에서 수출용 상품을 생산하고 있었다.

중국으로 하여금 정치적으로 개혁하고 경제에서 국가의 역할을 완화하는 시간표를 짜게 하는 것이 지정학적 측면과 경제적 측면 모두에서 이치에 맞았을 것이다. 그러면 일종의 WTO 회원국 후보 지위가 만들어질 수도 있었다. 개혁을 완수할 경우, 중국은 보상으로 완전한 WTO 회원국 자격을 부여받을 수도 있었다. 하지만 중국은 그러기는커녕 오히려 그 조치에 맞서 미국 금융회사들과 관계를 끊을 조짐을 보임으로써 2000년에 WTO의 완전한 회원국 자격을 획득했다. 클린턴의 대통령 재직 시절에 미국의 대중 무역적자는 200억 달러에서 약 700억 달러로 늘어났다. 미국 행정부는 중국의 WTO 가입이 가져다주는 이점 중 하나가 무역수지가 개선되는 것이라고 전망했다. 2004년경에 적자는 2000억 달러로 불어났다. 이 글을 쓰고 있는 현재 적자는 1조 달러에 근접하고 있다.

아버지 부시에서부터 오바마에 이르기까지 미국 대통령들은 중국이 WTO에 참여하는 것만으로도 중국이 글로벌 법치체계에 편입되고 중국의 정치적 자유화와 경제적 자유화 모두를 촉진할 것이라고 자신과 세계의 여론을 납득시키기 위해 애썼다. 그러한 생각은 순진한 소망이었던 것으로 판명났다. 2015년에 정보기술혁신재단Information Technology and Innovation Foundation의 스티븐 J. 에젤Stephen J. Ezell과 로버트 D. 앳킨스Robert D. Atkins는 이렇게 기술했다. "2001년에 중국이 WTO에 가입하고 나서 거의 15년이 지났음에도 중국이 시장에 기반하고 규칙이 지배하는 글로벌 무역체계를 수용할 것이라는 전망은 아직 실현되지 않았다. 오히려 중국이 광범위한 첨단기술산업 전반에 걸쳐 절대적 우위를 추구함에 따라 중국의 공격적인 혁신적 중상주의가 최근 몇 년 동안 더욱 강해졌다."[32]

분명 미국 외교관들이 그렇게까지 무능하지는 않다. 중국 예외가 받아들여진 것은 미국 외교관들이 자신들의 환상을 믿었기 때문이 아니라, 중국으로까지 확대된 역할이 미국 금융 플레이어들과 국내 생산에 더 이상 집착하지 않는 제조업자들 — 중국의 저임금 노동시장을 수출 플랫폼으로 기꺼이 받아들인 — 모두에게 너무나도 이익이 되기 때문이었다.

일단의 플레이어들은 이 일괄타결에서 배제되었다. 다시 말해 미국 노동자들은 계속해서 괜찮은 보수를 받는 국내 일자리를 잃고 있었다. 노동기준이 미국식 민주주의와 자유시장과 함께 중국에 수출될 수 있다는 생각은 완전히 환상에 불과한 것으로 입증되었다. 중국 공산 정부는 독자적인 노동조합들을 탄압했다. 중국은 오늘날 자본주의와 공산주의의 혼합물로, 중국 민족주의를 조장하고 억만장자들에게 보상하며 임금, 노동권, 반대를 억압하고 있다. 그런 종류의 정권을 지칭하는 옛날식 말로 '파시즘'이라는 용어가 있다. 한편 세계 강국으로서의 중국의 영향력은 더 커져오기만 했다.

2017년 중국에 대해 수사적으로 강경노선을 취하고 있는 트럼프 행정부가 핵위협 국가로서의 북한을 봉쇄하는 데에 베이징의 도움이 필요했을 때, 미국은 그 대가를 치렀다. 트럼프는 대단하지 않은 외교적 도움의 대가로 거듭 양보해야만 했다. 시진핑習近平 중국 주석이 우호적인 중재자로서의 자세를 취했음에도 불구하고, 북한의 핵위협은 미국의 모든 강경정책을 약화시키고자 하는 베이징의 노력에 도움을 주었다. 미국은 경제적 라이벌이자 지정학적 라이벌로서의 중국을 견제하는 일을 솔직히 너무나도 오랫동안 미루어왔다.

베이징 주재 대사 출신으로 중국과의 친밀한 유대관계를 주장하는 인물인 조지 H. W. 부시 대통령은 다음과 같은 식으로 그 환상을 설명했다. "경제적 자유는 자유의 습관을 만들어낸다. 그리고 자유의 습관은 민주주의에 대한 기대를 불러일으킨다. …… 중국과의 자유로운 무역, 그리고 시간은 우리 편이다."[33]

동일한 믿음이 언론에서 순진하게 지구화를 옹호하는 사람들에 의해 메아리쳤다. 톰 프리드먼Tom Friedman은 『렉서스와 올리브 나무The Lexus and the Olive Tree』에서 이렇게 썼다. "중국은 자유 언론을 가질 것이다. 지구화가 자유 언론을 추동할 것이다."[34]

18년이 지난 지금도 중국은 자유 언론을 전혀 가지고 있지 못하다. 동아시아의 이웃 국가들에 대한 베이징의 공격은 계속되고 있다. 중국은 대만 및 필리핀과 영토 분쟁을 격화시켰다. 그것은 북한을 봉쇄하는 데서 미국과의 협력을 증대시키는 데 전혀 도움이 되지 않았다.

WTO 가입이 국내적으로 중국 법치의 진전을 가속화할 것이라던 주장에도 불구하고, 중국의 일당 지배는 계속되고 있으며, 간헐적으로 부패하는 국가 주도적 반*자본주의도 여전히 계속되고 있다. 미국과 베이징 간의 무역적자는 계속해서 새로운 기록을 세우고 있으며, 중국은 WTO에서 무조건 환영받았던 2000년보다 2018년에 훨씬 더 강력한 지역 강국이자 세계 강국이다. 중국은 그 어느 때보다도 더 많은 미국 공채를 보유하고 있으며, 중국인들은 워싱턴의 사슬을 잡아당기고 싶을 때마다 재무부 채권을 얼마간 매도한다.

중국에 대한 미국의 외교는, 그것이 미국의 글로벌 금융과 미국 기업의 해외 생산에 얼마나 적절하게 기여하는지에 대한 설명이 이루어지지 않는다면 완전히 무능하고 이해할 수 없는 것으로 보일 수도 있다. 미국은 공산주의 러시아를 봉쇄하기 위해 40년 동안 세계를 핵전쟁 직전까지 몰고 가려던 나라였다는 것을 기억하라. 그러나 중국이 군사적·경제적 초강대국으로 부상하면서 해마다 더 많은 힘을 가지게 되었음에도 불구하고, 미국 정부의 대응은 미약했다.

무엇이 이 차이를 설명해 줄 수 있는가? 미국의 자본가들은 소련으로부터 아무것도 얻지 못했고, 그렇기 때문에 지정학과 통상경제학은 긴밀히 협력했다. 중국과의 관계는 미국의 경제 엘리트들에게 막대한 경제적 이익을 가져다준다.

중국 '포용'이라는 말은 다목적의 애매모호한 말이었다. 제임스 만은 2007년 저서 『차이나 판타지The China Fantasy』에서 중국과의 통합이 중국을 서구처럼 만들 것이라는 환상을 실현하기보다는 서방이 더 중국처럼 될 위험에 처할 수 있다고 예언했다.

> 이런 통합 전략이 지닌 근본적인 문제는 누가 누구를 통합하는가라는 명백한 문제를 제기하게 한다는 것이다. 미국이 자유시장 원리에 입각한 새로운 국제경제 질서로 중국을 통합하고 있는가? 아니면 반대로 중국이 미국을 더 이상 민주주의가 선호되지 않는, 그리고 정부가 계속해서 모든 정치적 반대를 절멸시키는 것을 받아들이거나 그냥 모르는 척하는 질서로 통합하고 있는가?[35]

제임스 만은, 전 세계 독재자들이 미국의 자칭 경제적 자유주의보다는 중국의 국가 주도적 반半자본주의 경제체제가 발전에 더 좋은 접근방식으로 인식하는 것과 마찬가지로, 중국은 그 독재자들에게 하나의 롤모델로 작동하기 직전에 있다고 덧붙였다. 10년이 지난 지금 중국에서는 서구식 정치적 자유주의를 향한 그 어떤 진전도 찾아볼 수 없다. 미국은 미국판 기업적 권위주의 국가의 틀을 갖추어가고 있다.

2016년 선거 이후 MIT 경제학자 데이비드 오터는 두 명의 동료와 함께 수행한 연구에 의존하여, 2000년 이후 중국으로부터의 수입이 절반 정도 느리게 증가했다면 미국 중서부 지역의 제조업 경제는 힐러리 클린턴이 미시간, 위스콘신, 펜실베이니아 — 그리고 대통령 선거 — 에서 이길 수 있을 만큼 훨씬 더 건강했을 것이라고 계산했다.[36]

제안되었다가 현재는 폐기된 환태평양경제동반자협정TPP은 미국의 모순된 중국 정책을 보여주는 창이다. 유감스럽게도 TPP는 중국을 견제하기 위한 전략과 중국에 대한 잠재적 지원 전략 모두를 포함한 모순적인 방식으로 제시되었다. 주로 그 협상은 산업계가 추구하는 많은 특별 이익 조항을 포함하고 있었다. 그 협상은 개별 국가의 특허 제도를 철회하고 제약회사들에게 더 긴 특허 보호 기간을 제공하려고 했다. 담배업계가 작성한 특별 이익 조항은 각국의 금연 규정을 약화시켰을 것이다. 이 조항들과 다른 조치들은 더 자유로운 글로벌 통상을 촉진하는 것 그 이상이 아니라고 선전되었다. TPP는 또한 민간 산업이 주도하는 유사 법원에 개별 국가의 법을 무력화할 수 있는 권력을 부여하는, 현재 표준화된 투자자-국가 소송제도에 관한 조항도 포함하고 있었다.

　TPP는 미국 기업들이 아시아 국가의 시장에 쉽게 접근할 수 있도록 하기 위한 것이었다. 아시아 국가들의 경제개발전략은 그러한 접근을 제한하거나 무역 비밀을 공유하는 것을 조건으로 하여 구축되어 있었다. 이 전제가 지닌 문제는 제안된 TPP의 12개 회원국 대부분이 이미 미국과 양자 협정을 통해 동일한 시장개방을 약속하고 있었다는 점이다. 그러나 대부분은, 특히 한국은 솔직히 새로운 구실에 의지해 왔다. 양자 협상이 실패한 곳에서 TPP가 시장개방에 성공할 것이라고 믿을 만한 이유는 전혀 없었다.

　2009년에 이 노력이 시작되었을 때, 그것은 '아시아로의 회귀pivot to Asia'로 선전되었다. 이 주장은 터무니없는 것이었다. 왜냐하면 미국은 아시아를 떠난 적이 전혀 없었기 때문이다. 미국은 아시아 지역에 약 10만 명의 병력을 주둔시켰으며, 미 7함대는 서태평양을 7년째 순찰하고 있다.[37] TPP는 또한 미국이 주도하는 공동번영 권역으로 추진되었다.

TPP가 없을 경우 중국이 아시아 무역을 위한 '규칙'을 제정할 것이라는 이유에서였다. 그러나 이것 또한 터무니없었다. 왜냐하면 그 말이 이미 마구간을 나와 있었기 때문이다. TPP에 참여하기로 합의한 모든 주요 국가는 이미 중국과 그들 나름의 양자 협상을 맺고 있었다. 많은 나라가 아시아에서 중국이 행사하는 엄청난 영향력을 두려워했고, 미국이 베이징에 맞서는 지역 균형추 역할을 해주기를 원했다. 그러나 TPP의 그 어떤 것 — 명목상으로는 시장개방 제스처와 결합되어 있지만, 실제로는 대체로 미국 산업과 금융을 위한 일련의 특별 이익 조항들인 — 도 그러한 목적에 기여할 수 없었다.

TPP를 선전하고 설득하는 과정에서 미국 당국자들은 TPP가 너무나도 매력적이어서 베이징이 언젠가는 동참할 것이라고 생각했다. 오바마 대통령은 2015년에 "그들은 이미 어느 시점에 자신들이 참여할지를 타진하기 시작했다"라고 말했다.[38] 이 논평은 세계은행에 대한 중국의 대항물인 1000억 달러 규모의 아시아사회기반시설투자은행Asian Infrastructure Investment Bank: AIIB을 막 출범시킨 중국에 큰 놀잇거리를 만들어주었다. AIIB는 미국의 몇몇 가까운 동맹국들을 창립회원으로 가입시키면서 미국은 드러내놓고 배제시켰다. 세계의 많은 국가에게 AIIB는 즉시 미국이 주도하는 세계은행에 비해 보다 매력적인 대안이 되었다. 베이징 컨센서스는 특혜무역협정을 포함하여 그 자체의 단서 조항들을 가지고 있었지만, 많은 면에서 워싱턴 컨센서스보다 더 나았다. 왜냐하면 그 단서 조항들은 각국의 국내 정책에 간섭하지 않는다는 것이었기 때문이다.

막대한 무역흑자에서 비롯된 현금이 넘쳐나면서, 중국은 글로벌 경제의 초강대국이자 라이벌 공동번영 권역의 후원국으로 부상해 왔다. TPP가 사망 선고를 받았을 무렵, 중국은 미국을 대신하여 선도적인 제조업 국가 자리를 차지하는 데 그치지 않았다. 중국은 아프리카와 라틴 아메리카 경제개발의 가장 중요한 엔진으로, 한때 영국이, 그리고 나중에는 미국이 수행한 역할을 담당했다. 중국의 국가 자본은 광물에 대한 접근에 특혜를 받는 대가로 아프리카가 철도와 항만 시설을 구축하는 데 자금을 지원하고 있었다. 아프리카에서 사업을 하고 있는 벡텔Bechtel과 같은 미국 기업들은 중국인들이 정기적으로 저가 입찰을 하고 있음을 알게 되었다.

2013년 중국 수출입은행은 국영은행을 포함하여 중앙정부가 2025년까지 아프리카에 1조 달러의 자금을 지원할 것이며, 은행이 직접투자, 장기 저리 대부, 상업대출의 70~80%를 떠맡을 것이라고 밝혔다.[39] 2015년 12월에 중국은 아프리카를 돕기 위해 600억 달러의 신규 보조금, 대출, 수출신용을 약속했다. 이런 규모의 투자는 미국이나 서방이 약속한 모든 것을 작아 보이게 만들었다. 중국은 이미 항구도시 지부티Djibouti와 에티오피아의 수도 아디스아바바Addis Ababa를 연결하는 466마일의 초국가 노선을 포함하여 몇몇 야심 찬 철도 프로젝트에 자본과 기술을 제공하고 있었다. 중국 국영은행들은 40억 달러의 자금을 전액 제공했다. 중국은 또한 아프리카 대륙의 항만, 고속도로, 공항에 약 500억 달러를 지출하고 있다.[40] 미국이나 그 다국적 기관들은 따라잡을 수 없는 상업적 유대와 외교적 영향력은 바로 이러한 투자에서 나오는 것이다.

한편 먼로 독트린Monroe Doctrine*이 한때 외국의 경제 강국들에게 미국의 세력 범위에 들어오지 말라고 경고했던 서반구에서도 중국은 개발자본의 주요한 원천이 되었다. 2000년에 라틴아메리카는 전체 수출 중

* 1823년 미국의 제5대 대통령 제임스 먼로(James Monroe)가 유럽 열강이 아메리카 대륙에 간섭하는 것을 허용하지 않을 것임을 천명한 선언 _옮긴이

1%만을 중국에 수출했다. 2010년경에는 그 수치가 10%, 즉 1100억 달러로 증가했다.

중국은 라틴아메리카에서 생산되는 석유, 콩, 철광석, 구리, 양모의 주요 고객이 되었다. 중국 기업들은 2005년에서 2013년 사이에 이 지역에 약 500억 달러를 쏟아부었다.[41] 2015년에 베이징은 라틴아메리카에 10년 동안 2500억 달러의 자본 투자를 하겠다고 약속했다.[42] 그리고 미국의 자본 투자와 달리 중국의 자본 투자는 라틴아메리카 국내 정책에 대해 어떠한 요구 조건도 달고 있지 않았다.

이러한 침입은 미국의 지경학적 리더십과 표면적으로는 미국이 장려하고 있던 시장자본주의 체계 모두에 대한 심각한 도전이었다. 워싱턴의 재촉에 TPP에 과감하게 서명했던 몇몇 라틴아메리카 국가도 이러한 중국과의 거래에 주요 국가로 참여하고 있었다. 그러나 기업의 협소한 이익 협상의 덮개에 불과했던 TPP는 중국의 팽창주의적 중상주의의 도전에 대처할 수 없었다. 아이러니의 극치는 마르크스주의자는 이데올로기 전도사로, 그리고 미국의 기업인은 실용주의자로 묘사됨에도 불구하고, 중국은 아프리카와 라틴아메리카에서 공산주의를 팔고자 하지 않았다는 것이다. 중국은 사업을 하기 위해 그곳에 있었고, 강대국으로서 지정학적 범역을 부수적으로라도 확장하려 하지 않았다.

미국의 무역외교는 1940년대에 자유 상업시장과 규제된 형태의 자본주의 간에 균형을 맞출 필요가 있다는 점을 인정하는 것에서 시작했다. 그 목표를 바꾸고 나서 70년이 지난 지금, 미국은 두 가지 주목할 만한 위업을 이루어냈다. 첫째, 미국과 유럽에서 혼합경제의 경제학과 정치학을 파괴했다. 둘째, 자유시장과 정반대의 것을 실천한 공산주의 독재정권으로 하여금 미국의 주요 글로벌 경쟁자가 될 수 있게 했다.

오바마 대통령의 최고위 무역 관계자로 실패한 TPP를 설계했던 인물은 클린턴 행정부에서 로버트 루빈의 수석 보좌관을 지낸 마이클 프로먼Michael Froman이었다. 이 두 정부에서 일한 사이의 기간 10년 동안 프로먼은 씨티그룹의 전무이사로 있으면서 다시 루빈과 긴밀히 협력했다. 도널드 트럼프 당선이 마침내 최후의 일격을 가했을 때, TPP는 이미 입법상으로는 큰 어려움에 봉착해 있었다. 의회의 대부분의 민주당원들은 TPP에 반대표를 던졌다. 진보주의자들은 더 나은 무역정책을 고안하기 위해 우파 포퓰리스트들과 경쟁을 벌이고 있었지만, 트럼프가 먼저 거기에 도달했다. 아마도 오바마 대통령과 클린턴 전 대통령이 트럼프에 앞서 무역협정에서 금융의 이익을 최우선으로 하지 않았다면, 트럼프는 전혀 그곳에 이르지 못했을 것이다.

무역체계와 제3세계

이 책은 친기업적인 브랜드의 지구화가 선진 민주주의 국가의 시민들과 민주주의 자체에 미치는 부정적인 영향을 주로 다루고 있다. 이 버전의 지구화를 옹호하는 사람들은 자본, 상품, 사람의 더 자유로운 흐름이 가난한 나라들이 발전하는 데 도움을 준다고 주장한다. 글로벌리즘의 옹호자들은 자주 글로벌 북부의 노동자들이 자신들보다 훨씬 더 가난한 남부의 형제자매들의 발전을 방해하려고 한다는 이유로 북부의 노동자들을 비난한다. 이 보호주의자들은 왜 가난한 사람 중에서도 가장 가난한 사람들에 대해서는 신경 쓰지 않는가?

사실 자유방임주의 무역이 가난한 나라들 — 또는 부유한 나라들 — 의 경제발전에 가장 좋은 길이라는 증거는 전혀 없다. 무역제도에 대해 검토하면서 우리가 시사해 왔듯이, 일본, 한국, 중국같이 신중상주의 전략을 가지고 자유시장 규범을 위반했던 나라들은 서구의 더 큰 개방성에서 이득을 보아왔다. 그러나 이러한 기회주의가 자유무역이 이롭다는 것을 뒷받침해 주지는 않는다. 그것은 단지 수출을 추진하면서도 수입에 저항하고 협력관계를 강요하는 일방적 무역 국가들이 이 제도를 이용하여 이득을 볼 수 있다는 것을 보여주는 것일 뿐이다. 그리고 일본과 한국의 계획 자본주의가 서양의 많은 나라에 비해 자국의 임금과 봉급의 평등을 향상시켜 왔지만, 중국에서는 불평등이 급격히 증가했다.[43] 이는 비참한 가난이 극소수의 부패한 권력가들 및 그들의 자본주의 동맹국들의 엄청난 부와 계속 공존하고 있는 아프리카 대부분의 나라에서도 마찬가지이다.

글로벌 소득분배에 대한 최근의 가장 권위 있는 연구는 세계가 최근 수십 년 동안 국가들 내에서뿐만 아니라 국가 간에서도 상당히 더 불평등해졌다는 것을 발견한다. 부유한 나라의 부자들은 훨씬 더 부유해진 반면, 그들 시민의 적어도 절반은 1인당 평균 GDP가 증가했음에도 불구하고 절대적인 측면에서 경제적으로 더 나빠졌다.[44] 중국의 경우, **평균** 소득은 서구에 비해 증가했지만 내부 불평등은 급격히 증가해 왔다.

글로벌 불평등에 대한 가장 포괄적인 연구 중 하나에서 전 세계은행의 경제학자 브란코 밀라노비치Branko Milanović는 1988년에서 2008년 사이에 모든 소득 증가의 44%가 상위 5%의 소득자에게 돌아갔다는 것을 발견했다. 서구가 글로벌 남부를 돕기 위해 서구의 사회계약을 파기해야 하는가라고 묻는 것은 확실히 잘못된 질문이다. 올바른 질문은 다른 형태의 지구화가 가능한가 하는 것이다. 그리고 물론 가능하다.

제2차 세계대전 이후의 시대는 유럽과 북아메리카에만 좋았던 것이 아니라는 사실을 잊지 말자. 그 시기는 일본과 한국뿐만 아니라 라틴아메리카에게도 훨씬 더 고성장의 시기였다. 금융화에 대한 제한은 전체 체계에 유익했다. 더 제한된 형태의 지구화는 전통적인 공공 투자, 계획, 규제 도구를 이용하여 노동을 보호하고 약탈적 금융을 제약하는 사회협약을 구축하고 있는 국가에 더 많은 정책 공간을 허용할 것이다.

다른 나라에 사회적 기준을 강요할 수 있는 국가의 능력(또는 권리)에는 한계가 있다. 하지만 민주주의 국가들이 자국 체계에 끼칠 피해를 제한하고 무역 국가들이 적어도 괜찮은 노동 권리와 인권을 보호하기 위해서는 국가가 관세 같은 정책을 사용할 수 있고 또 사용해야 한다. 만약 일부 나라들이 그렇게 하지 않기로 선택한다면, 그것은 그들의 권리이지만, 그들이 다른 나라들과 같은 동일한 무역 특권을 누려서는 안 된다. 이러한 제약이 바로 미국 지도자들이 중국에 WTO 회원권이 갖는 완전한 특권을 부여할지를 고려하면서 취하지 않은 길이었다. 베이징은 사실상 완전한 특권 이상의 것을 얻었다. 중국은 선진국으로서 장벽 없이 수출할 수 있는 권리를 부여받는 동시에 개발도상국으로서 수입을 차단할 수 있는 권리도 부여받았다.

조건부 무역이 개발도상국의 경제성장을 지체시키지는 않을까? 그렇다고 믿는다면, 성장으로 가는 최고의 길은 자국 국민을 착취하는 것이라고 믿어야 할 것이다. 중국은 생산성에 비해 자국 노동자들에게 임금을 아주 낮게 지급하고 나머지 국가의 노동자 임금을 삭감함으로써 10%에 가까운 성장률을 달성해 왔다. 이와는 대조적으로 일본판 국가주도 자본주의는 비교 가능한 발전 단계에 있던 나라들과 일부 전략적 유사성이 있음에도 불구하고 엄청난 성장을 이루었고, 그러면서도 보다 평등한 일본을 만들었다. 다수의 개발 경제학자들이 역설해 왔듯이, 중국은 약탈적 수출 전략보다는 자국 노동자들에게 더 나은 임금을 주고 내수와 소비를 늘리려는 노력에 더 의존하는 전략으로 전환할 수도 있었다.

투기적 민간 금융의 피해를 줄이고 투명한 사회적 투자의 역할을 확대하기 위해 지구화의 규칙을 개정하는 것 역시 가능하다. 우리는 단기적 금융거래에 토빈세(제3장 참조)를 부과할 수 있을 뿐만 아니라 훨씬 더 많은 채무 탕감을 해줄 수도 있었다. 비록 서구가 이전보다 경제적인 영향력을 덜 가지고 있지만, 유럽과 북아메리카의 시장은 여전히 세계에서 가장 큰 시장이며, 이것이 서구에게 글로벌 경제 전체의 규칙에 영향을 미칠 수 있는 엄청난 힘을 부여한다. 그 규칙들은 한때 국내의 균형 잡힌 사회계약을 진척시키는 데 이용되었다. 최근에는 이 규칙들이 제3세계에서는 노동을 억압하는 데, 그리고 서구에서는 괜찮은 노동기준을 희생하면서 기존의 부자들을 부유하게 하는 데 이용되어 왔다.

요점은 일본, 한국, 중국, 그리고 다른 신흥 경제국들이 자국의 경제성장을 촉진하는 산업정책, 보조금, 관리되는 무역전략을 통해 근본적으로 잘못되거나 비효율적인 무언가를 하고 있다는 것이 아니다. 그것이 바로 서구가 발전의 초기 단계에서 했던 것이다. 오히려 핵심은 그러한 체계가 보다 현실주의적인 규칙과 규범을 필요로 하고 또 그것 때문에 이익의 균형이 더 공평하게 이루어진다는 것이다. 이는 개발도상국과 선진국의 균형, 자본과 노동의 균형, 시장 규범과 사회적 기준의 균형을 의미한다. 오늘날 글로벌 무역체계와 미국의 무역정책은 불균형을 조장하고 있다.

만약 각국의 소득분배뿐만 아니라 글로벌 소득분배에도 신경을 쓴

다면, 자유방임주의 시장은 눈을 돌릴 만한 곳이 아니다. 자유시장은 극단을 생산하는 경향이 있다. 보다 평등주의적인 소득분배와 높은 경제성장률을 겸비하려면, 민주적 정치가 요구된다. 글로벌 무역체계는 결코 정체가 아니라 기업과 정부 독재자들의 동맹 — 민주적인 국가와 사회를 계속해서 약화시키는 연합 — 이 점점 더 많이 주도하는 광포한 시장이다.

9

조세와 기업 국가

전후의 많은 사회체계 및 경제체계와 마찬가지로 누진세 구조는 제2차 세계대전의 유산이었다. 즉, 누진세는 평등주의적 자본주의의 또 다른 요소였지만, 권력이 다시 금융 엘리트들에게로 이동함에 따라 점차 부식되었다. 미국과 영국에서 부자에 대한 전시 소득세율은 미국에서는 94%, 영국에서는 98%에 달할 정도로 높게 책정되었다.[1] 이것은 전쟁이라는 비상사태로 인해 용인되었다. 그러나 전쟁이 끝났을 때, 세금은 전쟁 전의 수준으로 되돌아가지 않았다. 전혀 그렇지 않았다.

미국에서 최고 납세자층의 세율은 1964년까지 여전히 91%에 머물러 있었다. 영국에서는 1945년 7월 취임한 노동당 정부가 1951년까지 부유층에 대한 최고 한계세율을 자본소득의 98%로 유지했다. 노동소득의 최고 세율은 83%에 달했다.[2] 면제와 공제 때문에 실효세율은 낮았지만, 부유층은 여전히 소득의 60% 이상을 세금으로 납부했다. 기업에 대한 세금 또한 높았는데, 그 세율은 유럽과 북미 지역 대부분에서 기업 수익의 50%를 넘었다. 정부는 과세처분에 진지했고, 탈세할 기회는 거의 없었다.

이 같은 이례적인 가파른 누진과세는 얼마간 심사숙고해 볼 만한 가치가 있다. 일반적으로는 세율은 전쟁이라는 총동원 시기 후에 크게 낮아졌다. 이것이 미국과 유럽 모두에서 다른 주요 전쟁 후에 일어났던 일이다. 그러나 전후 시대에는 냉전이 큰 비용이 드는 군사시설을 유지해야 하는 근거를 제공했는가 하면, 복지국가의 확대도 세입을 빨아들였다. 정치적 권력 균형은 아직 기업, 특히 금융자본으로 다시 이동하지 않았고, 공공지출이 인기였다. 이렇듯 관성은 높은 세율과 누진세를 유지하는 쪽으로 작용했다. 이것은 다시 공공부문에 상당한 자금을 지원하게 했다.

대부분이 나치 점령하에 있었던 대륙에서는 재정체계를 다시 구축해야 했다. 미국과 영국처럼 그 시대는 대규모 공공 투자의 시대였다. 복지국가가 확대되면서, 세금으로 조달한 공공지출은 GDP의 약 절반으로까지 증가했다. 1970년대경에는 유럽 대륙 대부분 지역에서 임금과 봉급 소득에 대한 최고 세율이 60%에서 70% 사이에 달했다. 독일이 56%로 가장 낮았고, 스웨덴은 83%로 가장 높았다.[3]

누진세는 가치 있는 사회협약의 일부였지만, 가장 평등주의적인 부분은 아니었다. 재분배가 이루어진 것은 훨씬 후의 일이었다. 가장 중요한 측면은 광범한 공중에게 기여하는 공공 투자뿐만 아니라 경제학자들이 본원소득primary income(임금, 봉급, 자본소득)이라고 부르는 것까지 평등주의적으로 분배한 것이었다.

게다가 복지국가 프로그램의 자금은 급여 과세를 통해 대체로 비교적 일률적으로 조달되었다. 이 재정구조는 사회보험 논리의 일부였다. 급여 공제는 보험료와 비슷한 것으로 인식되었다. 정치적으로 사회적 급여는 선납해 놓은 것으로, 그리고 일을 해서 스스로 벌어놓은 것으로 받아들여지고 있었다. 루스벨트는 유권자들이 미리 돈을 지불해 놓았다고 믿고 있었기 때문에 그 어떤 미래 정치인도 이 프로그램을 없앨 수 없을 것이라는 정치적 확신하에 사회보장제도의 이 같은 일률적 자금 조달 구조를 옹호했던 것으로 유명하다. (사실 이 체계는 대부분 원천과세 방식으로, 한 세대가 이전 세대의 퇴직에 대한 대가로 내는 세금이었다.)

유럽에서 공공 서비스에 대한 자금을 비교적 일률적으로 조달하는 방식의 또 다른 원천으로 작동한 것은 부가가치세value-added tax: VAT였다. 부가가치세는 1950년대부터 시작하여 1960년대에 보다 광범위하게 적용되었다. 일반적으로 20~25%의 요율로 현재 유럽 전역에서 이용되는 부가가치세는 판매세의 일종으로, 가치 창출의 각 단계에서 세금이 부과된다. 기업은 투입에 지불한 부가가치세에 대해서는 공제나 차감을 받을 수 있다. 이렇듯 이 세금은 이 체계를 통해 순환되며, 실제로는 최종 소비에 부과된다.

이처럼 자금은 비교적 일률적으로 조달되지만, 사회보험은 본래 건강한 사람에게서 병자에게로, 취업자에게서 실업자에게로, 부자에게서 빈자에게로, 노동 연령에 있는 사람들에게서 노인과 청년에게로 재분배된다. 공적 복지국가는 보다 평등한 사회를 향한 위대한 발걸음이었다. 왜냐하면 복지국가는 연금, 건강보험, 적절한 주택, 무상교육, 대중교통에 대한 보조금 지급, 실업보험과 같은, 만약 사적으로 구입해야 한다면 이용할 수 없거나 감당할 수 없는 광범한 혜택을 확산시킬 수 있게 해주었기 때문이다. 영국인들은 편리하게 이를 사회적 소득이라고 부른다. 이것은 무료이거나 또는 부분적으로 보조금으로 받는 현물 서비스로, 시장이 추동하는 소득과는 구별되는, 하나의 시민으로서 얻는 서비스이다.

일률적인 급여세와 누진소득세를 종합적으로 고려해 볼 때, 전후의 재정체계는 대서양 양쪽에서, 그리고 세입 방정식과 지출 방정식의 모두에서 꽤 진보적이었다. 보다 중요한 것은, 그러한 재정조달 방식이 대체로 정당한 것으로 여겨졌다는 점이다. 세금은 사람들이 소중하게 여기는 혜택을 제공하기 위해 부과되었다. 높은 소득과 부를 누리는 개인들은 특히 높은 세율을 부과받았다. 1940년대와 1950년대에 미국에서 중간소득자들은 총소득의 10%를 밑도는 매우 낮은 세율을 부과받았다. 1952년에는 법인 소득세가 전체 연방 세수에서 33%를 차지했다. 2016년에는 이것이 단 8%로 낮아졌다.[4]

일부 사람들에게는 택스 앤 스펜드tax-and-spend*로 알려진 이 중요한 사회계약은 폭넓은 공중의 지지를 받았다. 로널드 레이건의 별명이 된 이 표현의 기원은 루스벨트 대통령의 측근인 해리 홉킨스Harry Hopkins가 한 것으로 추정되는 말, 즉 "세금과 세금, 지출과 지출, **선거와 선거**"라는 말이었다.[5] 두 세대 동안 이 사회계약은 경제학으로, 그리고 정치학으로 작동했다.

재정협약 뒤집기

조세의 공정성과 정당성은 세 단계를 거치며 상실되었는데, 즉 처음

---

* 공공 서비스를 늘리는 정치인이나 정책을 일컫는 비난 투의 별칭 _옮긴이

에는 국내적으로, 다음에는 전 지구적으로, 그리고 그다음에는 편리한 피드백 루프 속에서 상실되었다. 전 지구적인 세금 감면 경쟁은 미국 내의 감세를 더욱 압박했다. 1970년대 중반과 후반에 경제성장률과 기업의 이윤이 하락함에 따라 금융과 기업의 로비는 곧 '공급 측' 감세로 이름 붙여진 것을 압박하고 나서기 시작했다. 이 캠페인은 얼마간 예견된 일이었지만, 1979년 영국에서의 대처의 선출과 1980년 미국에서의 레이건의 당선을 예고했다.

경제이론 수준에서 보자면, 공급중시 경제학의 인기는 존 메이어드 케인스에 대한 반혁명의 일환이었다. 케인스의 경제학은 수요를 강조했다. 즉, 임금과 공공지출 모두를 통해 총수요를 강하게 유지하면, 경제는 자신의 최대 능력 또는 그것 가까이를 수행한다고 주장한다. 공급중시 경제학자들은 이 주장이 잘못되었다면서, 다음과 같이 반박했다. 세금이 너무 높아지면, 세금이 인센티브를 없애고 발명과 기업가 정신이라는 황금 거위를 죽일 것이다. 실제로 세금을 인하하면, 특히 자본과 자본소득에 대한 세금을 인하하면, 그로 인해 경제가 되살아나서 아마도 낮은 세율에도 불구하고 세수 손실이 보상될 것이다.

이러한 리브랜딩의 일환으로 미국 자본 이득과 부동산 과세 위원회 American Council on Capital Gains and Estate Taxation라고 불리던 모호한 로비단체가 1975년에 미국자본형성위원회American Council for Capital Formation로 이름을 바꾸었다. 누가 그것에 반대할 수 있었겠는가? 워싱턴의 슈퍼 로비스트 중 한 사람인 찰스 워커Charls Walker가 이끄는 그 위원회는 곧 자신의 고객으로 GM, 포드, GE, 걸프 오일Gulf Oil, 베들레헴 스틸Bethlehem Steel, 프록터 & 갬블Procter & Gamble, 유니언 카바이드Union Carbide는 물론 워커 자신이 출범하도록 도왔던 새로운 비즈니스 라운드테이블Business Roundtable을 포함한 몇몇 동업조합과도 계약을 맺었다.

1978년 민주당 지미 카터Jimmy Carter하에서 시작된 이른바 공급 측 감세는 여섯 차례에 걸쳐 이루어졌다. 그 결과 지금까지 행해진 가장 강력한 자연 실험 중의 하나가 실행되었다. 모든 경우에서 장밋빛 예측은 어긋났다. 세입은 세율이 더 높았던 때보다 줄어들었다. 이어지는 경기 부양책은 투자 증가가 아니라 주로 적자 확대에서 비롯되었다. 또한 세금이 성장을 죽였다는 어떠한 증거도 없었다. 1970년대 경기 침체의 원인은 다른 곳에 있었다. 경기가 침체된 것은 브레턴우즈 체계의 붕괴와 OPEC의 유가 인상 속에서 연방준비제도이사회가 시행한 금융긴축정책으로 인해 경제가 더욱 악화되었기 때문이었다.

물론 이러한 감세의 이면에 숨어 있던 추동력은 경제이론이 아니라 정치였다. 공급중시론자들은 1962년에 케네디 대통령이 뉴욕 경제 클럽Economic Club of New York 연설에서 제안한 전후의 주요 감세안 중에서 첫 번째 것을 실시하기를 원했다. 의회는 케네디가 사망한 지 3개월 후인 1964년 초에 감세를 승인하여, 개인 소득에 대한 최고 한계세율을 91%에서 70%로 낮추었다.

케네디는 미국이 기량을 발휘하지 못하고 있다는 테마로 선거운동을 해왔다. 케네디의 경제자문위원회Council of Economic Advisers에는 그들 세대의 대표적인 케인스주의자인 월터 헬러Walter Heller와 제임스 토빈이 포함되어 있었다. 그의 사설 고문단에는 가장 유명한 케인스주의자인 존 케네스 갤브레이스가 있었다. 그러나 케네디는 의회에서 겨우 입법 과반수만을 가지고 있었다. 어떤 종류의 경기 부양책을 적용할 것인지를 놓고 논쟁이 계속되었다. 『풍요한 사회The Affluent Society』에서 미국 일반 가정의 초라함에 대해 감동적으로 기술한 갤브레이스는 공공 투자에서 적자재정을 증가시킬 것을 원했다. 그 정책은 이중적인 임무를 수행할 것이었다. 적자 그 자체는 하나의 강장제가 될 것이었다. 마찬가지로 공중의 삶도 개선될 것이었다.

케네디 경제자문위원회 소속의 보다 중도적인 신케인스주의자들은 적자는 적자라고 주장했다. 경기 부양이 목적이라면 1달러의 감세는 1달러의 공공지출만큼 좋다는 것이었다. 그 전제는 나중에 반증되었다. 1달러의 감세는 부양책으로는 덜 효율적이었는데, 특히 그중 일부가 부자들에게 돌아갈 때 그러했다. 왜냐하면 부자들은 그 돈을 다 쓰지 않기 때문이다. 이와 대조적으로 공공지출을 1달러 늘리면 모든 페니가 경제에 투입된다.

그러나 경제보다 훨씬 더 중요한 것은 정치였다. 의회가 조각조각 분열되면서, 하원세입위원회House Ways and Means Committee(의장은 아칸소주 출신의 윌버 밀스Wilbur Mills였다) 같은 핵심 위원회들은 보수적 민주당의 수중에 있었고, 기업 로비는 이미 부활하고 있었다. 따라서 감세는 공공투자의 증가보다 훨씬 더 인기 있는 상품이었다. 온건한 신케인스주의자들이 논쟁에서 이겼고, 갤브레이스는 케네디 대통령의 인도 대사로 내쫓겼다. 공급 측의 감세가 잇따랐고, 후원자들은 언제나 존 케네디의 현명함을 들먹였다.

지미 카터하에 있던 1970년대 후반의 경제는 1961년에 케네디가 물려받은 경제보다 훨씬 더 상태가 나빴다. 카터는 그다지 진보적이지는 않았지만, 모종의 경제 강장제가 절실히 필요한 상황에 처해 있었다. 케인스식의 지원 아래에서 발생한 적자는 좋지 않은 평판을 받았다. 그러나 감세로 인한 적자가 갑자기 보수주의자들에게 공급 측면의 약을 사용할 수 있는 여지를 열어주었다. 카터는 위원회에 개인 소득세와 양도

소득세 둘 다의 감세를 제안했다. 이 호기를 맞이하여 기업 로비 집단들은 최대한으로 활동하기 시작했다. 마침내 1978년의 법은 소득세율을 얼마간 낮추었지만, 그 법에는 자본 이득에 대한 실효세율을 49%에서 28%로 대폭 인하하는 것이 포함되어 있었다. 물론 자본 이득은 부자에게 크게 치우쳐 있다.

미국에서는 1970년대 후반에 인플레이션으로 인해 주택 가격이 상승하면서 통제 불능이 된 재산세에 대항한 반란이 주 수준에서 목격되기도 했다. 재산세는 평가된 가치에 근거하는데, 그 가치가 치솟고 있었다. 생활비에도 못 미치는 돈을 버는 시민들은 스스로 임금을 올릴 힘이 없었다. 시민들은 재산세의 상한을 정하거나 인하하는 주민발의를 승인할 수 있는 권한을 가지고 있었고, 캘리포니아를 시작으로 시민들은 각 주에서 그 권력을 이용했다.

1970년대의 조세 반란은 인플레이션이 우파에게 이데올로기적 횡재를 낳은 정치적 실패와 우연히 결합하면서 발생했다. 인플레이션이 세액을 끌어올렸을 때, 캘리포니아 정치인들은 세율을 낮추어 주택 소유자들을 보호하는 공식에 합의를 보지 못했다. 세금은 기계적으로 계속 오르고 있었다. 유권자의 분노는 오래전부터 별종으로 여겨져 온 비주류 인물인 하워드 자비스Howard Jarvis에게 정당성을 부여했다.[6] 1978년 6월에 자비스의 제안 제13호Proposition 13*가 성공을 거두어 재산세를 60억 달러 이상 삭감한 것은 택스 앤 스펜드 거래가 일반 사람들에게 신뢰를 잃고 있음을 알리는 신호였다. 그것은 국가의 감세 추동력에 활력을 불어넣었다. 제안 제13호는 레이건을 예기했고, 어떤 의미에서는 트럼프

---

* 고정 자산세에 대한 과세를 축소하기 위해 제기된 캘리포니아주의 주민발의안 _옮긴이

를 예기했다. 주류 정치가 민생과 관련한 핵심 관심사를 해결하지 못할 때, 유권자들은 양극단에 기대를 건다.

1981년에 레이건이 취임하자 연방세의 막대한 감세가 뒤따랐고, 그것은 상층 납세자층에게 크게 이득이 되었다. 감세가 세수 손실에 미치는 영향은 1983년에 승인된 사회보장 급여세의 대폭 증가로 부분적으로 감추어졌다. 초당적 위원회의 권고로 제정된 이 세금 인상은 30년 후 베이비붐 세대의 은퇴를 위한 잉여금을 조성하기 위한 것이었다.

사회보장 적립금의 부족을 유발한 원인은 널리 오해받고 있다. 사회보장 보험통계사들이 21세기 초에 엄청난 수의 베이비부머들이 은퇴할 것이라는 점을 알아채지 못한 것이 아니었다. 따라서 사회보장제도도 임금증가의 장기 추세에 근거한 급여세 예측에 기초하여 계획되었다. 그러나 임금은 증가하지 않았다. 예상 사회보장 수지에서 예상보다 더 큰 부족이 발생한 진짜 원인은 임금 정체였다. 1970년대부터 노동자 소득이 전후 추세 이하로 떨어지자, 급여세 수입도 감소했다. 전쟁 후 30년 동안 그랬던 것처럼 임금 인상이 생산성 증가를 계속해서 뒤쫓았다면, 사회보장 제도도 흑자를 내어왔을 것이다.

1983년에 제정된 급여세 인상의 결과 급여세는 공제나 면제 없이 모든 수입에 부과되기 때문에, 모든 세대의 노동자들은 상당한 세금 인상으로 타격을 받았다. 그러나 통합 정부 회계 덕분에 이 엄청난 세입 증가는 일반 정부 수입으로 기록된다. 즉, 별도의 사회보장 '록박스lockbox'는 존재하지 않는다.

따라서 레이건의 공급 측 감세로 인해 정부의 세입이 줄고 있을 때, 더 높아진 사회보장세가 그 손실의 일부를 메우고 있었다. 급여세율이 높아지고 소득, 자본 이득, 기업 이익에 대한 누진세율이 낮아지면서,

세금 부담이 노동자들에게로 극적으로 옮겨가고 있었다. 그러나 통합 회계로 인해 공급중시론자들은 더 높은 세입을 공급 측 인센티브의 마법에 기인하는 것으로 돌릴 수 있었다. 레이건의 감세는 위쪽으로 기울어져 있었다. 중간 소득 납세자들의 경우 납세자의 급여세 인상이 소득세 인하를 초과했다. 따라서 일반 시민들은 공공 서비스가 줄어드는 시기에 순세금이 인상되는 경험을 했다. 택스 앤 스펜드 거래는 우파의 의도대로 계속해서 덜 매력적이 되어가고 있었다.

하지만 급여세의 인상에도 불구하고, 곧 순적자가 늘어났다. 비록 공급 측 감세는 경제적으로는 실패였지만, 그 공식은 정치적으로 천재적인 것이었다. 그 공식은 세금을 줄이고, 적자가 늘어날 때 불안감을 표출하고, 적자를 줄이기 위해 사회적 지출을 삼각하고, 그런 다음에 그 과정을 반복하는 것이었다. 이런 일이 카터, 레이건, 아버지 부시, 아들 부시(두 번) 대통령 밑에서 일상으로 이루어졌으며, 가장 최근에는 트럼프의 프로그램에서도 이루어졌다. 이 전략은 또한 불운한 민주당을 가능성의 정당에서 회계사 정당으로 바꾸어놓았다. 누군가는 재정 책임에 대해 걱정해야 했는데, 민주당이 그 공백에 발을 들여놓았다. 이러한 전환 속에서 월스트리트의 민주당 기부자들과 정책 자문가들 ─ 종종 같은 사람이었다 ─ 은 긴축정책을 받아들이도록 민주당을 부추겼다.

재정 잔소리꾼으로서의 진보주의자들

1984년에 민주당 지명자 월터 먼데일은 당시까지 민주당원이 한 수

락 연설 중 가장 자멸적인 연설을 했다. 그 중심 내용은 세금을 올리겠다는 공약이었다. 먼데일은 후일 그렇게 공약하라고 자신을 부추긴 사람이 가장 큰 기부자 중 한 명인 로버트 루빈이었다고 밝혔다. 먼데일은 이렇게 선언했다.

> 누가 1월에 취임하든 간에, 미국 국민은 레이건 씨의 청구서 대금을 지불해야 할 것이다. 예산은 압박받을 것이다. 세금은 오를 것이다. …… 나의 첫 번째 임기가 끝날 무렵 나는 레이건 예산 적자를 3분의 2까지 줄일 것이다. 솔직하게 말하자. 솔직하게 말해야 한다, 반드시 그래야 한다. 레이건 씨는 세금을 올릴 것이고, 나도 그럴 것이다. 그는 말하지 않을 것이다. 그러나 나는 방금 말했다.[7]

군중들은 전혀 열광하지 않았다. 먼데일은 자신의 정직함과 성실함이 갈채를 받을 것으로 기대했다. 놀랄 것도 없이 적자 축소를 위해 세금을 올리겠다는 민주당의 공약은 유권자들의 마음을 움직이지 못했다. 먼데일은 49개 주를 잃었다. 그 후 30년 동안 그 패턴은 반복되었다. 공화당은 세금을 내렸고, 적자가 뒤따랐으며, 민주당은 세금을 올리는 데 충실하게 정치적 자본을 사용했다. 그러자 공화당은 민주당이 세금을 올린 것을 맹비난했고, 신이 나서 다시 세금을 내렸다. 클린턴의 두 번째 임기와 2009년 이후 오바마 대통령 임기의 핵심 테마는 예산 균형을 향한 시급한 행군이었는데, 그것은 쪼들리는 노동계급과 중간계급 가정에 상상력이나 충성을 불러일으킬 수 있는 테마가 결코 아니었다.

세금이 인상되고 사회보장 급여가 줄어들면서 사회계약은 일반 노동자들에게 더욱 불리해졌다. 민주당은 자신들의 주요한 지지기반을 잃었다. 공화당은 표면적으로는 공급중시론자들과 적자 매파deficit hawks[*]라는 겉으로는 서로 대립되어 보이는 두 개의 날개를 가지고 있었다. 그러나 명백한 모순에도 불구하고, 이 두 집단은 노동자들에게 신뢰할 만한 호소력을 가진 진보정당인 민주당을 파괴하기 위해 협력했다.

1990년대경에 대부분 월스트리트 보수주의자로 구성된 명목상의 초당적 연합은 적자 위험에 대해 심각한 경고를 보내면서 홍보 캠페인을 벌였다. 그것의 첫 번째 화신이 화합을 위한 연합Concord Coalition^{**}이었다. 다른 몇몇 단체가 그 뒤를 따랐으며, 그중 많은 수가 사모펀드 억만장자 피터 G. 피터슨으로부터 자금 지원을 받았다. 그 단체는 로버트 루빈과 같은 월스트리트에 연줄을 가진 클린턴 고위 관리들과 긴밀한 동맹관계를 맺고 있었으며, 1990년대 말에 클린턴은 예산 균형을 자신의 가장 중요한 테마 중 하나로 삼았다. 이런 패턴은 오바마 아래서도 반복되었으며, 오바마는 회복세가 강해지기 훨씬 전인 2009년 말에 강조점을 경기 회복 지출에서 예산 균형으로 이동시켰다.

2010년 오바마는 피터슨에게서 영감을 얻어 볼스-심슨위원회Bowles-Simpson Commission^{***}를 만들었는데, 이 위원회는 적자를 줄이기 위한 자동화된 공식을 권고했다. 위원회의 계획은 채택되지 않았지만, 그 계획은 경제에서 가장 심각한 문제는 느린 회복과 낮은 임금이 아니라 공공적자라는 터무니없는 생각에 광범위한 정당성을 부여했다. 2013년 예산 협상에

---

* 재정적자에 강경하게 반대하는 사람들을 일컫는 말 _옮긴이

** 미국 상원의원 워런 러드먼(Warren Rudman), 전 상무장관 피터 피터슨, 상원의원 폴 송가스(Paul Tsongas)가 설립한 단체로, 미국 연방정부의 균형재정을 주장한다. _옮긴이

*** 재정 청렴성과 개혁을 위한 국가위원회(National Commission on Fiscal Responsibility and Reform)의 별칭으로, 공동 의장이었던 어스킨 볼스(Erskine Bowles)와 앨런 심슨(Alan Simpson)의 이름을 따서 부르는 명칭이다. _옮긴이

서 동일한 정책의 약간 다른 버전이 제정되었으며, 이 정책에는 지출을 서서히 줄이기 위한 자동 '예산 삭감sequester' 장치가 포함되어 있었다.

민주당원들이 옹호한 이러한 잘못된 전환은 월스트리트의 부활하는 영향력이 또 다른 형태로 반영된 결과였다. 오바마는 일부 진보주의자들을 다른 공직에 임명했지만, 핵심적인 경제 및 예산 관련 장관직은 계속해서 재정 보수주의자들에게 돌아갔고, 그들 대부분은 루빈의 후배들이었다. 그들은 월스트리트-워싱턴 회전문으로부터 개인적으로 이득을 본 사람들이었다.

이 공직자들은 폴 크루그먼이 '신뢰의 요정confidence fairy'이라고 가차 없이 칭한 것 — 즉, 적자를 줄이면 기업의 신뢰가 회복되고 투자가 급증할 것이라는 마법 같은 생각 — 의 잘못된 논리를 받아들였다. 그것은 공급중시 주장의 또 다른 변종이었다. 그러나 적자는 줄었지만, 요정은 결코 오지 않았다. 경기 회복이 더디었던 것은 적자로 인해 기업의 신뢰를 잃었기 때문이 아니었다. 그 주범들은 고정된 임금, 담보물 압류, 금융 손실, 과도한 가계부채, 그리고 정신적 충격을 받은 은행들이었다. 더 많은 공공 투자가 그 교착상태를 타개할 수 있었을 것이다. 적자를 줄이기 위해 공적 지출을 줄이는 것은 부진을 악화시킬 뿐이었다.

적자 매파들의 논리는 진보정당에게는 나쁜 경제학이자 불가능한 정치였다. 민주당이 재정 청렴성fiscal probity을 수용하고 다른 것은 거의 이행하지 않는 것은 우파의 더러운 일을 대신 수행하고 그리하여 자신들의 매력을 탕진하는 것이었다. 예산의 균형을 이루겠다는 공약은 30년 전 먼데일 아래에서와 마찬가지로 오바마 대통령 아래서도 쪼들리는 노동계급과 중간계급 유권자들로부터 전혀 반향을 불러일으키지 못했다. 두 사람 모두 같은 사람들 — 즉, 노동계급 가족에 도움이 되는 균형 잡힌 경제적 성과보다는 물가 안정, 기업 이익, 제한된 정부에 더 관심을 가지는 억만장자 투자자들과 정치 기부자들 ─ 의 말에 귀를 기울여 왔다.

한편 영국에서는 대처 혁명이 조세체계를 매우 일률적인 방식으로 재편했다. 상층에 대해서는 대폭적인 감세를 실시했다. 그리고 하층에 대해서는 약간의 감세가 이루어졌는데, 그 감세 액수 이상이 사회적 급여의 삭감으로 인해 상쇄되었다. 따라서 미국처럼 사회계약의 조건이 악화되었다. 1979년에 집권하자마자, 대처 정부는 임금과 봉급 소득에 대한 최고 세율을 83%에서 60%로 낮추었다.[8] 1988년에는 40%로 더 낮추었다. 자본 이득과 기타 투자 소득에 대한 세율도 인하되었다. 대처 정부는 공공적자 줄이기에 집착했다. 토리당은 공공적자를 '공공부문 소요 차임금public sector borrowing requirement'으로 재명명했는데, 이는 정부 부채 ─ 민간 투자를 막는 것으로 가정되는 ─ 때문에 적자 재원을 조달해야 한다는 것을 상기시키기 위한 조치였다. 감세와 공공적자 축소는 공공 서비스의 재원을 마련하기 위한 돈을 줄이는 것을 의미했고, 이는 복지 국가 지출의 감소로 이어졌다.

이 모든 것이 영국의 전후 사회계약을 세 가지 방향에서 압박했다. 과세는 이제 더 낮아졌고, 덜 재분배적이 되었다. 사회적 소득을 위한 자금을 조달할 수 있는 세입은 줄었고, 임금과 봉급 소득을 통한 일차적 분배는 점점 더 불평등해지고 있었다. 특히 최하층이 겪는 더 큰 경제적 불안정성은 더 적은 공공 서비스가 아니라 더 많은 공공 서비스가 요구된다는 것을 의미했다. 그러나 영국의 노동계급과 중간계급은 자신들이 낸 세금을 덜 돌려받고 있었다.

중도좌파 또한 명백한 탈세에 더 관대해졌다. 빌 클린턴 대통령은 임기 마지막 날에 마크 리치Marc Rich라는 악명 높은 조세 중죄인을 사면했다. 상품 거래인이자 헤지펀드 억만장자인 리치는 1983년 당시 사상 최대 규모의 탈세죄로 기소되는 것을 피하기 위해 스위스로 도피했다. 리치와 그의 파트너는 65건의 탈세, 공갈, 전자금융 사기, 이란과의 석유 금수 조치 위반 혐의로 기소되었다. 한동안 그는 FBI의 10대 지명수배자 명단에 올라 있었다. 그의 탈세 계획에는 놀랄 정도로 많은 역외 신탁과 돈세탁 작전이 포함되어 있었다.

마크 리치가 스위스에서 도망 다니는 동안, 그의 전 부인 데니스Denise는 클린턴 도서관 재단Clinton Library Foundation에 45만 달러, 힐러리 클린턴 상원 선거운동에 10만 달러 이상을 기부하는 등 클린턴 부부와 민주당에 약 100만 달러를 기부하고 사면을 위해 열심히 로비했다. 빌 클린턴의 측근 그룹은 이 사건을 맡은 뉴욕 연방 검사들이 사면 심의에 어떻게든 관여하지 못하게 했다. 마크 리치의 사면은 역외 탈세와 민주당의 축복을 받은 부패한 부가 결탁했음을 아주 압축적으로 보여준다.

글로벌 하향 경쟁

지구화는 기업과 매우 부유한 투자자들로 하여금 세금 납부를 더욱 회피하게 했고 정부들을 서로 싸움 붙였다. 이 과정은 몇 가지 형태를 취했다. 가장 직접적인 것은 국가들 간의 세율 인하 경쟁이었다. 공급 중시 측의 슬로건은 국제적인 차원을 가지고 있었다. 그것은 투자 소득에 대한 높은 세금이 인센티브와 기업가 정신을 약화시킬 뿐만 아니라 국제적으로도 경쟁 열위competitive disadvantage를 초래한다는 것이었다.

1980년대에 보수주의자들이 장악한 국가들은 투자를 유치하기 위해 세율을 낮추기 시작했다. 다른 나라들도 대장 따라하기 놀이를 하듯 곧 그 뒤를 따라 일반적으로 세율을 서서히 낮추었다. 1981년에서 2013년 사이에 OECD 국가들의 법인세율은 평균 47.5%에서 25.5%로 인하되었다.[9] 독일, 영국, 캐나다에서는 세율이 약 절반으로 인하되었다. 미국은 비교적 높은 35%의 명목세율을 유지했지만,[10] 실효세율은 (빠져나갈 구멍 덕분에) 명목세율의 약 절반 정도이다. 하지만 미국의 보수주의자들은, 미국은 국제적으로 특이한 사례이며 따라서 기업을 잃지 않기 위해서는 법인세를 인하할 필요가 있다는 점을 주기적으로 경고했다.

법인세율을 대폭 인하한 것에 더하여 몇몇 나라는 배당금, 이자, 자본 이득에 대한 세금도 줄였는데, 이 모든 형태의 소득은 부유층에 크게 집중되어 있다. 이 시기 동안 개인 소득세율도 인하되었는데, 1980년에 전체 OECD 국가들의 최고 한계세율은 평균 약 75%였으나 2007년쯤에는 40%까지 떨어졌다.[11] 자본 이득 소득에 대한 세율은 OECD 평균이 현재 약 20% 정도이며, 스위스, 네덜란드, 벨기에, 룩셈부르크를 포함한 OECD 12개 회원국 모두에서는 자본이득세를 전혀 내지 않는다.[12]

유럽연합의 동유럽 새 회원국들은 서유럽 자본을 유치하기 위해 공격적으로 세금을 인하했다. 슬로바키아는 2004년에 개인세와 법인세를 19%의 균일 세율로 인하했다. 불가리아와 마케도니아는 단 10%의 비율로 한술 더 떴다. 이러한 움직임은 독일로 하여금 수세적으로 세금을 인하하게 만들었다. 아일랜드가 세금을 인하하자 네덜란드가 그 뒤를 이었다. 보수적인 정부들에게 이러한 조세 경쟁 추세는 어쨌거나 자신들이 추구하고자 하는 정책의 근거를 만들어주었다. 1997년 이후의 영국 노동당 정부와 1998년 이후 게르하르트 슈뢰더의 SPD가 주도한 독일 정부 같은 중도좌파 정부조차도 이제 그 추세를 따를 수밖에 없다고 느꼈다. 2007년에는 유럽에서 가장 결연한 사회민주주의 국가인 스웨덴도 오랫동안 유지되어 온 (그리고 온건한) 부유세를 포기했다.

이러한 추세는 조세체계를 더욱 일률적으로 그리고 덜 누진적으로 만들었다. 이러한 조세체계로 인해 국가의 세입이 줄어들었고, 그리하여 재정적자를 증가시키거나 가치 있는 서비스를 줄이거나 시민들에게 보다 직접적으로 타격을 주는 다른 세금을 올리는 등 받아들이기 쉽지 않은 선택지들만이 남게 되었다. 국제 조세 연구자인 레우벤 아비요나Reuven Avi-Yonah가 지적했던 것처럼, 조세 경쟁은 현대 복지국가의 세수 기반을 약화시켜서 진퇴양난의 상황을 초래했다. "지구화가 초래한 소득 불평등, 고용 불안정, 소득 가변성의 증가와 인구학적 요인으로 인해 사회보험이 더욱 필요해진 시점에, 지구화와 조세 경쟁은 그러한 사회보험을 시민들에게 계속 제공하기를 원하는 국가들에게 재정위기를 초래한다."[13]

징세에 반대하는 보수적 지도자들은 이러한 추세를 환영하고 홍보하면서 자국 국세를 인하하는 근거로 이용했다. 2014년 보수당 전당대회에서 조지 오스본George Osborne 재무장관은 이렇게 말했다. "버튼만 누르면 한 나라에서 다른 나라로 투자금을 옮길 수 있고 기업들이 하룻밤 사이에 일자리를 이전할 수 있는 현대 글로벌 경제에서 고과세의 경제는 과거의 일이다."[14]

명목세율이 인하될 때조차 기업이나 개인 투자자 어느 누구도 명시된 세율과 같은 세율의 세금을 납부하지 않았다. 각국 정부가 대부분 대기업의 주머니 속에 있는 상황에서 점점 더 지구화되고 있는 경제는 반*법적인 조세 회피와 명백한 불법적 탈세 둘 다 할 수 있는 다양한 기회를 만들어낸다. 다국적 기업과 그 기업에 우호적인 보수 정부의 등장과 함께 다양한 창조적인 회계 조작이 일어났다. 그리하여 다국적 기업은 세율이 매우 낮거나 제로인 지역의 장부에 세금을 기재하거나, 세계 어느 곳의 장부에도 세금을 기재하지 않을 수 있게 되었다.

워싱턴과 런던의 기업 우호적인 정부들은 1984년에 레이건 행정부가 해외에서 벌어들인 이자 수입에 대한 원천과세를 폐지한 것과 같은 조치들을 통해 국제적인 탈세를 용이하게 해주었다. 이것은 탈세에로의 일방적인 초대였다. 그 후 체결된 조세 조약들이 미국과 일본, 미국과 캐나다 간의 국경을 넘는 투자에 대해 원천과세를 없애면서, 조세 집행이 더욱 어려워지고 탈세가 더 용이해졌다. 최근 몇 년간 독일, 프랑스, 네덜란드, 영국을 포함한 유럽 주요 7개국은 외국인이 보유한 은행 계좌에 대한 원천과세를 폐지했다.[15]

레이건 정부는 세금을 삭감하는 데 그치지 않고 국세청에 대한 자금 지원도 삭감했다. 국세청은 그간 복잡한 역외 탈세 거래를 추적하는 일을 도맡아 왔었다. 국세청의 적은 감사 인력으로는 탈세 혐의자의 아주 작은 일부만 추적할 수 있었다. 일부 보수주의자들은 탈세를 세금 부담을 줄이는 합법적인 방법으로 보았다. 한 논평자는 "세금 회피나 탈세를 통한 괴물 굶기기starving the beast*는 정부의 규모와 범위를 줄여주기 때문에 이득이 된다"라고 쓰기도 했다.[16]

더 많은 허점

지구화는 세금 경쟁 ─ 적어도 투명한 ─ 을 넘어 기업과 개인 투자자

---

* '괴물 굶기기'는 미국 보수주의자들이 감세를 통해 연방정부의 지출을 줄이기 위한 방법으로 사용한 정치적 전략을 가리키는 말이다. 여기서 괴물은 연방정부를 지칭한다. _옮긴이

모두가 조세 피난처 — 기업이나 투자자의 실제 주거지의 규제 당국과 세금과 관련된 금융 정보를 공유하지 않는 국가 — 에 자산과 이익을 숨길 수 있게 해주었다. 이 조세 피난처를 이용하는 것은 두 가지 방법으로 세금을 줄여주는데, 하나는 창조적인 회계 때문에 거의 합법적이고, 다른 하나는 불법적이다.

합법적인 방법 — 그러나 그것이 합법적인 유일한 이유는 주요 국가들이 그 방법을 허용하기 때문이다 — 은 실제로는 미국이나 유럽에서 번 수익을 법인세가 낮거나 존재하지 않는 피난처에서 장부 처리하는 방식이다. 스타벅스와 애플을 포함하여 미국에 본사를 두고 있는 주요 기업들은 납세의무를 거의 지지 않기 위해 이러한 계략을 사용한다. 잠시 후에 이 이야기를 좀 더 하기로 하자. 불법적인 방법은 신탁과 여타 유령회사를 조합하여 세무당국에 자산과 수익을 숨기는 것이다.

1970년대까지는 스위스가 유일한 조세 피난처였다. 1920년대 이후 줄곧 스위스 은행체계는 번호만 등록하는 익명의 계좌를 통해 예금자들에게 비밀을 지켜주기로 약속해 왔다. 이웃 국가들, 특히 독일과 프랑스의 세무당국이 아주 질겁할 정도로 스위스 은행들은 범죄 활동으로 얻은 돈을 숨기는 것과 부유한 개인들의 단순한 탈세를 조장하는 것 모두에 연루되어 있었다.

프랑스나 독일 투자자는 스위스 은행 계좌에 자산을 은닉하여 국내 세무당국에 숨긴 뒤 소득세를 내지 않을 수 있었다. 경제학자 개브리엘 주크먼Gabriel Zucman에 따르면, 1920년대에 스위스 비밀계좌에 예치된 외국계 자금은 연간 14%의 비율로 증가했다.[17] 스위스는 독일의 유대인과 같은 박해받는 민족이 자신들을 괴롭히는 사람들로부터 자신의 자산을 숨길 수 있게 해줌으로써 인도주의적인 봉사를 한다는 신화를 만들어냈다. 유대인 나치즘 피해자들을 전후에 재정적으로 보상하는 임무를 맡은 위원회 ─ 폴 볼커가 의장이었다 ─ 는 이러한 주장들이 난센스임을 폭로했다. 스위스 은행 계좌 이용자들은 대부분 일반 세금 포탈자들이었으며, 그보다 더 심각한 범죄자들도 적지 않았다.

제2차 세계대전 종전 이후 전쟁 중에 중립을 견지하며 나치의 약탈물을 많이 숨기고 있던 것으로 의심받은 스위스인들은 미국인들로부터 은행 비밀주의를 개혁하고 정보를 공유하라는 압력을 받았다. 스위스인들은 기록을 위조하는 방식으로, 즉 유럽인이나 미국인이 실제 소유자인 자산을 유령회사 또는 스위스 시민의 자산이라고 증명하는 방식으로 대응했다. 미국 정부는 곧 그 문제에서 손을 뗐다. 국세청의 세입 손실이 미미했고, 냉전이 다른 것을 우선순위로 삼게 했기 때문이었다.

1970년대와 1980년대에 스위스는 유감스러운 롤 모델이 되었고, 글로벌 조세체계는 훨씬 더 기이해졌다. 카리브해와 유럽 변방의 몇몇 다른 나라도 조세 피난처가 되었다. 조세 피난처는 부와 자본소득의 소유자가 불법적으로 세금을 회피하는 것을 돕는다. 스위스인들이 개척한 것처럼, 조세 피난처에 위치한 은행가들은 미국이나 유럽인들의 주식과 채권의 명세표를 보유하고 있지만, 소유주가 실제로 거주하는 국가의 세무당국에는 소득을 신고하지 않는다. 또한 은행가들은 자산의 실제 소유자가 명부에 올라 있지 않은 허위 신탁회사에 그 소득을 귀속시켜 놓은 무익한 정보를 해당 국가에 제공하기도 한다.

이와 대조적으로 다른 주요 서방 국가들은 서로 조세조약을 맺고서 정보의 공유를 요구한다. 따라서 국세청을 속이는 것이 목적이라면, 프랑스나 독일에 재산을 은닉하는 것은 도움이 되지 않는다. 미국과 유럽에서 실제 영업을 하는 헤지펀드와 사모펀드는 일반적으로 역외 조세 피난처에 회사를 설립한다. 그동안 파나마와 룩셈부르크는 실소유권을 숨기는 것을 유일한 목적으로 하는 유령회사를 기꺼이 창립해 주는 일을 전문으로 해왔다.

2008년 금융 붕괴 이후에 최악의 범죄자 중 하나가 스위스 주요 은행 중 하나인 UBS임이 밝혀졌다. 계속된 조사에서 스위스는 다른 나라의 당국에 협력하라는 압력을 더욱 받게 되었다. 스위스는 다른 금융 규제 기관들과 함께 일했지만, 국제적 탈세 조력자 역할의 많은 것을 어떻게든 보존하고자 했다. 이 사업에서 스위스는 이웃 룩셈부르크에 파트너를 두고 있다. 이 편리한 분업 속에서 스위스는 은행을 제공하는 반면, 룩셈부르크 대공국Grand Duchy of Luxembourg은 유령회사의 주인 노릇을 한다.

대공국은 부유한 사람들(헤지펀드와 사모펀드 회사 같은)에게 뮤추얼 펀드mutual fund*를 허용함으로써 실소유자를 감출 수 있게 해준다. 작은 나라 룩셈부르크의 인구는 54만 3000명에 불과하지만, 전 세계 뮤추얼 펀드의 절반에게는 법적 고향이다. 룩셈부르크에 본사를 둔 펀드는 재무조작을 위해 스위스 은행을 이용할 수 있지만, 스위스가 다른 국가 세무당국과 세무정보를 공유하더라도 실제 납세자의 신원은 룩셈부르크 국적의 신탁회사 덕분에 익명의 블랙홀 속으로 빠진다. 스위스 사람들은 자신들이 조세조약 의무를 준수하고 있다고 으쓱대며 주장할 수 있다.

유럽연합은 이러한 불법적인 탈세에 대해 아무런 조치도 취하지 않아왔다. 엎친 데 덮친 격으로 현재의 유럽위원회 의장 장 클로드 융커

---

* 투자자들의 자금을 모아 투자 회사를 설립하여 주식이나 채권, 파생상품 등에 투자한 후 그 운용 수익을 투자자에게 배당금의 형태로 나누어주는 투자 신탁 회사 _옮긴이

Jean-Claude Juncker는 룩셈부르크의 전 총리이다. 융커는 그 역할을 이용하여 다국적 기업들에게 룩셈부르크를 그 기업들의 합법적인 거주지로 만들어주겠다고 유혹했고, 그리하여 그 기업들이 실제 본사가 있는 국가의 높은 세율을 피하여 룩셈부르크에 형식적인 수준으로 법인세를 납부할 수 있게 해주었다. 이를테면 유럽에서 91억 유로의 매출을 올리는 아마존은 룩셈부르크로 가면 모두 합해서 단 2000만 유로의 과세수익만을 창출하는 회사가 된다.

국제탐사보도언론인협회International Consortium of Investigative Journalists의 조사는 수백 건의 부정한 조세 담합을 밝혀냈는데, 그중 상당수가 융커가 재무장관이었을 때, 그리고 그다음에는 수상이었을 때 융커에 의해 개인적으로 알선되었다. 이 기술적 작전은 언스트 앤 영Ernst & Young과 KPMG 같은 회계법인에 의해 이루어졌다. 그러한 회사들에는 스카이프Skype, 이케아IKEA, 페덱스FedEx, 글락소스미스클라인GlaxoSmithKline, 액센츄어Accenture, 레킷 벤키저Reckitt Benckiser, 디즈니Disney, 피어슨Pearson, 버버리Burberry 등이 속해 있었다. 유럽위원회에서 물러나는 부의장 호아킨 알무니아Joaquin Almunia가 룩셈부르크의 조세 감면이 유럽연합 규정하에서 불법 보조금에 해당하는지를 계속해서 조사하고 있었음에도 불구하고, 유럽연합 집행부인 유럽위원회를 이끌기 위한 인물로 융커가 선출되었다.[18]

2014년 융커를 유럽위원회 의장으로 선출하고 나서, 프랑스, 독일, 이탈리아의 재무장관들은 유럽연합의 (대부분 쓸모없는) 공통 조세 규칙에 따라 이전移轉 가격 조작transfer pricing,* 신탁 수령인 확인 기록부, 유령

---

* 특수 관계에 있는 둘 이상의 기업 간 거래에서 설정 가격을 조작하여 조세 부담을 경감하려는 행위 _옮긴이

회사와 기타 불투명한 기업, 그리고 조세 피난처에 대한 조치를 포함하여 국가 간 과세규정에 대한 의무적이고 자동적인 정보 교환을 요구하는 조치를 요청하는 공동서한을 작성했다. 그러한 조치들은 전혀 실행되지 않았다. 유럽연합 법 아래에서 그러한 제안에 거부권을 행사하기 위해서는 단 하나의 회원국 정부만이 필요했다.

한편 장 클로드 융커는 또한 범대서양무역투자동반자협정TTIP의 선도적인 설계자이자 지지자이기도 했다. 이 포괄적인 무역 및 투자 협정에는 수많은 영역에서 실시될 이른바 규제적 조화 조치들이 포함되어 있지만, 협약안의 초안에서 불법적 탈세를 엄격히 단속하는 조항은 전혀 찾아볼 수 없었다.[19]

반면 다른 무역협정들 아래에서는 그 협정에 포함된 투자자-국가 소송제도ISDR 조항 — 이 조항은 TTIP와 TPP에도 제안되어 있었다 — 에 의거하여 24개국이 순이익을 줄이는 방식으로 조세정책을 집행한다는 이유로 기업이나 투자자로부터 소송을 당해왔다. ISDR 조항에 의거하여 기업에 의해 조세정책이 도전받고 있는 나라로는 인도, 루마니아, 멕시코, 에콰도르, 우간다 등이 있다. 이를테면 보다폰Vodafone*은 2007년부터 역외거래가 자본이득세의 부과 대상인지를 놓고 인도를 상대로 소송을 벌이고 있다. TTIP를 비판하는 사람들은 TTIP가 기업의 탈세를 단속할 수 있는 정부의 능력을 감소시킬 것이라고 경고해 왔다.[20] 규제는 방해하면서 금융자산의 은닉, 돈세탁, 탈세에 대해서는 대처하지 않는 무역협정의 이중적인 기준은 궁극적으로 누가 그 협정을 주도하는지에 대해 많은 것을 말해준다.

* 영국의 이동통신 업체 _옮긴이

사기의 섬들

스위스와 룩셈부르크가 실제로 개인 투자자들의 요구에 부응한다면, 다른 해외 조세 피난처들은 기업들이 장부에 허위로 수익을 기입할 수 있는 곳으로 자신들을 홍보해 왔다. 보다 정확하게 말하면, 거대 다국적 기업의 변호사와 회계사들이 케이맨 제도Cayman Islands* 같은 지역들이 그러한 역할을 하는 것을 도와왔다. 케이맨 제도는 기본적으로 관광과 극히 적은 양의 농업 외에는 지역경제가 없다. 하지만 케이맨 제도는, 실제 거주지는 뉴욕이나 런던에 있으면서 케이맨에 법적 사무소나 우편함의 주소를 두고 있는 수천 개의 은행, 신탁회사, 헤지펀드 및 여타 역외 회사들의 거주지이다. 그랜드 케이맨Grand Cayman에 있는 5층짜리 사무실 빌딩인 어글랜드 하우스Ugland House는 1만 8557개의 회사가 법적으로 등록되어 있는 주소지인데, 그중 일부 회사는 법적 사무소에 명목상으로 존재할 뿐이고, 다른 회사들은 단지 우편함 속에만 존재한다.

조세 피난처로 이용되는 곳은 바하마Bahamas**나 파나마 같은 역외 장소에 국한되지 않는다. 유럽의 일부, 특히 아일랜드, 채널 제도Channel Islands,*** 룩셈부르크, 네덜란드에도 조세 피난처가 있다. 아일랜드는 '켈트의 호랑이Celtic Tiger' 시대****에 법인세율을 매우 낮게 제시하고 특정 협상에서는 추가로 양보함으로써 외국 투자를 유치하려고 했다. 인텔은 2

---

* 카리브해에 있는 그랜드 케이맨, 케이맨 브랙, 리틀 케이맨이라는 세 개의 섬으로 이루어진 영국 식민지 _옮긴이
** 미국 플로리다 반도 동남쪽에 있는 군도로 이루어진 나라 _옮긴이
*** 프랑스 북서 해안 인근에 있는 영국령 제도 _옮긴이
**** 1990년대 중반부터 2000년대 후반까지 아일랜드 공화국의 경제를 가리키는 용어로, 외국인 직접투자를 통해 급속한 경제성장을 이룩한 시기를 말한다. 그 후 부동산 거품이 꺼지면서 극심한 경기 침체를 겪었다. _옮긴이

년마다 평균 한 개의 거대한 칩 공장을 지으면서, 멕시코, 코스타리카, 아일랜드, 이스라엘을 서로 싸움 붙여왔고, 어떻게든 미국에 법인세를 내는 것을 피해왔다.[21]

기업의 역외 법인세 포탈의 중심에는 이전 가격 조작으로 알려진 회계 조작이 자리하고 있다. 애플이나 스타벅스, 또는 캐터필러Caterpillar 같은 회사는 저과세 관할 구역에 자회사를 설립하여 그 자회사가 모회사에 다양한 재화나 용역의 청구서를 보내게 할 수 있다. 그렇게 되면 수익은 저과세 국가의 장부에 기입되고, 그리하여 전체 법인은 세금을 거의 또는 전혀 내지 않게 된다.

미국 의회조사국Congressional Research Service은 미국에 본사를 둔 다국적 기업들이 다섯 개의 조세 피난 국가 — 버뮤다, 아일랜드, 룩셈부르크, 네덜란드, 스위스 — 의 장부에 해외 수익의 43%를 기입한다는 사실을 밝혀냈다. 하지만 이들 회사의 외국 노동인구 중 단 4%만이 실제로 이들 국가에 적을 두고 있었다. 세 개 싱크탱크의 조사에 따르면, 미국에 본사를 둔 500대 기업 중 367개 기업이 최소 1만 336개의 자회사를 조세 피난처에 설립했다. 이 연구는 모든 미국 다국적 기업이 버뮤다와 케이맨 제도에 있는 회사에 귀속시킨 총수익이 각 나라의 연간 총 생산량의 각각 1884%와 1313%라고 보고했다.[22]

애플 컴퓨터는 이전 가격 조작, 조세 피난처, 특별 세금 거래를 이용하는 최고의 탈세자이다. 애플은 실제의 연구가 대부분 캘리포니아주 쿠퍼티노Cupertino에 있는 본사에서 수행되는데도, 집행된 연구비의 대부분을 아일랜드에 있는 자회사의 장부에 기입하게 했다. 만약 연구비의 80%가 아일랜드에서 장부에 기입된다면 수익의 80%가 아일랜드에 귀속될 수 있는데, 아일랜드의 일반 법인소득세율은 12.5%에 불과하다.

이에 만족하지 못한 애플은 아일랜드 정부와 추가 세금 감면 협상을 벌여 과세되는 세금을 더 줄였다.

애플의 아일랜드 지사는 아일랜드에 설립되었기 때문에 미국 과세 제도상으로는 아일랜드 기업으로 간주된다. 그러나 아일랜드 세무당국에서 찾아오면, 애플의 아일랜드 자회사는 자신이 캘리포니아로부터 관리되고 통제되기 때문에 미국 회사라고 말한다. 아일랜드에 있는 애플은 이렇게 자신이 어디에도 존재하지 않는 세금 거주자임을 고백한다. 유럽위원회의 판결에 따르면, 애플은 2014년 아일랜드에서 이 조세 구조를 이용하여 유럽에서 거둔 수익에 대해 0.005%의 세율로 세금을 납부했다. 이 글을 쓰고 있는 지금 유럽위원회는 현재 애플이 약 145억 달러의 체납 세금을 아일랜드에 내야 하는지 아니면 미국에 내야 하는지를 놓고 미국과 분쟁을 벌이고 있다. 브뤼셀이 개입하지 않았다면, 워싱턴은 그 소송을 벌이지 않았을 것이다.

애플은 총 2149억 달러의 역외 수익을 대부분 조세 피난처의 장부에 기입했는데, 이는 미국 기업 중 가장 큰 규모이다. 미국에서 이 수익에 대한 세금을 납부해야 한다면, 애플은 654억 달러의 세금을 내야 할 것이다.[23] 애플은 이러한 게임을 하는, 미국에 본사를 둔 수백 개의 거대 다국적 기업 중 하나에 불과하다. 세계 최대 제약회사인 파이저Pfizer는 조세 포탈 목적으로 역외에 보유하고 있는 수익이 936억 달러로, 이는 2위에 해당하는 액수이다.[24] ≪포춘≫지 선정 500대 기업이 순전히 조세 포탈을 목적으로 하여 미국 밖의 장부에 기입한 수익은 다 합쳐서 약 2조 5000억 달러에 달하는 것으로 나타났다.

레이건에서 오바마에 이르는 행정부들이 취한 일련의 규제 완화 조치들은 이러한 작전들을 더 쉽게 실행할 수 있게 만들어주었다. 1997년에 빌 클린턴 아래에서 체크-더-박스check-the-box*로 알려진, 제약 업계가 청구한 판결은 다국적 기업들로 하여금 아일랜드와 같은 저과세 관할 구역에 있는 계열사에 모든 외국 소득을 통합할 수 있게 해주었다. 체크-더-박스 판결은 기업들에게는 탈세 방법을 발명하는 것을 훨씬 더 쉽게 만들어주고, 국세청에게는 탈세를 감시하는 것을 더 어렵게 만든다. 미국 기업이 창출하는 전체 해외 수익의 약 55%(그리고 모든 미국 기업 수익의 약 18%)가 여섯 개의 조세 피난처에 있는 역외 페이퍼 계열사에 귀속되고 있다.[25]

겉으로는 합법적이고 잠재적으로는 불법적인 이러한 작전은 끝이 없다. 캐터필러 트랙터Caterpillar Tractor는 거대하고 수익성이 좋은 예비 부품 사업을 일리노이의 창고에서 운영하고 있다. 이 회사의 회계 컨설턴트인 프라이스워터하우스쿠퍼스PriceWaterhouseCoopers는 5500만 달러의 수수료를 받고 복잡한 탈세 방법을 발명했는데, 그 방법은 캐터필러가 일리노이 창고에서 부품을 계속해서 출고함에도 불구하고 스위스 계열사로 하여금 그 부품 대금을 청구하게 하는 것이었다. 그다음에 캐터필러는 미국보다 훨씬 세율이 낮은 스위스에서 이익의 85%를 신고했다. 하지만 내부고발자가 이러한 페이퍼 거래가 가짜라고 국세청에 제보했고, 이 글을 쓰고 있는 동안 캐터필러는 세금 사기로 형사 조사를 받고 있다. 그러나 이러한 경우는 아주 드물다. 내부고발자가 없으면, 국세청은 솔직히 속수무책이다.[26]

SEC**에 제출된 회사 자료에 의거하여 조세정의시민모임Citizens for Tax

---

* 유사 법인들에게 과세를 파트너십으로 받을지 아니면 법인으로 받을지를 자신이 임의로 선택하도록 한 결정으로, 다양한 조세 포탈의 기회를 열어주었다. _옮긴이

** Securities and Exchange Commission. 미국 증권거래위원회 _옮긴이

Justice이 발간한 2014년 보고서에 따르면, ≪포춘≫지 선정 500대 기업 중 보잉, GE, 버라이즌Verizon*을 포함한 26개 기업이 2008년부터 2012년까지 연방 법인소득세를 전혀 내지 않았다. 또 다른 93개 기업은 10% 이하의 실효세율로 납부했는데, 이는 명목상의 세율인 39%에 훨씬 못 미친다. 그리고 111개 기업은 이 시기 중 적어도 1년 동안 세금을 전혀 내지 않았다. 역외 탈세 작전이 이들 기업의 탈세 전략에서 가장 큰 부분을 차지했다.

원칙적으로 해외 장부에 기입된 기업 수익은 서류상으로는 여전히 납세의 의무가 남아 있지만, 그 수익이 본국으로 돌아올 때까지는 납부가 유예된다. 앞에서 지적한 바와 같이, 미국 기업들은 과세를 피해 약 2조 5000억 달러의 수익을 은닉해 왔다.

만약 그러한 수익이 '본국으로 송금'되었다면, 기업들은 약 6.2%의 평균 세율로 역외에서 납부된 명목상의 세금에 대해서는 적은 세금 공제를 받고 7170억 달러로 추산되는 나머지를 국세청에 납부해야 했을 것이다. 자신의 수익을 송금하는 기업에 대해 일종의 세금 사면을 하자는 제안이 주기적으로 제시된다. 기업들로 하여금 한 번에 한해서 미국에서 내는 세금을 통상적인 세율보다 훨씬 낮게 납부할 수 있게 해주자는 것이다. 이 모든 돈이 투자될 수 있다면 경제에 활력을 불어넣을 것이라는 주장이다. 이것은 세상 물정에 어두운 주장이고 잘못 생각하는 것이다. 애플이 2000억 달러 이상을 역외에 보유하고 있을 때에는 애플이 미국에서 그 돈을 사용할 데가 없다는 의미가 함축되어 있기 때문에, '본국 송금'은 잘못 붙여진 이름이다. 하지만 그러한 자금은 일반적

* 　미국 이동통신업체 _옮긴이

으로 전 세계에 지점을 두고 있는 은행들에 의해서 보유된다. 애플이 미국 이외의 지역에서 대규모 사업에 조달할 자금이 필요하다면, 애플은 그냥 자신의 역외 계좌를 이용할 수 있다. 쓸 데가 없는 돈을 '본국'으로 가져오는 것은 미국 경제에 아무런 도움도 되지 않을 것이다. 그런 식의 송금은 단지 유예된 세금 책무의 많은 것을 면해주기만 할 것이다.

경제학자 개브리엘 주크먼은 기업이 당시까지 자행한 글로벌 탈세에 관한 가장 포괄적인 연구에서 7조 6000억 달러에 달하는 상위 소득 계급이 소유한 부가 거의 완전히 과세를 피한 채 조세 피난처에 있을 것으로 매우 보수적으로 추정했다.[27] 매킨지McKinsey의 전 수석 경제학자 제임스 헨리James Henry는 숨겨진 부의 수치를 약 21조 달러, 다시 말해 전 세계 부의 약 4분의 1로 훨씬 더 높게 추정한다.[28]

이들 역외 피난처는 단지 각국에게 공공 서비스의 자금을 조달하는 데 필요한 돈을 잃게 한 것만이 아니다. 역외 피난처는 법치를 훼손하며, 납세의무뿐만 아니라 규제 요건도 쉽게 회피할 수 있게 해준다. 2007~2008년의 금융 붕괴 속에서는 세무관리들의 눈에 띄지 않게 자산을 숨겨놓던 바로 그 역외 관할 구역이 글로벌 경제를 무너뜨린 불법적인 계획 — 이제는 그 스캔들을 통해 널리 알려진 — 을 숨기는 데 이용되었다. 롱텀 캐피털 매니지먼트Long-Term Capital Management: LTCM*는 자신의 거래를 조세 피난처에 숨기고 있었다(1997년에 이 회사가 붕괴된 것은 더 심각한 일반적인 금융 붕괴를 예기하는 것이었다). 엔론Enron,** 베어스턴스

---

* 1994년에 살로먼 브라더스의 부사장이자 채권거래팀장이던 존 메리웨더가 설립한 미국의 헤지펀드 _옮긴이

** 미국의 거대 에너지 기업으로, 미국 사상 최대의 회계 부정 스캔들을 일으켜 계획적인 기업 사기 및 비리의 대표적인 사례로 꼽는다. _옮긴이

Bear Stearns,[*] 버니 매도프Bernie Madoff,[**] 씨티그룹, 그리고 노던록Northern Rock[***](영국 금융 붕괴의 진원지)의 금융 작전들 역시 그곳에 숨어서 진행되었다. 월스트리트는 케이맨 제도에 '특수 목적 법인들special purpose vehicles'의 자산을 오랫동안 묻어놓아 왔다. 금융 붕괴의 주요 요인인 장부 외 자산 기입 게임은 세금 및 규제의 피난처가 없었다면 그 게임 전체를 진행하기가 훨씬 더 어려웠을 것이다.[29] 여기서 다시 규제를 피하고자 하는 금융업계의 이해관계와 소득과 자산을 조세로부터 숨기고자 하는 여타 부유한 개인과 기업들의 이해관계가 하나로 수렴된다.

이러한 작전들 모두는 비교적 진보적인 정부하에서조차 세금 집행 기구를 아주 속수무책이게 만든다. 2010년에 오바마 행정부 아래에서 다국적 자산을 보유한 부유한 세금 탈루자들을 추적하기 위해 국세청에 특별 부서가 설립되었다. 트럼프가 취임했을 무렵 부자 전담반으로 알려진 이 부서는 1년에 200여 건만을 추적할 수 있는 인력을 갖추고 있었다.[30] 국세청은 근로소득세 공제제도를 이용하는 저소득층이 대체로 몰라서 범하는 실수를 추적하는 데 훨씬 더 많은 노력을 기울인다. 이러한 실수는 컴퓨터 매치를 이용하여 추적하는 것이 훨씬 더 쉽다.

정부는 왜 탈세에 관대한가

원칙적으로 이 모든 작전은 차단될 수 있었다. 장애물은 기술적인

---

* 뉴욕에 본사를 둔 글로벌 투자은행 _옮긴이
** 미국 헤지펀드 투자 전문가이자 나스닥 증권거래소 의장을 지낸 금융 사기꾼 _옮긴이
*** 금융위기 후 국유화된 영국 은행 _옮긴이

것이 아니라 정치적인 것이다. 2010년에 오바마 대통령이 여전히 의회에서 안정적 다수를 확보하고 있는 동안, 미국은 FATCA ─ 교훈적으로는 fat cat*처럼 들리는 ─ 로 알려진 '해외금융계좌납세협력법Foreign Account Tax Compliance Act***이라는 법을 제정했다. FATCA는 진정한 돌파구인 것처럼 보인다. 이 법은 미국 기업과 관계를 맺는 외국계 은행들에게 미국 시민인 계좌 보유자들의 신원을 확인하고 보유 자산과 벌어들인 소득에 대한 자료를 국세청에 전송할 것을 요구한다. 이는 미국 은행과 기업이 국세청에 국내 이자 및 배당소득에 대한 정보를 국세청에 자동으로 제공해야 하는 것과 마찬가지로 자동으로 이루어지게 되어 있다.

FATCA하에서는 초국적 소득에 대한 정보를 제공하지 않으면 탈세에 대한 형사처벌과 함께 소득에 대해 30%의 자동 원천과세가 이루어진다. 하지만 FATCA의 효력은 유령회사의 만연으로 심각하게 제한된다. 만약 자산을 역외 가짜 신탁회사의 이름으로 보유하면, 수익 소유자가 미국 시민인지에 대한 문서가 전혀 존재하지 않게 되고, 은행이 자료를 제출할 필요도 없다. 똑똑한 회계사를 둔 배부른 자본가는 FATCA의 많은 부분을 피할 수 있다. 이 무력한 FATCA는 트럼프 행정부의 정리 대상 명부에 올라 있다.

더 나아가 유령회사들을 문 닫게 하고 수익 소유자들을 보편적으로 공개하도록 요구하기 위해서는 모든 주요 국가 간에 전반적인 조정이 필요할 것이다. 하지만 타협을 거부하는 국가들이 언제나 존재하기 마련이다. 따라서 지구화는 조세 집행의 정치를 더욱 어렵게 만든다. 왜냐하면 모든 주요 국가가 협력해야 하기 때문이다. 반면 징세에 반대하

* 배부른 자본가 _옮긴이
** 미국인 납세자의 역외 탈세 방지와 해외 금융 정보의 수집을 위해 제정한 법 _옮긴이

는 정부가 단 하나라도 있으면, 언제라도 그러한 노력을 좌절시킬 수 있다. 1950년대와 1960년대에는 다국적 기업의 활동이 그리 많지 않았고, 일반적으로 자유방임주의에 대한 지지도 적었으며, 각국 정부는 규제와 조세를 회피하려는 시도를 무력화하는 규칙을 시행하는 데 훨씬 더 엄격했다.

글로벌 탈세에서 주요 서방 정부들이 공모하고 있음을 가장 잘 보여주는 이야기 중 하나는 OECD와 관련되어 있다. 일반적으로 OECD는 신자유주의 경제 모델을 촉진시켜 왔다. 그러나 1990년대 후반에 미국, 영국, 독일에서 명목상 중도좌파 정부가 집권하면서, OECD는 조세 피난처들에게 주요 정부들과 자료를 공유할 것을 강제하는 과감한 의안을 발의했다. 이것은 G-7 국가들이 1996년 회의에서 요청한 결과였다.

1998년 4월에 발표된 OECD의 초기 보고서는 다음과 같이 선언했다. 조세 피난처는 "다른 나라의 세금기반을 부식시키고, 무역과 투자 패턴을 왜곡하며, 일반적으로 조세제도의 공정성과 광범위한 사회적 수용을 저해한다. 이런 유해한 세금 경쟁은 글로벌 복지를 위축시키고 조세제도의 청렴성에 대한 납세자들의 신뢰를 저하시킨다."[31] 강력하다. 아니 강력해 보인다. 2000년에 발표된 OECD의 후속 보고서는 41개의 위반국가를 확인했고, 이들 나라는 돈세탁, 은행 규제 문제, 탈세와 명백하게 연관되어 있었다. 그러나 20년이 지난 지금 조세 피난처와 법인세 탈세는 그 어느 때보다 더 만연해 있다.

OECD의 전략은 다른 국가의 당국이 적절한 세금 및 은행 자료를 제공하는 것을 포함하여 협력 국가들이 취할 것으로 예상되는 조치에 대한 점검표를 마련하는 것이었다. OECD는 비준수 국가의 블랙리스트까지 만들었다. 하지만 OECD 회원국의 주요 정부들은 대체로 어떠한 제재도 가하고자 하지 않았다. 따라서 이 노력의 20년 역사는 명백한 진보를 위한 하나의 정교한 연출이었지만, 실제로는 상황을 거의 변화시키지 못했다.

미국의 클린턴과 영국의 블레어 정부 아래에서 OECD 태스크포스는 얼마간 제한적인 진전을 보이기 시작했다. 조세 피난처 정부들은 블랙리스트에서 벗어나는 방법을 협상하고 있었다. 그러나 2001년에 새로운 부시 행정부는 미국의 협력을 중단했다. 미국은 어떤 종류의 조언도 하지 않았다. 부시의 관계자들은 기업들이 세금을 피할 수 있는 방법을 찾는다면 어차피 그들은 과중한 세금을 부과받을 것이기 때문에 그것은 건설적이라고 말한 것으로 전해졌다.

카토연구소Cato Institute 같은 보수적 싱크탱크들은 새로운 부시 정부에 협력을 중단하라고 로비했다. 카토의 대니얼 미첼Daniel Mitchell은 조세 피난처를 옹호하기 위해 자유와번영연구소Center for Freedom and Prosperity라고 불리는 한 위장단체를 만들었다.[32] 카토는 「조세 피난처를 위한 도덕적 주장The Moral Case for Tax Havens」이라는 제목으로 발표를 하기도 했다. 그 발표에서 카토는 이렇게 주장했다. "조세 경쟁은 인권과 개인의 자유를 위한 싸움에 매우 유익하다. 저과세 관할 구역, 즉 조세 피난처는 자신의 자산을 보호하고 싶어 하는 억압받는 사람들의 안전한 피난처이다."[33] (억압받는 억만장자는 언급되지 않았다.)

그 논리에 따르면, 이 작은 섬나라들은 서구 열강들에게 괴롭힘을 당하고 있었다. 그것은 그들의 주권을 침해하는 것이었다. 그들 나라는 경제에서 수입을 필요로 하는 가난하고 대체로 암담한 국가들이었다. 의회 블랙 코커스 재단Congressional Black Caucus Foundation에 많은 돈을 기부하고 있는 우익 싱크탱크와 그들의 사업 동맹자들은 심지어 의회 블랙 코커스* 소속 의원들로 하여금 OECD의 발의를 인종차별적인 것으로 보아 반대하게 만들기도 했다. 조세 피난처에 대한 엄중한 단속은 세금이 너무 많다고 알려진 시기에 위장된 형태로 세금을 인상하는 것으로 묘사되었다.[34]

2001년 2월에 부시의 신임 재무장관 폴 오닐Paul O'Neil은 OECD가 세율을 올리려고 한다고 격하게 비난했다. 4월에는 딕 아메이Dick Armey 하원 다수당 대표와 그의 상원 상대인 돈 니켈스Don Nickels가 부시 재무부에 비협조를 요구하는, 강경한 단어들로 쓴 서한을 보냈다. 5월에 부시 행정부는 OECD의 세금 경쟁 의안에 대한 지원을 공식적으로 중단하면서, 그것이 미국 납세자들에게 더 많은 비용을 초래할 수도 있다고 주장했다.[35] 오닐은 다음과 같이 공언했다. "나는 낮은 세율에는 어딘지 의심스러운 구석이 있다는 근본적인 전제 때문에, 그리고 어떤 국가 또는 국가 집단이 다른 나라가 자국의 조세체계를 구조화하는 방식을 정하는 데에 간섭해야 한다는 생각 때문에 골치가 아프다."[36]

그러나 4개월 후인 2001년 9월 11일에 공격이 있었다. 부시 행정부는 거대 다국적 미국 은행들의 추잡하고도 수지맞는 관행이 국가 안보에 갖는 함의를 갑자기 깨달았다. 씨티은행과 같은 금융기관은 외국 돈 세탁의 파이프 역할을 하며 몇 가지 질문을 하는 대가로 수십억 달러를 벌었다. 돈세탁은 탈세와 밀접히 관련되어 있고, 어떤 경우에는 테러리즘과도 관련되어 있다.

이를테면 미국 은행은 조직범죄, 여타 화이트칼라 범죄자, 자국의 국고를 약탈하는 독재자, 세금 포탈자, 또는 테러리스트에게 자금을 대

* 미국 의회의 흑인 의원들을 대표하는 조직 _옮긴이

는 표면상의 자선 단체 등을 위해 다 알면서도 자산을 숨겨주는 외국 은행을 위해 '대리은행' 역할을 할 수 있다. 1990년대에 뉴욕은행은 러시아 고객들을 위해 동유럽 영업 책임자가 고안한 정교한 돈세탁 작업에 협력하여 월 2억 4000만 달러를 벌어들인 것으로 드러났다. 100억 달러 이상의 돈이 수만 건의 개별 거래 형태로 러시아의 가짜 기업에 입금된 뒤 뉴욕은행을 통해 세탁되었다. 비록 두 명의 핵심 임원, 즉 루시 에드워즈Lucy Edwards와 그녀의 남편인 피터 벌린Peter Berlin이 여러 건의 전자사기와 뇌물 혐의를 인정했지만, 정부에는 뉴욕은행 자체를 기소할 수 있는 도구가 부족했다. 이 사건이 두드러졌던 것은 그것이 예외적이었기 때문이다. 에드워즈와 벌린은 조심성이 없었기에 자신들의 행적을 감추는 데 실패했다.

또 다른 상징적인 사건도 있었다. 카를로스 살리나스Carlos Salinas 멕시코 대통령의 동생인 라울 살리나스Raul Salinas는 민간 멕시코 은행을 이용하여 가명으로 1억 달러 이상을 씨티은행 멕시코시티 사무소로 전자 송금했다. 그 돈은 그다음에 뉴욕으로 옮겨졌는데, 씨티은행은 살리나스와의 연관성도 전혀 기록하지 않았고, 진짜 소유자의 신원에 대해서도 아무런 호기심을 보이지 않았다. 그 돈이 씨티은행에서 케이맨 제도의 유령회사가 명목상으로 소유하고 있는, 런던과 취리히를 근거지로 하는 몇몇 역외 신탁 계좌로 옮겨졌지만, 실제로는 씨티은행의 조언을 받고 씨티은행에 의해 관리되었다. 살리나스 사건의 자세한 내용은 순전히 내부고발자 때문에 알려지게 되었다. 씨티은행에 대한 통렬한 보고서에서 정부의 회계감사원은 살리나스의 신원을 확인하지 못한 경영진을 비난했다.

그 시기 동안 재무장관은 카를로스 살리나스의 측근으로 멕시코의 금융 자유화를 촉진시켜 온 로버트 루빈이었다. 루빈은 살리나스 사건 후에 어떤 범법행위로도 고발되지 않았다. 루빈은 재무부를 떠난 후 곧 씨티은행 집행위원회의 의장이 되었다.[37]

9월 11일 이후 수사를 통해 테러범들은 미국 은행을 통과하는 돈세탁 과정을 거쳐 자금을 조달한 것으로 곧 밝혀졌다. 법률이 의회를 신속하게 통과했다. '미국 애국법USA Patriot Act'의 일부인 '국제 돈세탁 방지 및 반테러 금융법International Money Laundering Abatement and Anti-Terrorist Financing Act'에 따라 정부는 은행들로 하여금 규제 당국과 상세한 정보를 공유하게 하여 돈세탁 가능성을 탐지할 수 있게 하는 새로운 강력한 보고 규칙을 발표했다.

'애국법'은 정부가 잠재적 테러리스트를 추적하는 것을 돕는다는 명분으로 여러 면에서 프라이버시 규범 및 정당한 법적 절차를 위반했다. 재무부는 돈세탁과 관련하여 규제를 발할 수 있는 광범위한 권한을 부여받았다. 그러나 금융업계와 함께 이 규칙을 마련하면서 부시 행정부는 실제로는 한 가지 유형의 범죄 사업 — 미국 기업과 투자자들에 의한 탈세 — 이 빠져나길 수 있는 구멍을 만들어주었다. 그 범죄는 테러리즘이 아니라 평상시에 하는 사업이었다.[38]

테러에 대한 우려가 커지는데도 미국 정부는 감옥으로 보내기에는 너무 큰 거대 은행들에 대해서는 엄격한 단속을 주저하고 있다. 세계 최대 규모의 은행 중 하나로 홍콩에 본사를 두고 있는 HSBC가 멕시코 마약 카르텔의 돈세탁 현행범으로 적발되었다. 2013년에 그 은행은 19억 2000만 달러의 벌금을 냈는데, 이 액수는 그 은행의 2013년 수익이 226억 달러라는 것을 알기 전까지는 가혹한 것처럼 들린다. 벌금은 사업을 하는 데 드는 비용이었다.[39]

부시 행정부는 또한 역외 조세 피난처가 빠져나가는 구멍도 고안했다. 조세 피난처의 정부들은 자금세탁 가능성과 관련한 금융 정보를 미국과 유럽 당국에 제공하도록 요청받았지만, 그들은 '요구한' 것에 대해서만, 그리고 사례별로 제공했다. 조세 피난처를 가장 면밀하게 연구한 사람 중 하나인 니컬러스 색슨Nicholas Shaxson이 말한 바와 같이, "정보를 입수하기 전에는 범죄성을 입증할 수 없고, 범죄성을 보여줄 수 없는 한 정보를 얻을 수 없다. 궁지에 빠진 대위 요사리언Captain Yossarian*은 이러지도 저러지도 못하는 상황을 고마워했을 것이다."[40]

한편 이 가식적인 국제 조세 집행 협력은 비틀거리며 앞으로 나아갔다. OECD의 노력은 오바마 행정부가 들어서면서 다시 살아났다. 그러나 OECD의 체크리스트와 블랙리스트 자체는 빠져나갈 구멍으로 가득하다. 우리가 살펴보았듯이, 자산 수익의 실소유자는 여전히 자신을 감출 수 있다. 그리고 OECD는 세율을 낮추기 위한 세금 경쟁, 이전 가격 조작과 같은 공통적인 관행, 그리고 저과세 또는 비과세 관할 구역에서 벌어지는 수익의 허위 장부 기입 등에 대처하기 위해서는 어떠한 노력도 하고 있지 않다.

2007년에 OECD는 조세 피난처가 점검해야 하는 12개 책무를 담은 최신 체크리스트를 만들었다. 그 체크리스트를 작성하는 행위만으로 조세 피난처들은 그 블랙리스트에서 제외되었고, 그 내용을 준수하는지를 확인하는 어떠한 진지한 후속 조치도 없었다. 놀랄 것도 없이 모두가 응했다.[41] OECD는 2009년 G20 회의와 동시에 개최된 기자회견에서 최신 조세 피난처 블랙리스트를 공개했다. 38개국이던 긴 리스트

---

* 조지프 헬러(Joseph Heller)의 소설 『캐치 22(Catch-22)』에 등장하는 인물로, 무의미한 전쟁에 넌더리를 내며 제대하기 위해 갖은 수를 쓰다 궁지에 빠진다. _옮긴이

가 단 4개국 — 코스타리카, 말레이시아, 필리핀, 우루과이 — 으로 줄어들었다. 불과 5일 만에 블랙리스트는 텅 비어버렸다. 케이맨 제도, 스위스, 룩셈부르크, 파나마와 같은 악명 높은 조세 피난처들 — 이들 국가 중 어느 나라도 OECD의 최근 블랙리스트에 올라 있지 않다 — 은 예전처럼 영업했다.[42]

여행하지 않은 길: 조세 피난처 폐쇄하기

서방 정부들은 그들이 원한다면 조세 피난처와 국제 탈세를 거의 하룻밤 사이에 없앨 수 있다. 그들이 그렇게 하기를 원하지 않았다는 사실은 지난 30년 동안 권력이 자본 쪽으로 이동했다는 것 — 그리고 현재의 정부가 각국 정부와 각국의 사회계약이 보통 사람들에게 봉사했던 전후 시대와 다르다는 것 — 을 예증한다.

정부는 법인세율을 낮추기 위한 세금 경쟁을 중단하는 것으로 시작할 수도 있었다. 무역협상은 기업들이 국가들을 싸움 붙여 이득을 보게 하는 방법을 제공하는 대신에, 공통 법인세율과 공통 세금 신고 요건에 합의할 수도 있었다. 주요 서방 국가들은 미국(또는 독일 또는 영국)에서 영업 허가를 받은 은행이 조세나 규제 피난처에 설립된 기업들과 금융 거래를 하는 것을 범죄로 규정할 수도 있었다.

개브리엘 주크먼은 수익의 실소유자를 추적하기 위한 간단한 아이디어를 제안해 왔다. 그는 가짜 소유자와 신탁회사를 갈라놓고 모든 주식, 채권, 은행 계좌의 진짜 소유자를 보여주는 보편적 등록부를 제안한다. 미국은 현재 은행이 고객의 실제 신원을 확인하도록 요구하는 아주 약한 고객확인제도know-your-customer rule를 가지고 있다. 하지만 앞에서 언급한 씨티-살리나스 사례에서처럼 이 규칙은 위반하더라도 자주 처벌받지 않는다. 주요 국가들이 하나의 보편적 규칙을 시행하면 실소유자를 밝힐 수 있을 것이고 대부분의 돈세탁과 초국적 탈세를 종식시킬 수 있을 것이다. 은행, 기업, 투자자들이 탐지를 피하기 위해 사용하는 것과 동일한 디지털 기법이 거래를 추적하는 데에도 사용될 수 있었다. 지금은 전화, 이메일, 디지털 통신에 대한 감시가 편재하는 시대이다. 프라이버시에 대한 우려가 이 영역에서 법 집행을 하지 않는 것의 정당한 구실이 될 수 없다. 만약 법이 일반 시민들에게 자신의 소득과 조세 책무를 세무당국에 밝히도록 요구한다면, 부유한 투자자와 기업들에게도 똑같이 요구해야 한다.

게다가 정부는 '매출 요인 배분sales factor apportionment'*이라고 알려진 매우 간단한 규칙만으로도 이전 가격 조작을 통한 허위 회계 게임을 종식시킬 수 있었다. 그러면 다국적 기업은 최종 매출이 발생한 지역에서 법인 소득세를 납부했을 것이다. 이를테면 만약 애플의 최종 매출 가운데 50%가 미국에서 발생했다면, 애플은 그 매출에 대해 미국 세율로 법인소득세를 냈을 것이다. 만약 매출의 10%가 독일에서 이루어졌다면, 애플은 그 매출에 대해 독일 세율로 세금을 냈을 것이다. 조세 피난처에서는 최종 판매가 이루어지지 않기 때문에, 조세 피난처의 장부에 비용과 매출을 기입하는 복잡한 게임은 갑자기 무익해졌을 것이다.[43]

물론 감세와 탈세는 또한 개별 국가 내에서 이루어질 수도 있다. 그

---

* 판매가 일어난 곳을 기준으로 사업 이익에 과세하기 위해 고안된 영토 세제이다. 만약 한 회사가 미국에서 전 세계 매출의 40%를 판매한다면, 그 회사는 전 세계 이익의 40%에 대해서만 미국에 세금을 내면 된다. _옮긴이

러나 지구화는 세율 낮추기 경쟁을 촉진하고 탈세를 더욱 숨기기 쉽고 추적하기 어렵게 만든다. 각국 정부의 파편화, 다국적 기업의 부상, 그리고 다수의 금융 엘리트들의 정부 요직 장악은 전반적인 하향 경쟁을 만들어낸다.

이러한 작전들은 모두 고도로 기술적이고 복잡하며, 시민들은 그 세부내용을 거의 포착하지 못한다. 부시 행정부가 OECD와의 협력을 중단했을 때, 기업 로비스트들(대단히 신경 쓰는)과 소수의 세제 개혁 옹호자들 외에는 아무도 그것에 신경 쓰지 않았다. 그러나 이전 가격 조작이나 FATCA, 또는 매출 요인 배분에 대해 전혀 들어본 적이 없는 일반 사람들도 얼마간의 원초적인 직관적 수준에서 그것을 감지한다. 그들은 자신은 아니지만 다른 누군가가 부당한 거래를 하고 있다는 것을 알고 있다.

10

글로벌 자본주의 통치하기

2001년 1월에 전 세계 정치·경제 엘리트들이 다보스 세계경제포럼 World Economic Forum에 모여 있는 동안 브라질 포르투알레그리Porto Alegre에서 는 세계사회포럼World Social Forum이라고 불리는 대항 모임이 열렸다.[1] 이 모임은 다양한 전 세계 대항세력을 대표하는 수천 명의 활동가와 지식 인들이 통상적으로 제3세계의 한 장소에서 모이는 연례행사가 되었다. 시장과 기업이 각국 정부의 제약을 벗어남에 따라 글로벌 시민사회가 해결책 마련의 주요한 한 부분으로 균형추로서의 역할을 한다고 결론 짓고 싶은 것은 어쩌면 당연하다.

한때 '세계 연방 운동World Federalist Movement'*과 같은 전후 단체들의 이 상이었던 진정한 글로벌 정부는 유토피아적이었다 — 아니 그보다도 못

---

*   민주적인 글로벌 기관들로 구성된 글로벌 연방체계의 설립을 주창한 글로벌 시민운동조직
      의 하나이다. _옮긴이

했다. 경제가 점점 더 글로벌화되어 가고 있음에도 불구하고, 세계는 너무나도 다양하고 복잡하다. 그리고 글로벌 정부가 어떻게 해서든 생겨난다고 하더라도, 그 어떤 글로벌 정부도 유럽연합이 그렇게 된 것처럼 민주적 견제를 하는 것과는 아주 멀리 떨어지고 말 것으로 보인다. 나는 세계 연방주의를 논의하는 회의에서 저명한 외교관이자 세계적인 이상주의자인 할랜드 클리블랜드Harland Cleveland가 하는 말을 들은 적이 있는데, 그는 글로벌 정부의 문제는 내가 그것을 좋아하지 않을 수도 있고 그것이 나를 좋아하지 않을 수도 있다는 것이라고 언급했다.

하지만 우리의 가장 긴급한 과제들이 글로벌하다는 것은 부인할 수 없다. 그러한 과제들 가운데에는 보편적 인권과 난민·이민자·이주 노동자들에 대한 처우와 관련된 규범 같은 대의뿐만 아니라 기후변화와 핵확산금지 ― 말 그대로 아주 존재론적인 문제 ― 도 포함되어 있다. 과제는 글로벌 거버넌스에 필요한 기구를 가능한 한 투명하고 책임감 있게 만들고, 그 기구에 시장 사명뿐만 아니라 사회적 사명도 불어넣고, 1944년의 정신 ― 시장에 대한 국가의 관리를 약화시키기보다는 강화시키기 위해 글로벌 기관들을 설계했던 ― 에 다시 불을 붙이는 것이다. 그러나 훨씬 더 중요한 것은 각국 민주주의에 자본주의를 통치할 권위를 되돌려줄 필요가 있다는 것이다.

반민주주의로서의 글로벌 거버넌스

국제규칙을 제정하고 시행하는 역할을 담당하는 준*공공적인 기관은 수없이 많다. 문제는 IMF, 세계은행, WTO, 유럽연합과 같은 실질적인 권력을 가진 기관들이 금융 엘리트에게 상당히 장악되어 있고 그것에 상응하는 국내 기관들보다 민주적인 책임의식을 훨씬 덜 가지고 있다는 것이다. 반면 국제 인권과 같이 우리가 진정으로 글로벌 규칙과 기관을 필요로 하는 분야에서는 기존의 기구들이 자신들의 직무를 수행하기에는 그간 너무나도 힘이 없었다.

정부의 일반적인 프로세스가 실제로 어떻게 진행되는지를 좀 더 깊이 살펴보면, 자본주의에 대한 민주적 통제가 세 가지 핵심적 이유 때문에 글로벌 수준에서는 성과를 거두기가 어렵다는 것을 알 수 있다. 첫째, 국가 수준에서 이루어지는 대부분의 법률 제정은 단지 의회의 과반수만을 필요로 한다. 심지어 여러 입법 거부 지점legislative veto point을 가지고 있고 압도적 다수를 법 제정의 필요요건으로 하는 미국조차도 '청정대기법Clean Air Act'이나 '글래스-스티걸법' 같은 법을 제정할 수 있으며, 그 기준들은 미국 내에서 활동하는 외국 기업에게도 구속력을 가진다. 이와는 대조적으로 구속력 있는 국제 조약의 채택은 주요 국가들의 **만장일치**, 가장 두드러지게는 미국의 참여를 요구한다. 이는 그 조약의 법적 힘을 급격히 약화시킨다. 이 단순한 사실이 기업 엘리트들의 힘에 대해 아무런 조치를 취하지 않거나 약한 조치를 취하게 하는, 또는 기업 엘리트들의 힘을 수용하거나 심지어는 강화하는 조치를 취하게 하는 상황을 만들어낸다.

둘째, 개별 국가들은 규제 기관, 정부에 의한 민·형사 조치, 그리고 법원이 집행할 수 있는 사적 소송을 포함하여 잘 확립된 국가 집행기구들을 가지고 있다. 정부의 법 집행은 시장 규제를 추구하는 정치 세력의 강력한 제도적 지원자이다. 국가가 존재하지 않는 글로벌 수준에 설치된 집행기구들의 힘은 훨씬 더 약하다. 산업계가 지배하는 이 조각보 같은 집행기구는 시민사회 단체들로 하여금 막대한 자원을 투입하여 극도로 불평등한 경쟁을 감시할 것을 요구한다.

셋째, 국내의 입법 과정은 비교적 투명한 공식적인 민주적 참여 메커니즘을 가지고 있다. 그러한 메커니즘에는 시민에게 개방되어 있는 입법청문회, 공적인 입법 논쟁, 사법심사는 물론 선출된 공직자의 사후 정치적 책임도 포함되어 있다. 시민들은 자주 산업계 단체들의 힘에 압도당한다. 하지만 민주적 절차가 공중을 동원할 수 있는 돌파구를 제공하고, 다윗이 때때로 골리앗을 이긴다. 글로벌 입법 과정은 훨씬 덜 투명하고, 훨씬 덜 참여적이며, 훨씬 더 많은 결정이 폐쇄된 문 뒤에서 엘리트들에 의해 내려진다. 기업 행동의 많은 기준이 기업의 동업조합에 의해 사적으로 정해진다.[2]

하나의 상징적인 사례가 파생상품을 만들어내고 거래하는 대규모 다국적 은행들의 조합인 국제스와프파생상품협회International Swaps and Derivatives Association: ISDA이다. ISDA는 업계의 로비 단체이자 기준 설정 기관이고 파생상품에 대한 채무불이행을 판정하는 준사법기관이다. 이와 유사하게 업계의 로비 단체들이 기준을 설정하고 분쟁을 판결하는 구속력 있는 법적 권한을 가지고 있는 기관들이 수도 없이 존재한다.

각국 정부들은 일반적으로 법의 집행을 위한 잘 확립된 절차를 가지고 있다. 미국에서는 입법 취지를 이행하기 위한 규칙을 만드는 기관은 사전 통보를 하고, 의견을 구하고, 규칙의 초안을 발간하고, 그다음에 공중의 의견을 고려하여 최종 규칙을 발표해야 한다. 이 규칙을 제정하는 과정에서 진정한 공익단체들은 산업계의 옹호단체들에 의해 압도될 수 있지만, 적어도 참여는 할 수 있으며 그 과정은 비교적 투명하다. 그러한 단체들은 로비스트들이 개입하고 있다거나 규제 당국이 곧 포기할 것이라는 말을 언론에 흘리기도 한다. 마찬가지로 법정의 규칙은 매우 잘 확립되어 있으며, 이해충돌을 방지하고, 일방적인 접촉이나 배심원 매수를 금지하며, 공개 재판을 허용한다. 국내적으로는 '정보공개법Freedom of Information Act', 재판 상황에서의 개시開示의 권리rights of discovery[*] 및 여타 지침들에 의해 투명성을 더욱 강화하고 있다.

국내 기구만큼 원거리에서 시민의 권리를 보호하는 적당한 법 절차 체계를 갖춘 거버넌스 기구가 국제 수준에서는 전혀 존재하지 않는다. 거기에는 WTO와 같은 유사 투명한 기관에서부터 전적으로 사사화된 불투명한 기구까지 다양한 형태의 분쟁 해결 기구들이 존재한다. 어젠다는 대개 비밀이다. 이해충돌은 금지되기보다는 준정부적 실체를 사적으로 장악하는 것의 요체인 경우가 많다. 이 모든 것이 금융 엘리트들에게 유리하도록 판을 짜나가는 경향이 있다.

글로벌 거래를 지배하는 사법의 역사는 (군주에게서 필요한 지원을 받았던) 중세 시대로까지 거슬러 올라간다. 로마의 공법과 교회법의 유산과 함께 중세 말기의 무역 문화는 '상商관습법Lex Mercatoria/merchant law' — 계약의 신성함을 규정하고 국경을 넘어서도 일반적으로 인정되는 재산권에 대한 표준을 제정하는 것 등을 포함한 상인들의 관습법 체계 — 을 만들어냈다. 영국과 프랑스 일부, 그리고 이탈리아의 여러 주와 같은 일부 지역에서는 이 '상관습법'을 왕실에서 집행하기도 했다.[3]

이 '상관습법'의 가장 기본적인 치외법권 기능 중 하나가 상거래 과정에서 사유재산이 국경을 넘을 때 사유재산의 소유권을 보장하고 보호하는 것이었다. 노예제도 시대보다 이를 생생하게 보여주는 것은 그

---

[*] 재판 과정에서 증거 제출과 열람을 요구할 수 있는 권리 _옮긴이

어디에도 없었다. 당시에 미국에서 노예를 팔려는 노예상이 영국, 포르투갈, 네덜란드 상인이 보증한 노예를 아프리카에서 살 수 있었던 것은 그 인간 화물이 바다를 건너고 난 후 어느 법원에서 문제가 제기되더라도 그 화물에 대한 자신의 소유권이 여러 정부로부터 존중받고 보장받을 것이라는 점을 알고 있었기 때문이다. 노예들에게 진실인 것은 더 작은 상품에도 진실이었다.

이렇듯 각국이 집행하는 사유재산법을 전 세계적으로 적용하는 것은 새로운 현상이 아니다. 국가 간 거래를 지배하는 사실상의 법체계는 대부분 실제로 고도로 규제되지만, 일반 시민이나 민간 시장 행위자들은 이해하기 힘든 사법체계를 통해 규제된다.

21세기에 법의 재사유화와 지구화가 증가하면서, 역외 적용에서 이중 기준의 문제가 대두되고 있다. 다국적 기업들은 그 기준의 역외 적용이 자신의 재산상의 이익에 기여하면 그 기준을 기꺼이 수용한다. 그러나 노동을 착취하고 환경을 약탈하고 조세를 회피하고 사회적 보호를 약화시키는 개발도상국들(그리고 그들의 기업 파트너들)은 노동기준, 환경기준, 인권 기준, 사회적 기준의 역외 적용을 자신들의 주권적 권리를 간섭하는 것이라고 격렬하게 저항한다. 국가 부채 — 자주 부정하게 사적 이익을 취하는 과정에서 발생한 — 를 구제하는 대가로 IMF, 미국 재무부, 유럽연합이 채무국에 강요하는 긴축조치는 공인된 종류의 역외 적용에 부여된 특권을 보여주는 상징적인 사례이다.

1944년 브레턴우즈의 규칙이 민간 금융 투기를 제한했던 것처럼, 때로는 교훈적인 예외도 존재한다. 나는 1970년대에 은행위원회Committee on Banking 의장인 상원의원 윌리엄 프록스마이어William Proxmire 밑에서 상원 조사관으로서 이 역학을 직접 경험한 적이 있다. 그때 나는 미국에 본사를 둔 기업이 외국 정부에 제공한 뇌물에 관한 청문회를 진행한 뒤 1977년에 '해외부패방지법Foreign Corrupt Practices Act'으로 제정된 법률의 초안을 작성했다.[4]

우리는 미국 기업들이 외국 정부에 뇌물을 주는 것을 금지하는 이 제안된 법이 현명하지 못하고 위헌적인 역외 적용의 범위를 과대확대하고 있을 뿐만 아니라 경쟁 열위의 원천이 될 것이라는 데 근거하여 그 법에 반대하는 기업들의 연합전선에 직면했다. 그러나 의회는 그 법을 통과시켰으며, 그 법은 카터 대통령에 의해 서명되었고 대법원에 의해 지지되었다. 그 법은 부패를 줄이는 데 얼마간 성공을 거두었고, 이것은 역외 적용 법률이 기업의 행동에 힘을 실어주기보다는 기업의 행동을 제한한 드문 사례였다. 그러나 이것은 리처드 닉슨이 워터게이트로 몰락한 직후 반부패가 정치적 분위기를 지배하던 시대에 아주 한시적으로 국내에서 진보적 입법의 기회가 주어진 결과였다. 이는 국민국가가 글로벌리즘에 대항하여 진보적 규칙을 제정한 예외적인 경우였다. 그러나 이 성공은 정치가 손을 맞잡으면 그러한 규칙이 실제로 실행 가능하다는 것을 보여준다.

기업의 사회적 책임이라는 환상

초국적 정부조직들에게서 통상적으로 나타나는 친기업적 편향은 일부 개혁가들로 하여금 NGO를 균형추로 바라보게 해왔다. NGO는 그린피스Greenpeace처럼 시민 불복종에 기꺼이 의존하는 파괴적 단체에서부터 국경 없는 의사회Doctors Without Borders와 같은 용감한 서비스 단체, 그리고 본질적으로 다국적 기업의 간판 노릇을 하는 비굴한 명목상의 독립 단체에 이르기까지 다양하다. 그리고 그 사이에는 무수한 부류의 단체가 존재한다.

30년이 넘는 기간 동안 시민들은 '다중 이해관계자multi-stakeholder' 연합을 창설하여 자신들의 평판에 대해 우려하는 다국적 기업들로 하여금 자발적으로 자신들의 관행을 개혁하도록 유도하고 그런 다음 그 개혁을 모니터링하기 위해 엄청난 노력을 기울여왔다. 이 접근방식의 첫 번째 모델이 설리번 원칙Sullivan Principles으로 불리는 일단의 행동규약이다. 1977년에 레온 설리번Leon Sullivan 목사가 남아프리카공화국과 거래를 하거나 그곳에서 사업을 하는 다국적 기업에 대해 인종격리정책apartheid를 실행하지 못하도록 압력을 가하는 운동의 일환으로 창시한 설리번 원칙은 프레토리아Pretoria* 정부에게 구체적인 개혁을 하도록 압력을 가했다.

원래 설리번 원칙은 기업들에게 동등한 고용기회 규약 — 실제로 실행될 경우 인종격리정책 체제의 핵심 교의를 뒤집을 수 있었던 — 을 지킬 것을 요구했다. 설리번 목사는 유명한 아프리카계 미국인 지도자였고 남아프리카공화국에서 광범위한 사업을 하고 있던 제너럴 모터스 이사회의 성원이었기 때문에 상당한 영향력을 가지고 있었다. 결국 1980년대 후반 즈음에는 125개 이상의 기업이 설리번 원칙을 지켰고, 100개 이상의 기업이 남아프리카공화국에서 철수했다.[5] 이 일이 일어났을 무렵, 인종격리정책 반대운동은 단편적인 개혁을 요구하는 것 훨씬 너머로까지 나아가고 있었다.

표면상으로는 설리번 원칙이 그러한 자발적인 행동규약의 가치를

* 남아프리카공화국의 행정 수도 _옮긴이

증명하는 것으로 보인다. 하지만 이 둘 간의 핵심적인 차이가 그러한 모니터링 계획 대부분이 갖는 약점을 설명한다. 설리번 원칙은 단지 기업의 행동을 바꾸는 것에 관한 것이 아니었다. 설리번 원칙은 궁극적으로 혁명적 변화를 위한 운동, 구체적으로는 서구 정부에 대한 압박과 투자철회 운동divestment campaign*은 물론 현장에서의 급진적인 선동과 시민 불복종도 포함하는 운동의 일부였다.

물론 남아프리카공화국의 반정부세력도 적지 않은 노력을 했다. 그리고 혁명운동을 '시민사회'의 일부로 범주화하는 것은 오해의 소지가 있다. 넬슨 만델라Nelson Mandela의 개인적인 용기 및 도덕적 증언과 수천 명의 다른 사람들의 결합에 의해 창출된 유례없는 힘의 집중은 거의 불가능하다고 믿었던 변혁적인 변화를 만들어냈다. 하지만 아이러니하게도 설리번 원칙은 그 목표가 훨씬 더 온건하고 점진적인 인증제도certification regime라는 정교한 이데올로기와 관행을 낳았다.

1990년대 이후 수백 개의 모니터링 및 인증제도가 NGO에 의해 또는 손상된 평판으로부터 자신들의 브랜드를 보호하고자 하는 기업들에 의해 만들어졌다. 이 인증제도는 정의상 자발적이다. 이 제도는 기업들에게 협력할 것을 요구한다. 이 인증제도는 시민보다는 **소비자**로서 자신의 역할을 하는 글로벌 공중을 활성화시키는 것에 의존한다. 이 차이는 핵심적이다. 시민은 기업 행동을 강제적으로 제약하는 법을 제정할 수 있는 권한을 가진 정부를 선출할 수 있다. 소비자 또는 소비자 단체는 명망 있는 인사를 정치적 지렛대로 이용하여 기업이 규범을 따르도

---

* 주식과 채권 등을 매각함으로써 기업에 압력을 가하려는 운동. 특히 남아프리카공화국의 인종차별에 항의하여 미국 기업들에게 남아프리카공화국에서의 활동을 중단하도록 압력을 가한 운동 _옮긴이

록 압력을 가할 수 있다. 소비자는 시민보다 힘이 훨씬 약하다. 왜냐하면 소비자는 국가의 직접적인 법적 권력과 경찰력보다는 NGO나 기업의 자기검열에 집행을 맡기기 때문이다.

이 인증 접근방식은 국가 규제에 의해 시장 관행을 확실하게 바꾸기보다는 시장 규범 내에서 기준을 끌어올리고자 한다. 이 전략은 폴라니에 의해 유명해진 도식을 뒤집는다. 폴라니는 관리되는 형태의 자본주의의 목표는 경제거래를 사회관계에 재착근시키는 것이라고 지적했다. 관리되는 자본주의 그러나 이와 대조적으로 인증제도들은 폴라니를 거꾸로 뒤집는다. 그것들은 사회적 목표를 달성하기 위해 시장의 힘 ― 소비자 압력, 기업의 계몽된 자기 이익 ― 을 자랑스럽게 이용하고자 한다. 마이클 콘로이Michael Conroy가 인증제도를 장려하는 열정적인 책에서 기술하듯이, 인증제도는 사회적 목표를 달성하기 위해 전적으로 시장의 힘에 의존하는 "비국가, 시장 주도적" 전략이다.[6] 이는 폴라니의 감성과는 정반대되는 것이다. 왜냐하면 인증제도는 시장의 헤게모니를 인정하고 심지어는 강화하기 때문이다. 다시 말해 인증제도는 시장을 시장 체계의 실패로 인해 요구되는 사회적 결정까지도 내리는 메커니즘으로 바라본다.

기업의 사회적 책임이 간간이 성공을 거두어온 가운데, 대규모 재난 ― 이를테면 2008년의 금융 붕괴, 계속되는 환경 악화, 노동기준과의 전쟁과 같은 ― 에 책임이 있는 세계 최강 기업 중 일부는 자신들의 평판을 끌어올리기 위한 노력의 일환으로 자발적 인증제도에 적극적으로 참여해 왔다. 탐욕적 규제 완화의 주요 선동자인 씨티그룹은 제3세계 대출에서 자발적으로 환경기준을 준수하게 하는 것과 관련하여 세계은행과 협력해 왔다. 임금규제에 대한 대표적 반대자인 월마트는 자신을 녹색 소매업의 선구자로 이미지화해 왔다. 이처럼 기업의 사회적 책임 노력이 급증해 온 것과 마찬가지로, 금융에 의한 기본 민주주의의 부패 역시 급증해 왔다.[7] 비록 벤 앤 제리스Ben and Jerry's* 처럼 원래 소유주들이 이윤보다 공익을 우선시하는 회사도 가끔 있기는 하지만, 누군가가 대기업들의 경우 이러한 파트너십이 주로 홍보를 위한 것이라고 결론을 내리는 것도 무리는 아니다.

인증받은 커피, 지속 가능한 산림, 공정한 옷 등등

겉으로 보기에 공정무역 커피는 진보의 좋은 사례이다. 페어 트레이드 인터내셔널Fair Trade International과 페어 트레이드 유에스에이Fair Trade USA는 환경 목표와 노동 목표를 결합하여 공정무역 커피를 브랜드화하려고 노력해 왔다. 프리미엄 커피 한 잔에 4달러를 기꺼이 지불하려는 부유한 나라의 소비자들은 정치적 의식이 강한 경향이 있다. 높은 소매가격 때문에, 그리고 훌륭한 기업 시민이라는 평판에 대해 스타벅스 같은 기업들이 갖는 예민한 감수성 때문에, '공정무역' 커피는 적절한 노동 및 농업 기준을 통해 프리미엄 가격을 경제적·정치적으로 정당화할 필요가 있었다. 재배자들은 인증을 받으면 이익을 얻을 수 있었고, 따라서 자신들의 커피에 대해 더 높은 도매가격을 받을 수 있었다.

하지만 20년 넘게 공정무역 커피를 경험하면서, 비판가들 ─ 그들 중 많은 사람이 공정무역운동의 베테랑이다 ─ 은 이 접근방식에 고질적인 것

---

*　미국의 아이스크림, 냉동 요구르트, 서벗 제조회사 _옮긴이

으로 보이는 몇 가지 결함을 지적해 왔다.[8] 세계 커피의 약 5%만이 공정무역으로 거래되고 있다. 재배 관행은 지속 가능한 농업에는 이득이지만, 인증을 취득하는 데 추가 비용이 발생하는 농민들에게 프리미엄 가격 중 얼마만큼이 순보상으로 기여하는지를 놓고 논란이 일고 있다. 일부 비판론자들은, 재배자들에게 지급되는 높은 가격이 꽤 효과적인 가격 안정화 체제 ─ 다시 말해 커피가 세계적으로 과잉생산되는 것을 막는 것을 목적으로 하는 국제커피기구International Coffee Organization ─ 를 불안정하게 만들었다고 주장한다. 프리미엄 가격에 끌린 재배자들이 경작지를 늘려 공급을 확대함으로써 공정무역 레짐 아래에 있지 않은 전 세계 대다수의 커피 농부들에게서 가격을 떨어뜨렸다는 것이다.

현재는 인증 라벨(네 개의 주요 국제공정무역 네트워크)이 급격히 증가해서 소비자 혼란을 초래하고 있다. 준수 여부 감시의 적정성에 대해서도 논란이 있다. 페어 트레이드 인터내셔널의 감시 기구인 FLO-CERT는 영리기업이다. 스타벅스와 같은 일부 회사들은 공정무역으로 브랜드화된 커피에 대해 추가 요금을 지불하는, 사회적 양심을 가진 소비자들을 유인하지만, 스타벅스는 동일한 고객들에게 다른 프리미엄 비공정무역 요금의 커피들도 제공한다. 이는 **보편적인 의무적 최저한도**universal mandatory minimums를 정하는 OSHA[*]나 '공정노동기준법Fair Labor Standards Act' 같은 규제 체제와는 거리가 멀다.

국제시민사회의 가장 오래된 계획 중 하나인 산림 인증 프로그램은 지속 가능한 관행을 따르는 산림 제품을 브랜드화하고자 한다. 1993년에 산림관리협의회Forest Stewardship Council: FSC가 창립된 것은 1992년 리우

---

[*]　Occupational Safety and Health Administration. 노동안전위생국 _옮긴이

지구정상회의Rio Earth Summit 및 산업계와 환경단체가 18개월 동안 벌인 협의에서 비롯되었다. 주목할 만한 것은 FSC가 주요 업종의 플레이어들과 그린피스 같은 산업계에 대한 아주 급진적인 비판가들을 한데 모아놓았다는 것이다. FSC는 주요 벌목회사뿐만 아니라 홈디포Home Depot, 이케아 같은 소매업자들도 끌어들여 왔다. FSC는 거버넌스, 인가, 그리고 목제품 인증chain-of-custody certification의 정교한 체계를 구축하고 있다. FSC의 회원은 환경단체에서부터 주요 생산업자와 킴벌리 클라크Kimberly Clark 같은 최종 사용자에 이르기까지 광범하다.

FSC는 세계 전체 숲의 약 10%인 4억 4000만 헥타르가 인증을 받고 있다고 주장한다.[9] 하지만 이 수치는 지난 10년 동안에만 1억 3000만 헥타르가 삼림 벌채로 손실되었다는 점을 감안해서 인식되어야 할 것이다.[10] FSC가 현재 전 세계 목재 판매량의 약 15%가 하나 또는 다른 인증 제도에 의해 보호받고 있다고 주장하고 있지만, 유엔의 식량농업기구 Food and Agriculture Organization에 따르면 산림 벌채 면적은 1990년대에 연간 1300만 헥타르였던 것이 계속 늘어나서 여전히 연간 1600만 헥타르에 달하고 있다.[11]

모든 것을 감안할 때, FSC의 절차가 소비자들의 인식을 높이고 글로벌 삼림 벌채 과정을 둔화시켰지만 삼림 벌채를 역전시키지는 못했고, 지금은 세계 삼림의 절반 이상이 파괴되었다. 지속 가능한 관행은 여전히 소수의 나무 수확에만 적용된다. 우리가 가지고 있지 않은 것은 숲 기준과 관련한 집행 가능한 글로벌 조약이다. 브랜딩 캠페인이 도움이 되기는 했지만, 그 공적은 대부분 브라질과 인도네시아 두 국가의 정부가 계획적인 정책 변화를 통해 빠른 삼림 벌채를 장려하던 초기 정책을 뒤집은 덕분이다.

달성하기 어려운 노동기준

기업들에게 자신들이 최소한 괜찮은 임금 기준과 노동조건을 제공하는 공장에서 제품을 생산을 해왔다는 것을 증명하는 로고를 사용하도록 압력을 가하는 노동착취공장 반대운동anti-sweatshop movement을 고찰해 보자. 미국을 근거지로 하는 두 단체 중 하나인 공정노동위원회Fair Labor Association: FLA는 대기업과 제휴하고 있다. FLA는 1999년에 만들어졌다. FLA는 클린턴 대통령이 중재한 협의 과정에서 비롯되었으며, 원래는 산업계뿐만 아니라 노동조합도 포함되어 있었다. 그러나 산업계에서는 구속력 있는 기준에 합의하지 못했고, 노동조합은 곧 떠났으며, 노동조합은 후일 FLA가 단지 명목뿐인 변화에 만족한다는 이유에서 FLA를 비판했다.

애플이 자사의 납품업체인 폭스콘Foxconn의 공장들에서 자행하는 엄청난 악폐가 폭로된 후 중국 내 공장의 감시자로 FLA를 선정했을 때, 비판가들은 애플이 기업들로부터 얼마간 자금을 지원받고 있으며 엄격하고 독립적인 조사로 유명하지도 않은 기관을 선정했다고 지적했다. 악폐는 FLA 감시 후에도 계속되었다.

1999년에 노동조합과 노동착취공장에 반대하는 대학생연합United Students Against Sweatshops: USAS이 노동자 권리 컨소시엄Worker Rights Consortium: WRC이라는 독립 단체를 만들었다. WRC는 일부 성공을 거두었지만, 다국적 기업들로 하여금 노동 관행을 개혁하게 하는 데서 큰 어려움에 직면했다. 그중 가장 근본적인 것 중 하나가 노동조합을 조직하거나 가입할 권리이다. WRC는 때때로 FLA 절차가 제공하는 영향력을 이용한다. 이를테면 2008년에 FLA의 한 회원사인 러셀 애슬레틱/프루트 오브 더

룸Russell Athletic/Fruit of the Loom*은 노동자들의 노동조합 결성 결정을 수용하지 않고 오히려 온두라스에 있는 공장을 폐쇄했다. FLA는 러셀에 대해 어떤 조치도 취하지 않았다. 마침내 WRC와 USAS가 동원한 100여 개 대학이 자신들의 로고를 이용하여 러셀이 제품을 만들 수 있는 면허를 거부했다. 회사는 마침내 공장을 다시 여는 데뿐만이 아니라 온두라스에 있는 다른 공장들의 노동조합 결성을 허용하는 데에도 동의했다. 그러나 이와 같은 성공은 드물다.[12]

방글라데시에서 일어난 건물 붕괴 사고로 유럽과 미국의 주요 패션 브랜드를 생산하는 의류공장 노동자 1100여 명이 사망한 이후, 2013년 5월에 하나의 잠재적 돌파구가 마련되었다. 글로벌 노동운동과, WRC와 유럽을 근거지로 하는 공정한 옷 입기 캠페인Clean Clothes Campaign과 같은 단체들은 스웨덴에 본사를 둔 H&M과 스페인의 인디텍스Indetex — 유럽의 양대 의류 소매업체 — 가 운영하는 대부분의 유럽 주요 패션 브랜드 70개 이상과 협력관계를 맺었다.

2013년 5월 15일에 체결된 협정은 1면 톱뉴스를 장식했다. 그 협정은 계약상의 의무의 하나로 참가 소매업자들에게 자신들이 의류를 공급받는 방글라데시 공장의 안전 조건에 대한 책임을 지게 했다. 분쟁이 발생할 경우에는 구속력 있는 중재 절차가 작동한다. 하지만 이 방글라데시 화재건물안전협정Accord on Fire and Building Safety in Bangladesh은 임금이나 조직화 권리는 다루지 않았다. 이 협정으로 인해 기업들은 노동조합 대표들이 노동자의 건강과 안전을 교육시키는 것을 허용해야 했는데, 노동조합은 이를 조합 결성의 첫걸음으로 삼았다. 방글라데시를 세계 저

* 스포츠 웨어 등을 제조하는 미국 의류제조업체 _옮긴이

가 의류 생산국으로 자리매김하는 것이 경제개발전략이던 방글라데시 정부는 전혀 열성적이지 않았다. 2016년과 2017년 모니터링팀의 보고서에 따르면, 안전기준이 다소 진전되었지만, 노동조합 조직에서 유의미한 변화는 전혀 찾아볼 수 없었고, 임금도 거의 인상되지 않았다.[13]

이러한 제한된 성공에도 불구하고 소비자 의식의 고양을 통해 기업을 변화시키고자 하는 이상은 이 과정에서 거의 아무런 역할을 하지 못했다. 대부분의 소비자는 가격을 포함한 다른 관심사에 너무나도 몰두한 나머지 그 회사의 제품이 노동조합 라벨을 자랑으로 삼는지에 대해서는 그다지 관심을 기울이지 않는다. 오히려 기업으로 하여금 노동조합을 받아들이게 하는 노동조합의 능력은 거의 전적으로 노동조합이 국가로 하여금 노동권과 관련한 법을 집행하도록 하는 데 영향을 미칠 수 있는 능력과 함수관계에 있었다.

채굴, 오염, 그리고 부패

석유, 가스, 철광석, 광물과 같은 채굴산업의 지급금을 주요 외화 공급원으로 삼고 있는 나라는 50여 개국이다. 이들 나라 중 많은 나라가 가난하며, 민주적인 국가는 거의 없다. 따라서 환경과 노동인구 모두를 희생시키고 싶은 유혹이 엄청나다. 자원 보유국 정부에게 기업의 지급금이 흘러 들어가면서 발생하는 광범한 부패는 문제를 악화시킬 뿐이다. 이 증후군은 일반적으로 '자원의 저주resource curse'로 알려져 있다.

자원이 풍부한 개발도상국은 일반적으로 유엔개발계획UN Development Program의 인간개발지수Human Development Index와 국제투명성기구Transparency

International의 부패인식지수Corruption Perceptions Index에서 맨 아래에 몰려 있다. 오일 머니는 국가의 대다수 국민들의 발전을 돕는 데로는 거의 들어가지 않고 자주 전쟁에 쓰인다. 특히 약한 민주주의 국가나 전제주의 국가가 광물자원에 지나치게 의존하는 것은 지배자와 다국적 채굴기업들 간의 부패한 거래를 조장하여, 이윤이 균형 잡힌 경제발전으로 흘러들어가기보다는 국가 밖으로 흘러나가게 한다. 그 결과 천연자원을 거의 보유하지 않은 국가가 자원 부국보다 더 빠른 비율로 성장하는 경향이 있다.[14]

원료 채굴산업의 비참한 노동 및 환경 조건과 부패 간의 관계는 수많은 NGO의 표적이 되어왔다. 1999년 12월에 런던에 본부를 둔 글로벌 위트니스Global Witness라는 단체는 앙골라에서 공공 자산을 약탈하는 과정에서 다국적 오일업계와 은행업계가 수행한 역할을 폭로한 「조야한 깨달음A Crude Awakening」이라는 제목의 보고서를 발표했다.[15] 이 보고서는 다국적 석유회사들이 부패한 지방정부가 (30년에 걸쳐 벌어진 앙골라 내전 자금으로 쓰인 거액을 포함하여) 석유 세수를 횡령하는 데 공모했음을 보여주었다. 그 보고서는 앙골라에서 영업하는 석유회사들에게 "지금 내역을 공개하라publish what you pay"라고 요구했다.

런던에 본부를 둔 이 캠페인에 곧 옥스팜 GBOxfam GB, 가톨릭구제회 Catholic Relief Services, 휴먼 라이츠 워치Human Rights Watch와 같은 NGO들이 합류했다. 토니 블레어 총리는 기업의 책임, 빈곤 감소, 에너지 안보를 결합하는 하나의 방법으로 이 대의를 받아들였다. 2003년에 조직자들은 채굴산업투명성기구Extractive Industries Transparency Initiative: EITI를 창설하고, 적어도 전 세계 350여 개 NGO를 회원으로 하는 네트워크를 통해 '퍼블리시 왓 유 페이Publish What You Pay'라는 캠페인을 벌였다.[16]

이 캠페인은 매우 성공적이었다. 광범한 연합이 가능했던 것은 그 대의가 항상 협력하지는 않던 광범위한 단체들의 관심을 끌었기 때문이다. 환경단체와 노동단체는 느슨하거나 부패한 규제기준이 채굴산업에서 노동자라는 인간에 대한 착취뿐만 아니라 환경파괴적 관행까지 허용하는 것을 우려하고 있었다. 사회정의와 빈곤퇴치 단체들은 가난한 나라의 정부 기금이 인간개발에 더 많이 쓰이고 부패한 정부 관리들에게 더 적게 가게 하는 데 관심을 가지고 있었다. 평화단체들은 지역 및 부족 간의 분쟁에 불법 자금이 흘러 들어가는 것을 막기를 원했다. 다른 NGO들은 투명성과 정직한 정부를 목적이자 수단으로 추구하고 있었다.

그 캠페인의 존재와 행동주의는 우연히 또 하나의 돌파구가 될 수 있는 발판을 마련했다. 2010년 '도드-프랭크법'을 둘러싼 마지막 라운드에서 공화당의 핵심적 상원의원인 리처드 루거Richard Lugar(인디애나주)는 전체 법안에 대해 특별히 우호적이지는 않았지만, 제3세계 국가들의 부패방지조치들에 대해서는 관심을 가지고 있었다. 따라서 발의자들은 전체 법안에 대한 상원의원 루거의 표를 얻기 위해 하원이나 상원 법안 어디에도 포함되지 않았던 하나의 공개 조항을 최종회의의 초안에 추가했다. 다국적 기업들은 허를 찔렸다. 왜냐하면 기업이 통상적인 로비를 할 수 있는 시간이 전혀 없었고, 최종 법안에는 '지급 내역을 공개하라'의 요구조건이 포함되어 있었기 때문이다.

'도드-프랭크법'하에서 채굴산업의 다국적 기업들은 미국 증권거래위원회에 공적으로 제출하는 서류에 자신들이 정부에 지급하는 금액을 포함시켜야 한다. 이 요건은 결국 명백한 부패를 감추는 것을 더 어렵게 만들고, 채굴과 석유 생산에서 노동 및 환경 조건에 대한 보다 실질적인 진전을 이룰 수 있는 길을 열어준다.

하지만 NGO의 성공에 관한 이 드문 이야기는 해피엔딩이 되지 못한다. 도널드 트럼프의 대통령 당선은 이 성과를 뒤엎었다. 2010년부터 2016년까지 산업계가 가한 압력과 제기한 소송은 증권거래위원회의 최종 규제 발포를 미루게 했다. 그 규제들은 차기 트럼프 행정부에 의해 우선적으로 폐기될 것들 안에 들어 있었다. 그리하여 기업들은 결국 자신들의 지급금을 자신들의 증권거래위원회 서류철에 공개할 필요가 없어졌다.

실제로 인증제도와 감시 프로그램들이 이룩한 사회적 진보는 지지부진했다. 온갖 노력에도 불구하고, 이를테면 금융 관행처럼, 그러한 체제를 수립하는 것이 전혀 불가능한 영역들이 글로벌 거래에는 엄청나게 존재한다. 기업의 사회적 책임은 대부분 하나의 브랜딩 책략이자 홍보 전략이다. 글로벌 NGO들이 아무리 창의적이라고 하더라도, 우리가 자본주의에 대한 민주적 통제를 회복하기를 원한다면 국민국가의 수준에서 진정한 조치가 이루어져야 한다.

집행 없는 주창

개별 국가들이 IMF, 세계은행, WTO에 실질적인 권력을 이양한 반면, 인권 규범에 관한 한 글로벌 거버넌스 기관들은 임의적이고 권고적이다. 글로벌 기관들은 호명하고 창피를 줄 힘을 가지고 있지만, 글로벌 거래의 너무나도 많은 것이 전혀 수치스러워할 줄을 모른다. 여기에 딱 들어맞는 글로벌 기관의 사례가 바로 ILO이다.

1919년 국제연맹League of Nations*의 산하기관으로 설립된 국제노동기구International Labor Organization와 그 사무국인 국제노동청International Labor Office (다소 혼란스럽게도 둘 다 ILO로 약칭된다)은 유엔과 관련된 기관 중에서 가장 덕망 받는 기관이다. ILO는 3자 기구로 조직되어 기업과 노동계는 물론 정부까지도 함께하고 있지만, ILO의 입장은 친노동적인 경향이 있다. ILO는 베르사유 평화회의Versailles Peace Conference에서 신생 노동조합 조직들이 테이블의 한 자리를 요구한 데서 비롯되었으며, 제1차 세계대전 이후의 시기에 이미 부상해 있던 노사정 삼자주의tri-partism를 반영하는 것이었다.

ILO는 국제체계 내에서 그 구조가 허용하는 한 노동계의 목소리를 최대한 내고 있다. 수년간 ILO는 노동조건과 관련한 광범위한 연구를 수행해 왔으며, 노동권 및 그와 관련된 인권에 관한 188개의 '구속력 있는' 협약 — 그중 대부분은 미국의 비준을 받지 못했다 — 뿐만 아니라 구속력이 없는 199개의 권고안도 공포해 왔다. 하지만 이것들은 시행되지 않고 있다. 그러한 안들은 노동권을 관행적으로 억압하는 — 그러면서도 처벌받지 않는 — 수십 개국의 비준을 받았다. 생산의 지구화가 확산되면서, 제3세계와 보다 풍요한 국가 모두의 노동조건이 악화되었고 노동조합에 대한 공격도 격화되었다.

ILO라는 기구는 결국 하나의 정교한 법체계 — 주로 위반할 때 존중받는 — 이다. ILO의 모든 면은 회원국들의 조치에 크게 의존하는데, 회원국 대부분은 ILO 규범을 열망으로는 받아들이지만, 반드시 정책으로 받아들이지는 않는다. WTO와 달리 ILO는 국내법이나 국제법의 힘을 가

---

* 유엔의 전신 _옮긴이

진 독자적인 표준을 설정하는 권한을 가지고 있지 않다.

그렇기는 하지만, 그러한 협약들은 일정한 도덕적 권위를 가지며, ILO는 무역협정에 노동 조항이 추가되어 있는 드문 경우에서 하나의 준집행기관으로 유익한 역할을 해왔다. 이를테면 유럽연합은 특정 상업 규범을 준수하기로 합의하는 교역 상대국에 '공동체 특혜Community Preference' (관세 인하)를 제공하고 있는데, 그 조건 중 하나가 ILO가 규정한 핵심적인 노동권을 채택하고 집행하는 것이다.[17] 유럽연합은 ILO에 의존하여 공동체 특혜를 추구하거나 획득하는 국가들이 그 조건을 준수하고 있는지를 감시해 왔다. 노동조합원의 수가 장기간에 걸쳐 계속해서 줄어들어 온 세계에서 ILO는 또한 백업 자원, 네트워킹 기회 및 기술적 전문지식을 일반적으로 노동자의 권리에 우호적인 관점에서 제공한다. 그러나 집행은 여전히 각국 정부의 소관으로 남아 있다.

이주와 무국적의 딜레마

이주는 글로벌 경제의 한 특징일 뿐만 아니라 보편적 인권이라는 이상에 근본적인 과제를 제기하는 것이기도 하다. 2억 4400만 명 이상의 사람이 다른 누군가의 나라에서 살고 있는데, 그중 대부분은 일자리를 찾고, 일부는 민주적인 자유를 추구하며, 많은 수는 난민으로 도피 중이다.[18] 이들 이주자의 3분의 1에서 절반이 이미 시민이거나 시민권 취득의 길을 걷고 있는 신참들이다. 그러나 이중 시민이 될 수 없는 한 시민이 되고 싶어 하지 않는 사람들이 점점 더 많아지고 있다. 그들은 모국으로 왔다 갔다 하는 것을 선호한다. 그들은 아마도 적절한 밑천을 모으면 영원히 되돌아가는 것을 선호할 것이다. 수천만 명의 경제적 이주자들은 돈을 송금한다. 네팔과 아이티 같은 일부 국가에서는 송금액이 국내 GDP의 4분의 1 이상을 차지한다.

많은 이주민 ─ 4000만 명이 넘을 것으로 추정된다 ─ 이 도착지 국가에 불법 체류하고 있다. 그들은 시민권도 없고, 즉결 체포에 취약하다. 그리고 그들이 자신들의 신분을 정상화할 수 있는 능력은 나라마다 다르다. 최근 갈 곳 없는 난민들의 급증은 이 과제를 더욱 악화시켜 왔을 뿐이다.

페르시아만 국가들처럼, 자국 시민들조차 민주적 권리를 갖고 있지 않은 나라에서 이주 노동자들은 노예제도와 비슷한 계약 노예 상태에 처해 있다. 파키스탄, 필리핀, 네팔과 같은 '발신' 국가의 정부는 자국민을 보호하기 위해 '수신' 국가들과 기준을 협상하려 하지만, 영향력은 거의 가지지 못한다. 일부 정부는 이러한 인간 상거래를 하는 노동 브로커들을 규제하려고 하지만, 거의 성공하지 못한다. 네팔인들은 네팔 법을 무시하는 노동 브로커들과 접촉하기 위해 정기적으로 인도를 여행한다.[19]

빈곤에 허덕이는 국가들에서는 사람들은 일자리가 너무나도 절실하기 때문에 중개인과 주인 정부 모두의 착취를 대수롭게 여기지 않는다. 그들의 고용주나 노동 브로커가 그들의 여권을 소지하고 있는 경우가 많다. 그들은 항공료 비용을 충당하기 위해 빚을 지고 있으며, 빈번히 밀린 임금을 떼이는 경험을 하기도 한다. 그들은 누구에게도 하소연할 수 없다. 착취에 시달리는 것 외에도, 권리가 거의 없는 절박한 노동자들은 임금과 사회적 기준을 끌어내리며, 브렉시트와 트럼프를 불러온 것과 같은 종류의 정치적 반격에 연료를 공급한다. 이주민들에게 분개하는 현지 노동자들은 이주민들이 통상 임금을 낮추는 경향이 있다고 말하는데, 이러한 반응에 인종차별적 요소가 전혀 없다고 하더라도(하지만 그러한 요소가 종종 있다) 그들의 지적은 옳다.

원칙적으로 이 문제는 최소한의 기준을 정하기 위한 모종의 글로벌 거버넌스 레짐을 절실히 필요로 한다. 서류상으로는 ILO가 노동 기본권을 보호하게 되어 있다. 일례로 1967년에 채택된 난민 지위에 관한 의정서Protocol Relating to the Status of Refugees 조약은 146개국의 서명 국가에 "인종, 종교, 국적, 특정 사회단체의 구성원 신분 또는 정치적 견해를 이유로 박해를 받고 있다고 인정하기에 충분한 근거가 있는 공포"를 가지고 있으며 "그 사건들로 인해 이전에 항시 거주하던 나라의 밖에 있는 자로서 그러한 공포 때문에 그곳으로 돌아갈 수 없거나 돌아가기를 원하지 않아" 피난처를 찾는 사람들을 받아들일 것을 요구한다.[20]

꽤 명확한 이 기준조차도 나라마다 서로 매우 다르게 해석된다. 미국은 정치적 박해를 이유로 피난처를 찾는 사람들과 단지 경제적 궁핍에서 벗어나려는 사람들을 엄격하게 구별한다. 다른 나라들 — 이를테면 일본 — 은 난민들의 입국을 언제나 완전히 차단한다.

'출생시민권제도birthright citizenship'(이민자 부모의 자녀가 자동으로 출생 국가의 시민인가의 여부)와 이중 국적 허용 여부 같은 논쟁적인 사안과 관련해서는 어떤 단일한 기준이나 규범도 존재하지 않는다. 정치적 난민에 대한 인정처럼 국가들이 원칙적으로 동의한 규범조차도 그것을 실행하기 위한 글로벌 메커니즘은 존재하지 않는다. 오랜 인권운동가이자 지도자였던 가라 라마쉬Gara LaMarche는 외국인조차도 사회계약에서 소외되어서는 안 된다고 제안했는데,[21] 이는 적절한 대우라는 기본 규범이 시민, 방문객, 난민, 이주민 모두에게 똑같이 확대되어야 한다는 것을 의미한다. 그러나 글로벌 체계는 이 원칙을 전혀 받아들이지 않고 있다.

제2차 세계대전 이후 이상주의의 시대에 정부들은 '유민displaced persons'이라고 불리던 수백만 명의 전쟁 피해자들을 정착시키기 위해 협력했다. 당시는 유엔이 회원국 정부에게 세계인권선언Universal Declaration of Human Rights에 헌신하게 했던 시대였다. 그러나 그 후 몇 년 동안 기업들은 권리 없는 임시직 노동자 말고는 이주자를 점점 더 원치 않았다. 이러한 이주자들에 대한 법적 사각지대는 기업의 편협한 이익에 기여했다. 그것은 현지인들과 외부 사람들을 싸움 붙이고, 괜찮은 자본주의를 위해 벌인 오랜 투쟁을 약화시킨다.

황금 기준: 구속력 있는 조약들

1974년에 버클리에 소재한 캘리포니아대학교의 두 과학자 마리오 몰리나Mario Molina와 F.S. 롤랜드F.S. Rowland는 냉장, 냉난방, 에어로졸 스프레이 통에 사용되는 프레온 가스chlorofluorocarbon: CFC가 지구의 오존 보호막을 약화시켜 피부암과 눈병의 위험을 증가시킬 수 있다는 것을 발견했다. 산업계의 광범위한 반대와 사람들이 모자를 쓰고 자외선 차단제를 좀 더 바르면 된다는 보수적 회의론자들의 충고에도 불구하고, 주요 산업 국가들은 CFC를 금지하는 조치를 취했다.

조약에 의해 글로벌 거버넌스가 유일하게 한 번 성공을 거둔 데에는 적지 않은 행운이 작동했다. 화학업계는 처음에는 규제에 반대하기 위해 책임 있는 'CFC 정책을 위한 동맹Alliance for a Responsible CFC Policy'이라고 불린 통상적인 표면상의 단체를 만들었다. 그러나 명확한 과학적 증거 앞에서, 그리고 환경단체와 주요 정부들의 압력에 직면하여, 화학업계 는 곧 분열되었다. 1986년에 회사의 평판을 우려한 제조사 듀폰DuPont은 5년 이내에 CFC의 대체품을 찾겠다고 약속했다. 듀폰은 이것이 영리한 사업 전략이 될 것이라고 정확하게 계산했다. CFC가 단계적으로 폐지 됨에 따라, 듀폰은 차세대 냉각제의 선두 생산자가 될 것이었다.

남극 대륙의 오존층에 극적인 구멍이 발견되면서, 주요 국가들은 1987년 몬트리올 의정서Montreal Protocol에 의해 공식화된 오존층보호협약 Convention for the Protection of the Ozone Layer ― 모든 서명국에 CFC의 단계적 폐지를 강제로 요구할 수 있는 법적 조약 ― 에 동의했다. 미국은 보수적으로 국 정을 운영하는 로널드 레이건 대통령하에 있었음에도 불구하고, 과학 을 심각하게 받아들였다. 공화당은 그때까지만 해도 기후변화 부정자 가 아니었으며, CFC는 석유나 석탄 같은 주요 산업이 아닌 틈새 제품 이었다.

미국은 CFC를 95% 감축하는 데 주요 국가들을 끌어들이는 일에 10~ 14년 동안 앞장섰다. 그 계획은 효과를 거두었다. CFC는 이제 더 나은 화학 대체재를 가지게 되었다. 오존층은 2050년쯤에 치유될 것으로 예 상된다. 이는 국제 환경 거버넌스에서 거둔 드문 성공 사례의 하나이 다.[22] 그러나 주요 국가 정부인 미국이 그것을 주도하기로 결정한 것이 성공에 결정적이었다는 점에 주목하라.

회원국 정부에 의해 집행되는 구속력 있는 조약은 시민사회가 수행 하는 홍보, 교육, 압박, 또는 자발적인 협력 등의 캠페인을 훨씬 능가한 다. 구속력 있는 조약은 **국내법의 효력을 가지고** 있기 때문에, 대부분의 글로벌 통치 체제 ― 심지어는 시민사회의 제한된 참여를 허용하는 글로벌 통치 체제 ─ 보다 더 많은 효과를 발휘한다.

몇몇 다른 조약도 협상·조인되어 왔지만, 미국은 주권을 이유로 대부분 비준을 거부해 왔다. 재차 말하건대, 미국은 특정 조치가 자본과 거래에 대한 규제적 제약을 약화시키는 결과를 가져올 경우 주권을 기꺼이 ─ 열심히 ─ 희생시킨다. 하지만 그 목적이 기업을 제약하거나 인권을 진전시키는 것일 경우 미국은 일반적으로 주저한다.

대부분의 국가가 서명했지만 미국은 서명하지 않았거나 비준하지 않은 국제 협약으로는 몇몇 핵심적인 ILO 협약, 1994년의 해양법조약 Law of the Sea Treaty, 국제형사재판소International Criminal Court의 재판권을 인정하는 1998년의 로마 협정, 탄소배출에 관한 1997년의 교토의정서Kyoto Protocol 등이 있다. 다소 약한 2004년의 국제 '종자 조약Seed Treaty'도 미국의 비준을 받지 못했다. 미국은 1992년의 생물다양성 협약Convention on Biological Diversity, 독성폐기물 거래에 관한 바젤 협약Basel Convention, 그리고 잔류성 유기오염물질에 대한 스톡홀름 협약Stockholm Convention on Persistent Organic Pollutants도 비준하지 않았다. 미국 상원의 보수주의자들은 UN 이니셜로 시작하는 거의 모든 것을 본능적으로 거부하는 경향이 있다.

1980년 이후 협상된 주요 인권 조약 중에서 미국은 단지 두 개의 조약 ─ 여성 차별철폐에 관한 협약과 아동의 권리에 관한 협약 ─ 에만 서명했다(하지만 이 중 어느 것도 비준되지 않았다). 미국이 서명조차 하지 않은 조약에는 지뢰와 집속탄 금지 조약, 고문방지협약, 장애인의 권리에 관한 협약 등이 포함되어 있다.[23]

미국은 왜 이런 국외자 행동을 하는가? 이를 설명해 주는 것이 바로 그러한 조치를 받아들이기를 거부하는 전통적인 고립주의적 보수주의자들이 행사하는 영향력과 기업 엘리트들이 보유한 권력이다. 전통적 보수주의자들에게 어떤 형태의 국제법(특히 인권 침해와 관련하여 미국이 책임을 져야 할 수도 있는 조치들)에 미국이 예속된다는 것은 상상조차 할 수 없는 일이다. 그리고 기업 엘리트들은 국내법이나 국제법상의 노동, 금융, 또는 환경기준이 자신들의 관행을 간섭하고 나서는 것에 격렬하게 저항한다.

그렇다면 오존 협정에서는 무엇이 달랐는가? 우선 오존 협정은 기업이 대대적 반격에 나서기 전에 현시대의 환경에 대한 우려 속에서 상대적으로 일찍 승인되었다. 더욱 중요한 것은 그 협정이 CFC에 의한 오존 보호막의 급감이라는 협소하고 쉽게 격리되는 문제 ― 이와 관련한 과학적 지식체계와 해결책 모두가 간단하고 경제적 탈구가 제한된 ― 를 다루었다는 점이다.

반면 탄소배출을 이른바 350ppm 이하로 줄이기 위한 진지한 글로벌 노력은 목표, 수단, 상쇄라는 복잡한 문제를 제기한다. 이 보편적 목표는 실제로 서구가 초기 발전 단계에서 사용했던 경제성장의 수단을 세계에서 가장 크고 가장 가난한 개발도상국들 ― 즉, 인도와 중국 ― 에게는 허용하지 않는다는 것을 의미한다. 중국은 원칙적으로 녹색 기술을 이용하여 서구의 더러운 발전 단계를 뛰어넘을 수 있었고, 여전히 생활수준을 끌어올리고 있다. 다른 한편 중국은 1주일에 평균 1기의 석탄화력발전기를 새로 가동한다. 중국은 현재 세계 석탄의 절반 이상을 소비하고 있다. 또한 중국은 태양전지와 풍력터빈 생산에서도 세계를 선도하고 있지만, 재생 가능 에너지를 추가하는 것보다 더러운 발전을 위한 능력을 훨씬 더 빠르게 추가하고 있다.

제3세계 국가에 공정한 것으로 인식되는 탄소 협정을 달성하려면, 제3세계에 상당한 부와 지적 재산을 이전할 것이 요구된다. 그것은 서방에게 국내에서 인기가 없을 구속력 있는 목표를 세우고 자신의 경제를 근본적으로 변화시킬 것을 요구할 것이다. 우리의 환경을 구하기 위해서는 이 모든 것이 필요하다. 그러나 그것은 CFC를 금지하는 것보다 훨씬 더 복잡한 도전이고 훨씬 더 무거운 외교적·정치적 기중기이다. 이렇듯 조약은 글로벌 거버넌스의 황금 기준이 될 수도 있지만, 재차 말하지만, 그것의 실행은 각국 민주주의와 각국 정치에 달려 있다.

여기서 다시 브레턴우즈 협정 - 서명 국가에 대해 구속력을 지니는 협정 - 은 내용과 과정 모두에서 하나의 모델이 된다. 새로운 브레턴우즈 협정을 통해 우리는 환율 투기를 줄이고, 자본통제의 권한을 회복하고, 무역에 대한 사회적 기준의 부과를 명시적으로 허용하고, 기업에 장악되어 온 경제적 주권을 얼마간 되찾을 수 있을 것이다.

글로벌 거버넌스에 보내는 응원

그렇다고 해서 글로벌 거버넌스와 글로벌 시민사회의 세계가 무익하다는 것은 아니다. 말하고자 하는 것은 단지 그것들이 자본주의를 다스리는 과제에 대한 해결책이 결코 되지 못한다는 것이다.

'퍼블리시 왓 유 페이'와 같은 NGO 캠페인은 악폐 해결에 빛이 될 수 있다. 국제적십자International Red Cross와 국경 없는 의사회 같은 시민사회 단체들은 직접적인 인도주의적 지원에서뿐만 아니라 국민국가들로 하여금 폭력을 줄이도록 하기 위한 노력에서도 플레이어들이다. 반지구화 단체들은 1999년에 새로운 무역협상 라운드에 착수할 것으로 예상했던 시애틀 GATT 회의를 중지시키는 데 성공했다. 세계 기후변화에 많은 스포트라이트가 쏟아진 것은 NGO들이 활동을 잘했기 때문이다.

때로는 초국적 거버넌스 기구가 진정한 진보에 직접적으로 기여하기도 한다. 좋은 예가 정부간기후변화위원회Inter-Governmental Panel on Climate Change이다. 이 위원회는 유엔의 후원으로 만들어졌으며, 기후변화의 속도, 원인, 결과에 대한 과학적 합의를 저장하는 신뢰할 만한 보고寶庫의 역할을 한다. 또 다른 적합한 예가 바로 핵확산금지조약의 준수 여부를 감시하는 역할을 위임받은 기구로, 널리 존중받는 역할을 해온 국제원자력기구International Atomic Energy Agency: IAEA이다. IAEA의 사무총장들은 이라크전쟁 동안에 미국 행정부의 허위진술에 기꺼이 공개적으로 이의를 제기했고(한스 블릭스Hans Blix[1981~1997년]와 모하메드 엘바라데이Mohammed ElBaradei[1997~2009년]), 나중에는 이란 핵 협상의 진전을 촉진시키는 일에 기꺼이 나섰다(아마노 유키야Amano Yukiya[2009년~현재]).

하지만 그런 기구들의 효력은 강대국들이 그 기구들에게 실질적인 권한을 기꺼이 맡기고자 하는 의지에 달려 있다. 그리고 각국 정부가 추진하는 정책은 대체로 글로벌 시민사회가 아닌 국내 정치와 함수관계에 있다.

존 케네디 대통령은 1963년에 아메리칸대학교American University에서 행한 연설에서 민주주의를 위해 세계를 안전하게 만들자는 우드로 윌슨Woodrow Wilson의 요청을 가지고 말장난을 했다. 케네디는 미국이 "다양성을 위해 세상을 안전하게 만들기"로 결의했다고 밝혔다.[24] 이것은 소련 체계에 대한 소련의 권리를 인정하는 것이자 단일한 전체주의 모델을 강요하려는 공산주의자들의 노력에 저항하겠다는 맹세이기도 했다. 하지만 그것은 다른 나라들이 자신들의 노선을 정할 권리를 존중하겠다는 약속 또한 담고 있었다.

오늘날 하나의 단일한 경제 모델을 전 지구에 강요하고자 하는 사람은 공산주의자가 아니라 자본가들이다. 모든 것을 감안해 볼 때, 글로벌 거버넌스 기관들은 그러한 지배에 도전하기보다는 그것을 반영하고 강화하는 경향이 있다. 글로벌리즘은 자본의 이익을 증진시키는 데서는 막강했지만, 인권 영역을 방어하거나 확대하는 데서는 힘이 없었다. 민주주의 − 또는 반민주주의 − 의 거주지는 여전히 각국 정치이다.

11

자유주의, 포퓰리즘, 파시즘

 민주주의 이론가들은 오랫동안 개방사회의 적들은 그 사회의 개방됨을 이용하여 민주주의를 파괴하려고 할 수 있다고 인식해 왔다. 이 책이 제시해 온 바와 같이, 자유민주주의에 대한 스트레스와 경제적 실패에 대한 시민들의 취약성 간에는 직접적인 관계가 존재한다. 우리 시대에서는 1920년대와 마찬가지로 경제적 자유주의의 과잉 ― 지구화의 압력 ― 이 정치적 자유주의를 파괴하고 있다. 만약 민주주의가 자본주의에 마구를 채울 수 없다면, 민주주의는 그 자신을 전복시키고 네오파시즘 ― 시장을 관리하는 척하면서 더 자주 기업과 동맹을 맺고 극단적 민족주의적 상징과 희생양들로 개혁을 대신하게 될 ― 에 길을 내어줄 위험이 있다. 1930년대에 이러한 사태는 독재와 전쟁 둘 다로 귀결되었다.

 수세기 동안 민주주의의 확산은 자유주의적 가치의 부상을 동반해왔다. 계몽주의와 함께 시작된 고전 자유주의는 개인의 권리, 통치자의 권력에 대한 제한, 자유로운 탐구와 연관되었고, 이는 다시 논리적으로 검열을 불가능하게 했다. 제퍼슨식 자유주의는 종교적 관용을 추구했지만, 신앙보다 이성을 존중했다. 이러한 핵심 가치들은 점차 입헌민주주의 개념으로 발전했다.

그 과정에서 존 로크John Locke 같은 이론가들은 17세기 후반에 저술한 책에서 자연적 평등 이론, 사회계약으로서의 정체政體, 그리고 독단적 통치에 대한 견제와 관련된 우아한 이론을 제시했다.[1] 로크는 다시 제임스 매디슨James Madison과 다른 미국 헌법 제정자들에게 큰 영향을 끼쳤다. 이처럼 전제정치에 대한 제약을 제안한 근대적 선조들은 1215년의 마그나카르타Magna Carta, 1679년의 영국 '인신보호법Habeas Corpus Act', 1789년의 미국 권리장전Bill of Rights, 그리고 1789년의 프랑스 인권선언Declaration of the Rights of Man으로까지 거슬러 올라간다. 시민의 권리에 관한 주장과 정의는 대중 투표권의 점차적 확장을 예기하는 것이었다.

수세기 동안 광범한 자유주의 진영 내에서 정부의 성격과 구조, 정부로부터의 자유 대 정치적 행위를 요구하는 적극적 자유,[2] 자유시장과 자유로운 국민 간의 관계, 그리고 불평등의 용인 한도 등과 관련하여 수많은 논의가 있었다. 자유민주주의의 두 가지 이상 ― 자유와 평등 ― 은 불가피한 긴장 상태에 놓여 있다. 자유에는 부자가 될 자유 역시 포함되는데, 이는 어느 시점에서는 경제적 불평등이 정치적 평등을 악화시키기 때문이다.

하지만 개인의 프라이버시, 자의적인 권력의 제한, 공직의 경쟁을 비롯한 몇 가지 핵심 원칙에는 이론異論이 존재하지 않았다. 경제학자이자 정치철학자였던 조지프 슘페터가 지적했듯이, 진정한 리더십 경쟁이 존재할 경우, 나머지 ― 언론의 자유, 출판의 자유, 충성으로 받아들여지

는 반대, 선거를 조작하지 않는 집권 정부 — 는 당연히 따라온다.[3]

진보의 신화 — 이 경우에는 세계가 자유민주주의를 향해 거침없이 나아가고 있다는 생각 — 를 믿는 것은 위안이 되지만, 현실에서 민주주의는 긴 암흑의 시대이고, 아주 최근의 시대 역시 그중 일부이다. 민주주의는 우리가 생각하는 것보다 더 취약하다. 경제가 서민들을 버릴 때, 민주주의는 특히 취약하다.

중동과 같은 곳에서 오늘날까지 계속되는 전통적인 군주제에서뿐만 아니라 이슬람국가Islamic State: IS 같은 독단적인 신중세적 신정국가들에서도, 그리고 신화 속의 민족을 대변한다고 주장하는 신전제 군주들에게서도 비자유주의illiberalism와 반민주주의는 실제로 그리고 이론적으로 오랫동안 존재해 왔다. 미국의 정치와 종교의 분리가 압축적으로 보여주듯이, 온건한 종교와 입헌민주주의는 한동안 어떻게든 평화롭게 공존해 왔지만, 잘 확립된 민주주의 국가에서조차 근본주의적 절대주의의 새로운 물결이 상호 관용의 가정에 도전하고 있다. 주요 아브라함 종교 — 그것이 기독교이든 유대교이든 이슬람교이든 간에 — 가 20세기 중반보다 오늘날 더 근본주의적이지 않다고 생각하기란 어렵다. 이러한 경향은 또한 자유주의에 대한 공격이기도 하다. 종교는 정체에 대해 독단적으로 주장하고 나서는 반면, 자유주의 국가 또한 종교적 절대주의에 자주 제대로 대응하지 못하고 있다.

자유민주주의는 극좌파에 의해서는 지배계급에 복무하는 협잡꾼으로, 그리고 극우파에 의해서는 인간의 본성을 순진하게 파악한다는 이유로 공격받아 왔다. 프랑스혁명 시대의 저술가 조제프 드 메스트르Joseph de Maistre에서부터 20세기의 파시스트에 이르기까지 반자유주의 이론가들은 시민적 인간civic man이라는 이상은 터무니없다고 주장해 왔다.

그들은 실제 사람들은 자유주의 이론에서 말하는 이성적인 개인이 아니라 피와 흙의 유대에 묶여 있는 피조물이라고 주장한다. 바이마르와 나치 시대의 영향력 있는 철학자 카를 슈미트Carl Schmitt는 의회민주주의는 특별한 이해당사자들을 위한 간판일 뿐이며, 진정한 민주주의는 유기적이라고 주장했다.

오늘날의 우파 포퓰리즘은 다양한 형태로 자유주의를 거부한다. 극단적인 민족주의 지도자들은 의회민주주의의 규범을 경멸한다. 급진적인 민족주의적 대중은 관용, 타협, 보편적 권리, 그리고 정보에 입각한 심의와 같은 자유주의적 가치를 거부한다. 국가별로 편차가 있기는 하지만, 그들은 체계가 시민들을 저버렸다는 느낌, 민족을 코즈모폴리턴들로부터 되찾아야 한다는 느낌, 그리고 대중의 진정한 의지를 구현한 강한 지도자가 하찮은 일로 싸우고 부패한 의회 의원들보다 더 낫다는 믿음 등을 공통적으로 가지고 있다.

이러한 점에서 21세기 우파 포퓰리즘은, 적어도 지금까지는 덜 악랄하지만 당혹스럽게도 20세기 파시즘을 연상시킨다. 오싹한 것은 21세기 우파 포퓰리즘은 자유민주주의의 많은 요소뿐만 아니라 (합리주의와 객관적 진실까지 포함하여) 현대성 그 자체의 많은 요소도 거부한다는 것이다. 공중이 증거에 의지하여 무엇이 진실인지에 대해 합의할 수 없다면, 민주적 심의는 불가능하다.

파시즘의 대표적 역사가인 로버트 팩스턴Robert Paxton이 지적하듯이, 파시즘에는 어떤 단일한 선언이나 강령은 존재하지 않는다. "파시즘의 진실은 그 교의의 진실에 의지하는 것이 아니라 지도자와 그의 민족이 지닌 역사적 운명의 신비적 결합에 의지한다."[4] 실제로 이데올로기들 가운데서도 특히 독특한 파시즘은 지도자의 직관을 넘어서는 그 자체의 어떠한 강령도 가지지 않는다는 것을 자랑한다. 베니토 무솔리니 Benito Mussolini는 그의 강령이 무엇인지를 묻는 신문 ≪세계Il Mondo≫의 비평가에게 이렇게 답했다. "≪세계≫의 민주주의자들은 우리의 강령이 무엇인지를 알고 싶어 하는가? 우리의 강령은 ≪세계≫의 민주주의자들의 뼈를 부러뜨리는 것이다."[5]

팩스턴은 파시즘의 핵심 원리를 종합하여 그 테제를 다음과 같이 제시한다.[6]

- 엄청난 위기의식
- 집단 우선주의
- 자신의 집단이 피해자라는 믿음
- 개인주의적 자유주의, 계급갈등, 이국의 영향이 초래할 부식효과로 인한 집단 쇠퇴에 대한 두려움
- 더 순수한 공동체로 보다 긴밀하게 통합될 필요성
- 홀로 집단의 운명을 구현할 수 있는 민족 지도자
- 추상적이고 보편적인 이성에 대한 지도자가 지닌 직관의 우위
- 집단의 성공에 헌신할 때 폭력이 갖는 아름다움과 의지의 효능
- 어떤 신성한 법이나 인간의 법에 의해 제약받지 않고 다른 사람들을 지배할 수 있는 선민의 권리

폭력의 정화 효과(필리핀의 로드리고 두테르테Rodrigo Duterte 같은 유럽 밖의 몇몇 독재자에게 주로 매력적으로 보이는)를 차치하면, 오늘날의 유럽의 모든 주요 포퓰리스트 지도자는 이러한 테마 대부분을 들먹여 왔다. 피해자 민족의식, 민주적 자유주의가 실패했다는 의식, 외국 영향에 대

한 우려, 그리고 진정한 민족을 구현하는 권위주의적 지도자에 대한 기대 등이 널리 퍼져 있다. 그리고 트럼프는 자신이 괜찮다고 생각하는 폭력에 갈채를 보내는 일에 능숙하다. 폭력은 말 그대로 폭력일 수도 있고 수사적이고 상징적일 수도 있다.

하지만 동일하게 희망의식을 제공하는 1930년대의 파시즘과 오늘날의 극우적 반발 사이에는 하나의 커다란 차이가 존재한다. 무솔리니, 히틀러, 프란시스코 프랑코Francisco Franco는 권력을 장악한 후 오래지 않아 의회제도를 파괴하고 전권을 장악했다. 반대세력은 단지 위험한 존재이기만 한 것이 아니었다. 그들은 완전히 짓밟혔다. 오늘날의 극우 정당 중 어느 것도, 심지어 권력을 장악한 정당조차도 그렇게까지 하지는 않았다. 트럼프처럼 언론을 '국민의 적'으로 묘사하는 것이 언론을 폐쇄하는 것과 동일하지는 않다. 트럼프가 취임할 때보다 오늘날 의회가 더 강하다는 것도 사실일 것이다. 하지만 이는 위안의 토대가 아니라 우리가 절망에 굴하지 않아야 하는 이유이다.

민족주의에서 파시즘으로

20세기 파시즘의 역사는 19세기 유럽의 민족주의 투쟁에서 시작된다. 그 시대의 특징 중의 하나가 국가 없는 민족의 일원이라는 의식이 고조되고 있었다는 점이다. 폴란드인, 체코인, 슬로바키아인, 크로아티아인, 루마니아인, 헝가리인, 불가리아인, 세르비아인, 알바니아인, 그리스인, 노르웨이인 등등은 자신들이 다른 누군가의 제국에 갇혀 있다는 것을 알게 되었다. 모두가 자신의 민족성, 언어, 문화에 부합하는 자신들의 국가를 원했다. 유대인들은 대륙을 가로질러 흩어져서, 때로는 현지인으로 받아들여지기를 열망했고, 때로는 개별 민족으로 존재하기를 원했다.

몇몇 공국으로 분할되어 있던 이탈리아인과 독일인은 걱정스러운 통일을 이루었지만, 자유주의적 통일과는 거리가 멀었다.[7] 다른 나라들의 경우 헝가리인과 루마니아인, 세르비아인과 크로아티아인, 체코인과 슬로바키아인, 알바니아인과 체첸인이 사라예보와 같은 매우 코즈모폴리턴적인 도시와 여러 민족집단이 거주하는 수많은 다른 도시에서 밀집해서 같이 살고 있었기 때문에, 국가와 민족을 말끔하게 하나로 잇는 프로젝트는 (인종청소 없이는) 거의 불가능하다는 것이 입증되었다.

1848년의 혁명은 자유주의적 공화주의 형태의 민족주의를 추구했다. 그러나 제국은 반격했고, 그러한 혁명 모두가 짓밟혔다. 저명한 역사가 테일러A.J.P. Taylor는 1848년을 역사가 "전환점을 맞았지만 방향을 틀지 못한 해"라고 언급했다.[8] 민족주의자들의 열망은 71년 후 베르사유 조약에서 옛 합스부르크 제국, 오스만 제국, 러시아 제국의 일부들이 새로운 아홉 개 국가로 분할될 때까지 기다려야 했다.

그 시대에 쇠퇴하던 제국들 ─ 오스트리아 제국과 오스만 제국 ─ 은 하나의 놀라운 미덕을 가지고 있었다. 그 제국들은 전체주의적인 것과는 거리가 멀었고, 때때로 인종적 다양성에 관대했으며, 비교적 자유로운 언론을 가지고 있었다. 그들은 20세기 초에만 심히 억압적이었는데, 그것은 부분적으로는 고조된 민족주의자들의 봉기에 대응하기 위한 것이었다.

이것은 우리가 앞으로 되짚을 논점이다. 즉, 자유주의와 민주주의가 반드시 함께 가는 것은 아니다. 비민주적이더라도 법치와 개인의 존중이라는 핵심적 가치를 받아들이는 등 비교적 자유주의적인 국가도 있을 수 있다. 영연방의 홍콩은 1991년까지 제한된 형태의 대의민주주의조차 허용하지 않았지만, 전통적인 영국식의 개인적 자유를 존중했다. 반대로 파시즘은 독재자가 때때로 자유롭게 선출되고 심지어 열렬한 대중의 지지를 받는다는 점에서 '민주적'일 수 있지만, 심히 비자유주의적이다.

자유주의적 민족주의가 광범위하게 실패하면서, 부족적 민족주의가 지배적인 형태가 되었다. 인종 통합은 한나 아렌트Hannah Arendt의 표현으로 "민족 해방의 대체물"이 되었다.[9] 공통된 인종적 기원이 민족성의 본질로 규정되었다. 그것은 부족적 성격보다는 신념에 기반하는 미국의 국민의식과는 정반대였다.

제1차 세계대전은 유럽 엘리트들의 공통 문명만을 파괴한 것이 아니었다. 그것은 자유주의적 입헌주의도 급격히 약화시켰다. 이렇듯 베르사유 조약이 자유주의 국가 건설이라는 과감한 프로그램을 시도했던 바로 그 순간, 의회민주주의는 그 프로젝트를 수행하기에는 너무나도 약했다.

우드로 윌슨의 민족자결이라는 이상은 부분적으로는 소수 민족 문제에 의해 불행한 운명을 맞게 되었다. 루마니아에는 헝가리인들이, 폴란드에는 슬로바키아인들이, 터키에는 그리스인들이 있었다. 독일과 제정 러시아에서 분할된 신생국가 폴란드의 경우 약 60%만이 폴란드인이었다. 유고슬라비아에는 이탈리아인들이 있었는데, 그곳 자체가 민족성을 놓고 다투는 가마솥이었다. 제1차 세계대전에 대한 징벌로 독일이 축소되면서, 체코의 수데테란트Sudetenland와 러시아뿐만 아니라 지금은 프랑스 지역인 알자스와 사르에도 수많은 독일인이 살게 되었다. 그 결과 상호 관용의 용광로가 만들어지기보다는 민족주의와 실지회복주의irredentism가 강화되었다. 그 프로젝트는 전간기의 장기적인 경제적 고통으로 더욱 불행한 운명을 맞게 되었다.

파시즘의 메아리로서의 우파 포퓰리즘

파시즘은 의회민주주의의 실패 위에서 시급한 문제를 해결한다는 명분에서 번성했다. 거기에는 제1차 세계대전의 여파로 인한 민족적 굴욕과 경제적 재앙도 포함되어 있었다. 그 실패는 다시 사람들로 하여금 기꺼이 독재자에게 의지할 정도로 민주주의 자체를 불신하게 만들었다. 대공황의 구덩이에 빠졌을 때에는 미국에서조차 프랭클린 루스벨트에게 독재 권력을 부여하자는 요구가 있었다. 그 시대에는 '독재자'가 좋은 말에 가까웠다. 스튜드베이커Studebaker*는 1928년부터 10년 동안 딕테이터Dictator라고 불린 인기 있는 차를 제조했다. 그 모델은 1937년에 현명하게 은퇴했다.

1932년 프랭클린 루스벨트의 대통령 임기 전날에 베니토 무솔리니는 "자유주의 국가는 멸망할 운명"이라고 선언했다. 그는 "우리 시대의 모든 정치적 실험은 반자유주의적"이라고 너무나도 분명하게 덧붙였다.[10] 강한 국가를 기꺼이 강력하게 이용하려 했던 독재 정권들과 달리 민주주의 국가들은 자신들의 고장난 경제를 확실하게 고칠 수 없었다. 의회제도는 당파적 봉쇄로 인해 정치적으로 무력화되었다. 민주주의

---

* 미국 자동차 제조회사 _옮긴이

국가들 또한 전쟁에 지쳤고 싸우기 싫었으며 싸울 준비도 되어 있지 않았다. 민주주의 국가들과 달리 파시스트들은 누가 공동체의 일원인가 하는 문제를 해결해 왔다. 파시즘은 국가와 사회에 유기적 통일성을 제공했다.

파시스트들은 오늘날의 우파 포퓰리스트들처럼 하나의 신비스러운 민족Volk을 불러냈다. 그들은 다원주의 제도들 — 토크빌과 근대 의회주의자들 같은 자유주의자들에게 사랑받는 — 에 의해 중재되지 않는, 지도자와 민족 간의 직접적인 동맹을 제안했다. 다원주의 제도들은 대중으로부터 정당성을 상실해 왔다. 그 제도들은 부패하고 무능하고 코즈모폴리턴적이고 민중에게 아무런 충성심도 없는 것으로 인식되었다. 히틀러의 경우에 그의 적에는 국제은행가, 볼셰비키, 퇴폐적인 바이마르 문화, 그리고 유대인이 포함되었다. 파시즘은 정화 의례와 사병을 가지고 있었다. 파시스트 독재자들은 집권당에 의해 통제되지 않는 모든 제도를 없애버렸다. 하지만 그들은 기업 엘리트들과 로마 가톨릭교회 둘 다와는 화해했다.

중개 기관들에 의해 부패되지 않은 최고 지도자라는 관념은 포퓰리즘과 파시즘 모두보다 선행한다. 로마 공화국이 카이사르Caesar에게 넘어갔을 때, 독재자가 지닌 매력도 그와 유사했다. 장 자크 루소Jean Jacques Rousseau는 로크의 (신중하게 중개되는) 시민공화국이나 매디슨식 헌법과는 상당히 대립되는 형태의 민주주의를 제안했다. 루소의 민주주의에서는 지도자가 국민과 직접 관계를 맺는다면, 로크의 견제와 균형은 왕의 권력 남용에 대항하는 것만큼이나 일시적인 다수의 열정에도 대항하는 것이었다.[11]

파시즘은 오랫동안 고통받고 오랫동안 굴욕당해 온 진정한 민중을 재생하고 정화할 것을 약속했다. 파시즘은 민족에 대한 낭만적인 영웅적 개념을 가지고 있다는 점에서 반근대적이었으며, 국가가 후원하는 산업과 기술, 공공사업을 이용하고 있다는 점에서 근대적이었다. 파시즘의 사회주의는 민족주의적이었다. 파시즘은 자유주의적 입헌주의를 부패하고 소멸 직전에 있으며 무력하다는 이유로 거부했다.

전체주의라는 단어나 개념을 (자랑스럽게) 처음으로 불러낸 것은 이탈리아 파시즘이었다. 집권당에 의해 통제되지 않는 모든 제도는 폐지되었다. 무솔리니는 이렇게 기술했다. "파시즘의 국가 개념에는 모든 것이 담겨 있다. 국가 바깥에는 인간적 가치나 영적 가치는 물론이고 그 어떤 가치를 갖는 것도 존재할 수 없다. 따라서 파시즘은 전체주의적인 것으로 이해되며, 모든 가치의 종합이자 모든 가치를 포함하는 단위인 파시즘 국가는 한 민족의 전체 삶을 해석하고 발전시키고 영도한다."[12]

당이 국가를 구현하고 국가가 민족을 구현할 것이었다. 지도자Duce는 제1차 세계대전 직후 수년 동안 불신받아 온 실패하고 봉쇄당하고 싸움만 하던 의회민주주의를 대신하여 하나의 유기적 공동체로서 전 민족을 대표할 것이었다. 오늘날 읽어보면, 파시즘의 핵심 교훈 중 많은 것이 신비주의적인 이해할 수 없는 말처럼 들린다. 그러나 실패한 정치와 실패한 경제 시대였던 1920년대에 그것들은 많은 유럽인에게 많은 것을 이야기해 주고 있었다.

1920년대의 만성적인 경제 위기와 붕괴되고 있던 의회제 정부에 맞서, 무솔리니의 이탈리아는 국가적 목적과 역량을 지닌 하나의 진귀한 섬처럼 보였다. 이탈리아 주재 미국 대사 리처드 차일드Richard Child는 무솔리니 자서전의 미국판에 아첨하는 서문을 쓴 데 그치지 않고 유급 선전원으로서 그 책을 대필하는 것도 도왔다. 차일드는 다음과 같이 썼다.

분명하게 예측건대 우리 시대에는 어느 누구도 무솔리니에 맞먹을, 영원히 위대할 요소들을 보여주지 못할 것이다. …… 그는 거의 전 세계적으로 추종자들을 확보하고 보유할 수 있었을 뿐만 아니라, 새로운 국가 개념에 근거하여 새로운 국가를 건설해 왔다. 그는 인간의 삶을 변화시켰을 뿐만 아니라, 그들의 정신, 마음, 영혼도 변화시켜 왔다. …… 나는 그에 관한 이야기를 늘 들어왔기 때문에 이탈리아 밖의 세상 사람들에 앞서 그를 알고 있었다. 나는 그가 말에 올라타기 전에도 그리고 후에도, 그리고 그가 거의 혼자서 이탈리아에서 나온 혼돈의 쓰레기 더미를 치우고 있던 시절에도 그를 알고 있었다.[13]

무솔리니와 히틀러가 일단 적들을 섬멸하고 나자, 그들은 널리 인기를 얻었다. 그들은 자신들의 나라를 민주주의 국가들보다 더 빨리 경제 위기에서 구해냈다.

우리가 살펴보았듯이, 1970년대에 시작되어 1980년대에 강화되었던 정책 전도는 **정치적** 자유주의를 크게 희생한 채 지구화를 통해 고전적인 **경제적** 자유주의를 회복시켰다. 유럽의 사회민주주의자들과 미국의 좌파자유주의자들이 신뢰할 수 있는 대안들을 진척시키지 못하자, 경제적 자유주의에 대한 반발은 정치적 의미에서 점점 더 비자유주의적이 되어왔다.

오늘날 입헌자유주의constitutional liberalism로 자유방임주의를 포장하는 것은 실패하고 있다. 왜냐하면 광범한 공중이 그 결과를 좋아하지 않기 때문이다. 불필요해 보이는 것이 있다면, 아마도 그것은 (온갖 치장을 한 관용과 함께) 정치적 민주주의일 것이다. 정치적 민주주의는 점점 더 가식처럼 보인다. 당신이 어떤 주류 정당에 투표하든 간에, 당신의 세상은 여전히 지옥으로 가고 있다. 엘리트들은 경제적 자유주의의 한 형태를 강요했지만, 일반 시민들은 그들의 안중에 없었다. 코즈모폴리턴한 지배계급에 대한 반란과 민족주의로의 후퇴는 여기에서 비롯된다. 네덜란드의 정치학자 카스 무데Cas Mudde는 이를 매우 잘 표현하고 있다. "본질적으로는 포퓰리즘이 급상승한 것은 수십 년 동안의 비민주적인 자유주의적 정책에 대해 비자유주의적인 민주적 대응이 이루어진 결과이다."[14] 그리고 어떤 점에서는 파시즘으로의 추락도 마찬가지이다.

제2차 세계대전 후 파시즘이라는 실패한 실험의 재를 샅샅이 살펴보고 나서, 많은 사회과학자는 파시스트 이데올로기의 호소력을 최면술적 지도자에 의존하여 '자유로부터의 도피'를 추구한 주변화된 사람들의 퍼스낼리티 특성과 연계시켰다.[15] 그러한 추종자들은 권위주의적 퍼스낼리티를 가지고 있는 것으로 언급되었다.[16] 하지만 트럼프의 등장이 시사하듯이, 상황이 그들을 그쪽 방향으로 세게 몰아간다면 그런 사람들은 모든 사회에서 등장할 수 있다. 따라서 더 중요한 것은 그러한 상황에 주의를 기울이는 것이다. 글로벌 시장 사회가 생계를 파괴할 경우, 민주주의가 잘 확립된 국가에서도 부족적 민족주의가 전면으로 부상할 수 있다.

우파 포퓰리즘과 반자유주의

히틀러를 등장시킨 1920년대의 파시즘의 역사와 심화되고 있던 경제적·정치적 위기를 검토해 볼 때, 오늘날의 우파 포퓰리즘은 권력의 측면에서 보면 대체로 유순해 보인다. 러시아, 터키, 헝가리의 경우 정부는 그렇게 전체주의적이지는 않지만, 고전 파시즘과 많이 닮아 보인다.

많은 비평가가 새로운 극우 정부를 진정한 입헌자유주의의 형식을 띠지만 내용은 없는 '비자유주의적 민주주의'로 묘사해 왔다. 2014년 재선에 성공한 후, 헝가리 독재자 빅토르 오르반Viktor Orbán은 "세상을 바라보는 방식으로서의 자유주의뿐만 아니라 사회를 구성하는 방식과 원리로서의 자유주의도 버려야 한다"라고 선언하면서 이 개념을 자랑스럽게 받아들였다. 오르반은 국가의 유기적 통일성을 들먹이는 고전적인 파시스트를 연상시키는 말을 계속해서 이어갔다. "헝가리 민족은 단순한 개인의 합이 아니라 조직화되고 강해지고 발전될 필요가 있는 하나의 공동체이며, 이러한 의미에서 우리가 건설하고 있는 새로운 국가는 비자유주의적 국가, 즉 무자유주의적 국가이다."[17]

'비자유주의적 민주주의'라는 용어는 1997년 ≪포린 어페어스Foreign Affairs≫에 「비자유주의적 민주주의의 등장The Rise of Illiberal Democracy」이라는 제목의 영향력 있는 에세이를 기고한 파리드 자카리아Fareed Zakaria에 의해 대중화되었다. 그의 주제는 주로 제3세계의 유사 민주주의였다. 그가 글을 쓴 것은 서구에서 우파 포퓰리즘이 급증하기 전이었는데, 그 글은 선견지명이 있었던 것으로 입증되었다. 그는 "민주적으로 선출된 정권들, 즉 자주 국민투표를 통해 재선출되거나 재신임된 정권들은 자신들의 권력에 대한 헌법상의 제한을 일상적으로 무시하고 시민들로부터 기본권과 자유를 박탈하고 있다"라고 썼다.[18]

현재 많은 비평가가 러시아, 헝가리, 터키 정부를 묘사하기 위해 '비자유주의적 민주주의'라는 용어를 사용해 왔다. 그러나 우파 포퓰리즘에 관한 가장 신중한 학자 중 한 사람인 얀-베르너 뮐러Jan-Werner Müller는 독재자들이 자신들의 정권을 특정한 종류의 민주주의로 특징짓는 것은 너무 많은 것을 용인하는 것이라고 보고 이 용어에 반대한다. 밀러는 표현·집회·언론의 자유와 소수 의견 및 소수집단의 보호 같은 기본적인 개인의 권리는 "자유주의(또는 법치)에 관한 것일 뿐만 아니라 민주주의 자체를 구성하는 요소"라고 경고한다. 그는 비록 투표함이 부정투표로 채워지지 않더라도 "야당이 전혀 자신의 주장을 할 수 없고 기자들이 정부의 실패를 보도하는 것이 저지당한다면" 겉으로 보기에 자유롭고 공정한 투표도 비민주적일 수 있다고 덧붙였다.[19]

블라디미르 푸틴Vladimir Putin 치하의 러시아에는 선거가 있고, 야당 의원들은 의회에서 활동하기도 하며, 비판적인 언론과 일부 비슷한 것도 있다. 그러나 그것은 가식이다. 야당은 전혀 통치에 관여할 수 없다. 심각하게 위협적인 주장을 하는 비판자들은 그냥 살해당한다. 푸틴은 기업 거물들과 동맹을 맺지만, 기업 거물들은 자신들의 수십억 달러가 전적으로 정권의 편애에 달려 있다는 것을 알고 있다. 만약 그들이 그 줄에서 벗어난다면, 그들은 짓밟힐 것이다. 푸틴이 몸담고 있던 KGB 시절만큼이나 비밀경찰이 만연해 있다. 이는 '비자유주의적 민주주의'와는 거리가 멀다. 그것은 네오파시즘에 더 가깝다.

푸틴하의 러시아는 1930년대의 파시즘 브랜드보다 좀 더 온화한 형태의 파시즘이다. 왜냐하면 반대자들은 기본적으로 해가 되지 않는 한 묵인되고, 푸틴은 선거를 완전히 없애지는 않았기 때문이다. 그는 그저 야당을 무의미하게 만들었을 뿐이다. 일종의 야당지가 존재하지만, 그 신문은 넘지 말아야 할 선을 알고 있다. 권력의 전성기에 있을 때의 히틀러처럼 푸틴도 폭넓은 인기를 누리고 있다. 이처럼 포퓰리즘적인 네오파시즘은 단지 독재적 지도자들이 대중의 지지를 얻고 의회제도로 치장한 진열장을 가지고 있다는 점에서 민주주의의 한 형태이지만, 자유주의 같은 것은 희생된다. 그리고 푸틴 버전의 자본주의는 철저하게 부패했으며, 그것은 토머스 제퍼슨과 거리가 먼 만큼이나 애덤 스미스와도 거리가 멀다.

터키에서 레제프 타이이프 에르도안Racep Tayyip Erdoğan은 실제의 민주주의를 거의 무의미하게 만들기 위해 유사한 전략을 추구해 왔다. 그의 정의개발당Justice and Development Party은 이슬람과 긴밀한 동맹을 구축함으로써 터키 사회에서 보다 코즈모폴리턴적 요소들에 의해 멸시당한다고 느끼는 농촌 및 저소득층 유권자들을 결집했고, 세속주의에 대한 터키의 오랜 지지를 뒤집었다. 그는 공공사업에 대한 지출을 늘리는 한편, 점차 터키를 더 권위주의적인 국가로 전환시켰다. 에르도안은 2014년에 실시된 비교적 자유로운 선거에서 52% 대 48%라는 아주 근소한 차이로 대통령에 당선되었다. 그 후 그는 현직을 이용하여 민주주의를 독재로 전환시키는 방법에 대한 하나의 교과서적 사례를 제공해 왔다. 2016년에 있었던 서투른 쿠데타 시도는 에르도안에게 교사와 판사를 포함하여 불충성을 이유로 고발당한 13만 명의 공무원을 해임하고 군인사들을 숙청하고 독립 언론을 탄압할 수 있는 구실을 제공했다. 2017년 4월에 실시된 국민투표는 대통령직에 추가로 권력을 집중시켜 주었으며, 이로 인해 그를 제거하는 것은 거의 불가능해졌다.

에르도안 같은 네오파시스트 포퓰리스트들은 독자적인 권력 중심지들에 대해 체계적으로 대항 조치를 취한다. 터키에서, 그리고 헝가리와 폴란드에서도 집권당은 초헌법적인 정부 조치에 이의를 제기할 수 있는 법원의 권한을 축소했다. 하지만 이들 세 나라에서도 의회 정당성의 외형은 그러한 지도자들에게 중요하며, 따라서 그 누구도 의회를 완전히 제거하는 데서 무솔리니, 히틀러, 프랑코만큼까지는 나아가지 않았다.

빅토르 오르반은 민주적 통치의 외형을 유지하면서 야당이 자신의 정책에 도전하지 못하게 한 것은 물론 선출되지도 못하게 한 지도자의 고전적인 사례이다. 반면 오르반의 피데스Fidesz당은 포퓰리즘적 국민투표를 발의했고, 무엇보다도 의료 공동부담금과 대학 등록금을 폐지했다.

일련의 스캔들로 신뢰를 잃어온 좌파 집권 연합이 통치한 지 8년 만인 2010년 선거에서 오르반의 당은 절대다수의 지지를 얻어 3분의 2 이상의 의석을 차지함으로써 개헌의 동력을 얻었다. 그리하여 바꾼 것 중 하나가 국회의원 수를 386명에서 199명으로 줄이고 선거구를 재편하고 투표 보너스 제도를 수정하여, 피데스에게 3분의 2라는 대다수 의석을 보장하고 야당이 선출되는 것을 더욱 어렵게 만든 것이었다. 그리고 오르반의 **오른쪽**에는 명백한 파시스트 정당인 요빅Jobbik이 있다. 이 두 극우 정당이 헝가리 유권자의 적어도 60%의 지지를 받고 있기 때문에, 현재 다수파의 의지를 반영하고 있다는 의미에서 명목상으로는 '민주적'이지만, 야당이 집권할 수 없다는 점에서 심히 비자유주의적이고 근본적으로 반민주적이다.

당선된 후 오르반은 반대자들의 중심지인 대항언론, 법원, 대학을 조직적으로 파괴했다. 2017년에 오르반은 조지 소로스가 설립하고 지원해 온 부다페스트에 소재한 대학으로 지적 뛰어남과 자유로운 탐구로 주목받던 중앙유럽대학교Central European University의 독립성을 축소하는 조치를 취했다. 오르반은 소로스 — 헝가리 태생의 유대인이자 중부유럽의 '개방사회'제도들을 후원하는 외국 자본의 화신인 — 와의 제휴를 특히 모욕으로 받아들였다. 버락 오바마 대통령의 임기에 상응하는 오르반의 첫 6년 내내 그는 중앙유럽대학교를 파괴하는 것은 결코 넘어서는 안 되는 분명한 선이라는 미국과 유럽연합 관료들의 엄중한 경고를 받아왔다.

그러나 도널드 트럼프의 당선과 함께 오르반은 이제 자유롭게 조치를 취할 수 있다고 느꼈다.

2017년 중반에 오르반의 피데스당은 "소로스가 최후에 웃게 내버려 두지 말자"라는 말과 함께 부다페스트를 활짝 웃고 있는 소로스의 포스터로 도배하다시피 했다. 이 메시지가 충분히 명확하지 않을 경우에 대비하여, 이 친절한 폭력배들은 거기에 '역겨운 유대인'과 같은 반유대주의적인 낙서를 덧붙였다.[20]

1920년대의 또 다른 영향으로 헝가리가 전시에 나치와 동맹을 맺었던 것에 대한 처벌로 제2차 세계대전 이후 헝가리의 국경선이 축소되면서, 수백만 명의 헝가리 민족이 폴란드, 루마니아, 체코슬로바키아 등 주변 국가들에 살게 되었다. 여기서 비롯된 좀처럼 사라지지 않는 민족주의적 분노가 오르반의 포퓰리즘적 호소와 대헝가리Greater Hungary를 대변한다는 그의 주장이 먹혀들게 된 또 다른 원천이었다. 2014년에 오르반이 압도적 다수를 획득한 후, 그는 헝가리 밖에 사는 헝가리 민족에게 투표권을 부여하는 조치를 취했다. 그들 중 98% 이상이 피데스에 투표했다고 하지만, 이는 의심스러운 수치이다. 왜냐하면 루마니아에서 실시된 여론 조사에서는 헝가리인들의 약 20%가 훨씬 더 극단주의적 정당인 요빅을 지지하는 것으로 나타났기 때문이다. 오르반 정부는 또한 런던과 같은 나라 밖 장소에 거주하는 자유주의적인 헝가리 시민들의 경우에는 투표하기가 훨씬 더 어렵게 만드는 조치를 취했다.[21]

이웃 폴란드에서는 법과정의당Law and Justice Party 지도자 야로스와프 카친스키Jarosław Kaczyński 정부 — 의회에서도 절대다수를 차지한 — 가 정부, 여당, 또는 교회가 조직한 시위에 우선권을 부여하고 반대세력에게는 집회의 조건을 엄격하게 만듦으로써 집회의 자유를 제한하는 조치를 취해왔다. 정부는 또한 대항 매체들의 재정 기반을 축소하는 조치를 취해왔고, 공공매체를 집권당의 도구로 만들어왔다.

헝가리와 마찬가지로 폴란드의 경우에도 유럽연합이 대표단을 파견하고 경고를 했지만, 소용이 없었다. 2017년 2월에 유럽위원회는 폴란드에 유럽연합의 기본적인 민주주의 요건을 준수할 것을 요구하고, 이를 따르지 않을 경우 투표권을 상실하게 될 것이라고 경고했다. 카친스키는 유럽위원회의 비판이 자신의 '지루함을 달래준다'는 식으로 대응했다. 2017년 7월에는 엄청난 거리 저항이 있는 후에 폴란드 대통령 안드레이 두다Andrzej Duda가 폴란드의 사법권 독립을 종식시킬 수도 있는 정부 입법을 거부함으로써 더 심각한 위반을 막았다. 대법원 전체를 해고하려던 폴란드 정부의 노력은 도널드 트럼프가 바르샤바에서 폴란드 정부의 반민주적 조치에 대해 아무런 경고도 하지 않고 아부하는 연설을 한 지 단 3주 만에 달성되었다. 그리고 그러한 침탈 시도가 더 이루어질 것으로 예상된다.

유럽연합이 재정적자 목표를 초과한 국가들에 대해 강력한 처벌을 가한 것은 유럽연합이 헝가리나 폴란드처럼 민주주의를 파괴하는 정부에 대해 조치를 내리지 않는 것과 심히 대비된다. 독재자들에 대한 이러한 관용은 유럽연합이 그 심층부에서 무엇에 우선순위를 두는지를 너무나도 분명하게 보여준다. 즉, 유럽연합에서는 경제적 자유주의가 정치적 자유주의보다 훨씬 더 중시되고 있다. 회원국의 조건으로 명시적인 헌법적 자유를 요구하는 유럽연합이 헝가리와 폴란드를 제지할 수 없거나 제지하기를 꺼려해 왔다는 사실은, 이탈리아와 독일의 의회민주주의가 무솔리니를, 그리고 그다음에는 히틀러를 억제하는 데 실패한 것이 의회민주주의의 치명적 약점을 반영하는 것이었던 것과 마찬가지로, 실존적 위협에 직면한 자유민주주의의 약점을 다시 한번 더 입증하는 것이다. 역사가 토니 젓Tony Judt은 전체주의적 사고방식을 요약하면서 다음과 같이 함축적으로 묘사했다. "스탈린의 세계에는 아무런 의견 불일치도 존재하지 않고 오직 이단만이 존재한다. 어떠한 비판자도 존재하지 않고 오직 적만이 존재한다. 어떠한 오류도 존재하지 않고 오직 범죄만이 존재한다."[22] 우리는 에르도안, 오르반, 카친스키에게서 그러한 감상의 메아리를 얼마간 듣는다.

트럼프는 이러저러한 독재자들에게 활기를 북돋아주었다. 2017년 7월에 트럼프는 굳이 바르샤바를 자신의 주요한 유럽 여행의 첫 방문지로 정했고, 그 정권을 아낌없이 칭찬한 반면 폴란드가 민주주의에 대해 점점 더 공격하고 있는 것에 대해서는 한마디도 하지 않았다. 그는 대통령이 통상적으로 방문하는 장소인 바르샤바 게토 봉기Warsaw Ghetto Uprising* 의 기념비에 참배하기를 거부했다. 본국에서 극우의 기반으로 작동하는 '개 호루라기dog-whistle'** 반유대주의가 부다페스트 — 미국의 외교적 압력으로 인해 오르반이 중앙유럽대학교를 증발시키지 못했던 — 까지 도달했다. 2017년 5월에 사우디아라비아를 여행하는 동안에는 트럼프는 "우리는 여기서 잔소리를 하지 않을 것"이라고 말함으로써 사우디 정권에 미국은 인권 침해를 못 본 척하겠다는 신호를 보냈다. 블라디미르 푸틴과 서로 칭찬을 주고받는 우호 관계를 전제로 러시아 인권 침해에 대해서도 어떠한 압력도 가하지 않았다. 이상하게도 트럼프는 예외적으로 베네수엘라

---

* 1943년에 나치가 점령하고 있던 폴란드에서 유대인들이 일으킨 저항운동 _옮긴이

** 개 호루라기에서는 사람에게는 안 들리고 개에게만 들리는 초음파가 나온다. 따라서 '개 호루라기'라는 용어는 일반 사람들은 알아듣지 못하거나 다른 의미로 이해하지만 특정 집단이나 사람들은 그 진짜 속뜻을 알아듣는 메시지를 전달하는 정치적 화법을 일컫는 말로 사용된다. _옮긴이

의 니콜라스 마두로Nicolás Maduro 독재에 대해서는 비판했고, 게다가 침략하겠다는 위협으로 라틴아메리카에서 자신에 대한 신뢰를 무너뜨렸다.

서유럽에서의 극우 포퓰리즘

오늘날의 우파 포퓰리즘과 20세기의 파시즘을 비교해 보면, 안심과 경각심 모두를 가질 수 있는 이유를 발견할 수 있다. 극우 정당들은 서유럽의 민주주의 중심지에서 상당히 득세했다. 극우 정당들은 현재 서유럽의 몇몇 전국 의회에서 두 번째나 세 번째로 큰 정당이지만, 그중 어느 정당도 아직 정부를 이끌지는 않는다. 그러나 노르웨이와 핀란드 — 사회민주주의 스칸디나비아의 중심지 — 에서는 우파 포퓰리즘 정당이 집권 연합의 일원이다. 극우 정당은 1980년대에는 전국 투표에서 약 5%의 지지를 받았지만, 최근 10년 동안에는 약 20%로 가파르게 부상했다.[23]

유럽 대부분의 지역에서 실업률이 평균 15% 정도였던 1930년대조차 파시즘은 독일, 이탈리아, 스페인, 포르투갈, 오스트리아, 헝가리 — 이들 나라 모두는 민주주의의 뿌리가 매우 얕았다 — 외에서는 국내의 정치적 지지를 거의 받지 못했다는 점을 상기할 필요가 있다. 1932년의 오스트리아와 1933년의 바이마르 독일 외에는 어떤 나라에서도 의회민주주의가 파시스트 정권에 권력을 넘겨주지 않았다. 1930년대에 서유럽은 비참한 경제적 상황에 있었음에도 불구하고, 자생적 파시스트들은 그곳에서 설 땅을 거의 얻지 못했다. 유럽의 다른 모든 파시스트 정권은 파시스트 세력에 의한 내전, 점령, 반란, 군사 쿠데타, 또는 침략을 통해 들어섰다. 불길하게도 네오파시즘은 오늘날 서유럽에서 히틀러와 대공황의 10년보다도 더 많은 대중적 호소력을 지니고 있다.[24] 파시즘으로 귀결될 사회적 탈구를 초래하는 너무 많은 자유를 가진 시장에 대한 폴라니의 묘사는 어떤 의미에서는 우리 시대에 훨씬 더 선견지명을 지닌 경고였다.

현재로선 강한 헌법적 전통을 지닌 국가들에서는 자유민주주의가 유지되고 있는 것처럼 보인다. 많은 논평자가 에마뉘엘 마크롱이 마린 르펜에게 크게 승리한 것은 도널드 트럼프의 부정적 롤 모델 덕분이라고 평가했다. 그러나 서구의 의회 파편화와 반체계적 감상은 불길하다. 우파 포퓰리즘 정당들이 전국 의회 의석의 20% 이상을 차지할 정도로 성장함에 따라, 그 정당들은 대중의 불만을 해소하기 위해 (정치적 좌파는 말할 것도 없이) 정치적 중도의 공간을 좁히고 있으며, 따라서 경제 혼란, 정부의 약화, 정부의 신뢰 상실의 악순환이 계속되고 있다. 전국 의회의 파편화와 마비는 유럽연합의 파편화와 중첩되면서 더욱 심각해지고 있다.

최근 영국과 네덜란드의 선거에서 극우 정당들이 주변화되었다는 사실은 그들이 주류 정당과 정치에 상당한 영향을 미쳤다는 사실을 은폐한다. 영국독립당UKIP은 보수당 테리사 메이Theresa May 총리가 UKIP의 프로그램을 대부분 채택했기 때문에 2017년 6월 영국 선거에서 완전히 파괴되었다. 헤이르트 빌더르스의 극우 정당이 지지를 잃은 네덜란드에서도 마찬가지로 중도우파 총리인 마르크 뤼터가 빌더르스의 반이민 레토릭을 채택했다. 얀-베르너 뮐러가 지적한 바와 같이, 포퓰리스트들은 주류 정치인들을 민족주의 극우파 쪽으로 밀어붙인다는 점에서 자신들이 패배했을 때조차 승리를 얻는다.[25]

더 나아가서는 민주적 정부가 긴급한 문제를 해결하지 못하면서 계속해서 정당성을 광범하게 상실하고 있기 때문에, 극우 포퓰리즘이 상대적으로 주변화되고 있는 것은 그나마 작은 위안이 된다. 1920년대와 마찬가지로 지금도 두 가지 핵심 문제는 지속적인 경제 위기와 국적 및 성원 자격의 문제이다. 이것이 바로 전간기에 파시즘이 발달한 토양이었다. 중도파 정당에 의해 과감하고 있을 법하지 않은 노선 변화가 일어나지 않는 한, 극우파들이 서유럽에서 계속해서 기반을 확보할 가능성이 크며, 이는 문제를 악화시키고 체계에 대한 정당성을 잃게 하며 반체계 정당에 대한 지지를 증가시키는 순환을 심화시킬 것이다.

동유럽과 중부유럽의 더 새롭고 더 휘청거리는 민주주의 국가들에서는 더 많은 네오파시스트 정당들이 집권할 수도 있다. 몇몇 옛 소련 위성 국가들에서 새로운 민족주의적 포퓰리즘을 대표하는 인물은 정계와 직접적인 연계가 없는 기업 지도자이다. 불가리아에서는 거의 독점적인 약국 체인을 통해 부자가 된 베셀린 마레시키Veselin Mareshki 같은 부유한 무소속 후보자가 정치 엘리트들의 부패를 조롱함으로써 지지를 얻었다.[26] 체코 공화국에서는 거대 복합기업의 총수인 안드레이 바비시Andrej Babiš가 사당personalist party을 출범시켜 성공을 거두었고, 그는 재무장관으로 정부에 합류했다.[27] 2018년 1월에는 바비시의 동맹자인 극우 민족주의자 밀로시 제만Miloš Zeman이 체코 대통령으로 재선되었다. 비록 체코가 유럽연합 회원국 지위로부터 이득을 얻어왔지만, 2017년 유로바로미터Eurobarometer의 여론조사에 따르면 체코인의 단 25%만이 유럽연합에 대해 긍정적인 견해를 가지고 있었다. 그리고 이웃 슬로바키아에서는 또 다른 부유한 사업가 보리스 콜라르Boris Kollár가 2016년에 '우리는 가족Sme Rodina'이라는 정당을 창당하여 자유지상주의 경제학과 유럽연합 및 더 많은 이민에 대한 반대를 결합하여 11석을 얻었다.[28]

동유럽의 다른 지역에서도 비슷한 인물들이 근거를 확보했고, 이미 폴란드와 헝가리에서는 집권당이 되었다. 이들 옛 공산주의 국가 모두는 민주주의의 뿌리가 얕고 정당 가입률이 낮으며, 따라서 그곳들에서 선거에서 격변이 일어나고 반체계 인사가 부상하고 있다.

포퓰리즘 정당들은 전후의 전통적인 복지국가를 지지한다는 점에서 종잡을 수가 없다. 덴마크에서 극우 국민의당People's Party은 사회민주당보다 복지 보호에 훨씬 더 적극적으로 찬성한다고 주장한다. 하지만 국민의당은 이러한 혜택들을 덴마크인들에게만 제한하기를 원한다. 국민의당은 사회민주당의 전통적인 투표 기반 — 특히 노동조합원들 사이에서 — 의 약 절반을 떼어내는 데 성공했고, 사회민주당이 심지어 포퓰리스트들과도 연합하여 통치할 수 있는지에 대한 고통스러운 논쟁을 촉발했다. 반면 네덜란드에서 헤이르트 빌더르스가 이끄는 급진 반이슬람주의 정당인 자유당Party of Freedom은 우파 자유시장 정당에 가깝다. 네덜란드 자유당은 이주자배척주의와 대대적 감세 요구를 결합하고 있다. 유럽의 무슬림 장악을 경고하는 노르웨이 진보당Progress Party도 경제 문제에 대해 마찬가지로 자유지상주의적이다.

이러한 이데올로기적 불확정성ideological indeterminacy — 이는 전통적인 좌파적 용어이다 — 은 우파 포퓰리즘이 파시즘과 공유하는 또 다른 특징이다. 'NSDAP'*(나치 정당)는 국가사회주의 정당의 약자이다. 히틀러는 집권하자마자 재무장 지출이 독일의 실업을 종식시키기 이전에도 개선된 복지국가를 지원하고 일자리 창출 공공사업 프로젝트를 추진함으로써 독일 노동계급으로부터 사랑을 받았다.[29] 그러나 히틀러는 독일 산

---

*   National-Sozialistische Deutsche Arbeiter-Partei. 국가사회주의 독일 노동자당 _옮긴이

업 및 은행 카르텔과도 긴밀한 동맹을 맺었다.

　오늘날의 포퓰리즘은 엘리트 주도의 지구화가 초래한 탈구에 대한 반발 중 하나이다(이 반발은 전적으로 이해할 수 있다). 하지만 포퓰리즘이 낳은 파편화와 불신은 우리가 경제적 안전과 책임 있는 정부를 회복시킬 혼합경제 브랜드로 돌아가는 길을 발견하는 것을 훨씬 더 어렵게 만든다. 따라서 포퓰리즘은 자기 자신을 먹고 살 가능성이 있다. 트럼프 대통령 집권 2년차를 시작하는 시기에 이상하게 들릴 수도 있지만, 미국이 희망을 북돋아 주는 예외가 될 가능성이 크다.

트럼프의 역설

　세계무대에 등장한 몇몇 우파 포퓰리즘 지도자들 가운데 도널드 트럼프의 등장은 가장 호기심을 자극하는 역설이다. 한편에서 트럼프는 1920년대와 1930년대의 파시즘의 측면을 환기시키는 걱정스러운 요소들을 드러내 보여왔다. 다른 한편에서는 미국의 잘 확립된 민주주의 제도로 인해 적어도 현재로서는 미국에서 입헌민주주의가 유지되고 있는 것으로 보인다.

　경제 문제에 대해서는 트럼프가 포퓰리즘과 최대한 거리를 두려고 한다는 것이 밝혀졌다. 이른바 트럼프의 포퓰리즘 중에서 여전히 남아 있는 것은 독재적인 통치 스타일과 (실제 정책에는 의미 있게 반영하지 않은 채) 일부 맹목적인 애국주의 감정을 토로하는 것 등이다. 오히려 트럼프는 불안정한 퍼스낼리티를 지닌 기업 보수주의자로 미국을 통치해 왔다.

트럼프는 기업 이익과 국가정책을 혼합했다. 2017년 봄에 그가 표면적으로는 북한의 핵 야망과 싸우기 위해 자신의 노선을 수정하여 중국과 화해하고자 했을 때, 베이징 정부는 트럼프와 그의 딸 이방카Ivanka에게 이례적으로 빨리 많은 상표권을 보호해 주었는데, 이는 트럼프 가족 기업들에게 엄청난 도움을 줄 것이었다. 만약 2016년에 트럼프 같은 대통령이 현직에 있었다면, 그것은 분명 대통령 후보 트럼프가 격렬하게 비난하고 나섰을 종류의 부패의 늪이었다. 하지만 이민자, 외국인, 언론, 자유주의적 엘리트들에 대한 트럼프의 희생양 만들기는 트럼프의 확고한 지지기반을 계속해서 강화했다(그 순간 그것이 그 나머지 사람들을 소외시킴에도 불구하고).

고전적인 파시즘적 지도자는 일종의 미치광이 같은 천재로, 주변화된 사람들의 불만을 직관적으로 연결시킬 수 있는 거의 야생적인 재능을 가지고 있다. 이 재능이 그러한 지도자로 하여금 정상적인 정치 규칙을 마음대로 어기게 만들고, 지지자들로 하여금 그의 모든 위반을 더욱더 찬양하게 만든다. 트럼프가 야비한 인신공격, 여성에 대한 괴상한 발언, 인종차별적 감상에 대한 속이 뻔히 들여다보이는 호소에 의지했지만, 그것들은 그를 상처 내지 않았다. 오히려 규범 위반은 트럼프를 주류파가 폄하하거나 무시했던 아웃사이더의 챔피언인 것처럼, 즉 깡패이지만 우리의 깡패인 것처럼 보이게 했다.

극단적인 형태의 인지부조화cognitive dissonance*의 효과가 트럼프에게서 나타나기 시작했다. 어쨌거나 트럼프는 뉴욕에서 온 억만장자였다. 그의 경력의 여러 지점에서 그는 낙태권을 지지해 왔다. 그는 교회에 간

---

* 모순적이거나 상반되는 신념 또는 태도를 동시에 갖는 데서 오는 심리적 불안 _옮긴이

적이 없었다. 그는 잊힌 노동계급의 투사로 나섰지만, 자신의 건설 프로젝트에서 노동자와 하청업체를 속여왔고, 트럼프대학교Trump University*에서 학생들을 사취해 왔다. 그의 아내가 전당대회에서 했던 연설은 모든 사람 중에서도 하필이면 **미셸 오바마**Michelle Obama의 연설을 표절했다. 그러나 일단 그가 아웃사이더의 상징으로 인식되자, 그중 어느 것도 중요하지 않았다. 가무잡잡한 오스트리아인인 히틀러는 이상적인 독일인이 지닌 금발의 순수함을 찬양했는데, 어쩐 일인지 그의 광신적인 지지자들은 그 모순을 알아채지 못했다.

파시스트들은 카리스마적일 뿐만 아니라 재미있기도 하다. 후안 도밍고 페론Juan Domingo Peron과 그의 아내 에바Eva는 멋진 공연을 했다. 베니토 무솔리니, 그리고 물론 히틀러도 마찬가지였다. 그들은 추종자들에게 너무나도 존경스러운 존재여서 모순은 실제로 보이지 않았다. 트럼프는 단지 최초의 사업가-대통령이기만 한 것이 아니었다. 아마도 더 중요한 것은 그가 최초의 리얼리티 TV 엔터테이너였다는 사실일 것이다.

1920년대와 1930년대 파시스트처럼 트럼프는 마땅히 받아야 할 존경을 받지 못해 온 신비스럽고 진정한 민족의 화신으로 선전되었다. 트럼프가 공화당 전국대회에서 썼던 표현, 즉 "나는 여러분의 목소리입니다, 나만이 그것을 고칠 수 있습니다"라는 표현은 무솔리니의 연설이었을 수도 있다. 트럼프는 이전까지 극단적 과격파로 치부되던 견해와 사람들이 정당했음을 입증했다.

트럼프는 전통적 정치가 부패했고 '가짜'라고 믿었다. 흥미롭게도 가짜는 의회민주주의를 주기적으로 "위선이고 사기"라고 치부하던 무솔

---

* 2005년 도널드 트럼프가 만든 부동산 투자 교육 기관 _옮긴이

리니에게도 주요한 개념이었다. 트럼프의 포퓰리즘은 때로는 좌로 나아가기도 하고 때로는 우를 향하기도 하여 이데올로기적으로 규정하는 것도 불가능했다.

파시스트들은 적을 암시하거나 물리적으로 공격하기 위해, 그리고 비판자들을 침묵시키기 위해 폭도나 폭도의 위협을 이용한다. 히틀러는 수상이 되기 전에 나치 돌격대인 SA Sturmabteilung라는 민병대를 거느리고 있었다. 그 후 SA는 국가의 일부가 되었다. 인터넷은 새로운 묘안을 더해주었다. 트럼프는 선거운동에서 트위터를 이용하여 사이버 폭도를 선동했다. 트럼프는 파시스트들처럼 시위대가 자신의 집회에 나오자 자신의 호전적인 지지자들에게 폭력을 권고했다. 그는 건 너트gun nut* — 미국 수정헌법 제2조의 국민Second Amendment people** — 가 힐러리 클린턴을 완전히 제거할 수도 있다고까지 말했다.

범죄 피해자들을 위한 롱 아일랜드 집회에서 트럼프는 대통령으로서 연설하면서 경찰에게 그들이 즉결심판 — 미국 체계하에서 용의자들을 무죄로 추정하는 것을 무시하는 — 형식으로 체포하는 사람들에 대해 더 엄격하게 대할 것을 촉구했다. 2017년 8월에 버지니아주 샬러츠빌Charlottesville에서 네오나치주의자들이 난동을 부렸을 때, 트럼프는 그것을 인종차별 반대자들의 시위와 대등한 것으로 제시하며, 이들의 폭력을 묵인했다. 그리하여 그는 백인 민족주의 극우파에 힘을 실어주었고, 그들은 트럼프의 논평에 매우 기뻐했다.

트럼프는 일을 꾸며내고 그 체계가 자신에게 불리하게 조작되었다고 주장하고 그다음에 현실을 직시하는 비판가들과의 싸움에서 전세를

---

*   총기 집착자, 총기 소유자를 경멸적으로 부르는 용어 _옮긴이
**   수정헌법 제2조는 무기 휴대의 권리를 규정하고 있다. _옮긴이

역전시켜서 **그들이** 날조했다고 비난하는 취미를 가지고 있었다. 트럼프에 따르면, 오바마는 케냐에서 태어났고, 지구온난화는 신화이며, 자신이 실제로 일반 투표에서 승리했고, 수많은 이민자가 불법 투표를 했다 ─ 이 모든 것은 히틀러가 새빨간 거짓말을 이용한 것을 상기시켰다. 트럼프의 직관적인 전략은 거짓말로 넘쳐나게 하는 것이었다. 트럼프가 세 가지 거짓말을 할 때, 언론은 단지 한 가지 명백한 거짓말만 포착해 낼 뿐이었다. 그것은 자유 언론을 폐쇄하는 것이 아니라 언론을 압도함으로써 허물어뜨리는 기발한 전술이었다.

트럼프는 또한 개 호루라기 반유대주의에 의지하여, 미국 정치에 유대인 박해는 없다는 오랜 신사협정을 위반했다. 그리고 그는 자신이 하고 있는 일을 부정할 수 있게 해주는 방식으로 그렇게 했다. 이를테면 그는 일부러 유대인 사건을 기념하러 가지 않음으로써, 그리고 심지어는 힐러리 클린턴에게 다윗의 별Star of David*을 꽂아놓은 백인 민족주의 웹사이트의 포스터를 사용한 다음에 그것이 보안관의 별 모양 배지라고 주장하는 방식으로 계속해서 자신의 백인 민족주의의 기반에 명백한 신호를 보냈다.

트럼프가 뜻밖의 승리를 거두었을 때, 많은 논평자가 그의 승리를 거의 쿠데타로 취급했다. 트럼프가 취임 준비를 하면서, 미국 헌법이 지켜질 것인지에 대한 불안감이 확산되었다.

미국은 진짜 국가 비상사태 시기에 통치한 이전의 대통령들이 자제력을 지니고 있었다는 점에서 매우 운이 좋았다. 전쟁 시기의 가장 위대한 세 명의 대통령은 자제심의 화신이었다. 조지 워싱턴George Washington은

---

* 정삼각형 두 개를 위아래로 겹친 육각형의 별 모양으로, 유대인을 상징하는 표식이다. _옮긴이

왕이 될 수도 있었지만, 공화정과 자신의 운명을 함께하기로 결심했고, 연방주의자와 반연방주의자를 포함한 광범한 스펙트럼의 인물들을 자신의 내각에 포진시켰으며, 두 번의 임기를 마치고 물러났다. 에이브러햄 링컨은 도리스 컨스 굿윈Doris Kearns Goodwin이 쓴 대로 자신의 성향을 견제하는 역할을 한 경쟁자들을 의도적으로 자신의 내각에 임명했다.[30] 그는 인신보호영장의 중단과 같은 긴급 전시 조치들을 감가해서 그리고 어쩔 수 없을 때에만 실행했다. 프랭클린 루스벨트에게 전제적 권위를 부여해야 한다는 요구가 있었지만, 그는 대체로 비상 권력을 요구하거나 사용하지 않았다. 충성스러운 일본계 미국인들을 강제수용소에 수용하기로 한 루스벨트의 끔찍한 결정은 예외였다. 반면 트럼프는 과도하고 멋있게 행정 권력을 사용하려는 계획을 세웠다.

미국 공화국의 설립자들은 폭정에 대항하는 방벽으로 복잡한 견제와 균형의 체계를 고안했다. 그러나 우리가 가진 자유의 많은 것은 우리의 지도자들이 내면화한 헌법, 민주주의 규범에 대한 그들의 존중, 그리고 그들의 자제력에 달려 있다. 대통령의 자제력이 흔들릴 때 정부의 다른 두 부분에 잠재된 권력이 효력을 발휘하기 시작하지만, 때로는 그렇지 않기도 한다. 의회 공화당원들 ― 그들 대부분은 트럼프를 싫어하고 침입자인 그에게 분개한다 ― 은 트럼프를 이용하기로 냉소적으로 결정했다. 민주주의 제도를 운영하는 데 더 많은 비용이 들었다면, 공화당의 우파와 기업 동맹자들은 이미 민주주의에 대해 진작에 거의 관심을 보이지 않았을 것이다.

비평가들은 트럼프가 법을 어기지 않으면서도 미국에 부드러운 파시즘을 도입할 수 있는 모든 방법을 기록하기 시작했다. 그는 정치적 적들을 선별적으로 공략하기 위해 미국 변호사들과 국세청의 힘, 즉 닉슨 스타일을 이용할 수 있었다. 그는 규제 기관으로 하여금 자신에게 적대적인 신문 발행인들과 TV 방송국 소유자들 — 이를테면 ≪워싱턴 포스트≫의 발행자이자 아마존(분명히 독점금지 문제를 안고 있는 기업)의 소유주인 제프 베조스Jeff Bezos와 같이 보호해야 할 다른 사업적 이익을 가지고 있는 경영자들 — 을 공격하게 할 수도 있었다. 그는 독재자로서 통치하기 위해 총사령관의 엄청난 권력을 행사할 수도 있었고, 다음 테러 사건을 이용하여 비상 권력을 찾거나 장악할 수도 있었다. 궁극적으로는 탄핵이 정치적 해결책임을 상기하자. 닉슨이 탄핵되어 공직에서 쫓겨날 수 있었던 것은 오직 민주당이 의회를 장악하고 있었기 때문이다.

그런데 예상치 못한, 그리고 심지어 희망을 북돋아 주는 일이 일어났다. 현실이 트럼프를 방해했다.

현실이 발목 잡다

위가 아래였고 진실이 거짓이었던 대안적 현실 속에 사는 트럼프의 개인적인 습관이 그를 당선시키는 데 효과를 발휘했을 수도 있다. 그러나 일단 취임하자, 그는 현실 세계와 마주쳤다.

트럼프는 자신이 포고를 내림으로써 통치할 수 없다는 것을 발견했다. FBI는 그의 개인 비밀경찰이 되려고 하지 않았다. 트럼프가 제임스 코미James Comey FBI 국장을 해임하여 그가 솔직하게 털어놓지 못하게 하자, 법무부 차관 로드 로젠스타인Rod Rosenstein — 그는 이용되고 나서 버려졌다 — 은 신속하게 로버트 뮬러Robert Mueller 전 FBI 국장을 특별 검사로 임명했다. 그동안 트럼프를 방어하던 공화당 의원들은 뮬러의 임명에 환호하며 뮬러를 제거하는 것은 좋은 생각이 아니라는 신호를 보냈다. 의회 공화당원들은 민주당원들과 결합했고, 입법부를 이용하여 트럼프가 러시아에 대한 제재를 포기하지 못하게 했다.

트럼프와 심히 분열된 공화당의 동맹은 통치 규율에 익숙해지지 못해 초기에 '적정부담보험법'을 폐지하지 못하는 굴욕을 겪었다. 트럼프는 자신이 공화당 의원들에게 계속 밀어붙이라고 명령했을 때 그들이 자신의 명령을 따르지 않고 자신들의 길을 간다는 것을 알게 되었다. 트럼프가 유일하게 승리를 거둔 입법인 감세는 공화당 의회의 원래 과업이었다. 트럼프에 대한 공화당 의회의 지지가 식으면서, 그가 독재자로서 통치할 여지가 좁아졌다. 어려서 부모를 따라 미국에 온 '드리머Dreamer'*들을 추방할지의 문제에 대해 반대하는 쪽으로 의회가 방침을 바꾸자, 트럼프는 결국 더 많은 행정권을 장악하려 하기보다는 의회에 이 문제를 집중적으로 거론했다.

고전적인 파시스트들은 새로운 정당을 창당해 왔다. 풋내기 권위주의자인 트럼프는 미국의 양대 정당 중 하나를 적대적으로 인수하여 집권했다는 사실로 인해 애를 먹고 있었다. 그리고 독자적으로 지도자로 선출된 사람 중 많은 수가 여전히 그에게 아주 적대적이었다. 트럼프의 행동이 점점 더 기이해짐에 따라, 그러한 적대감은 심화될 뿐이었다. 요컨대 한 정당이 명목상으로 정부의 3부를 모두 통제하고 있다는 사실에도 불구하고, 권력분립은 유지되었다. 그가 덜 손상받고 더 유능한 독재자였다면, 훨씬 더 많은 해를 끼쳤을지도 모른다.

미국의 권력분립이라는 현실에 더하여 보다 광범위한 세계의 현실

---

* 오바마 행정부가 청년 불법체류자 추방 유예 조치를 취한 후 불안정한 신분하에서도 열심히 미국 생활을 하는 사람을 칭하는 말 _옮긴이

이 외교정책 과제 전반 ― NAFTA와 멕시코에서부터 중국의 환율조작, 시리아 문제, 북한의 미사일 위협, 이스라엘 정착촌 문제에 이르기까지 ― 을 방해했다. 이 모든 경우에서 트럼프는 선거운동에서 취했던 지나치게 단순하고 공격적인 입장에서 한발 물러섰다(하지만 그는 계속해서 익살스럽게 외국 지도자들을 모욕했다). 건강보험처럼 대외정책도 복잡한 것으로 입증되었다.

트럼프가 군대에 대해 특유의 극우적 지원을 공언하고 무기 관련 지출도 대폭 늘리겠다고 제시했지만, 장군들은 그의 충동을 견제하는 가장 중요한 세력의 하나로 떠올랐다. 군부는 보수적 ― 보수라는 단어가 지닌 가장 좋은 의미에서 ― 인 경향이 있다. 열성적인 민간인들(딕 체니Dick Cheney, 도널드 럼스펠드Donald Rumsfeld, 조지 W. 부시, 린든 존슨Lyndon Johnson, 리처드 닉슨 등등과 같은)이 거창한 거짓말에 근거하여 미군을 바보들의 심부름에 보낼 때, 대가를 치르는 것은 군대이다. 그리고 장군들은 그 사실을 알고 있다.

군인정신을 전혀 사랑하지 않는 트럼프를 비판하는 사람들은 미국 민주주의의 안전이 실제로 세 명의 퇴역 해병대 장성 ― 제임스 매티스 James Mattis 국방장관, 맥매스터H.R. McMaster 국가안보보좌관, 존 켈리John Kelly 국토안보부 장관(그는 2017년 7월에 백악관 비서실장으로 승진했다) ― 의 수중에 있다고 비판한다. 그러나 이 비판은 어딘가 이상하다. 그들은 대통령이 허풍을 떨 때 애국심과 자존심을 가지고 대통령에게 직언을 하는 진지한 사람들이다(켈리는 자주 트럼프의 명령을 그대로 수행하긴 했지만). 트럼프가 곧 깨달은 대로, 그가 사람들을 해고하는 것을 즐기기는 하지만, 그들 전부를 해고할 수는 없다.

트럼프의 극단적인 민족주의적 전략가인 스티븐 배넌이 어떤 의미에서는 옳았다. 막후 행정국가deep administrative state — 미국 헌법이라고도 알려진 — 는 많은 저력을 가지고 있었다. 하지만 막후 국가에는 트럼프하에서 정치에 대한 지배력이 두 배로 증가해 온 골드만삭스도 포함되어 있다.

비록 트럼프가 독재자로서 통치하지 않더라도 그가 개인적으로 얼마간 정신이 나간다면, 그가 일반적인 극우 보수주의자로서 입힐 수 있는 피해도 막대하다. 2017년에는 주요 행정부의 자리들이 채워지지도 않았다. 일반 미국인에게 봉사하는 공공지출은 바닥났다. 소비자, 노동자, 투자자를 보호하는 규제적 안전장치들은 폐지되었다. 트럼프의 법무부와 오웰식의 공정선거 위원회* — 마이크 펜스Mike Pence 부통령과 캔자스주 국무장관 크리스 코바흐Kris Kobach가 의장과 부의장을 맡고 있었다 — 는 주 차원의 투표권에 대한 공격을 강화했다. 거대한 극우 머니 머신 money machine은 트럼프의 개인적 운명을 넘어 계속해서 전략적 영향력을 행사하고 있다. 트럼프가 에르도안이나 카친스키의 방식으로 법원에 도전하거나 판사들을 즉석에서 쫓아내지는 않았지만, 사법부는 공화당의 일상적인 봉쇄 전술 덕분에 계속해서 극우화되고 있다. 다른 우파 민족주의자들은 공공사업 투자와 복지국가 지출 확대로 서민들을 매수했지만, 의료혜택과 공공 일자리를 개선하겠다는 트럼프의 간헐적인 약속은 단지 선거운동 레토릭에 불과했다.

물론 이 모든 것은 경제적 좌절 — 트럼프가 집권할 수 있게 해준 — 을 심화할 뿐이었다. 고생 끝에 낙이 오지 않았고, 그런 정책들은 인기가

---

* 공정선거에 관한 대통령자문위원회(Presidential Advisory Commission on Election Integrity)를 지칭하는 것으로, 2016년 미국 대선에서 수백만 명의 불법체류자들이 투표했다는 트럼프의 신빙성 없는 주장으로 인해 만들어진 기관이다. _옮긴이

없었다. 참신함이 사라지자, 미국의 대통령은 버릇없고 아주 멍청했다. 취임 후 첫 몇 달 동안 트럼프는 현대의 여론조사가 시작된 이래 가장 인기 없는 새 대통령이었다. 마크 트웨인은 어떤 사람에게 그가 속아왔다고 납득시키는 것보다 그 사람을 속이는 것이 더 쉽다고 지적했다. 그러나 인지부조화에도 한계가 있다.

미래를 내다보면, 미국은 세 가지 광범위한 가능성에 직면해 있다. 트럼프는 임기가 끝나기 전에 공직에서 쫓겨날 수도 있다. 다른 극단에서는 그는 국가 안보 위기 ― 실제적이든 또는 인위적으로 만들어진 것이든 간에 ― 에 의존하여 미국을 계속해서 독재국가로 전환시킬 수도 있다. 아니면 반대파가 계속해서 입지를 강화할 수도 있다.

내가 수정 구슬을 가지고 있지는 않지만, 이처럼 조심스러운 낙관론을 펼치는 데에는 이유가 있다. 진지한 공적 담론에 대한 온갖 공격, 유권자 탄압, 정상적인 입법 절차의 남용에도 불구하고, 미국은 독재와는 거리가 멀다. 2017년 11월 버지니아주, 뉴저지주, 뉴욕주 선거에서뿐만 아니라 '적정부담보험법'하에서의 메디케이드 확대를 위한 메인Maine주의 국민발의에서도 트럼프에 대한 대중의 혐오감뿐만 아니라 진보 진영에 대한 진정한 풀뿌리들의 에너지가 분출되었다. 이는 '푸른 물결blue wave'*에 근접하는 것이었다. 인디비저블Indivisible,** 필립퍼블Flippable,*** 런포 섬싱Run for Something****과 같은 이름을 가진 신생 활동가 단체들은 미래를 내다보고 후보들을 훈련시키고 수천 명의 유권자에게 힘을 실어주

---

*　민주당 돌풍을 지칭하는 용어 _옮긴이
**　트럼프 대통령의 당선에 대한 반발로 미국 민주주의 구하기를 목표로 하여 결성된 진보적 사회운동 단체 _옮긴이
***　민주당이 주의회를 장악하는 것을 돕는 진보적 운동조직 _옮긴이
****　선출직에 출마하는 청년 후보자들을 충원하고 지원하는 미국의 진보적 정치조직 _옮긴이

어, 과거에는 민주당원들이 경쟁에 나서지조차 않았던 지역에서 민주당이 입법부 의석을 차지할 수 있게 해주었다.

하지만 푸른 물결이 성공을 거두기 위해서는 유권자 억압과 게리맨더링 모두를 충분히 극복할 수 있을 만큼 푸른 물결이 커져야 할 것이다. 제1장에서 살펴보았듯이, 민주주의는 수십 년 동안 공격을 받아왔고, 그 결과 정부와 정치에 대한 존중 — 민주주의의 복원의 한 원천으로서의 — 은 약화되었다. 트럼프의 권위주의는 주류 공화당원들이 그를 좋아하지 않는다는 사실에도 불구하고 공화당의 투표권 침탈 전략, 선전 기관으로서의 극우 매체의 성장, 공익적 규제를 훼손하는 법원, 언론을 제압하기 위한 엄청난 기업 자금의 투여 등을 통해 작동해 왔다. 또 해킹과 유출, 그리고 그릇된 정보를 통해 혼란과 불신을 심으려는 러시아의 노력은 미국 정치 과정에 대한 신뢰를 손상시켰고, 이 전술은 계속될 것이다.

2020년에 진보주의자가 당선되더라도, 반민주주의의 강한 역류는 존속될 것이고, 그에 맞서는 하나의 대항세력으로서 정부와 정치가 건설적인 영향과 광범위한 정당성을 되찾는 데까지는 시간이 걸릴 것이다. 이 노력은 신중하고 전략적이어야 한다. 그렇지 않으면, 실패할 것이다.

이는 먼 길이지만, 사회적으로 괜찮은 경제와 광범한 정당성을 누리는 정부로 돌아가는 길이 될 것이다. 그러나 미국 헌법이 계속 유지되고 있다고 가정할 때, 2020년 민주당 후보 지명자는 당의 최근의 표준적인 어떤 지도자보다도 더 진보적인 포퓰리스트 — 프랭클린 루스벨트의 정신에 더 가까운 엘리자베스 워런 진영의 후보 — 가 될 가능성이 크다. 이러한 전환은 다시 진보적인 형태의 포퓰리즘이 백인 민족주의 브랜드의 포풀리즘과 경쟁하며 광범위한 번영을 이루는 혼합경제를 재건할 수 있게 할 것이다.

이러한 점에서 보면, 오바마는 자신의 대통령 임기를 잘못 출발했다. 오바마는 금융 붕괴로 인해 공화당의 자유방임 이데올로기와 금융 산업에 대한 초당적 규제 완화 모두가 오명을 쓴 시점에 아웃사이더로 집권했다. 내가 2008년 저서 『오바마의 도전Obama's Challenge』[31]에서 썼던 것처럼, 새로운 미국 지도자는 루스벨트의 틀에서 혁신적인 대통령이 되거나, 아니면 월스트리트에 붙잡힌 또 다른 중도주의 민주당원이 되어야 했다. 기질상으로 조정자인 오바마가 전자보다 후자 쪽이라는 것이 증명되었을 때, 하나의 정치적 순간을 놓쳤다. 그러나 그러한 정치적 순간은 다시 돌아올 것이다.

입법을 가로막을 온갖 이유가 있을 것이지만, 미국은 궁극적으로 통치가 가능한 하나의 국가를 가진 단일한 나라이다. 유럽에 대해 낙관적인 비전을 떠올리기란 훨씬 더 어렵다. 유럽연합에서는 경제회복 프로그램의 봉쇄와 잘못된 긴축체제가 계속될 가능성이 크며, 이는 네오파시즘을 더욱 뒷받침하는 꼴이 될 것이다.

따라서 서구에서 강화된 민주주의와 균형 잡힌 경제의 회복으로 돌아가는 길이 있다면, 그것은 미국에서 시작될 것이 틀림없다. 그 길은 바로 미국이 전후 재건 시대에 혼합경제를 촉진하기 위해 수행했던 자비로운 역할을 재개하는 것이다. 그러나 그것은 결코 쉽지 않을 것이다. 왜냐하면 1944년의 우연한 상황과 상응하는 것이 현시점에는 전혀 존재하지 않기 때문이다. 그러나 그것이 불가능한 것은 아니다.

12

나아갈 길

오늘날의 민주적 자본주의라는 말은 형용모순이다. 민간 금융의 후원을 받는 지구화는 자본주의에 대한 민주적 제약을 계속해서 약화시켜 왔다. 이 하향순환 속에서 약탈적 자본주의에 대한 반발로 인해 포퓰리즘적인 극단적 민족주의가 강화되었고, 자유민주주의는 더욱 약화되었다.

민주주의가 살아남으려면, 이 순환을 반대로 돌려놓을 필요가 있다. 이를 위해서는 훨씬 더 강력한 민주적 제도들을 갖추고 자본주의를 사회적 경제로 훨씬 더 많이 급진적으로 변혁시킬 것이 요구된다. 반대로 현재 브랜드의 자본주의가 살아남는다면, 그것은 훨씬 더 타락하고 집중화되고 비민주적이 될 가능성이 크다. 따라서 새로 출현하는 체계는 더 독재적이고 자본에 의해 더 통제되거나, 아니면 더 민주적이고 덜 자본주의적이 될 것이다.

1990년대에 조지 소로스는 개방사회와 폐쇄사회를 구별하는 공식을 대중화했다.[1] 개방사회는 다원주의적이었으며, 정부에 의해 통제되지 않는 시민 제도들의 망을 가지고 있었고, 전 범위의 개인적·정치적 자유를 존중했다. 공산주의가 붕괴된 후, 서구는 새로 민주화된 동유럽과 전 세계 다른 독재국가에 자유주의적 가치를 보급하기 위해 노력했다.

오늘날 개방사회 대 폐쇄사회라는 구분은 이야기의 단지 일부만을 말해준다. 소로스 자신이 인정했듯이, 보다 예리한 구분은 민주주의 사회 대 정실자본주의 사회이다.[2] 부패한 자본주의는 증가하고 있는 것처럼 보이는 반면, 민주주의 국가의 수는 줄어들고 있다. 2000년 이후 약 25개국이 민주주의에 실패했다.[3]

민주주의 대 자본주의

러시아판이나 터키판 또는 중국판 정실자본주의crony capitalism는 민주적인 척하지 않는다. 민주적 독일이 독재적인 러시아와 많은 거래를 하고 미국 기업들과 중국 기업들이 파트너십을 협상하는 데 아무런 어려움이 없다는 사실은 우리가 인정하고 싶은 것보다 더 많은 수렴이 존재한다는 것을 암시한다. 제임스 만이 10년도 더 전에 중국의 WTO 가입과 관련한 도취감에 찬물을 끼얹으며 예언자적으로 경고했듯이, 중국은 미국과 더 닮아가고 있지 않다. 오히려 미국이 중국과 더 닮아가고 있다.[4]

파시즘에는 두 가지 모습이 있다는 점을 상기할 필요가 있다. 하나는 보통의 엘리트들에게 화가 나서 강한 지도자에게서 구원을 구하는,

강한 지도자에 대한 믿음이 깊거나 아니면 그에게 겁을 먹은 대중을 가진 독재체제였다. 파시즘의 다른 모습은 기업이었다. 이 명백한 모순에도 불구하고 독재자와 기업은 서로 꽤 잘 지냈다. 그 둘은 모두 권력을 잘 알고 있었다. 도널드 트럼프는 기업 동맹의 화신이다. 그는 그 동맹 속에서 지도자의 정치적 이해관계와 기업의 이해관계를 단순하게 혼합하고 있다. 트럼프의 내각 구성원의 절반이 이와 유사한 상충되는 이해관계를 가지고 있다.

자본주의의 광신자들에게 자본주의는 두 가지 중요한 점에서 민주적이다. 그들은 자본주의 규범과 민주주의 규범은 투명성과 법치를 통해 수렴된다고 말한다. 그러나 1인/1표라는 핵심적인 민주주의 원리와 1달러/1표라는 기본적인 시장 규범 사이에는 근본적인 차이가 존재한다. 민주주의는 돈이 갖는 적나라한 권력이 억제되는 한에서만 번창한다.

자본주의의 광신자들은 또한 자본주의에서는 모든 사람이 주주나 기업가가 될 수 있기 때문에 민주적이라고 말한다. 만인의 상승 이동이라는 아메리칸 드림은 이러한 주장을 압축적으로 보여준다. 이러한 이상화된 형태의 자본주의의 상대적 개방성이 자본주의 체계로 하여금 효율성과 정당성 모두를 주장할 수 있게 해준다. 미국 자본주의는 아마존의 제프 베조스나 최근까지 우버에서 일한 트래비스 캘러닉이 하나의 아이디어를 생각해 내어 벤처캐피털의 지원을 받아 꼭 필요한 새로운 소비재나 플랫폼을 도입하고 몇 번이고 다시 억만장자가 될 수 있다는 점에서 여전히 '개방적'이라고 볼 수도 있다. 그러나 이 게임의 규칙은 일반 노동자, 소비자, 그리고 심지어는 잠재적인 경쟁자들에게도 점점 더 불리하게 조작되고 있다. 게임을 공정하게 유지하기로 되어 있는 공적 규제 및 투명성의 체계가 점점 더 부패하고 있다. 도널드 트럼프가 자신의 사업적 이해관계와 정치적 이해관계를 뒤섞어 놓은 것은 부패의 희화화된 버전이지만, 미국의 산업과 금융의 많은 부분에서 이러한 이해충돌은 이제 뉴 노멀new normal*이다.

미국의 사회이동 신화에도 불구하고, 수십 년 동안 북유럽에서는 보다 사회화된 경제들이 사람들에게 부모의 지위 이상으로 올라갈 수 있게 해주는 훨씬 더 좋은 일자리를 제공해 온 반면, 미국에서는 계급 경계선이 강화되어 왔다. 아메리칸 드림은 사회민주주의적인 스칸디나비아에 살아 있지만, 잘 살아 있는 것은 아니다. 우리가 살펴보았듯이, 글로벌 시장 압력은 스웨덴과 덴마크에서 그간 잘 방어되어 온 사회적 타협마저 깨뜨려 왔다.

우리는 이 책의 서론을 카를 마르크스와 카를 폴라니 간의 순수 이론적인 논쟁으로 시작했다. 마르크스의 정신을 가지고 글을 쓰는 자본주의 비판가들은 자본주의가 그 자체의 모순에 의해 파멸되게 되어 있다고 오랫동안 주장해 왔다. 폴라니는 케인스와 함께 올바른 민주적 동원과 올바른 정책 개입을 전제로 하여 혼합경제가 적응하고 번영할 수 있다고 믿었다. 그 희망은 제2차 세계대전 이후 30년 동안 실현되었다. 폴라니는 시장이 광범위한 공공 이익에 이용되지 않는다면 시장의 과잉이 시장 사회와 민주주의 모두를 파괴할 것이라고 주장했다. 그러한 일이 1920년대와 1930년대에 발생했고, 지금은 그 메아리가 울려 퍼지고 있다.

그 시대의 또 다른 잘 알려지지 않은 인물도 소환할 만한 가치가 있다. 폴란드 태생의 영국 경제학자로 케인스 연구가인 미하우 칼레츠키

---

* 시대 변화에 따라 새롭게 부상하는 기준이나 표준 _옮긴이

Michal Kalecki는 케인스와 마르크스 사이에 위치한다. 그는 1943년에 「완전 고용의 정치적 측면Political Aspects of Full Employment」이라는 제목의 독창적인 에세이를 썼는데,[5] 그의 주장은 오늘날에 훨씬 더 진실처럼 들린다.

전문 경제학자로서 칼레츠키는 올바른 정책적 개입이 자본주의를 안정화시켜 자본주의의 광범위한 번영과 정당성에 기여할 수 있을 것이라는 데에 케인스와 동의했다. 그러나 마르크스의 모자를 쓴 칼레츠키는 자본가들이 그러한 프로그램을 맹렬하게 거부할 것이라고 주장했다. 왜냐하면 그러한 프로그램은 자본가들에게 너무 많은 권력과 부를 포기하도록 요구할 것이기 때문이다. 따라서 관리되는 자본주의는 이론적으로는 가능했지만, 실제로는 가능할 것 같지 않았다.

제2차 세계대전 후의 황금세대에게 칼레츠키의 견해는 너무나도 비관적인 것처럼 보였다. 대중 동원이 엘리트들의 권력을 저지하고 있었고, 민주적으로 선출된 정부가 시장경제를 안정시키고 번영의 성과를 광범위하게 배분하는 정책을 추구하고 있었으며, 그러한 정책의 부수효과가 민간 금융 엘리트들의 정치적 권력을 축소시켰다. 그러나 자본주의 경제에서 자본이 지닌 잔여 권력에 대한 칼레츠키의 통찰력은 1973년 이후 몇 년 동안 확실하게 입증되었다.[6]

1944년 이후 몇 년 동안 당시의 주역들이 민주적 혼합경제의 막간을 위해 아주 완벽할 정도로 제휴했다면 지금은 주역들이 그러한 제휴로부터 크게 이탈한 상황에서, 무엇이 낙관론을 펼칠 수 있게 해주는가? 제도적으로 볼 때, 칼레츠키의 예언대로 산업과 금융의 거물들이 그토록 많은 권력을 되찾는 데 성공했고 그 반격이 너무나도 반민주적이기 때문에 균형 잡힌 자본주의의 정치는 제2차 세계대전 직전보다 오늘날 훨씬 더 있을 법하지 않아 보인다.

실제로 1930년대에 우리는 적어도 적나라한 자본주의raw capitalism와 자본가의 정당성을 약화시키는 전면적인 불황을 겪었다. 우리는 지정학적 위험을 가하는 동시에 이데올로기적 대안을 제시하는 소련을 가지고 있었다. 우리는 또한 확대된 민주국가의 권력을 이용하여 자본을 제약하고 서민을 돕는, 미국 역사상 가장 인상적인 진보적인 포퓰리스트 대통령도 가지고 있었다. 이 선순환이 계속해서 정부와 혼합경제에 더 많은 정당성을 부여했다.

오늘날 기업 엘리트와 금융 엘리트들은 국가기구를 실질적으로 장악하고 명목상의 중도좌파 정당을 무력화시켰다. 민주 정부, 노동조합, 시민단체를 민간 기업 권력에 대항하는 '상쇄' 세력7으로 바라보는 갤브레이스의 생각 — 전후 붐이 한창이던 1952년에 제출된 이론 — 은 기업 권력이 국가 역시 지배할 때에는 통하지 않는다.

광범위한 공적 향상의 도구로서의 정부와 정치는 신뢰를 잃었다. 우파 민족주의적 포퓰리즘과 네오파시즘이 이 공백을 상당히 메웠다. 글로벌리즘 기관들은 민주적 좌파의 대안들을 더욱 좌절시켜 왔다. 어떻게 하면 이 악순환을 선순환으로 되돌릴 수 있는가?

진보적 포퓰리즘을 옹호하며

이러한 시기에는 금융 엘리트들의 견고한 권력이 너무나도 강력해서 대중 동원만이 그러한 권력에 이의를 제기하고 나설 수 있다. 이것이 루스벨트가 1930년대와 1940년대 초에 성과를 이룰 수 있게 해준 것이다. 그가 그러한 성공을 거둘 수 있었던 것은 그의 탁월한 리더십이 대중운동의 힘에 의해 뒷받침받았기 때문이다. 루스벨트 정책 중 많은 것이 급진적이었다. 그러나 일단 법제화되자, 그 정책들은 정상적이 되어 경제적으로 성공했고, 그리하여 대중의 사랑을 받았다. 사회보장은 미국에서 가장 사회주의적인 프로그램이지만, 시민들은 그것을 급진적인 것으로 경험하지 않는다.

지난 세기 동안 급진 민주주의자들이 자주 공직에 출마해 왔지만, 시장경제에서의 돈의 저류가 너무 강력해서 그들은 좀처럼 당선되지 못했다. 서구에서 있었던 주요한 예외로는 미국의 루스벨트, 영국의 애틀리, 1930년대부터 1990년대까지에 이르는 스칸디나비아 사회민주당의 오랜 지배를 들 수 있다.

하지만 급진 민주주의자들이 가까스로 당선되고 재선될 때, 주목할 만한 일이 일어난다. 그들의 프로그램은 자주 실용적이고 인기 있는 것으로 판명난다. 그들은 또한 사회적으로 공정하고 역동적인 혼합경제를 갖는 것이 실제로 가능하다는 것을 증명한다. 그러나 그들이 성공하기 위해서는 대중 동원 — 시간이 지남에 따라 유지하기가 어려운 — 이 요구된다.

지난 수십 년 동안 노동운동은 시장경제에서 자본의 항존하는 권력에 대한 제도적 균형추의 하나로서 서민을 지속적으로 동원하는 역할을 해왔다. 노동운동이 급진적인 작업현장 운동에서 계약을 조정하는 관료적 관리자로 발전했을 때, 그 권력은 손상되었다. 다시 적나라한 자본주의로 기울어지게 된 주요 원인 중 하나는 부활하는 기업과 계획적인 반노동자 정책에 의해 조직 노동의 권력이 더욱 약화되었기 때문이다.

많은 논평가가 저지른 분석적 실수 중 하나가 진보적 포퓰리즘과 네오파시스트 포퓰리즘을 하나로 묶어버린 것이다. 대중 언론에서 포퓰리즘과 포퓰리스트를 언급하는 기사를 읽으면서 당신은 대체로 저자가 그것에 대해 못마땅해하는 것을 볼 수 있을 것이다. 포퓰리즘은 진보적인 종류의 것이든 반동적인 종류의 것이든 간에 대체로 민중선동과 유사한 것으로, 그리고 경제의 작동방식에 대한 공상적인 비합리적 가정을 받아들이는 것으로 인식된다. 포퓰리즘 역사가인 마이클 카진Michael Kazin은 "당신이 혐오하는 정치를 하는 포퓰리스트는 언제나 대중의 영웅인 척하는 선동가이다"라고 짓궂게 쓰고 있다.[8] 아무도 보수주의자라고 생각하지 않은 폴 크루그먼조차도 버니 샌더스가 무역 문제를 가지고 '선동하고 있다'고 그를 비난했다.[9]

샌더스는 비록 최근의 무역협정과 관련한 크루그먼의 견해를 공유하지는 않지만, 공적 삶에서 그 누구 못지않게 소문자 d 민주당원small-d democrat*으로 헌신하고 있다. 그러나 샌더스는 경제적 악폐에 대항하여 서민들을 규합했기 때문에 반복해서 포퓰리스트라는 비난을 받았다. 신화를 장사하는 우파 포퓰리스트들과 달리, 샌더스는 현실에 거주했다. 그는 노동자들이 경험하는 힘든 현실을 헤아리고 해석하는 것을 도왔다. 샌더스는 2016년 선거운동 기간에 발표된 팩트체크 기사들에서 항상 가장 높은 점수를 받았다.

엘리자베스 워런 매사추세츠주 상원의원은 진보적 포퓰리스트의 또 다른 좋은 사례이다. 워런이 (트럼프가 선언하기 훨씬 전에) "규칙이 조작되었다"라고 선언했을 때, 그녀는 불법 이민자 투표에 대해 거짓 주장을 한 것이 아니었다. 그녀는 정확한 정보에 근거한 세부내용을 바탕으로 파산법이 어떻게 가족보다 기업에 유리하게 만들어져 왔는지, 학자금 대

---

*　민주적인 견해를 가지고 있지만 반드시 그 나라의 민주당 당원은 아닌 사람 _옮긴이

출계약서의 불리한 조건들이 어떻게 부정한 사립대학들이 학생들에게 지운 부채를 나이 든 부모들이 떠맡게 하는지, 오해하기 쉬운 담보대출 계약이 어떻게 천문학적 금리 인상으로 이어질 수 있는지, 의료보험제도가 어떻게 그것이 가장 필요할 때 의료보호를 거부하게 되는지, 고용의 조건으로 부과되는 중재 조항이 어떻게 고용주가 법을 어겼을 때조차 노동자들로 하여금 법정에서 자신들의 승리를 부정당하게 하는지 등을 말로 설명한 것이었다. 이러한 악폐들 속에, 그리고 무언가가 매우 잘못되어 있다는 대중의 어렴풋한 의식 속에 바로 다수의 정치majority politics가 잠재되어 있다.

자주 모호하고 음흉한 방식으로 보통 사람들에게 불리하게 조작되어 있는 규칙을 바꾸기 위해서는 포퓰리즘적인 지도자가 요구된다. 현재의 악폐들과 그것들에 대해 이야기하고 설명하고 교정하려는 워런의 노력은 19세기 후반의 포퓰리즘적인 '불만의 정치'를 연상시킨다. 당시는 독점 철도가 농부들에게 그들의 곡물에 대해 터무니없는 운송 요금을 요구했고, 독점 금융업자들은 농부들에게 필요한 신용대출을 해주지 않았으며, 지역 상인들은 농부들에게 계절 자금 및 파종과 수확을 위한 자재를 공급하여 그들이 영원히 빚을 지게 만들었다.[10]

비록 '포퓰리즘'이 은혜라도 베푸는 듯하다는 평가를 받지만, 그것이 바로 진보적 포퓰리즘에게 필요한 것이다. 2016년 선거에서, 그리고 19세기로 회귀하고 있는 미국과 유럽의 정치 역사에서 보았듯이, 인지된 경제적 부정의와 관련한 대중의 불만은 그들로 하여금 좌파를 지지하게 할 수도, 우파를 지지하게 할 수도 있다. 트럼프와 샌더스는 무엇이 경제와 정체를 망쳤는지에 대한 매우 다른 이야기를 가지고 동일한 유권자의 일부에게 호소했다.

논평가들이 네오파시즘적 포퓰리즘과 현재의 경제규칙에 대한 진보적 비판을 제대로 구분하지 못하는 경향은 철저한 정통 경제학자들과 매체의 오피니언 리더들이 금융, 무역, 시장경제에 대한 일반적 통념을 얼마나 철저하게 내면화해 왔는지를 보여주는 증거이다. 지구화에 대한 방어에서만큼 이를 잘 보여주는 곳은 없다. 제안된 무역협상 ― 주로 규제 완화를 진척시키고자 하는 ― 의 세부사항을 비판하는 사람들은 무역의 광범위한 효율성과 관련한 부적절한 일반화에 의해 가차 없이 묵살 당한다.

이론적으로 말하면, 포퓰리즘이라는 단어를 버리고 대신 네오파시즘적 민족주의 대 진보주의에 대해 언급해야 한다. 문제는 포퓰리즘이라는 단어가 광범하게 통용되고 있다는 것이다(저술가들은 단어를 발명하기만 할 뿐 추방하려고 하지는 않는다). 그러나 적어도 반동적 포퓰리즘과 진보적 포퓰리즘만큼은 분명하게 구분하기로 하자. 지도자들이 보통 사람들을 불러 모아 사태를 파악하게 하고 정치에 참여하게 하지 않는 한, 그리고 엘리트들이 정치적 자유주의의 도구를 이용하여 괜찮은 경제를 파괴하는 것을 막지 못하는 한, 민주주의는 결코 금융 엘리트들을 막아내지 못할 것이다. 그러한 브랜드의 포퓰리즘은 혐오스러운 것이 아니다. 그것은 필요불가결한 것이다.

미국이 주도해야 하는 이유

오늘날 글로벌 주도권을 놓고 여러 나라가 경쟁하고 있다. 러시아 버전은 민족주의, 독재, 부패를 결합하고 있다. 터키, 폴란드, 헝가리 같은 러시아 주변에 있으면서 러시아의 군사력을 오랫동안 경계해 온 국가들조차 그 정치적 공식에 끌리고 있다. 중국 모델은 일당독재, 국가자본주의, 신중상주의의 혼합물이다. 일본과 한국은 정부 주도 자본주의, 정치적 민주주의, 양호한 소득분배를 혼합하고 있는 예외적인 사례이지만, 둘 다 지역 안보의 과제에 발목 잡혀 있다. 인도는 현대적 부문들에서 경제적 초강대국이 되어가고 있지만 심각한 빈곤에 빠져 있고, 그곳의 민주주의는 매우 불안하다.

얼마 전까지 유럽연합이 보다 사회민주주의풍의 혼합경제를 제공했다면(이제 더 이상은 아니다), 미국은 많은 사람을 그냥 방치해 두고 있고 외교정책이 때때로 공언된 민주적 이상과 상충되기도 하지만, 정치적·문화적 개방성 때문에 세계에 대한 하나의 신호등이었다. 비록 트럼프 시대에 미국은 점점 더 스스로 고립적이 되고 있으며 결코 좋은 신호등이 아니지만, 어떤 다른 나라가 정치적 민주주의와 경제적 공평성의 글로벌 망토임을 주장하고 나서는 것을 생각하기는 쉽지 않다. 미국이 잘못된 버전의 글로벌리즘을 전파하는 데서 중요한 역할을 했다면, 미국은 긍정적 글로벌리즘을 회복하는 데서도 주도적인 역할을 해야 할 것이다. 트럼프 이후의 시대는 제2차 세계대전과 전후 시대에서만큼이나 미국의 리더십에 중요한 순간일 것이다.

비극적이게도 진보적인 유럽연합 ─ 외교의 거인으로든, 아니면 긴축정책보다는 대륙 전체의 경제적 팽창 정책을 추구하는 경제적 지도자로든 ─ 은 있을 법하지 않아 보인다. 유럽연합은 또한 부상하는 네오파시즘 물결에 대해 여전히 수세적이며, 유럽연합의 헌법 규칙과 정치적 분할로 인해 쪼개져 있다. 아마도 유럽연합 프로젝트들은 다시 한번 그 약속을 실현할 것이지만, 조만간 그러지는 않을 것이다.

프랑스에서는 중도 기술관료이자 현대화주의자인 에마뉘엘 마크롱이 2017년에 인상적인 승리를 거두었다. 마크롱 대통령은 프랑스가 엄격한 일자리 보호조치를 폐기하고 그 대신 정부가 사회적 투자를 늘리는 일종의 일괄타결을 제안했다. 그렇게 되면, 더 많은 새로운 일자리 기회가 생길 것이고 노동자들은 기존의 일자리에 매달릴 필요가 없게 될 거라는 것이다. 일종의 스칸디나비아식 해결책이다.

　마크롱의 접근방식은 더 많은 공적 지출 — 그중 일부는 적자재정 조달 — 을 요구할 것이지만, 프랑스의 예산은 이미 적자와 부채에 대한 마스트리히트 조약의 한도를 넘어섰다. 마크롱은 집권 초기의 몇 달 동안 지출을 줄이는 조치들을 취했다. **당**의 아웃사이더로서 대담한 레토릭을 구사하기는 하지만, 프랑스 중도파이자 기술 엘리트의 일원인 마크롱은 완벽한 내부자이다. 재임 중에 그는 경제에 대해 자유주의적인 사회적 견해를 지닌 상당히 전통적인 중도우파 정치인임이 밝혀져 왔다. 프랑스와 안젤라 메르켈이 이끄는 나머지 대륙은 계속해서 긴축체계를 유지하면서 더 많은 민족주의적 네오파시즘을 낳아왔다. 유럽의 자살 추이에서 나타나는 급격한 변화를 마음속에 그려보는 것도 적절한 방법일 수는 있지만, 어느 누구도 아직 그럴듯한 시나리오를 제시하지 못했다. 마크롱이 새로운 중도를 제시한다면, 유권자들은 프랑스의 위엄을 얼마간 더 잘 느낄 수 있을 것이지만 주머니 사정에 대한 불만은 계속해서 훨씬 더 심해질 것이다.

　유럽 전역에서 비자유주의적인 우파 포퓰리즘 정당이 부상하고 있는 것은 특히 비극적이다. 왜냐하면 그것은 불필요한 것이었기 때문이다. 전후 시대에는 파시즘을 직접 경험한 나라들이 성공적인 민주주의와 폭넓은 번영의 요새가 되었다. 민주적 정권들이 생활수준을 끌어올리고 넓은 의미에서의 공정성을 실현해 나감에 따라, 민족주의 극우파는 거의 호소력을 지니지 못했다. 그리고 긴급하게 실시된 유럽 프로젝트들도 폭넓은 지지를 받았다. 역사는 재도전의 기회를 좀처럼 제공하지 않는다. 그러나 전후 시대는 베르사유 이후 시대에 괜찮은 자본주의적 민주국가를 건설하려던 실패한 노력을 재차 감행한 시대였다. 유럽의 두 번째 재도전을 상상하기란 훨씬 더 어렵다.

최근 몇 년 동안 미국은 공화당의 입법 방해로 무력해졌다. 미국에서는 활동가들의 정책을 법제화하려면 헌법 설계상 의회에서 상당한 다수가 필요하다. 그러한 진보적 다수는 지난 세기에 단 두 번 — 프랭클린 루스벨트 아래에서, 그리고 1965~1966년 제89대 의회에서 민주당이 거의 2 대 1의 다수를 차지했던 린든 존슨의 위대한 사회 아래에서 — 밖에 일어나지 않았다. 그러나 트럼프를 거부하고 진보적 민주당원을 대통령으로 선출하면, 그런 일이 다시 일어날 수도 있다.

미국은 정책을 바꿀 수 있는 능력을 더 많이 가지고 있을 뿐만 아니라 문화적 다양성을 상호분열과 적대감이 아닌 힘의 원천으로 바꾸는 데서도 유럽보다 훨씬 좋은 위치에 있다. 미국은 이주 주민들을 통합하는 데서 항상 유럽보다 더 일을 잘해왔다. 미국에 온 이민자들 대부분은 미국인이 되기를 열망한다. 그리고 2대 또는 3대 후에는 그들의 손자들은 자신을 미국인으로 느낀다.[11] 유럽에서는 많은 이주민이 단지 고국의 공포로부터 벗어난 삶을 살 수 있는 장소를 찾을 뿐이다. 그들은 미국 이민자들보다 훨씬 덜 통합되어 있다. 오늘날 부활하는 미국 진보주의는 로스앤젤레스와 뉴욕 같은 매우 다양한 도시에 가장 강력한 기반을 두고 있다.[12] 그러한 도시에서는 그간 광범위한 다인종 연합에 의해 대중 좌파 통치연합이 결성되어 왔다.

따라서 시장, 사회, 민주주의 간의 적절한 균형의 근거를 되찾을 경우, 1930년대와 1940년대처럼 미국에서 그러한 변화가 시작되어 다시 한번 더 퍼져나갈 것이 거의 틀림없다.

진보정치의 회복을 위하여

나는 이 책을 시작하면서 역사는 심층적인 구조적 힘과 우발적 사건의 결합이라고 지적했다. 순전한 운은 좋을 수도 있고 나쁠 수도 있으며, 우리는 다시 그 시점에 있다. 구조적으로 미국은 유럽연합과는 달리 그 결함에도 불구하고 정치가 힘을 합친다면 시장을 지배할 수 있다. 미국이 정치적 노선을 전환하고 광범위한 공공의 이익을 위해 혼합경제를 다시 한번 더 작동시키기 위해서는 정치적으로 몇 가지 올바른 길을 열어나가야 한다.

첫째, 향후 몇 년간 내부투쟁에서 민주당의 진보파가 지배세력으로 부상하고 행동주의가 계속해서 급격하게 증가할 필요가 있다. 실제로 그러할 것 같다. 2016년 선거에서 민주당은 월스트리트가 당의 클린턴ー오바마ー클린턴 진영에 미치는 영향으로 인해 상당히 신뢰를 잃었다. 모멘텀과 에너지가 점점 더 경제적 진보 진영과 함께하고 있으며, 이러한 편향은 도널드 트럼프가 대통령에 당선된 이후 더욱 심화되어 왔을 뿐이다. 민주당 쪽에서 다시 부활하는 풀뿌리 행동주의는 진보주의자들에 의해 정의되고 주도되어 왔다. 2018년 상하원에 당선된 민주당 의원들뿐만 아니라 2020년 대통령 후보도 더 많은 돈지갑ー포퓰리즘 프로그램을 옹호할 것으로 보인다. 민주당 진보 쪽으로 에너지와 투표자가 더 결집되면, 선거의 계산법이 바뀔 가능성이 크다. 루스벨트가 1936년에 압도적인 승리를 거둔 것은 이전의 공화당 유권자들이 입장을 바꾸었기 때문이기보다는 전적으로 민주당을 지지하는 투표자의 수가 증가했기 때문이었다.

둘째, 이 시나리오가 전개되기 위해서는 공화당이 몇 가지 축을 따라 분열되어야 한다. 다시 말해 공화당이 국내 정책에서는 티파티/트럼프 대 기성 파벌, 외교정책에서는 푸틴-옹호자파 대 전통적인 국가안보파, 그리고 경제에서는 백인 민족주의자/미국 우선주의파 대 월스트리트 글로벌리즘파로 분열되어야 한다. 이 분열은 이미 시작되었고, 더 심해질 수 있다.

트럼프에 특유한 요인들과는 별개로 새 대통령 아래에서 치러지는 첫 중간선거에서 야당이 모멘텀과 에너지를 갖고 집권당이 의석을 잃는 것은 통상적인 일이다. 1934년을 제외한 모든 중간선거에서 새로 선출된 대통령의 당은 하원이나 상원에서 의석을 잃었고, 보통은 둘 다에서 의석을 잃었다. 하원에서 잃은 의석은 평균적으로 약 30석이었다. 트럼프의 지지율은 다른 대통령보다 훨씬 낮고, 그의 당은 더 분열되어 있다. 선거구 획정은 10년마다 실시하는 인구조사 이후에 이루어지기 때문에 민주당에 구조적으로 불리하게 책정된 일종의 게리맨더링도 현재로서는 강화될 수 없다. 트럼프와 공화당이 주도하는 주정부들은 투표자 억압 술책을 강화할 것이지만, 상대적으로 보수적인 법원조차 그러한 전술을 제한하는 조치를 취해왔다. 민주당은 몇몇 경합주에서 몇 퍼센트포인트의 핸디캡을 가지고 시작할 것이다. 그 정도의 열세는 극복할 수 있다.

버니 샌더스와 엘리자베스 워런은 민주당의 텃밭인 뉴잉글랜드 출신이다. 그러나 그들은 유니콘이 아니다. 민주당원들은 가능하지 않을 것 같은 지역에서 경제적 포퓰리스트로 출마하여 당선되었다. 2016년 대선에서 도널드 트럼프는 몬태나주에서 23포인트 차이로 승리했지만, 몬태나주는 또한 4포인트 차이로 진보적인 민주당 인사인 스티븐 불럭Steven Bullock을 주지사로 선출했다. 트럼트에 투표했던 유권자의 4분의 1 이상이 포퓰리즘적인 민주당원을 위해 자신들의 표를 쪼갰다. 불럭의 두 임기 전임자인 브라이언 슈바이처Brian Schweitzer — 그는 임기 제한으로 재출마가 금지되었다 — 는 진보적인 포퓰리스트로 당선·재당선된 또 다른 몬태나 민주당원이었다.[13]

우파를 자주 뽑는 인접한 노스다코타North Dakota주에서는 가장 사랑받는 공직자 중의 한 사람이 오랫동안 민주당 상원의원을 지내다가 2011년 은퇴한 포퓰리스트 바이런 도건Byron Dorgan이었다. 도건은 처음에는 그 주에서 26세 세무서장으로 두각을 나타냈다. 노스다코타주는 일반 투표로 세무서장을 선출하는 유일한 주이다. 이는 진보시대의 대초원 포퓰리즘prairie populism*의 유산이다. 당시 노스다코타주에 소재한 탄도탄 요격 미사일anti-ballistic missile: ABM 부지에서 일하던 연방 계약자들은 주정부가 연방정부에 세금을 부과할 수 없다는 것에 근거하여 자신들은 연방정부 프로젝트를 수행하기 때문에 주세를 면제해 주어야 한다고 주장하고 있었다. 도건은 그들에게 세금을 부과하고 법원에 의해 확정받았다. 그는 ABM에 세금을 부과하기 위해 싸운 사람으로 널리 인기를 얻었다. 오하이오주의 셰러드 브라운Sherrod Brown 같은 많은 다른 민주당 진보주의자들도 경합주에 경제적 포퓰리스트로 출마하여 가까스로 당

---

* 농본주의와 포퓰리즘을 결합한 형태로, 캐나다 서부의 주들과 미국 남서부 및 대평원 지역에서 강했다. _옮긴이

선·재선되고 있다.

그러한 경합주에서는 민주당원들이 경제적·사회적 온건파나 월스트리트의 동맹자로 출마해 포퓰리즘적인 경제적 기반을 결집시키기보다는 지지 정당을 바꾸려는 공화당원들에 호소함으로써 승리할 수도 있다. 민주당 출신으로 오랫동안 상원 재무위원장을 지낸 (지금은 은퇴한) 맥스 보커스Max Baucus가 바로 그러한 경우였다. 그는 자유방임주의 무역과 예산 균형의 열렬한 옹호자였고, 긴축 운동가들의 총아였으며, 몬태나주에서 가장 부유한 지주 중 한 명이었다. 그러한 또 다른 민주당 인사가 최근 버지니아주의 부유한 중도파 주지사 테리 매콜리프Terry McAuliffe이다.

친기업적인 민주당원들은 그러한 입장을 취하기 때문에 선출될 수 있고 또 선출된다. 문제는 그들이 지지하는 정책들은 티파티를 만들어내는 경제적 토대를 바꾸는 데에는 아무런 도움이 되지 않는다는 것이다. 카터, 클린턴, 오바마, 그리고 마지막으로 힐러리 클린턴 시대 이후, 건설적인 차이를 지닌 양당체계를 구축하기 위해서는 민주당이 진보-포퓰리즘적인 정당이 될 필요가 있다. 희망적인 소식은 민주당이 그 방향으로 나아가고 있는 것 같다는 것이다.

2020년에 진보적인 민주당 인사가 대통령에 당선되면, 상하원 역시 전도되어 2016년 상황을 반전시킬 수 있다. 새 대통령은 트럼프의 짧은 재임 기간으로 인해 얼마간 분열되고 기가 꺾인 공화당뿐만 아니라 매우 다른 지도자와 정책을 찾는 유권자들과도 마주하게 될 것이다. 그럼에도 불구하고 새 대통령도 여전히 막대한 자금의 엄청난 저류뿐만 아니라 코크 형제Koch Brothers의 온갖 조직체,* 더욱 반동적인 법원, 우파 싱

---

* 미국에서 두 번째로 큰 개인 회사인 코크 인더스트리스(Koch Industries)를 소유한 찰스 G. 코크(Charles G. Koch)와 데이비드 H. 코크(David H. Koch) 형제는 자신들의 막대한 자금

크탱크, 언론 등 — 이 모든 것이 '주류' 공화당 우파와 네오파시스트 우파를 이어주고 있다 — 과 마주칠 것이다. 유일한 해독제는 대중적으로 동원된 진보적 유권자들이다.

만약 우리가 2020년에 진보적인 민주당 대통령과 의회가 선출될 수 있다는 (그렇게 가능성이 없지는 않은) 환상을 현실화한다면, 그 대통령은 실제로 무엇을 이루어낼 수 있는가? 그 대통령은 아마도 긍정적인 정부에 대한 믿음을 회복하고, 금융 권력에 대항하고 그것을 억제하며, 국내와 전 지구적으로 네오파시즘의 호소력을 약화시키고, 글로벌리즘이라는 현재의 황금 구속복으로부터 국내 정책 공간을 되찾을 수 있을 것이다.

다른 나라들이 사회주의라고 부르는 것

1972년에 사회학자 크리스토퍼 젠크스Christopher Jencks와 그의 동료들은 고전적인 저작 『평등Equality』에서 학교가 더 많은 경제적 평등을 성취하기 위한 도구가 될 수 있는 모든 방식을 고찰했다. 그들은 학교 교육 자체로는 보다 심층적인 불평등 양식 — 오늘날보다 덜 극단적이었던 — 을 그리 바꿀 수 없다고 결론 내렸다. 젠크스는 다음과 같이 지적했다. "평등주의자들이 공공정책이 경제적 평등에 직접 기여할 수는 없지만 학교와 같은 주변 제도들을 창의적으로 활용할 필요가 있다고 가정하는 한, 진보는 여전히 지지부진할 것이다. 이런 전통을 넘어서고자 한다

으로 만든 다양한 정치 및 공공정책 조직을 통해 자유지상주의를 추구하며 정치에 직간접적으로 영향을 미치고 있다. _옮긴이

면, 우리는 우리 사회를 틀 짓는 경제제도를 정치가 통제하도록 해야만
할 것이다. 이것이 다른 나라들이 사회주의라고 부르는 것이다."[14]

　　이 인용문에서 쓰인 사회주의라는 단어는 단지 신중하게 선택된 하
나의 표현이었을 뿐이다. 미국에서 사회주의는 감히 거론할 수 없는 대
안이었다. 사회주의 전통의 너무나도 많은 부분이 전체주의적 공산주의
에 의해 신뢰를 잃어버렸기 때문에, 민주적 사회주의는 스탈린주의와
한 덩어리가 되어 짐작건대 매장되어 버렸다. 그러나 1973년 이후의 시
대가 주는 교훈은 사회민주주의가 너무나 많은 것을 시도했다는 것이
아니라 자본주의의 너무 많은 것을 그대로 방치했다는 것이다. 혼합경
제의 후속 브랜드는 더욱 강력한 혼종 ― 다른 나라들이 민주적 사회주의라
고 부르는 것 ― 이 되어야 할 것이다. 우리가 살펴보았듯이, 이 정명은 경
제적이라기보다는 정치적이다. 혼합경제에서는 기업가들에게는 여전
히 가치 있는 역할을 할당하지만, 정치계급으로서의 자본가는 제약될
필요가 있다. 그렇지 않으면, 그들은 사회계약의 토대를 파괴할 것이다.

　　흥미롭게도 공산주의가 붕괴된 지 거의 30년이 지난 지금, 미국인들
은 사회주의에 대해 훨씬 더 긍정적인 견해를 가지고 있는 것처럼 보인
다. 버니 샌더스는 2016년 선거운동에서 자신이 오랫동안 스스로를 자
유주의자가 아니라 민주적 사회주의자라고 생각했다는 사실을 숨기지
않았다. 하지만 2016년경 ― 명목상으로는 경제회복과 고용증가가 이루어
진 해 ― 에 미국 자본주의가 낳은 결과에 대한 불만이 너무나도 심대해
서 많은 유권자가 더 이상 사회주의를 더러운 말로 여기지 않았다. 저널
리스트들은 힐러리 클린턴 지지자의 대다수를 포함한 민주당원 56%가
사회주의에 대해 호의적인 견해를 가지고 있다고 말하는 여론조사 결
과를 보고 믿을 수 없다는 듯이 눈을 비볐다. 실제로 샌더스가 선거운동

에 나서기 훨씬 전인 2011년 퓨리서치센터Pew Research Center 여론조사에 따르면, 30세 이하의 모든 미국인 중 49%가 사회주의에 대해 긍정적인 시각을 가지고 있었던 데 비해 자본주의에 대해 긍정적인 시각을 가진 사람은 47%였다.[15]

만약 우리가 모종의 공평한 혼합경제로 되돌아간다고 하더라도, 그 혼합경제는 전후 시대에 손에 넣었던 것의 복사본은 아닐 것이다. 전후 시대가 우리에게 준 교훈은 기본적으로 자본주의적인 체계 속에서 시장체계의 파괴적인 측면이 억제되고 제한되는 것처럼 보일 때에도 자본주의와 자본가들은 엄청난 잔여 권력을 가진다는 것이다.[16] 권력 엘리트들을 저지하기 위해서는 높은 수준으로 동원된 민주적 공중뿐만 아니라 시민들이 잘 이해하고 소중하게 여기는 시장 외적 형태의 소유권도 존재해야 한다.

마르크스주의자들은 생산수단의 국유화에 대해 말했다. 이와 대조적으로 전후 유럽의 사회민주주의의 기획자들은 경제의 역동성을 위해서는 기업가적 부문이 필수적이라는 것을 이해했다. 그들은 경제의 '커맨딩 하이츠'를 국유화하고 그러한 통제와 민주적 계획의 조치들을 결합함으로써 두 세계의 최고의 것들을 가질 수 있기를 바랐다. 루스벨트가 '비교잣대경쟁yardstick competition'*이라고 칭한 것 속에는 전력과 같은 공익사업의 일부를 공적으로 소유하여 민간 공급자들로 하여금 비용을 정확히 산정하고 공정한 거래를 하게 하는 것이 포함되어 있었다. 유럽에서는 전후 경제체계에 상당한 공공 소유가 포함되어 있었다. 스웨덴에서 시가 토지를 소유하는 것은 적정 가격의 주택을 건설하고 유지하

---

* 　루스벨트가 민간기업과 공기업을 시장에서 직접 경쟁시키지는 않지만 둘의 성과를 비교시킴으로써 효율성을 높이고자 한 정책을 말한다. _옮긴이

며 새로운 주택 개발을 대중교통 확대 및 환경개선과 연계시키려는 스웨덴의 전략에서 매우 중요한 것이었다. 이 모든 목표는 근시안적인 민간 시장으로는 달성할 수 없는 것들이었다.

사회민주주의 시대의 전성기에 스웨덴의 루돌프 메이드네르 같은 진보적인 경제학자들은 그 합의가 계속해서 유지되기 위해서는 금융자본에 대한 사회적 통제가 필수적이라고 인식하게 되었다. 1976년에 메이드네르는 스웨덴 기업들에게 매년 '임금 소득자 기금wage-earner funds'에 돌아갈 주식을 발행하게 하여 20년 이내에 노동자들이 집단적으로 스웨덴 자본주의의 과반수 소유자가 되게 한다는 독창적인 계획을 제시했다. 이 계획은 사회민주당 재무장관 — 그는 이 계획을 격렬하게 반대했다 — 을 포함하여 스웨덴 사람들에게조차 너무 급진적인 것으로 받아들여졌다. 메이드네르의 계획은 결국 법제화되지 못했다.[17]

새로운 세기쯤에 메이드네르가 두려워했던 것처럼, 민간이 통제하는 금융이 사회민주주의의 경제적·정치적 기반 대부분을 부식시켜 버렸다. 전후의 이데올로기적 합의가 흉포한 신자유주의에 자리를 내어주자마자, 다른 주요 자산에 대한 공중의 통제력도 계속해서 약화되었다.

상징적 정책들과 깨달음의 기회

미국에서 시작되는 혼합경제의 21세기 버전은 어떤 모습일까? 현 정세에서 정책 아이디어들은 몇 가지 테스트를 통과해야 한다. 새로운 버전의 정책 아이디어들은 그 자체로 실용적이어야 하고, 광범위한 지지자들에게 실질적인 혜택을 주어야 하고, 엘리트(특히 금융 엘리트)의 권력을 억제해야 하고, 서민의 권력을 회복해야 하고, 시장 임금에 의존하지 않는 '탈상품화된' 형태의 사회적 소득의 영역을 넓혀야 하고,[18] 자유방임주의의 실패와 관련한 항구적인 교훈을 가르쳐야 한다. 그리하여 각국 민주주의를 이용하여 연대와 공동 목적의 이데올로기를 재건해야 하고, 글로벌 시장으로부터 공간을 되찾아야 한다. 미국에서는 루스벨트 시대와 전후 시대의 위대한 진보적 유산이 바로 그러한 일을 했다. 새로운 버전의 사회적 경제는 지난 버전보다 제도적으로나 정치적으로 훨씬 더 잘 방어될 필요가 있다.

공공재로서의 금융

차기 진보 행정부의 주요 프로젝트는 민간 금융을 획기적으로 단순화하고 봉쇄하는 것이어야 한다. 전후 시대의 잘 규제된 금융체계는 경제의 나머지 부분에 효율적으로 자본을 제공했고, 거기에는 스캔들이 거의 없었다. 은행과 담보 제공 저축기관은 사실상 공익사업이었는데, 다시 그렇게 될 필요가 있다. 불로소득의 기회도 없고 실험적인 불투명한 증권도 없었기에 은행을 감독하기가 훨씬 쉬웠고, 은행이 공직자들을 타락시킬 방법을 찾는 경향도 훨씬 적었다. 은행들은 명시적으로 공적으로 소유되거나 철저한 규제를 받는 공익시설 같은 것으로 되돌려질 필요가 있다.

정치적으로 볼 때, 오늘날 은행들은 권력의 회랑에서말고는 전혀 인기가 없다. 웰스파고Wells Fargo*는 매출을 창출하라는 압력 때문에 수천 명의 하급 직원들이 법을 어겼고 또 수익과 수수료를 벌기 위해 터무니

---

* 미국의 다국적 금융 서비스 기업으로, 자산 기준으로 현재 미국에서 네 번째로 큰 은행이다. _옮긴이

없이 많은 수수료를 부과한 가짜 계정을 만들었다는 조사 결과가 나오자 분노와 조롱의 대상이 되었다. 그 직원들은 일자리를 잃었다. 고객과 직원들을 똑같이 기만하라는 명령을 내린 경영진들은 결국 자신들 재산의 일부를 내놓았지만, 수천만 달러에 달하는 자신들의 돈을 지켰다. 웰스파고는 금융산업 전반에 만연한 일반적인 극단적 악습의 또 하나의 사례에 불과했다.

서브프라임 대출과 과도한 학자금 부채 조건 같은 엘리자베스 워런이 비판한 '계책과 덫'은 도드-프랭크 규칙이 약화되면서 공화당 행정부에 의해 다시 살아났다. 은행들이 실제로 공익사업 ― 공적으로 소유되거나 행사할 수 있는 권력이 철저하게 단순화된 형태의 공익사업 ― 이라면, 해외 이전을 위협하거나 규제를 이용하여 차익거래를 추구하는 것은 무의미할 것이다. 더 이상의 파생상품이 없다면, 은행가들이 파생상품 거래를 위해 런던으로 이동할 위험은 전혀 없을 것이다. 어떤 사람들은 금융 레짐에 대항하는 것이 선동적이라고 생각할지도 모르지만, 이것은 경제적으로나 정치적으로 꼭 필요한 것이다. 핵심 과제는 항상 금융을 제한하는 것으로 귀착된다. 이름에 걸맞은 진보적 포퓰리스트라면, 누구라도 금융 규제에 앞장서야만 한다.

미국 역사에서 우리는 실제로 공적 자본을 많이 경험해 왔다. 제2장에서 지적한 바와 같이, 부흥금융공사나 연방주택대출은행제도 같은 뉴딜의 공공 및 비영리 기관들은 민간 금융 붕괴로 마비되었던 경제의 전 분야를 말 그대로 재자본화했다. 정부는 공권력으로 미국 농촌에 전기를 공급했다. 노스다코타주는 한 세기 동안 주 소유의 개발은행을 보유하고 있었다. DARPA는 국방에 필요한 신기술 투자은행 역할을 해왔다. 인터넷과 같은 많은 것이 상업적으로 그리고 공공재화로 파급되었다. 우리는 이러한 전통을 되찾을 필요가 있다.

대대적인 녹색 사회기반시설의 구축

도널드 트럼프조차 알고 있듯이, 미국의 사회기반시설들은 못쓰게 되어가고 있다. 미국토목기술자협회American Society of Civil Engineers는 도로, 교량, 상하수도, 공공건물 등과 같은 기본적인 사회기반시설의 지연된 보수 관리에 필요한 비용을 4조 6000억 달러로 추정하고 있으며, 그 비용과 가용 자금과의 격차가 2조 달러 이상일 것으로 파악하고 있다.[19] 이것은 심지어 전력체계를 '스마트 그리드smart grid"' 전력 시스템으로 전환하고 해안 홍수를 막기 위한 새로운 회복력 전략을 고안하고 화석 연료 이후의 경제로 전환할 필요성조차 고려하지 않은 것이다. 이에 대한 트럼프의 입장은 세액공제를 통해 보조금을 지급하는 방식으로 민영화된 사회기반시설 투자를 민간에 맡기는 것인데, 이는 공적인 비시장 영역을 더욱 축소시킬 것이다. 트럼프 행정부는 심지어는 루스벨트의 유산인 왕관 보석 — 민간 전력 공익시설이 제공하는 그 어떤 전력보다 값싸고 깨끗한 전력을 공급하는 서부의 거대한 수력전기 댐들 — 까지도 민영화하고자 했다.

10년에 걸쳐 진행되는 매년 1조 달러 규모의 프로그램은 다음의 네 가지를 달성할 수 있을 것이다. 즉, 그것은 경제의 기반시설을 현대화하고, 수백만 개의 좋은 국내 일자리를 제공하고, 재생 가능한 에너지를 기반으로 하는 경제로의 전환을 가속화하고, 새로운 기술을 창출할 수 있을 것이다. 이러한 혁신은 종국적으로는 제2차 세계대전 시기에 공적

---

* 기존 전력망에 정보통신기술을 접목하여 전력정보를 양방향으로 교환함으로써 다양한 부가 서비스를 제공하는 미래형 전력망 _옮긴이

기술에 집중적으로 투자했을 때 그러했던 것만큼이나 미국을 보다 경쟁력 있게 만들 뿐만 아니라 정부에 대한 신뢰를 회복시킬 것이다. 거시경제적 측면에서 보면, 그러한 프로그램은 제2차 세계대전의 붐과 비슷할 것이지만 전쟁 없이 이루어질 것이다. 세액공제를 이용하여 준공공 기간시설에 투자하는 민간 기업가를 부자로 만들어주는 도널드 트럼프 대통령의 수상한 돈 접근방식funny-money approach과는 대조적으로, 그것은 진짜 공적 프로그램 ─ 일부는 연방 자본 예산을 통해 채권으로, 그리고 일부는 누진세로 자금을 조달하는 ─ 이다.

로봇이 인간 노동자를 대체하는 추세를 해결하기 위해서는 대규모의 공적 개입이 필요하다. 일부 사람들과 달리 나는 이것이 극복할 수 없는 문제라는 증거를 발견하지 못한다. 신기술은 항상 기존 기술을 대체했고, 거기에는 항상 해야 할 많은 일이 뒤따른다. 그러나 시장 세력은 이 과제를 해결할 수 없을 것이다. 국가가 개입하여 거시경제적으로 높은 수준의 고용을 유지하고 사회적 투자를 이용하여 괜찮은 임금을 받는 서비스업을 창출하고 노동시간 단축과 사회적 소득 증가 같은 조치들을 취하지 않는다면, 우리는 결국 매우 높은 보수를 받는 소수의 노동자와 불완전고용 상태에서 낮은 보수를 받거나 놀고 있는 수백만 명의 사람을 가지게 될 것이다.

긍정적 민족주의와 서로 다른 글로벌 규칙

사회기반시설을 재구축하고 탄소 이후 경제로 전환하기 위한 대대적인 투자를 하려면 무역 규칙을 보완할 필요가 있다. 미국 납세자와 채권 소유자가 현재 공공 시스템을 현대화하고 녹색 에너지원으로 전환하는 데 필요한 10조 달러의 수요를 창출하고 있기에, 이러한 자원이 미국에 기반한 산업과 미국에 기반한 일자리를 촉진한다고 주장하는 것은 타당하다.

다른 나라들은 자국 내 생산에 대해 훨씬 더 엄격한 규칙을 가지고 있다. 이를테면 보잉이나 인텔 같은 미국 국적의 다국적 기업들은 자신들의 제품을 구매하는 협약의 일부로 다른 나라들로부터 현지 일자리를 창출할 것을 요구받는다. 우리가 가장 비참하고 비민주적인 국가들의 수준으로 가차 없이 전락하지 않게 사회·노동·보건·안전 기준을 유지하기를 바란다면, 착취를 통해 이루어지는 생산품에 대해 사회적 관세를 부과하는 것 또한 정당하다.

경제학자인 대니 로드릭이 잘 지적하고 있듯이, "민주주의 국가들은 자신들의 사회제도를 보호할 권리를 가지고 있다. 그리고 그러한 권리가 글로벌 경제의 요구조건과 충돌할 때, 양보해야 하는 것은 후자이다."[20] 정부는 글로벌 자유방임주의 세력이 국내에서 괜찮은 사회협약을 고안하고 중개하는 능력을 훼손하지 못하도록 하기 위한 권한을 명시적으로 주장할 필요가 있다.

종종 독재자에 의해 지배되는 여타 주권 국가들은 자국의 노동자들에게 터무니없이 낮은 임금, 노동조합 파괴, 안전하지 않은 노동조건을 용인하기도 하고 국내 생산에 보조금을 지급하기도 한다. 그러나 그러한 국가들이 그러한 정책의 결실을 미국 국내 시장에 면세로 들여와서 미국의 사회적 기준을 훼손하게 해서는 안 된다. 우리가 그런 나라들과 '자유무역'을 할 때, 우리는 제품과 함께 낮은 기준도 수입한다. 이러한 바닥을 향한 경쟁에 저항하는 것은 전적으로 옹호할 수 있는 형태의 보호이며, 진보적 포퓰리즘에 대해 미국 노동자들이 갖는 애정을 되찾을 수 있게 해주는 보호이다.

미국의 진보주의자들은 자유방임주의의 약탈로부터 노동자, 소비자, 투자자를 보호하는 국내 법을 제정하기 위해 한 세기가 넘는 시간을 투쟁했다. 글로벌한 거래가 그러한 약탈을 사라지게 할 것이라고 믿는 것은 주술적인 사고이다.

시장 적폐에 대한 규제의 복원

규제 완화는 효율적인 경제나 공평한 경제가 아니라 일반적으로 기업 거인들에게 축복이라는 것이 판명되었다. 규제 완화는 초당적 공모의 상징이기도 했다. 1978년에 지미 카터의 민주당 행정부 아래에서 시작된 규제 완화는 테드 케네디Ted Kennedy 상원의원의 환호를 받았다. 테드 케네디는 자신의 수석 변호사였다가 후일 대법원 판사가 된 스티븐 브레이어Steven Breyer의 영향을 받았다. 친기업적 보수주의자들은 브레이어를 너무나 좋아했기 때문에, 1994년에 브레이어를 대법원 판사로 지명하자 공화당 상원위원 여덟 명만 반대한 채로 쉽게 추인되었다.

반독점 규제는 레이건하에서 완화되기 시작하여 이제는 거의 사라졌다. 반독점 규제의 소멸과 함께 산업 규제가 완화되자, 산업계는 자유시장 이론이 약속했던 것처럼 가격과 품질에 기반한 효율적인 경쟁을 벌이는 것이 아니라 집중, 부당한 가격 인상, 반경쟁적 약탈, 소비자 서비스 악화, 하방 임금 압력으로 나아갔다. 내가 이 글을 쓰는 순간에도 유나이티드 에어라인스United Airlines는 베트남에서 난민으로 미국에 온 69세의 의사 데이비드 다오David Dao 씨가 자신의 지정 좌석을 내어주지 않다가 객실 승무원의 요구를 받고 출동한 경찰에 의해 중상을 입은 큰 실책을 만회하기 위해 애쓰고 있다. 항공사들의 오만과 승객들이 처하는 상황의 악화는 규제 완화에 따른 집중의 증가와 유의미한 경쟁의 부재가 초래한 당연한 결과이다. 현 상태를 유지하는 것을 좋은 정치라고 볼 수는 없다. 공중이 혐오하는 기업 적폐를 규제할 지도자가 필요하다.

구글, 아마존, 마이크로소프트, 애플과 같은 회사들은 경쟁자들을 물리치기 위해 자신들의 시장 지배력을 이용하여 약탈적인 인수와 합병을 병행했다. 그들이 거둔 투자 자본의 수익은 천문학적이었다. 그들은 지적 재산권 보호를 남용하고 잠재적 경쟁상대를 매수하고 자신들의 공급망에 있는 판매업자에게 경쟁자에게는 팔지 말고 자신들에게만 팔 것을 요구하는 것과 같은, 이전에 반독점법이 시행되는 상황에서는 불법적이었을 기법들을 사용해 왔다.[21]

새로운 경제적 집중의 효과가 기만적인 까닭은 지금이 전반적으로 인플레이션이 낮고 일부 제품의 가격이 하락하는 시기이기 때문이다. 독점 권력이 존재한다면, 아마도 가격은 상승할 것이다. 그렇지만 임금이 정체되거나 하락하여 평균적으로 인플레이션이 낮은 경우, 독점적인 가격 결정 권력을 가진 기업은 엄청난 수익을 올릴 수 있다.

많은 점에서 미국은 중개인 경제가 되었다. 민간 은행들은 학자금 대출에 대한 과도한 이자를 부담시켜 축재한다. 금융 공학자들은 소비자 금융과 담보대출에서 불필요한 요금을 청구한다. 의료산업복합체에 소속된 기생적인 중개인들은 청구서 발부, 의약품 사용평가, 보험약제 관리, 전자기록 및 수많은 다른 것들 — 환자에게는 비용을 증대시키고 의사에게는 전문적인 업무를 덜 수행하게 해주는 — 을 지원하는 시스템을 설계하는 비용을 뜯어낸다. 공적 제공이 더 효율적이고 더 공평하고, 덜 번거로울 것이다. 아마도 그러한 적폐들의 작동방식을 알아야만 그 적폐들을 치료할 수 있을 것이다.

소득·노동·부의 수수께끼

로봇이 인간 노동자를 대체할 때, 공공 투자와 지속 가능한 에너지로의 전환 프로그램은 없어지는 일자리의 많은 부분을 대체할 수 있다. 아이, 노인, 병자를 돌보는 일 등 괜찮은 임금을 받는 다른 일자리들도 많이 있다. 그렇기는 하지만, 이제 물리적 생산이 기계에 의해 더 많이 이루어지기 때문에, 노동시간을 단축할 수밖에 없고 노동소득을 다른 소득으로 보충할 수밖에 없다. 아주 부자인 사람들은 항상 이 같은 사실을 알고 있었다. 그들 수입의 더 많은 부분이 노동보다 자본에서 나온다.

신경제의 일환으로 노동소득을 보충해주는 제도를 전체 인구로 확대할 필요가 있다. 이것을 달성하는 한 가지 방법은 영국인들이 사회적 소득이라고 부르는 것 — 즉, 의료에서부터 무상교육, 어린이들을 위한 양질의 돌봄까지를 포함하는 양질의 공공 서비스들 — 을 통하는 것이다. 하나의 보완전략은 모든 시민에게 공유재산에서 생산되는 부의 일정 몫을 주는 것이다. 영국 노동당 정부는 '베이비 본드baby bonds'*라는 것을 통해 영국 버전의 이 접근방식을 잠시 도입했다. 모든 신생아는 시간이 지남에 따라 증가하는 금융 계좌를 받았다. 이 시도는 토리당에 의해 즉각 폐지되었다.

더 유망한 버전은 기업가이자 사회 비평가인 피터 반스Peter Barnes에 의해 제안되었다. 그는 알래스카 영구 기금Alaska Permanent Fund**의 사례를 이용했다.[22] 1970년대에 제이 해먼드Jay Hammond라는 변절한 공화당 주지사 덕분에, 알래스카의 노스슬로프North Slope에서 유맥油脈을 발견했을 때

---

* 영국에서 태어나는 모든 아기에게 국가에서 250파운드를 통장에 넣어주고 성인이 된 후 돈을 찾을 수 있도록 한 제도로, 블레어 정부에 의해 2001년 도입되었다. _옮긴이

** 알래스카에서는 석유에서 나오는 수익의 일정 부분을 기금으로 만들어 운영하고 그 수익금을 주민에게 배당한다. _옮긴이

주 정부는 유맥을 통째로 석유 회사들에게 넘기지 않고 모든 알래스카인이 소유하고 있는 자원으로 간주했다. 그리하여 해먼드와 입법부가 석유 대기업들과 체결한 협약에 따라 알래스카의 모든 남자, 여자, 아이는 매년 석유 수입의 일정 몫을 받는다.

알래스카 영구 기금의 특징은 수입이 정부로 가지 않는다는 것이다. 모든 알래스카 사람은 사회보장 수표와 아주 유사한 수표를 받는다. 그 수표를 빼앗으려고 해보라. 철저한 개인주의자들도 그 수표를 좋아한다. 2015년에 그 수표의 액수는 남녀노소 1인당 1884달러였다. 일부 원주민 알래스카 공동체에서 그 수표는 현금 수입의 가장 큰 원천이었다. 심지어 세라 페일린Sarah Palin*도 그 배당금을 지지한다. 그녀는 자신의 창문을 통해 그 수표를 볼 수 있다. 그것을 되돌리려는 석유회사들의 노력은 계속 패배하고 있다.

피터 반스는 모든 추출된 광물에 대해서뿐만 아니라 공유재산으로부터 취해진 것에서 전유된 모든 사적인 이익에 대해서도 유사한 시민 배당을 할 것을 제안한다. 여기에는 공공으로 창출된 인터넷에 의존하는 혁신처럼 보조금을 받은 다양한 형태의 지적 창조물뿐만 아니라 연방에서 자금을 지원받은 바이오 기술 연구에 편승하는 이익, 그리고 공적으로 승인받은 특허에 의존하는 불로소득도 포함될 수 있다. 부가 점점 더 집중되고 있기 때문에, 이것은 부를 민주화하는 좋은 방법 중 하나이다.

공적 영역을 되찾자

민간 서비스보다 우월한 양질의 공공 서비스들은 또 다른 깨달음의

---

* 존 매케인 대통령 후보의 부통령 러닝메이트로 지명되었던 공화당 소속 알래스카 주지사 _ 옮긴이

기회teachable moment를 제공한다(지도자들이 자신들의 가장 중요한 원칙이 무엇인지를 명확히 밝히고 그것을 깨닫게 하고 싶어 할 경우에). 이를테면 메디케어는 민간보험으로는 서비스를 제공할 수 없는 수천만 명의 고령자 미국인에게로 의료보장 적용범위를 확대했다. 오바마케어 — 너무 복잡해서 실행 불가능한 시장 기구 — 에 대해서는 일정한 반발이 존재하지만(공화당은 이러한 반발을 이용하곤 한다), 공적 메디케어에 대해서는 그렇지 않다. 메디케어는 실용적 성공을 넘어 민간기업이 제공할 수 없는 기본적인 욕구를 정부가 효율적으로 충족시켜 줄 수 있다는 교훈을 가르쳐주었다. 수백만 명의 미국인에게 적정한 요금의 전기를 공급하는 공공 전력 사업도 마찬가지였다. 월스트리트가 제공하는 그 어떤 비교 가능한 금융 상품보다도 우월한 사회보장제도도 마찬가지이다. 공공 서비스를 민영화하려는 노력은 공적 대안보다 비용 효율성이 떨어지고 신뢰성도 떨어지며 더 부패하기 쉽다는 것이 자주 입증되어 왔다.

그 자체로 매우 인기 있을, 그리고 정부의 직접 서비스가 민간 서비스보다 더 효율적이고 신뢰할 수 있으며 공정하게 작동한다는 교훈을 가르쳐줄 정책 중 하나가 '모두를 위한 메디케어Medicare for All'이다. 이 조치는 단번에 달성하기 어렵다. 그것은 주州별로 달성될 수 있을 것이다. 나의 동료 폴 스타Paul Starr는 대안적으로 50세 이상의 사람들에게 보조금을 주는 구매 옵션을 가진 방식인, 일명 '중년 메디케어Midlife Medicare'를 제안해 왔다.[23] 중년 후반의 유권자들은 과도하게 트럼프에게 치우친 유권자들로, 그들의 보험은 감당할 수 없는 상황으로 치닫고 있다. 우리는 그다음에 보험에 드는 비용이 낮은 21세 미만의 모든 어린이에게 메디케어 카드를 주고, 마지막으로 청장년을 포함시켜 그 공백을 메움으로써 전체 주민에게까지 메디케어를 확장할 수 있을 것이다. 현재 의료

체계의 터무니없는 비효율성과 중개자 비용을 줄인다면, 그것만으로도 의료체계의 증가하는 비용을 충당하고도 남을 것이다.

단계적으로 급증하는 형태로 전체 세대를 공격하고 있는 학자금 부채는 깨달음의 기회를 주는 또 다른 사안으로, 그 해결책이 절실히 요구된다. 고등교육, 적어도 공립대학교와 커뮤니티 칼리지는 등록금이 무료여야 한다. 중간 소득 학생들에게는 생활비의 일부를 보조금으로 지급해야 하고, 빚은 학생 '재정지원'의 형태로 탕감되어야 한다. 1조 3000억 달러에 달하는 기존 부채의 부담은 극적으로 경감되어야 한다. 금융위기 동안 연방준비제도이사회는 무려 수조 달러를 들여서 대형은행의 유가증권을 매입함으로써 사실상 파산한 은행을 재자본화하는 방법을 찾아냈다. 부채를 진 채 사회생활을 시작하는 전체 청년 세대 — 이러한 사태는 독립 이전 시대의 계약 하인indentured servant들 이후 미국 역사에서 유례가 없는 일이다 — 에 대해서도 마찬가지로 이러한 조치가 취해져야 한다. 샌더스는 선거운동 과정에서 학생 부채 체계를 끝내려면 연간 750억 달러가 들 것이며, 그것은 투기적인 금융 거래에 매기는 세금으로 충당 가능할 것이라고 계산했다.

더 나아가 우리는 미국적 삶의 정수를 보여주는 제2의 기회 제도인 커뮤니티 칼리지 체계를 강화해야 한다. 커뮤니티 칼리지는 자격 있는 노동자를 찾는 데 종종 어려움을 겪는 중간계급 기술직 일자리를 얻기 위한 티켓인 2년제 학위를 제공한다. 7년 이내에 2년제 학위를 취득하는 비율은 약 30%에 불과하다. 이 부진한 성과는 학생들의 동기나 근면성이 부족하기 때문이 아니다. 문제는 그 학생들 대부분이 가족과 직업을 가지고 있어서 공부에 열중할 시간이 없다는 것이다. 커뮤니티 칼리지 학생들에게 생활비를 충당하도록 장학금을 지급하는 것은 대단히 효율적인 사회적 (그리고 정치적) 투자가 될 것이다. 제2차 세계대전 후의 '제대군인 원호법G.I. Bill of Rights'이 그토록 잘 작동한 이유 중 하나는 등록금뿐만 아니라 생활비까지 충당해 주었기 때문이다. 미국 중서부에서 준학사 학위를 취득함으로써 혜택을 받을 수 있는 노동계급 가정은 도널드 트럼프를 강력하게 지지했던 인구집단의 구성원들이었다.

공적 제도에 대한 신뢰 회복하기

공적 영역을 되찾고자 하는 이러한 정책들이 갖는 무엇보다 중요한 전략적·이데올로기적 목적은 공적 제도가 상업적 제도보다 더 공평하고 더 효율적으로 사람들의 요구를 충족시킬 수 있다는 것을 증명하여, 사회제도를 위한 공간을 확대하고 순전히 상업적인 제도의 영역과 그것의 정치적 영향력을 축소시키는 것이다. 성공은 더 많은 성공을 낳는다. 이런 프로그램을 막기 위한 공화당의 노력은 실제로 공화당 언저리에 있는 사람들을 스스로 내쫓는 것이다.

하지만 최근의 민주당 대통령들은 대부분 너무나도 겁을 먹거나 너무나도 타협적이어서 그러한 기회들을 극대화할 수 없었다. 2008년 금융 붕괴는 깨달음의 기회가 될 수 있었지만, 대체로 허비되어 버렸다. 민주당은 긴축경제에서부터 사회보장제도의 부분적 민영화에 이르기까지 모든 것에 잠깐씩 손을 댐으로써 차이를 모호하게 만들었고, 유권자들에게 아무런 감명도 주지 못했다. 차기 민주당 대통령은 가장 중요한 원칙과 대전략에 대한 자신의 생각을 보다 분명하게 밝힐 필요가 있으며, 더 나은 선생과 동원자가 될 필요가 있다.

미국의 노동 조직자인 데이비드 롤프David Rolf는 **정책은 동결된 정치**라고 탁월하게 논평했다.[24] 여전히 보편적인 사회적 소득의 요소들로 작동하는 장대한 정책들 — 이를테면 사회보장제도와 메디케어 — 은 이전에 엘리트들에 대항하여 벌인 정치적 투쟁이 남겨놓은 제도들이다. 그러나 정치가 부단히 경계하지 않는다면, 견고하게 동결된 정책들마저 침식될 위험이 있다. 2016년 대선 전날 ≪뉴욕타임스≫의 기사에 인용된 롤란도 보코스Rolando Bocos라는 77세 플로리다 남성의 언급은 이 과제를 완벽하게 포착하고 있다. 그는 이렇게 말했다. "나에게는 공화당도 민주당도 중요하지 않다. 나는 오직 메디케어와 사회보장제도에만 관심이 있다."[25]

이 유권자는 사회보장제도나 메디케어가 그냥 주어진 혜택이 아니라는 사실을 놓쳤다. 그것들은 민간 금융, 의료보험과 의료산업, 그리고 물론 공화당의 격렬한 반대에 대한 수년간의 정치적 투쟁 끝에 민주당에 의해 제정되었다. 보코스는 그것에 대해 전혀 몰랐고, 그의 무지는 그의 잘못이 아니었다. **그간 정치는 차가워졌다.** 뜨거운 정치로부터 분리된 동결된 정책은 취약한 정책이다. 효과적인 정치는 강력한 민주주의를 요구하고, 민주주의에 자양분을 제공한다. 허약한 정치는 사회정의뿐만 아니라 민주주의도 약화시킨다.

티파티와 도널드 트럼프가 부상한 이유 중 하나는 사회제도를 폄훼하고 정부 기관을 장악하는 데서 기업과 자유지상주의적 우파가 보여준 효력 때문이다. 그리고 민주당 행정부는 공적인 것을 적절히 방어하지 못했다. 노동계급 유권자들은 아무도 자신들의 이익을 돌보지 않는다고 결론 내렸고, 그들은 옳았다. 트럼프 당선 이후 정치학자이자 여론 분석가인 가이 몰리뉴Guy Molyneux는 대학을 졸업하지 않은 백인 유권자

(백인 노동계급에 대한 통상적 정의)를 대상으로 여론조사를 실시했는데, 그들은 67% 대 28%의 표차로 힐러리 클린턴보다 트럼프에게 표를 던졌고, 압도적으로 반정부적인 태도를 보였다. 다음은 몰리뉴가 백인 노동계급에게 질문한 설문 문항과 그 응답 결과이다.

> "정부가 어떤 문제를 해결하고자 할 때면, 대개 해가 되기보다는 득이 된다": 32% 선택
>
> "정부가 어떤 문제를 해결하고자 할 때면, 대개 득이 되기보다는 해가 된다": 68% 선택
>
> "정부는 내가 나의 목표를 달성하는 데 도움을 주어왔다": 27% 선택
>
> "정부는 내가 나의 목표를 달성하는 것을 더 어렵게 만들어왔다": 73% 선택[26]

이들이 바로 시장경제의 불안정성을 상쇄하기 위해 정부에 의존하는 사람들이다. 정부가 그러한 정책을 제시하지 못할 때, 그리고 정부가 엘리트들의 주머니 속에 놓여 있을 때, 민주주의는 결코 광범위한 공공의 이익을 위해 혼합경제를 이용할 수 없을 것이다. 그리고 그러한 유권자들은 자신들의 이익을 위해 봉사하지 않지만 자신들을 기분 좋게 만드는 반체계 정치인들에게 계속해서 끌릴 것이다.

나의 이러한 생각들의 요점은 단지 더 많은 안전과 평등을 회복할 수 있는 정책 제안들을 나열하는 것이 아니라, 정부가 메타-교훈을 가르치고 정치적 동맹을 재구축하는 정책을 제시해야 한다는 것을 보여주는 것이다. 또한 이러한 제안된 정책 모두가 일국적이며, 글로벌 자유방임주의의 저류를 실제로 차단하기 위한 것이라는 점에 주목하라. 다음

세대의 민주당 진보주의자들은 훨씬 더 전략적일 필요가 있다. 궁극적으로는 공적 영역을 되찾고 약탈적 시장을 탄핵할 정책들을 일관되게 추진할 것이 요구된다.

내가 이 책에서 내내 제시해 왔듯이, 인종은 여전히 진보정치의 커다란 약한 지점으로 남아 있다. 트럼프 당선 이후 몇 달 동안은 때때로 인종적 불만과 상처가 네오파시즘으로 나아가는 것을 저지하기 위한 공동 정치의 필요성을 압도하기도 했다. 계급의식을 고취하는 전략이 그 자체로 진보적 다수를 회복할 것이라는 희망을 갖는 것은 아무 소용이 없다. 역으로 '부상하는 유권자들'인 소수집단, 전문가, 젊은 층에 초점을 맞추는 것도 그리 효과가 있을 것 같지 않다. 좀처럼 사라지지 않는 인종차별주의, 계급 상처, 끝나지 않은 젠더 공평성 사업을 다루는 프로젝트들은 신뢰를 회복하기 위해 적극적으로 경청하고 모든 수준에서 리더십을 고무하고 마음과 가슴을 열 필요가 있다.

혼란에서 벗어나기

이 책이 제시해 왔듯이, 정치를 뒤죽박죽으로 만들어온 요인 중 하나가 바로 어떤 정당, 그리고 어떤 지도자가 제약에서 벗어나 적나라한 약탈을 일삼는 자본주의에 맞서 보통 사람들을 방어하고 있는지를 둘러싸고 벌어진 엄청난 혼란이었다. 강력한 민주적 좌파가 부재하는 상황에서 극단적 민족주의자들이 그러한 불만을 포용하고 분명하게 표출해 왔다. 극단적 민족주의자 중 많은 사람이 바로 그러한 혼란을 불러일으킨 기업 엘리트들과 한 침대에 있다. 미국의 도널드 트럼프와 영국의 테리사 메이가 증거물 A와 증거물 B이고, 명목상으로는 중도좌파 정당을 대표하는 그들의 선조 중 일부(클린턴, 블레어, 슈뢰더)는 그저 그러한 혼란을 가중시켰을 뿐이다.

이 혼란의 가장 중요한 측면 중 하나가 바로 지구화이다. 심지어 자유시장 신자유주의가 온갖 혼란을 일으킨 후에도 논평자들은 여전히 글로벌 레짐에 대한 도전을 어리석은 보호주의로 폄하하는 경향이 있다. 그러한 혼란 속에서 글로벌리즘에는 여러 가지 종류가 있다는 사실이 망각되는 경향이 있다. 그러나 이 책이 보여주었듯이, 우리는 각국 민주주의에 의해 관리되는 형태의 자본주의를 증진시키는 글로벌리즘을 가지고 전후 시대를 시작했지만, 지금은 그 설계상 각국의 관리되는 자본주의를 파괴하는 글로벌리즘을 가지고 있다.

민족주의자 대 글로벌주의자라는 과도하게 단순화된 대비에도 불구하고, 역사는 자유주의적 형태의 민족주의와 함께 반동적 형태의 민족주의 역시 존재한다는 것을 보여준다. 미국의 뉴딜 시대, 사회적으로 안전한 민족의 고향이라는 스웨덴의 사회민주주의적 이상, 그리고 전후 사회적 합의 모두는 각기 다르다. 실제로 자유주의적 민족주의가 흔들리고 노동자들이 취약하다고 느낄 때, 우파 민족주의가 그 빈 공간을 채운다. 이것이 바로 우리 시대의 비극적 이야기이다.

이데올로기적·정책적 혼란의 한 사례로 우파 포퓰리스트들을 살펴보자. 우파 포퓰리스트들 대부분은 새로운 글로벌리즘 경제학에 대해 진지하게 비판하지 않는다. 주로 그들은 이주자들을 희생양으로 만들어왔다. 대니 로드릭은 이렇게 말했다. "영국의 브렉시트 지지자들은 자유무역을 하나의 명시적 목적으로 제시했다. 그들은 유럽연합을 떠남으로써 얻는 이익 중 하나가 그것이 영국으로 하여금 자유무역에 더욱 가까운 정책을 추구할 수 있게 해준다는 것이라고 주장했다!"[27]

　복위한 민주적 좌파는 브레턴우즈 체계를 언급하며 매우 다른 브랜드의 21세기 글로벌리즘, 보다 구체적으로는 관념, 문화, 사람의 교류를 존중하면서도(케인스가 유명하게 주장했듯이) 각국 민주주의가 광범위한 공공의 이익을 위해 자본주의를 관리할 수 있는 여지를 남겨두는 글로벌리즘을 요구할 수 있을 것이다. 만약 진보주의자들이 이 새로운 글로벌리즘을 전면에 내세울 경우, 그들은 다시 정치와 정치적 선택에 초점을 맞출 수 있게 될 것이다. 새로운 글로벌리즘은 글로벌리즘을 괜찮은 임금과 기회를 제공하는 완전고용경제에 예속시키는 것을 좌파로 규정하고, 기업, 은행가, 1%의 사람들에게 봉사하는 것을 우파로 규정할 것이다. 기업 우파는 (그 극우 동맹자들이 이주자들을 맹비난하고 있음에도 불구하고) 노동자의 친구가 아니라는 것이 밝혀질 것이다. 그리고 새로운 진보적 좌파는 이 글로벌리즘을 그저 보호주의로 폄하할 수 없는, 그리고 광범위한 정치적 호소력을 갖는 형태로 만들어낼 수 있을 것이다. 그러면 적나라한 자본주의를 개인주의의 정수로 인식하는 수많은 그릇된 정보는 마땅히 퇴색될 것이다. 무역정책의 세부내용이 불가해하고 의도적으로 모호하게 제시되겠지만, 지도자들이 잘 이끌어 나간다면 약탈적 자본주의에 대비되는 관리되는 시장의 기본 원칙들이 무엇인지가 아주 확실해질 것이다.

민주주의는 글로벌 자본주의에서 살아남을 수 있는가

비교 정부 및 경제학의 뛰어난 연구자 볼프강 슈트리크Wolfgang Streeck[28]

와 같은 몇몇 논평자는 오늘날의 위기를 그간 오랫동안 지연되어 온 자본주의의 종국적 붕괴를 알리는 것으로 파악한다. 슈트리크는 자본주의의 병리가 수십 년 동안 생생하게 드러나 왔으며 지금은 결정적 단계에 도달하고 있다는 것을 우리에게 상기시킨다. 그에 따르면, 첫째, 자본주의는 만성적인 재정 위기에 처한다. 국가는 재정 위기 속에서 시장체계의 결함을 벌충하기 위해 노력하다가 파산한다. 둘째, 자본주의는 이윤율 저하 경향에 빠진다. 이윤이 저하되는 가운데 자본가들은 파멸적인 경쟁이 초래하는 수익 감소를 벌충하기 위해 노동자들을 쥐어짜고 그 과정에서 체계의 정당성을 희생시킨다. 셋째, 자본주의는 기계에 의한 노동자 대체가 강화되고 그에 따라 노동자 소득이 감소하고 그리하여 불안이 증가하는 것에 대해 대처하지 못한다. 넷째, 금융체계가 계속해서 실물 경제를 잠식하고 주기적으로 붕괴함에 따라 자본주의의 구조적 위기 경향이 심화된다.

이러한 추세 모두는 어떤 점에서는 실재한다. 그러나 자신의 비관론으로 잘 알려진 사회민주주의자인 슈트리크는 너무나도 비관적이다. 아니 어쩌면 충분히 비관적이지 않다. 현실에서 실제 자본주의의 역사 ─ 양식화된 네오마르크스적 자본주의와 대비되는 것으로서의 ─ 는 자본주의의 놀라운 적응 능력을 보여준다.

사실 대기업들은 훨씬 더 기업을 집중시킴으로써 경쟁에 대응해 왔다. 수익률이 하락한다고 하더라도, 그 손실은 그 어느 때보다 더 잘나가고 있는 억만장자 기업 경영진과 헤지펀드 거물이 아니라 소규모 투자자에게 돌아갈 것이다. 자본주의는 최근 수십 년간 금권 정치로 타락해 왔다. 골드만삭스의 한 분석가는 엘리트 고객들을 위한 투자기회에 대해 언급하면서, 초집중화된 부의 경제를 의미하는 유용한 단어로 '플루토노미plutonomy**라는 신조어를 만들었다.[29] 자본가들은 통화 공급을 확대하여 자본을 싸고 풍부하게 유지하는 방법을 찾은, 자신들에게 우호적인 중앙은행을 가진 덕분에 높은 수준의 부채가 발생하는 것을 막아왔다. 심지어는 1929년에 버금가는 2008년의 금융 붕괴조차도 근본적인 방식으로 체계를 바꾸지 못했다. 노동자들이 압박받는 것은 분명한 사실이지만, 오늘날의 노동자들은 자본가들에게 대항하기보다는 외국인과 무능한 의회 의원들에게 대항하는 반란을 일으키는 경향이 더 강하다.

우리는 새로운 민주주의 운동이 기업의 과잉과 그러한 과잉에 대한 네오파시즘적 반발 모두를 억제할 수 있다고 믿는 낙관주의자가 되어야 한다. 우리는 적어도 제2차 세계대전 이후 수년 동안 성취했던 사회적 경제만큼이나 지속적이고 적응력이 있고 정치적으로 정착된 형태의 사회적 경제들이 존재한다고 믿어야 한다. 하지만 또한 영국이 히틀러에게 홀로 대항하고 미국이 갈피를 잡지 못하던 1940년에 겪은 절망이 아닌 다른 어떤 것을 상상하는 낙관주의자가 되어야 한다.

어떤 면에서 혼합경제는 기름과 물을 결합하는 것과도 같다. 자본주의적 부분들은 계속해서 모든 것을 시장 상품으로 다시 전환하기 위해 노력한다. 돈으로 다른 모든 것을 살 수 있기 때문에 부유한 사람들은 계속해서 정치적 영향력을 사려고 노력한다. 하지만 역사는 혼합경제가 통제경제나 규제되지 않은 시장보다 더 잘 작동한다는 것을 보여준다. 과제는 공적 제도를 상업적 제도만큼이나 탄력적이고 적응력 있게 만들고, 그것에 더하여 대중민주주의의 잠재된 힘을 동원하여 금융이

---

* 부유층인 플루토크라트(plutocrat)와 경제(economy)를 결합한 신조어로, 부유층이 주도하고 부유층에게 과도한 혜택을 주는 경제를 말한다. _옮긴이

경제의 나머지 부분의 종복으로서의 자신의 적절한 역할을 하는 데 머무르게 하는 것이다. 이것은 어렵지만 불가능한 일은 아니다.

오늘날의 자본주의는 비민주적이면서도 반민주적이다. 새로운 형태의 사회적 경제를 가진 포스트 자본주의적 민주주의는 살아남을 수 있고, 심지어 번영할 수 있다. 승산은 그리 없지만, 이것이 현재 우리가 시도할 수 있는 유일한 것이다.

후 기

   나는 이루어질 것 같지 않은 희망의 메시지를 담아 이 책을 끝맺었다. 마지막 장에서는 미국이 민주주의의 부활과 자본주의에 대한 건설적인 규제의 부활 모두를 이룰 가능성이 가장 큰 국가임을 밝혔다. 물론 이것은 희망사항처럼 보였다. 이 책이 출간되었을 때,* 미국은 트럼프 대통령의 첫 임기가 한창 진행 중이었고, 강화된 금권 정치와 동맹을 맺은 독재정치와 유사한 어떤 것으로 역겹게 빠져들고 있었다.

   트럼프는 민주주의의 규범에 대한 경멸과 충동적인 독재 기질, 철저한 가짜 포퓰리즘, 그리고 정부 역량의 잔해를 결합시켜 왔다. 그는 자신의 협력자인 블라디미르 푸틴의 모델 — 개인 부패와 과두정치 지지자들과의 동맹을 혼합하고 있는 — 을 흉내 내어 왔다. 트럼프가 당의 지명을 받기 위해 출마했을 때 그를 거의 존중하지 않은 의회 공화당원들은 놀랍게도 그간 그의 조력자들이었다. 이 가운데 그 어떤 것도 미국 민주주의에 좋은 조짐이 아니었다.

---

*   이 책은 2018년에 처음 출간되었고, 이 후기는 2019년 판에 추가된 것이다. _옮긴이

하지만 영속하는 '배후 정부'의 제도들, 트럼프 자신의 무리수, 그리고 2018년 중간선거에서의 트럼프 반대세력들의 놀라운 동원 능력 덕분에 그간 민주주의가 유지되었다. 그리고 민주주의는 더 강력해질 수도 있다. 2018년 투표율은 한 세기 동안 중간선거에서 수립된 기록을 깼다. 2014년 중간선거의 투표율이 단지 37%에 불과했던 것에 비해 2018년에는 유권자의 거의 50%가 투표했다. 투표율 상승의 대부분을 이끈 것은 민주당 쪽이었다. 18세에서 29세 사이 연령층의 유권자들도 기록적인 수가 투표한 것으로 나타났으며, 민주당에 투표한 비율은 2 대 1이 넘었다.

이 성과로 민주당은 이전에 공화당이 차지했던 40석의 하원 의석을 가져왔는데, 이는 워터게이트 이후 1974년 선거에서 민주당이 49석을 되찾아온 이래로 가장 좋은 중간선거 성적이었다. 그리고 민주당은 공화당이 통제하고 있는 9개 주에서 자행된 극단적인 게리맨더링 — 대부분의 추산치에 따르면, 공화당에 약 20개의 하원 의석을 접어준 — 에도 불구하고 그러한 승리를 거두었다. 그들은 또한 다양한 투표자 억압 기법voter suppression technique* — 투표자 명부의 삭제, 소수집단의 투표를 막기 위한 유권자 신분 확인 요구의 표적 사용, 투표 시간과 투표 장소의 선택적 축소, 노골적인 사기를 포함한 — 에도 불구하고 성공했다.

과거 수십 년 동안 법무부와 연방법원은 남부의 주들과 공화당 지배하에 있는 다른 관할 구역들이 참정권을 억압하려는 노력에 대항해 왔다. 그러나 2013년 셸비 카운티 대 홀더Shelby County v. Holder 재판에서 미국 대법원이 인종차별 전력이 있는 지역에서 선거 규칙을 개정할 경우 법

---

* 특정 집단에 속한 사람들의 투표를 방해하거나 방지함으로써 선거의 결과에 영향을 미치려는 전략 _옮긴이

무부의 사전승인을 받도록 규정한 '투표권법Voting Rights Act'*의 요건을 뒤집는 판결을 내린 이후 연방법원은 자신의 편을 바꿨다. 그들은 투표자를 탄압하는 데서 조력자가 되었다. 트럼프 아래에서는 법무부도 투표권을 제한하는 세력이 되었다.

따라서 2018년에 거대한 푸른 물결이 그것의 성공을 가로막던 그토록 많은 장벽을 극복할 수 있었다는 것은 더욱 주목할 만하다. 이는 1960년대 이후로는 보이지 않던 풀뿌리 조직이 급격하게 증가했기 때문이며, 이 조직은 계속해서 자라기만 할 것이다. 인디비저블과 같은 새로운 단체들은 유권자들을 동원하는 데 전력을 다하는 수천 개의 지역 단체를 낳았다. 2018년 중간선거는 미국 민주주의에 충분한 힘이 남아 있어, 기울어진 운동장에서조차 경쟁하여 이길 수 있다는 것을 보여주는 증거였다.

이 책은, 또한 트럼프주의가 받아들여진 보다 심층적인 원인은 한때 대부분의 미국인에게 좋은 경제적 전망을 제공했던 사회계약이 파괴되었기 때문이라고 주장했다. 약탈적 자본주의는 직접적으로는 공적 영역을 좁힘으로써, 그리고 동시에 간접적으로는 보통 사람들의 파괴가 초래한 네오파시즘적 반발을 통해 민주주의를 죽이고 있었다. 민주주의를 되찾기 위해서는 전후 사회계약에 견줄 만큼 엄격히 관리되는 자본주의의 정치와 이데올로기를 구축하여, 경제가 다시 한번 보통 사람들에게 이득이 될 수 있게 해야 한다.

그리고 이 방면에서 우리는 희망적인 소식도 찾아볼 수 있다. 2018년에 승리한 민주당원들은 주로 진보주의자로 출마하여 그러한 성과를

---

* 투표에서의 차별을 엄격하게 금지하고 흑인 및 소수집단의 투표권을 보장하기 위해 1965년에 제정된 법 _옮긴이

이루어냈다. 중간선거 이전까지 언론은 민주당원들에게 왼쪽으로 너무 멀리 가지 말라고 계속해서 경고했다. 그러나 2018년 선거에서 민주당원들은 매우 기민하게 정치를 해나갔다. 대부분은 메디케어와 사회보장의 방어와 확대, 공립학교에 대한 재정지원의 증대, 학생 부채 위기의 해결, 낡은 사회기반시설 재건과 같은 민생문제에 대해 좌파로가 아니라 상식적인 진보주의자로 출마했다. 버니 샌더스 스타일의 급진주의자들뿐만 아니라 자칭 온건파도 그러한 정책들을 수용했고 그것을 승리하는 정치로 만들었다. 정치적 중력의 전체 중심이 자본주의를 억제하고 보완하는 방향으로 이동함에 따라 진보주의자는 새로운 온건파가 되었다.

트럼프는 무역에 대해 거친 태도를 취하고 자신이 구해내지 못한 미국 제조업을 되찾는 데 헌신함으로써 그러한 중요한 일들을 실행하고자 했다. 그러나 2016년 선거운동 동안 사회보장의 위대한 옹호자이자 부자에 대한 과세자로서 그가 취했던 태도는 그의 실제 정책에 의해 곧 거짓이었음이 드러났다. 트럼프가 성공한 입법 가운데 하나, 즉 1조 6000억 달러의 감세는 거의 모두가 부자들에게 돌아가는 것이었고, 사회보장과 메디케어 예산의 막대한 삭감을 제안하는 구실이 되었다.

트럼프가 시행하는 실제 정책의 세부내용이 충분히 간파되자, 그는 점점 더 자신의 기업적 어젠더를 가짜 포퓰리스트의 호언장담, 외국인 희생양 만들기, 인종차별주의자 끌어안기를 통해 숨기고자 하는 보통의 공화당 금권정치가임이 밝혀졌다(그리고 그렇게 매도되었다). 그러나 그의 조치는 설득력이 없어지기 시작했다.

2018년 중간선거에서는 2016년처럼 주머니 사정과 관련한 불만을 인종차별화하려던 트럼프의 노력이 대체로 실패했다. 그는 중간선거를 자신에 대한 국민투표로 만들려고 부단히 노력했다. 그리고 그러한 노력은 민주당에 큰 이득이 되었다. 중앙아메리카 난민들의 이동식 주택을 국가안보를 위협하는 것으로 묘사하고자 한 트럼프의 시도는 역효과를 낳았다. 트럼프는 교외 지역에서뿐만 아니라 2016년에 자신을 지지했던 노동계급 지역에서도 크게 박대당했다.

가장 고무적인 것은 트럼프가 이용하던 개 호루라기 인종차별주의가 광범하게 거부되었다는 것이었다. 놀랍게도 여덟 명의 아프리카계 미국인 하원 후보들이 백인 지역에서 공화당 의석을 압도적 표차로 빼앗았다. 게다가 그중 일부는 트럼프의 영토 깊숙이에 있다. 전 하원의장 뉴트 깅리치Newt Gingrich의 지역구, 즉 애틀랜타 교외 지역에서 유권자들은 자신의 아들이 인종차별주의자에 의해 살해된 흑인 여성 루시 맥배스Lucy McBath를 선출했다. 그녀는 단 13%만이 흑인인 최남동부 지역에서 총기 규제와 메디케어 확대를 내걸고 출마했다. 시카고 준교외 지역, 즉 전 공화당 하원의장 데니 해스터트Denny Hastert의 지역구에서는 로런 언더우드Lauren Underwood라는 이름의 32세 아프리카계 미국인 간호사가 홀연히 등장하여 확실했던 공화당 의석을 민주당에게 안겨주었다. 그 지역은 3%만이 흑인이다. 이러저러한 성과들은 증오의 물결 ― 트럼프가 악화시킨 다음 그것을 타고 승리했던 ― 이 가라앉을 수 있다는 것을 암시한다.

정부 경찰과 형사 기관들을 자신의 사적 정부로 전환시키고자 한 트럼프의 노력도 대체로 실패했다. 특별 검사 로버트 뮬러의 조사를 방해하려는 트럼프의 반복된 시도에도 불구하고, 뮬러는 트럼프를 결국 탄핵의 궁지에 빠뜨릴 몇 개의 기소장을 쓰기에 충분할 만큼 오랫동안 살아남았다. 트럼프가 뮬러의 고삐를 죄기 위해 법무장관 대행직에 충신

맷 휘터커Matt Whitaker를 임명한 것 역시 역효과를 낳았다. 휘터커가 상원이 추인하지 않은 헌법상의 주요 지위를 차지할 권리는 즉각 도전받았다. 뮬러는 계속해서 자신의 일을 했고, 자신을 막고 나설 엄두를 내지 못하는 휘터커를 무시했다.

하지만 축제 기분에 빠지기에는 비통하게도 아직은 이를 것이다. 조세에서부터 환경에 이르기까지 많은 영역에서 정책 피해가 심각해졌다. 정부의 기본 능력이 고의적인 방해행위와 순전한 기량 부족 모두로 인해 부식되었다. 이 글을 쓰고 있는 지금까지는 우리는 많은 논평자가 두려워했던 날조된 국가안보 위기를 겪지 않았다. 하지만 트럼프는 자신이 점점 더 구석에 내몰리고 있다고 느낌에 따라 훨씬 더 불안정해지고 무모해졌다. 그가 제거되거나 물러나거나 재선에서 패배할 때까지 공화국은 여전히 심각한 위험에 처해 있을 것이다.

2020년 선거 시즌이 시작되면서 민주당 진영과 관련한 낙관주의와 나란히 그들에 대한 경고도 일고 있는 데에는 나름의 이유가 있다. 민주당은 분명 진보적 행동주의 조류와 동시에 실제 정치에서도 좌로 이동하는 물결을 타고 있다. 만약 진보주의자가 지명되고 대통령으로 당선된다면, 광범위한 공적 이익을 위해 자본주의를 규제하는 과정 ― 지난 수십 년 동안 대부분 중단되거나 거꾸로 나아간 ― 이 재개될 수 있을 것이다.

그러나 민주당은 너무 많이 가진 자의 고민으로 인해 고통받을 수도 있다. 민주당 진영에서 20명 이상의 후보자가 나올 가능성이 크다. 그들 중 대부분이 진보주의자이거나 적어도 좌파라는 사실은 좋은 소식이다. 그러나 너무 많은 진보 후보는 서로를 밀어내어 지명을 또 다른 기업 민주당원에게 갖다 바침으로써 당을 다시 구제 불능의 분열에 빠뜨릴 수도 있다.

성공적으로 집권하려면 민주당은 상원을 되찾아야 할 것이다. 그렇지 않으면 또 다른 4년 동안 공화당의 방해 때문에 자본주의의 실질적 개혁에서 어떠한 진보도 이루지 못할 것이고, 실패한 단임 대통령직으로 끝날 것으로 전망된다. 그리고 그것은 더 심한 트럼프주의로 이어질 가능성이 크다.

공화당은 현재 53 대 47로 상원을 지배하고 있다. 다행히도 거기에는 2020년에 공격받기 쉬운 공화당 의원이 일곱 명 포함되어 있다. 앨라배마 상원의원 더그 존스Doug Jones를 제외하고는 민주당 의석은 모두 안전할 것으로 보인다. 이것은 강력한 대선 승리 및 그 후보자의 후광과 함께 민주당이 대통령직은 물론 상원과 하원을 가질 수 있으며 실질적으로 집권할 수 있다는 것을 의미한다.

민주주의에 대한 수선이 필요하다는 점, 그리고 정부에 대한 신뢰와 광범위한 경제적 희망을 회복하는 데 요구되는 자본주의의 개혁이 미루어져 왔다는 점을 감안할 때, 과제는 실로 엄청나다. 새로운 행정부는 사회보장과 메디케어를 포함하여 기본적으로 인기 있는 공적 체계를 강화하고 확대해야 할 뿐만 아니라 좋은 일자리를 창출하고 방치되어 부식된 사회기반시설을 재구축하기 위한 막대한 공적 투자와 녹색 전환을 지원해야 할 것이다.

이것은 상대적으로 쉬운 영역이다. 왜냐하면 그러한 계획들은 광범한 공적 지지를 받을 것이기 때문이다.

더 어려운 것은 트럼프의 감세를 반전시키는 일과 적자는 죄악이고 예산 균형이 필요하다는 양당의 전통적인 통념을 깨는 일일 것이다. 지구를 구하고 많은 신기술과 좋은 일자리를 창조하기 위해서는 제2차 세계대전 규모의 사회투자 프로그램이 필요하다. 그러한 프로그램을 실행하기 위해서는 공적 차입뿐만 아니라 부자에 대한 더 많은 과세가 필요할 것이다. 새 대통령은 부채에는 좋은 용도의 부채와 나쁜 용도의 부채가 있다는 것을 설명해야 할 것이다. 그리고 좋은 용도의 부채는 도덕적이기도 하고 필요하기도 하다.

같은 이유에서 민족주의에도 좋은 형태와 나쁜 형태가 존재한다. 다음 대통령은 또한 네오파시스트 우파로부터 민족주의를 회수해야 할 것이다. 트럼프가 이용한 인종차별화된 극단적 민족주의가 너무나도 유독했기 때문에, 많은 논평자가 민족주의 자체를 피해야 하는 것으로 결론지어 왔다. 그러나 그러한 결론은 심히 잘못된 것이다.

미국인은 미국의 헌법과 미국의 민주적 전통을 소중하게 여긴다. 미국인은 광범위한 혜택 ─ 이를테면 사회보장, 메디케어, 아주 좋은 공립대학교와 같은 ─ 을 제공하는 정부를 가치 있는 것으로 여긴다. 때때로 미국인은 자신의 나라를 위하여 싸우고 심지어는 죽는다.

무역정책은 건설적 민족주의를 간절히 바라는 영역 중 하나이다. 중국과 같은 나라들은 국가가 보조금을 지급하는 약탈적 형태의 자본주의를 실행함으로써 미국을 희생시키며 이득을 얻어왔다. 이것은 어떠한 버전의 자유무역과도 거리가 멀다. 트럼프는 어설프고 일관성 없는 방식으로 옛 무역 패러다임을 폭파함으로써 우리에게 호의를 베풀어왔다. 그는 너무나도 무능하고 선동적이어서 어느 것도 제자리에 위치시키지 못했다. 다음 대통령은 중국은 자국 경제체계에 대한 권리를 가지며 미국은 규칙을 위반하는 관행들 ─ 이를테면 지적 재산권을 훔치고 중국에서 사업하는 미국 국적 기업들에게 강제조건을 강요하는 것과 같은 ─ 에 맞서 미국의 체계를 방어할 수 있는 권리를 가지는 방식으로 베이징과 타협할 필요가 있을 것이다. 그리고 우리가 미국의 세금과 미국의 빚으로 자금을 조달하여 사회기반시설들을 현대화하는 막대한 프로그램에 착수할 때, 미국 물자 우선 구매정책Buy American을 요구조건으로 내건다고 해서 우리가 그것을 부끄러워해야 할 이유도 전혀 없다. 왜냐하면 그것이 또한 미국의 좋은 일자리와 기술을 창출하기 때문이다.

무엇보다도 가장 어려운 것은 금융 규제 정책일 것이다. 금융이 가진 극단적 자유는 소득과 부를 엄청나게 집중시키는 데 한몫했고, 이는 노동계급 미국인들을 소외시켰으며, 결국은 트럼프에게 길을 열어준 2008년의 붕괴를 낳았다. 우리는 금융이 경제의 주인이 아니라 경제의 하인이 되는 단순하고 효율적인 금융체계로 되돌아갈 필요가 있다. 이것은 공화당뿐만 아니라 기업 친화적 민주당에서도 맹렬한 반대에 직면할 것이다.

실제로 만약 기업 친화적 민주당원이 2020년 선거에서 승리한다면, 트럼프와 같은 독재자를 지지하게 되는 더 심각한 불안이 계속될 수도 있다. 요컨대 민주주의의 시험대는 단지 야당이 승리할 수 있는가가 아니라 야당이 양당 모두에 너무나도 공통적이 되어버린 금권 정치의 방종에 대해 진정으로 반대하는가 하는 것이다.

이렇듯 성공한 진보 대통령이 되는 길은 좁지만, 점점 더 상상할 수 있는 일이 되어가고 있다. 그리고 탄핵 가능한 형태의 부패가 폭로되어 트럼프의 대통령 지위가 위태로워질수록, 공화당은 더욱 분열되어 혼란에 빠지고 길은 더욱 넓어질 것이다.

유럽의 이야기는 훨씬 더 걱정스럽다. 나쁜 경제정책, 파편화된 정부 기관들, 그리고 네오파시스트 우파를 더욱 지지하게 만들 뿐인 난민 위기가 결합하면서 유럽연합은 마비되었다. 유럽 대부분에서는 극우파가 통치하거나(폴란드, 헝가리, 이탈리아), 연립정부를 구성하고 있거나

(노르웨이, 핀란드), 현재 두 번째로 큰 정당의 자리를 차지하고 있다(15개의 유럽연합 회원국에서). 거기에는 방종한 투기 금융세력과 결탁되어 있는 긴축정책에 맞서 싸울 수 있는 그럴듯한 좌파 야당이 전혀 존재하지 않는다. 안정적인 좌파 연합이 통치하는 나라는 유럽연합 회원국에서 단 하나, 즉 포르투갈뿐이고, 프랑스와 독일의 정치는 점점 더 걱정스러워지고 파편화되고 있다.

영국은 여전히 특히 불행하게도 엉망진창인 상태에 있다. 영국에서는 야당인 노동당이 보수당에 대한 진보적 대안이 될 수도 있었다. 보수당은 2016년에 영국이 유럽연합을 떠나는, 전혀 불필요한 국민투표를 후원했고, 브렉시트의 진짜 비용으로 알려진 결과로 인해 고통받고 있다. 그러나 노동당의 지도자 제러미 코빈은 유럽연합에 대해 평생 회의적인 사람이고, 테리사 메이에 대한 그의 반대는 너무 부드럽고 갈피를 잡을 수가 없다. 따라서 영국은 다음 몇 년 동안 때때로 진보적인 정부를 선출할 수는 있지만 역경은 오랫동안 계속될 것으로 보인다.

따라서 제1차 세계대전, 제2차 세계대전, 그리고 냉전에서처럼 다시한번 더 자유민주주의를 방어하고 진전시킬 책임은 미국의 몫이다. 미국은 국내적으로는 민주주의를 재건하고 광범위한 번영을 이룩하는 경제를 부활시키는 한편 세계적으로는 희망의 신호등으로서의 미국의 역할을 재구축할 필요가 있을 것이다. 이것은 미국의 극히 중요한 이익을 정의하고 방어하는 대외정책, 그렇지만 세계를 미국의 보호국으로 만들고자 하는 시도는 하지 않는 대외정책을 요구할 것이다. 미국은 무모한 것이 아니라 단호해질 필요가 있다. 만약 미국이 전제정치 및 과두정치와 등질 수 있다면, 세계 역시 다시 민주주의와 관리되는 자본주의로 돌아갈 수 있을 것이다.

이러한 과제들 모두는 미국의 최대다수의 이익을 대변하는 지도자와 위기 속에서 수완을 발휘하는 민중이 있어야만 실행 가능할 것이다. 이는 실현하기 아주 어려운 일처럼 보이지만, 1862년에 공화국을 구한 일도,* 1942년에 히틀러를 격파한 일도,** 1962년에 제3차 세계대전을 시작하지 않고 소비에트 공산주의를 물리친 일도*** 역시 그러했다.

미국이 중대한 선거 시즌에 들어서면 민주주의가 부활하고 괜찮은 경제로 가는 길이 가까스로 열릴 것이며, 이것은 또한 우리에게 시급하게 요구되는 것이기도 하다.

---

* 1862년에 에이브러햄 링컨 대통령이 남북전쟁 와중에 '노예해방 예비선언'을 발표한 것을 말한다. _옮긴이

** 제2차 세계대전에 참전한 미군이 1942년에 처음으로 북아프리카 전선에 상륙하여 3일 만에 알제리에서 독일군을 몰아내는 데 성공한 것을 말한다. _옮긴이

*** 1962년 소련이 핵탄도 미사일을 쿠바에 배치하려는 시도를 둘러싸고 미국과 소련이 대치하여 핵전쟁 발발 직전까지 갔던 국제적 위기를 외교로 해결한 것을 말한다. _옮긴이

감 사 의 말

　이 책은 민주주의 국가가 공공의 이익을 위해 자본주의를 제약하는 능력에 지구화가 미치는 영향을 탐구하는 작업으로 2007년에 시작되었다. 나는 근 10년 동안 오바마 대통령 임기에 관한 두 권의 책과 금융위기에 관한 한 권의 책을 쓰느라고 이 프로젝트를 미뤄두고 있었다. 글로벌 자본주의의 과잉이 점점 더 극우 민족주의적 반발을 불러일으키고 민주주의 자체를 위협함에 따라 2015년에 이 작업을 적극적으로 진척시키는 일로 복귀했다. 도널드 트럼프의 당선은 느낌표를 찍게 했다.

　나는 록펠러 브라더스 펀드Rockefeller Brothers Fund로부터 일부 지원을 받는 데모스Demos의 연구원으로 있으면서 이 연구를 시작했고, 2015~2016년에 러셀 세이지Russell Sage의 방문 학자로 있는 동안 이 책을 대체로 완성할 수 있었다. 록펠러 브라더스 펀드의 톰 크루즈Tom Kruse와 스티븐 하인츠Stephen Heintz에게, 세이지의 셸던 댄지거Sheldon Danziger, 수잰 니콜스Suzanne Nichols, 케이티 위노그래드Katie Winograd, 클레어 개브리엘Claire Gabriel, 데이비드 해프로프David Haproff와 동료들에게, 그리고 데모스의 리더십 팀의 마일즈 래포포트Miles Rapoport, 헤더 맥기Heather McGhee, 타마라 드라우트

Tamara Draut, 그리고 어밀리아 워런 티야기Amelia Warren Tyagi에게 특별한 감사를 표한다.

나의 편집자들인 노턴W. W. Norton의 드레이크 맥필리Drake McFeely, 너새니얼 데닛Nathaniel Dennet, 제프 슈리브Jeff Shreve는 크고 작은 수많은 방식으로 이 책이 더 나아질 수 있게 해주었다. 그리고 나의 에이전트이자 친구인 아이크 윌리엄스Ike Williams에게도 감사를 표한다.

이제 30년이 다 되어가는 벤처기업 ≪아메리칸 프로스펙트American Prospect≫ ─ 이 책의 아이디어의 많은 것이 이곳에서 나왔다 ─ 의 동료들, 특히 폴 스타Paul Starr, 해럴드 마이어슨Harold Meyerson, 아미 램브레히트Amy Lambrecht, 마이크 스턴Mike Stern에게 다시 한번 더 감사드린다. 그리고 경제정책연구소Economic Policy Institute의 친구와 동료들, 특히 래리 미셸Larry Mishel, 제프 포Jeff Faux, 테아 리Thea Lee, 로스 아이젠브레이Ross Eisenbrey, 조시 비벤스Josh Bivens, 헤더 보시Heather Boushey, 롭 스콧Rob Scott, 하이디 시어홀즈Heidi Shierholz에게도 감사의 마음을 전한다.

내가 글로벌리즘과 민주주의에 대한 정규 과정을 가르쳐온 브랜다이스Brandeis의 동료들, 특히 리사 린치Lisa Lynch, 마티 크라우스Marty Krauss, 마이크 두넌Mike Doonan, 재닛 보거스로Janet Boguslaw, 톰 샤피로Tom Shapiro, 데버라 스톤Deborah Stone, 데이비드 웨일David Weil, 그리고 나의 학생들에게도 고마움을 전한다.

방문 연구원으로 있었던 암스테르담노동연구소Amsterdam Institute for Advanced labour studies: AIAS, 특히 비메르 살베르다Wiemer Salverda, 폴 더베이르Paul de Beer, 젤러 비서르Jelle Visser의 환대에도 고마움을 느낀다.

또한 몬트리올에 있는 칼 폴라니 연구소Karl Polanyi Institute의 동료들, 특히 카리 폴라니-레빗Kari Polanyi-Levitt, 마거리트 멘델Marguerite Mendell, 애나

고메즈Ana Gomez에게도 감사를 표한다.

원고 일부 또는 전부를 읽어준 몇몇 동료와 친구들, 즉 아트 골드해머Art Goldhammer, 대니 로드릭Dani Rodrik, 리처드 밸리Richard Valelly, 아이라 카츠넬슨Ira Katznelson, 페르방슈 베레스Pervenche Berès, 제이컵 해커Jacob Hacker, 케빈 갤러거Kevin Gallagher, 마크 레빈슨Mark Levinson, 리처드 파커Richard Parker, 레우벤 아비요나Reuven Avi-Yonah, 그리고 몇몇 초고를 꼼꼼히 읽어준 아내 조앤 피츠제럴드Joan Fitzgerald에게 특별한 감사를 전한다.

이 책을 쓰기 위해 10년 넘게 자료를 수집해 오는 동안 나는 연구를 위해 여러 나라를 여행했고, 유럽과 캐나다의 여러 연구소에 발표를 하기 위해 갔다. 나와 오랜 우정을 나누어왔고 사려 깊은 조언을 해주었으며 나를 다른 전거와 자료들로 인도해 준 여러 친구들, 이를테면 페르방슈 베레스, 존 에반스John Evans, 알란 라르손Allan Larsson, 레이프 파그로츠키Leif Pagrotsky, 게오르기오스 파판드레우George Papandreou, 포울 뉘루프 라스무센Poul Nyrup Rasmussen, 피터 콜드릭Peter Coldrick, 안드레아스 보치Andreas Botsch에게는 특별한 감사를 표해야만 할 것 같다.

미국 밖의 친구와 동료들도 대단히 많은 통찰을 제공하고 무수한 호의를 베풀어주었다. 감사하는 마음으로 그들의 이름을 적어둔다. 라르스 안데르센Lars Andersen, 댄 안데르센Dan Andersen, 게리 아르세니스Gerry Arsenis, 루이사 베르날Luisa Bernal, 마크 블리스Mark Blyth, 페터 보핑거Peter Bofinger, 피아 번가르텐Pia Bungarten, 데이비드 코크로프트David Cockroft, 얀 크레머르스Jan Cremers, 피에르 드프렌뉴Pierre Defraigne, 디터 뎃케Dieter Dettke, 괴스타 에스핑-안데르센Gøsta Esping-Andersen, 장-폴 피투시Jean-Paul Fitoussi, 크리스토퍼 그린-패더르센Christoffer Green-Pedersen, 피에르 하바르드Pierre Habard, 한스외르그 헤어Hansjorg Herr, 크리스티 호프만Christy Hoffman, 마리나

호프만Marina Hoffmann, 구스타프 호른Gustave Horn, 제임스 하워드James Howard,
윌 허턴Will Hutton, 로날트 얀센Ronald Janssen, 필립 제닝스Philip Jennings, 루카
카첼리Louka Katseli, 마르틴 코이네Martin Keune, 마틴 코르Martin Khor, 베르네르
산 키르크Verner Sand Kirk, 카테리나 람브리노Katerina Lambrinou, 엘오이 로렌트
Eloi Laurent, 닐 라손Neal Lawson, 로저 리들Roger Liddle, 모겐스 리케토프트Mogens
Lykketoft, 데니스 맥셰인Denis MacShane, 페르 콩스조 마드센Per Kongsjo Madsen,
헤닝 메이어Henning Meyer, 존 몽크스John Monks, 헨릭 바흐 모르텐슨Henrik Bach
Mortensen, 스투레 노르드Sture Nordh, 파울 노웍Paul Nowak, 페르 누데르Per
Nuder, 야니스 팔라이로고스Yannis Palailogos, 브뤼노 팔리에Bruno Palier, 요아킴
팔메Joakim Palme, 바실리스 파파디미트리우Vassilis Papadimitriou, 카텔레네 파
스히어Catelene Passchier, 카이 오브 페데르센Kaj Ove Pedersen, 노마 퍼시Norma
Percy, 티에리 필리포낫Thierry Philipponnat, 장 피사니-페리Jean Pisani-Ferry, 스티
븐 퍼시Stephen Pursey, 누리아 라모스-마틴Nuria Ramos-Martin, 야가 레디Yaga
Reddy, 라스 로데Lars Rohde, 앙드레 사피르André Sapir, 페니 스챈츠Penny Schantz,
예르겐 쇠네르고르Jørgen Søndergaard, 페테르 비르크 쇠렌센Peter Birch Sørensen,
롤랜드 스폰트Roland Spont, 에른스트 슈테터Ernst Stetter, 볼프강 슈트리크
Wolfgang Streeck, 파울 스와임Paul Swaim, 오언 튜더Owen Tudor, 고故 이케 반 덴뷔
르흐Ieke van den Burg, 니콜라스 베론Nicholas Veron, 앤디 와트Andy Watt, 토미 바
이데레치Tommy Weidelech, 마사 주버Martha Zuber.

미국 내에 있는 아래의 사람들에게도 특별한 감사를 전한다. 엘리자
베스 워런Elizabeth Warren, 조지프 스티글리츠Joseph Stiglitz, 데이먼 실버스
Damon Silvers, 실라 베어Sheila Bair, 딘 베이커Dean Baker, 벤 비치Ben Beachy, 데이
비드 벤스먼David Bensman, 수잰 버거Suzanne Berger, 제러드 번스틴Jared
Bernstein, 마크 블레처Marc Blecher, 앨런 블라인더Alan Blinder, 프레드 블럭Fred

Block, 팀 카노바Tim Canova, 설레스트 드레이크Celeste Drake, 피터 드레이어 Peter Dreier, 케빈 갤러거Kevin Gallagher, 테레사 길라두치Teresa Ghilarducci, 재닛 고닉Janet Gornick, 피터 구르비치Peter Gourevitch, 앤디 그린Andy Green, 마이클 그 린버거Michael Greenberger, 스티븐 그린하우스Steven Greenhouse, 피터 홀Peter Hall, 오언 헤른스탯Owen Herrnstadt, 데이비드 하월David Howell, 데버러 제임스 Deborah James, 롭 존슨Rob Johnson, 시몬 존슨Simon Johnson, 데니스 켈러허Dennis Kelleher, 브루스 코것Bruce Kogut, 마이크 콘찰Mike Konczal, 마크 레빈슨Mark Levinson, 로버트 리탄Robert Litan, 앤드류 마틴Andrew Martin, 캐시 조 마틴Kathie Jo Martin, 릭 맥가이Rick McGahey, 존 몰렌코프John Mollenkopf, 팻 멀로이Pat Mulloy, 데이비드 오르David Orr, 빌 팍스Bill Parks, 스콧 폴Scott Paul, 프랭크 포트니 Frank Portney, 클라이드 프레스토위츠Clyde Prestowitz, 카르멘 라인하르트 Carmen Reinhart, 조지 로스George Ross, 앤야 시프린Anya Schiffrin, 존 섀턱John Shattuck, 페기 소머스Peggy Somers, 데버러 스톤Deborah Stone, 캐서린 스톤 Katherine V.W. Stone, 마이클 스투모Michael Stumo, 댄 터룰로Dan Tarullo, 캐시 테렌 Kathy Thelen, 마크 웨이스브롯Mark Weisbrot. 마이크 웨슬Mike Wessel.

나는 에마 스토킹Emma Stokking과 케이트 에일렌버그Caite Eilenberg가 연구를 도와준 것에도 고마움을 표하고자 한다.

나는 이 주제들을 ≪아메리칸 프로스펙트≫, ≪뉴욕 리뷰 오브 북스 New York Review of Books≫, ≪포린 어페어스Foreign Affairs≫ 등 여러 잡지와 저널에서 기고문 형태로 다루었다. 편집자들에게 감사의 마음을 전한다.

마지막으로, 나는 여러 가지 오류로부터 나를 구해준 수많은 사람의 모든 도움에, 그리고 나의 아내 조앤 피츠제럴드가 보여준 지혜와 사랑, 그리고 인내심에도 큰 감사를 표하고자 한다.

미주

명구

1   Charlotte Brontë, *Shirley*(London: J. P. Dent, 1849), 31.

2   Aristotle, *The Politics*, trans. C. D. C. Reeve(Indianapolis, IN: Hackett, 1998), 1295b17.

3   Karl Polanyi, *The Great Transformation: the Political and Economic Origins of Our Times*(1944; repr., Boston: Beacon Press, 1957).

4   John Maynard Keynes, "National Self-Sufficiency," *Yale Review*, Summer 1933.

5   Dani Rodrik, "The inescapable trilemma of the world economy," June 27, 2007, https://rodrik.typepad.com/dani_rodriks_weblog/2007/06/the-inescapable.html.

서론

1   Francis Fukuyama, "The End of History?" *The National Interest*, Summer 1989를 보라.

2   Samuel P. Huntington, *The Clash of Civilizations and the Remaking of World Order* (New York: Simon and Schuster, 1996).

3   Benjamin Barber, *Jihad versus McWorld*(New York: Random House, 1996).

4   일부 비평가들은 지구화의 별칭으로 '신자유주의'라는 용어를 사용한다. 나는 신자유주의라는 말이 단지 규제되지 않는 자기교정적인 시장의 효율성을 잘못 가정했던 고전적인 자유주의 경제학의 진리로 복귀한다는 것을 뜻하는 유용하고 중립적인 용어임을 알게 되었다.

5   다음을 보라. Kenichi Ohmae, *The End of the Nation State: the Rise of Regional Economies*(New York: Simon and Schuster, 1995). Thomas Friedman, *The Lexus and the Olive Tree: Understanding Globalization*(New York: Farrar, Straus and Giroux, 1999).

6   Joshua Yaffa, "Oligarchy 2.0", *The New Yorker,* May 20, 2017: 46~55를 보라. 야파는 러시아 과두정치 자본주의를 "주주 이익 극대화 원칙에서 계약자 이익 극대화 원칙으로 전환"한 것으로 기술한 전거를 인용한다. 우호적인 계약자들은 블라디미르 푸틴 대통령의 정치적 동맹자이다.

7   Karl Polanyi, *The Great Transformation: the Political and Economic Origins of Our Times*(1944; repr., Boston: Beacon Press, 1957).

8   *Ibid.*, p. 28.

9   *Ibid.*, p. 31.

10   내가 *Everything for Sale*(New York: Alfred A. Knopf, 1997)에서 기술했듯이, 관념의 자유시장(free marketplace of ideas)은 모델처럼 작동하지 않는 또 하나의 시장이다.

제1장. 화난 사람들의 노래

1   Peter S. Goodman, "Davos Elite Fret About Inequality Over Vintage Wine and Canapes," *New York Times*, January 19, 2017, https://www.nytimes.com/2017/01/18/business/dealbook/world-economic-forum-davos-backlash.html.

2   Thomas Frank, *Listen, Liberal: Or What Ever Happened to the Party of the People?* (New York: Metropolian Books, 2015), 215.

3   Anne Case and Angus Deaton, "Rising Morbidity and Mortality in Midlife Among White Non-Hispanic Americans in the 21st Century," *Proceedings of the National Academy of Sciences*, vol.112, no. 49(2015): 15078~15083, https://www.pnas.org/content/112/49/15078.

4   Robert Griffin, John Halpin and Ruy Teixeira, "Democrats Need to be the Party of All Working People—of All Races," *American Prospect*, June 1, 2017. http://prospect.org/article/democrats-need-be-party-and-working-people%E2%80%94-all-races.

5   Alec Tyson and Shiva Maniam, "Behind Trump's Victory: Divisions by Race, Gender, Education", Pew Research Center, Novemeber 9, 2016, http://www.pewresearch.org/fact-tank/2016/11/09/behind-trumps-victory-divisions-by-race-gender-education.

6   Justin Gest, "Can the Democratic Party Be White Working Class, Too?" *American Prospect*, April 3, 2017, https://prospect.org/economy/can-democratic-party-white-working-class-too.

7   Griffin, et al., "Democrats Need to be the Party."

8   *Ibid*.

9   "The New Map of Economic Growth and Recovery," Economic Innovation Group, 2016 http://eig.org/wp-content/uploads/2016/05/recoverygrowthreport.pdf.

10   Mark Muro and Sifan Liu, "Another Clinton-Trump Divide: High Output American Versus Low Output America." Brookings Institution, November 29, 2016, https://www.brookings.edu/blog/the-avenue/2016/11/29/another-clinton-trump-divide-high-output-america-vs-low-output-america.

11   Stanley B. Greenberg, "The Democrats' 'Working Class Problem,'" *American Prospect*, June 1, 2017. http://prospect.org/article/democrats%E2%80%99-%E2%80%98working-class-problem%E2%80%99.

12   Julian Coman, How the Nordic Far Right Has Stolen the Left's Ground on Welfare," *Guardian*, July 25, 2015 https://www.theguardian.com/world/2015/jul/26/scandinavia-far-right-stolen-left-ground-welfare.

13   Arlie Russell Hochschild, *Strangers in their Own Land*(New York: The New Press, 2016), 52.

14   John Judis, *The Populist Explosion*(New York: Columbia Global Reports, 2016).

15   Franklin Delano Roosevelt, "We Have Only Just Begun to Fight," (campaign address at Madison Square Garden, New York City, October 31, 1936).

16   Robert Kuttner, "Hidden Injuries of Class, Race, and Culture," *American Prospect*, October 3, 2016. http://prospect.org/article/hidden-injuries-0.

17   Lawrence Mishel et al., *The State of Working America*, 12th ed. (Washington, DC: Economic Policy Institute, 2015), 68~69.

18   Ta-Nehisi Coates, *Between the World and Me*(New York: Spiegel & Grau, 2015).

19   Elist Gould, Jessica Scheider and Kathleen Geier, "What is the Gender Gap and Is It Real?" Economic Policy Institute, October 20, 2016, http://www.epi.org/publication/what-is-the-gender-pay-gap-and-is-it-real.

20   Hillary Clinton, [Campaign Rally Speech] (Henderson, NV, February 13, 2016), https://

www.youtube.com/watch?v=QwBai_U_w0o.

21 David Paul Kuhn, "Exit Polls: How Obama Won," Politico, Nay 11, 2008, https://www.politico.com/story/2008/11/exit-polls-how-obama-won-015297.

22 "Election Results 2008: North Carolina," *New York Times*, December 9, 2008. https://www.nytimes.com/elections/2008/results/states/exitpolls/north-carolina.html.

23 James Hannaham, "Racists for Obama," *Salon*, November 3, 2008. http://www.salon.com/2008/11/03/racists_for_obama; Original source: Sean Quinn, "On the Road: Western Pennsylvania," *FiveThirtyEight*, October 18, 2008 https://fivethirtyeight.com/features/on-road-western-pennsylvania.

24 William E. Spriggs, "Why the White Worker Theme is Harmful," *American Prospect*, June 21, 2017, https://prospect.org/labor/white-worker-theme-harmful.

25 Nate Cohen, "A Closer Look at Voters Who Backed Obama, then Trump," *New York Times*, August 17, 2017.

26 배넌과 트럼프의 관계에 대한 상세한 설명으로는 Joshua Green, *Devil's Bargain: Steve Bannon, Donald Trump, and the Storming of the Presidency*(New York: Penguin Books, 2017)를 보라.

27 Robert Kuttner, "Steve Bannon, Unrepentant," *American Prospect*, August 16, 2017, https://prospect.org/article/steve-bannon-unrepentant.

28 Jeffrey H. Birnbaum and Alan S. Murray, *Showdown at Gucci Gulch*(New York: Random House, 1987). Robert Kuttner, *The Life of the Party: Democratic Prospects in 1988*(New York: Viking, 1987).

29 OpenSecrets.org, "Top Spenders," 2017년 6월 11일 접속, https://www.opensecrets.org/lobby/top.php?indexType=s.

30 Alexis de Tocqueville, *Democracy in America*(1840, repr. New York: Vintage, 1945) 2: 114.

31 William Kornhauser, *The Politics of Mass Society*(New York: The Free Press, 1959), 37.

32 Sidney Verba, Kay Lehman Schlozman, and Henry E. Brady, *Voice and Equality: Civic Voluntarism in American Politics*(Cambridge: Harvard University Press, 1995), 190.

33 Kay Lehman Schlozman, Sidney Verba, and Henry E. Brady, *The Unheavenly Chorus: Unequal Political Voice and the Broken Promise of American Democracy*(Princeton: Princeton University Press, 2012).

34 Verba, Schlozman and Brady, *Voice and Equality*, 269.

35 Pew Research Center, "1. Trust in government: 1958-2015, November 23, 2015, http://www.people-press.org/2015/11/23/1-trust-in-government-1958-2015.

36 Jim Norman, "Americans' Confidence in Institutions Stays Low," Gallup, June 12, 2016 http://www.gallup.com/poll/192581/americans-confidence-institutions-stays-low.aspx.

37 Walter Dean Burnham, *The Current Crisis in American Politics*(Oxford: Oxford University Press, 1982), 19.

38 Roberto Stefan Foa and Yascha Mounk, "The Democratic Disconnect," *The Journal of Democracy*, vol 27. no. 3(July 2016): 5~17, http://pscourses.ucsd.edu/ps200b/Foa%20Mounk%20Democratic%20Disconnect.pdf.

39 Martin Gilens, *Affluence and Influence: Economic Inequality and Political Power in America*(Princeton, NJ: Princeton University Press, 2012).

40   Theda Skocpol, *Diminished Democracy: From Membership to Management in American Civic Life*(Norman, OK: University of Oklahoma, 2002).

41   Theda Skocpol, *Protecting Mothers and Soldiers: The Political Origins of Social Policy in the United States*(Cambridge: Belknap Press of Harvard University, 1992), 316.

42   David L. Mason, *From Buildings and Loans to Bailouts*(Cambridge: Cambridge University Press, 2004), 22.

43   *Ibid.*, 221.

44   Jacob Hacker and Paul Pierson, *Off Center: The Republican Revolution and the Erosion of American Democracy*(New Haven, CT: Yale University Press, 2005)를 보라. 그리고 또한 Thomas E. Mann, *It's Even Worse Than It Looks: How the American Constitutional System Collided with the New Politics of Extremism*(New York: Basic Books, 2012)도 보라.

제2장. 취약한 기적

1   Jefferson Cowie, *The Great Exception*(Princeton: Princeton University Press, 2016).

2   Steven Fraser, *Labor Will Rule: Sidney Hillman and the Rise of American Labor*(New York: Free Press, 1991).

3   Nelson Lichtenstein, *Labor's War and Home: The CIO in World War II*(New York: Cambridge University Press, 1982), 80.

4   *Ibid.*, 5~6.

5   Jesse H. Jones, *Fifty Million Dollars: My Thirteen Years with the RFC, 1932-1945*(New York: MacMillan, 1951).

6   다음의 논의를 보라. Alvin H. Hansen, "Economic Progress and Declining Population Growth," *American Economic Review,* vol. 29, no. 1(March, 1939): 1~15.

7   Jones, *Ibid.*, 315.

8   Ira Katznelson, *Fear Itself: The New Deal and the Origins of Our Time*(New York: Liveright Publishing, 2013).

9   Richard Rothstein, *The Color of Law: A Forgotten History of How Our Government Segregated America*(New York: Liveright Publishing, 2017).

10   Richard Valelly, *The Two Reconstructions: The Struggle for Black Enfranchisement* (Chicago: University of Chicago Press, 2004).

11   Martin Luther King, Jr., Address at the Selma to Montgomery March, AL. March 25, 1965.

12   James R. Hagerty, *The Fateful History of Fannie Mae: New Deal Birth to Financial Crisis Fall*(Charleston, SC: The History Press, 2012).

13   C. Lowell Harriss, *History and Policies of the Home Owners' Loan Corporation*(New York, National Bureau of Economic Research, 1951); Home Loan Bank Board, *Final Report to the Congress of the United States Relating to the Home Owners' Loan Corporation*, 1952.

14   U.S. Census Bureau, "Historical Census of Housing Tables: Homeownership," 2002년 4월 23일 마지막 수정, http://eadiv.state.wy.us/housing/Owner_0000.html.

15   Frank Knight, *Risk Uncertainty and Profit*(Boston: Houghton Mifflin Company, 1921).

16   Carmen M. Reinhart and S. Belem Sbrancia, *The Liquidation of Government Debt*,

NBER Working Paper 16983(Cambridge MA: National Bureau of Economic Research, 2011).

17   Christopher Tassava, "The American Economy During World War II," EH.net, 2016년 9월 14일 접속, https://eh.net/encyclopedia/the-american-economy-during-world-war-ii.

18   Steve Fraser, *Every Man a Speculator: A History of Wall Street in American Life*(New York: HarperCollins, 2005).

19   Timothy Canova, "Public Finance, Agency Capture, and Structural Limits on Fiscal Policy," Unpublished paper, 2010. 저자의 허가를 받아 인용함.

20   "Historical Data on Debt Held by the Public," August 5, 2010, https://www.cbo.gov/publication/21728.

21   Christopher Chantrill, *UK Public Spending*(blog) assessed 2017년 2월 17일 접속, http://www.ukpublicspending.co.uk/uk_debt.

22   John Maynard Keynes, *The General Theory of Employment, Interest and Money*(United Kingdom: Palgrave MacMillan, 1936), 345.

23   John Maynard Keynes, *The Economic Consequences of the Peace*(New York: Harcourt, Brace and Howe, 1920).

24   Richard N. Gardner, *Sterling-Dollar Diplomacy in Current Perspective*(New York: Columbia University Press, 1980), 371~378.

25   United Nations, Economic and Social Council, Department of State, *Draft Charter for the International Trade Organization of the United Nations*(Washington, DC: US, Government Printing Office, 1947). Article 6, "Fair Labor Standards"를 보라.

26   John Gimbel, *The Origins of the Marshall Plan*(Stanford, CA: Stanford University Press, 1976).

27   Eric Helleiner, *States and the Reemergence of Global Finance*(Ithaca: Cornell University Press, 1994), 39~44.

28   Barry Eichengreen, *The European Economy Since 1945: Coordinated Capitalism and Beyond*(Princeton, NJ: Princeton University Press, 2007), 2.

제3장. 민주적 글로벌리즘의 등장과 몰락

1   Tony Judt, *Postwar: A History of Europe Since 1945*(New York: The Penguin Press, 2005), 17.

2   Robert Kuttner, *Debtors Prison*(New York: Alfred A. Knopf, 2014), 95~98을 보라.

3   Alan Milward, *The Reconstruction of Western Europe 1945-51*(Berkeley: University of California Press, 1984), 2.

4   Richard N. Gardner, *Sterling-dollar Diplomacy in Current Perspective: The Origins and the Prospects of Our International Economic Order*(New York: Columbia University Press, 1980), 300~301.

5   George Frost Kennan, "The Sources of Soviet Conduct," *Foreign Affairs*(July 1947), 566.

6   Benn Steil, *The Battle of Bretton Woods: Maynard Keynes, Harry Dexter White and the Making of a New World Order*(Princeton, NJ: Princeton University Press, 2013), 316.

7   Fred Block, *The Origins of International Economic Disorder*(Berkeley, California: University of California Press, 1978).

8   Gøsta Esping-Andersen, *Politics Against Markets: The Social Democratic Road to Power* (Princeton, NJ: Princeton University Press, 1985).

9   Dean Acheson, *Present at the Creation*(New York: Norton, 1969)을 보라.

10 Tony Judt, *Postwar: A History of Europe Since 1945*(New York: The Penguin Press, 2005), 156~157.

11 John Coleman, ed., *One Hundred Years of Catholic Social Thought*(Ossining, NY: Orbis Books, 1991).

12 Peter Hall and David Soskice, *Varieties of Capitalism*(New York: Oxford University Press, 2001; Walter Korpi, *The Democratic Class Struggle*(London: Routledge, Kegan and Paul, 1983)을 보라.

13 Gosta Esping-Andersen, *Three Worlds of Welfare Capitalism*(Princeton, NJ: Princeton University Press, 1990)을 보라

14 Rawi Abdelal, *Capital Rules: The Construction of Global Finance*(Cambridge, MA: Harvard University Press, 2009), 7.

15 John G. Ruggie. "International Regimes, Transactions, and Change: Embedded Liberalism in the Postwar Economic System," *International Organization*, vol. 36, no. 2 (Spring, 1982): 379~415.

16 Abdelal, *Capital Rules,* 47에서 인용함.

17 Block, *The Origins of International Economic Disorder*, 244n.

18 Robert Kuttner, *The End of Laissez-Faire: National Purpose and the Global Economy After The Cold War*(New York: Knopf, 1991).

19 Abdelal, *Capital Rules*, 6~7.

20 Timothy W. Guinnane, Financial *Vergangenheitsbewältigung: The 1953 London Debt Agreement*, Center Discussion Paper 880(New Haven, CT: Economic Growth Center, Yale University, 2004), 8, http://www.econ.yale.edu/growth_pdf/cdp880.pdf.

21 Kuttner, *End of Laissez Faire,* 58.

22 Tony Atkinson, *Inequality: What Can Be Done?*(New Haven, CT: Yale University Press, 2015), 60.

23 *Ibid.*, 68.

24 William Beveridge, *Full Employment in a Free Society*(London: Allen & Unwin, 1944).

25 Thomas Piketty, *Capital in the Twenty-First Century*, trans. Arther Goldhammer (Cambridge, MA: Belknap Press of Harvard University Press, 2013)

26 Robert Triffin, *Gold and the Dollar Crisis*(New Haven, CT: Yale University Press, 1960).

27 Kuttner, *End of Laissez Faire*, 61.

28 Nixon Library and Museum, "Transcripts of a Recording of a Meeting between President and H. R. Haldeman in a the Oval Office on June 23, 1972 from 10:04 to 11:39 AM," http://www.nixonlibrary.gov/forresearchers/find/tapes/watergate/wspf/741-002.pdf.

29 Denis MacShane, *Brexit: How Britain Will Leave Europe*(London: I.B. Tauris, 2015).

30 2007년 존 이트웰과의 인터뷰.

31 Wolfgang Streeck, *How Will Capitalism End?: Essays on a Failing System*(London: Verso, 2016)을 보라.

32 Mahbub ul Haq, Inge Kaul, and Isabelle Grunberg, eds., *The Tobin Tax: Coping with*

Financial Volatility(New York: Oxford University Press, 1996), 135.

33 "James Tobin: 'The Antiglobalisation Movement Has Highjacked My Name,'" in *Der Spiegel*, September 3, 2001. https://web.archive.org/web/20050306201839/http://www.jubilee2000uk.org/worldnews/lamerica/james_tobin_030901_english.htm.

34 Milton Friedman, *An Economist's Protest*(Glen Ridge NJ: Horton, 1972), 56.

35 Gar Alperovitz and Jeff Faux, "Controls and the Basic Necessities," *Challenge*, vol. 23, no. 2(May-June 1980), 20~22, https://www.tandfonline.com/doi/abs/10.1080/05775132.1980.11470606.

36 Michael Bruno and Jeffery Sachs, *The Economics of Worldwide Stagflation*(Cambridge, MA: Harvard University Press, 1985).

제4장. 금융의 자유화

1 Dani Rodrik, *The Globalization Paradox*(New York: Norton, 2011), 103.

2 John Williamson, "The Washington Consensus as a Policy Prescription for Development"(Lecture, World Bank, January 13, 2004), Institute for International Economics, https://piie.com/publications/papers/williamson0204.pdf.

3 Rawi Abdelal, "The IMF and the Capital Account," in *Reforming the IMF for The 21st Century,* ed., Edwin M. Truman(Washington, DC: Institute for International Economics, 2006).

4 Joseph Stiglitz, *The Roaring Nineties: A New History of the World's Most Prosperous Decade*(New York: Norton, 2003).

5 Luis Bertola and Jose Antonio Ocampo, *The Economic Development of Latin America Since Independence*(Oxford: Oxford University Press, 2013); Paul Blustein, *And the Money Kept Rolling In(And Out): Wall Street, the IMF, and the Bankrupting of Argentina*(New York: Public Affairs, 2005).

6 Joseph E. Stiglitz, *The Roaring Nineties*, 219~221.

7 Robert Kuttner, *Debtors Prison: The Politics of Austerity Versus Possibility*(New York: Knopf, 2014), 248~260.

8 Carmen M. Reinhart & Kenneth S. Rogoff, *This Time Is Different: Eight Centuries of Financial Folly*(Princeton NJ: Princeton University Press, 2009).

9 George Ross and Arthur Goldhammer, "Reluctantly Center-Left? The French Case," in *What's Left of the Left: Democrats and Social Democrats in Challenging Times*, eds. James Cronin, George Ross and James Schoch(Durham, NC: Duke University Press), 141~161.

10 한동안 프랑스 정부는 통신, 항공, 에너지와 같은 일부 산업에 대해 부분적인 통제권을 유지하려고 노력했지만, 유럽연합 정책은 그 선택지 역시 점차 무너뜨렸다. 제7장을 보라.

11 John Bew, *Citizen Clem: A Biography of Attlee*(Oxford: Oxford University Press, 2016); James Cronin, *New Labour's Pasts: The Labour Party and Its Discontents*(Harlow UK: Pearson/Longman, 2004). Richard N. Gardner, *Sterling-Dollar Diplomacy in Current Perspective: The Origins and the Prospects of Our International Economic Order*(New York: Columbia University Press, 1980).

12 James Denman and Paul McDonald, "Unemployment Statistics from 1881 to the Present Day," *Labour Market Trends*(London: The Government Statistical Service Office, January

1996), chart on p. 7.

13 Denis McShane, *Brexit: How Britain Will Leave the Euro* (London: Tauris, 2015).

14 David Marsh, *The Euro: The Politics of the New Global Currency* (New Haven, CT: Yale University Press, 2009).

15 Organization for Economic Co-operation and Development, *The OECD Jobs Study: Facts, Analysis, Strategies* (Paris: OECD, 1994).

16 Dan Immergluck, *Foreclosed: High-Risk Lending, Deregulation, and the Undermining of America's Mortgage Market* (Ithaca, N.Y.: Cornell University Press, 2009).

17 Financial Crisis Inquiry Commission, "The Financial Crisis Inquiry Report: Final Report of the National Commission on the Causes of the Financial and Economic Crisis in the United States," January 2011, https://fcic-static.law.stanford.edu/cdn_media/fcic-reports /fcic_final_report_full.pdf.

18 Eileen Appelbaum and Rosemary Batt, *Private Equity at Work: When Wall Street Manages Main Street* (New York: Russell Sage Foundation, 2014).

19 Roger Lowenstein, *When Genius Failed: The Rise and Fall of Long-Term Capital Management* (New York: Random House, 2000).

20 "Glass-Steagall: A Price Worth Paying?" *Analysis* (radio program), 1 February 2010, BBC Radio 4, 0:00~13:00, http://www.bbc.co.uk/radio/player/b00qbxwj.

21 Robert Z. Aliber; Federal Reserve Bank of Boston, *Key Issues in International Banking: Proceedings of a Conferences Held in October 1977*, Conference Series no. 18, 48, https://www.bostonfed.org/-/media/Documents/conference/18/conf18.pdf?la=en에서 인용함.

22 Daniel K. Tarullo, *Banking on Basel: The Future of International Financial Regulation* (New York: Columbia University Press, 2008), 48.

23 *Ibid.*, 79~80.

24 *Ibid.*, 52.

25 MarketsReformWiki, "Volcker Rule - Comment Letter," 2017년 3월 8일 접속, http://www.marketsreformwiki.com/mktreformwiki/index.php/Volcker_Rule_-_Comment_ Letters#Goldman_Sachs_-_February_13.2C_2012.

26 *Ibid.*

27 U.S. Chamber of Commerce, "Statement of the U.S. Chamber of Commerce, on: Discussion of the Volcker Rule on Markets, Businesses, Investors and Job Creation," May 31, 2012, http://www.centerforcapitalmarkets.com/wp-content/uploads/2010/04/2012-5- 31-CFTC-Roundtable-Volcker-Rule.pdf.

제5장. 노동에 대한 글로벌한 공격

1 Organisation for Economic Co-operation and Development, *The OECD Jobs Study: Facts, Analysis, Strategies* (Paris, OECD, 1994), esp. pp. 34~35.

2 Lawrence Katz and Alan Krueger, *The Rise and Nature of Alternative Work Arrangements in the United States, 1995-2015*, NBER Working Paper 22667 (Cambridge: National Bureau of Economic Research, 2016).

3 Robert Kuttner, "The Task Rabbit Economy," *American Prospect*, October 13, 2013,

https://prospect.org/article/task-rabbit-economy를 보라.

4 George Akerlof and Janet Yellen, *Efficiency Wage Models of the Labor Market* (Cambridge: Cambridge University Press, 1986).

5 Binyamin Appelbaum, "Yellen's Path From Liberal Theorist to Fed Voice for Jobs," *New York Times*, October. 9, 2013http://www.nytimes.com/2013/10/10/business/economy/for-yellen-a-focus-on-reducing-unemployment.html?pagewanted=all&_r=0.

6 David Weil, *The Fissured Workplace: Why Work Became So Bad For So Many* (Cambridge, MA: Harvard University Press, 2014), 179.

7 Robert J. S. Ross, *Slaves to Fashion*(Ann Arbor: University of Michigan Press, 2004).

8 Robert Kuttner, "A More Perfect Union," *American Prospect*, November 28, 2011, http://prospect.org/article/more-perfect-union-1.

9 Katherine V. W. Stone, "Unions in the Precarious Economy: How collective bargaining can help gig and on-demand workers," *American Prospect*, February 21, 2017, http://prospect.org/article/unions-precarious-economy.

10 Ariel Kaminer and Sean O'Driscoll, "Workers at NYU's Abu Dhabi Site Faced Harsh Conditions," *New York Times*, May 18, 2014 https://www.nytimes.com/2014/05/19/nyregion/workers-at-nyus-abu-dhabi-site-face-harsh-conditions.html.

11 Weil, *The Fissured Workplace*.

12 Annette Bernhardt, James DeFillipis, and Siobhan McGrath, "Unregulated Work in the Global City: Employment and labor violations in New York City," Brennan Center for Justice at New York University Law School, 2011 https://www.brennancenter.org/publication/unregulated-work-global-city-full-report-chapter-downloads.

13 Steven Greenhouse, "On Demand and Demanding their Rights," *American Prospect*, June 28, 2016, http://prospect.org/article/demand-and-demanding-their-rights.

14 Katherine V.W. Stone and Alexander J.S. Colvin, "The Arbitration Epidemic: Mandatory arbitration deprives workers and consumers of their rights," Economic Policy Institute, December 7, 2015, http://www.epi.org/publication/the-arbitration-epidemic.

15 Danielle Ivory, Ben Protess and Kitty Bennett, "When You Dial 911 and Wall Street Answers" *New York Times*, June 25, 2016, https://www.nytimes.com/2016/06/26/business/dealbook/when-you-dial-911-and-wall-street-answers.html.

16 Eileen Appelbaum and Rosemary Batt, *Private Equity at Work: When Wall Street Manages Main Street*(New York: Russell Sage Foundation, 2014), 157.

17 *Ibid*.

18 Elizabeth Warren, [Speech](2012 Democratic National Convention, Charlotte, NC, September 2012).

19 Appelbaum and Batt, *Private Equity at Work*, 195.

20 Katherine J. Cramer, *The Politics of Resentment: Rural Consciousness in Wisconsin and the Rise of Scott Walker*(Chicago: University of Chicago Press, 2016), 187.

21 Ha-Joon Chiang, *23 Things They Don't Tell You About Capitalism*(New York: Bloomsbury Press, 2010), 109.

22 David H. Autor, "Skills, Education, and the Rise of Earnings Inequality Among the 'Other 99 Percent'," *Science*, vol. 344, no. 6186(May 23, 2014): 843~851, DOI: 10.1126/science.1251868.

23 Lawrence Mishel, Elise Gould, and Josh Bivens, "Wage Stagnation in Nine Charts", Economic Policy Institute, January 6, 2015, Fig. 5, http://www.epi.org/publication/charting-wage-stagnation.

24 "Some Colleges Have More Students From the Top 1 Percent Than the Bottom 60 Percent. Find Yours," January 18, 2017 https://www.nytimes.com/interactive/2017/01/18/upshot/some-colleges-have-more-students-from-the-top-1-percent-than-the-bottom-60.html.

25 Raj Chetty et al., *Mobility Report Cards: The Role of Colleges in Intergenerational Mobility*, NBER Working Paper 23618(Cambridge, MA: National Bureau of Economic Research, 2017), https://www.nber.org/papers/w23618.pdf.

26 Chetty et al., *The Fading American Dream: Trends in Absolute Income Mobility Since 1940*, NBER Working Paper 22910(Cambridge, MA: National Bureau of Economic Research, 2016), 2, http://www.equality-of-opportunity.org/papers/abs_mobility_paper.pdf.

27 Chuck Collins, "The Wealthy Kids Are All Right," *American Prospect*, May 28, 2013, https://prospect.org/article/wealthy-kids-are-all-right를 보라.

28 Quoctrung Bui, "Almost Half of Young Adults Get Rent Help Parents," *New York Times*, February 9, 2017.

29 William Beveridge, "Social Insurance and Allied Services,"(London: HMSO, 1942), repr. *Bulletin of the World Health Organization* vol. 78, no. 6(2000): 845~855, https://www.ncbi.nlm.nih.gov/pmc/articles/PMC2560775/pdf/10916922.pdf.

30 Franklin Delano Roosevelt, "Annual Message to the Congress on the State of the Union," (Four Freedoms Speech, January 6, 1941), https://www.presidency.ucsb.edu/documents/annual-message-congress-the-state-the-union.

31 Jacob S. Hacker, *The Great Risk Shift*(Oxford: Oxford University Press, 2006).

32 Elizabeth Warren and Amelia Warren Tyagi, *The Two Income Trap: Why Middle Class Parents are Going Broke*(New York: Basic Books, 2004).

33 Demos, "Homeownership Rate of Young Adults," 2016년 4월 12일 접속, http://www.demos.org/data-byte/homeownership-rate-young-adults.

제6장. 유럽의 깨진 사회계약

1 David Leonhardt and Kevin Quealy, "The American Middle Class Is No Longer the World's Richest," *New York Times*, April 22, 2014, https://www.nytimes.com/2014/04/23/upshot/the-american-middle-class-is-no-longer-the-worlds-richest.html.

2 Therese Blanchette, Risto Piponnen and Maria Westman-Clement, *The Agreement on the European Economic Area*(Oxford: Clarendon Press, 1994), 106.

3 Friedrich A. Hayek, "The Economic Conditions of Interstate Federalism," in *Individual and Economic Order*(Chicago: University of Chicago Press, 1948), 264~265.

4 Denis MacShane, *Brexit: How Britain Will Leave Europe*(London: Tauris, 2015), 40.

5 Treaty on European Union (Luxembourg: Office for Official Publications of the European Communities, 1992), https://europa.eu/european-union/sites/europaeu/files/docs/body/treaty_on_european_union_en.pdf.

6 "Posting of Workers Directive: Current Situation and Challenges," European Parliament, Directorate General for Internal Policies, July, 2016 http://www.europarl.europa.eu/

RegData/etudes/STUD/2016/579001/IPOL_STU(2016)579001_EN.pdf.

7   Jan Cremers, *In Search of Cheap Labor in Europe: Working and Living Conditions of Posted Workers* (Brussels: CLR/EFBW/International Books, 2011).

8   *Ibid.*, 26.

9   Line Eldring and Thorsten Schulten, "Migrant Workers and Wage-Setting Institutions: Experiences from Germany, Norway, Switzerland and United Kingdom" in *EU Labour Migration in Troubled Times: Skills Mismatch, Return and Policy Returns* ed. Bela Galgoczi, Janine Leschke and Andrew Watt (Abingdon, UK: Routledge, 2012).

10   Cremers, *In Search of Cheap Labor in Europe,* 40~41.

11   Jan Cremers, "Letter-Box Companies and the Abuse of Posting Rules: how the primacy of economic freedoms and weak enforcement give rise to social dumping," ETUI Policy Brief no. 5, 2014. http://www.eurodetachement-travail.eu/datas/files/EUR/Policy_Brief_J._Cremers2014-05.pdf,

12   "Directive 2006/123/EC of the European Parliament and of the Council of 12 December 2006 on Services on the Internal Market," December 12, 2006, http://eur-lex.europa.eu/legal-content/EN/TXT/?uri=celex:32006L0123.

13   Jon-Erik Dølvik and Anna Mette Ødegaard, "The struggle over the services directive: the role of the European Parliament and the ETUC," *Labor History*, March 16, 2012, http://www.tandfonline.com/doi/abs/10.1080/0023656X.2012.650433.

14   Andreas Bücher and Wiebke Warneck, *Viking-Laval-Rüffert: Consequences and Policy Perspectives*, ETUI Report 111 (Brussels: European Trade Union Institute, 2010).

15   *Ibid.*

16   Jelle Visser, Susan Hayter and Rosina Gammarano, "Trends in Collective Bargaining Coverage: Stability, Erosion or Decline?," International Labour Office, September 29, 2015, https://www.ilo.org/global/topics/Collective-Bargaining-Labour-Relations/publications/WCMS_409422/lang—en/index.htm.

17   "The Labour Share in G20 Economies" International Labour Organization for Economic Co-operation and Development (Report prepared for the G20 Employment Working Group, Antalya, Turkey, 26~27 February 2015), https://www.oecd.org/g20/topics/employment-and-social-policy/The-Labour-Share-in-G20-Economies.pdf.

18   Claus Schnabel, "Low Wage Employment," IZA World of Labor, July 2016 https://wol.iza.org/articles/low-wage-employment/long.

19   Jérôme Gautié and John Schmitt, editors, *Low-Wage Work in the Wealthy World* (New York, Russell Sage Founation, 2009).

20   Gerhard Bosch and Jérôme Gautié, "Low-Wage Work in Five European Countries and the USA: The Role of National Institutions," *Cuadernos de Relaciones Laborales* 29 no. 2 (2011): 303~335, http://revistas.ucm.es/index.php/CRLA/article/viewFile/38018/ 36773.

21   "Public and Private Sector Efficiency," Public Services and EU, no. 3 (European Federation of Public Services Unions, May, 2914), http://www.psiru.org/sites/default/files/2014-07-EWGHT-efficiency.pdf.

22   Owen Jones, "Why Britain's Trains Don't Run on Time: Capitalism", *New York Times*, April 4, 2017, https://www.nytimes.com/2017/04/04/opinion/why-britains-trains-dont-run-on-time-capitalism.html.

23   Christoph Hermann, "Deregulating and Privatizing Postal Services in Europe," Centre for Rearch on Globalization, January 1, 2014, https://www.globalresearch.ca/deregulating-and-privatizing-postal-services-in-europe/5363277.

24   Robert Kuttner, "The Copenhagen Consensus," *Foreign Affairs*, March-April 2008, https://www.foreignaffairs.com/articles/europe/2008-03-01/copenhagen-consensus.

25   *Ibid.*

26   Vilhelm Carlström, "Biggest IPO in Danish History Reveals Goldman Sachs Got a Huge Discount in Government Deal," *Business Insider Nordic*, June 1, 2016, http://nordic.businessinsider.com/biggest-ipo-in-danish-history-reveals-goldman-sachs-got-a-$10-billion-discount-on-the-worlds-largest-offshore-wind-operator-2016-5.

27   Gosta Edgren, Karl Olof Faxén, and Clas Erik Odhner, *Wage Formation and the Economy* (London: Allen & Unwin, 1973).

28   Robert Kuttner, "The Copenhagen Consensus."

29   Peter Katzenstein, *Small States in World Markets: Industrial Policy in Europe* (Ithaca, NJ: Cornell University Press, 1985).

30   Robert Kuttner, *Debtors' Prison: The Politics of Austerity Versus Possibility* (New York: Knopf, 2014), 95.

31   Joseph Stiglitz, *The Euro: How a Common Currency Threatens the Future of Europe* (New York: Norton, 2016), 182~183.

32   Trading Economics, "Greece GDP," 2017년 3월 21일 접속, http://www.tradingeconomics.com/greece/gdp; Elena Holodny, "History has seen worse economic collapses than the depression Greece is now experiencing," *Business Inside*, July. 6, 2015, http://www.businessinsider.com/the-worst-gdp-collapses-since-1870-2015-7.

33   Stiglitz, *The Euro*, 221.

34   Yiannis Mouzakis, "Seven years of demanding the impossible in Greece," MacroPolis, February 16, 2017, http://www.macropolis.gr/?i=portal.en.the-agora.5256.

35   "IMF chief economist Blanchard warned in May 2010 Greece program was not going to work," Keep Talking Greece, February 15, 2017, https://www.keeptalkinggreece.com/2017/02/15/imf-chief-economist-blanchard-warned-in-may-2010-greece-program-was-not-going-to-work.

36   Stiglitz, *The Euro*, 203

37   Council of the European Union, "Council Recommendation of ⋯ on the 2016 National Reform Programme of France and delivering a Council opinion on the 2016 Stability Programme of France," June 13, 2016, http://data.consilium.europa.eu/doc/document/ST-9200-2016-INIT/en/pdf.

제7장. 중도좌파의 치욕

1   Bob Woodward, *The Agenda: Inside the Clinton White House* (New York: Simon and Schuster, 1994).

2   William J. Clinton, "Address Before a Joint Session of the Congress on the State of the Union," January 23, 1996, American Presidency Project, https://www.presidency.ucsb.edu/documents/address-before-joint-session-the-congress-the-state-the-union-10.

3   National Performance Review, "A Brief History of the National Performance Review," 2017년 2월 23일 접속, https://govinfo.library.unt.edu/npr/library/papers/bkgrd/brief.html.

4   David Ellwood, "Welfare Reform as I Knew it: When Bad Things Happen to Good Policies" *American Prospect*, May-June 1996 http://prospect.org/article/welfare-reform-i-knew-it-when-bad-things-happen-good-policies.

5   Paul Starr, *The Logic of Healthcare Reform* (Knoxville, TN: Whittle Direct Books, 1992).

6   William Galston and Elaine Ciulla Kamarck, "The Politics of Evasion: Democrats and the Presidency," Progressive Policy Institute, September 1989.

7   Robert Kuttner, "Friendly Takeover," American Prospect, March-April 2007을 보라.

8   Woodward, *The Agenda*.

9   Robert Kuttner, *A Presidency in Peril: The Inside Story of Obama's Promise, Wall Street's Power, and the Struggle to Control our Economic Future* (White River Junction, VT: Chelsea Green, 2010).

10 그 예외가 부통령의 수석 경제학자 재러드 번스타인(Jared Bernstein)과 경제자문회의 의장 크리스티 로머(Christy Romer)였다. 클린턴 전 장관도 아니었다.

11 Barbara Castle, "In Place of Strife: A Policy for Industrial Relations"(UK Government White Paper), January 1969.

12 James E. Cronin, *New Labour's Pasts: The Labour Party and its Discontents* (Harlow, UK: Pearson/Longman, 2004), 364.

13 Anthony Giddens, *The Third Way: The Renewal of Social Democracy* (Cambridge, U.K.: Polity Press, 1998)를 보라.

14 "The Turner Review: A Regulatory Response to the Global Banking Crisis", Financial Services Authority, March, 2009 http://www.fsa.gov.uk/pubs/other/turner_review.pdff를 보라.

15 Office for National Statistics, "Annual Survey of Hours and Earnings: 2015 Provisional Results," Statistical Bulletin, 2017년 3월 18일 접속, https://www.ons.gov.uk/employmentandlabourmarket/peopleinwork/earningsandworkinghours/bulletins/annualsurveyofhoursandearnings/2015provisionalresults.

16 *I, Daniel Blake*(film), directed by Ken Loach, BBC Films, 2016, http://www.bbc.co.uk/bbcfilms/film/i_daniel_blake.

17 William Brown, "Industrial Relations in Britain under New Labour, 1997-2010: A post mortem," CWPE 1121, January 2011, http://www.econ.cam.ac.uk/research-files/repec/cam/pdf/cwpe1121.pdf.

18 John Monks, 저자와의 인터뷰, 2017년 5월 22일.

19 Brown, "Industrial Relations in Britain."

20 Conservative Home, "Margaret Thatcher's greatest achievement: New Labour," CentreRight(blog), April 11, 2008, http://conservativehome.blogs.com/centreright/2008/04/making-history.html.

21 Tony Blair, "How to Stop Populism's Carnage," *New York Times*, March 4, 2017.

22 Peter Hall and David Soskice, *Varieties of Capitalism* (New York: Oxford University Press, 2001). 또한 Jan Fichtner, "Rhenish Capitalism Meets Activist Hedge Funds: Blockholders and the Impact of Impatient Capital" *Competition and Change*, vol. 19, no.

4(August 2015)도 보라.

23 Michael C. Jensen, William H. Meckling, "Theory of the firm: Managerial behavior, agency costs and ownership structure," *Journal of Financial Economics*, vol. 3, no. 4 (October 1976): 305~360을 보라.

24 Joseph A. *Schumpeter, Capitalism, Socialism and Democracy*(1944; repr, London: Allen and Unwin, 1962/1944).

25 David Marsh, *The Euro: The Battle for the New Global Currency*(New Haven, CT: Yale University Press, 2009), 144~145.

26 Gerhard Bosch and Claudia Weinkopf, eds, *Low Wage Work in Germany*(New York: Russell Sage Foundation, 2008), 55.

27 Christian Dustmann et al., "From Sick Man of Europe to Economic Superstar: Germany's Resurgent Economy," *Journal of Economic Perspectives*, vol 28, no 1(Winter 2014), 167~188.

28 Wendy Carlin and David Soskice, "German economic performance: disentangling the role of supply-side reforms, macroeconomic policy and coordinated economy institutions," *Socio-Economic Review*, vol 7, no. 1 (January 2009), https://academic. oup.com/ser/article-abstract/7/1/67/1693070/German-economic-performance-disentangli ng-the role?redirectedFrom=fulltext.

29 Claus, Christian Malzahn, "Taking Stock of Gerhard Schroeder," *Der Spiegel,* October 14, 2005, http://www.spiegel.de/international/the-modern-chancellor-taking-stock-of-gerhard -schroeder-a-379600.html

30 Gerhard Bosch and Claudia Weinkopf, eds, *Low Wage Work in Germany,* 50~52.

31 "The Locusts: Privaty Equity Firms Strip Mine German Firms," *Der Spiegel*, December 22, 2006, http://www.spiegel.de/international/the-locusts-privaty-equity-firms-strip-mine-german -firms-a-456272.html.

32 David Bocking, "The High Price of of Abandoning the Euro," *Der Spiegel*, November, 29, 2011, http://www.spiegel.de/international/europe/preparing-for-the-worst-the-high- price-of-abandoning-the-euro-a-800700-4.html.

33 독일이 마르크화를 유지했다면 만성적인 흑자로 인해 주기적인 평가절상이 이루어져 마르 크화는 유로화보다 적어도 40% 더 높은 가치를 지니게 되었을 것이다.

34 Sebastien Dullien, Hansjorg Herr, Christian Kellerman, *Decent Capitalism: A Blueprint for Reforming our Economies*(London: Pluto Press, 2011). 또한 Claus Offe, *Europe Entrapped*(Cambridge: Polity Press, 2015)와 Hans-Werner Sinn, *The Euro Trap: On Bursting Bubbles, Budgets, and Beliefs*(Oxford: Oxford University Press, 2014)도 보라.

35 Luke Heighton, 12 Jun, "Revealed: Tony Blair worth a staggering £60m,", *Telegraph*, June 12, 2015, http://www.telegraph.co.uk/news/politics/tony-blair/11670425/Revealed- Tony-Blair-worth-a-staggering-60m.html

36 Tony Blair and Gerhard Schroeder, "Europe: The Third Way/Die Neue Mitte." Working Documents no. 2, Friedrich Hebert Foundation, June 1998, http://library.fes.de/pdf-files/ bueros/suedafrika/02828.pdf.

37 Marquis William Childs, *Sweden: The Middle Way*(New Haven: Yale University Press, 1947).

38 Lars Trägårdh, "Welfare State Nationalism and the Crisis of European Social Democracy" (미발간 원고). 저자의 허락을 받아 인용함. 또한 Lars Trägårdh, "Sweden and the EU:

Welfare State Nationalism and the Spectre of 'Europe'," in *European Integration and National Identity: The Challenge of the Nordic States* Lene eds, Hansen and Ole Waever (London: Routledge, 2002)도 보라.

39 "Last Word: Fredrik Reinfeldt," *Newsweek*, December 17, 2006, http://www.newsweek.com/last-word-fredrik-reinfeldt-105811.

40 Robert Kuttner, "History's Missed Moment," *American Prospect*, September 22, 2011, https://prospect.org/article/historys-missed-moment.

41 Bosch and Weinkopf, eds, *Low Wage Work in Germany*, 14.

제8장. 괜찮은 경제 팔아버리기

1 아이젠하워 대통령의 공공문서, William A. Lovett, Alfred E. Eckes, Jr., and Richard L. Brinkman, *U.S. Trade Policy: History, Theory, and the WTO*(Armonk, NY: M.E. Sharpe, 1999), 79에서 재인용; 또한 Michael Schaller, *Altered States: The United States and Japan since the Occupation*(New York: Oxford University Press, 1977), 100도 보라.

2 17~18세기 유럽의 원래 중상주의는 무역수지 흑자, 금과 은의 축적, 산업의 국가 진흥을 강조했다. 애덤 스미스(Adam Smith)와 데이비드 리카도(David Ricardo)는 중상주의가 경제적 효율성에 반한다는 이유에서 반대했다. 현대의 신중상주의는 훨씬 더 유연하게 국가와 시장을 혼합하고 있다.

3 Lovett, Eckes and Brinkman, *U.S. Trade Policy*, 5.

4 Susan Aaronson, *Taking Trade to the Streets: The Lost History of Public Efforts to Shape Globalization*(Ann Arbor: University of Michigan Press, 2001), 52~57.

5 Chalmers Johnson, *MITI and the Japanese Miracle: The Growth of Industrial Policy 1925-1975*(Stanford, CA: Stanford University Press, 1982).

6 Robert Kuttner, *The End of Laissez Faire: National Purpose and the Global Economy After the Cold War*(New York: Knopf, 1991), 176.

7 Keith Bradsher, "One Rub in Trade Negotiations: Why a Jeep Costs More in China," *New York Times*, March 20, 2017.

8 Daniel Marans, "Trump's NAFTA Letter Echoes Obama Administration's Language on TPP", *Huffington Post,* May 18, 2017, http://www.huffingtonpost.com/entry/trump-nafta-obama-tpp_us_591de665e4b094cdba523d00.

9 Clyde Prestowitz, *The Betrayal of American Prosperity*(New York: Free Press, 2010) 60.

10 Jagdish Bhagwati, *In Defense of Globalization*(Oxford: Oxford University Press, 2007).

11 Friedrich List, *The National System of Political Economy*, trans and ed. W. O. Henderson(Lpndon: F. Cass, 1983). 초판은 *Système naturel d'ékonomie politique*(1837)로 출판되었다.

12 Dani Rodrik, *The Globalization Paradox: Democracy and the Future of the World Economy*(New York: Norton, 2011).

13 Paul Krugman, ed, *Strategic Trade Policy and the New International Economics* (Cambridge, MA: MIT Press, 1986).

14 Robert Kuttner, *Everything for Sale: The Virtues and Limits of Markets*(New York: Knopf, 1997), 212~215에서의 논의를 보라.

15 Eckes Lovett and Brinkman, *U.S. Trade Policy*, 68~70.

16   Martin Neil Baily and Barry P. Bosworth, "U.S. Manufacturing: Understanding Its Past and Its Potential Future," *Journal of Economic Perspectives*, vol. 28, no. 1(Winter 2014): 3–26, https://www.brookings.edu/wp-content/uploads/2016/06/us-manufacturing-past-and-potential-future-baily-bosworth.pdf.

17   Robert E. Scott, "Manufacturing Job Loss: Trade, Not Productivity, Is the Culprit," Issue Brief no. 402, Economic Policy Institute, August 11, 2015, http://www.epi.org/files/2015/ib402-manufacturing-job-loss.pdf.

18   US Bureau of Labor Statistics, "Economic News Release: Table B-8," 2017년 8월 9일 접속, https://www.bls.gov/news.release/empsit.t24.htm.

19   Marc Levinson, "US Manufacturing in International Perspective," Congressional Research Service, January 18, 2017, Washington, DC. 4, https://fas.org/sgp/crs/misc/R42135.pdf.

20   US Census Bureau, "Trade in Goods with China," 2017년 8월 9일 접속, https://www.census.gov/foreign-trade/balance/c5700.html.

21   Robert E. Scott, "Unfair trade deals lower the wages of US workers," Economic Policy Institute, March 13, 2015, http://www.epi.org/publication/unfair-trade-deals-lower-the-wages-of-u-s-workers.

22   David Autor, David Dorn and Gordon H. Hanson, "The China Syndrome: Local Labor Market Effects of Import Competition in the United States," *American Economic Review*, vol. 103, no. 6(2013): 2121–2168, http://economics.mit.edu/files/6613.

23   "Plan for $10 Billion Chip Plant in China Shows Strong Pull Across the Pacific," *New York Times*, February 11, 2017.

24   Harry L. Freeman, "A Pioneer's View of Financial Services Negotiations in the GATT and in the World Trade Organization: 17 Years of Work for Something or Nothing?," *The Geneva Papers on Risk and Insurance*, vol. 22, no. 84(July 1997): 392~399.

25   Brian Ahlberg, "American Express: The Stateless Corporation," *Multinational Monitor*, vol. 11, no. 11(November 1990), http://multinationalmonitor.org/hyper/issues/1990/11/ahlberg.html.

26   Clyde Farnsworth, "New Trade Struggle: Services," *New York Times*, November 23, 1982, http://www.nytimes.com/1982/11/23/business/new-trade-struggle-services.html.

27   Joseph E. Stiglitz, *The Roaring Nineties: A New History of the World's Most Prosperous Decade*(New York: Norton, 2003), 214.

28   GATT의 후계자인 WTO의 경우에도 동일한 모순이 적용된다.

29   Maude Barlow, "NAFTA's ISDS: Why Canada Is One of the Most Sued Countries in the Worlds," Common Dreams, October 23, 2015, http://www.commondreams.org/views/2015/10/23/naftas-isds-why-canada-one-most-sued-countries-world.

30   Jeronim Capaldo, *The Trans-Atlantic Trade and Investment Partnership: European Disintegration, Unemployment and Instability*, Global Development and Environment Institute Working Paper 14-03(Medford MA: Tufts University, 2014), https://ase.tufts.edu/gdae/Pubs/wp/14-03CapaldoTTIP.pdf.

31   James Mann, *The China Fantasy: How Our Leaders Explain Away Chinese Repression* (New York: Penguin Group, 2007), 80.

32   Stephen J. Ezell and Robert D. Atkins, "False Promises: The Yawning Gap Between China's WTO Commitments and Practices," Information Technology and Innovation Foundation, September 2015, http://www2.itif.org/2015-false-promises-china.pdf.

33 Mann, *The China Fantasy*, 2.

34 Thomas L. Friedman, *The Lexus and the Olive Tree: Understanding Globalization*(New York: Farrar, Stratus and Giroux, 1999), 183.

35 Mann, *The China Fantasy*, 105.

36 Timothy B. Lee, "What Donald Trump Got Right and Many Economists Got Wrong About the Costs of Trade," *Vox*, November 30, 2016. https://www.vox.com/new-money/2016/11/30/13764146/china-imports-trump-sad. 그리고 또한 David Autor, David Dorn and Gordon H. Hansen, "The China Syndrome: Local Labor Market Effects of Import Competition in the United States," *American Economic Review*, vol. 103, no. 6(2013): 2121~2168도 보라.

37 Clyde Prestowitz, "Our Incoherent China Policy," *The American Prospect*, September 21, 2015, http://prospect.org/article/our-incoherent-china-policy-fall-preview.

38 Sarah Wheaton, "Obama: China Might Join Trade Deal — Eventually", *Politico*, June 3, 2015, http://www.politico.com/story/2015/06/barack-obama-china-join-trade-deal-tpp-118598.

39 Jing Gu, et al., "Chinese State Capitalism? Rethinking the Role of the State and Business in Chinese Development Cooperation in Africa." *World Development*, vol. 81(May 2016): 24~34.

40 Norimitsu Onishi, "China Pledges $60 Billion to Aid Africa's Development, *The New York Times*, December 4, 2015, https://www.nytimes.com/2015/12/05/world/africa/china-pledges-60-billion-to-aid-africas-development.html?_r=0.

41 Kevin P. Gallagher, *The China Triangle*(Oxford: Oxford University Press, 2016), 42.

42 *Ibid.*, 11.

43 Branko Milanović, *Global Inequality: A New Approach for the Age of Globalization* (Cambridge, MA; Belknap Press of Harvard University Press, 2016), 220.

44 *Ibid.*, 22~23.

제9장. 조세와 법인 국가

1 W. Elliott Brownlee, *Federal Taxation in America: A Short History*(Cambridge: Cambridge University Press, 2004). 영국의 세율에 대해서는 Thomas Piketty, *Capital in the Twenty-First Century*, trans. Arthur Goldhammer(Cambridge MA: Belknap Press of Harvard University Press, 2014), 507을 보라.

2 Piketty, *Ibid.*, 507, 638n33.

3 "OECD Corporate Income Tax Rates, 1981-2013," Tax Foundation, December 18, 2013, http://taxfoundation.org/article/oecd-corporate-income-tax-rates-1981-2013.

4 "The Sorry State of Corporate Taxes," Citizens for Tax Justice, 2017년 1월 17일 접속, http://www.ctj.org/corporatetaxdodgers/sorrystateofcorptaxes.php.

5 이 인용구는 1938년 ≪뉴욕타임스≫에 아서 크록(Arthur Krock)에 의해 보도되었고, 그 후에 홉킨스가 이의를 제기했다. Arthur Krock, "Win Back 10 States; Republicans Take Ohio, Wisconsin, Kansas and Massachusetts," *New York Times*, November 9, 1938.

6 Robert Kuttner, *Revolt of the Haves*(New York: Simon and Schuster, 1980)를 보라.

7 "Walter Mondale acceptance speech, 1984," AllPoltics, 2017년 2월 4일 접속, http://www.

cnn.com/ALLPOLITICS/1996/conventions/chicago/facts/famous.speeches/mondale.84.shtml.

8 Anthony B. Atkinson, *Inequality: What Can Be Done?*(Cambridge, MA: Harvard University Press, 2015), 181.

9 "OECD Corporate Income Tax Rates, 1981-2013."

10 주(州)세로 계산하면, 총 명목세율은 평균 38.9%이다.

11 Chris Edwards and Daniel J. Mitchell, *Global Tax Revolution*(Washington, D.C.: Cato Institute, 2008), 32.

12 *Ibid.*, 36~38.

13 Reuven S. Avi-Yonah, "Globalization, Tax Competition and the Fiscal Crisis of the Welfare State," *Harvard Law Review*, vol. 113 (May, 2000): 1.

14 Atkinson, *Inequality*, 103.

15 Avi-Yonah, "Globalization, Tax Competition," 6.

16 Tim Worstall, "Tax Avoidance And Tax Evasion Are To The Benefit Of Us All," *Forbes*, January 7, 2015, http://www.forbes.com/sites/timworstall/2015/01/07/tax-avoidance-and-tax-evasion-are-to-the-benefit-of-us-all/#4139e327c367.

17 Gabriel Zucman, *The Hidden Wealth of Nations: the Scourge of Tax Havens*(Chicago: University of Chicago Press, 2015), 14

18 Simon Bowers, "Jean-Claude Juncker can't shake off Luxembourg's tax controversy," *Guardian*, December 14, 2014, https://www.theguardian.com/world/2014/dec/14/jean-claude-juncker-luxembourg-tax-deals-controversy.

19 Gernot Heller, "Germany, France and Italy urge EU to write common corporate tax laws," Reuters, December 2, 2014, http://www.reuters.com/article/us-eurozone-tax-letter-id USKCN0JF2WN20141201.

20 Jon Stone, "TTIP could block Governments from cracking down on tax avoidance, study warns," *Independent*, February 15, 2016, http://www.independent.co.uk/news/uk/politics/ttip-tax-avoidance-corporations-sue-governments-tax-evasion-isds-a6875061.html.

21 Avi-Yonah, "Globalization, Tax Competition," 13.

22 Jane Gravelle, "Tax Havens: International Tax Avoidance and Evasion," Congressional Research Service, January 2015.

23 "Offshore Shell Games 2016," Citizens for Tax Justice, October 4, 2016, https://www.ctj.org/offshore-shell-games-2016.

24 https://americansfortaxfairness.org/files/Pfizer-Fact-Sheet-FINSL.pdf; https://www.huffingtonpost.com/martin-sullivan/pfizer-taxe_b_3490510.html.

25 Zucman, *The Hidden Wealth of Nations*, 105.

26 Nathan Vardi, "How A Swiss Affiliate Led To Thursday's Federal Raid Of Caterpillar's Headquarters," *Forbes*, March 2, 2017, https://www.forbes.com/sites/nathanvardi/2017/03/02/how-a-swiss-affiliate-led-to-thursdays-federal-raid-of-caterpillars-headquarters/#218034156832.

27 Zucman, *The Hidden Wealth of Nations*, 35~36.

28 James Henry, "The Price of Offshore, Revisited," Tax Justice Network, July 2012, http://www.taxjustice.net/wp-content/uploads/2014/04/Price_of_Offshore_Revisited_120722.pdf.

29 Ronen Palan, Richard Murphy, and Christian Chavagneux, *Tax Havens: How Globalization Really Works*(Ithaca, NY: Cornell University Press, 2010)

30 Nicholas Confessore, "How to Hide $400 Million," *New York Times*, November 30, 2016.

31 Organisation for Economic Co-operation and Development, *Harmful Tax Competition: An Emerging Global Issue*(OECD, Paris, 1998), https://www.oecd-ilibrary.org/taxation/harmful-tax-competition_9789264162945-en.

32 Edwards and Mitchell, *Global Tax Revolution*, 196.

33 *Ibid.*, 177.

34 Nicholas Shaxson, *Treasure Islands: Uncovering the Damage of Offshore Banking and Tax Havens*(New York: St. Martins Press, 2014), 156. Edwards and Mitchell, *Global Tax Revolution*, 165~167.

35 Dana Milbank, "U.S. to Abandon Crackdown on Tax Havens," *Washington Post*, May 11, 2001.

36 "Treasury Secretary O'Neill Statement On OECD Tax Havens," US Depertment of the Treasure, May 10, 2001, https://www.treasury.gov/press-center/press-releases/Pages/po366.aspx.

37 "Private Banking: Raul Salinas, Citibank, and Alleged Money Laundering," US Government Accountability Office, October 30, 1998, http://www.gao.gov/products/OSI-99-1.

38 Kathleen A. Lacey, Barbara Crutchfield George, "Crackdown on Money Laundering: A Comparative Analysis of the Feasibility and Effectiveness of Domestic and Multilateral Policy Reforms," *Northwestern Journal of International Law & Business*, vol. 23, no. 2 (Winter 2003). 또한 George A. Lyden, "International Money Laundering Abatement and Anti-Terrorist Financing Act of 2001: Congress Wears a Blindfold While Giving Money Laundering Legislation a Facelift," *Fordham Journal of Corporate and Financial Law*, vol. 8, no. 1 (2003): 201~243도 보라.

39 Zucman, *The Hidden Wealth of Nations*, 68.

40 Shaxson, *Treasure Islands*, 168.

41 *Ibid.*, 169.

42 "The case of the disappearing tax havens," Tax Justice Network, November 12, 2010, http://taxjustice.blogspot.com/2010/11/case-of-disappearing-tax-havens.html.

43 Michael Stumo, "The Progressive Tax Reform You've Never Heard of," *The American Pro spect*, October 27, 2016. http://prospect.org/article/progressive-tax-reform-you%E2%80%99ve-never-heard.

제10장. 글로벌 자본주의 통치하기

1 World Social Forum 2016, "What is the World Social Forum?", 2016년 12월 8일 접속, https://fsm2016.org/en/sinformer/a-propos-du-forum-social-mondial.

2 Tim Buthe and Walter Mattli, *The New Global Rulers: The Privatization of Regulation in the World Economy*(Princeton, NJ: Princeton University Press, 2011), 특히 제2장에서의 논의를 보라.

3 John Braithwaite and Peter Drahos, "Property and Conttract," in *Global Business*

Regulation(Cambridge: Cambridge University Press, 2000), 39~84.

4   Mike Koehler, "The Story of the Foreign Corrupt Practices Act," *Ohio State Law Journal*, vol. 73, no. 5(2012): 930~1013, http://moritzlaw.osu.edu/students/groups/oslj/files/2013/02/73.5.Koehler.pdf.

5   "General Motors in South Africa: Secret Contingency Plans 'in the event of civil unrest,'" Michigan in the World, 2017년 1월 9일 접속, http://michiganintheworld.history.lsa.umich.edu/antiapartheid/exhibits/show/exhibit/origins/sullivan-principles.

6   Michael E. Conroy, *Branded! How the Certification Revolution Is Transforming Global Corporations*(Gabriola, BC: New Society, 2007).

7   Raymond W. Baker, *Capitalism's Achilles Heel: Dirty Money and How to Renew the Free-Market System*(New York: Wiley, 2005)을 보라.

8   Daniel Jaffee, "Weak Coffee: Certification and Co-optation in the Fair Trade Movement," *Social Problems*, vol. 59, no. 1 (February 2012): 94~116, http://libarts.wsu.edu/soc/people/jaffee/Soc%20Probs%202012--Weak%20Coffee--Jaffee.pdf.

9   Global Forest Atlas, "Forest Certification," 2017년 1월 19일 접속, http://globalforestatlas.yale.edu/conservation/forest-certification.

10 *State of the World's Forests, 2012*(Rome: Food and Agriculture Organization of the United Nations of United Nations, 2012), 24, http://www.fao.org/docrep/016/i3010e/i3010e.pdf.

11 Forest Stewardship Council, "Facts and Figures," 2017년 8월 19일 접속, http://www.ic.fsc.org//en/facts-and-figures.

12 http://www.nytimes.com/2009/11/18/business18/labor.html.

13 Robert S. J. Ross, "Bringing Labor Rights Back to Bangladesh," *American Prospect*, July 12, 2015, http://prospect.org/article/bringing-labor-rights-back-bangladesh.

14 Jeffrey D. Sachs, and Andrew M. Warner, *Natural Resource Abundance and Economic Growth*, NBER Working Paper 5398(National Bureau of Economic Research, Cambridge, MA, 1995).

15 "A Crude Awakening," Global Witness, December 1, 1999, https://www.globalwitness.org/en/archive/crude-awakening.

16 Mabel van Oranje and Henry Parham, "Publishing What We Learned: An Assessment of the Publish What You Pay Coalition," Publish What You Pay, 2009, http://www.publishwhatyoupay.org/wp-content/uploads/2015/06/Publishing-What-We-Learned.pdf.

17 "The E.U.'s Generalized System of Preferences," European Commission Directorate-General for Trade, 2004. http://trade.ec.europa.eu/doclib/docs/2004/march/tradoc_116448.pdf.

18 "244 million international migrants living abroad worldwide, new UN statistics reveal," *Sustainable Development Goals*(Blog), January 12, 2016, http://www.un.org/sustainabledevelopment/blog/2016/01/244-million-international-migrants-living-abroad-worldwide-new-un-statistics-reveal.

19 Seema Rajouria, "World Cup Corruption: the Bigger Scandal," *American Prospect*, July 6, 2015, http://prospect.org/article/world-cup-corruption-bigger-scandal.

20 *Convention and Protocol Relating to the Status of Refugees*(Geneva Switzerland:

United Nations High Commissioner for Refugees, 2010), http://www.unhcr.org/protect/PROTECTION/3b66c2aa10.pdf.

21 Gara LaMarche, "Is Anyone Alien from the Social Contract?" in *What Do We Owe Each Other?* eds. Howard L. Rosenthal and David J. Rothman(New Brunswick, NJ: Transaction, 2008), 91~100.

22 James Gustave Speth, *Red Sky at Morning*(New Haven, CT: Yale University Press, 2005), 특히 제4장을 보라.

23 Robert Kuttner, "Global Governance of Capital: A Challenge for Democracy," Demos, October 7, 2014, http://www.demos.org/publication/global-governance-capital- challenge -democracy를 보라.

24 John F. Kennedy, "Commencement Address at American University in Washington," June 10, 1963, American Presidency Project, http://www.presidency.ucsb.edu/ws/ ?pid=9266.

제11장. 자유주의, 포퓰리즘, 파시즘

1 Jonathan Bennett, "Second Treatise on Government, John Locke," EarlyModernTexts. com, 2017년 3월 22일 접속, http://www.earlymoderntexts.com/assets/pdfs/locke1689a. pdf.

2 Isaiah Berlin, "Two Concepts of Liberty," in *Four Essays on Liberty*(Oxford: Oxford University Press, 1969), 166~217.

3 Joseph A. Schumpeter, *Capitalism, Socialism and Democracy*(1944; repr., London: Allen and Unwin, 1962).

4 Robert Paxton, *The Anatomy of Fascism*(New York: Vintage, 2005), 17.

5 *Ibid.*

6 *Ibid.*, 41.

7 Amos Elon, *The Pity of It All: A Portrait of the German-Jewish Epoch 1743-1933*(New York: Picador, 2002).

8 A. J. P. Taylor, *The Course of German History: A Survey of the Development of German History since 1815*(1945; repr., London: Routledge, 2001), 71.

9 Hannah Arendt, *The Origins of Totalitarianism*(Cleveland, OH: Meridian Books, 1958), 170.

10 Ira Katznelson, *Fear Itself: The New Deal and The Origins of Our Time*(New York: Liveright, 2013), 5.

11 루소는 일반의지를 표현하는 헌법을 제정하고 그다음에 민주적 국민주권의 길을 열어줄 '입법자(law-giver)'를 제안했다.

12 "The Doctrine of Fascism: Benito Mussolini(1932)," World Future Fund, 2016년 12월 13일 접속, http://www.worldfuturefund.org/wffmaster/Reading/Germany/mussolini.htm.

13 Richard Washburn Child, foreword to *My Autobiography*, by Benito Mussolini(New York: Scribner, 1928), viii.

14 Cas Mudde, "The Problem With Populism," *Guardian*, February 17, 2015, https://www. theguardian.com/commentisfree/2015/feb/17/problem-populism-syriza-podemos-dark-side-europe.

15 Erich Fromm, *Escape from Freedom*(New York: Henry Holt & Company, 1941).

16 Theodore W. Adorno et al., *The Authoritarian Personality*(New York: Harper & Brothers, 1951).

17 Csaba Tóth, "Full text of Viktor Orbán's speech at Băile Tuşnad (Tusnádfürdő) of 26 July 2014," *Budapest Beacon*, July 29, 2014, http://budapestbeacon.com/public-policy /full-text-of-viktor-orbans-speech-at-baile-tusnad-tusnadfurdo-of-26-july-2014/10592.

18 Fahreed Zakaria, "The Rise of Illiberal Democracy," *Foreign Affairs*, November-December 1997, 22~23, https://www.foreignaffairs.com/articles/1997-11-01/rise-illiberal-democracy.

19 Jan-Werner Müller, *What Is Populism?*(Philadelphia: University of Pennsylvania Press, 2016), 55.

20 Krisztina Than, "Hungary's anti-Soros posters recall 'Europe's darkest hours': Soros' spokesman," Reuters, July 11, 2017, https://www.reuters.com/article/us-hungary-soros /hungarys-anti-soros-posters-recall-europes-darkest-hours-soros-spokesman-idUSKBN19 W0XU.

21 Benjamin Novak, "Princeton's Kim Scheppele on Viktor Orban and his Fidesz supermajority," *Budapest Beacon*, November 27, 2014, http://budapestbeacon.com/ politics/princetons-kim-scheppele-on-viktor-orban-and-his-fidesz-supermajority/15617.

22 Tony Judt, *Postwar: A History of Europe Since 1945*(New York: Penguin press, 2005), 188.

23 Dani Rodrik, *Populism and the Economics of Globalization*, NBER Working Paper 23559(Cambridge, MA: National Bureau of Economic Research, July 2017)

24 Svend-Erik Skaaning, Agnes Cornell, Jørgen Møller, "The Real Lessons of the Interwar Years," *Journal of Democracy*, vol. 28, no.3 (July 2017)에서의 논의를 보라.

25 Jan-Werner Muller, "How Populists Win When They Lose," Social Europe, June 29, 2017, https://www.socialeurope.eu/2017/06/populists-win-lose.

26 Rick Lyman, "In Bulgaria, a Businessman Who Talks (and Acts) Like Trump," *The New York Times*, February 24, 2017, https://www.nytimes.com/2017/02/24/world/europe/ in-bulgaria-a-businessman-who-talks-like-trump-acts-like-trump.html.

27 Jan Lopatka, "Billionaire businessman Babis is at heart of Czech political crisis," Reuters, May 4, 2017, https://www.reuters.com/article/us-czech-government-babis/billionaire-businessman-babis-is-at-heart-of-czech-political-crisis-idUSKBN1800ZH.

28 https://www.nytimes.com/2017/02/24/world/europe/zbigniew-stonoga-andrej-babis. html?mcubz=3.

29 Götz Aly, *Hitler's Beneficiaries: Plunder, Racial War, and the Nazi Welfare State*(New York: Metropolitan Books, 2006).

30 Doris Kearns Goodwin, *Team of Rivals: The Political Genius of Abraham Lincoln*(New York: Simon & Schuster, 2005).

31 Robert Kuttner, *Obama's Challenge: America's Economic Crisis and the Power of a Transformative Presidency*(White River Junction VT: Chelsea Green, 2008).

제12장. 나아갈 길

1   George Soros, *The Alchemy of Finance*(Hoboken, NJ: Wiley, 1987).

2   George Soros, *The Crisis of Global Capitalism: the Open Society Endangered*(New York: Public Affairs, 1998).

3   Edward Luce, *The Retreat of Western Liberalism*(New York: Atlantic Monthly Press, 2017), 12.

4   James Mann, *The China Fantasy: How our Leaders Explain Away Chinese Repression*(New York: Penguin Group, 2007).

5   Michal Kalecki, "Political Aspects of Full Employment," *Political Quarterly*, vol. 14, no. 4(1943): 322~331.

6   시장경제에서의 기업의 잔여 권력에 대한 고전적 논의로는 Charles E. Lindblom, *Politics And Markets: The World's Political-economic Systems*(New York: Basic Books, 1977)를 참조.

7   John Kenneth Galbraith, *American Capitalism: the Concept of Countervailing Power*(Boston: Houghton-Mifflin, 1952).

8   Michael Kazin, "How Can Donald Trump and Bernie Sanders Both Be 'Populist'?," *New York Times Magazine*, March 22, 2016, https://www.nytimes.com/2016/03/27/magazine/how-can-donald-trump-and-bernie-sanders-both-be-populist.html.

9   Paul Krugman, "Trade and Tribulation," *New York Times*, March 11, 2016, https://www.nytimes.com/2016/03/11/opinion/trade-and-tribulation.html?_r=0.

10   Lawrence Goodwyn, *Democratic Promise: The Populist Moment in America*(New York: Oxford University Press, 1976).

11   Douglas S. Massey, ed., *New Faces in New Places: the Changing Geography of American Immigration*(New York: The Russell Sage Foundation, 2008), 343~354.

12   Harold Meyerson, "Dan Cantor's Machine," *American Prospect*, January 6, 2014, https://prospect.org/article/dan-cantors-machine; Harold Meyerson, "How California Hopes to Undo Trump," *American Prospect*, March 29, 2017, https://prospect.org/article/how-california-hopes-undo-trump.

13   Justin Gest, "Can the Democratic Party be White Working Class, Too?" *American Prospect*, April 3, 2017, http://prospect.org/article/can-democratic-party-be-white-working-class-too.

14   Christopher Jencks, *Inequality: A Reassessment of the Effect of Family and Schooling in America*(New York: Basic Books, 1972), 265.

15   Harold Meyerson, "The Long March of Bernie's Army," *American Prospect*, March 23, 2016, http://prospect.org/article/long-march-bernie%E2%80%99s-army.

16   Charles E. Lindblom, *Politics and Markets*.

17   Rudolf Meidner, "Why Did the Swedish Model Fail?" *Socialist Register*, 1993: 211~228, http://socialistregister.com/index.php/srv/article/view/5630/2528.

18   Gøsta Esping-Andersen, *The Three Worlds of Welfare Capitalism*(Princeton, NJ, Princeton University Press, 1990).

19   American Society of Civil Engineers, "2017 Report Card," 2017년 2월 21일 접속, http://www.infrastructurereportcard.org/the-impact/economic-impact.

20   Dani Rodrik, *The Globalization Paradox: Democracy and the Future of the World Economy*(New York: Norton, 2011), xviii.

21   Gary L. Reback, *Free the Market! Why Only Government Can Keep the Marketplace*

Competitive(New York: Portfolio, 2009)와 Robert B. Reich, *Saving Capitalism For the Many, Not the Few*(New York: Knopf, 2016)를 보라.

22 Peter Barnes, *With Liberty and Dividends for All: How to Save our Middle Class When Jobs Don't Pay Enough*(San Francisco: Barrett-Koehler, 2014).

23 Paul Starr, "The Next Progressive Health Agenda: Part Two of the Republican Health-Care Unraveling," *American Prospect*, March 23, 2017, http://prospect.org/article/next-progressive-health-agenda

24 "David Rolf, president, Workers Lab, Service Employees International Union, Local 775" (Albert Shanker Institute), You-Tube, January 19, 2015, https://www.youtube.com/watch?v=005d8e5Swec.

25 Julia Preston and Lizette Alvarez, "Florida's Changing Latino Population Veers From G.O.P." *New York Times*, October 3, 2016, https://www.nytimes.com/2016/10/03/us/hispanic-voters-florida-republicans.html.

26 Guy Molyneux, "A Tale of Two Populisms: The Elite the White Working Class Loathes is Politicians," *American Prospect*, June 1, 2017, http://prospect.org/article/tale-two-populisms.

27 Dani Rodrik, *Populism and the Economics of Globalization*, NBER Working Paper No. 23559(Cambridge, MA: National Bureau of Economic Research, July 2017).

28 Wolfgang Streeck, *How Will Capitalism End? Essays on a Failing System*(New York: Verso, 2016).

29 Ajay Kapur, Niall Macleod, and Narendra Singh, "Plutonomy: Buying Luxury, Explaining Global Imbalances," Citigroup, October 16, 2005, https://delong.typepad.com/plutonomy-1.pdf.

찾아보기

책 을 옮 기 고 나 서

우리 독자에게는 이 책을 통해 처음으로 소개되기에 생소할 수도 있지만, 로버트 커트너Robert Kuttner는 자유주의적/진보주의적 관점에서 글을 쓰는 미국의 저명한 저널리스트이자 저술가이다. 저자 소개 글에서도 알 수 있듯이, 그는 그간 정치, 경제, 노동시장, 지구화에 대한 책은 물론 진보정치를 옹호하는 많은 저작을 거듭 출간해 왔다. 그중에서도 이 책『민주주의는 글로벌 자본주의에서 살아남을 수 있는가』는 지구화가 민주주의에 미치는 파괴적인 결과에 천착한다.

사실 민주주의와 자본주의, 그리고 더 나아가 지구화 간의 관계를 다룬 학술 저작들은 국내에 많이 소개되어 있다. 그렇기에 옮긴이에게도 그러한 일반론적인 이론적 저작은 이제 그리 흥미롭지 못하다. 그럼에도 불구하고 옮긴이가 이 책을 우리말로 옮기기로 결정한 것은 이 책의 독특한 접근방식과 그가 제시하는 대안이 우리 사회에 시사하는 바가 크기 때문이다.

커트너는 이 책에서 전 세계적으로 부상하는 극단적인 민족주의를 통해 글로벌 자본주의와 민주주의 간의 이율배반적인 관계를 탐구한다. 그는 자신이 오래전에 구상했으나 다른 저술 작업으로 인해 그간 미루어두었던 이 책의 집필을 다시 시작하게 한 것은 바로 도널드 트럼프의 대통령 당선이었다고 말한다. 커트너는 이 '트럼프 현상'을 지구화와 민주주의의 긴장관계를 설명하는 고리로 삼아 이 책을 풀어나간다.

그간 신자유주의자들, 즉 글로벌리스트들은 지구화는 '대안이 없는' 불가피한 것임을 역설해 왔다. 그러나 커트너에 따르면, 지구화는 피할 수 없는 경제적 '정명'이 아니라 누군가의 이익을 보장해 주기 위한 정치적 '선택'이었으며, 미국 백인 노동계급이 트럼프를 지지한 것은 트럼프가 그간 진전된 지구화의 피해자였던 노동계급에게 새로운 희생양을 만들어줌으로써 극단적인 민족주의 감정을 통해 그들의 분노를 표출할 수 있는 공간을 창출해 주었기 때문이었다.

그러나 트럼프의 대통령 당선은 그의 기민한 선거전략의 산물만은 아니었다. 그것은 보다 멀리는 마거릿 대처와 로널드 레이건이 일으킨 신자유주의의 물결, 그리고 가깝게는 그 물결을 가라앉히거나 되돌리기보다는 그것에 편승하여 자신들의 정치적 이익을 얻고자 했던 중도좌파 정부들 ― 빌 클린턴, 토니 블레어, 게르하르트 슈뢰더 ― 의 뒷받침(?)이 있었기 때문에 가능했다. 다시 말해 극단적 민족주의가 전 세계적으로 부상한 것은 그것의 토양이 배양되는 것을 막아야 하는 진보정치가 오히려 오른쪽으로 이동하여 그 토양을 함께 배양시킨 것, 그리하여 진보정치가 자신의 노동계급 지지기반을 상실한 것, 즉 진보정치가 실패한 것에서 기인한 것이기도 하다.

이렇듯 신자유주의 정치는 그러한 정치에서 주변으로 내몰릴 수밖에 없는 무수한 사람들에게서 정치에 대한 혐오를 유발한다. 커트너에 따르면, "주류 정치가 민생과 관련한 핵심 관심사를 해결하지 못할 때,

유권자들은 양극단에 기대를 건다." 따라서 정치, 특히 선거 정치의 국면에서 이들 유권자의 지지를 얻기 위해 정치인들이 포퓰리즘에 의지하는 것은 어쩌면 당연하다. 커트너의 분석에 따르면, 도널드 트럼프가 대통령에 당선될 수 있었던 것은 트럼프가 '미국을 다시 위대하게 만들자'라는 '개 호루라기' 호소를 통해 미국 노동계급 유권자들을 자신의 주위에 끌어모은 반면, 힐러리 클린턴은 백인 노동계급을 도외시하고 오른쪽으로 이동하여 정체성 정치에 매몰되었기 때문이다.

커트너는 미국뿐만 아니라 전 세계적으로 일고 있는 이러한 (극)우파 포퓰리즘에서 불길한 조짐을 읽어낸다. 왜냐하면 현재의 지구화, 특히 금융의 지구화가 심화시킨 약탈적 자본주의와 극단적 민족주의, 그리고 무력해진 민주주의는 당혹스럽게도 20세기의 파시즘을 연상시키기 때문이다. 이러한 우려 속에서 커트너가 제시하는 대안이 바로 보다 평등주의적인 자본주의와 대중동원에 의해 뒷받침되는 진보적인 좌파 포퓰리즘이다. 그리고 그의 이러한 대안이 하나의 이상주의적 관념이 아니라 역사적 실험에 근거한다는 것에 이 책의 특징이 있다.

커트너가 이 책에서 펼치는 주장의 기반을 이루는 것은 전후 루스벨트가 뉴딜정책을 통해 구축했던 혼합경제체계이다. 대처는 지구화에는 대안이 없다고 강변했지만, 커트너가 볼 때 지금까지 역사적으로 실험된 글로벌리즘에는 두 가지 브랜드, 즉 민주적 글로벌리즘과 신자유주의적 글로벌리즘이 있었다. 후자가 시장지상주의적 지구화의 규칙을 각국에 강요하며 개별 국가의 사회계약과 민주주의를 침해하고 경제적 불평등을 심화시키는 글로벌리즘이라면, 전자는 각국의 민주주의에 의해 관리되는 형태의 보다 평등주의적인 글로벌리즘으로, 이른바 전후 자본주의의 황금기를 구축했던 체계이다. 그리고 이것이 바로 커트너가 현시점에서 적나라해진 자본주의를 바로잡을 수 있는 대안으로 제시하는 모델이다.

다른 한편 커트너가 볼 때, 일반적으로 민중선동과 유사한 것으로 뭉뚱그려져서 못마땅한 것으로 인식되는 포퓰리즘에도 역시 네오파시스트적인 우파 포퓰리즘과 진보적인 좌파 포퓰리즘이 있는데, 이 둘은 구분하여 이해되어야 한다. 그에 따르면, 민족 신화를 장사하는 우파 포퓰리즘은 (트럼프의 포퓰리즘이 너무나도 잘 보여주듯이) 자유방임주의에 의해 약탈당한 피해자들에게 분풀이의 대상을 만들어줄 뿐, 그들의 분노의 근원을 치유해 주지 못한다. 커트너가 볼 때, 현재의 글로벌 (금융) 자본주의를 치유하기 위해서는 "민주주의와 사회정의에 기초한" 진보적 포퓰리즘이 필요불가결하다. 그리고 그것은 혐오스러운 것이 아니라 도덕적이다.

이렇듯 커트너는 진보적 포퓰리스트들에 의해 주도되는 보다 평등한 사회를 지향하는 민주적 혼합경제에서 현재의 글로벌 자본주의에 대한 대안을 모색한다. 커트너는 이러한 대안을 주도할 세력으로 미국과 미국의 민주당 좌파에 기대를 걸고 있다. 그가 이러한 전망을 펼치는 것은 현재 미국이 망가지긴 했지만 극단적 민족주의의 시대에 미국만큼 문화적 다양성을 상호분열과 적대감이 아닌 조화의 힘으로 이끌 만한 나라가 없고 또 미국의 민주당에는 루스벨트의 정신을 이어가는 진보적인 정치인들이 존재한다고 믿기 때문이다. 커트너가 2020년 미국 대통령 선거에 거는 기대가 유독 큰 것도 이 때문이다.

현재 우리가 위기에 처한 자본주의에 대한 진정한 대안을 모색해야 하는 시점에 와 있다면, 그러면서도 우리가 아직 그 대안을 찾아내지 못하고 있다면, 역사적으로 한때 성공을 거두었던 혼합경제의 실험은 현시점에서 우리가 다시 한번 검토해 볼 충분한 가치를 지니고 있는 것으로 보인다. 우리가 여전히 자본주의 체계 내에서 살아남아야만 한다면, 어쨌든 지금보다는 더 '건강한' 자본주의가 우리에게 절실히 요구되고 있기 때문이다.

그러나 커트너가 분석한 대로 현재의 상황적 여건 내에서는 미국의 진보주의자들이 그러한 대안적 노선을 주도하는 데서 가장 좋은 상태에 놓여 있을 수는 있지만, 그것의 실현은 미국 진보세력의 노력만으로는 가능하지 않을 것이다. 왜냐하면 어마어마한 힘을 가진 글로벌 금융세력이 사리추구적인 각국의 정치세력과 결탁하여 민주주의를 제약하는 상황에서 민주주의의 작동원리를 전 세계적으로 재현하기 위해서는 그러한 노력이 미국을 넘어 전 세계적으로 동시에 진행될 필요가 있기 때문이다.

이러한 맥락에서 보면, 커트너의 이 책은 미국의 진보주의자들뿐만 아니라 전 세계의 진보주의자들에게 그간의 진보정치의 실책을 성찰하고 새로운 민주적 정치의 길을 모색하는 데 도움을 주는 교과서가 될 수도 있을 것이다. 이런 점에서 이 책이 한국의 진보 진영의 정치인들에게도 지금 무엇에 주목하고 무엇을 해야 하는지를 다시 한번 생각하게 하는 계기가 되었으면 하는 바람을 가져본다.

이 책의 전반적인 논점에 대한 호기심 때문에 책의 본문보다 옮긴이의 후기를 먼저 읽은 독자라면, 이 책에 대해 서로 다른 반응을 보일지도 모르겠다. 이 분야에 정통한 전문학자라면 어쩌면 별다른 새로운 내용이 없는 책이라고 생각할 수도 있을 것이고, 일반 독자라면 500쪽이 넘는 방대한 분량을 이론적으로 요약해 놓았기 때문에 너무나도 전문적인 책일 것이라고 느낄지도 모르겠다. 하지만 커트너가 염두에 두고 있는 이 책의 독자는 전문 연구자이기보다는 우리의 삶에 더 보탬이 되는 정치가 실현되기를 바라는 보통 사람들이다.

커트너는 특히 현재의 경제적·정치적 현실에 화가 난 보통 사람들이 이 책을 통해 자신들의 분노의 원천을 포착하여 누구에게 화를 내야 하는지를 분명하게 자각할 수 있기를 기대한다. 왜냐하면 그러한 진보적 유권자야말로 막강한 금융 권력을 맞서 역동적인 혼합경제를 구축하고 유지할 수 있는 굳건한 기반이기 때문이다.

그런 까닭에 커트너는 글로벌 자본주의와 민주주의의 관계라는 무거운 주제에 독자가 더 쉽게 접근할 수 있도록 하기 위해 수많은 정치적 인물과 사건, 그리고 그 이면의 이야기들을 전후의 역사 속에서 얽어내며 그 내용을 매우 흥미롭게 풀어나간다. 그리고 커트너는 특유의 표현과 필치로 자신의 정치적 입장을 정제하지 않고 솔직하게 피력하고 있는데, 독자로서는 그러한 표현들을 접하는 것도 하나의 책 읽는 재미가 될 수 있을 것이다. 또한 커트너가 바라는 미국 대선의 지형을 2020년 미국의 실제 대통령 선거 과정과 비교해 보고, 더 나아가 곧 있을 우리의 2020년 총선에 대비해 보는 것도 독자들에게는 하나의 흥밋거리가 될 것이다.

이 책이 특히 일반 독자까지를 대상으로 한 저작이다 보니, 옮긴이는 정확한 번역은 물론 가독성에도 매우 신경 쓸 수밖에 없었다. 독자들이 이 책을 보다 편하게 읽을 수 있도록 윤문하는 과정에서 한울엠플러스(주)의 신순남 팀장은 탁월한 편집자임을 다시 한번 입증해 주었다. 옮긴이 역시 독자의 책 읽기를 돕고자 책의 곳곳에 옮긴이의 주를 달아 놓았는데, 혹시 그것이 독자들을 더 불편하게 하지는 않았을까 하는 걱정이 들기도 한다. 우리가 세심한 노력을 기울였음에도 불구하고 이 책에도 역시 오류는 있을 것이며, 그 잘못은 모두 옮긴이의 탓이다. 하지만 이 책을 현재의 모습으로 만드는 데 도움을 준 출판사의 모든 분께 감사의 마음을 전한다.

2020년 설 연휴에
박 형 신

지은이

로버트 커트너(Robert Kuttner)는 미국의 저널리스트이자 작가로, ≪아메리칸 프로스펙트≫의 공동 설립자이자 공동 편집인이다. 또한 경제정책연구소(Economic Policy Institute)의 설립자로, 그곳의 집행위원회에서도 일한다. ≪비즈니스위크≫, ≪워싱턴포스트≫, ≪보스턴글로브≫의 칼럼리스트로 일했다. 미국 브랜다이스대학교 사회정책 초빙교수이기도 하다.

저서로 *The Revolt of the Haves: Tax Rebellions and Hard Times*(1980), *The Economic Illusion: False Choices between Prosperity and Social Justice*(1984), *The Life of the Party: Democratic prospects in 1988 and beyond*(1987), *The End of Laissez-Faire: National Purpose and the Global Economy After the Cold War* (1991), *Everything For Sale: The Virtues and Limits of Markets*(1996), *The Squandering of America: How the Failure of Our Politics Undermines Our Prosperity*(2007), *Obama's Challenge: America's Economic Crisis and the Power of a Transformative Presidency*(2008), *A Presidency in Peril*(2010), *Debtors' Prison: The Politics of Austerity versus Possibility*(2013) 등이 있다. 최근에는 이 책의 후속작이라고도 할 수 있는 *The Stakes: 2020 and the Survival of American Democracy*(2019)를 출간했다.

옮긴이

박형신은 고려대학교 대학원 사회학과에서 석사와 박사학위를 취득했다. 그간 강원대학교 사회과학연구소 연구교수, 고려대학교 인문대학 사회학과 초빙교수 등을 지냈다. 현재는 다시 연세대학교 사회발전연구소 연구교수로 일하고 있다. 사회이론, 정치사회학, 감정사회학에 관심을 가지고 연구를 진행하고 있다.

주요 저서로 『정치위기의 사회학』, 『감정은 사회를 어떻게 움직이는가』(공저), 『오늘의 사회이론가들』(공저) 등이 있고, 번역서로는 『사회학적 야망』, 『은유로 사회 읽기』, 『저항은 예술이다』(공역), 『열정적 정치』(공역), 『시민사회와 정치이론』(공역), 『감정과 사회관계』, 『감정사회학으로의 초대』 등이 있다.

한울아카데미 2216

민주주의는 글로벌 자본주의에서 살아남을 수 있는가

지은이 ı 로버트 커트너   옮긴이 ı 박형신
펴낸이 ı 김종수   펴낸곳 ı 한울엠플러스(주)   편집 ı 신순남
초판 1쇄 인쇄 ı 2020년 2월 18일   초판 1쇄 발행 ı 2020년 2월 28일

주소 ı 10881 경기도 파주시 광인사길 153 한울시소빌딩 3층   전화 ı 031-955-0655
팩스 ı 031-955-0656   홈페이지 ı www.hanulmplus.kr   등록번호 ı 제406-2015-000143호

Printed in Korea.
ISBN 978-89-460-7216-9 93300(양장) 978-89-460-6875-9 93300(무선)

* 책값은 겉표지에 표시되어 있습니다.